U0563524

黄敏兰史学文集

左玉河　主编

社会科学文献出版社
SOCIAL SCIENCES ACADEMIC PRESS(CHINA)

编者的话

　　黄敏兰同志 1953 年 3 月出生于北京。1968 年 12 月至 1971 年 11 月，作为北京知青到陕西省宜川县新市河公社插队。1971 年 12 月至 1978 年 2 月，在陕西省宜川县妇联任干事。1978 年 2 月考入西北大学历史系。毕业后被分配到陕西省社会科学院历史研究所从事研究工作。黄敏兰同志勤奋刻苦，不断丰富有关中国古代史和世界古代、中世纪史的知识，关注史学动态和最新成果，积极参与全国及省内的学术活动，发表了多篇有分量的史学论文，受到学界关注。1991 年 7 月，黄敏兰同志调入中国社会科学院近代史研究所，2009 年 12 月被评聘为研究员。2013 年 3 月退休后，以体弱多病之躯，仍潜心于学术研究。2016 年 3 月 13 日因病在北京逝世，享年 63 岁。

　　黄敏兰同志长期致力于史学理论（尤其是马克思主义史学理论）和史学史研究，成果丰硕。她的学术视野极为开阔，善于敏锐把握西方史学理论的前沿问题，以中西比较的眼光来审视和研究中国史学。她注重将史学理论与史学史研究相结合，擅长分析史学与政治之间微妙而复杂的关系，故其著述从取径方法上别具一格。黄敏兰同志所著《学术救国：知识分子历史观与中国政治》以历史观为切入点，系统研究现代知识分子的学术活动对中国政治进程产生的深远影响，论述唯物史观在中国的传播与发展，并以此为参照，考察民生史观、生命史观、文化形态史观产生的背景，揭示现代知识分子以不同历史观为思想武器参与中国政治的深层动机。该书视角新颖，多有独到见解。她的另一部专著《中国知识分子第一人：梁启超》，将政治与学术紧密结合起来，对中国"新史学"奠基者梁启超的思想做深入探讨，系统梳理梁氏从政治向学术过渡的过程，揭示其早期提出"新史学"的政治意义。该书不仅在史学理论和史学史研究方面有所创新，而且对中国近代知识分子研究也有较大的借鉴意义。世纪之交，为总结百年来的史学成就，黄敏兰同志撰写了《20世纪百年学案：历史学卷》，从学科体系角度总结20世纪中国史学发展历程，分学派、史学研究与编纂、专题讨论与研究、史学理论等四大部分，既有纵向联系，也有横向比较，比较细致地勾画了百年来中国史学演进的轮廓。

随着当代中国历史研究日趋专门化、细密化、分散化，公共学术话题似乎越来越少。但史学理论研究的公共性，仍然要求历史学家必须把握历史研究的一些基本原则，诸如历史研究的目的和方法、学术与政治的关系等。黄敏兰同志有着强烈的责任感和使命感，有可贵的理论探索勇气，对于那些历史理论研究领域的重大原则问题，敢于大胆地表达自己的看法，甚至提出严厉的批评意见。其论文《质疑"中国古代专制说"依据何在》一文尖锐地指出：国内某些学者移植西方"后殖民"理论时表现出狭隘民族主义，以致违背了历史学"论从史出"的原则和史学"求真"的宗旨。事实上，"中国古代专制说"并非如某些学者所言是西方人对东方的偏见，也并非没有经过中国人的事实论证。这一学说既有深厚的中国本土思想资源为基础，也经过众多学者长期深入的研究，符合中国历史的特征。接受和传播"中国古代专制说"并不是中国人的"自我东方化"和"自我殖民"，而是中国人为了改造传统社会去深入认识中国社会。该文条分缕析，冶思辨考订于一炉，内容涉及中西思想史、政治史、法制史以及中外文化交流史等领域，对深化中国历史的认识并推进史学理论研究起了重要作用。

近年来中国学术界关于"封建"问题的讨论，成为史学理论研究的热点话题。因该问题牵涉到中国革命的现实政治问题，故是否坚持封建论被某些学者视为是否坚持马克思主义的大是大非问题。黄敏兰同志经过认真思考后，反复强调要历史地看待这个问题，并撰文提出"超越定性和命名，从史实出发认识封建社会"的主张，着力阐发中西封建社会的差异及中国封建社会的特点。其讨论该问题的具体观点或许仍有商榷的余地，但其思考问题的角度因予人以启迪而值得充分肯定。

探讨史学理论问题，需要对国内外史学潮流进行敏锐感知与准确判断。改革开放以来，中国史学界大量引进国外理论方法，其中法国年鉴学派备受中国学界的重视和推崇。黄敏兰同志较早注意到法国学者多斯的《碎片化的历史学》对年鉴学派进行的批评，撰写了书评《解构法国年鉴学派的神话》，将西方学界反思年鉴学派和"新史学"思潮的新动向，及时向中国学界介绍，引起国内史学理论研究者的关注，对于纠正中国学界一度流行的盲目追随西方史学理论的偏向，起了重要的作用。

历史研究绝不仅仅是纯粹的书斋里的学问，历史学家应该承担传播正确历史观和准确知识的社会责任。清史专家阎崇年在《正说清朝十二帝》中，对中国专制帝王多有过分美化拔高的倾向。黄敏兰同志撰写《大清皇帝的"历史功绩"是谁家之功绩》一文，对其无原则地歌颂专制帝王、无根据地扬清抑明，以及宣扬陈旧的天命观等观点，提出了尖锐批评，在学界产生了重要影响。

黄敏兰同志向来主张，学术批评对于匡正学风不可或缺，学术争鸣能促进学术繁荣发展。由于某些理论问题属于公共话题，就需要处理好公共立场和个人立场的关系。对于持不同意见者和不同学派，要给予充分理解和尊重；个人的意见既要尽量表达，也要有一定的分寸。在她看来，学术争鸣应该超越个人利害，以维护历史学的健康发展为目的，而不能沦为意气之争。黄敏兰同志撰文与中国学界不少学者展开过商榷争论，有些文章还颇具锋芒，批评也很尖锐，但其所争皆为学术问题本身，而绝不涉及个人之间的恩怨。可以肯定地说，在她的学术生涯中有不少学术论争对手，却并无一个涉及个人恩怨的私敌。这正是当代中国史学所需要的真正意义上的学术批评和史学评论。

黄敏兰同志思想活跃而有锋芒，文字虎虎有生气。但人们很难想象，这些文章，是她在长年罹患多种严重疾病的状态下，不断与病魔进行顽强斗争，用瑟瑟发抖的手一笔一画撰写的。她所留下的 50 余万字的论文，是其长期思想淬炼的结晶，浸透了她的毕生心血，体现了一个普通知识分子倔强不屈的精神品格。这样一位超然无求而命运多舛的优秀学者，孜孜耕耘于学术园地，从不抱怨气馁；青灯孤影，病魔缠身，仍然以顽强的毅力坚持思考和写作，直到走向生命的终点。

黄敏兰同志因病逝世后，其所供职的中国社会科学院近代史研究所史学理论与文化史研究室诸位同仁，感到格外悲痛。大家钦佩黄敏兰同志为学之执着和性格之坚韧，遂决定整理出版她的论文集，并立志继承其未竟之史学理论事业。这个倡议立即得到近代史研究所领导班子的鼓励支持和必要的经费资助，社会科学文献出版社为该文集的出版提供了诸多帮助。2019 年初，中国社会科学院近代史研究所马克思主义史学理论与文化史研究室整建制划入新成立的中国社会科学院历史理论研究所，但黄敏兰同志文集整理出版工作并未受到影响。左玉河、赵庆云、张德明等同志仍然按照原定计划有序推进，认真编辑校对文稿。该文集分为史学理论、比较史学、中国古代社会性质研究、中国古代官吏腐败研究、中国古代制度研究、中国农民战争史研究、梁启超研究、生活史等八个部分，所涉领域广泛，内容丰富，体现了黄敏兰同志的学术特点与治学精华。这些特点，在目前重实证而轻理论的学术氛围中弥显可贵。

人生苦短。学者之幸运或许在于，其生命凝聚在文字之中，以另一种形式得以长存。黄敏兰同志这部文集沉甸甸的份量，需要人们深长体会。在黄敏兰同志逝世五周年之际，我们出版这部文集，以表达学界同仁对她的深切怀念和沉痛哀思。这大概也是对黄敏兰同志在天之灵的最好告慰吧。

目　录
CONTENTS

史学理论

比较史学

中国古代社会性质研究

中国古代官吏腐败研究

中国古代制度研究

中国农民战争史研究

梁启超研究

生活史

史学理论

20 世纪中国史学界对历史学性质的理论思考

历史学是否是科学的问题，在西方已讨论了两百多年，在中国也争论了将近一个世纪。近代，由于自然科学的迅速发展，西方史学家提出，如果采用适当的方法去研究历史，就有希望得到科学的结果。20 世纪初，中国新史学兴起。史学家们大量引进西方的史学理论，关于历史学与自然科学的关系、历史学能否成为科学的问题也引起史学界的极大兴趣。有人认为历史学是一门科学，或可以成为一门科学；有人认为历史学不是科学，而是艺术或其他学问；还有人认为历史学既是科学，也是艺术。马克思主义学派确认历史学是科学。自马克思主义史学占统治地位后，几乎从未有人怀疑过历史学的科学性，马克思主义史学与历史科学就是同义语。然而这并不表明，历史学是不是科学的问题已经解决了。自80年代起，有不少学者对历史学的科学性提出怀疑，又兴起对历史学性质的讨论。论争中的观点仍不外三种，即或是科学，或是艺术或其他东西，或二者兼有之，只是讨论涉及了历史学理论更深的层次。

一　主张历史学是科学的不同目的

关于历史学性质的研究和争论也许永远不会取得统一的结论，但学者们仍乐此不疲地不断谈论这个难解的话题。因为这一问题的讨论有着不同的时代和文化背景，并为学者不同的目的所驱动。

探讨历史学的性质究竟有何意义？历史学是不是科学，与人们对史实的认识有多大的关系？何兆武对此有透彻的阐述。他指出："什么是历史？什么是历史学？历史知识和理解的性质是什么？倘若不首先认真考虑并确切回答这些问题，就径直着手研究历史；那种历史知识就必然是盲目的而又混乱的，有如盲人摸象。那样的历史学就连所谓'科学的'历史学都谈不到，更遑论'人文的'历史学了。当代我国史学界有人喜欢侈谈中国历史的特点以及人类历史的普遍规律之类，而对于作为其先决条件的，即什么是历史的和历史学的本性和特点，却毫不措意，这又怎么能够把历史学和历史认识建立在一种健全的基础之上呢？"①

何兆武的见解是从历史认识论出发的，完全是学术性的。的确，不了解历史学的性质，就很难真正把历史研究搞好。但是在不同时期，人们对这个问题的探讨还有不同的背景和特别的目的。早期一些学者坚信历史学是科学，多出于信仰和崇拜，由于对科学的近乎盲目的崇拜，所以希望通过把历史学说成是科学，或建成科学来提高历史学的地位。因为科学的地位至高无上，所以是否承认历史学是科学，就成了立场问题。"科学"成了一个标签，可以随处使用。但被戴上"不科学"的帽子，则是很危险的，近乎反动。胡适关于科学的论述反映了人们对科学的盲目崇拜。他说："这三十年来，有一个名词在国内几乎做到了无上尊严的地位；无论懂与不懂的人，无论守旧和维新的人，都不敢公然对他表示轻视和戏侮的态度。那个名词就是'科学'，这样几乎全国一致的崇信，究竟有无价值，那是另一问题。我们至少可以说，自从中国讲变法维新以来，没有一个自命为新人物的人敢公然毁谤'科学'的。"② 对科学的崇拜使学者产生了一种信念：他们坚信历史学是科学，或坚信自己的方法是科学的，正如梁启超所说，只是想要提高他们所爱的历史学的地位。这成为史学家努力建设新史学的动力。他们把严肃的态度、严格的方法称作科学的精神和方法。

认为历史学是一门科学还有着社会、政治的原因。由于科学对增加社会财富和改造社会起到了巨大的作用，在当时，科学就代表进步，代表着希望。所以新史学家崇尚科学，不仅是要把历史学建得更合理，还

---

① 何兆武:《对历史学的若干反思》,《史学理论研究》1996 年第 2 期。
② 胡适:《科学与人生观》序, 亚东图书馆, 1923。

表达了中国人要求改造落后、贫穷的中国，使中国走上富强之路的美好愿望。陈黻宸于 1904 年编著的《京师大学堂中国史讲义》中的第一篇《读史总论》中指出了振兴历史学与科学的关系。他说："科学不兴，我国文明必无增进之一日。而欲兴科学，必自重史学始。""无史学则一切科学不能成；无一切科学，则史学亦不能立。"① 正因为如此，认为历史学是科学的观点在较长时期里占了上风。而认为历史学是艺术或其他学问的学者多是从学术角度考虑这方面的问题。

马克思主学者坚信历史学是科学，而且认为只有马克思主义史学是科学的，这在很大程度上是出于一种对马克思主义的绝对崇拜和对其他学派的盲目排斥。于是在这里也产生了立场的问题。怀疑历史学是科学就意味着违背或反对马克思主义。

二　对历史学科学性的判断标准

许冠三的《新史学九十年》自序指出："从新会梁氏朦胧的'历史科学'和'科学的历史'观念起，新史学发展的主流始终在'科学化'。历来的巨子，莫不以提高历史学的'科学'质素为职志，尽管'科学化'的内容和准则恒因派别而易，且与时俱变。就新史学的元祖梁任公言，'科学化'的捷径，莫若引各种公理公例以观察并解说历史；长远之计，则在扩充史学家的修养及于社会科学甚至自然科学领域，鼓励并引导历史研究者采用包括统计法在内的科学方法。"

主张历史学是科学的学者对科学有不同的理解，因而对衡量历史学的科学性有着不同的标准。有的强调科学精神；有的强调科学方法；有的注重认识对象：一是客观性、真实性，二是发现规律；还有的强调结果。一般来说，史料学派强调科学方法和认识对象的客观性和真实性，而一些史学家及马克思主义学派对认识对象的要求主要是有助于认清"历史发展规律"。

① 《政艺通报》1904 年 10 月 23 日。

因为自然科学被认为是发现规律的学问，所以发现规律就成为历史学科学性的一个重要条件。梁启超在 20 世纪初发起"史界革命"，于 1902 年发表的《新史学》中反复强调，历史学要发现人类进化的"公理公例"。到 20 年代初，他写作的《中国历史研究法》中，不再主张研究"公理公例"，而要探寻历史的因果律，一年后的 1923 年，梁启超又抛弃了对因果律的追求，从而否定了历史学的科学性。梁启超说，由于因果律是自然科学的命脉，学者多欲证明自己所治学科也有因果律可寻，以成为科学。史学向来并没有被认为科学，于是治史学的人因为想令自己所爱的学问取得科学资格，便努力要发明史中因果。他就是这里头的一个人。他著的《中国历史研究法》中所下历史定义，便有"求得其因果关系"一语，现在读了西人著作，再加上自己的研究，"已经发觉这句话完全错了"。① 梁启超指出，宇宙间的事物可分为自然和文化两系。自然系是因果律的领土，文化系是自由意志的领土。历史为文化现象的复写品，何必把自然科学所用的工具扯来装自己的门面呢？

要证明历史学是科学，就得承认历史有规律以及历史学可以发现规律。而要否定历史学的科学性，当然就得否定这一点。梁启超前后观点的变化正说明了这一倾向。除了梁启超外，相当多的学者，无论是马克思主义学者还是非马克思主义学者，都以证明"历史规律"来作为历史学科学性的重要条件。

曹佐熙的《史学通论》（1909 年）中有一节专门论述历史学能否成为科学的问题。他认为，历史学之能成为科学是没有疑问的。历史之所以能成为"科学"，是因为人类社会的发展有"因果关系"，有"公例"可求。汪荣宝在《本朝史讲义》（1906 年）中指出，"历史之要义，在于钩稽人类之陈迹，以发现其进化之次第，务令首尾相贯，因果毕呈。近历史得渐成为科学者，其道由此"，说明历史成为科学的标志就在于能够发现进化的因果规律。

王国维在《国学丛刊》序中指出，学问有三大类——科学、史学、

---

① 梁启超：《研究文化史的几个重要问题》，《饮冰室合集·文集之四十》，中华书局，1989，第 2 页。

文学，这三种学问是相互关联的。"凡记述事物而求其原因，定其理法者，谓之科学；求事物变迁之迹，而明其因果者谓之史学；至出入二者间，而兼有玩物适情之效者，谓之文学。"①

马克思主义史学家一致主张历史学是科学，并且认为正是马克思的唯物史观发现了历史规律，而使历史学成为科学。李大钊最早提出马克思使历史学成为科学的观点。但是，他并没有把马克思以外的学者排斥在科学派之外。他在 1920 年指出："后世科学日进，史学界亦渐放曙光。康德之流已既想望凯蒲拉儿（Kepler）、奈端（Newton）其人者诞生于史学界，而期其发见一种历史的法则，如引力法则者然。厥后名贤迭起，如孔道西，如桑西门，如韦柯，如孔德，如马克思，皆以努力以求历史法则之发见为己任而终能有成，跻后起的历史学、社会学于科学之列，竟造成学术界一大伟业。厥后德国'西南学派'虽崛起而为文化科学即历史学与自然科学对立的运动，亦终不能撼摇史学在科学的位置，这不能不归功于马克思诸子的伟业了。"②

李大钊在 1924 年的《史学要论》中指出："马克思所以主张以经济为中心考察社会的变革的原故，因为经济关系能如自然科学发见因果律。这样子遂把历史学提到科学的地位。"③ 李大钊的理论成为后来几十年中马克思主义学派的理论原则。但是有些人把这一原则绝对化、极端化，将它当作排斥和批判其他史学流派的一个强大武器。他们以为除了马克思主义史学外，历史学中没有任何学派和学说是科学的。这就极大地背离了李大钊的初衷。

早期的"科学"概念与现在不同。我们今日提到"科学"，首先联想到的大概是数理化一类学科，但二三十年代人们更注重的是科学的"精神"与"方法"。在 20 年代的"科学与人生观"论战中，根本分歧在于什么是"科学"。胡适和丁文江等认为考据方法即是科学方法。张东荪不同意。他认为汉学家的考据方法不能算是科学方法。他承认汉学家有一

① 王国维：《国学丛刊》序，《王国维文集》第 4 卷，中国文史出版社，1997，第 365 页。
② 李大钊：《史观》，《李大钊史学论集》，河北人民出版社，1984，第 69 页。
③ 李大钊：《史学要论》，《李大钊史学论集》，第 201 页。

点科学精神，但认为不能以一点的相同，就说是完全相同。科学注重实验，考据不过是在故纸堆中寻生活而已。

胡适的科学观首先就是科学的精神，主要是怀疑与批判精神，其次是研究历史的方法："尊重事实，尊重证据"、"大胆假设，小心求证"。傅斯年和胡适一样，都主张按科学的要求建设中国现代史学。傅斯年重视用科学的方法研究历史。他指出："现代的历史学研究，已经成了一个各种科学的方法之汇集。地质、地理、考古、生物、气象、天文等等，无一不供给研究历史问题者之工具。顾亭林研究历史事迹时自己观察地形，这意思虽然至好，但如果他能有我们现在可以向西洋人借来的一切自然科学的工具，成绩岂不更卓越呢？若干历史学的问题非有自然科学之资助无从下手，无从解决。譬如春秋经是不是终于获麟，左氏经后一段是不是刘歆所造补，我们正可以算算哀公十四年之日食是不是对的，如不对，自然是伪作，如对了，自然是和获麟前春秋文同出史所记。又譬如我们要掘地去，没有科学资助的人一铲子下去，损坏了无数古事物，且正不知掘准了没有，如果先有几种必要的科学的训练，可以一层一层的自然发现，不特得宝，并且得知当年入土的踪迹，这每每比所得物更是重大的知识。所以古史学现在之需用测量本领及地质气象常识，并不少于航海家。"①

傅斯年常说史学就是史料学，这也意味着史学就是科学。他说："近代的历史只是史料学，利用自然科学供给我们的一切工具，整理一切可逢着的史料，所以近代史学所达到的范域，自地质学以至目下的新闻纸，而史学外的达尔文论，正是历史方法之大成。"②

20 世纪的两大史学流派都主张历史学是科学。许冠三指出："史观派与史料学派，从表面看貌似南北两极，实则均因国人的科学迷恋而兴，并齐以'科学的史学'相标榜。"③ 虽都标榜科学，但两派对科学的理解不同。史料派认为，科学之为科学，不在对象，而在方法。用科学的方

---

① 《傅斯年全集》第 4 册，台北：联经出版事业公司，1980，第 259～260 页。
② 《傅斯年全集》第 4 册，第 253 页。
③ 许冠三：《新史学九十年·自序》，香港：香港中文大学出版社，1986。

法（归纳演绎）研究历史材料，历史学就和地质学、生物学一样，也是科学。史料学派接受的科学方法的前提是科学精神和科学态度。科学精神在于寻求真理，科学态度在于撇开成见和感情，只跟着证据走。唯物史观派则认为，历史学成为科学的关键在于能否从对象中发现"规律"。而要发现规律，必须使用科学的理论，即唯物史观。他们强调，唯物史观是唯一科学的理论，只有唯物史观才能发现人类社会发展的规律。田昌五的话概括了马克思主义学派的主导思想。他说："只有马克思主义历史学是研究历史规律的。这是马克思主义历史学和其它各种历史学、包括中国传统史学的根本区别所在。所以，只有马克思主义历史学才能把历史研究上升到科学的高度，建立科学的历史学。什么是科学？科学是对事物规律的认识体系。缺乏规律性的知识堆积，是不成其为科学的。"[1]

蒋大椿对此有着独特的见解。他说："过去人们常说，由于唯物史观的发现，历史学真正地发展成为一门科学。虽然一般说来，这个提法也能成立。但我认为，应当细加斟酌，使这个提法更趋精确，方能使唯物史观对历史研究起到更加切实有效的指导作用。"他指出，唯物史观和历史科学研究的方法和角度不同。前者从抽象的角度，研究社会各种因素相互关系及其发展的最一般规律，属于哲学的范围。而后者从具体的角度，按照时间顺序描述人们的实践活动和实际发展过程，属于实证科学的范围。这两者是不同范畴的知识形态。"唯物史观的发现，并不能使历史学自然而然地变成科学，而只是给历史学发展成为科学提供了实际的可能性。"[2]

近年来对历史学科学性标准仍有争议：有人认为历史学的科学性在于真实性，着眼点主要是历史学的客体。有人反对这种观点，提出历史学的科学性在于认识的科学性，强调的是历史学的主体。

杨向群认为："历史研究科学性的最大特点是真实性，即对历史真实

---

① 田昌五：《马克思主义与中国历史发展规律》，《学术月刊》1997 年第 1 期。

② 蒋大椿：《唯物史观与历史研究》，氏著《唯物史观与史学》，吉林教育出版社，1991，第 39、41 页。

的揭示。历史学家所作的工作，实际上都是了解和说明历史真相的工作，对于史料和史实的研究如此，探讨历史规律亦如此。"① 对此，宋月华提出不同的观点。他在《聊城师范学院学报》1999 年第 2 期发表的《试论历史学的科学性与真实性问题》中指出，长期以来，强调科学性等同于真实性，实际上变成了一种教条主义的守护神。历史研究当然需要科学性，但科学性绝不等同于真实性。历史学是一种主、客观相结合的产物，追求绝对客观的历史，不仅是做不到的，也是不可能的。同时历史作为以往的运动变化过程，一去不复返，它到底是什么样，很难看清。把历史学科学性等同于真实性的背景是经典物理学的产物。现代科学已打破了机械决定论的幻想。科学已丧失了那种君临万物的无上地位。我们今天的史学研究也不应抱残守缺，纠缠于历史真不真实这一无法证实的命题不放。作者认为，历史学是一门人文科学。科学性的根本内容不在于事实本身，而在于该事实昭示的意义以及对它的客观解释。也就是说，历史学的科学性问题，首先指历史认识的科学性。求真只是史学的初级阶段，远远没有完成史学所应该完成的使命。我们说历史学是科学，是指其在唯物史观的指导下，对人类社会的运动变化过程能提供科学的认识和解释，同时又因为人类社会确实存在着不以人的意志为转移的普遍规律，所以，历史学不仅能够成为科学，而且本身确实是科学的。

三 "科学"的历史学与自然科学的关系

主张历史学是科学者也有观点分歧，一些人把历史学与自然科学同等看待，例如傅斯年极力要把历史学建成像自然科学一样的科学。而何炳松则反对这种态度。傅斯年认为史学的性质是和自然科学一样的纯客观的科学。他建立历史语言研究所，提出：要把语言学与历史学建成与"科学"同等的系统。他宣布："要把历史学语言学建设得和生物学地质

---

① 杨向群：《试论历史研究的科学性》，《华南师范大学学报》（社会科学版）1992 年第 4期。

学等同样，乃是我们的同志。我们要科学的东方学之正统在中国！"①

傅斯年呼吁要将历史学语言学提升到与生物学、地质学同等的地位，这种思想与五四时代人们对"科学主义"的崇拜有关。何炳松则批评这种倾向。他认为，五四前后，许多人面对出现在史学界的"欧风美雨"，有急不暇择之态，不分皂白，生吞活剥。他尤其批判了那种试图把历史学变为纯粹科学的主张，认为企图建立与自然科学同样科学的历史学只不过是一种"梦想"。何炳松批评史学界一些人"不谙史学之性质及其困难，妄欲以自然科学之方法施诸史学，以求人类活动之因果"。他列举自然科学与历史学的几点不同：（1）两者研究时的观察点不同。（2）历史事实与自然科学研究的事实在性质上迥然不同。（3）两者的方法不同。何炳松列举种种理由，说明历史学从研究内容到方法都与自然科学乃至社会学有很大差异，结论是历史学断不能同物理学、化学、生理学或人类学一样，成为一种真正的科学。何炳松虽然反对把历史学与自然科学同等看待，但并不反对历史学作为一门科学。他认为："所谓科学，乃有条理之智识之谓。史学之观察点及方法，虽与其它科学不同，然其为有条理之智识，则初无二致。而史学之志切求真，亦正与其它科学之精神无异。故史学本身，虽远较其它科学为不备，终不失其为科学之一种也。"②

20 世纪上半叶，除傅斯年外，有不少学者把历史学与自然科学等同。他们从各方面论证这一主张。李则纲在《史学通论》（1935 年）中指出，从科学的特征考察，自然科学的特征是客观的，历史学也是如此，无论史实或史料，都是客观的。自然科学的特征为必然性，历史发展也有必然性。而且两者都有因果性。由此可见，自然科学的特征，历史学也都具备。从研究的目的考察，自然科学的目的是求真理，历史学也是如此。从研究的方法考察，自然科学与历史学的方法并无不同，如归纳、演绎、分析、推理等等。基于以上理由，李则纲认为，历史学的科学性，与自

---

① 《傅斯年全集》第 4 册，第 266 页。
② 何炳松：《历史研究法》，《何炳松文集》第 4 卷，商务印书馆，1997，第 12、13、15 页。

然科学没有区别。杨鸿烈在《史学通论》（1939 年）中也指出，史学和自然科学在材料上和方法上没有绝对的差异，所以史学不但可以成为科学，而且是"狭义的科学"。

李大钊也持这种主张。他说："马克思和今日的一派历史家，均以社会变迁为历史学的对面问题，以于其间发见因果法则为此学目的。二者同以历史学为法则学。此由学问的性质上讲，是说历史学与自然科学无所差异。此种见解，结局是以自然科学为唯一的科学。自有马氏的唯物史观，才把历史学提到与自然科学同等的地位。此等功绩，实为史学界开一新纪元。"① 反对这种主张的学者也不少。例如朱谦之在《历史科学论》一文中认为，历史学之所以成为科学，在于它探求法则。不过历史科学的法则与自然科学的法则不同：历史科学的法则是动的，自然科学的法则是静的；历史法则是心理的，自然法则是物理的；历史法则注重目的，自然法则注重因果；自然的法则是必然的，而历史法则是由于人们的欲望而成。

四　历史学两重性的观点

1. 历史学既是科学又是艺术

一些人认为历史学具有两重性，既是科学，又是艺术或其他东西。其中，认为历史学既是科学也是艺术的占多数。刘节在《历史论》中指出，历史学是介于科学与艺术之间的一种学问。张荫麟认为，历史学既是科学也是艺术。他说，仅有精确的资料不成为史，既经科学的综合，也不成为史，因为感情生命神彩，有待于直观的认取与艺术的表现。②

这种观点主要是认为历史学在寻找规律方面具有科学性，在表现形式上有艺术性。实际上历史学的双重性就是内容和形式的关系。朱卫斌指出，19 世纪以前的史学实践表明了史学科学化和艺术化两种不同的学科倾向。他认为，就学科个性而言，历史学是一门科学，遵循着从事实

① 李大钊：《马克思的历史哲学与理恺尔的历史哲学》，《李大钊史学论集》，第 133 页。

② 张荫麟：《论历史学之过去与未来》，《学衡》第 62 期，1928 年 3 月。

中得出结论，引出规律的研究途径；就表现形式而言，艺术对史学有重大影响。①

马强认为，历史学在探讨人类社会发展演进及其历史社会内在关系及规律方面，作为一门科学是成立的。但在历史的表现形式及其价值内涵方面，历史表现更多的是它的艺术性，历史学的终极意义也在于它的审美价值。李桂海也提出这种观点。②

何兆武说，历史知识要靠直觉、体会，所以有其艺术性的一面；自然科学只需要纯粹理性，而历史学则需要想象力。③ 何兆武的主旨似乎与大多数人不同。在他看来，历史学的艺术性不仅表现为形式，而且是重要的内容，所谓想象力其实就是认识历史的一种方法。

2. 历史学既是科学又是哲学

洪煨莲认为，学者对于史实有描写和解释之责，注重描写的学问是科学，注重解释的学问是哲学，而历史学则兼有科学与哲学二者的性质。历史学的方法分两部分，其检索的部分完全是科学，通解的部分完全是哲学。但科学与哲学都是超时间的，而历史注重事与时间的关系，所以历史与科学、哲学也有不同之点。④ 黎东方认为，历史学有两个目的，一为求真的史实，二为求史实的理解。求真是历史科学，求理解是历史哲学。⑤

何兆武曾主张历史学既是科学，又是艺术，但他主要还是主张历史学既是科学，又是哲学。何兆武认为，历史学有两个层次，第一层次是科学的，第二层次是哲学的（具体论述见后）。

3. 历史学是科学的解释学

王学典、孙延杰提出与众不同的新见解。他们认为，历史学既不是史料考订派"拿证据来"的实证科学，也不是史观派探求规律的法则科

① 朱卫斌：《历史学：科学还是艺术？》，《中山大学学报》1995 年第 4 期。
② 马强：《历史审美初论》，《学术月刊》1996 年第 9 期；李桂海：《历史学既是科学也是艺术》，《学习与探索》1994 年第 3 期。
③ 何兆武：《历史理性批判散论》，湖南教育出版社，1994，第 32、34 页。
④ 洪煨莲：《历史学在近代学术中之位置》，《师大月刊》第 26 期，1936 年 4 月。
⑤ 黎东方：《普通逻辑与历史逻辑》，《现代史学》第 2 卷第 3 期，1935 年 1 月。

学。在他们看来，历史学既不完全是前者，也不完全是后者，它是一门兼有科学和解释学双重性质的学问，更进一步说，历史学是一门带有科学（实证）属性的解释学。历史学只要想保持自己的固有性质就绝不可能把自己还原为一门科学。①

五　反对历史学是科学的观点

大多数学者认为历史学是科学，或部分地具有科学性，只有少数人反对。主要观点如下：

1. 历史学是艺术

姜蕴刚在《历史艺术论》（上海书店出版社，1944 年）中指出，历史没有什么规律可循，没有理由可讲，许多历史事实无法用科学来解释。过去的历史，可靠性太少，所以考据和史观都是一偏之见。因此，历史不是科学，也不是哲学，只是一种艺术。它既不是考据，也不是史观，而是一个有边际的玄想，就是以情感来讨论人生，认识人生，体验人生。情感在古今中外是无差异的，所以历史便可以在这个认识之下玄想，通过玄想历史可以达到真善美的统一。他主张，历史学家先要有艺术的修养，然后可以产生有价值的历史。

2. 历史学是意识形态表映的一种方法

张宗颖认为，历史不能成为科学，它无所谓因果，也没有定律，甚至历史的真相也无从认识。历史知识的价值不在寻求因果定律，而在于"在创造新理想或维持旧组织任何一项企图中，常被用作有力的说服工具"。"显明的是意识形态的表映的一种方法。"② 他实际上是说，历史学是政治宣传的工具。

3. 历史只是历史

金兆梓认为，历史学固不是哲学，不是文学，但也未必是科学。科

---

① 王学典、孙延杰：《实证追求与阐释取向之间的百年史学——兼论历史学的性质问题》，《文史哲》1997 年第 6 期。
② 张宗颖：《社会学的历史观》，《中德杂志》第 5 卷第 3 期，1943 年 9 月。

学是纯客观的，历史却免不了主观的选择作用。历史是一切学问的综合，所以说，历史只是历史。①

六　对唯科学主义的批评与反思

大体来说，认为历史学是科学的观点长期占主导地位，然而对科学主义的崇拜也曾受到冲击。在 20 世纪 20 年代，梁启超从欧战后的欧洲归国后，大力抨击"科学万能论"。他认为科学带来的高度物质文明并没有给人类带来和平和幸福，反而带来了灾难。他主张要以中国的精神文明拯救西方的弊病。梁启超由此抛弃了过去对科学的崇拜，而对历史学的科学性提出疑问。然而在新中国成立后的前几十年里，没有人敢于对历史学的科学性提出质疑，不仅不可能出现像 20 世纪前半叶的那种公然反对历史学是科学的观点，即使是主张历史学具有两重性也是离经叛道的。直到改革开放后，随着思想解放，禁区被打破，才有学者对盲目的科学崇拜倾向提出批评。

赵吉惠指出，从近几十年中国史学家的观念演变来看，科学主义和教条主义是影响历史认识论深入研究的主要思想障碍。表现在几个方面：（1）把史学主体几乎从历史认识领域排除出去，认为历史研究就是"原原本本的恢复历史的本来面目"，从而淡化了历史哲学特别是历史认识论的研究；（2）在探讨历史规律问题上，产生了严重的教条主义和唯意志论倾向，认为任何民族、任何地区都毫不例外地经历五种生产方式，否定了历史发展的特殊性；（3）把唯物史观简单化，认为唯物史观是当今最科学的历史观，因而在 20 世纪 50～70 年代不但中止了对史学理论的研究，还把一切西方史学思想都视为"反动思想"加以批判，也中止了对西方史学认识论最新成果的引进和研究，结果是更加助长了科学主义、教条主义的思想影响。②

---

① 金兆梓：《历史是否科学?》，《改造》创刊号，1946 年 11 月。
② 赵吉惠：《科学主义、教条主义对当代历史认识论研究的影响》，《学术月刊》1994 年第 5 期。

雷戈批评道，当代历史学家对历史观盲目崇拜。他们天真地相信有了"科学"的历史观就等于有了"科学"的历史学。于是，几乎所有的史家都舍本求末地去追逐历史观而抛弃历史学。这样，一种近乎怪诞的现象便产生了：作为历史学家，他们不去研究历史，却在那里整天高喊历史观，诵经般地宣传历史观的只言片语，最后，进一步用历史观代替了历史学本身。①

还有些学者不是从正面提出批评，而是把强调历史学的两重性，尤其是科学性之外的东西作为纠正唯科学主义的手段。张荫麟提出历史学是科学也是艺术，就是因为近代中国史学强烈的科学化的趋向使他深感有重提史学人文性的必要。新时期一些学者强调科学性之外的东西，有一种"拨乱反正"的意味，目的是纠正以往那种对马克思主义历史学盲目崇拜的倾向，与张荫麟等人为反对科学迷信而强调历史学艺术性有某种相似之处。李桂海在《历史学既是科学也是艺术》中说，在中国史学界，新中国成立以后似乎已形成一致的看法，那就是认为它是一门严谨的科学，绝对不能与艺术沾边，否则就会影响它的神圣职责。这种看法产生了一些消极的负面作用。现在历史学在发展中遇到困难和问题，它的危机和困境，都与这种看法有密切的关系。历史学为了走出低谷，就必须改变对历史学的看法，对历史学的定义重新加以界定。他认为，历史学如果也是一门艺术，对历史学家是一种思想解放，使历史学家从规范的框子中解脱出来。可见，如果把历史学当成一门艺术来看，必然会给历史学的研究带来飞跃。

20世纪90年代，何兆武和庞卓恒两位学者之间的一场争论虽然规模不算大，却很有意义。它是真正进入历史认识论深层的一次讨论。何兆武在《史学理论研究》1996年第2期发表《对历史学的若干反思》，他认为，历史学是一种人文知识，而不是自然科学意义上的那种科学。作为学术（知识）或科学，两者有其共同的科学规范、纪律或准则；但作为不同的知识或学科，历史学的性质便有别于自然科学那种意义上的科

---

① 雷戈：《破碎的心镜——中国当代史家的心理障碍分析》，《青海师范大学学报》1996年第4期。

学的性质。历史现象和自然现象一样，是客观存在，但对于历史现象的认识、理解和表达（这是历史学），则是历史学家心灵劳动（或活动）的结果，是要取决于历史学家的人生体验的。历史具有两重性，一方面它是自然世界的一部分，要受自然界的必然律支配；另一方面它又是人的创造，是不受自然律支配的。因此，历史学就包括有两个层次，第一个层次是对史实的认知，第二个层次是对第一个层次所认定的史实的理解和诠释。第一个层次属于自然世界，它是科学的；第二个层次属于人文世界，它是人文的。历史学之成其为历史学，全恃第二个层次赋给它生命。第二个层次包含两个部分，即理性思维和体验能力，两者的综合就成为历史理性。理性思维是使历史学认同于科学的东西；体验能力是使历史学有别于科学的东西。文章强调指出，通常的看法总以为所谓历史学就是历史学 I，而不知道历史学之成为历史学，其关键乃在于历史学 II，而不在于历史学 I。历史学 I 是科学，历史学 II 是哲学。历史学家的哲学思想远比史料的积累重要得多。史料学不是历史学，也不能现成地给出历史学。

何兆武还指出："历史学是科学吗？大概这个问题在很多人看来会显得是多余的。因为多年以来人们已经形成了一种根深蒂固的思维定势，也许可以称之为唯科学观点，即一切都应该以科学性为其唯一的准则，一切论断都须从科学出发，并且以科学为唯一的归宿。只要一旦被宣布为'不科学'，这条罪状就足以把一切理论打翻在地，永世不得翻身。历史学仿佛理所当然地应该是科学，完全而又彻底地（正有如柏里所声称的'历史学是科学，不多也不少'）。"何兆武还批评说："有些史家虽然号称高攀历史学的科学性这面旗帜却没有认真朝着科学性的方向迈步。"

何兆武在另一篇文章《历史学两重性片论》① 中也提出了相同的批评。他说，17～19 世纪，由于科学取得巨大的成功及其深远的影响，科学似乎渗入了人们生活的每一个细胞，一切似乎都要以科学为唯一的准则和归宿。直到 19 世纪末叶发生了另一次革命，人们的观念才开始转

① 《史学理论研究》1998 年第 1 期。

变。在中世纪，科学曾经是神学的婢女，到了近代，情形似乎颠倒了过来，人们一切思想活动都应该成为科学的奴婢，都要以科学为最高统治者——这里面同样包含着对思想、对人性的一种扭曲，即要把人生的全部置于科学的绝对权威之下。世界上没有绝对的权威。正是针对这种绝对权威的专横跋扈或者说科学至上主义，从 20 世纪末就在各个领域（甚至也在科学的领域）出现了抗议的声音。对科学的宗教式崇拜本身就是反科学的。正当的理性和科学，也必须承认非理性和非科学的因素在人类历史中的地位和作用。

庞卓恒《历史学是不是科学——与何兆武先生商榷》① 一文，针对何兆武提出的肯定历史学 I 的科学性，而把历史学 II 排除于科学之外的观点提出不同的看法。他指出，历史学的科学性主要不是体现在历史学的第一个层面，即对史料的认定上，而是体现在第二个层面，即对史实的解释和理解上。其论据是，两个多世纪以来，"科学"一词的含义，无论是在自然科学界还是社会科学界，看来已渐趋一致，那就是把科学视为从特殊现象求出一般规律的学问或知识体系。反过来说，不能从特殊现象中求出一般规律的学问或知识体系，就不能称为科学。马克思、恩格斯说过："我们仅仅知道一门唯一的科学，即历史科学。"唯物史观揭示的存在决定意识和经济基础决定上层建筑的原理，早已指出了科学的方向。唯物史观揭示了社会基本矛盾运动推动人类社会从低级向高级发展的普遍规律后，这一发现已经历了一个半世纪的考验，至今没有发现任何一桩历史事实足以否定这一历史发展的普遍规律。文章最后指出，强调所谓"人文学科"与科学不相容的"人文主义性质"，不仅是从马克思主义科学观的倒退，也是从当代学术的"社会科学化"方向倒退。看来，庞文仍是坚持原有的观点，即主张历史学的科学性在于发现规律。

原刊《史学理论研究》2002 年第 2 期，收入本书时编辑有改动，后面各文同，不再一一说明。

---

① 《史学理论研究》1997 年第 3 期。

当代中国历史学的学术转型与创新
——试论旧课题的改造和新课题的建立

一　中国历史学学术转型的迫切需要

从 20 世纪末到 21 世纪初，中国学术转型的呼声日益高涨，在学界形成共鸣。历史学界也多方面地积极地探索转型的途径。2002 年 5 月，中国史学会和云南大学联合召开"21 世纪历史学展望学术研讨会"。全国数十所高等院校和科研机构的 70 余名知名史学家出席了这次会议。与会学者分中国古代史、中国近现代史和世界史三个组进行讨论，基本上是在历史学的各分支学科的范围内对 21 世纪史学提出各自的设想。会后结集的论文集《21 世纪中国历史学展望》① 集中反映了会议的成果。

在按照学科进行探讨的同时，还有跨学科的讨论。2002 年 8 月，"中国需要什么样的新史学"研讨会在北京召开。会议云集了文学、史学、哲学、法学、政治学、社会学、人类学、经济学、宗教学等九大学科的学者。会后出版由杨念群等主编的《新史学——多学科对话的图景》②，这是"一部中国史学界首次多学科交叉研讨会的全景记录"（该书卷头语）。

此外，《历史研究》、《史学月刊》、《史学理论研究》、《近代史研究》、《世界历史》等专门的史学期刊以及全国的各综合性期刊的史学版

---

① 中国社会科学出版社，2003。
② 中国人民大学出版社，2003。

也纷纷开辟专栏，对此问题展开讨论。

尽管关于史学的学术转型已说了很多很多，但是离转型的需要却相差甚远。一方面，空泛之论较多，而具体和明确的以及建设性的意见很少。例如不少人提出要坚持以唯物史观指导历史研究、要加强史学理论研究、要大力引进外国新方法、要跨学科，要这样、要那样，等等。这些学者所主张的，其实是任何时候都需要做的，关键是转型最迫切要做什么，或者说，什么能够最有效地促进学术转型。另一方面，大家基本上是各说各的：或是历史学的各个学科，或是人文、社会科学的各个学科，缺乏一种总体的或宏观的把握。人们普遍认为，对于如何转型，不可能提出具体的方案，① 也不可能或不应当达成共识。② 这些看法当然有一定的道理。因为目前仍处于探索的阶段。但是，如果长期不能达成共识，而且始终找不到具体目标，没有一种可操作的方案的话，史学的转型恐怕永远无法完成，只能是遥遥无期的设想和展望。所以当务之急是寻找转型的突破口。

正当笔者苦苦思索这个问题之时，友人郭世佑寄来他的文章《学术的魅力在于创新》③。文章认为，学术研究亟须创新，并对新、旧课题的创新提出了初步的设想。他认为旧课题的创新比新课题要难得多。因为要突破前人已层累而成的学术起点，无论是资料的挖掘，还是视野的展拓、知识的更新，以及基础理论与研究方法的改进等，良非易事。文章还说："任何低水平的学术重复都与创新无缘。"郭文对笔者有极大的启发。学术研究面对的无非就是两点：旧课题与新课题。改造旧课题、建立新课题，就是一种学术的创新。学术创新当然是时时需要的，但是，在转型时期则更加需要，更为迫切，而且必须是大范围的和彻底的。可以说，学术转型就直接体现为全面的学术创新。

---

① 金冲及在"21 世纪中国历史学展望学术研讨会"所作的开幕词中说，不可能做到预测 21 世纪中国历史学将会怎样具体发展。

② 杨念群在"中国需要什么样的新史学"研讨会闭幕式上的讲话中说："我怎样评价这次会议？首先基本上是成功的。我认为不但不应当形成一个共识，而且分歧应当比共识更重要。"见杨念群等主编《新史学》下卷，中国人民大学出版社，2003，第 883 页。

③ 郭世佑：《学术的魅力在于创新》，《文汇报》2000 年 12 月 16 日。

王学典最近的一篇文章专门论述了重新讨论旧课题的必要性。文章提出："史学界应该对'历史与现实'一类的问题（按该文所述，就是"五朵金花"之类的专题讨论。——笔者按）进行再检讨、再审查。"他认为 20 世纪 90 年代后，"缺乏问题，使得学术界疲软不堪，生气全无。更重要的是，没有'问题'及其论战就没有焦点，没有焦点就无法聚合力量，'问题'及其论战是组织学者在一段时间内集中攻关、攻坚的最有效、最恰当的方式。没有'问题'的史学界必然一盘散沙、各自为战、人自为战"。① 笔者认为，以往的"问题"之所以形成了史学研究的焦点，聚合了史学界的力量，有着政治的和学术的两方面原因。其中政治的原因起着主导作用。中国历史学的各个专题的形成或是为了证明革命领袖某些理论的正确性，或是为了证明中国革命的合法性。新时期史学界对各专题进行了较全面的和大规模的清理，一时间形成了理论研讨的热潮。但是到 90 年代后，这种热潮突然冷落下来，以致出现王学典所说的"没有问题"的现象。一方面，这是因为中国的史学逐渐脱离政治，向学术化发展，人们对那些因政治原因而起的专题不再抱有热情。另一方面，按照过去那种方法研究，已无法深入，也无话可说。于是一些学者对这些旧课题进行了与以往不同的研究，得出了某种新的认识。只是这种新认识还没有明确化。在这新旧交替之际，似乎出现了青黄不接的现象，使史学界陷入了一种进退两难的境地。

二 学界对旧课题的五种看法

迄今为止，学界对旧课题大体上有五种看法，第一种是基本上持否定态度，可称为"否定论"。有学者提出，以往的有些专题实际上是一些"假问题"。所讨论的大前提没有经过科学的论证，因而长期以来争论不休，得不到结果。越来越多的学者从根本上否定这些专题存在的意义。奴隶社会的否定论者其代表人物为雷海宗、胡钟达、张广志等。否

---

① 王学典：《放逐"现实"回避"问题"：20 世纪 90 年代学风的致命伤》，《山东社会科学》2004 年第 8 期。

认中国中古社会为"封建社会"的学者有李慎之、冯天瑜、方兢、周东启、叶文宪、黄敏兰等。何兆武、李时岳、李伯重等学者对"资本主义萌芽问题"提出质疑。刘泽华、董楚平等人挑战传统理论中的"阶级斗争动力论"和"农民战争推动历史前进"的说法,孟祥才、刘祚昌、黄敏兰等批评农战史专题中的严重失实现象。近代史领域中也对过去的专题进行了大规模的清理。李时岳、郭世佑等学者对"革命"与"改良"等问题提出了新论。① 传统的"五种生产方式说"已为学界许多人所抛弃。

第二种是"肯定论"。"肯定论"是针对"否定论"而提出的。张海鹏明确表达了这一主张:"照我个人的看法,我们应该继承老一辈马克思主义史学家的传统,在坚持运用唯物史观研究中国历史的道路上继续前进,不要回头。至少,我们不应该否定老一辈马克思主义史学家在研究中国历史上所做出的贡献,不能对历史采取历史虚无主义。我们在中国历代社会性质的认识方面,如何更科学一点,而不是否定我们在这方面已经取得的成就。有人否定中国存在奴隶社会,有人否定中国存在封建社会,有人否定经过革命实践和历史实践检验过的近代中国的半殖民地半封建社会性质,否定中国历史上存在阶级和阶级斗争。这就把我们的前辈经过千辛万苦探索得到的历史认识,轻而易举地丢掉了。这恐怕不是历史主义的态度。"② 他在近代史领域大力坚持原有的理论。此外,也有不少学者仍坚持五种生产方式说。

第三种是"一分为二论",或"假问题带来真学术论",由王学典提出。他认为应当将学术与政治、正确与错误做小心的剥离,并认为"五朵金花"之类的专题尽管可以说是假问题,但是这些假问题却带来了真

---

① 参见黄敏兰《20世纪百年学案·历史学卷》第3编"专题讨论与研究",陕西人民教育出版社,2002;李慎之《中国文化传统与现代化——兼论中国的专制主义》,《李慎之文集》,自印本,2004;黄敏兰《近年来学术界对"封建"及"封建社会"问题的反思》,《史学月刊》2002年第2期。

② 张海鹏:《发扬吕振羽用唯物史观探索中国历史进程的精神》,《中国史研究》2000年第3期。

学术。① 海外学者余英时早有类似的看法。他认为，在"资本主义萌芽"的理论指导下的明清史研究"至少有发掘了大量史料和提出了新问题的功绩"。②

第四种是"无所谓论"。刘泽华说："把某一段历史时期是否概括为'奴隶社会'以及中国是否有'奴隶社会'并不重要，过去把它视为一个与马克思主义命运攸关的大事，实在是小题大作。同样，用不用'封建社会'来概括周秦以后的历史也并不重要。"③ 他还在其他场合提出，对秦以后的中国古代社会叫不叫"封建社会"无所谓。"无所谓论"尽管在书面表述上没有"否定论"多——因为它只是一种态度，不必像其他几论那样，需要经过论证——但是在实际上它是一种较普遍的心态。尤其是那些未曾经历过大论战的年轻人，对此并不感兴趣。他们也无法理解上一辈学者为什么会对这些问题倾注如此大的热情和如此多的精力。

第五种是"改造/创新论"，由本文提出。笔者曾是否定论者之一，并且曾预言"随着20世纪的结束，专题这一领域也将会从中国史学中逐渐消失"。④ 现在看来，这种认识过于简单化。因为以往的专题，或者说"问题"，不仅仅聚合了史学界的力量，更重要的是它们共同形成了一整套中国化的马克思主义历史解释系统。换句话说，正是史学家经过共同努力，通过长时期的大规模论战，才建立了这个历史解释系统。它包括中国历史的"规律"、社会的主要矛盾、社会发展方向等一系列的理论，从而成为中国历史学的研究与编纂的指导原则，制约着人们的思维方式，形成了中国人特有的话语体系——不仅在史学界通用，而且流行于整个社会，例如中国有关封建社会的概念和对"封建社会"的批判和抵制、鄙夷态度，就是弥漫于全社会的。现在尽管这些专题大多已为人所抛弃，但是它们所建立的理论系统却根深蒂固地存在于现实世界中。你可以不理睬旧专题，也可以否定那些命题，但是你不可能回避它们背后的理论

① 王学典：《"五朵金花"：意识形态语境中的学术论战》，《文史知识》2002年第1期。
② 余英时：《现代儒学论》，上海人民出版社，1998，第59页。
③ 刘泽华：《分层研究社会形态兼论王权支配社会》，《历史研究》2000年第2期。
④ 黄敏兰：《20世纪百年学案：历史学卷》，陕西人民教育出版社，2002，第262~263页。

体系。要实现中国历史学的学术转型，当然不可能绕开这个历史解释系统。由于它在传统史学中有着极为重要的地位，并起着十分关键的作用，中国历史学应该，而且必须将改造这一系统作为史学转型的突破口。根据笔者的初步探索，中国史学也完全有可能将这些旧课题改造成为新课题。

可以说，改造、创新的必要性和可能性都是充分的。下面，就试以几个主要专题为例，进行实验性的改造、转换工作。

三 "改造/创新论"对改造旧课题的初步设想

旧课题需要改造，不仅仅是笔者个人的想法。在与友人交流时，中国农战史学会理事长孟祥才提出，农战史专题根本的是体系的问题，而不是枝节的问题，需要全面的改造。世界史学者顾銮斋也认为，对农战史这类的课题应当从新的角度去研究。这些想法与笔者的设想是一致的。所谓从新角度研究，就是对旧课题的改造，发现其新意义，这样旧课题就可变成新课题。如果仅仅重复过去的主张，炒冷饭，不仅毫无意义，而且不可能，因为这不会引起学者们的兴趣。

然而，旧课题如何改造呢？首先要找出它的弊病。过去的专题"研究"，是本末倒置的。它只是为了论证领袖理论之"正确性"和普遍性，结论先于研究并决定研究。例如，郭沫若提出中国古代也存在奴隶社会，受到众多马克思主义史学家的称赞，被认为是一个划时代的"发现"。侯外庐说，郭沫若的《中国古代社会研究》"运用历史唯物主义的观点和方法，第一次提出并论证了中国古代同样存在奴隶社会，从而证明了马克思主义关于人类社会史一般历史规律的普遍意义"。[①] 正是为了证明这一规律的"普遍意义"，中国历史学掀起了轰轰烈烈的古史分期的大论战。领袖的言论成了研究的前提和出发点。历史学家的工作主要是寻找史实以填充这个理论框架。由此形成了狭窄的视野、僵化的思维模式和公式

---

① 侯外庐：《我对中国社会史的研究》，《历史研究》1984 年第 3 期。

化的话语系统，几十年来重复不已，难以突破，也难以创新。要改造它，就必须打破过去那种陈旧的思维模式和话语体系。方法首先是转换出发点：从史实出发，而不是从理论出发。其次是改变历史研究的目的：变"证明"学和"注经"学为真正的历史研究，去探寻历史的真意义。

中国需要什么样的新史学？新史学之新，就在于要发现历史的真意义。这里所说的，不是历史哲学所探讨的"历史的意义"（meaning of history）——那有关历史的价值、目的等问题——而是历史学家所探讨的"历史中的意义"（meaning in history）。① 历史中的意义有许多种，大体可分为两种：一种是民族性的，即本土性的，反映着历史的特殊性。另一种是普遍性的，也可称为普世性的。这两者有时是相关的。

过去，由于历史研究目的的偏失和理论的误导，历史学过于注重人类历史的普遍"规律"，强调"一般"而忽视甚至否认"特殊"，或者仅承认一般条件之下的"特殊"，因而看不到中国历史的独特性，即民族性，也不能认识西方历史的民族性。例如，中国历史上频繁的周期性社会动乱以及由此引起的皇朝更替，最充分地显示了中国历史的特殊性或特殊规律。但是长期以来它被当作"阶级斗争"在中国的典型表现，即"农民战争"。农战史专题用一般性的理论，即阶级斗争理论来解释这一特殊历史现象，结果是埋没了中国历史的特殊性，无法认识它的真意义，也无法解释为什么西方没有中国这种奇特的历史现象（这似乎是自相矛盾的。因为，如果强调一般的话，西方中古也应有中国的这种历史现象）。同时，由于怀有太多的中国情结（各个专题主要是为解决中国的政治问题），眼光局限于中国的历史，而对人类历史的普遍性关注不够，尽管主观上苦苦追求人类历史的"普遍规律"，但并没有以研究普遍历史为目的，只是要以中国历史来证明马克思主义理论的普遍性。所以传统史学在这两方面都存在着极大的不足。

被称为"五朵金花"的五大问题可以说是众多专题中的典型。而在"五朵金花"中，"农民战争"和"古史分期"又是最为重要的两大问

---

① 〔英〕格鲁内尔：《历史哲学》，隗仁莲译，广西师范大学出版社，2003，第5页。

题。"农战史"的研究基本上是在毛泽东农民战争理论的指导下进行的。也可以说，农战史专题的目的，主要是论证毛泽东农民战争理论的正确性。毛泽东农民战争理论，首先是农民战争的性质理论，它决定了其他几个方面，即中国农民战争的特点、原因和作用。关于农民战争的性质，毛泽东明确规定，中国历史上大小数百次的起义"都是农民的反抗运动，都是农民的革命战争"。为了突出中国农民富有反抗精神和"革命"性，毛泽东紧接着就指出中国农民战争的特点："中国历史上的农民起义和农民战争的规模之大，是世界历史上所仅见的。"农战史学者以这一论述为研究的大前提，并且不断重复着毛泽东的这些论述。然而他们没有意识到"世界历史上所仅见"这种表述本身就指出了中国历史有着区别于外国历史的特殊性。为什么会有这种"仅见"的历史现象呢？农战史学者并没有去探索，去研究，而是用最一般的理论，即阶级斗争理论来解释这个特殊现象。这个阶级斗争理论由毛泽东做了"中国化"的处理。关于农民战争的原因，毛泽东指出："地主阶级对农民的残酷的经济剥削和政治压迫，迫使农民多次地举行起义，以反抗地主阶级的统治。"于是历史学者们就只需要搜集大量的史实来证明"地主阶级"是如何残酷剥削、压迫农民的。在新时期，有学者质疑这一理论说：难道西方的领主不剥削农民吗？显然，"地主剥削农民论"不能自圆其说。

据笔者的研究，所谓农民起义和农民战争，是名实不符。也就是说，它并不是农民的。首先，它是全社会成员共同参与的，其中有大量的庶民地主和商人。其次，它不是为农民谋利益的。尽管它在发动之初，有着民众反抗的性质，但是最终都发展成为个人和小集团通过夺取政权实现自己利益的政治行动。无论从现象还是从本质上看，它都可称为社会动乱（至于它是否具有革命性，将在后面的作用考察中讨论）。这种社会动乱有两个显著的特点，一个是呈周期性。之所以呈周期性，是因为动乱的发生与王朝的统治周期相吻合、相交替。因为，一方面，王朝的残暴统治造成了动乱；而另一方面，周期性的社会动乱又常常引起王朝的更替。这种循环不已的现象成为中国中古历史的特殊规律。第二个特点，就是毛泽东所说，并为人们所公认的"规模大"，此外还有时间长、次数多等。毛泽东及农战史研究者们并没有对"规模大"这一特点做出解释。然而，它恰恰反映了动乱与王朝统治的关系。因为动乱发动者的目的是要改朝换代，改朝换代是一种几乎由全社会成员共同参与的行动，所以必然是"规模大"的。这与单纯的农民运动不同。由于动乱与王朝更替有密切的关系，动乱的原因，只能从王朝自身以及王朝与社会的关系两方面去寻找。这方面的研究，还需要与西欧中古社会做对比。因为西欧中古社会中也有王朝统治和王朝更替，但是没有中国的这种周期性社会动乱。这种现象被农战史学者认为是"农民战争"少和阶级斗争少，其实是一种误解。

从王朝的构成来看，西方中古的王朝由王室和少数非正式官员组成，这些官员多由神职人员或世俗贵族兼任。西欧的贵族有充分的独立性，他们不与王朝共进退。可以说，西欧王朝的更替，只是个人的权力交替。这样就极大地限定了参与王权争夺者的范围，并直接排除了广大社会成员参与王朝更替的必要性。中国的王朝是一个庞大的政治 - 行政系统。它由皇帝和官僚集团组成，这个集团不仅有从中央到地方的各级行政系统官员，还有大量的准官僚，包括皇帝的后妃、宗室和家奴（即宦官）。按照国家制度，这三种人也比照外朝官员的标准划分品级，享受俸禄。皇帝和官僚共存亡，同生死（因为中国的改朝换代不仅是进退的问题，而且意味着旧皇朝成员生命和财产的丧失）。因此，中国皇朝的更替不仅是个人的权力交替，而且是庞大集团的权力交替以及由此引起的社会性财产再分配；不仅皇位更换，还有大量官位的变换。大多数人参与动乱，不是为了争皇位，而是为了当功臣，由此封官封爵。例如萧何等人辅佐刘邦成帝业。中国王朝的这种构成形式必然促使更多的社会成员参与造反、夺权。而中国社会特有的等级流动形式也刺激人们通过造反来改变身份。造反尽管被王朝认为是非法的，但是可以转变为合法的。一是接受皇朝的"招安"，通过他者合法化。另一个就是夺权，自己使之合法化。这种等级流动的方式加大了广大社会成员参与动乱的可能性。

从王权合法性的要求来看，在西方中古社会，王室血统是继承王位的首要和必要的条件。钱乘旦等指出："在英国（以及几乎在整个欧洲），王室的血统十分重要。即使用武力夺取王位，夺位者也必须有王室血统，与被推翻的王朝有直接的承继关系，否则就没有合法性。由此，安茹王朝通过战争接替诺曼王朝，其始创者亨利二世是亨利一世（诺曼王朝）的外孙；兰开斯特家族的亨利四世推翻安茹王朝最后一个国王理查二世，但新王与老王本是嫡堂兄弟。……由此可见，血统的要求对封建合法性是何等重要。正因为如此，自征服者威廉以来，王室的世系一直以某种亲属关系延续，这种情况显然表现封建王权的一大特色——血统原则。"①由于血统原则的限制，西欧王位的继承相对平稳。通常引起王位纠纷及王朝更替的原因是国王无嗣。王室血统原则基本上排除了非王室成员争夺王位的可能性。因此在西方，不可能出现像中国那样的，由广大社会成员共同参与夺取最高政权的政治运动。这就是所谓西方农民战争少的一个重要原因。

除了王室血统原则外，西方还有两个重要的王权合法性原则，一个是人民同意，另一个是教会同意。"人民"最初只是贵族，后来发展为更多的民众参与。在英国，人民同意常常表现为议会同意，议会有权决定王位继承问题。教会同意就是所谓的君权神授。君主继位时，要由教皇或者教皇的代表为其加冕、涂圣油，才具有合法性。人民同意和教会同意两项原则所含的意义是，贵族和教会承认国王合法的和合理的统治，在这一前提下给予应有的支持。它一方面制约了王权，另一方面也保护了王权，排除了他者颠覆王权的可能性，使王权相对稳定。

与西方相比，王室血统、人民同意和教会同意这三项原则在中国都不存在。中国王朝在一代内的王位继承要求有王室血统。但是唯独换代不需要王室血统。不仅不需要，而且是以改姓为目的。因此，王朝更替被称为"易姓"。中国从先秦始，就有易姓的传统。在秦以后，则更普遍。不仅贵族可易姓，连平民百姓乃至流氓无赖都敢于问鼎。刘汉王朝的建立，开辟了平民打天下的政治道路。从此，各种人都可乘乱而逐鹿。王室血统原则的缺乏扩大了广大社会成员参与动乱的可能性。

---

① 钱乘旦、陈晓律：《英国文化模式溯源》，上海社会科学院出版社、四川人民出版社，2003，第12~13页。

中国王权合法性的依据，不是人民同意或教会同意，而是暴力。"成则王、败则寇"。成功了就是合法。中国王权也有"君权神授"，但这是中国特色的君权神授，是由皇帝自己给自己授，而不是由独立于王权的教会来授。新皇帝继位后，总要造出一些神话，宣扬皇帝的一些特异现象，如降生时满屋红光，或者其母与神交配，等等，表明皇帝是神灵转世或神的后代。这种神授对王权毫无约束力。中国的皇朝尽管充分地集权和专制，但是并没有社会力量的支持。庞大的官僚集团忠于皇帝，没有独立性，依附于皇权，其盛衰荣辱都随皇帝的意志而定。所以王朝越是强大，反而越虚弱。因为它是孤立无援的。当全社会都起而反对它时，它就可能不堪一击。这也是中国不断爆发周期性社会动乱的一个重要原因。

西方王权合法性的基本原则是与王朝的构成有关的。由于社会的多元性，西方社会的统治阶级未能形成一个统一的整体。贵族和教会是相对独立于王权的。他们与王权分享统治权，所以才会有既制约王权，又支持王权的政治格局。而王室血统原则有可能是在贵族血统原则基础上发展的。因为西欧中古贵族有着严格的血统要求。中国社会中没有独立于王朝的政治实体，也就不可能有"人民同意"和教会同意的原则。

就王朝与社会的关系看，中西也有很大的不同。中国中古社会有两种关系，一种是王朝运用国家强权统治和掠夺、奴役编户齐民的大的社会关系，它具有政治的和经济的两种性质。另一种是地主剥削农民的个人的经济关系。造成周期性社会动乱的仅是前一种关系。皇帝官僚集团对编户民的过度的奴役（徭役）和掠夺（赋税）迫使编户民（其中既有农民，也有庶民地主）反抗，也就是人们所熟知的"官逼民反"。王朝的集团性统治形式和剥削形式使它与全社会对抗，而不是像地主个人，与农民只是单独的对抗。所以，中国就会出现大规模的夺取全国政权的政治运动。关于王朝的赋税和徭役多么沉重，已是人所共知，无需在此赘述。我们只需了解动乱的前提就足够了。按照西欧封建制的原则，国王被要求"靠自己过活"。他的经济来源基本上只限于王室领地。如果国王需要向臣民征收额外的赋税，则必须取得纳税人的同意。这样，就限制了王朝对社会的过度剥削。中国皇朝以国税供养皇室及官僚个人、家族，是国家的正常制度。正常到无论多么无限制地征收和挥霍，也被视为理所当然。而西方国王征收国税，尽管大多是用于公共事业，例如对外作战、开辟海外市场，也属非正常收入，也要受到严格的制约。这是中西方的一个很大差异。西方的王朝是低成本的。与之相比，中国王朝不仅是高成本的，而且为了满足统治者的需要可以说是不计代价。例如历代王朝设立都城从不考虑降低经济成本的问题，多不把首都建于盛产粮食的地区，而是始终以漕运这种劳民伤财的方式来满足王室和庞大官僚系统的消费。这与西方国王的"就食巡行"（即自己到王室的各个领地去就地消费农产品）形成了鲜明的对比，并由此造成与西方不同的社会效应。

关于周期性社会动乱的原因，还有其他一些方面的内容。例如经济结构的弊端、水平流动与垂直流动的影响、赋税的性质、权利与权力的关系等等。限于篇幅，不能在此详述，将另文论述（题目就是《中国中古的周期性社会动乱与王朝更替》）。总之，这样一个深刻影响了中国历史两千多年，并汇集了全社会从上到下各个阶层力量的政治运动，绝不能仅仅用"地主剥削农民"这样一个简单的公式加以概括和解释。

最后，回到"农民战争"的作用问题上。按照毛泽东的理论，农民战争的革命性质还决定了它具有"推动历史前进"的伟大作用。毛泽东指出："在中国封建社会里，只有这种农民的阶级斗争，农民的起义和农民的战争，才是历史发展的真正动力。"[1] 毛泽东的"农民战争动力论"是马克思主义"阶级斗争动力论"的中国化表述。它在相当长的时期内成为学术研究的唯一指导原则。在新时期，史学界掀起了历史发展动力问题的讨论，一些学者用"生产力动力论"挑战"阶级斗争动力论"，就是从否定"农民战争动力论"入手的。然而，无论是"阶级斗争动力论"，还是"生产力动力论"都有着共同的缺陷，那就是，他们都只是从

---

[1] 毛泽东：《中国革命和中国共产党》，《毛泽东选集》第 2 卷，人民出版社，1991，第625 页。

领袖的理论出发，而不是从史实出发看问题。要么是毛泽东的理论，要么是马克思的理论。马克思的理论也有不同，一种是阶级斗争观点，一种是生产力动力论。论战双方的分歧只是在于对领袖人物理论的选择不同或阐释不同。正是理论的限定和误导，造成了对阶级斗争作用的误解。表现为以下几点。（1）仅仅强调对抗的作用，而未看到共存与合作的作用。（2）在对抗中，仅重视两大对立阶级之间的斗争，而忽视其他种类的斗争。（3）将阶级斗争锁定在"农民战争"一种形式之上，都只将中国的农民战争当作阶级斗争的主要的或者唯一的表现形式，用它来作为肯定或否定"阶级斗争动力论"的唯一论据。结果形成了这样的理论模式：农民战争＝阶级斗争。反过来则是阶级斗争＝农民战争。例如有学者指出，中国农民战争多，社会却长期停滞不前，而西方农民战争少，也就是阶级斗争少，社会进步反倒比中国快，可见，阶级斗争并非历史发展的动力（现在仍有人重弹老调）。这些认识都过于简单，或者说是过于眼光狭窄。他们没有看到，人类社会的关系有多种形式。

首先，阶级斗争有多种表现形式，并非只是一种暴力的、武装反抗的形式。起码在西方，就有着中国所没有的多种斗争形式。侯建新总结道，西欧农奴挣脱农奴制的途径有多种：一是奔向城市和新垦区；二是通过法庭进行合法斗争；三是把劳役地租折算为货币地租以及货币赎买；四是通过集体反抗斗争逐步挣脱农奴制枷锁。侯建新指出："英国农奴反抗斗争与中国农民战争相比，具有自己的特点。首先，在英国封建社会历史上，几乎没有爆发过一次真正的全国规模的农民起义，但农奴和其他农民针对本庄园领主进行的集体抵抗斗争却很频繁。……相比之下，在中国古代社会的农村里，全村农民团结一致进行抵制或反抗的情况远没有西欧那么普遍。这当然与中国农民的生产生活过程和与之相适应的农村的社会结构和政治体制的特点有关。其次，英国农奴在反抗斗争中几乎没有提出过推翻某个现存封建王朝并取而代之的纲领，也几乎没有提出过'均田免粮'之类的笼统而难于实现的要求。相反，他们大多是提出改善其经济社会地位的具体目标，即使在1381年那样的大起义中，由各村代表共同商定的要求，也主要是废除农奴制度、保证贸易自由，每英亩土地租金不得超过 4 便士，以及大赦起义者等。"① 西方农奴的斗争从性质上看，有合法和非法的两种，从手段来看，有暴力和非暴力的之分，从发生频率来看，有经常性的和偶然性的或一次性的几种。总的来说，经常性的斗争是那些合法的、非暴力的斗争。最重要的是在法庭上与领主较量。侯建新在《现代化第一基石——农民个人力量与中世纪晚期社会变迁》一书中详细地介绍了这方面的情况，指出这种较量已成为农民日常生活中的一个不可或缺的重要部分。农奴的经常性的合法斗争可以极大地影响着其他形式的斗争。例如农奴赎买自由是一次性的。但是他们有能力向领主赎买自由，当然是因为手头富裕。而这种财富的积累恰恰在于他们平时能够成功地抵制领主的过度剥削。正如侯建新所指出的："创造财富固然重要，然而在到处充斥着超经济因素的封建社会里，有力地遏制和抵抗封建主的侵夺同样重要。"② 这种经常性的斗争也可减少暴力行动，使之成为偶然发生的事件。此外，农奴逃亡尽管是非法的，但是农奴可以在逃入城市，居住一年零一天之后获得自由，也就是合法化了。可见，西方并非阶级斗争少，而是中国式的单纯暴力的阶级斗争少。因为，西方农奴能够通过多种方式来有效地维护自己的权利和改变自己的地位，所以无须较多地诉诸武力。尤其是不靠夺取政权来实现自己的利益。所以不会出现"大规模"的、全国性的农民起义。中国民众恰恰是因为平时缺乏合法斗争的手段，积重难返，才会在王朝末期爆发大规模的武装反抗运动。

其次，阶级斗争只是人类对抗中的一种表现形式。在对抗中，既有不同阶级之间的斗争，也有同一阶级内的斗争。在西方，统治阶级间的斗争往往更为重要。例如，教权与王权的斗争、贵族与王权的斗争，都制约了王权，对社会进步起到了积极的作用。不能否认，被统治阶级之间也有严重的对抗。例如西方城市间的竞争会引起激烈的城市战争。那种以为被统治阶级始终会团结一致地与统治者做斗争的想

---

① 侯建新：《社会转型时期的西欧与中国》，济南出版社，2001，第 118~128 页。

② 侯建新：《现代化第一基石——农民个人力量与中世纪晚期社会变迁》，天津社会科学院出版社，1991，第 77 页。

法是不符合史实的。

再次,在人类的社会关系中,除了对抗之外,还有共存与合作。共存与合作更加普遍,也更为重要。一个社会如果没有它们,就不可能存在和运转。可以说,共存是常态,对抗是非常态。例如西欧领主与农奴既对抗又共存。一方面,领主剥削农奴,另一方面,给农奴提供生活、生产条件,并设法保护农奴。没有这种共存,生产活动根本就无法进行。对抗是在共存的基础上产生的。一个社会不可能总是处于对抗之中。马克思说,没有对抗就没有进步。同样,没有共存也没有进步。共存是一种状态。合作则是行动,也是手段。对抗可以促进合作,合作又是为了有效地对抗。合作既有同一阶级内的,如城市联盟,或村民集体抵抗领主;也有不同阶级间的。例如英国的贵族在与王权较量时,联合市民,共同制定了著名的《大宪章》。还有,中古后期,王权普遍与城市结盟,削弱贵族势力,发展资本主义,等等。

最后,需要强调的是,无论是不同阶级间的,还是同一阶级内的对抗,只有理性的行动才是历史发展的真正动力。单纯暴力行动不一定能成为历史发展的动力。西方各阶级、各阶层的种种斗争,目的或者是制约权力,或者是维护和争取自身的权利。他们多是以法律手段为主,有时以暴力为后盾。这种行动常常是以建立合理的制度和法律为结局,以此来巩固合理斗争的成果,并在这个基础上采取新的行动,在实现了本阶级利益的同时,也有益于社会其他阶层的利益,由此不断地促进了社会的进步。而中国的"农民战争",参与者的反抗尽管有充分的合理性,但是他们大多数人最初只是盲目地反抗,随后则是为了夺取政权,以改变个人的地位和命运,而不是争取自身的权利。因此,改朝换代不能改变不合理的制度,它只是更换了统治集团的成员。部分原来的被统治者变成了新统治者,而广大社会成员依旧处于受剥削和压迫的境地。这种非理性的斗争,丝毫不具"革命"性。在这里需要指出的是,一种行为或一种运动是否具有革命性,不取决于行动者的身份是否是劳动者,而是由行动的目的和结果而定。农民起义未必就有革命性,而贵族斗争也许会有革命性。以往的"动力"讨论,没有考察中外历史上普遍存在的各种对抗，仅仅从经典作家的论述推论，大多只是在概念上兜圈子，所以无法认识历史动力的本质和意义。

根据以上的尝试性研究可知，"农战史"专题之改造和创新的途径首先是要走出农民战争理论的误区，然后将它放到不同的背景下分别加以考察。探讨"农民战争"，即周期性社会动乱的特点和原因，需要从王朝自身以及王朝与社会的关系两方面研究，认识中国王朝更替与周期性社会动乱的相互关系，同时与西方中古史相比较，说明为什么西方的王朝不会引起周期性的社会动乱。这些直接地体现着中西历史各自的特殊性。周期性社会动乱的性质和作用可放入普遍性命题——"人类社会的对抗、共存与合作"中考察。

"古史分期"问题也许比"农战史"更为复杂。因为农战史专题有一个较全面的理论体系：从农民战争的性质到爆发的原因、特点及作用（其实还有农民战争失败的原因，因与本文无关，所以在此未论及）等等，各方面都由毛泽东做了明确和具体的规定。而且它仅仅面对中国的历史，使用中国自己的语言研究和解释，不至于造成误解和概念的混乱。尤其是它研究的仅是中国历史上的一个具体历史现象，无论它如何离谱，也还不至于过于玄虚。但是"古史分期"问题在各方面都与之不同。首先，其理论来源多样，有马克思的、恩格斯的、斯大林的，还有毛泽东的，既不集中也不统一，未能形成一种像农战史理论那样的既简单又明确的理论系统，所以会因为理论根据之不同而产生许多的分歧。其次，它是以西方历史为背景，有时对西方概念的误译造成了误解和概念的混乱。例如，关于"封建"的概念就有三种，一种是中国西周的封建，一种是西欧的封建，还有一种是唯物史观的概念。唯物史观的概念尽管是从西欧的封建概念中抽象而来的，但是有一些根本性的不同。一般人很难区分这三种不同的概念。因为这三种概念经历了时空转换，在这转换过程中已经改变了原来的意义，甚至偷换了概念。再加上中国意识形态的影响（例如"反封建"的政治需要及其强烈宣传）给这个问题增添了许多非学术因素，由此而造成对"封建"的误解和滥用。还有一个重要的区别是，"古史分期"专题研究的不是具体的历史现象，而是较抽象的社会形态和社会结构。抽象的对象，加上抽象的理论，使得这个问题难上加难。最后，唯物史观的影响使中国历史学注重一般而忽视特殊。同时，中西文化的巨大差异阻碍着中国学者对西方文化及西方历史特殊性的认识。这反过来又影响到他们对中国历史自身特殊性的认识。在"共同性"观念的影响下，中国历史学往往把中国历史的种种现象普遍化，推及西方。例如把专制、礼教以及残酷的剥削等中国的特产统统概括为"封建"的，以为这些具有普遍意义。这也进一步加深了误解。

然而，"古史分期"又是一个极为重要的问题，它牵涉的面十分广泛。尤其关于中国是否存在封建社会的问题就直接决定着"资本主义萌芽"、"中国封建社会长期延续"、"封建社会土地所有制"乃至"农民战争"等一系列的理论问题。所以它更值得重新讨论。只是由于这个问题本身具有高度理论化和抽象化的性质，难以提出像上一个问题那样较为具体的设想，论者只能勉为其难，就方法论问题进行初步的探讨。

在新时期重新讨论古史分期问题时，有些学者提出，解决分期问题的最佳办法是根本否定中国历史上存在奴隶社会。古史分期讨论之所以众说纷纭，是由"中国奴隶社会"这个大而无当的前提造成的。这种观点当然有一定的道理，但是问题并不那么简单。否定中国存在奴隶社会和封建社会，中国究竟是什么社会，仍需要去认识，需要有解释，有描述，不可能什么都不是。"古史分期"的症结主要是如何研究社会以及为着什么目的研究社会的问题。分期的工作可简单概括为两点：一是定性，二是命名。当然两者是同步的。分期是为了给中国社会的不同阶段定性，将它或者称为"奴隶社会"，或者称为"封建社会"。然而，分期的标准却是庞杂不一的，包括统治阶级是奴隶主阶级还是地主阶级，劳动者的身份是奴隶还是农奴，土地所有制性质是公有还是私有，此外还有上层建筑的一些标志，如法典、政治改革等等。可以说，分期的目的是定性，而分期难以解决的原因恰恰在于无法定性。正因为没有明确和统一的标准，才出现了多达十几家的分期之说。明明不能定性，中国马克思主义史学家们却强要定性，为定性打了长达半个多世纪的笔墨战。如此地兴师动众，究竟是为了什么呢？究其根源，这不是为了学术，而完全是出于政治的目的。在20世纪30年代，中国马克思主义史学家为了解决革命对象问题，需要确定中国社会的性质，为此展开社会史论战。分期问题由此而起。1949年后，确定社会性质的任务虽不存在，但是仍需要维护马克思关于社会发展规律的理论。中国历史学为中国社会定性，其根本的依据就是马克思的社会形态理论。马克思社会形态理论的目的，是要证明资本主义社会只是历史上的一个阶段。它不是永存的，必将被下一个社会形态所代替，正如历史上发生过的多次社会形态更替一样。这种历史理论，具有强烈的政治色彩，是为无产阶级革命制造理论根据。由此可见，无论是分期的目的，还是分期所依据的理论，都是政治的和功利性的。正是强烈的政治目的，使得研究充满了主观随意性。在分期讨论中，有些人为了坚持自己的观点，任意地曲解史实和史料，正如雷海宗所说的那样，戴着放大镜去寻找奴隶，结果发现满山遍野都是奴隶。郭沫若根据古文字的字形牵强地解释古人的身份，以扩大奴隶的范围，甚至将殉葬的贵族也说成是奴隶。这种不顾一切的盲目定性已经把中国的历史学引入了歧途。历史学当然需要给历史分期，但分期不是目的，只是手段，是为了更清楚地认识历史。历史学的分期，应该没有什么严格的标准，可以根据研究者自己的需要，从各个角度去做，而且它完全可以不需要通过定性来完成。然而对于"古史分期"的讨论者来说，分期及为此进行的定性却成了研究的目的。可以说，以往的定性不是真正的历史研究，不是为了认识社会而研究社会，只是搜寻史实以证明中国历史符合马克思所说的人类社会的"普遍规律"。也许历史学并不需要给某个社会定性，从历史认识论的角度来看，也难以定性。社会是复杂的，有着多种要素。用一种制度，或一个概念来概括复杂的社会，是否可能？是否必要？这些都是值得考虑的。现在越来越多的人不仅否认中国有奴隶社会阶段，而且进一步否认中国存在封建社会阶段。大多数人并未怀疑西欧的中古（或中世纪）为封建社会。然而，已有中外学者对这一观点及其方法提出了质疑。法国史学家布罗代尔说，他和他的同事对于"封建主义"这个经常使用的词都"感到本能的厌恶。他们和我都认为，由通俗拉丁语'feodum'（采邑）演化而来的这个新词仅适用于采邑制及其附属物，而与其他东西无关。把十一到十五世纪之间的整个欧洲社会置于'封建主义'之下，正如把十六到二十世纪之间的整个欧洲社会置于'资本主义'之下一样不合逻辑"。他认为，西欧封建社会至少由五种不同的社会组成：领主与农民结合在一起的社会、神权社会、以领土国家为中心组织起来的社会、贵族社会以及城邦社会。这几个社会并存，并且相互依赖。① 笔者曾撰文指出，西欧的中古社会并非封建制一统天下，而是封建制与非封建制并存和相互影响。② 如果说，过去我们把中国的中古社会说成"封建社会"是一种误解；那么，用"封建"来概括西欧中古，也是过于勉强，过于眼光狭窄。对中西两种社会的认识都应突破那种单纯以"封建制"为出发点的认识模式，最关键的还是要将"定性"那种非合理性的抽象"研究"转变为对社会的全方位、多角度的具体研究。

侯建新指出，即使可以用 feudalism 一词概括西欧中世纪，那么以中文"封建"一词与之对译的确切性大可怀疑。其实最初的汉学家和中国学者（包括严复在内）从不将二者对译，严复译 feudalism 为"拂特制"。20 世纪受西方单线进化论的影响，将西欧 feudalism 抽象化、普遍化，西欧有的中国也有，世界其他地区也一定有，据此严复首先将 feudalism 与"封建"对译，从此西欧和中国有了共同的、普遍的"封建社会"，也为以后接受"五种生产方式说"埋下伏笔。③

日本学者谷川道雄根据中国学者的研究总结道："五种生产方式的理论很难适用于中国史发展的具体情况。那么，究竟应该用怎样的理论方法来把握中国史发展的特征呢？有学者提出为了客观地讨论中国历史发展的社会形态，最好不要生造词汇。对于各个历史时代的称呼也如此。像奴隶时代、封建时代这样的词汇可以不用，而应该使用上古、中古、

---

① 〔法〕费尔南·布罗代尔：《15 至 18 世纪的物质文明、经济和资本主义》，顾良译，三联书店，2002，第 506~507 页。

② 黄敏兰：《论欧洲中世纪的封建制与非封建性制度，《西北大学学报》1999 年第 3 期。

③ 侯建新：《应规范世界史基本概念：西欧"封建主义"有普遍性吗》，"中国世界史研究论坛第一届年会"大会发言，2004 年 12 月。

近古、近代这样的词汇。总之，考察中国历史发展的实际状态是最为重要的。中国史的研究应该重视中国历史所具有的特征。"① "古史分期"的讨论主要是为了强调人类历史的一般性。要改造它，就要发掘中国历史的特殊性，正如谷川道雄所说的那样："重视中国历史所具有的特征。"中国历史的特殊性，需要与外国历史进行比较才能发现。所以需要广泛地进行中外比较研究。

"资本主义萌芽"和"封建社会土地所有制"两个问题的重要性稍逊，是从属于社会形态问题的。而且它们都没有过于复杂的理论及政治背景。

"资本主义萌芽"的理论来源是双重的：基本原理是马克思的五种生产方式说，直接的论点是毛泽东的具体论述。毛泽东在《中国革命和中国共产党》中明确地指出："中国封建社会内的商品经济的发展，已经孕育着资本主义的萌芽。如果没有外国资本主义的影响，中国也将缓慢地发展到资本主义。"这个专题主要是给毛泽东的话做注释。具体涉及"资本主义萌芽"的内涵及其产生的时间。由于中国史的情况与毛泽东的论断不符，并未自行产生资本主义，所以史学家又不断地争论资本主义萌芽发展缓慢的原因等。新时期，历史学界重新审视这一问题。有学者提出，史学界流连于一种无法证实的假设，乃至捕风捉影，四处搜寻"资本主义萌芽"的证据。我们甚至连什么是"资本主义萌芽"都还没有弄清楚，当然无法正确判断中国历史上到底有无资本主义萌芽。据笔者所见，这一命题完全可以取消。因为它毫无学术意义。至于其中涉及的商品经济、雇佣劳动之类的问题则可以纳入其他范畴研究，例如现代化研究、经济结构研究等等。

关于封建社会土地所有制形式的讨论，其发起者侯外庐所依据的是马克思关于"亚细亚"，即东方社会没有土地私有制的理论。他认为，中国秦汉以来的封建社会里，土地国有制贯穿始终。"最高地主"就是皇族地主，也就是马克思所指的"国家"。土地国有表现为皇族垄断。尽管侯

① 谷川道雄：《试论中国古代社会的基本构造》，《中国社会历史评论》第4卷，商务印书馆，2002，第3页。

外庐的目的是要强调中国历史的特殊性，而且的确在某种程度上反映了中国历史的特殊性，但是由于经济决定论的限制，他及所有这场讨论的参与者都未能真正地认识中国历史和中国社会的特殊性。因为以往的理论是将土地制度看作社会的基础，将地租收入（或称"剥削"）看作地主阶级的主要的或唯一的收入。他们没有看到，在前资本主义社会里，非经济收入，即权力收入占有重要的地位。在这方面，中西社会又有所不同。西欧封建领主有两种收入，最主要的一种是地产收入，就是地租，所依据的是土地占有权（中古缺乏所有权概念）。另一种是特权收入，例如司法收入、对农民使用其垄断的磨坊、面包房等的收费等等，所依据的是领主的特权。特权收入到中古后期有较大的增长。西欧领主的这两种收入是分离的，即各自独立的。中国的地主有两类，庶民地主只有一种收入，即地产收入，而皇族地主和官僚地主则有两种收入：强权收入和地产收入。与西欧领主收入不同的是，第一，他们的强权收入始终占据着重要的和决定性的地位。首先是官俸，官俸是国家用强权征收赋税后在官僚集团中的再分配。其次是官僚贪污、受贿所得。第二，官僚的强权收入和地产收入是密切相关的。强权收入直接决定了他们的地产收入（也可称为"经营性收入"）。因为土地是用官俸购买的，或国家分配、皇帝赏赐的，或者个人依靠强权掠夺而来。中国的强权收入与西方的特权收入有很大的不同，西方领主的特权收入是有条件的和有限的。农民不打官司，就不用向领主交纳司法费用。同样，若不使用领主的磨坊或面包房，也不需交纳相关的费用。当然，用是要用的，只是有一定的限度而已。而中国官僚的强权掠夺则是无条件的、任意的和无限的，具有专断性。更为重要的是，西欧领主的特权是个人的，特权收入也只能根据个人的能力和社会的习惯法来征收，不能任意而为。中国皇室和官僚的强权收入是靠庞大的国家机器——军队、监狱及严刑、酷法来征收的，是血腥统治的结果。传统理论没有看到强权收入的重要性，自然就忽视了中国历史的特殊性。由此看来，"土地所有制"问题不能单独存在，它可以放入更广阔的领域，即政治—经济结构的研究中，并成为其中的一部分。

关于汉民族形成问题，新时期之初，史学界曾重新讨论大部分旧专题，但是对此却几乎没有涉及。也许因为这个问题比较特殊，或者人们认为它与其他几个问题有某种疏离感。然而，这只是从理论出发得出的印象。以往的这一讨论，过分纠缠于斯大林关于民族的几大定义，而没有从中外的史实出发去分析民族形成的不同道路。如果抓住中国历史的特征，我们可以发现，民族形成问题与其他"四朵金花"有着十分密切的关系，有着共同的民族性的内在联系，中华民族的形成时间很早，这多少与国家产生时间早有关。民族形成过程中有两个重要因素起作用：一个是国家强权实行的暴力征服和行政统一，另一个是大汉民族在文化上同化弱小的或文化落后的民族。西欧民族国家产生较晚，基本上是在商品经济的影响下形成的。对这个问题的改造需要突破原有的定义以及改变以阐释定义为主的研究手段。这一研究还可拓宽到中国境外，研究东南亚的民族形成，汉唐文化对东南亚文化圈的影响等一系列的问题。"五朵金花"这五个问题主要是在古代史范围内。近代史领域还有一些旧课题。目前学界的趋向是将它们的大部分纳入"现代化"研究的项目，而且已经出现了一些可喜的成果，因此在此不再赘述。

改造旧课题，不仅仅限于对具体问题的重新解释，还需要总结和探讨方法论问题。旧课题毕竟是有限的，而新课题却可以无穷尽。因为人的认识无止境。只要方法得当，就能不断发现新课题。中国历史的特殊性，决定了历史学应采用"政治－社会史"的角度去研究、考察国家与社会、王朝与国家、政治与经济等的关系，而不能像以往那样，单纯从经济的角度看问题。经济的角度当然有相当重要的意义，但是从它产生的社会背景来看，它更适用于研究西方的历史。因为西方历史中，国家的力量乃至政治的作用都大大地小于中国的社会；因此，社会经济能够较正常地发展，客观经济规律能够起作用，生产力的发展才能够推动历史前进。而在中国，国家强权控制着社会，阻碍社会进步。生产力越发展，反而对皇帝、官僚集团有利——更加刺激他们对社会的大量掠夺——结果是不断地破坏生产力。不同的研究对象需要采用不同的方法。这是学术研究的基本原则之一。

四 新课题如何建立

建立新课题可以有三种方式，第一种是改造旧课题。旧课题的改造本身就是新课题的建立，是以旧换新。改造后的新课题将不会再采取论战的形式。以往激烈地进行大规模论战，往往是因为对理论、对经典作家的说法解释不一。根本的问题在于宏观与微观的脱节、理论与史实的脱节。而且越是空的讨论，人们越容易参与。今后要立足于艰苦、细致的研究。第二种是当代从外国引进的新范式、新课题。例如现代化研究、市民社会研究等等。这种研究应注意其文化背景，并做创造性的转换，摒弃其西方立场，发掘中国本土资源，以中国的经验来丰富和扩充其普遍意义，不能人云亦云。第三种是中国人自己创建的新课题。迄今为止，绝大部分的旧课题和新课题实际上是从外国引进的，或是在外国人理论的基础上发展而来的，区别仅在于马克思主义的或非马克思主义的。所以当前创建新课题应注重原创性和独创性，不能仍像过去那样，一味地跟在外国人后面亦步亦趋，人家现代化，我们也现代化；人家后现代，我们也赶紧后现代；人家研究市民社会，我们也拼命寻找中国有无市民社会。中国历史学应当有自己民族原创性的东西。社会学者翟学伟指出："我指望有更多的社会学者在建构概念和理论的时候来关注我们的历史，关注在中国历史上发生过的、甚至今天仍在发生的事件和故事；或者提醒中国的社会学者不要轻易地用西方的社会学概念、理论或框架来解释中国的历史和社会。我们从中国的历史和社会需要自身的发展中提升本土的概念、理论或分析框架，并以此更有效地解释中国人的社会生活。"① 这一观点不仅同样可用于历史学，而且应当为目前学术转型所重视。

原刊《史学理论研究》2002 年第 2 期。

---

① 翟学伟：《中国社会中的日常权威》，社会科学文献出版社，2004，自序，第 3 页。

20 世纪中国史学界对历史规律问题的探讨

历史发展是否有规律，以及历史学的首要目的是否是发现规律，这是历史学的一个重大理论问题。对这一问题的探讨在中国已有整整一个世纪。不同学派的学者对此有不同的看法。

一　历史有无规律及历史学的目的

20 世纪初，新史学的旗手梁启超大力提倡历史学应努力探索人类进化的"公理公例"，也就是社会发展的规律。1902 年，梁启超在《新史学》中说："历史者，叙述人群进化之现象而求得其公理公例者也。"梁启超强调历史研究必须注意从纷繁复杂的历史现象中寻找历史发展变化的规律，"说明其事实之关系与其原因结果"，"探察人间全体之运动进步，即国民全部之经历，及其相互之关系"，"使后人循其理、率其例，以增幸福于无疆也"。① 基于这种认识，梁启超把中国人群进化的历史划分为三个阶段，并指出各阶段的起讫和特征：第一段为上世史，是为中国之中国，即中国民族自发达、自竞争、自团结之时代。第二段为中世史，自秦统一后至清代乾隆末，是为亚洲之中国，即中国民族与亚洲各民族交涉繁颐、竞争最烈之时代，也是君主专制政体全盛的时代。第三段为近世史，自乾隆末年至今，是为世界之中国，即中国民族合同全亚洲民族，与西人交涉竞争之时代；也是国内君主专制政体逐渐湮灭，而

---

① 梁启超：《新史学》，《饮冰室合集·文集之九》，中华书局，1989，第 9、10 页。

国民立宪政体嬗代兴起的时代。① 梁启超打破皇朝界限探索人类社会的演变，把中国作为一个整体来考察，比较准确地概括了时代的特征，并大体上把握了历史发展的基本脉络。

梁启超等新史家在早期因急于用学术救国，强调史学的实用性，主张要探讨历史规律，以为国民资鉴。他们认为只有掌握了历史的规律，才能认识现在，把握未来。所以他们对历史规律的认识是长时段的和全方位的，也就是对整个人类社会历史进程的思考，这一点与后来的马克思主义学派有某种程度的相似，所不同的只是具体内容。在经过了长期的探索后，新史学家开始重新审视历史学的地位和作用，梁启超在 20 世纪 20 年代初所写的《中国历史研究法》中，抛弃了十几年前在《新史学》中的功利主义观点，主张历史学要独立发展，要"为学问而学问"。他号召史学家们"于可能的范围内，裁抑其主观而忠实于客观，以史为目的，而不以为手段"。于是，他们对历史规律的认识有了改变。梁启超在 20 年代后，不再强调整个人类社会的规律，而在一段时期里注重历史的因果律，在《中国历史研究法》等著作中大量地、集中地讨论此问题。因果律与历史规律有所不同。历史规律是对整个历史的总结，因果律的对象相对来说是部分的和零散的。梁启超解释说，所谓因果关系，即甲为乙因，乙为丙因，因果相续，如环无端。因果律探求的是具体历史事件之间的关系，而不是那种抽象的、人类社会统一规律。

"五四"前后，中国史学界出现一股否认历史发展规律的潮流。这与西方史学和哲学中的相对主义、怀疑主义等思想的传入有关。19 世纪以来，西方社会工业和科学的高度发展影响到社会观念和学术思潮，科学万能的思潮随之兴起。人们相信，不仅自然界的事物可以通过科学加以认识，人类社会和历史也有严格的规律可循。然而，第一次世界大战的残酷性和破坏性摧毁了西方人的乐观情绪。同时，20 世纪以来科学的新发现使人类的思维方式发生极大变化。相对论和量子力学打破了二百年来人们对牛顿经典物理学的迷信，在旧自然哲学观基础上建立起来的机

---

① 见梁启超《中国史叙论》，《饮冰室合集·文集之六》，第 1 页。

械决定论受到空前的怀疑和挑战。人们认为，瞬息万变的人类世界不可捉摸。怀疑主义思潮极大地影响社会，在哲学领域，相对主义十分流行。人们抛弃了进化论，从否认历史有规律发展到否认历史学是科学。这种思潮传入中国后，在史学界引起极大的震动。

梁启超受西方学说的影响，开始怀疑历史有规律性。梁启超说，"历史为人类心力所造成"，心力既非物理的或数理的因果律所能支配，历史绝无必然的法则为之支配，"所以史家的工作和自然科学家正相反，专务求'不共相'"。他从此抛弃了因果律，指出"求得其因果关系"一语是"完全错了"。他说，因果律也叫"必然的法则"，"必然"与"自由"是两个极端，既必然便没有自由。我们既承认历史为人类自由意志的创造品，就不能又承认他受因果律的支配。①

当时有不少学者有相似的看法。梁漱溟接受柏格森的生命哲学，认为决定人类社会和历史发展的是一种神秘的"精神"或"意欲"。由于这种"精神"或"意欲"的活动方向不同，就出现了人类社会和历史发展的不同。何炳松从鲁宾逊"新史学派"的综合史观出发，否认历史发展的客观规律，认为影响历史的诸多因素互相影响，互为因果，没有哪个为主。何炳松认为社会演化的原因是人类内心的动机。"史家所见，皆非本真，盖仅心灵上之一种印象而已。"由于认为人心是历史发展的动力，而人心又是变化莫测的，所以历史的发展是混乱的，难以把握的。何炳松否认历史发展客观规律的另一理由是，历史是不断变化的，没有一定的常规。他说："历史者，研究人群活动特异演化之学也，即人类特异生活之记载也。夫人类之特异生活，日新月异，变化无穷，故凡属前言住行，莫不此往彼来，新陈代谢，此历史上所以不能有所谓定律也。盖定律以通概为本，通概以重复为基。以往人事，既无复现之情，古今状况，又无一辙之理，通概难施，何来定律乎？"② 何炳松认为，探求定律，非史家的任务。史家所求者，因果关系而已。他又认为，在历史中有因果

---

① 梁启超：《研究文化史的几个问题》，《饮冰室合集·文集之四十》，第1、2、3页。
② 何炳松：《历史研究法·绪论》，《何炳松文集》第4卷，商务印书馆，1997，第14、11~12页。

关系，但没有因果定律。他反对将寻找"因果律"作为历史研究的目的。

与大多数新史学家不同，一些史料学派学者始终否认有所谓历史规律的存在。傅斯年即提出"史学便是史料学"的论断。他认为历史没有规律，只是一件件彼此孤立的历史事件的堆积。历史学家的责任，只是查明这些事件本身的真相，却不能够像自然科学那样，在具体事件的基础上，总结出抽象的规律或公式。在他看来，任何一种关于历史发展的理论、关于历史规律的描述，都是没有根据的。他说，两件事实之间隔着一大段，把它们联系起来是危险的事，因此应当"存而不补"，"证而不疏"。"所以归纳是说不来，因果是谈不定的。"①

马克思主义学者基本上都主张历史发展有规律。李大钊在《史学要论》中介绍了唯物史观的基本原理，希望根据这个原理对旧史学进行改造，"于全般的历史事实的中间，寻求一个普遍的理法，以明事实与事实间的相互的影响与感应"。② 这里所说的"普遍的理法"，就是历史发展的普遍规律。不过，马克思主义学派对规律的理解主要是受苏联理论界的影响。《苏联共产党（布）历史简明教程》指出："历史科学的首要任务是要研究和揭示生产的规律，生产力与生产关系发展的规律，社会经济发展的规律。"③ 因此，早期有些马克思主义学者把"发现规律"和证明人类历史的普遍、共同规律当作历史学的头等大事，甚至是唯一目的。郭沫若强调，中国和希腊、罗马一样，对于马克思的那个"铁则"并不是例外。从社会史论战直至改革开放前，对历史规律的理解过于简单化，表现为对社会形态更替模式的片面追求。在 20 世纪三四十年代已有马克思主义史学家提出了某种新的看法，而从 70 年代末起，一些马克思主义学者对这种倾向直接提出尖锐的批评，并对历史规律问题做出多样化的解释。

黎澍说："我们的历史科学曾经不假思索地接受这个提法，不但把发现规律视为首要任务，而且往往把它看作唯一的任务。在研究工作中，

① 《傅斯年全集》第 4 册，台北：联经出版事业公司，1980，第 310、311 页。
② 《李大钊史学论集》，河北人民出版社，1984，第 210 页。
③ 《苏联共产党（布）简明教程》，人民出版社，1954，第 159 页。

只重视对规律的概括和表述，而忽视甚至轻视对具体史实的考求，这说明我们对如何实现这个'首要任务'还缺乏了解。……其实马克思、恩格斯早就说过，他们研究历史，就是为了弄清真相。这里第一步要做的工作就是弄清史实。……历史事实不明，人们对它只有一些朦胧的、神秘的了解，或者只知道一些歪曲的事实，那就一切无从说起。"① 黎澍在与蒋大椿的谈话中，更具体地指出，过去有人讲历史学研究的任务是发现历史规律，这个说法恐怕有问题。历史学如果把自己的任务只是归结为发现历史规律，实际上又很难达到，于是只好用历史事实去阐释马克思、恩格斯讲过的那些规律，而且理解和阐释得还未必准确。这样，历史学实际上失去了自己的科学追求。历史学的第一个任务，应当是先把历史事实考求清楚。②

在新时期，越来越多的学者对历史学盲目追求规律（其实是五种生产方式的更替）的状况提出批评。韩震批评说："在历史规律问题上，我国史学界似乎一直未能彻底摆脱黑格尔的影响。为了强调客观规律，历史规律被视为一种超越于具体活动之上的力量，人类无论怎样活动都不能改变历史发展的既定方向，人似乎成了历史规律自我实现的木偶和工具。"③ 张芝联说："一段时间里，我们的历史研究被局限于'发现'和说明普遍历史规律，历史学家的作用只是证明历史唯物主义原则的有效性。史学由此成了马克思主义哲学理论的注解。'人'这个历史本来的主体完全消失了。人的活动，人与自然和社会的关系……似乎统统都不重要了。对历史中人的因素的否定，导致了非人性化的史学。"④

然而仍有些学者热衷于对这种规律的探求。田昌五在《马克思主义与中国历史发展规律》⑤ 一文中说："有各种各样的历史学，只有马克思

① 黎澍：《马克思主义对历史学的要求》，《历史研究》1984 年第 1 期。
② 蒋大椿：《闪光的思想，无尽的怀念》，《史学理论研究》1998 年第 4 期。
③ 仲伟民：《史学理论研究的回顾与展望——史学理论研究座谈会综述》，《历史研究》1993 年第 1 期。
④ 张芝联：《当代中国史学的成就与困惑》，《史学理论研究》1994 年第 4 期。
⑤ 《学术月刊》1997 年第 1 期。

主义历史学是研究历史规律的。这是马克思主义历史学和其他各种历史学，包括中国传统史学的根本区别所在。"他把中国历史划分为洪荒时代、族邦时代和封建帝制时代，以代替五种生产方式的理论，认为这是有中国特色的历史发展规律。

二　社会发展史意义的规律

以上主要是对历史有无规律以及历史学的目的是否是发现规律的争论。肯定历史有规律的学者，对历史规律又有着不同的认识。大体说来，中国历史学对规律的研究有两种，一种是社会发展史意义的，一种是历史认识论意义的。长期以来，大多数学者关注的是社会发展史意义的规律，为它倾注了极大的热情和大量的精力。由于马克思的社会发展理论与历史事实，尤其是中国的历史有着巨大的差异，并存在着宏观与微观的脱节，一些学者力图从各个方面寻找更合理的解释，由此产生了一些具体理论，即一般性与特殊性、单线和多线等观点。到 20 世纪 70 年代以后，一些学者开始把目光转向历史认识论意义的历史规律，使对规律的认识有了新的发展。

1. 一般性与特殊性

20 世纪 30 年代前期，马克思主义史学家强调"历史发展的一般性"而忽视特殊性。这与当时的政治形势有关。在社会史论战时，马克思主义学者为了论证马克思理论的正确性，而极力证明中国历史发展道路与世界各国相同。郭沫若在《中国古代社会研究·自序》中强调："只要是一个人体，他的发展，无论是红黄黑白，大抵相同。由人所组织成的社会也正是一样。中国人有一句口头禅，说是'我们的国情不同'。这种民族的偏见差不多各个民族都有。然而中国人不是神，也不是猴子，中国人所组成的社会不应该有甚么不同。"在当时，强调国情、主张注意特殊性等于是反动的表现。艾思奇说，"近代中国的一切反动思想，都有着一个特殊的传统"，那就是"强调中国的'国情'，强调中国的'特殊性'，抹煞人类历史的一般的规律，认为中国的社会发展只能依循着中国自己的特殊规律，中国只能走自己的道路。中国自己的道路是完全在一般人类历史发展规律之外的"。① 因此，捍卫马克思主义社会发展理论的普遍性，就成为马克思主义史学的头等重要任务。

到30年代末及40年代，一些马克思主义史学家在肯定普遍规律的前提下，开始探寻中国历史的特殊性。于是，"特殊性"这一概念开始频繁地出现于马克思主义史学著作。据王学典考证，这种变化是从苏联学者把亚细亚生产方式解释为奴隶制开始的。1934年，苏联的科瓦列夫指出，亚细亚生产方式是奴隶制的变种，并第一次提出奴隶制的一般性与特殊性的问题。这些观点使一些马克思主义史学家深受鼓舞和启发。因为这既不违背"历史的一般规律"，又顾及了中国的具体历史现象。这样，"特殊性"这一范畴开始进入中国史学界。吕振羽提出，殷代的奴隶制是希腊、罗马以外的另一种范畴的奴隶制。翦伯赞认为，除希腊、罗马奴隶制外，一切国家和民族的奴隶制，都是变种。在《历史哲学教程》等著作中，翦伯赞大力提倡要注重历史的特殊性，严厉批评那种只强调一般性的倾向。他指出，在一般法则之前，中国史变成了一片灰色的东西，他失掉了一切特殊性，几乎变成了西洋史的再版。何干之也曾把奴隶制分为"正常"和"不正常"的两种。他称中国的奴隶制度是一种"变态"的制度，与希腊、罗马的不同，没有完全发展起来。何干之还把中国封建制度说成是相对于"正常"发展的英国、法国封建主义的"不正常"的发展。他指出，世界各国的封建制都具有共性，但绝不是千篇一律，绝非单纯的公式。科瓦列夫的"变种论"对中国马克思主义史学影响颇深，就是在新中国成立后，仍有不少人坚持这种看法。

"变种论"虽注重"特殊"，但在根本上仍是强调"一般"，认为东西方的不同是形式上的而非本质上的。侯外庐在这一方面大大地突破了原有的思维模式。他写作《中国古典社会史论》，致力于探讨中国古代文明的特殊性。侯外庐指出，亚细亚的和古代的，是两种并立的路径，是

① 艾思奇：《论中国特殊性及其他》，辰光书店，1956，第68页。

两条平行的文明道路。他认为，古代文明的路径是多种多样的。古典古代的路径，并不是唯一的，而且严格地说来，古典的典型，只有希腊；此外，还有罗马式和日耳曼式。这三种路径，只是古代西洋的实例。侯外庐批评郭沫若关于中国古代社会的理论根据，忽视了三个类型的国家的基本材料，因而把西周与西洋的古典等视，把这两种本来不同的文明看作一模一样。侯外庐的观点已接近于后来的多线论。

新中国成立后的前几十年中，史学界一致认定历史学的任务是要发现历史规律，证明马克思的社会发展规律，所以对历史规律问题很少做理论探讨。改革开放后，兴起了史学理论热潮，史学界对历史规律问题进行了大规模的讨论。具体到社会形态演进问题及历史规律的形式等问题。对于一般性与特殊性的问题，20 世纪上半期的老一辈马克思史学家只是以具体史实说明其主张，而新时期学者则从理论上进一步阐述。韩震在《历史是人类社会的存在方式》① 中说，普遍性只有通过特殊性才能存在。在历史领域中，特殊性是基本的，普遍性则是第二性的。在历史上，只有各个特殊国家的发展道路，不存在一个不是任何特殊民族历史的共同的历史进程。共同的进程，只是一种结构性抽象。特殊性是存在概念，普遍性则是从特殊性存在中分析出来的。在新时期谈论最多的是单线与多线问题。

2. 历史发展是单线还是多线

新中国成立前雷海宗、林同济提出的"文化形态史观"主张文化是多元的，实际上是多线论。所谓多元，是指历史是在不同的时间与不同的地域分别独立产生和自由发展的。这些不同的文化都有其独立性。那种把世界史看成整个的、一连串向上运动的过程的思想是没有根据的。

斯大林五种生产方式的模式是单线论。新中国成立后的前三十年，单线论占主导地位。普遍的观点认为，人类社会是按照原始社会、奴隶社会、封建社会、资本主义社会的次序循序渐进，单线发展的。然而，在 50 年代，已有学者提出某种有悖单线论的观点。杨向奎、童书业认为

① 《史学理论研究》1995 年第 4 期。

古代东方史是奴隶制和封建制结合的历史，要在古代东方各国的历史中划分奴隶社会和封建社会的界限是很困难的。在原始社会后，可以产生奴隶社会，也可以产生封建社会。[①] 这实际上是主张两条道路、多向发展，而不是单线发展。然而这种看法在当时是不被大多数人接受的。

70 年代末，学术界掀起思想解放的浪潮，单线论受到空前的冲击。许多学者提出，人类并非所有的国家都从原始公社制到奴隶社会、封建社会、资本主义社会及社会主义社会依次单线发展。1972 年，意大利米兰艺术学院教授梅洛蒂出版了一本专门论述亚细亚生产方式的著作，即《马克思与第三世界》，书中提出社会发展多线的理论。这一观点传入中国后，对国内学术界影响很大。吴大琨即认为，梅洛蒂的书"说服力很强"。吴大琨指出，亚洲、非洲、拉丁美洲的许多国家的历史发展，实际上并不像斯大林所讲的，是单线发展。原始社会崩溃后，由于地理条件不同，历史上出现过诸如亚细亚的、希腊罗马（古典的）和日耳曼的不同发展道路。就中国来说，在原始社会解体之后建立起来的国家，就是亚细亚式的国家。在全世界目前所有的国家中，只有西欧国家经过了资产阶级的民主革命使西欧的封建主义国家发展成为资本主义国家，而其他国家的资本主义制度则都是在外来条件的影响下才发展起来的。其原因在于历史的发展是多线的而不是单线的。吴大琨还指出，长期以来，我们的历史学家还没能就中国的古史分期问题取得一致的意见，这是由于我们过去受到了斯大林所说的五种生产方式的思想的束缚，硬要把中国的历史往这五种生产方式里套，结果，当然套得不合适。如果我们相信还存在另一种马克思所说的亚细亚生产方式，问题就能得到解决。[②]

雷海宗、张广志、胡仲达先后指出，奴隶社会非人类社会的必经阶段，东方社会和欧洲社会走着不同的历史道路。

胡仲达在《试论亚细亚生产方式兼评五种生产方式说》[③] 中指出，讨论亚细亚生产方式问题，必然要联系到它同奴隶制、封建制生产方式的

---

① 文史哲杂志编辑委员会编《中国古史分期问题论丛》，中华书局，1957。
② 吴大琨：《关于亚细亚生产方式研究的几个问题》，《学术研究》1980 年第 1 期。
③ 《中国史研究》1981 年第 3 期。

关系，实际上就是要归结为人类历史的发展是"单线"的还是"多线"的，是五种生产方式，还是六种或四种生产方式。胡仲达认为亚细亚生产方式、古代的生产方式及封建的生产方式所代表的是同一社会发展阶段，是同一社会经济形态的不同类型或模式。他还认为，亚细亚社会（东方社会）、奴隶社会和封建社会三者之间有很多共同性。

丁云本也认为，以单线五段说来阐明人类历史发展并未体现马、恩的原意。在马克思看来，从条件不同的原始社会里产生出来的公社具有不同的特点，进入文明时期以后，就开始了几种社会形态并存又按不同更替序列发展的过程。存在亚细亚公社的地区，进入了以亚细亚生产方式为基础的社会；在古典公社那里，便进入了奴隶社会；在日耳曼的公社那里，则进入了封建社会。整个看来，只有欧洲部分地区的历史是按照原始社会、奴隶社会、封建社会、资本主义社会的序列发展的，世界绝大多数地区的历史并非如此。耿夫孟说，由于自然条件和历史条件的不同，原始社会解体后形成的社会结构便无法一致，有各种各样的形式。就拿古代埃及和两河流域来说，奴隶社会就不是必经的阶段。就这些地区的历史命运而言，原始社会解体后，其必然前途是封建社会。①

何新在《古代社会史的重新认识》② 中指出，五种生产方式公式的理论背景，一是古典进化论的单线演化模式，一是欧洲中心主义。然而，对于亚、非、拉地区的大多数民族和国家来说，由于它们的历史文化传统与欧洲是那样地不同，它们不仅从未走过欧洲式的资本主义道路，而且从未经历过希腊、罗马那种奴隶制以及中世纪欧洲那种封建制的道路。但是三十多年来的中国历史学却一直在做两件事。第一是试图尽可能地削足适履，扭曲、删改中国历史，以便把它塞进这个历史公式的框架内；第二就是在"历史规律"的名义下，将这个公式神化成不允许怀疑和批评的神圣教条。

罗荣渠提出"一元多线观"。他在《历史研究》1989 年第 1 期发表《论一元多线历史发展观》，提出这一理论，并在后来的两部著作《现代

---

① 庞卓恒等：《"亚细亚生产方式"学术讨论会纪要》，《中国史研究》1981 年第 3 期。

② 《读书》1986 年第 11 期。

化新论》① 和《现代化新论续篇》② 中进一步论述这一观点。罗荣渠指出，马克思从未说过他所提到的几种生产方式之间有"一个产生一个"的必然性，而是认为社会发展是多道路、多模式的。他指出"一元"是指社会发展的物质基础是社会生产力，推动社会发展的根本动力是经济力的变革；"多线"是指在同一大生产力状态下的不同社会的发展，受复杂的自然因素和社会因素的影响，千差万别，但可以归纳成不同的发展阶段、不同的发展模式和不同的发展道路。具体来说，除了西欧由于特殊的历史条件，发展的起伏变化最大，可以清理出从原始公社经奴隶制、封建制到资本主义的典型线性发展序列外，其他各大洲的国家和民族的发展均起伏变化不大，前进步伐缓慢。

与罗荣渠及单线论者的主张不同的是，程人乾提出多元多线论。单线论者强调历史的动力是一元的，罗荣渠也认为历史发展的动力是一元的。程人乾则指出，推动历史前进的动力不是单一的，而是多元的。20世纪世界的发展不是单线的，而是多线多元的。③ 但他没有对这一问题做详尽的阐述。

主张历史发展多线论者大多强调，马克思、恩格斯是主张多线论的，主要是斯大林主张单线论。对此，张艳国提出不同的看法。张艳国考察了马克思历史理论的发展和演变，指出，马克思的理论前后有所变化。在19世纪70年代以前，是单线论，其着眼点是西方资本主义，是对西方资本主义发展到共产主义的科学分析；19世纪70年代以后，马克思主义世界历史理论由单线论向多线论发展，其着眼点是整个人类社会，对不同历史特点、不同历史状况、不同历史发展模式的民族国家进入世界历史进程进行科学解说。④

在讨论近代史发展线索问题时，姜进批评了"线性发展观"。她指出线性发展观是18、19世纪理性时代的产物。当时的思想家认为，如同物

① 北京大学出版社，1993。
② 北京大学出版社，1997。
③ 程人乾：《关于20世纪历史巨变的几点思考》，《世界历史》1998年第3期。
④ 张艳国：《唯物史观与史学理论》，华中理工大学出版社，1997。

质世界一样，社会的发展也是循着某种规则的运动。人们有可能找出这些规则，并描绘出社会发展的一条必然性线索。这种观点在杰出的思想家那里，曾经是启发创造性思维的源泉，但是到了蹩脚的历史学家手里，却成了束缚思想的绳索。她认为学术界正期待着一种新的突破，即求得宏观认识的一致，而实现这一突破的关键，就是摆脱关于历史的线性发展观的束缚。①

一些人仍坚持原有的观点。《世界上古史纲》编写组在《多线说还是单线说》② 中，严厉批评美国学者魏特夫主张"多元论"或"多线说"的理论，并阐述其"一元或单线的历史发展"观。文章认为，应当把全部亚洲或东方社会分成两部分看，一部分是最早进入文明、进入阶级社会和产生国家的地区，另一部分是公社尚未解体，进化程度不等的后进地区。前者的历史发展过程与西方基本上符合于同一历史发展规律，即由部落结合而成城市国家，由城邦而帝国。虽然各有特点，但历史发展的方向是一致的，总的规律是在一条轨道上的。这叫一元或单线的历史发展。至于后者，也不是亚洲或东方社会才有的，欧洲的爱尔兰公社、日耳曼公社和斯拉夫公社等也属于同一范畴。因此，这些小小公社的停滞性，不为东方或亚洲社会所独有，而应为西方或欧洲一定时期和地区的历史文化所共有，同样应当归于历史一元或单线发展的范围。

志纯、学盛强调，承认不承认全人类的历史发展服从于统一的客观规律，把人类历史的发展看作一元的还是看作多元的，这是涉及唯物主义历史观的一个重大原则问题。他们还认为，马克思、恩格斯在《德意志意识形态》一书中第一次提出的历史分期，是把世界历史的发展看作一个系统，而不是多个系统，看作一元发展，而不是多元发展，看作单线的，而不是多线的。③

---

① 姜进：《历史研究的非线性化及其方法论问题——对近年来洋务运动史研究的一个探讨》，《历史研究》1986 年第 1 期。

② 《世界历史》1981 年第 5 期。

③ 志纯、学盛：《怎样理解马克思说的"亚细亚生产方式"？》，《世界历史》1979 年第 2 期。

　　林甘泉在《亚细亚生产方式与中国古代社会》① 一文中，集中阐述了他对梅洛蒂的"多线"论的看法。他说，以往的确存在把五种生产方式简单化和僵化的倾向。但他不同意用"单线"论或"多线"论的对立来概括对于社会形态的认识。因为无论是"单线"论还是"多线"论，都可以做不同的解释。"多线"论可以理解为否认不同国家和民族历史发展的共同性，而这种共同性正是我们必须坚持的马克思主义的一个基本观点。因此，"多线"的提法反映不出社会历史发展的重复律。而"单线"的提法又很容易被误解为单一的模式，从而忽视了不同国家和民族历史发展的多样性。人类历史的发展不能说是多线的，但是多模式的。

　　顾乃忠明确地坚持单线论。他在《历史决定论与历史发展单线论》② 一文中指出，我们不仅把马克思的历史观归结为经济决定论，而且认为唯有经济决定论才是科学的历史观。经济决定论准确地说，应是生产方式决定论。生产方式作为社会历史发展的决定性基础，有一个按照历史发展的逻辑顺序依次演进的过程。因此，根据这种理论考察历史进程，可表明历史发展是单线的，而不是多线的。在马克思看来，历史的发展是单线的。总之，在历史发展单线论看来，所有的民族都经历基本相同的道路，历史发展单线性表明，在社会历史中存在着不以人的意志为转移的客观规律。

　　叶险明在《马克思世界历史理论建构的方法和逻辑》③ 中对这两种理论都提出批评。他说，无论单线论还是多线论，其方法论的基本点都是相同的，都不能正确地认识和把握"历史发展规律"与"社会发展道路"、作为整体的世界历史的发展过程与各个民族和国家的社会历史发展过程之间的区别及联系。"单线论"是把"历史发展规律"混同于"社会发展道路"，从而把社会发展的统一性简单化。而"多线论"则把"历史发展规律"与"社会发展道路"截然分开，从而把各个民族和国家的社会历史发展的特殊性绝对化。显然，这两者都是失真的。

---

① 《中国史研究》1981 年第 3 期。
② 《社会科学战线》1997 年第 6 期。
③ 《中国社会科学》1998 年第 6 期。

3. 历史发展的两条道路：原生性与派生性

一些人从另一角度阐述历史发展道路问题。王占阳在《论派生性社会发展道路》① 中指出，人类社会从来就不是一个统一的社会。人类社会的发展，有两种不同的基本形式，即依靠自身的力量所实现的原生性的发展和在外部社会的作用下所实现的派生性的发展。原生性的发展，是社会发展的典型形式，也是派生性的发展由以发生的历史前提。因而，这种发展，最能显现人类社会发展的最一般的规律。马克思在《〈政治经济学批判〉序言》中的概括，是指人类社会发展的一般规律的原生性历史运动的规律，而绝不是纯粹的人类社会发展的一般规律。我国学术界长期对此不了解，以为这种规律就是"放之四海而皆准"的普遍规律，造成理论上的失误。人类历史的发展从来都是不平衡的。在人类历史上，总是少数或个别地区率先进入了原生性的社会革命时代，然后，在向其他地区传播的基础上，世界大部分地区才先后进入同质的派生的社会革命时代。孟庆仁也提出这种观点，认为历史发展有原生性和次生性的区别。这种理论实际上也是主张多线论。

4. 历史发展的常规性与变异性

张艳国指出，五种社会经济形态依次交替的历史发展理论只是一种历史哲学形态的理论模式，它不能完整地代表历史过程本身。西欧历史发展属于常规的形式，表现在几种社会经济形态依次交替；除西欧以外的世界上许多国家和民族则属于历史常规形式下的变异形式。人类社会的发展，除受常规性发展道路的引导外，在很大程度上受变异性发展道路的引导；而变异性发展道路与常规性发展道路始终平行。② 杜玉亭在《试论历史的规律性与变异性的对立统一》③ 一文中指出，单线论和多线论之争，必将使马克思主义的唯物史观得到丰富和发展。然而他又认为，人类社会的发展规律难以只用单线论来概括，也不宜只用多线论来概括，而应是历史的规律性与变异性的对立统一。宏观总体的单线论与微观具

---

① 《社会科学战线》1994 年第 2 期。
② 参见张艳国《唯物史观与史学理论》。
③ 《社会科学研究》1985 年第 5 期。

体的多线论是相辅相成的对立统一，即历史的规律性与变异性的对立统一。

5. 历史发展的统一性与多样性

丁伟志提出，历史科学的最基本的任务，在于探讨人类历史的多样性的内容中所包含的本质和规律。历史的统一性客观地存在于历史的多样性之中。人类社会的历史是一个统一体，它存在着统一的本质，因而具有统一的运动规律。① 丁伟志的观点引起一些学者的兴趣。他们对如何理解统一性和多样性展开争论。有学者认为，历史的统一性就在于社会形态（五种生产方式）的更替及由此形成的人类历史从低级向高级的有客观规律的发展过程。② 有人则认为，不应在社会经济形态的更替中去找世界古今历史规律的统一体，而应求之于生产方式的统一体。因为只有当资本主义生产方式催生了世界市场，打破了民族壁垒时，才有统一的世界历史。所以在前资本主义时也就没有具有科学意义的世界历史的多样性统一，不存在按几种社会经济形态演进的、单线的、必然的顺序。③ 佘树声把"多样性"称为"多元性"，认为社会形态的存在和由一种形态向另一种形态的演化，对于地球空间的不同地域来说，并不是同步性的。这种非同步性的存在，是造成历史"多元性"存在的基本原因。④

6. 人类社会是否从低级向高级演进

历史发展单线与多线、一般与特殊等问题涉及的是历史发展规律的类型的问题，此外，在社会发展史的规律方面还有社会形态演进的程度问题。马克思主义社会发展史观认为，人类社会的发展是循序渐进、由低级向高级进化的，后一个社会必定比前一个社会更先进。近年来也有学者对此提出质疑。刘心勇在《欧洲中世纪历史地位之反思》⑤ 中指出，人类社会的演化绝不会呈直线递进状，更不能指望以世界某一地区历史

---

① 丁伟志：《历史是多样性的统一》，《历史研究》1983 年第 2 期。
② 庞卓恒：《历史的统一性、多样性与历史的比较研究》，《天津社会科学》1985 年第 1 期。
③ 洪宇、艺谷：《史学理论讨论会纪要》，《中国史研究》1985 年第 2 期。
④ 佘树声：《论历史的多元性统一》，《社会科学研究》1987 年第 2 期。
⑤ 《史学理论》1989 年第 1 期。

的演进轨迹，作为一种统一的模式，来说明无限丰富的繁复不一的人类社会发展过程。近现代社会是工业化大生产的创造，它与以往任何时代都有明显的区别。在此之前的整个以农业文明为基础的人类历史中，即在按传统史观被划为奴隶社会和封建社会的时期里，我们却找不到可以与工业革命相类比的社会进步的标志。在当时，人与人的依附关系是各个地区各种社会关系所具有的共同的本质特征。由此而论，欧洲中世纪社会形态高于古代的观点，是难以成立的，因为奴隶制和封建制无疑属于同一种"最初形态"。欧洲中世纪社会是建立在古罗马帝国的废墟上的，但由此并不能推论出前者是后者线性进步的结论。纵观整个中世纪，很难发现生产技术水平有明显的超过古代的发展，社会生活方面也是如此。不能断言，中世纪的欧洲社会发展水平一定高于或低于古代希腊罗马社会。

三　历史认识论意义的规律

近年来，一些学者不满于长期以来对规律问题的简单和抽象的理解，开始从新的角度探讨历史规律问题。苏双碧在《历史发展规律及其他》中指出，历史规律一般来说，可以包括两个层次：一是指历史发展规律，即马克思主义经典作家早已解释过的规律，这些规律具有普遍意义。二是指相异的历史现象有其必然的内在联系，历史研究者可以从零碎的复杂的历史资料中概括出它们的共性，找出它们的规律。苏双碧主要阐述了第一个层次的规律。他认为，历史发展规律只反映总的历史趋向和线索，不一定和所有的历史事件和历史人物有直接的联系。马克思主义经典作家揭示的历史发展规律有三条：第一，历史的进程是受生产力的发展制约的；第二，任何历史现象都有它发生、发展和终结的过程，在这个过程中，新生的、进步的力量都要战胜旧的、落后的势力。根据这个原理，马克思揭示了各个不同社会形态更迭的规律；第三，阶级斗争是阶级社会历史发展的动力。文章还指出，是把历史发展规律当成公式，随意套用，还是把规律当成线索，进一步去探索和阐明，这是一个值得研究并弄清楚的问题。①

苏双碧论点的新意在于：一是明确提出规律有两个层次，其所说的第一个层次的规律实际上就是以往人们普遍关注的那种规律，而第二种规律就是历史认识论层面的规律；二是对第一种规律的解释更加多样化，并具有一定的灵活性，主张把规律当作认识的线索，这种解释也是符合历史认识论特征的。遗憾的是他没有对历史认识论意义的规律做出较详细的阐述。

王和、周舵在《试论历史规律》② 中对以往的普遍做法提出批评。文章说，历史规律究竟是什么样的东西，人们至今并没有搞清楚。论者往往不加思考地运用着"历史规律"或"历史发展规律"这类名词去说明一切被论及的历史问题，却并不真正了解这些名词的确切含义。文章对历史认识论意义的规律做出了较系统的和正面的论述。

1. 历史规律的定义及特征

王和、周舵认为："历史规律，是历史学家对历史发展的规律性的描述和归纳，即对多次出现的具有相似性的历史现象和过程的描述，以及对导致这些现象和过程出现的内在因素和外部联系的归纳和总结。"历史规律具有几个基本属性。一是重复性。历史规律是对重复出现的事物的总结。二是层次性。大体可分为三类不同意义的层次。就历史规律的适用范围而言，有普遍规律和特殊规律的区别。就历史规律所总结的历史现象和过程及其内在原因和外部联系的性质而言，有总体规律和具体规律的区别。就历史规律能够使用的时间限定而言，有阶段规律与永恒规律的区别。三是不确定性，表现为多样性和可变性。

赵轶锋等著《历史理论基本问题》③ 一书中对规律的定义可从两种角度理解。一种是本体论的定义：历史规律是体现在人类社会客观运动过程中的具有稳定性和可重复性的普遍、必然、本质的联系。二是认识论

---

① 参见苏双碧《历史发展规律及其他》，《史学家自述——我的历史观》，武汉出版社，1994。

② 《历史研究》1987 年第 5 期。

③ 东北师范大学出版社，1994。

角度的定义，他介绍了王和、周舵的观点。赵轶锋等认为，上述两种说法是否达到了对"历史规律"进行定义的严格准确性标准还可以讨论，但本体论与认识论角度的探究都是有必要的。

姜锡东从哲学关于规律的观点出发，反对王和、周舵的观点。他认为历史规律只是规律之一种，不能离开哲学意义的一般规律来谈论和认识历史规律。他引用肖前著《辩证唯物主义原理》① 中的定义，认为规律是事物发展过程中所固有的、本质的、必然的、稳定的联系。联系是客观存在的，决非哪个人的主观想象，并不是人在认识它们之前规律就不存在。把规律看成人们的描述和归纳，看成人的认识，而不是看成一种客观联系的观点，严重混淆了人们对客观规律的认识和客观规律本身的区别。这种理解，是误把研究的方法和过程等同于研究对象本身。②

还有一种观点是：历史规律是历史的主体与客体相互作用的时间过程中表现出来的恒定的联系方式。从客体方面讲，规律提供的是一种客观的可能性空间。一方面，这种可能性是有限的。另一方面，规律有着可供选择的余地。从主体方面讲，历史规律总是通过人们的选择来实现的。人们不能随心所欲地创造历史，但可以能动地创造历史。③

黎澍提出规律是事物间内在联系的确定的表现。④

李素霞认为，社会历史规律是指社会内部诸因素以及社会和自然界本质联系所表现出来的发展变化的必然趋势。⑤

看来，对历史规律的定义是多种多样的。

2. 历史规律的例证

目前研究的状况是以理论阐述为主，实证研究并不多见。因而对具体的历史规律提供的例证较少。研究的对象包括两方面，一种是客观历史进程中的规律，一种是史学自身发展的规律。

王和、周舵提出，"天下大势，分久必合，合久必分"，是过去的历史

---

① 人民出版社，1981。
② 姜锡东：《关于规律和历史规律的几个问题》，《河北大学学报》1991 年第 1 期。
③ 王渊明：《近年来史学理论研讨的几个问题》，《浙江社会科学》1993 年第 4 期。
④ 黎澍：《马克思主义对历史学的要求》，氏著《再思集》，中国社会科学出版社，1995。
⑤ 李素霞：《历史规律与主体选择》，《河北学刊》1995 年第 6 期。

学家对中国古代社会在相当长一段历史时期内由治到乱，由乱到治的重复现象的描述。"三十年河东，三十年河西"，这是古代中国人总结的历史发展及家族兴衰与财富变迁的规律。（姜锡东在其商榷文章中认为这不是什么历史规律，前一条只是一种现象的描述，后一条只是一种比喻，并不科学。）

黎澍在《马克思主义对历史学的要求》中，根据马克思的论述，总结了几条有关历史的规律，例如马克思从征服印度的阿拉伯人、土耳其人、莫卧儿人等落后民族不久就被当地居民同化的事例说明，野蛮的征服者总是被那些他们所征服的较高的文明所征服。明确指出"这是一条永恒的历史规律"。① 黎澍进一步说明，这也是为中国历史所充分证明的规律。此外还有马克思所说的"没有对抗就没有进步"等规律。

上述例证，部分是中国古代人提供的，部分是外国人，即马克思总结的。中国现代学者尽管为探讨规律问题投入了大量的精力，但自己总结的历史规律尚属空白。这是值得深思的。

尽管史学史研究者主张，史学史应以史学发展的规律为主要研究对象，但迄今为止，很少有人提出史学自身发展规律方面的具体例证。苏凤捷的文章《四十年来我国史学发展中一个规律性现象的探索》② 在这方面做出了有益的尝试。文章将新中国成立后四十年的史学分为四个阶段，每一阶段各有其特点。从这种分析中看出，四十年来，现实政治对史学发展有着强烈的影响和制约，当现实政治生活正常时，史学的发展就正常，并充满生气，反之则否，这说明史学的盛衰荣枯不是孤立的学术事实。文章认为，产生这种现象的原因在于历史学有着从属于政治的属性。文章还指出，史学除了有对于政治的从属性之外，还有着自身发展的相对独立性和规律。为了有利于史学的发展，必须着重于史学自身的相对独立性和规律。可以说，百家争鸣是史学发展的内部规律和必由之路。四十年来我国史学发展的历程表明，来自史学以外的对史学的干预，违背了史学发展的这个内部规律，往往不利于史学的发展。

---

① 马克思：《不列颠在印度统治的未来结果》，《马克思恩格斯全集》第9卷，人民出版社，1961，第247页。

② 《安徽史学》1991年第2期。

四 相关的理论问题探讨

1. 方法论

对历史规律的探讨，方法问题是十分重要的。以往普遍的做法是从理论出发，根据领袖的某些论述，确定人类历史有一个共同的规律这一大前提，然后在它的"指导"（实际是规定）下搜寻所需的史料，以证明这一规律的普遍存在。正如何兆武所批评的那样："历史学家的任务并非是要从历史研究中得出理论，理论是给定了的，历史学家的任务只不过是找出一些事实来'填充'或者'证明'那个现成的理论而已。"① 然而历史规律应当是从历史事实中总结出来的。在近年来对规律问题的探讨中，已有少数学者注意到改变方法的必要性，提出要从史实出发总结历史规律。这种看法与那些对给定规律的大量具体论述相比还显得比较微薄，也许这正是真正的历史规律具体例证十分稀少的一个原因。因为只有实现方法的转变，才能够发现更多的真正的历史规律。然而，这种认识却是历史学家自觉意识的表现。它对发展历史学，建立真正的历史理论具有重要意义。

何兆武提出要从历史学的认识论入手，把史学理论建设推向更新的、更高的阶段。改变传统方法，以历史学的实践推动理论建设就是他的根本主张。王和、周舵也注意到了历史学方法的意义。他们说："所谓对现象和过程内在因素和外部联系的归纳总结，是通过对多次出现的历史现象和过程的分析，找出导致这些现象和过程在一定外部条件下出现的内在原因，也即我们所说的'本质的规律'。"他们还特别强调，历史规律所研究的，是反复出现过的历史现象和过程。因此，它不是单纯的预见，仅有理论推断而无事实依据者，不属于历史规律的范畴。黎澍根据马克思研究《资本论》的方法，提出研究历史的方法，应是充分占有资料，分析历史事件的发展，从中探寻其内在联系和规律，完全从事实出发，

---

① 何兆武：《社会形态与历史规律》，《历史研究》2000 年第 2 期。

而不是按照预先的公式裁剪历史资料，使之适应某种主观需要。^① 他的这种看法与上述学者的主张是基本一致的。

2. 历史规律的特性和要求

（1）必然性和偶然性

这是一对与规律有关的重要概念。研究涉及概念的意义、地位及两者的关系。以往大多数人只重视必然性，近年来，重视偶然性的人越来越多，但一般都认为偶然性与必然性是不可分的。有学者提出区分偶然性和必然性。这种观点招致一些人的反对。还有人提出应彻底放弃这对概念。

传统的理论强调历史规律的必然性，即舍此无他，别无选择。近来学者们对此做出较为灵活的解释，赵轶锋等认为，历史规律本来都是概然的，所以"历史的必然"不过是指历史向某一趋向运动、达于某种结果的概率很大，而并非舍此无他。具体历史运动中严格的必然事件很少。而偶然性则是一切历史事变、过程中都包含的、变动不居而又经常起作用的因素的表征。偶然性有时仅仅造成必然性的偏离，有时则根本改变原有的趋势。此外，有必然性并不等于是必然的。还有许多学者也认为必然性只是一种历史的发展趋势，并非绝对的，非此不可。李素霞认为，在唯物史观看来，纯粹的必然性在现实中是不存在的（它只能在逻辑中存在）。在现实中，规律是非直接的、统计性的，只是作为一种一般的趋势存在。因此，必然性只是诸多可能性的总和。^②

有相当一些人根据恩格斯的有关论述，提出必然性与偶然性相互作用论。认为必然性支配偶然性，偶然性也能反映出必然性。王和、周舵则明确区分偶然性和必然性展现的不同领域。他们认为，在宇宙间以及人类历史中都存在着三种不同的运动系统。第一类是具有"必然规律性"的确定性系统，在这一系统中必然性起重要作用。第二类是具有"概然规律性"的随机性系统，那种"偶然反映必然"、"必然支配偶然"之类的判断，说明的就是在这种随机系统的概然性规律中所表现的历史现象

---

① 黎澍：《马克思主义对历史学的要求》，氏著《再思集》，第 248 页。
② 李素霞：《历史规律与主体选择》，《河北学刊》1995 年第 6 期。

和过程。第三类是不确定系统。属于这一系统的历史现象和过程是受纯粹偶然的因素支配的，不具备统计意义的确定性，与"规律"没有关系。以往学界忽视乃至否定这种不确定系统的存在，从而导致对"必然支配偶然"、"偶然反映必然"之类概念的滥用。这种明确提出历史中有不受必然规律支配的领域的观点，在中国大陆史学界恐怕尚属首创。

与王和等人划分必然性、概然性（实际是中间状态）及偶然性三方面不同的是，苏双碧只做两种区分。苏双碧一方面指出，偶然性与必然性有关联，历史偶然性都是受制于必然性的；另一方面又说，历史的偶然性往往是独立存在的，有时甚至会影响整整一个时代，或使一个地区暂时离开通常的历史规律。他还说，历史之所以有偶然性，是因为历史的进程并不都是完全受制于必然性的。①

上述两种观点受到了挑战。姜锡东反驳王和、周舵说，抽掉了"必然的"这一界定，任何规律都是解释不清的。他说所谓的第三种系统，即不确定系统是子虚乌有。这种说法只能把科学研究引向死胡同。在任何时候都不能离开必然性来看待偶然性。

郭平梁在《也谈历史的必然性、偶然性与特殊性》② 中反驳苏文说："它把历史的进程分割为两个不同的部分，一部分是以人的意志为转移的，从而产生了必然性，一部分是不以人的意志为转移的，从而产生了偶然性。"（原文如此，似乎应反过来。不以人的意志为转移产生必然性。）郭主张两者不可分，认为偶然性表现为运动的表面现象，必然性表现为运动的内部本质。他说，完全按人、按事、按地域、按时间来区分什么是偶然性，什么是必然性，是背离历史实际的，是不科学的。

更有学者明确表示应把"必然性"、"偶然性"彻底摒弃。盛国雄、崔世广二人在《论历史的必然性与偶然性》③ 中指出，历史的必然性和偶然性这对范畴，存在着自相矛盾以及否认人类自主创造性等内涵上的缺陷。这种理论给历史研究带来了极大的混乱。必然论的框式禁锢了人们

① 苏双碧：《论历史的必然性、偶然性和特殊性》，《世界历史》1986 年第 4 期。

② 《世界历史》1988 年第 2 期。

③ 《湖北社会科学》1987 年第 3 期。

的思路，以致对中国古代社会的研究一直无法深入。他们认为，实际上，历史过程中无所谓必然和偶然。历史的发展是多种因素相互作用的结果。对于历史进程或历史现象，人们在认识上可以划分为主要的、次要的、内在的、外在的多种因素，但不等于说主要的、起主导作用的因素就是必然性因素，也不等于说次要的、外在的因素就是偶然性因素。以往那种划分，是人们的主观臆断。正因为这种划分是不科学的，所以在应用中产生自相矛盾，相互分离的状况。因此，我们认为必然性与偶然性范畴对于史学研究是不适用的，应该有新的范畴来取代它。

何兆武对必然性问题的理解也与众不同。他说：" '历史的必然' 作为历史学中的一条指导原则是能够成立的，但只能是在更高一层的意义上：那就是，它是非必然性的必然，是承认可能性的必然。"他还认为，历史规律与自然规律不同，物理世界是由必然性的自然律支配的，历史世界是由非必然性的自然律支配的。[①]

（2）客观性和主观性

通常人们认为规律的主要特性是客观性，"客观规律"已成为专有名词流行于世。近年来学者对这种理论提出挑战。何兆武认为，传统理论有一个逻辑上的矛盾：既然历史的进程不以人的意志为转移，那么人的努力对于历史就毫无意义，人在历史面前也无能为力。但事实上，全部人类历史乃是彻头彻尾贯穿着人为的努力的。没有人的意志的作用，就没有人类的文明史。[②] 赵轶锋等认为，历史规律中包含着人的意志。人们习惯于把"不以人的意志为转移"作为客观规律的主要内涵，但是，历史活动的主体是人，历史规律是要通过人的活动体现的。那么人的意志为什么不可能转移历史规律呢？汝信认为历史规律与人的意志、思想、感情、愿望有关，[③] 姚军毅则坚持历史规律的客观性、必然性是"不以人的意志为转移、不可避免的和确定不移的"。[④]

---

① 何兆武：《历史研究中的可能与现实》，《史学理论》1988 年第 1 期。
② 何兆武：《社会形态与历史规律》，《历史研究》2000 年第 2 期。
③ 汝信：《关于历史哲学两个问题的思考》，《世界历史》1988 年第 2 期。
④ 姚军毅：《历史进程的客观必然性辨析》，《江汉论坛》1993 年第 2 期。

（3）永恒性和相对性

通常人们认为，历史规律是不可动摇的、永恒的。现在学者对此提出不同的看法。何兆武从人的认识的相对性角度说明此问题。他认为，规律是人们认识的产物，而认识是不断发展和变化的，所以大概不会有万世不变的永恒规律。① 赵轶锋从历史发展和人的认识这两个角度考虑。他说，历史规律具有历史性、暂时性。这是由于，人类历史不仅是一个自然历史过程，而且是具有自我设计、改造、选择能力的人的自主活动过程。因此，人类社会的发展是不断变化的。历史本身的这种特性造成客观规律本身也处于变动之中。另外，历史规律不是如同自然规律那样确定，也无法外在于人。它必须在历史运动的主体角度被重新加以研究。由此，认识论意义的历史规律具有相对性。王和、周舵一方面认为历史规律有阶段规律（只适用于历史的某一阶段）和永恒规律（可用于迄今为止的整个人类社会）两种，另一方面又指出，历史规律具有不确定性和可变性的特征。这反映了人的认识的不断深化。

（4）决定与选择

历史的决定论与历史的必然性是密切相关的。以往人们多强调决定论，由于卡尔·波普对决定论提出非难，中国理论界群起反驳，认为非决定论违背了马克思主义。还有一些人主张，既不放弃决定论，也不能机械地坚持决定论，应当发展决定论，引入选择论。因而近年来有多篇文章讨论历史的选择性问题。郭建宁主张，要发展唯物史观，必须转换研究视角。其中最重要的一点就是"由单纯强调历史决定论，到历史决定论与历史选择论统一的转换"。②

柳植在《论历史的选择性》③ 中指出，历史的发展有选择性。历史是在选择中发展，在发展中不断选择。人类历史的发展过程就是不同氏族、民族和国家的人在不同的条件下不断选择的过程。他认为，人类的历史发展极为参差不齐，历史的多样性和特殊性正是历史选择性造成的结果。

---

① 何兆武：《社会形态与历史规律》，《历史研究》2000 年第 2 期。
② 郭建宁：《试论历史唯物主义研究的视角转换》，《湖北社会科学》1989 年第 8 期。
③ 《史学理论》1988 年第 4 期。

他主张克服以往那种把历史的规律性、必然性曲解为宿命论的偏向。

陆剑杰在《历史创造活动中的选择机制》① 中说，有三种社会选择：社会个体选择、社会群体选择和社会全体选择。社会群体选择有这几方面：思想选择、组织选择和政策选择。社会全体选择有：社会统治思想的选择、社会政治统治领导集团的选择、社会政策指导体系的选择。

王和、周舵认为，我们在讨论随机性系统和不确定系统的时候，已经证明了"非必然"的存在。而只要是承认了"非必然"的存在，也就是承认了选择的可能。

赵德兴、李正风认为，历史规律与主体选择之间的关系是历史过程中必然性和偶然性关系的具体展开。体现在两方面：一是历史发展的客观规律为主体活动规定了基本方向和选择的"可能性空间"。二是主体活动强烈影响着历史规律的实现历程。②

与史学界的热烈讨论相呼应，哲学界对历史规律以及相关理论问题也展开了大规模的讨论。关于历史决定论的观点可见孙飞行、邓荣庭《历史决定论研究争论述要》③，张延国《历史决定论讨论综述》④。

3. 历史规律的前提是否是历史的可重复性

既然一些人认为，历史规律是对重复的历史现象的总结，那么历史是否具有重复性就是历史规律问题的一个重要前提。一些学者否认这一前提，李桂海在《历史学既是科学又是艺术》⑤ 中说，任何历史都不可能重演。历史进程中可能有某种反复，可以有惊人的类似，但不可能重演。

还有学者认为历史有重复性，但是与自然科学的重复性有所不同，不如它严格和普遍。赵轶锋等认为，自然史比人类史表现出远为普遍和严格的重复性，在人类历史中没有真正的重复。一般来说，自然界的现象经过一定的抽象，就可显示出严格意义上的重复性来，社会历史领域的现象则要经过远为深入的由表及里、去繁取简的本质抽象，才会把握到重复性，

① 《中国社会科学》1991 年第 6 期。
② 赵德兴、李正风：《历史规律与主体选择》，《青海社会科学》1994 年第 3 期。
③ 《争鸣》1992 年第 2 期。
④ 《社会科学战线》1994 年第 2 期。
⑤ 《学习与探索》1994 年第 3 期。

而且性质上的重复往往不等于历史的重演，其运动的条件总要有所变化，运动的结果总有所不同。他们认为，完全否定历史现象具有重复性是不对的，但是也不能把历史运动等同于自然运动。万斌在《历史哲学论纲》中指出，历史规律和自然规律一样，存在着重复性，但是历史规律的重复性与自然规律的重复性不同。在严格意义上，历史规律中不存在完全的重复。这种重复性，只是对那些具有相似性的同类普遍规定的现象和过程的归纳和概括。① 王和、周舵提出相近的看法。历史规律中不存在严格意义的重复，因为历史是不可能再现的。所以，"历史规律"对"可重复性"的研究，仅仅是指对那些具有相似性的同类历史现象和过程的研究。

张耕华对上述两种观点都提出质疑。他认为重演可以有两种不同的含义和用法。第一，重演一词可以用来指称事实或事物的具体内容上的相似。第二，重演一词也可以被用来指称事实或事物的某种本质、关系或属性上的同类。他还举了恩格斯在《德国的革命和反革命》中概括的一条规律为例，说明这条规律在中国历史上就重演了四次，与自然科学的规律相比，不存在严格与不严格、完全与不完全的区别。②

李华荣的观点与众不同。他并不把重复性当作历史规律的前提。他认为，波普把非重复性当作否定历史规律的理由是站不住脚的。因为，世界上根本没有绝对重复的现象。不仅社会历史领域没有，就是自然领域也没有绝对的重复。但是社会规律正是通过这些不重复的、偶然的、具体的形式体现出来的。③

可以预料，人们对历史规律的认识将超越社会发展史意义的规律而日益深入历史认识论的层面。

原刊《史学月刊》2003 年第 1 期，发表时第一节被删节。

---

① 参见万斌《历史哲学论纲》，浙江大学出版社，1992。
② 张耕华：《试论历史的"重演"与历史学的预言》，《史学理论研究》1997 年第 1 期。
③ 李华荣：《"社会历史没有规律，不能预言"吗？——对卡尔·波普"非决定的历史观"的一点剖析》，《当代思潮》1993 年第 3 期。

近年来学界关于民主、专制
及传统文化的讨论

——兼及相关理论与研究方法的探讨

对于中国古代政治制度性质的认识，自清末以来一直是"专制说"占据主流位置。钱穆在 20 世纪上半叶反对中国古代专制说，受到激烈的批评；此后，学界对这个问题基本上没有争议。然而最近几年，这个不成问题的问题突然成为学界的一大热点话题，掀起了几场论争，有些还进行了多个回合。对专制的热议有多种原因：既有"后殖民"理论的影响，也有"国学"热带来的对中国传统文化的再认识，还有对五四运动的反思乃至批评、对现代知识分子作用的再评价等等。梳理专制问题讨论，了解争论各方的主张，将有益于增进我们对当前学术和思想的认识。

一 讨论综述：几个论争场

1. 由质疑"中国古代专制说"引发的讨论

近两年，侯旭东和黄敏兰在《近代史研究》上就中国古代是否为专制政体展开争论，引起学界的广泛关注。万昌华、姜鹏也在报刊上与侯旭东商榷。侯旭东随后在《中华读书报》上刊登回应文章。侯、黄二人都提到台湾学者甘怀真的一篇短文《皇帝制度是否为专制》①，又有罗岗发表文章对甘怀真表示赞赏。许明龙、黄敏兰很快对罗岗的文章提出商

---

① 甘怀真：《皇权、礼仪与经典诠释：中国古代政治史研究》，华东师范大学出版社，2008，附录。

权，由此形成热烈的讨论。下面大体介绍各家观点。

侯旭东（清华大学历史系）于 2008 年发表了一篇颇具挑战性的文章——《中国古代专制说的知识考古》，对中国古代专制说提出疑问。该文指出："19 世纪末以来，秦至清的帝制时代的中国政体为专制政体、皇帝为专制皇帝的论断影响广泛，流行不衰，并成为中国史研究的基本观点之一。""此一论断并非科学研究的结果，而是亚里斯多德以来的西方人对东方的偏见。18 世纪时个别西方思想家开始以此来描述中国，19 世纪末以后经由日本广为不同立场的中国知识分子所接受。""这一说法实际未经充分的事实论证，不加反思地用它来认识帝制时代中国的统治机制只会妨碍研究的深入。"①

黄敏兰（中国社会科学院近代史研究所）撰文《质疑"中国古代专制说"依据何在——与侯旭东先生商榷》（以下简称《质疑》），指出：侯文在没有进行历史学充分论证的情况下，得出有悖史实的结论。事实上，"中国古代专制说"并非西方人对东方的偏见，而是有深厚的中国本土思想资源为基础，也经过众多学者长期的和深入的研究，符合中国历史的特征。接受和传播"中国古代专制说"并不是中国人的"自我东方化"和"自我殖民"，而是中国人为了改造传统社会去深入认识中国社会。②

万昌华（泰山学院历史与社会发展学院）的《一场偏离了基点的"知识考古"——侯旭东〈中国古代专制说的知识考古〉一文驳议》认为，侯文存在三大缺陷：其一，侯文说中国古代专制说是 19 世纪末年中经日本传入中国的，实际上严复、谭嗣同、夏曾佑等人未经日本，直接与西学接触后，即对中国古代的君主专制统治做了详细阐述，这早于侯文所说的梁启超等人。其二，侯文一开始强调只对专制主义做词汇传播史的考察，对中国秦代以来的体制本身不做研究，但又在文章中五次以上指称该论断是西方人对中国历史的"歪曲"与对中国的"偏见"，这充分反映出他对中国古代专制说的否定态度。其三，侯文说中国古代专制

---

① 《近代史研究》2008 年第 4 期。
② 《近代史研究》2009 年第 6 期。

说"并未经过充分的事实论证"，这一说法也有违历史事实。从梁启超起，就有不少学者对中国古代专制制度进行认真的研究。这些都表明，侯文中的观点不能成立。万昌华还批评侯文："几次自己与自己打起架来，不加论证，违背学术文章的起码逻辑。"①

姜鹏（复旦大学历史系）的文章《读〈中国古代专制说的知识考古〉：认识自我不应脱离"他者"》② 针对侯文中关于中国古代专制说未经事实论证就被中国知识分子盲目接受的观点，质疑道："这么多有名有姓的大知识分子，为什么在短短一两年之内就接受了孟德斯鸠的观点，认为中国是专制政体？这本身难道不说明问题吗？侯先生却说，这是未经深究的皮相之论。但这么多一流学者，在这么大的观念转变问题上，有如此一致的决断，如果毫无事实基础作为他们的认知前提，难道是他们集体认知失范？恐怕不这么简单吧！……是事实催生了观念，还是观念催生了事实？梁启超等人，这些比我们更深入那个体制中的人，思想水平至少不亚于现代学者的人，他们的认知，会是跟中国的实情完全脱节的吗？"

侯旭东的《从方法看中国古代专制说的论争》③ 虽说是"回应"文章，却并没有对批评他的意见做任何正面回答，只是重申他最初的主张，而对于商榷者的批评根本不屑一顾。他说，通过梳理专制说的学说史，"发现此说从产生到流传，到为中国思想界所接受，并没有经过多少仔细的论证"。

正如笔者在《质疑》中指出的，侯文并没有严格地梳理专制说的学说史，只是梳理了"专制"这一概念如何从西方经由日本进入中国的过程（这方面的梳理也存在着漏洞），而对大批学者研究古代专制制度的成果完全不予承认，认为他们"简单地用专制政体来概括，认识上难免先入为主、以论代史的误区"。实际上，侯文所批判的学术方法问题，恰能反作用于其自身。侯文始终没有举出一个事例来证明自己对古代专制说

---

① 《史学月刊》2009 年第 9 期。
② 《文汇报》2009 年 1 月 4 日。
③ 《中华读书报》2010 年 5 月 26 日。

的质疑，却在这种情况下断言该说不可信，这不正是他所反对的"以论代史"吗？像这样以无视史实来坚持己见，不仅难以服人，而且看上去甚至没有与其他学者对话的基础和可能，只能是自说自话罢了。

这一讨论引起一些学者的兴趣。

罗岗（华东师范大学中文系）撰写《成为一个问题的"专制"》①，赞同甘怀真以及钱穆对古代专制说的质疑。罗文还从词汇史的角度表达其主张："现在虽无法考证出是谁最早使用'专制'这种说法，但使这个概念变得非常流行的是梁启超。简单追溯一下这个词的历史，它是指欧洲16世纪出现的一种新的政体，我们译成'绝对王权'或是'绝对主义'。从翻译角度来讲，它实际上只是描述一种特定的政体，本身无所谓好坏。不过梁启超使用这个概念，却赋予它一种负面的含义。'专制'也因此被深深地打上了一种'污名化'色彩。"最后他赞誉甘怀真具有世所罕见的"历史意识"和"人文关怀"。

许明龙（中国社会科学院世界史所）的文章《"专制"被污名化了吗》② 指出，罗岗对"专制"这一概念的解释并不准确。他说："从文字来看，绝对王权主义在法文中写作 absolutisme，而不是被我们译作专制主义的 despotisme。专制主义一词出现于17世纪末。"孟德斯鸠在《论法的精神》中把专制主义看作所有政体中最坏的一种，如果说"专制"曾被"污名化"，那就是在此时完成的。孟德斯鸠认为，君主政体并非等于专制政体，专制主义究竟是什么呢？是没有法制的君主政体。

许明龙认为，罗岗教授由于误将绝对王权主义与专制主义混为一谈，因而指责梁启超在使用这个概念时赋予它一种负面的含义，而清末民初的许多知识分子也如同梁启超一样，强烈谴责专制主义，"'专制'也因此被深深地打上了一种'污名化'色彩。这实在是冤枉了梁启超及其同时代的精英们"。

黄敏兰又发表《为古代政治制度辩护体现了人文关怀和历史意识吗》

---

① 《中华读书报》2010年4月14日。
② 《中华读书报》2010年5月26日。

（以下简称《辩护》）①，指出罗文对黄文与侯文争论的实质性内容避而不谈，却只是重复侯文和甘文对中国古代专制说的质疑。罗文认为"用'专制'来指称中国几千年的统治，是有疑问的"，又指出甘怀真的理论"是从钱穆那儿接续过来的。钱穆批评了将中国几千年的皇权统治简单地归纳为专制政治的看法"。需要弄清楚，这种质疑是否有根据，是否经过严格的论证。事实上，钱穆的批评也是站不住脚的，对此，最早的《质疑》一文中就有详尽阐述。

罗文说："甘怀真认为，历史研究中最大的问题，首先在观念层面上，很多概念研究者不加反省地拿过来使用，并且建构出相应的历史真实。"《辩护》一文分析道，这句话言下之意是，中国古代专制制度以及专制的历史事实，是根据"专制"这个概念建构的，而"专制"这个概念已被梁启超赋予了一种负面的含义，所以中国古代为专制制度是成问题的。但这种说法实在令人难以置信。《质疑》一文中已列举了许多学者（如梁启超、吴晗、徐复观等）对中国古代专制制度的长期和深入的研究，很难想象，这些研究都有问题，或是如罗文理解，是根据一个不正确的概念建构相应的历史事实的结果。这样质疑近现代知识分子的研究成果，实在缺乏依据。

《辩护》一文认为，甘怀真《皇权、礼仪与经典诠释：中国古代政治史研究》的"附录"《皇帝制度是否为专制》直接质疑中国古代专制说，而正文则以十分委婉的语气和迂回的笔法暗示：中国古代的皇权统治是充分合理的。罗文将这一做法视为"历史意识和人文关怀"的体现，此论断无论如何都不能令人信服。

2. 关于民主和专制的讨论

方朝晖在《中华读书报》的一篇文章中赞扬君主制并质疑民主制的优越性，进而提倡"三纲"，这一"罕见"的理论立即受到周思源、王也扬、张绪山等学者的批评；方朝晖的回应文章又引出赵庆云的商榷，由此形成另一个论争场。

---

① 《中华读书报》2010 年 5 月 26 日。

方朝晖（清华大学历史系）的文章《怎么看"尊王"、"忠君"和"三纲"》① （以下简称"方文1"）首先肯定君主制的合理性和优越性："事实证明，在当时条件下，君主制是促进社会进步、民族团结和生产发展的唯一有效制度。"随后他质疑民主制的普世性和优越性："民主政治只不过是特定社会历史条件下的特定制度安排，而不是可以超越具体的历史文化处境普遍有效的政治制度。"在他看来，君主制（包括君主专制，因为他所维护的主要是中国的君主专制）比民主制更具普世性和优越性。这便彻底颠覆了全球的价值观，也即现代中国人普遍的价值观。文章把批判专制、赞同民主的主张说成是"民主—专制"二分式思维方式，并认为它是一个妨碍人们形成正确认识的"幽灵"。

方文1紧接着做出如下推断："如果我们承认君主制是古代社会条件下唯一合理的政治制度安排，那么'尊王'就可能有利于国家统一和民族团结，而'忠君'则有可能为苍生谋福祉，为社稷谋太平。在这种情况下，'三纲'，特别是'君为臣纲'，则可能意味着从大局出发，从国家民族利益出发。意味着忠于自己的良知和做人的道义。"

周思源（北京语言大学汉语学院）随即发表《真正的幽灵在哪里》②。文章指出，目前学界对"三纲"基本上持否定态度，而方文1肯定其中的"君为臣纲"。"这下我终于明白了，《怎么看》说来说去就是要以'君王为纲'，对于专制制度确实颇有好感。"对于方文1所说"儒家式的贤能政治仍将是未来中国政治文化的核心基石"，周思源评价说，这"不能不说是一种严重的历史倒退！《怎么看》绕来绕去最终要反对的是'大众政治'，即人民民主制度，提倡的实际上就是'尊王、忠君、三纲'即专制，只不过穿上了一件略有现代色彩的外衣罢了。这倒有点幽灵的味道了"。

王也扬（中国社会科学院近代史研究所）撰写《怎么看中国近代的思想进步历程》③，指出："一部中国近代史的主题是反帝反封建。反封

---

① 《中华读书报》2010年2月10日。

② 《中华读书报》2010年3月3日。

③ 《中华读书报》2010年3月10日。

建，就包括反对君主专制制度等旧中国政治经济制度。既然方教授把君主制说得那么好，还反它做什么呢？借方教授的话说，'只能认为我们的祖先是傻子了'。然而事实完全不是这样。""可以说，反对君主专制主义，是中国近代进步思想的主流，它并非如方教授所言，是什么'民主、专制'二分式思维的产物，而是一代代志士仁人苦苦求索、觉醒觉悟，发自内心的呐喊。这一源流直通我们今天的现代化转型事业。"

方朝晖反复强调民主政治不具普遍性。"但是，没有一个历史学家能够否认，随着人类社会的发展进步，民主同自由、人权、法制等基本准则一样，终于被国际大家庭所普遍接受，成为全世界人民共同的价值理念。"

张绪山（清华大学历史系）也与方朝晖商榷。他的文章《如何认识中国的皇权制度》① 分三部分。一是如何理解中国古代皇权制度的合理性：方朝晖的文章，在"君主制"的名义下，论证皇权专制制度的合理性、正当性和进步意义；然而，从人性原则上，君主专制反映的乃是赤裸裸的人性之私。二是如何认识"尊王"、"忠君"和"三纲"：君主并非总能代表"国家整体利益"，相反，在大多数情况下乃是天下大乱之祸源。暴君与暴政之下的"尊王"、"忠君"和"三纲"，无异于助纣为虐、为虎作伥。三是如何评议"民主—专制"思维：以民主反观专制，这种思维并非方先生所谓"二元思维"，更不是什么怪异的"幽灵"。如果皇权制度确如方先生说得那么美好，有那么多的优点可以继承和发扬光大，近代历史上为争取民主而针对皇权制度发动的革命以及付出的巨大代价，岂不都成了毫无价值的胡闹和毫无意义的折腾？历史能如此解释吗？

方朝晖的回应文章《走出迷雾，重铸中国文化价值——答复周思源、王也扬、张绪山先生》② （以下简称方文2）共有两个要点：一是为什么反对民主—专制二分式思维？因为民主—专制二分式思维导致脱离具体的社会文化处境来评判一切政治制度，用现代人的价值标准来衡量和要求古人。二是认为中国文化需要贤能政治，贤能政治与民主政治并不完全对立。

---

① 《中华读书报》2010 年 3 月 24 日。
② 《中华读书报》2010 年 5 月 26 日。

赵庆云（中国社会科学院近代史研究所）的《走出迷雾，还是制造迷雾》①指出，方朝晖认为，三位批评者都中了所谓"民主—专制二分式思维"的毒而不察，并呼吁知识分子"走出历史迷雾"。赵文以为，方朝晖非但没有走出迷雾，反而用一些似是而非的玄言妙理制造了几重迷雾，不可不辩。

首先是混淆文化的时代性。方朝晖一味强调中西文化"类"的差异，而无视其时代性的不同，宗法专制与民主二者之间不仅是民族文化之别，更存在时代的落差。民主、自由、人权、法治已成为现代社会的基本构项，为不同民族的人们所接受，很难设想一个国家能够以非民主化的途径进入现代社会。

其次，以民主在近代中国遭遇挫折来论证民主之不可行。方朝晖将近代以来的政治乱象归咎为民主本身，得出民主无用的结论，进而到宗法专制的人治模式中去寻求思想资源。

最后，是把中国传统文化中应该被时代扬弃的糟粕，如关系本位、人治代替法治、人情代替制度等当成宝贝，并要以此为基础建设未来中国。

3. 关于秦以后社会性质的新认识

2010 年 5 月 2 ~ 3 日，《文史哲》杂志举办人文高端论坛，围绕"秦至清末：中国社会形态问题"展开讨论。20 多位与会学者对秦至清末的社会形态基本达成了重要共识。自秦商鞅变法之后，国家权力就成为中国古代的决定性因素。根据这一事实，学者们提出了用诸如"皇权社会"、"帝制时代"、"帝制农民社会"、"郡县制时代"、"选举社会"（科举社会）等多个名称来取代"封建社会"的主张。

上述名称反映出专制政体对中国古代社会性质的决定性作用，还有学者更直接地用"专制"指称中国古代社会。例如，李振宏（河南大学历史文化学院）认为，这一时期的政治、思想、经济等各个层面都可用"专制"二字统摄，所以用"专制社会"概括这一时期，既名副其实，又简单明了，还道出了它区别于近代民主社会的本质特征。冯天瑜（武汉

---

① 《中华读书报》2010 年 6 月 30 日。

大学历史学院）则提出"宗法地主专制"社会的概念，专制是指皇权专制。

与大多数学者对"专制"持批评态度不同的是，汪晖（清华大学思想文化研究所）主张应看到古代政体的"正面"形象。他认为上述认识是一种"历史终结论"，等于是认为中国两千多年的政治体制在我们的历史思考里面都是负面的；但是中国文明形态能够如此稳定地把不同的族群、社会、宗教整合在一个特定的政治文化架构下，在人类文明史上的影响应当不只是负面的。① 这种看法似乎与方朝晖近似。

4. 对秦始皇的功过及王权、中央集权的认识

张传玺（北京大学历史系）《秦汉中央集权制的"公天下"因素》②一文说：秦始皇在公元前221年兼并六国后的当年，即废除封建制，改行全新的符合多民族、大一统需要的中央集权制度。"事实也证明：在任何一个朝代，采用此制而且正常运转者，将会是国泰民安，历纪长久。可是有一些人总愿意将秦始皇的某些错误或某个帝王的横征暴虐加在一起，统统作为中央集权制的罪状而加以批判。近年的调子更高，谓之'专制主义'、'极权主义'、'专制独裁'等等，以至于说：中国古代根本就没有政治文明，只有'封建专制主义传统'。"

宁可（首都师范大学历史学院）的《中国封建社会的专制主义中央集权制度》③ 阐述了中国专制主义中央集权的形成及演化，指出其基本特征是国家把一切政治权力集中到皇帝和他统率的各级官僚机构手上。总的趋势是日益强化，日益僵化。

针对近年来的有关争议，宁可在文章的第三节专门讨论"专制主义中央集权制度的历史地位"，认为对其无论全盘肯定还是全盘否定都未免趋于极端，主张应全面地和历史地看问题。专制主义中央集权制度有利于统一，但是对人民的统治强大、严密，严重干预社会生活，压制市场

---

① 参见姜萌《究竟如何为秦至清末的"社会形态"命名——〈文史哲〉杂志第三次"人文高端论坛"侧记》，《文汇读书周报》2010年7月16日。
② 《文史知识》2007年第6期。
③ 《文史哲》2009年第1期。

经济，禁锢人民思想；实行人治而非法治；等等。中国封建社会农民起义规模之大、次数之多、时间之长，且多次推翻封建王朝，这是世界上少有的，也是中国古代历史的一个特点，而这个特点就是专制主义中央集权造成的。

二 "赞同中国古代政体者"的方法与目的

综观前面的争论，可以看出参与者分别持有两种对立的观点。侯旭东认为中国古代政体未必是专制的，罗岗从侧面赞同侯文的论述；方朝晖等认为中国古代君主制具有很大的合理性和优越性，肯定中国古代政体。另一方如许明龙、王也扬、张绪山、赵庆云、黄敏兰等，都认为中国古代政体属于专制政体，并对其持强烈的批判态度。

双方的不同观点，是由不同的历史研究方法得出的。总览侯文、方文和罗文等文章，能够发现其中有一些共同的特点、共同的缺陷。下面笔者将具体分析这些问题，并给出自己的论证。

1. 否定现代知识分子爱国、救国的行为和思想

侯文把中国人接受"中国古代专制说"说成是为西方文化殖民充当帮手，认为这比西方人亲自对中国殖民具有更强的欺骗性、效果更佳："当中国人在对自己历史的描述中用'专制政体'来概括秦代以来的二千年政治时，就等于在替西方人宣传他们对中国历史的歪曲。正是由于是中国的历史学家自己如此表述，才更具有欺骗性与'说服力'，才更容易为百姓所接受。接受这一论断的过程也就是中国人走向自我东方化的过程，即按照西方人的观念重新塑造对中国自身历史认识的过程。"①

如此看来，侯文提出重新审视"中国古代专制说"，目的是反对西方对中国的"文化殖民"。作者的主观意图自然无可非议，但这样的结论却足以令许多人震惊。近代爱国知识分子为了救国——救国的目标之一就是反对帝国主义——而引进西方政治理论，竟然被说成是帮助西方殖民

---

① 侯旭东：《中国古代专制说的知识考古》，《近代史研究》2008 年第 4 期。

者对祖国进行文化殖民，这种不负责任的论断有哪一个中国人能够接受呢？李慎之说过，"中国人是花了血汗、血泪、甚至血肉的代价才认识西学的"①，侯文的论断恐怕轻视了先贤们的崇高追求。

方文1则将爱国知识分子对专制的批判和对民主的追求概括成一个民主与专制的"二分式思维"，说它是一个"幽灵"，认为这个幽灵极大地妨害了中国人对历史的认识和对正确政治制度的选择。他说："认为历史上一切政治制度进步与否，都可以用民主与否来衡量。结果是，中国历史上几千年来的政治制度都被看成是专制和黑暗的。……然而，这种历史观真的是正确的吗？"

实践是检验真理的标准。对于方文1的这个疑问，应该用历史实践来证明。

清末，梁启超为反对腐朽的清政府，写下壮烈激愤的《拟讨专制政体檄》："起起起！我同胞诸君！起起起！我新中国之青年！我辈实不可复生息于专制政体之下，我辈实不忍复生息于专制政体之下。专制政体者，我辈之公敌也，大仇也！有专制则无我辈，有我辈则无专制。我不愿与之共立，我宁愿与之偕亡！"②

1915年袁世凯称帝，梁启超甘冒生命的危险发表讨袁的檄文《异哉，所谓国体问题者》。日本学者狭间直树说："梁启超的一生，是为世人瞩目的波澜壮阔的一生。尤其是他1915年反对袁世凯复辟帝制的政治活动，博得了世人的喝彩。适值43岁的梁启超，发表了《异哉，所谓国体问题者》一文，点燃了倒袁的火种。袁世凯曾企图用十万元来收买此文而未果。十万元这一数目，从那一时代的劳动工人的月收入仅为十元，而此前袁世凯雇人暗杀孙文的赏金也是十万元即可想而知。"③

陈寅恪说："忆洪宪称帝之日，余适旅居旧都，其时颂美袁氏功德者，极丑怪之奇观。深感廉耻道尽，至为痛心。至如国体之为君主抑或

---

① 李慎之：《什么是中国现代学术经典》，《开放时代》1998年第5期。
② 梁启超：《拟讨专制政体檄》，陈书良选编《梁启超文集》，北京燕山出版社，1997，第309页。
③ 〔日〕狭间直树主编《梁启超·明治日本·西方》，社会科学文献出版社，2001，"日文本序"。

民主，则尚为其次者。迨先生《异哉所谓国体问题者》一文出，摧陷廓清，如拨云雾而睹青天。"①

李大钊也撰文谴责窃国大盗袁世凯。他历数君主专制的罪恶之后说："盖民与君不两立，自由与专制不并存，是故君主生则国民死，专制活则自由亡。今犹有敢播专制之余烬，起君主之篝火者，不问其为筹安之徒与复辟之辈，一律认为国家之叛逆、国民之公敌，而诛其人，火其书，殄灭其丑类，摧拉其根株，无所姑息，不稍优容，永绝其萌，勿使滋蔓，而后再造神州之大任始有可图，中华维新之运命始有成功之望也。吾任重道远之国民乎！"李大钊还讴歌民主政治："夫代议政治，虽起于阶级之争，而以经久之历验，遂葆有绝美之精神焉。"②

令人惊讶的是，知识分子的救国壮举和对专制政体的深刻批判，竟然成了一文不值的"幽灵"，甚至有害于当今的政治选择。当年仁人志士拼着性命所反对的专制制度，在现代化的今天竟然重新受人追捧！这岂非咄咄怪事？

罗岗通过对甘怀真的推崇，一方面表达了他本人对中国古代政治制度的肯定，另一方面则是否定百年来中国知识分子批判专制、追求民主的历史功绩。文章的结尾便足以令人震惊："做古代政治史研究的人很多，虽也做得很专门，但很少像甘怀真这样，有一种历史意识和人文关怀在其中，让人读后得到很多启发。"笔者对此感到困惑不已：百年多来那么多人研究中国古代政治史，大多数都没有人文关怀和历史意识吗？

历史学的原则是"论从史出"，用事实说话。然而罗文既没有说明"做古代政治史研究"的"很多"学者如何缺乏"历史意识和人文关怀"，也没有说明甘怀真的"历史意识和人文关怀"究竟表现在哪里。

侯文和方文的观点并非个例。激烈批评现代知识分子，并且全盘否定他们的成就，在近年来已形成一股潮流，具体表现为几个方面：一是质疑中国古代专制说，认为它是西方话语霸权的产物（如侯文所表现的）；二是以批评"国民性话语"为由否定近代知识分子改造国民性运动

---

① 陈寅恪：《读吴其昌撰梁启超传书后》，《寒柳堂集》，三联书店，2001，第166页。
② 李大钊：《民彝与政治》，《李大钊文集》第1卷，人民出版社，1999，第165、150页。

的意义；① 三是贬低中国现代学术成就，乃至否定中国现代学术转型的意义（后两方面的论述更多）。有些言论甚至已经到了骇人听闻的地步。

例如摩罗说，百年前中国人引进西方思想是一场"精神大崩溃"。"某些中国精英群体在文化信心和民族自信心崩溃之后，不得不接受了西方殖民者的文化霸权及其对中国的妖魔化描述，不得不从精神文化、民族性格甚至人种层面为中国的失败与绝望寻找原因。""中国的某些精英人物就像是西方殖民势力安置在中国的思想警察。"胡适、鲁迅、陈独秀等"五四"精英不过是"身在中国、心系西方"的中国洋奴。②

甘阳、刘小枫主编的"西学源流"丛书总序《重新阅读西方》说："长期以来中国人以病夫心态和病夫头脑去看西方，首先造就的是中国的病态知识分子，其次形成的是中国的种种病态言论和病态学术。其特点是一方面不断把西方学术浅薄化、工具化、万金油化，而另一方面则又不断把中国文明简单化、歪曲化、妖魔化。而这种病态阅读西方的习性，方是现代中国种种问题的真正病灶之一。"③

余英时说："20 世纪的中国史家是西方宏大理论的俘虏，破除这个长达一世纪之久的羁绊，此其时矣。"④ 方朝晖说：最近一百多年的中国历史"是一个对外来优秀文化盲目崇拜以致于失去了自我的历史，一个对自己民族的伟大传统缺乏应有记忆的历史。……盲目追随，甘心被人忽悠……这种邯郸学步式的学习西方，已让我们付出沉重代价"。⑤ 孙江说：

---

① 例如刘禾《一个现代性神话的由来——国民性话语质疑》（陈平原、陈国球主编《文学史》第 1 辑，北京大学出版社，1993）；周宁《"被别人表述"：国民性批判的西方话语谱系》（周宁编著《世界之中国：域外中国形象研究》，南京大学出版社，2007）；摩罗《"国民性批判"是否可以终结？》（《中华读书报》2008 年 10 月 8 日）；摩罗《中国站起来》（长江文艺出版社，2010）；冯骥才《鲁迅的功与"过"》（《收获》2000 年第 2 期）；贺仲明《国民性批判：一个文化的谎言》（《探索与争鸣》2009 年第 7 期）。回应文章有陶东风《警惕中国文学研究中的民族主义倾向》（《探索与争鸣》2010 年第 1 期）；黄敏兰《否定知识分子改造国民性运动的意义目的何在？——与贺仲明先生商榷》（《探索与争鸣》2010 年第 4 期）。

② 摩罗：《中国站起来》，第 6、4、21、30 页。

③ 〔英〕J. H. 伯恩斯主编《剑桥中世纪政治思想史》，程志敏等译，三联书店，2009，甘阳、刘小枫主编"西学源流"丛书总序，第 1 页。

④ 余英时：《人文与理性的中国》，上海古籍出版社，2007，第 416、397 页。

⑤ 方朝晖：《走出历史迷雾，重铸中国文化价值》，《中华读书报》2010 年 5 月 26 日。

"今天的中国历史学已经相当殖民化了。"大家都是跟在美国人的后面跑。①

侯旭东也说："近代中国学术可以说几乎都是在西方的刺激下形成的（其中不少是取道日本而获得的），许多基本前提与判断，和'中国专制'说一样，都是没有经过认真的论证就接受下来，作为学术积累与流行观念的基础。追根溯源，这类中国观大多不是在科学研究基础上形成的，加以西方'东方主义'的歪曲，其中的问题必然不少，不可等闲视之。这种歪曲的中国观通过各种渠道流行于世。"②

类似的论述还有很多，难以一一列举。这样全盘否定知识分子的功绩，实在令人难以接受。

问题是，这类批评是如何产生的呢？恐怕是批评者以为，现代知识分子因全盘西化而抛弃了祖国传统文化。然而他们可能忽略了，现代知识分子对于祖国传统文化，抛弃的是糟粕，继承的则是精髓；面对西方文化，努力吸收其合理方面，而且在西方思想的启发下，更深刻地理解中国传统文化。例如知识分子对明末清初的进步思想早有了解，却并未加以重视，反而在西方民主思想推动下回过头来重新研究，才发现其重要价值，并将其运用于追求民主、反对专制的斗争之中。

所以说，如此简单批评和否定现代知识分子是缺乏根据的，这种激烈的批评还在于受"后殖民"理论的影响，这将在下面讨论。

2. 缺乏史实论证，以论代史

侯文多处批评他人"以论代史"，这个"论"就是现代西方政治理论。侯文指责广大知识分子信奉中国古代专制说是受了西方话语的支配，是自我东方化的表现。即使是反对此说的钱穆也难逃西方话语的束缚："钱穆立说依然没能挣脱西方学术话语的笼罩。"③

细观侯文，却可以发现，他自己也同样是西方话语的追随者。

侯文说："本文的研究在一定意义上与后殖民理论研究学术史的思路

---

① 杨念群等主编《新史学》下册，中国人民大学出版社，2003，第859页。
② 侯旭东：《中国古代专制说的知识考古》，《近代史研究》2008年第4期。
③ 侯旭东：《中国古代专制说的知识考古》，《近代史研究》2008年第4期。

相吻合。"① "后殖民"理论本身就是西方话语。且不说萨义德继承了多位西方学者的思想，即便萨义德学说的走红也与他的西方背景有关。

英国学者齐亚乌丁·萨达尔在《东方主义》的"出版导言"中说，如今，对东方主义的阐述最为人所知者，为已故巴勒斯坦裔学者萨义德。他的《东方主义》一书引起欧美学界的热烈反应，成为后殖民批评的经典著作。然而，萨义德并不是最早也不是最好的东方主义的学者。在他之前就有不少学者对东方主义有不同程度的论述，其中提巴威、贾伊特等人的论述都很精彩。萨达尔认为，相对于之前的学者，萨义德没有提出任何新的问题，论述也并非更"深刻"，其革新性是有限的。萨义德的成功，与他所处的西方宗主国学术机构的地位、文学批评的时髦风格有关。与萨义德相比，提巴威、贾伊特等人，不是身处第三世界，就是以非英语语言写作。如萨达尔指出的那样，"《东方主义》的成功所建基的动力首先正是那将东方主义支撑为主要话语者"，这本身就是一个悖论。②看来，非西方学者或非英语表达的学术成就是难以受到普遍重视的，萨义德的成功恰恰在于他是一位正宗的西方学者。

那么，以一种西方话语来反对另一种西方话语，又有何高明之处呢？最近，秦晖在一篇批评方朝晖新著《文明的毁灭与诞生》（中国人民大学出版社，2011）的文章《伦理之外，更需制度安排》中说："我觉得西方话语霸权如果有的话，现在批判西方话语霸权的人，所使用的正是西方话语。"③ 一语道破真谛！

更关键的是侯文对"东方学"的误读和滥用。余英时曾指出："萨义德的'东方'主要指中东的阿拉伯世界，并不包括中国。以中国而言，事实适得其反。自17、18世纪以来，西方的'东方学家'对古典中国是颂扬远过于贬斥。……这是中国人引用'东方主义'的说辞时首先必须注意的重要事实。"④ 萨义德本人也明确说明："对我来说伊斯兰的东方应

---

① 侯旭东：《中国古代专制说的知识考古》，《近代史研究》2008年第4期。
② 〔英〕齐亚乌丁·萨达尔：《东方主义》，马雪峰、苏敏译，吉林人民出版社，2005，"出版导言"。
③ 《新京报》2011年10月15日，"书评"版。
④ 余英时：《现代危机与思想人物》，三联书店，2005，第40～41页。

该成为本书关注的中心。"他同时指出：做此限定之后，东方有很大一部分——印度、日本、中国以及其他远东地区都将排除在外。①

侯旭东等人正是因误读和滥用萨义德的"东方学"学说，才想象出中国人的"自我东方化"和"自我殖民"，以及西方的话语霸权；由此而想象出一系列否定现代学术成就以及否定古代专制政体性质的结论。这难道不是与其本意背道而驰吗？

误读和滥用后殖民理论不是一两个人所为，而是学界一股比较普遍的潮流。这种简单化的倾向已经引起一些学者的警觉。

美国汉学家周锡瑞说，《怀柔远人》的作者何伟亚②是据后殖民经典和萨义德《东方主义》来描绘他本人的学术立场的。何伟亚以为中国学者简直是在"盗用殖民者的思想架构"，他们是自动的东方主义的受骗者（侯旭东的"中国人的自我东方化"观点与何伟亚几乎如出一辙）。周锡瑞反驳说："稍加反思便可以让人想到，我们的中国同事并不一定像何伟亚所暗示的那样毫无头脑，容易受骗。""后殖民批评者看来是在建议中国人应把他们的头脑和愿望退回到清代，而非对西方现代性的渴望。我认为这种批判的效果便是禁止亚洲和其他第三世界民众以必要的智识和政治工具进行现代化，并使他们的国家强大到足以反对帝国主义。更为重要的是，中国学者痛苦地认识到了以政治立场评判学术的后果。"周锡瑞认为，何伟亚使学术带有意识形态的色彩，其理论纯属"过度想象"。③

美籍华裔学者黄宗智认为，按照萨义德的逻辑，"社会科学理论几乎要遭到彻底的摈弃。（因为）几乎所有的社会科学都源于西方。……所以，不可能严肃地讨论与我们的课题密切相联的现代化问题、发展问题和民主问题。任何这样的讨论都有可能成为与帝国主义支配计划的合谋。最后，萨义德根本就不再采用19世纪和20世纪的西方学术，所有这些东

---

① 〔美〕爱德华·W. 萨义德：《东方学》，王宇根译，三联书店，2007，第34、22页。
② 何伟亚：美国学者，其著作《怀柔远人：马嘎尔尼使华的中英礼仪冲突》于1997年获得美国亚洲学会"列文森最佳著作奖"。该书在中外学界引起一定反响。中译本由邓常春译，社会科学文献出版社2002年出版。
③ 〔美〕周锡瑞：《后现代式研究：望文生义，方为妥善》，〔美〕黄宗智主编《中国研究的范式问题讨论》，社会科学文献出版社，2003，第66、67、68页。

西都被他作为'东方主义'话语的一部分而加以斥责"。他还指出："在我们中国研究领域，大多数汉学家都是中国爱好者，有时他们对中国的迷恋甚至超过了他们自己的文化。他们无论如何不能简单地等同于像萨义德所说的'东方主义者'那样成为对他们的研究主题的诋毁者。"①

海外学者的批评值得我们注意。不能盲目地跟着西方走，无论萨义德、何伟亚，还是其他人的学说，都不能一味照搬；食洋不化尚为其次，危害历史研究才是最主要的。无论如何，引进西方理论是否就是"自我东方化"？是全部"东方化"，还是部分？这都需要用事实来证明，不加论证的推断是难以成立的。而且不加以研究和区别，也达不到反对和扭转"东方化"的目的，只能是把婴儿和洗澡水一同泼掉；以反对"西方文化霸权"和"西方话语霸权"为目的而全盘抛弃西方学术、思想，把开放的大门重新关上，就会如周锡瑞所说的回到清代。然而，这可能吗？

不少内地中国学者也有同样的感受。费孝通指出："根据萨义德的看法，东方社会无论是'守旧'还是'现代化'，都是东方学殖民主义的后果。萨义德对资本主义世界体系的历史建构，本身是一种作茧自缚。中国知识分子应对此有反思能力。"②赵稀方提出质疑："中国的后殖民批评野心勃勃，几乎颠覆了延续了一个世纪的中国现代性文化传统，但简单地将20世纪中国文化与文化殖民联系起来，却未免粗疏。……中国近代以来对科学、理性等现代性价值的主动追求是否就是'东方主义'的一种表现？更进一步，西方的科学、理性等现代性价值观是否就能直接等同于殖民性？这些问题都值得进一步追问。"③

方文1说："事实证明，在当时条件下，君主制是促进社会进步、民族团结和生产发展的唯一有效制度。"然而文中并没有列举一条事实来证明这一点，所以说他的这个"事实证明"也不过是一种想象。无怪乎他后来的推论语气多少有些犹豫不定："如果我们承认君主制是古代社会唯

---

① 〔美〕黄宗智：《学术理论与中国近现代史研究》，黄宗智主编《中国研究的范式问题讨论》，第117、118页。

② 引自杨清媚《费孝通海外撰述中的文化自觉》，《中华读书报》2010年6月23日。

③ 赵稀方：《后殖民理论》，北京大学出版社，2009，第266页。

一合理的政治制度安排，那么尊王就有可能有利于国家统一和民族团结。""如果"、"有可能"，看来一切都只是假设。然而对于这样一个重要的问题，仅凭假设就能够解决吗？尤其是，不认真加以研究，而仅凭假设就试图推翻众多学者长期以来辛辛苦苦研究的成果，不是太不负责任了吗？

除上述那种简单推论外，方文还用一种极其特殊的方式"论证"其结论。方文2说，那些批评中国古代专制的人"把儒学当成维护专制的工具，于是乎中国三千多年的历史成了漆黑一团，宛如阴暗的地狱！这合乎事实吗？古时天空与今天一样地蔚蓝，古代阳光与今天一样地明媚；古人与今人一样有天高地阔的梦想，有浩气如虹的长歌"。如此看来，古代和现代一样的美好。然而，用自然现象是不能说明历史问题的。我们知道，恐龙时代也有与今天一样蔚蓝的天空，与今天一样明媚的阳光，可是那时还没有人类，当然也不存在任何制度。历史学的方法是用历史事实来论证，而不是用文学想象来抒情。方文没有引一条史料，却以电视剧《贞观长歌》来论证忠君的意义，这恐怕不符合历史学的要求。

罗文对现代知识分子的否定和对甘怀真、钱穆的推崇也未经事实论证，这些已在前面指出，此处便不再赘述。

此外，方朝晖说儒家文化成功地制约了皇权，也没有举出例证。

总之，上述几位学者都有不同程度的"以论代史"，中国古代政体批评者则基本上是"论从史出"，双方不同的结论是由不同的研究方法造成的。

怀疑定论当然可以，但不能无根据地怀疑，这是最简单不过的道理。"大胆假设"还需要"小心求证"。有一分证据说一分话，没有证据就先别急于下结论。

3. 概念、逻辑运用混乱

（1）君主制的特征不是世袭制

方文1概括君主制的主要特征是王位世袭制，君主不是通过选举产生，这种概括不够准确。美国法律史专家伯尔曼指出："无可否认，世袭在王位继承中是一种重要的因素。"但是，"选举在王权的继承中也是一种重要因素"。王权还要受教会的强烈干预。总之，12 世纪及此后欧洲王位继承的方式是"世袭、选举和教皇干预"。①

需要指出的是，西方的王位世袭，不是王的特权，而是遵循贵族普遍的血统原则（贵族的爵位世袭），而王只是贵族的一员。中国皇位世袭则是皇帝的特权。官位不世袭，皇室贵族的爵位也不自动世袭，要由朝廷批准。唯一的例外是孔氏贵族的爵位世袭，而且是世代相袭。这也说明，世袭制不是君主制的主要特征。

西方王权来源的多样性已经决定了王权的有限性。与西方君主制不同的是，中国的皇权从一开始，即在皇位继承上不受任何其他势力的制约和干预。

王位继承只是君主制的一方面，更重要的在于王权的性质是有限还是无限，以及权力如何行使。

（2）君主制不等于君主专制

方文 1 一开始批评"民主—专制"二分式思维，说的是君主专制，可是在接下来的论述中，却统统变成了"君主制"，这若不是有意偷换概念，便是因缺乏历史常识而把"君主制"和"君主专制"混为一谈。君主制不等于君主专制，世界上现在有些国家，如英国、荷兰、比利时等国实行的立宪君主制，属于民主政治的范围。即使是在西欧中世纪（方文对君主制的描述是包括西欧中世纪的），实行的也不是中国这样的君主专制，而是有限王权制。

西方史学家沃伦说，"专制主义实际上在 12 世纪的王权概念中所占据的位置极小"，但这并不是因为社会上有何种"有限王权"的观念，"而是因为国王缺乏能够使专制主义成为一种现实统治的手段和工具"。②

不仅仅是 12 世纪，几乎整个中世纪的西方王权都是有限的，只是受限的程度在不同时期和不同国家有所不同，即使是在被认为"专制主义"

---

① 〔美〕哈罗德·J. 伯尔曼：《法律与革命》，贺卫方等译，中国大百科全书出版社，1993，第 346、347 页。

② 〔英〕W. L. 沃伦：《亨利二世》，转引自孟广林《英国封建王权论稿》，人民出版社，2002，第 394 页。

（实际上是"绝对主义"）盛行的中世纪晚期，依然不能达到王权无限。英国革命和法国革命的起因和结果恰恰说明了这一点——正是王权有限使它难以摆脱议会的束缚。为了征税国王要召开议会，可是议会的对抗又将王权推翻。据《英国通史》载："当时，英格兰缺少强制性的国家力量，它没有常备军，又没有有组织的警察队伍，甚至连国王的仪仗队也没有。""因此，国王要实行统治，只能依靠臣民的自愿服从，依靠像议会这一类组织机构的积极配合。查理则以自己的言行破坏了臣民的信赖，同时又把议会推到完全对立的位置上。"①

法国革命的起因也是税收问题。英国学者多伊尔说，早在大革命之前，"旧制度已经病入膏肓，无药可治了"。② 为了解决财政危机，国王不得不召开三级会议。法国学者勒费弗尔说："如果国王不召集三级会议——但这实际发生了——就不会有法国大革命。革命的直接原因在于路易十六找不到任何其他途径解决政府危机。"③ 人们通常认为，法国波旁王朝是欧洲大陆专制主义的典型，然而事实是，法国的王权仍属于"有限王权"。多伊尔指出："在很大程度上，政府依靠的是臣民的顺从。与现在相比，18 世纪更是如此。"④ 看来法国王权面临的困境与英国近似。

从上述史实来看，西方王权的有限性就在于王权受法律、议会、三级会议以及高等法院这类组织机构以及社会各阶层的制约。

中国的情形与西欧大不相同。中国皇帝有着与生俱来的征赋役权，无论有何种需要都可任意征收，而无须取得纳税人的同意，更没有议会这种组织加以管束。国家以大量经费供养一支庞大的常备军，一方面用于对外作战，另一方面，也是最主要的方面，则是镇压反叛，保护皇帝、贵族的安全。国家因有强大的军队而能够用暴力手段向社会强行征收赋税，甚至公然掠夺臣民的财产。汉武帝的举措最集中和全面地反映了这

---

① 钱承旦、许洁明：《英国通史》，上海社会科学院出版社，2002，第150、149页。
② 〔英〕威廉·多依尔：《法国大革命的起源》，张弛译，上海人民出版社，2009，第51页。
③ 〔法〕乔治·勒费弗尔：《法国大革命的降临》，洪庆明译，上海人民出版社，2010，第2页。
④ 〔英〕威廉·多依尔：《法国大革命的起源》，第72页。

一状况。

汉武帝时因长期对外作战，造成财政危机，朝廷采取多种应对措施。一是增加赋税；二是实行盐铁官营和部分商业官营及垄断政策，从中获取丰厚的利润；三是发行新货币；四是出售爵位；五是直接掠夺民间商人地主的财产，这一招最狠，也最有效。元狩四年（公元前119年），空前的搜刮民间财产的大运动在史册上留下了令人难忘的记载："杨可（运动主持者）告缗遍天下，中家以上大抵皆遇告。……得民财物以亿计，奴婢以千万数，田大县数百顷，小县百余顷，宅亦如之。于是商贾中家以上大率破。"① 实际上当时被掠夺财产的不仅仅是商人，民间凡有积蓄者都受到告发和清算。台湾学者侯家驹将汉代的这场运动称为"地毯式搜刮"，的确很贴切。他说："如此地毯式搜刮，民间资金不耗竭者几希！"②

汉武帝的这些做法不断为后世专制统治者所仿效并发展，已经成为中国古代社会的一个主要趋势。通过上述简单的比较，我们可清楚地认识到中国专制主义王权与西方绝对主义王权（即有限王权）的巨大差异。

（3）民主制不是全民投票

方文多处强调民主制的特征主要在于，国家权力机关是通过全民投票选举产生。

在这里首先需要辨析"全民投票"这一概念。众所周知，古希腊的民主并非全民都能参与，非自由人及妇女无选举权和被选举权。即使是在选举制产生最早，而且最发达的英国，直到现代早期，也只有少数人有选举权。"1832年以前，由于财产资格的规定，有选举权的人占成年人总数的比例仅仅约为5%，其中绝大多数人都是贵族。""1928年法案基本上实现了普选权。直到1948年废除大学选区和一切重复性投票权后，英国才实现了一人一票的平等选举权。"③ 也就是说，英国真正实现普选制是在1948年。但不能据此认为，古希腊及现代早期的英国实行的就不

---

① 《史记》卷30《平准书》。
② 侯家驹：《中国经济史》下册，新星出版社，2008，第819页。
③ 聂露：《论英国选举制度》，中国政法大学出版社，2006，第49、99页。

是民主制。

虽然政治上的普选制较晚才实行，但是西方早在中世纪就有普遍的选举，从教皇、主教，到城市的市政府、市议会，还有国家和地方的议会或三级会议等，都实行选举制，就连庄园的庄头都是由农奴选举产生。

还应看到，西方早期的民主具有多样性，其中司法民主是十分独特的。英国从亨利二世（1154～1189 年在位）时起就采用陪审员制，随后发展到美国及其他国家。托克维尔说："主持刑事（后来又说到民事）审判的人，才真正是社会的主人。实行陪审制度，就可把人民本身，或至少把一部分公民提高到法官的地位。"他认为："陪审制度首先是一种政治制度，应当把它看成是人民主权的一种形式。""陪审团是国家的负责执法的机构。"① 西欧中世纪还有广泛的协商民主和自治，这些都是现代民主的基础。因而，把民主仅仅视为国家权力机关的选举制，显然失之片面。

（4）民主政治不是党争

也许正是因为把民主局限于选举，所以方朝晖便将民主说成是"党争"，因为民主选举时各党派要竞选、竞争。不仅如此，他还将现代民主与中国古代的党争混为一谈，因而他对民主政治的种种描述也很成问题："权位竞争的不断升温可彻底撕裂中国人的人情世界，导致无止境的恶性循环，这是以党争为特色的民主政治难以适应中国文化的原因之一。"由此即可看出他对现代民主缺乏基本的知识。

民主的概念其实很简单。据迈克尔·罗金斯等著《政治科学》一书所说，民主的基本原则是"多数原则"。然而，更为现代、更为实际的民主概念是"多数人统治同时保护少数人的权利"。②

具体看来，西方的"党争"主要是政见（具体为施政方针）之争，争取的是选民的支持。代表大多数选民意愿的政党才能获胜，才能够组

① 〔法〕托克维尔：《论美国的民主》上卷，董果良译，商务印书馆，1988，第 314、315 页。
② 〔美〕迈克尔·罗斯金等：《政治科学》，林震等译，华夏出版社，2001，第 71 页。

织政府和议会。罗金斯说："在民主制度下政策制定者的合法性常常依赖于他们所得到的支持，这种支持的形式就是选举中的多数票。""当对政策的选择被放到选票上时，人们通过投票拒绝不满意的官员的权利就得到了支持。"

在整个民主体制里，政党只是一个工具，民主政治最重要的基础是人民。现代政治学理论认为，政党是"连接政府与公众的桥梁"。它是"一个重要的'输入'设施；通过它，公众可以让自己的需要或希望为政府所知。如果没有政党，个体公众就只能单打独斗，往往会被政府所忽视。通过为某个政党工作或投票给某个政党，公众就能影响政治决策"。①

民主制下的政党竞争有益于民众的利益表达和实现，每一次的选举就是选民对执政者政绩的打分。政绩不佳的官员或议员不再能得到支持，而被代之以新人。因此在位的政治家们必须努力工作，完成竞选时对选民的承诺，以保持选民的信任。在野的政治家则要加倍赢取人民的支持，以击败竞争对手。更重要的是，政治家和政党时刻处于竞争对手的视野内、处于民众和舆论的监督之下，需要非常注意自己的言行举止。一言不慎或一举不当，都可能招致风险。这促使他们自律，从而保持廉洁和公正。阿基诺三世因提倡"清廉政治"当选为菲律宾总统，上台后发表国情咨文，痛批前任的腐败，提出推进国内公平竞争；韩国外交通商部部长柳明桓因女儿被"特招"之事件被迫引咎辞职，都说明这样的"党争"是对人民有利的，并不是什么"权位竞争"，也没有带来"庸俗化"和"平均化"，而是促进了社会进步。

中国古代的党争大多是你死我活的权力之争，它以专制体制为基础，不仅不代表人民，反而极大地危害人民；少数能够部分反映人民利益和反对朝廷腐败的士大夫集团，如东汉的士人集团、明末的"东林党"人，则遭到残酷的打击和迫害。这是它与现代民主制的根本不同之处。把古代党争与现代政党政治混为一谈，岂非谬误？

---

① 〔美〕迈克尔·罗斯金等：《政治科学》，第69、216~217页。

三 相关理论问题探讨

在论争当中，除了前面说到的方法与目的的问题，"赞同中国古代政体者"还论及一些理论问题。这些问题有的是特殊的（如"民主—专制"二分式思维），有些则在学界比较普遍，如儒家文化与王权的关系、专制主义中央集权制度的作用等等，值得仔细梳理、深入探讨。

1. 君主专制制度是祖先的自愿选择吗？

方文1说，中国历史上"从未有任何人主张通过民主选举来确立国家领导人。如果真的通过民主选举的方式来确立国君更有利，人们不会想不到，否则只能认为我们的祖先是傻子了。孔子没有主张通过投票来选拔鲁国国君，与宋明理学家没有倡议全民大选确立天子，大概不是由于他们的思想反动、保守，而是因为君主制是在当时条件下最好的选择"。

让我们看看古人对君主专制下社会状况的评价吧。汉哀帝时，谏大夫鲍宣上书，说民有"七亡"：灾荒、朝廷沉重的赋税、繁重的徭役使人民不能正常生产、贪官污吏豪夺百姓、豪强大姓蚕食无厌、盗贼劫掠等。除此之外，还有"七死"：酷吏殴杀、治狱深刻、冤陷无辜、盗贼横发、岁恶饥饿、瘟疫等等。"民有七亡而无一得，民有七死而无一生。此非公卿守相贪残成化之所致耶？"①

历代诗人的作品中充满了对人民悲惨境遇的描述，包括上层统治者如汉魏时期的曹操、曹丕以及唐宋时期的众多官员、诗人都对当时百姓的实际状况深表同情。曹操的《蒿里行》、《薤露行》写出汉末军阀混战给人民带来"白骨露于野"的灾难；曹丕的《上留田》描绘"富人食稻与粮"、"贫子食糟与糠"的贫富差距；杜甫的"朱门酒肉臭，路有冻死骨"，已成为千古绝句；白居易的《新乐府》五十首，多反映当时各方面严重的社会问题，如"可怜身上衣正单，心忧炭贱愿天寒"（《卖炭

① 《汉书》卷72《鲍宣传》。

翁》），"新丰老翁八十八"，"左臂凭肩右臂折"（《新丰折臂翁》），"一丈毯，千两丝，地不知寒人要暖，少夺人衣作地衣"（《红线毯》），"人时十六今六十"，"外人不见见应笑，天宝末年时世妆"（《上阳白发人》），等等。

人民已经到了"有七死而无一生"甚至"人相食"的地步，要靠杀子、剁手脚自残来躲避沉重的徭役和赋税，这难道是一个理想的社会吗？追根溯源，造成这些社会灾难的正是君主专制，人民会认为这个万恶之源是他们最好的选择吗？的确，我们的祖先不是傻子。人民对专制统治或许没有明确的认识，也不能对其有所批判。但是他们对给人民带来灾难的专制统治绝对是不满甚至是愤恨的。历代的民谣就反映了这一点。

秦始皇役使人民修长城，民间创造出"孟姜女哭长城"等传说，这是人人皆知的。当时还有民谣描绘当时的惨景："生男慎勿举，生女哺用脯。不见长城下，尸骸相支柱。"另一首民谣揭露统治者对人民的掠夺，表达他们对秦始皇的诅咒："秦始皇，何强梁！开吾户，据吾床；饮吾酒，唾吾浆；飧吾饭，以为粮；张吾弓，射东墙。前至沙丘当灭亡！"①

汉代的一首民谣："小民发如韭，剪复生；头如鸡，割复鸣。吏不必可畏，民不必可轻。奈何欲望平。"反映了人们对官府暴政的仇恨和蔑视。② 董卓专权时，大肆残害百姓，人民创造歌谣《董逃》和《千里草》。《千里草》说："千里草，何青青，十日卜（"卓"字拆开），不得生。"这些民谣使独夫民贼万分恐惧，董卓为了禁绝民谣的流传，杀死数千人。

历代层出不穷的农民起义则更表现了人民对统治者的反抗。隋末农民起义时，起义军对隋王朝发布的征讨檄文历数了专制统治者的十大罪状。"罄南山之竹，书罪未穷，决东海之波，流恶难尽。"③ 指斥统治者的罪恶罄竹难书。

---

① 《古谣谚》卷34、66，转引自翦伯赞、郑天挺主编《中国通史参考资料》古代部分，第2册，中华书局，1962，第285页。
② 崔实：《政论》引语，转引自孙明君《汉魏文学与政治》，商务印书馆，2003，第30～31页。
③ 《旧唐书》卷53《李密传》。

方朝晖说到"选择"的问题，似乎当时的人们有自由选择良好政体的权利。这显然是将现代人的观念安插在古人身上。在专制君主的严酷统治下，人民连自身命运都由统治者操纵，根本不可能按照自己的意愿来做选择。况且，选择也需要有可供选择的对象。亚里士多德对政体的选择是基于对古代社会多种政体的分析，孟德斯鸠的研究对象则更为广泛。而中国古代社会长期处于对内封闭、对外排斥的状态，当然不可能了解世界上还存在着截然不同的政体、截然不同的可能。

人民对专制统治的服从只是出于无奈，因为他们无力对抗这个庞大的暴力机器。另外，专制统治者的愚民政策也是迫使人民顺从的一个重要原因。中国古代的"民"没有独立的人格，被统治者当作牛马一样地奴役，人民也被看作牲口。《管子》中有《牧民篇》，又有《七法篇》明确指出："养人如养六畜。"《汉书·食货志》中说："民者，在上所以牧之。"《淮南子·览冥篇》："牧民者，犹畜兽也。"值得注意的是，民自己也认同这种低下、屈辱的地位。西汉盐铁会议上，来自民间的"文学"多次提到"畜民"和"牧民"，"畜民"就是将百姓当作牲畜一样地养，"牧民"指统治、管理百姓就像牧人饲养和驱使牲畜。西汉富民卜式也曾以他养羊的经验为例，对汉武帝大讲"牧民之道"。①

认识历史应该多理解古人的处境，多了解古人的看法，少一些现代人的想象。

2. 忠君的困境

方文大谈尊王、忠君的必要性和合理性，对此有学者已经做了批评。笔者在这里主要讨论忠君如何具体操作的问题，即忠于谁和如何忠；一般性地提倡"忠君"并不能解决问题。

首先，忠君的具体对象是什么，方文并没有加以区别，那么可以默认为对所有的君都要忠心耿耿了。然而，对昏君、暴君也要忠吗？秦二世、晋惠帝、高洋、隋炀帝、明神宗、明武宗、小皇帝溥仪，乃至"洪宪皇帝"？遗憾的是，中国历史上恰恰是昏君、暴君多，而明君少之又

---

① 《史记》卷30《平准书》。

少。那么，一般性地提倡忠君就成了问题了，而且是大问题。它必然引出一个问题，即是忠君还是忠社稷？方文中也提到要忠于社稷。然而昏君、暴君恰恰是危害社稷的。对昏君、暴君忠，就是对社稷不忠。忠于社稷的人往往要付出生命的代价，而效忠昏君的人也没有好下场，这些在中国历史上数见不鲜。大量历史事实表明，忠君不是一个简单和容易的事，不是想忠就能忠的。

其实，忠君作为儒家的政治主张与儒家经典也是有矛盾的。《易·革·象辞》载："汤武革命，顺乎天而应乎人。"汉景帝时两名儒生曾就"汤武革命"的合法性问题展开辩论。黄生说："汤武非受命，乃杀也。"辕固说，桀纣昏乱，天下人心都归于汤武。汤武顺应民心伐桀纣，这不是受天命吗？黄生说，桀纣虽然失道，终究还是君；汤武虽然贤明，只不过是臣。辕固说，照你这么说，"高皇帝（汉高祖）代秦继天子位"，也是不合法的吗？汉景帝见黄生的理论危及汉王朝的合法性，便下令停止争论。①

这场争论反映了儒家文化的内在矛盾。如果一味强调忠君，就会否定改朝换代的合法性。而中国两千多年的历史恰恰是一部暴力夺权的历史。可是主张造反有理，又与"忠君"的信条相违背。因此，这个文化矛盾实际上永远也解决不了。

方文列举了几个"儒家忠君的典范"，包括诸葛亮、岳飞、方孝孺，还有魏征，并对前三位做了一定的介绍，对魏征却是一笔带过。

把魏征视为儒家忠君的典范，恐怕是一个误会。翻阅《新唐书》和《旧唐书》，即可知道，魏征实际上是一个冯道式的人物，一生三易其主，最终被李世民收降。不过，魏征并不想无条件地效忠李世民，因为当忠臣从来不是他的理想。他曾对唐太宗表明，自己只愿做一名"良臣"，而不是"忠臣"。良臣不仅"身荷美名"，而且子孙世代相传。而像龙逢、比干那样的忠臣只会招来杀身之祸，"丧国夷家，只取空名"。魏征对唐太宗的"谏"是历史上有名的，但是他绝不会像比干、海瑞那样拼死去

① 《汉书》卷 88《儒林传》。

"诤"。正如他自己所说，"陛下导臣使言，所以敢然，若不受，臣敢数批逆鳞哉！"① 意思是若不是您让我说话，我是不会冒那么大险的。魏征不仅当时"身荷美名"，而且因进谏"立功"，不断加官晋爵，并数次得到大量赏赐。再加上身后青史留名，真可谓是名利双收。相比之下，方孝孺因忠君而被株连十族，的确是"只取空名"而已。

方文赞赏魏征，不仅违背史实，而且与他提倡的"忠君"原则相冲突。方文赞扬方孝孺忠于建文帝，"是为了捍卫王朝政权的合法性基础——王位继承制，这是天下长治久安、让千百万人免除内乱之祸的根本保证。就像今天的宪法一样神圣"。然而，杀死兄长太子、逼迫父皇退位的李世民，不就是破坏这个"神圣宪法"的典型人物吗？他和燕王朱棣又有何区别呢？效忠李世民的魏征和以死反对朱棣的方孝孺，分明是站在相反的立场，为何都得到方文的赞扬呢？

然而，正是因为魏征的朝秦暮楚和李世民的破坏"神圣宪法"，才有了中国历史上稀缺罕见的"贞观之治"。这难道不是一个对"忠君"理想的极大的讽刺吗？如此看来，魏征为世人所称道，甚至被认为是"忠臣"，冯道却背负品行不端、"无耻之尤"的骂名，实在是冤枉。

尽管理论与实际存在着极大的矛盾，历代统治者仍是要把"忠君"作为规范臣民行为的最高标准。王子今的《"忠"观念研究》指出，秦汉专制政体的奠基导致"忠"的政治规范的定型。"为人臣必忠"，"危身奉上曰忠"。表明"忠"是对皇帝的绝对服从，"不忠"常常是君主令臣下致死的罪名。②

不过，臣子究竟算是忠还是不忠，以及对不忠者如何处置，全然由皇帝说了算。楚汉相争时，楚将丁公曾围困刘邦，几乎要置他于死地。在刘邦的恳求下，丁公放其生还。刘邦灭项羽后，丁公前去投奔刘邦，不料却被斩首示众。"帝以丁公徇军中，曰：'丁公为项王臣不忠，使项王失天下者也。'遂斩之。曰：'使后为人臣者无效丁公也！'"司马光评论说，刘邦自起兵以来，招降纳叛者不少，为什么一登上皇帝位就以

---

① 《旧唐书》卷71《魏征传》；《新唐书》卷97《魏征传》。
② 王子今：《"忠"观念研究》，吉林教育出版社，1999，第71、129页。

"不忠"罪杀死丁公呢？他认为，打天下和坐天下不同。打天下时需要网罗人才，而且当时没有一个定主，人们改换门庭也是正常的现象。等到刘邦"贵为天子，四海之内，无不为臣。苟不明礼义以示之，是为臣者，人怀二心以徼大利，则国家岂能久安乎？……戮一人而千万人惧，其虑事岂不深且远哉！子孙享有天禄四百余年，宜亦！"① 司马光把汉代王朝四百余年的延续归功于刘邦斩丁公，未免言过其实。不过，刘邦用丁公的血来警示不忠者，的确是用心良苦。

可是，"为项王臣不忠，使项王失天下者"还有一个项伯。项伯所起的作用更大，曾几次救刘邦于危难之中，命运却与丁公迥然不同：不仅得到刘邦的丰厚的奖赏，还被封为射阳侯。一个受封赏，一个被惨杀，这恐怕只是出于统治者的政治需要和个人好恶。

有趣的是，事隔一千多年之后，入主中原的清朝统治者也使用了刘邦的权术来使自己的统治合法化。葛剑雄说，清军下江南之初，曾受到文人发起的激烈反抗。"而在清朝皇帝亲自祭明太祖陵，承认对清军实行抵抗的明朝官民为忠义、将明朝降臣入'贰臣'传后，绝大多数读书人都已经感激涕零，竭诚效忠大清了。"②

由于人君掌握着臣子的命运，拥有判定"忠"标准的大权，无论臣下如何忠君都可能事与愿违，甚至招来杀身之祸。即使对贤明君主尽忠也是很难做到的。就以汉初三位君主来说，汉代开国君主刘邦，以及开创了"文景之治"的汉文帝、汉景帝都是口碑甚好的明君。然而他们是怎样对待忠臣的呢？

众所周知，萧何为刘邦打江山建下头等大功，忠贞不贰，却一直受刘邦的猜忌。为打消君主的疑心，萧何以"强贱买民田宅"自污，表示他只贪图财物，不恋权位，可是终究被刘邦关入监狱，险些送命；终其一生都是战战兢兢，如履薄冰。③

周勃既是开国功臣，又在吕后死后消灭吕氏集团，迎立代王入京继

---

① 司马光：《资治通鉴》卷11《汉纪三》。
② 葛剑雄：《统一与分裂》，中华书局，2008，第139页。
③ 《汉书》卷39《萧何传》。

位，是为汉文帝。汉文帝甫一登位，立即削夺周勃的兵权，然后把周勃贬斥到他山西绛县的封地，不久又以"谋反罪"为名，将周勃关进监狱。周勃贿赂汉文帝的舅舅薄昭，并通过薄昭向薄太后求情。薄太后训斥儿子说，当初周勃怀揣皇帝玉玺，手握重兵，消灭吕氏集团；他那时不反，迎立你进京为皇帝，现在屈居一个小县，手无一兵一卒，反而要造反吗？汉文帝自知理亏，不得不将周勃释放。① 试想，若不是贿赂了国舅爷，周勃能够逃脱厄运吗？

　　周勃之子周亚夫为汉景帝平定"吴楚七国之乱"立下丰功，终因"功高盖主"（在古代，功高就是罪过）和兵权在握而遭到皇帝的猜忌，并且为了阻止皇帝给无功的国舅爷（皇后之兄）封侯得罪了皇帝，被捕入狱。朝廷给他定的罪名仍旧是"谋反罪"，因为周亚夫购买的一些明器（陪葬物品）是兵器，朝廷说他不反于地上而要反于地下，真是"欲加之罪，何患无辞！"周亚夫在狱中愤恨绝食，"呕血而死"。②

　　汉景帝时另一个忠臣晁错的命运则更为悲惨。晁错为了社稷，力主削弱诸侯王的势力，得到皇帝的赞同。晁错的父亲匆忙赶到京师，劝儿子不要引火烧身。晁错义正词严地说："不如此，天子不尊，宗庙不安。"晁父说："刘氏安矣，而晁氏危矣！"他气愤地说："吾不忍见祸及吾身！"遂服毒而死。晁父死后仅十来日，吴楚七国以诛晁错、"清君侧"为名起兵造反。汉景帝听信谗言，为平息叛乱而将晁错斩首，但也不能使诸侯王退兵。一位贤人，校尉邓公向皇帝说明事情的真相，并批评汉景帝诛杀晁错是"内杜忠臣之口，外为诸侯报仇，臣窃为陛下不取也"。汉景帝理屈词穷，"默然良久，曰：'公言善，吾亦恨之。'"③

　　效忠昏君更没有好下场。秦始皇死后，赵高劝说丞相李斯与他一起立胡亥为帝，李斯说自己至死也要当"忠臣"，不能做背叛先帝和危害社稷之事。但是经赵高晓以利害之后，不得不违心地听从。孰料秦二世之昏庸残暴为世所罕见，一切是非都被他颠倒。他视赵高为大大的忠臣，

────────────

① 《汉书》卷40《周勃传》。
② 《汉书》卷40《周亚夫传》。
③ 《史记》卷101《晁错传》。

赵高遂"以忠得进",受到信任和重用。秦二世在赵高的蛊惑下大杀忠臣,迫害秦宗室贵族,把秦的种种暴政推向极致,"杀忠臣而贵贱人","刑者相伴于道,而死人日成积于市。杀人众(多)者为忠臣"。李斯劝谏,却被秦二世说成"不忠"而被杀。李斯在临死前,悲叹自己"以忠死",并列举前代几位昏君杀忠臣的事例,说明自己与那些被杀的忠臣之所以有着同样的命运,都是因为效忠的对象为昏君。"身死而所忠者非也。""不道之君,何可为计哉!"实际上,李斯的悲剧不仅在于他效忠的是昏君,更在于他当时只能效忠于胡亥这个昏君,因为即使贵为丞相,李斯也没有选择的余地。无论为效忠先帝秦始皇而反对胡亥篡位,还是因效忠秦二世而背弃先帝的意愿,都难逃一死。

张居正在明朝万历初年任首辅十年,努力推行"新政",使衰败、混乱的明王朝走向国富民安,被称为"起衰振隳"的"救时宰相"。① 张居正死后,朝廷给他的谥号为"文忠"。然而次年即被追夺,他的种种显赫官衔和荣誉全部被撤销,家产被籍没,兄弟张居易、次子张嗣修遭流放,家人被围困饿死十多人,长子张敬修以血书鸣冤不成,愤而自尽。张居正的"新政"利国利民,且首先为皇帝积累了大量财富,应该说是皇家的大功臣。正如刘志琴所说:"改革的最大受益者是朱氏王朝的最高统治者——皇帝,且不说维护封建统治本是张居正改革的出发点和归宿,隆庆皇帝撒手而去留给孤儿寡母的,是入不敷出的财政,纷争不已的内阁。"因为有张居正执政,"神宗母子才得以坐稳江山,安然享用国富民安的太平日子"。然而这位"忠臣"和"社稷臣"却落得个家破人亡的下场。

张居正的悲剧不仅是其个人的和家族的,也是明王朝的。他的确只是"救时宰相",只能救得了一时。"人亡政息",张居正死后,"新政"的举措全被撤销,种种弊端重又恢复。没有了"张先生"约束的万历皇帝一面大肆掠夺民间财富,派太监到江南"挖掘"金银财宝,以致激起民变;一面任意挥霍国库财产,把张居正辛辛苦苦积攒的银两耗费一空。

---

① 刘志琴:《张居正评传》,南京大学出版社,2006,第1页。

他甚至三十年不临朝，深居宫中，寻欢作乐，成为中国历史上赫赫有名的"罢工皇帝"。人说，"明不亡于崇祯，而亡于万历"，的确如此。

这充分说明无论是忠君还是忠于社稷都无济于事。无怪乎清道光时御史朱琦伯说张居正是"愚忠"，"江陵，愚忠者也，盖明知其害于身而为之者也。明知害于身而利于国，又负天下后世之谤，而勇为之者也。呜呼！"①

其实不仅张居正，连晁错也可说是愚忠。明知一意削藩会引来杀身之祸，仍义无反顾。不仅自己惨遭"腰斩"，还殃及全家老小，"父母妻子同产无少长皆弃市"（可能朝廷不知道其父已经自杀），大批无辜者含冤而死。为刘氏家族付出这样大的代价，是否值得？也许他认为，为大家而牺牲小家是必要的，也是值得的。但是他心中的那个大家其实也是小家，即皇帝的私家。《汉书·晁错传》评论道："晁错锐于为国远虑，而不见身害。""悲夫！错虽不终，世哀其忠。"反映出当时人们对晁错命运的感慨和悲愤。

如果说，张居正、晁错是否"愚忠"尚有争议，而于谦绝对是一位人人敬服的忠于社稷的忠臣。明正统十四年（1449）发生了震惊朝野的"土木之变"，英宗皇帝在亲征蒙古的战役中被蒙古瓦剌部俘虏。兵部尚书于谦带领朝廷大臣们立英宗之弟为皇帝，是为景泰皇帝，同时遥尊英宗为太上皇。此举安定了政局和民心，也彻底摧毁了瓦剌人以英宗要挟明王朝赔付金银财物的野心。于谦指挥明朝军队打败外敌的进攻，成功地捍卫了社稷和民族的生存。然而，英宗在被放归明王朝的几年后，在一些奸臣怂恿下发动政变，复辟帝位，于谦竟被处死。朝廷查抄其家，发现"家无余资"。一些大臣为其鸣冤说："彼日夜分国家忧，不问家产。即彼去，令朝廷何处更得此人？"《明史·于谦传》的"赞"称颂他"忧国忘家，身系安危，志存宗社，厥功伟矣"。"忠心义烈，与日月争光。"万历年，朝廷给于谦定谥号为"忠肃"，一些地方百姓"皆世奉祀不绝"。② 正如王子今所说："历史上以'忠'为谥的政治活动家们，确实

① 刘志琴：《张居正评传》，第310、364页。
② 《明史》卷170《于谦传》。

大多归于悲剧结局。"①

如此看来，无论是忠于明君、忠于昏君，还是忠于社稷，都很可能付出生命的代价。当然，我们也十分敬佩古代那些为国为民、为理想献身的勇士，无论这些人是否有争议（是否愚忠）；在这一点上与方朝晖并无矛盾。正因为如此，我们才愈加痛恨那些残酷迫害忠臣的昏君和暴君。

应该看到，提倡无条件地忠君，同时以"谋反罪"迫害政敌（许多是假想敌）和异己，是专制统治者发泄、大肆杀人的绝好机会。他们杀的不仅是"罪犯"本人，而且是一大批无辜者，甚至包括儿童。汉代淮南王、衡山王、江都王"谋反"，"竟其党羽，而坐死者数万人"。② 明太祖朱元璋制造了几次大冤案，杀死近十万人。无视这些血淋淋的史实，无原则地赞赏"忠君"，这才真正是方朝晖所批评的"对历史不负责任"。

王子今总结道："'忠'，对于帝王来说，是维护政治秩序的主要纲纪；对于臣民来说，则是压抑人性的心理枷锁。在以'忠'作为主要道德支柱之一所设立的政治舞台上，专制主义的凶虐、愚鄙、黑暗，连续演出了 2000 年之久。"③

3. 儒家文化能否制约君主专制？

方朝晖认为儒家文化不仅能够制约，而且成功地制约了专制权力。

应该看到，儒家文化具有两重性：一种是制约王权的层面，如先秦的"民本"思想，"民贵君轻"思想和"公天下"主张。另一种是加强王权的层面，既有尊君抑臣的思想，也有法律、礼仪等各种制度。然而，对儒家文化如何取舍，主要不取决于儒家士大夫，而是取决于皇帝。文化是软的，权力是硬的；无论如何，是权力决定文化的运行，并决定文化人的命运，而不是儒家学说或学者决定皇帝的思想和行为。由于制约王权的那部分文化严重违背君主的意志，而加强王权的儒家文化非常符合统治者的需要（不仅是皇帝个人的需要，还是专制政权的需要），所以历史的结局是，制约王权的思想往往不能起作用，加强王权的思想和制

①　王子今：《"忠"观念研究》，第 351 页。
②　《史记》卷 30《平准书》。
③　王子今：《"忠"观念研究》，第 350 页。

度却能发挥极大的作用。

最典型的是朱元璋对儒家经典的两种态度。在打天下时，朱元璋对孟子说的"五百年必有王者兴"十分欣赏，因为这一理论可以为他改朝换代提供合法性依据。朱元璋还以孟子的"仁义"思想作为赢取民心的手段，不让手下人滥杀百姓。但是他当了皇帝后，即对《孟子》"民贵君轻"、"君视民如草芥，民视君如寇仇"之类的话十分反感。一次他边读《孟子》边骂说："使此老在今日，宁能免耶！"意思是非杀了他不可。洪武二十七年（1394）朱元璋下令删除《孟子》中85条不合他意的论说，规定这85条不能用于科举考试。在中国古代，经被认为是神圣不可侵犯的。可是朱元璋竟然能删除经文，充分说明专制权力的威力远远大于儒家文化。朱元璋更多地是利用儒家文化来加强王权，引用《尚书》、《诗经》、《春秋》中的话，警告大臣们谨守君臣之分，"毋擅作威福，逾越礼分"。①

在中国古代的政权更替中，儒家文化起了极大的作用，为夺取政权者提供合法性依据。除外族入主中原外，古代的改朝换代通常有两种形式，一种是全社会起来造反夺权，即人们所说的"农民起义"，这种改朝换代几乎都是以"汤武革命"为招牌。另一种则是由王莽开启的上层权力更换。刘起釪说："王莽处处用《尚书》加谶纬来文饰其阴谋活动，把自己打扮成周公的化身，一步步篡位活动都以《尚书》文句为标榜。就使大家觉得他的行动是合于'经义'的，因而顺顺当当地像演戏法似地篡夺了汉家天下。这是汉代经学中最大的一次成功的通经致用，也就是《尚书》之学在汉代所起的一次有特效的作用。"② 王莽是以"周公辅成王"为借口夺权，从曹魏时起，权臣夺取皇位则多以尧舜为例，逼迫皇帝"禅让"。虽然是强权逼迫，但表面文章一定要做足。汉献帝三次下诏表态禅位，曹丕则三次上书"辞让"后才接受玉玺。赵翼说，曹丕"假禅让为攘夺。自此例一开，而晋、宋、梁、北齐、后周以及陈、隋皆效

---

① 张德信、毛佩琦主编《洪武御制全书》，黄山书社，1995，"序"，第25、28页。
② 刘起釪：《〈尚书〉说略》，《经史说略·十三经说略》，北京燕山出版社，2002，第34页。

之。此外尚有司马伦、桓玄之徒，亦援以为例。甚至唐高祖本以征诛起，而亦假代王之禅；朱温更以盗贼起，而亦假哀帝之禅。至曹魏创此一局，而奉为成式者，且十数代，历七八百年"。① 两种改朝换代亦都打着"受天命"的旗号。曹丕手下的大臣，侍中辛毗说："魏氏遵尧舜之统，应天顺民。"②

儒家文化包括思想和制度两方面。以往人们多重视思想，而忽视制度。秦以后无论是皇帝制还是官僚制，都是在很多方面参照儒家经典而建设的，包括礼仪制度、行政制度和法律制度三个方面。

人们通常认为秦朝靠法家建立起专制统治，却忽视了儒家文化所起的作用。司马光介绍说："初，秦有天下，悉内六国礼仪，采择其尊君、抑臣者存之。"汉初刘邦登上皇帝的宝座，却难以树立起皇帝的威权，因为功臣们对他这个昔日的同伴没有丝毫的敬畏，整天在大殿上喧哗，饮酒争功。叔孙通便毛遂自荐，参照古礼和秦礼制定礼仪，他所参照的秦礼正是秦朝所选择的尊君抑臣的那部分。等到长乐宫建成之时，诸侯王和群臣前来朝贺，叔孙通便指挥他手下的礼仪官引导大家按照礼仪向刘邦依次行礼和敬酒。凡行为不合礼仪的，就要被驱逐出去。威武的武士手持兵器列队站立在两旁，起着威慑的作用。人们"莫不振恐肃敬"。整个庆典仪式上"无敢喧哗失礼者。于是帝（刘邦）曰：'吾乃今日知为皇帝之贵也！'乃拜叔孙通为太常，赐金五百斤"。司马光由此感叹礼的作用之大："礼之为物大矣！用之于国，则君臣有叙（序）而政治成焉；用之于天下，则诸侯顺服而纪纲正焉。"③ 此外，历代的多次"禅让"，无不是通过演习一套儒家的礼仪来完成的。

由于儒家礼仪制度是王权合法性的重要支柱，三礼之学成为显学，其特点是注重礼的应用。唐代还特别根据三礼制定《大唐开元礼》，颁行于国中，作为开科取士的标准。④ 朱元璋在开国之初即与宋濂等文臣依照

---

① 赵翼：《廿二史札记》上册，中华书局，1984，第143页。
② 司马光：《资治通鉴》卷69《魏纪一》。
③ 司马光：《资治通鉴》卷11《汉纪三》。
④ 彭林：《〈三礼〉说略》，《经史说略·十三经说略》，第121页。

《周礼》等文献，通宵达旦地制定大明王朝的礼仪制度，并在车制、官制、服制、丧仪等制度建设上引据《周礼》和《仪礼》。①

在行政制度方面，古代"三礼"之一的《周礼》中记录了一套庞大的官制体系。彭林说："《周礼》对古代中国的官制产生的影响，罕有其匹。自南北朝时期开始萌生的吏、户、礼、兵、刑、工'六部'之制，就脱胎于《周礼》六官，其后沿用千年。此外，《周礼》的许多规制，也为后世所遵奉。"②

法律制度方面，从汉代起儒家即以"春秋断狱"，礼与法共同起着司法的作用，成为专制国家的重要支柱。魏晋时期则正式"以礼入法"，使古礼具有与法律同等的效力。尤其是依照《孝经》，把"不孝"列为最严重的一项罪行，对其惩罚极其严酷，甚至殴打和辱骂父母的都要被处死。③ 统治者提倡"孝道"，是与推行"忠君"观念分不开的，是"三纲"原则的具体体现。正如古人所说："君子之事亲孝，故忠可移于君。"④

君主出于专制和政权的需要决定对儒家文化的取舍，最典型地表现在中国古代思想史上的关键人物董仲舒身上。徐复观说，董仲舒一方面肯定大一统专制统治的合理性，另一方面依然守住"天下为公"的政治理想，希望用"天意"来制约君主的行为。不过他的前一种努力适应了专制政治自身的要求，当然会收到很大的效果；而他后一种努力，实际上是与前一努力不能相容的，所以必然落空。"可以说，近代对统治者权力的限制，求之于宪法，而董氏则只有求之于天。……但结果，专制政治的自身，只能为专制而专制，必彻底否定他由天的哲学所表现的理想。"⑤ 史实充分证明了这一点：董仲舒试图用"天谴论"来恐吓皇帝，制约皇帝，不料上书的草稿被嫉恨他的大臣主父偃上报给汉武帝。朝廷将他逮捕下狱，本该判处死刑，幸而皇帝发慈悲赦免了他。从此"仲舒

① 张德信、毛佩琦主编《洪武御制全书》"序"，第 26、27 页。
② 彭林：《〈三礼〉说略》，《经史说略·十三经说略》，第 135 页。
③ 彭林：《〈孝经〉说略》，《经史说略·十三经说略》，第 275 页。
④ 彭林：《〈孝经〉说略》，《经史说略·十三经说略》，第 271 页。
⑤ 徐复观：《两汉思想史》第 2 卷，华东师范大学出版社，2001，第 183～184 页。

遂不敢复言灾异",出狱后谨小慎微地度日,生怕再生不测。① 西汉盖宽饶、眭弘援引董仲舒阐发的"公天下"论说,请求皇帝"让贤",结果一个被迫自杀、一个被诛杀。② 试想,身处皇帝威权之下、面对险恶官场,连自身性命都难以保障的儒家学者,又有何能力来制约皇帝呢?

且不说制约皇帝不可能,即便是制裁皇帝的宠臣也难以做到。汉哀帝宠信佞幸董贤,欲封他为侯,这违背了汉王朝"无功不得封侯"的制度。丞相王嘉因极力反对皇帝的意见而被捕下狱,在狱中被迫绝食自杀。③ 东汉士大夫反对宦官专权,遭遇"党锢之祸";明代"东林党人"也有同样的下场。这类事件在历史上比比皆是。

士大夫的素质和个人目的也是儒家文化如何起作用的一个重要因素。我们知道,古代士大夫在人品上有很大的差异。有些人忠于理想,尊重学问,例如董仲舒这类人格高尚的学者是关心民生,主张在一定程度上限制君权的。但还有不少人是以学问作为谋求功名利禄的手段。例如叔孙通先靠谄媚秦二世而得到奖赏,又因为帮助刘邦树立皇帝威权而取得高官厚禄。徐复观指出,叔孙通为刘邦制礼,是他投机,即投君主之所好的个性的发挥。古礼中固然有尊君抑臣的成分,但也有君臣友好和相互尊重的部分。因为封建制是按照宗法原则建立的,封建时代的君臣多有血统关系,君臣或是亲属,或是朋友。然而秦代把反映君臣和谐的部分全都抛弃,只采用了尊君抑臣的古礼。"秦仪是根据法家尊君抑臣所定出来的,是要以人臣的卑微,显出人君的至高无上所定出来的。这是政治发展方向的一大关键。"徐复观认为,假如叔孙通能稍微采用一些君臣相通的古礼,刘邦也未必不可以接受,因为此时他对这个问题没有一点知识。但是叔孙通为了迎合刘邦"吾乃今日知为皇帝之贵也"的潜意识要求,以便为自己取得最大的现实的利益,当然不能有任何公正之举。结果,叔孙通个人的需要与皇帝的个人需要以及政权需要相结合,产生了对中国政治有着极大影响的礼仪制度。"由叔孙通所定的朝仪,在使皇

---

① 《汉书》卷 56《董仲舒传》。
② 《汉书》卷 77《盖宽饶传》;卷 75《眭弘传》。
③ 《汉书》卷 86《王嘉传》。

权专制，取得了更明确的形式。使皇权对臣民的压迫，在此形式下取得
'非礼之礼'的地位，因而成为此后无法改易的死结，这在中国政治史中
是头一件大事。"①

在汉武帝之前，儒士追求利禄尚属个人行为，而汉武帝以后，这种
行为就开始制度化了。汉武帝"独尊儒术"，在朝廷中设"五经博士"，
并规定如不能通一部儒家经典，就不能出任官吏。"禄利之途一开，儒家
各派都驰骛奔竞，力争在朝廷所设博士中占有一席之地，并力图排斥异
己。"② 有时候这种竞争是十分残酷的，甚至要以相互迫害、杀人为代价。
这种儒家学者所起的作用就可想而知了。一些人非但不能，也不愿冒着
生命危险去制约专制王权，反而要投君主之所好，去尽力加强王权。

那么，对皇子和皇帝的教育是否能使君主自律？张居正的事例最能
说明问题。刘志琴说："在历代君主教育中，张居正拥有教育小皇帝的条
件最优越，可失败也最惨重。""他为父子（穆宗、神宗）两代君王授课，
对小皇帝有为师和顾命的情谊。作为首辅又得到皇帝和太后的充分信赖，
这是他放手教育小皇帝的极好机会和条件。"张居正对神宗的教育非常严
格。不仅如此，他还亲自编写了一部帝王教材，名为《帝鉴图说》，书中
讲述了 117 个古代帝王的故事。其中 81 个故事命名为"圣哲芳规"，介
绍圣明君主励精图治之举；另外 36 个故事为"狂愚覆辙"，阐述昏君、
暴君倒行逆施之祸。每一篇故事都配有插图，生动活泼，很适合对小皇
帝的教育。张居正为培养圣明君主真可谓用心良苦。刘志琴说："按理
说，皇帝自小就受到他严格的教育和训练，本应成长为一名他所期望的
圣主，事实上神宗是历史上最贪婪、昏暴的皇帝之一。这一失败，证明
依靠道德自律来约束君主根本行不通，促使人们丢掉对君主自律的
幻想。"③

方朝晖为什么会认为儒家文化"成功地制约了王权"呢？这恐怕是
因为他们以为，儒家文化是制约皇权的，儒家士大夫也都是主张制约皇

---

① 徐复观：《两汉思想史》第 3 卷，第 249、250 页。
② 曹道衡：《春秋与三传说略》，《经史说略·十三经说略》，第 150～151 页。
③ 刘志琴：《张居正评传》，第 329、328 页。

权的。而实际上儒家文化具有两重性，儒家学者也有正义和非正义两种。大量史实表明，古代帝王正是在叔孙通、主父偃、公孙弘这类追求功名利禄的儒家士大夫帮助下，利用儒家文化中他们所需要的那部分成功地加强了皇权，并且运用手中强有力的大权，成功地抵制了儒家文化对他们的制约。

中国专制政治奠基于韩非、商鞅，粗成于秦始皇，大成于汉武帝。独尊儒术就是因为儒术比其他学术具有更多和更有效的强化皇权的作用。这就是与秦始皇同样专制的汉武帝要采取与秦始皇不同的文化政策去尊崇儒术以及这项政策为后代帝王普遍遵奉的重要原因。古代帝王绝不会将一种主要制约自己的文化奉为至宝的，正像孙悟空不会自愿戴上一副紧箍咒。按方朝晖的话说，除非他们是傻子。

还应该看到，汉武帝不仅仅是"独尊儒术"，还在政治实践上充分利用法家的学说以强化专制统治，尤其在刑法的严酷方面超过了前代。结果儒家制约皇权和反对法家的努力均遭到失败，而法家文化与儒家文化中强化皇权的层面则有效地结合，使中国古代的专制愈演愈烈。

4. 如何评价专制主义中央集权制的历史作用

一些人，例如张传玺等认为，专制主义中央集权有利于统一。

然而事实是怎样的呢？人所熟知的那句名言——"分久必合，合久必分"已经说明了中国历史的大概趋势。而据葛剑雄研究，中国历史实际上是"分"多而"合"少。首先，秦的统一就是极为短暂的。"如果从秦灭六国算起，到陈胜、吴广起义爆发，秦朝的统一维持了十二年。如果从秦始皇完成疆域的开拓算起，统一只保持了六年。"① 这正如柳宗元所说："秦有天下……不数载而天下大坏。"② 就整个中国历史进程来看，葛剑雄认为："中国真正的统一是在 1759 年实现的，持续了八十一年。对中国而言，分裂、分治的时间是主要的，统一的时间是非常短暂的。"他得出两种具体的统计数字足可说明问题：如果以历史上中国最大的疆域为统计标准，统一的时间是八十一年，约占总数（公元前 221 至

① 葛剑雄：《统一与分裂》，第 34 页。
② 柳宗元：《封建论》，《柳宗元集》第 1 册，中华书局，1979，第 71 页。

公元 1911 年）的百分之四。如果把基本上恢复前代的疆域、维持中原地区的和平安定作为标准，统一的时间是九百五十年，约占总数的百分之四十五。① 说秦汉政权结束了封建战争与割据显然不符合史实，说专制主义中央集权有利于统一更是与史实相违背。

问题在于持此论的学者混淆了概念。"统一"与否是指地域和疆土，"专制主义中央集权"是指政权形式。无论统一政权还是分裂政权，在政治上都实行的是专制主义集权制度，并无本质上的区别。不同之处，只是第一种是"中央集权"，另一种是略小范围的集权；共同之处则是专制。

进一步看，正是专制主义中央集权制度造成的社会动乱使中国不断陷入分裂的局面。汉初严安总结说："秦贵为天子，富有天下，灭世绝祀，穷兵之祸也。故周失之弱，秦失之强。"② 这的确道出了强秦灭亡的真谛，说明强大的权力并不能真正控制社会，反而促使社会成员起来造反夺权。徐复观揭示出其中的奥秘："在一人专制之下，天下的'治'都是偶然的，'乱'倒是当然的。而且官制中的合理部分，也势必被其糟蹋、破坏。"③

历代"农民战争"中建立的一些新政权实际上就是割据政权。如秦灭亡后的楚汉相争和多国林立；元末朱元璋、陈友谅、张士诚、明玉珍、方国珍等在江南的政权；明末李自成的"大顺"政权、张献忠的"大西"政权；清代的天京洪杨政权等。元末的江南政权与元王朝、天京的洪杨政权与大清不啻是对峙的"南北朝"。

"封建割据"也是专制主义中央集权的产物。汉初大分封，立刘氏子弟为诸侯王，随后又因诸侯王势力过大而采取削藩政策，激起吴楚七国之乱。东汉末年，朝廷的腐败在上层引来董卓之祸，在社会上激起"黄巾起义"，随之而来的是三国纷争。西晋王朝的腐败带来"八王之乱"，然后就是十六国的纷乱局面。唐玄宗的腐败造成"安史之乱"，由此开启

① 葛剑雄：《统一与分裂》，第 77～78、62 页。
② 《汉书》卷 64《严安传》。
③ 徐复观：《两汉思想史》第 1 卷，第 80 页。

了藩镇割据的局面，继而发展为五代十国等，无不是从上到下的崩溃。唐代藩镇割据固然给人民带来灾难，朝廷统辖范围内的人民所遭受的苦难丝毫不亚于藩镇统治地区。利用"宫市"、"五坊"等公然掠夺百姓的弊政就是在那时盛行的。中央集权的王朝和割据势力同样起着危害人民的作用。

对统一的意义，也应历史地看。葛剑雄认为："从秦始皇开始的统一，都是统一于一人，统一于一家一姓，至多统一于一个由少数人组成的统治集团，却从来没有统一于人民。""对统一和分裂最冷漠的是占人口大多数的农民，尽管对每一次统一和分裂做出最大牺牲的也是他们。……事实上，历史上统一王朝的农民的负担并不一定比分裂时期轻，大国的农民也不见得比小国的农民生活得好。""今天我们大加颂扬的统一战争对参战的或不参战的农民来说，直接的结果只是死亡、伤残、增加赋税，而不会得到开疆拓土的好处。说他们会积极参加或支持这种'正义的'、'进步的'战争，只是某些先生们的推论。"①

古人的描述则更能反映出战争带来的灾难。秦统一战争"死者如乱麻"。汉初刘敬说到楚汉相争时的情景：陛下"与项羽战荥阳，争成皋之口，大战七十，小战四十，使天下之民肝脑涂地，父子暴骨中野，不可胜数，哭泣之声未绝，伤痍者未起……"。② 无原则地歌颂统一和赞赏专制主义中央集权促进了统一，显然都是一种非历史主义的态度。

5. 如何评价古代帝王

那些肯定和赞赏专制君主制的人，对古代帝王的评价有着明显的片面化倾向，歌功颂德有余，客观分析不足：只说修长城、开运河，不提修骊山墓等帝王陵墓和宫殿；只说汉武帝打匈奴，不说他为取得"汗血马"攻打大宛；只说促进民族融合，不提民族压迫；只说办学校，不说学校为何而办，更不提"文字狱"和思想文化专制，甚至大力歌颂古代帝王如何促进社会进步、生产发展、人民幸福。具体对各个"杰出"帝王的评价，秦始皇是"千古一帝"，汉武帝是"雄才大略"，朱元璋"推

---

① 葛剑雄：《统一与分裂》，第 247、135 页。
② 《史记》卷 99，《刘敬传》。

动了历史进步"，等等，至于那开创了"文景之治"、"贞观之治"的
"好皇帝"汉文帝和唐太宗，就更是人们大力颂扬的对象。

人们多称赞汉文帝节用、俭朴、薄葬，为节省经费而不修露台等等，
却很少看到他挥霍国家财产的另一面。文帝喜爱一个男宠邓通，封他为
上大夫，赏赐巨万钱财；仅此还不够，又赏邓通一座铜矿，授予他铸造
钱币的特权，以致"邓氏钱遍天下"。① 在汉文帝的霸陵中，盗墓者也可
获得不少珠宝。

一些人说到秦始皇的"功绩"，首要的一条就是"统一中国"。说秦
统一中国和秦始皇统一中国，实际上是一个神话。在秦"统一"中国之
前，统一的进程已进行了几百年，就如葛剑雄所说，是"从万国到七
国"。司马光曾说："三代之前，海内诸侯，何止万国"。② 葛剑雄说，到
战国后期形成七国争雄的局面，统一首先在七国内部完成了。"人们往往
只承认秦灭六国是统一战争，却看不到春秋时消灭了那么多的国，战国
消灭了那么多的国也是一个统一的过程。"③

从历史角度看，由秦来统一中国对于中国后来的发展具有很大的负
面影响。因为，秦在战国七雄之中是最为野蛮、文化最为落后的国家，
中国文化由此较多继承了这种野蛮落后的文化，而排斥了较为文明的齐
鲁文化。当时的其他六国都没有"夷三族"这种残酷的连坐制度和殉葬
制，仅在秦才有。④ 殉葬制只是间断地为后代王朝所继承，灭族制则愈益
严酷，以至从"夷三族"发展到灭九族甚至十族。

修长城也不是由秦始皇开始的，从战国时起秦国、赵国、燕国等国
就已修长城。葛剑雄说，把长城说成是中华民族共同体的象征，歌颂它
在中国历史上起过如何大的作用，是违背历史事实的。且不说长城沿线
埋下了多少尸骨，耗费了多少财产，就是以军事作用而言，也是有限的。
"长城固然多少遏制了北方游牧民族对南方的入侵和破坏，但同时也限制

---

① 《汉书》卷93《佞幸传》。
② 《资治通鉴》卷69《魏纪一》。
③ 葛剑雄：《统一与分裂》，第74页。
④ 徐复观：《两汉思想史》第2卷，第79、335页。

了民族间的交流和融合，固定了农牧业的界限。"①

对于开运河等"功绩"也应具体分析。隋炀帝开运河，很大程度上是为了四处巡游，满足其奢侈腐化的欲望。历代的开运河，主要不是为了民间的交通运输和农田水利，而是为了朝廷的运输，主要是漕运，以保证京师的粮食和物资供给。黄仁宇指出："大运河开凿的首要目的就是要把粮食输送到位于华北的京师去。""大运河，按照当时明人所称，就是漕河。"人民修建的大运河却为朝廷所垄断，专为朝廷服务。例如，明王朝规定某些水闸只开放三个月，只让装卸贡粮的船只通过。而一些水闸要向民船收取极高的费用。因而"漕河未能使明王朝的国民经济活跃起来。作为一条南北交通干线，平民大众从它身上享受到的利益未能达到期望的程度"。不仅如此，保证航路的畅通，要以破坏运河沿线民众的生活安定甚至牺牲百姓生命为代价。例如明代曾实行的某种分洪措施"是以牺牲漕河水道东面地区为代价的。分洪时，东面地区的田土、房屋和道路毫无例外地受到危害。位于海岸的产盐地区同样会遭到毁灭。在400年里，当地居民不得不承受这种牺牲"。②

葛剑雄说，元、明、清三朝建都北京，在经济上对南方的依赖性更强。"输送漕粮的京杭大运河成了明清二代朝廷的生命线。因此在遭受旱灾时，宁可让运河沿岸地区颗粒无收，只要漕粮未过，运河不得用于灌溉。每逢黄河下游决溢成灾，为了确保运河畅通，往往宁可暂不堵口。长江三角洲承担的赋税份额大大超过了它的土地和人口在全国总数中所占的比例。"③ 这种危害苍生的"壮举"难道还值得歌颂吗？

对汉武帝的征战也要具体分析。汉武帝打匈奴，打了39年之久，实际上是得不偿失。对此太史公在《史记·西域传》的"赞"中有过委婉的批评。此外，汉武帝为了满足个人私欲而不顾国力、民力的疲惫，派数十万大军不远万里去攻打大宛。这场历时四年，付出十余万人的生命和无数牲畜、物资等惨重代价的战争，只是为获得他所喜爱的宝马"汗

---

① 葛剑雄：《统一与分裂》，第16页。
② 〔美〕黄仁宇：《明代的漕运》，新星出版社，2005，第21、226、25、27页。
③ 葛剑雄：《统一与分裂》，第117页。

血马"，并借此用武力征服大宛，向西域各国炫耀大汉帝国的威风。汉武帝将十余万人用生命换来的宝马视为皇权至高无上的象征，得意忘形之余，竟然作了一首《天马歌》，吹嘘自己"降外国"、使"四夷服"的胜利。① 汉武帝还大肆封赏为打大宛"立功"的李广利。这样昏聩和毫无人性的行为，难道还堪称"雄才大略"吗？

资中筠在看了一些刻意美化暴君、掩盖暴政的电视剧后，翻阅史书，写了《君王杀人知多少——从"从以人为本"角度看历史》一文，详细介绍汉代帝王的杀人史，更主要的是批评当今普遍存在的"对人命麻木的历史观"。她说："中国历史书上充满了'血流成河'、'尸横遍野'一类词，已经不大引起注意。一个'族'字当动词用，意味着至少几百口人糊里糊涂被夺去生命，连婴儿都不能幸免。动不动就株连十几家，那就是以千计了。腰斩、凌迟、杖毙，对于受之者是怎样的惨痛，读史者也很少停下来想象一下。""对有些人来说，这些都是'支流'、'末节'，并不妨碍'盛世'帝王的文治武功。……时至今日，我们该怎样看待这一血腥的'支流'、'末节'呢？是否能够视而不见，一味歌颂那'雄才大略'？我们需要继承什么样的传统？作为现代人，应以什么标准衡量治国的成败，歌颂什么样的'盛世'？转到'以人为本'的历史观、世界观，任重而道远！"②

这番话真是鞭辟入里，发人深省！评论历史人物的功过，不能没有是非原则。方朝晖一再强调要有良知，良知对于知识分子的确很重要，它决定着我们如何认识历史、对待历史。希望那些歌颂专制、美化帝王、认为中国古代与现代一样美好的人们深思！

原刊《史学月刊》2012 年第 1 期。

---

① 《史记》卷 24《乐书》。
② 资中筠：《君王杀人知多少——从"以人为本"角度看历史》，《文汇读书周报》2005 年 3 月 4 日。

比较史学

中西封建社会结构比较研究

本文拟对中、西封建社会不同社会结构的成因，以及它们各自的发展道路做个大略的比较。

具体比较中、西封建社会的整体结构，即多方面、多层次地观察社会经济、政治，宗法、宗教等力量及其组合方式，就会发现中、西封建社会存在着很大的差别。大体说来，西欧封建社会由于经济、政治、宗教等力量的均衡发展，形成了多元化的、松散的封建社会结构。而中国封建社会，官僚贵族集团在社会的政治、经济中占绝对优势。他们利用强有力的国家机器和儒家学说统一了社会生活的各个方面，使社会结构形成严密的、一元化的统一整体。

中、西封建社会结构的显著区别，是有各自的历史原因的。西欧在蛮族入侵的过程中，不仅加速了罗马后期以来的自然经济发展速度，而且破坏了罗马帝国修建的道路，使贸易中断，城市衰败。尽管蛮族的氏族部落组织已经或正在解体，但它们不能及时建立起一个有效的封建国家来代替原有的统治方式。蛮族贵族没有能力，也没有足够的经济力量建立一套完备的，集中管理全国政治、经济的行政机构以及常备军等国家机器。由于难以在全国范围内征集足够的赋税以供养军队和官僚，国王只能把土地大量地分给下级武士，作为换取军役等义务的报酬。缺少强大的国家经济力量的结果不是国家直接控制大量农奴，而是形成了农奴对封建主个人的人身依附。在法兰克墨洛温王朝末年，大量农民甚至中小地主由于贫穷、破产，纷纷向有权势的世俗或教会领主请求庇护。封建领主成了"保护人"，占有更多的土地和劳动力。封建主个人经济势力的发展又迫使国王把政治、司法、财政大权分散下移。从 7~8 世纪起，在西欧大部分地区，原来王权所代表的公共权力逐渐失去作用，封建采邑开始成为西欧主要的政治、经济、司法单位，而国家仅仅是采邑的松散联合体。

在采邑之间以至封建领主之间，虽然表面上看起来授土、授职的结果是形成下级对上级的义务关系和上级对下级的权利关系，但这种关系并不是下级无限度地服从和无条件地尽义务。在条件规定之外，上级对下级没有多少约束，所以西方史学家一般都认为这是一种"契约关系"。另外，封建主之间的关系也有特定的范围。上、下级领主只凭土地的直接授予和获得来建立权利和义务的关系，即"我的封臣的封臣，不是我封臣"。因此，虽然西欧封建社会有严格的等级贵族制，但在不同等级的贵族之间，没有严格的上下级的制约关系，基本上是平行的松散结构。值得注意的是，国王也只是封建贵族中的一般成员，与其他贵族相比，并没有多少经济上的特权。其收入的主要来源是王室领地，他不能随意向下级征收赋税和要求下级履行契约以外的义务。

蛮族在入侵西欧时，尚属原始社会末期，文化极其落后，更没有产生出能够统治国家的政治文化，于是蛮族利用宗教文化来统一人们的信仰。而罗马教会又始终控制着宗教权力，使得王权只能有限度地利用教权，而形成政教合一的权力。由于社会缺少政治文化因素，国王把土地分下去之后，形成了一个个独立的政治、经济、司法单位。到了 10 世纪，除德国以外，西欧绝大多数地方政府权力瓦解。有位西方史学家认为，其最直接的原因就是缺少下对上的忠诚。①

蛮族入侵后，为了利用宗教统一意识形态，曾把大量的土地送给教会。因此，王权在利用教会的同时，教会力量也因王权的支持而得到加强，并逐渐成为地方封建势力的一部分。756 年法兰克国王丕平帮助罗马教皇建立教皇国后，教皇开始掌握世俗权力。随着教会势力的发展，教皇成为凌驾于各国君主之上的精神首脑，使西欧在意识形态上形成了万流归宗的形势。教皇在权力鼎盛时，甚至能够罢免、放逐国王。罗马教会与西欧封建势力是互相依存、互相促进，同时又是互相制约的。宗教

---

① 〔美〕沙利文：《中世纪的发展》第 2 章，耶鲁大学出版社，1964。

势力的发展使西欧封建社会增加了又一种抗衡力量，并成为西欧封建社会结构中的一个重要因素。

中国封建社会的结构方式与西欧封建社会有很大不同。中国在从奴隶社会向封建社会过渡时，没有外来军事力量的入侵和破坏，原有的很高水平的政治、经济、文化非但没有中断，反而不停地向前发展。中国奴隶社会的特点为，家族和国家组织是合一的，王不仅是天下大宗，而且有政治、经济、军事等一切大权。由于这种社会结构，中国很早就形成了对上忠、对家长孝的道德传统。这种道德观念成为中国政治文化中特别重要的一部分，一直发展到封建社会。中国封建社会的君主统治，与原有的政治文化和宗法权力相适应，得到了有力的支撑，并在这个基础上，发展了一整套巩固君权的理论、权术和礼仪制度。这些理论、权术和制度的创立者、设计者，大多是出身于读书人的官僚。他们帮助君主把原来带有氏族血缘关系外壳的国家政治组织，改造成郡县制与官僚制相结合的集权国家。君主的权力由于得到官僚集团的支持而理论化、制度化，并不断巩固，在政治、经济、法律、军事等方面，占有绝对优势。同时，君主出于巩固自身权力的需要，必须给官僚以一定的报酬，在经济上扶植他们。刘邦就曾明确指出了君主与"贤士大夫"之间的这种互相依赖关系："贤人已与我共平之矣，而不与吾共安利之，可乎？"①

中国从奴隶社会向封建社会过渡时，商业货币经济有很大发展，国内交通畅达。同时，郡县制和官僚制确立，使国家能够对全社会进行层层管理。在这种经济和政治的基础上，国家建立了一套完整有序的财政系统，能够从全国征收赋税、抽调徭役以供养皇室、官僚和军队。国家财政使中央集权制下的郡县制、官僚制、常备军等制度和机构得到巩固，而这些制度和机构又保证了中央政权对于全国的经济、司法、民政等的管理，保证了财政税收，使得中国封建社会的国家机器迅速完备和强大。

中国的封建国家继承了古代的传统，享有最高的土地所有权，使用国家机器极大限度地控制最主要的生产资料和劳动力，即土地和人口。

---

① 《汉书·高帝纪下》。

皇帝始终掌握着绝对的权力。中国的官僚地主既拥有土地，又有一定权力，确与西欧的领主相似，但最主要的不同处之一，是中国官僚地主的地位、财产等并不固定，权力范围也不固定。中国官僚地主的个人命运，基本上是由他们的上级乃至皇帝掌握着，他们可以被随意升降和调动，甚至没收财产。正因为下级对上级的这种依赖，上级对下级的权力可以是无限度的，并且上级可以越级行使权力，层层指挥，而上级的要求，不管是否合乎法度，下级一般都要从自身的命运考虑而绝对服从。这正与忠孝的文化心理传统相吻合。另外上级对下级以及同僚之间，也有一个使用和依赖的关系。否则，他们的权力和要求就不可能实现。这种相互利用、相互依赖的关系，使中国封建社会的统治阶级，上至皇帝，下至最基层的小吏，形成了一个统一的有机整体。由于全社会的各个方面都是被官僚地主管理和控制着，中国封建社会便形成了以官僚地主为框架的完整统一的、一元化社会结构。

对于中国封建社会的经济结构，很多学者持有不同的看法。如认为中国封建社会是小农经济结构或地主经济结构，或认为是官僚、地主、商人、高利贷者的三位一体或四位一体。我们认为，在认识这个问题时，如能从整个社会结构着眼，有可能有新的收获。把这个问题与西欧封建社会相比，更有助于丰富我们的认识。在西欧，封建主分散地掌握权力，国家没有统一管理经济的机构和能力，甚至连全面掌握整个国家的经济情况都不大可能。在中国，封建国家控制和管理着全社会的经济，国家不仅有自己的生产单位，如屯田、官营工商业等，还掌握户籍、土地的数字，管理非直接经营活动，如兴修水利，改进和推广生产工具、生产技术，有时甚至具体到规定农民种植的粮食品种和数量。对于城市和工商业，也有官吏直接管理。更重要的是，国家参加全社会的产品分配。一般说来，地主收取地租，这是直接的第一次分配。此外，国家还利用税收的形式，进行产品的再次分配。税收一部分用作行政的开支，一部分用于皇室的开支和官僚的俸禄。正因为国家参加全社会的产品分配，所以在不同的场合调节全国范围内的经济状况。每当有灾荒、疾病，国家要对受灾地区减免赋税、开仓济贫、医治疾病等。综上所述，我们认为中国封建社会经济结构，是国家控制和管理的、以地主直接经营为主的、一元化多层次的经济结构。

中、西封建社会的不同结构，使它们沿着各不相同的道路发展。从时间来看，西欧以采邑为基础的封建社会结构在 8～9 世纪已大体形成。而 9～11 世纪城市兴起，资产阶级的前身——市民阶层形成。到了 14、15 世纪，资本主义开始发展。西欧政治斗争最激烈的阶段也正好与这些经济发展相适应，在国王与教皇、国王与诸侯的斗争以及市民的斗争中，各阶级的力量此消彼长，随之而来的是议会制的发展、宗教改革以及资产阶级革命。这一系列的发展都与西欧封建社会的社会结构有关。

西欧封建社会多元化、松散的社会结构不仅有利于城市及资本主义的建立，也有利于它们的发展。在西欧，各个封建主的具体利益往往是不一致的，贵族与王权的联系以及贵族之间的联系一直很微弱，国家机器分散地掌握在国王和各封建主手里。国王和贵族、国王与教会以及封建主与农奴之间的斗争使他们互相牵制，没有一种力量能占主导地位，各种力量间常常组成暂时的联盟。资产阶级也利用封建主错综复杂的矛盾来发展壮大自己的势力。各种力量的均衡发展使西欧一些国家形成了一种由各个等级联合组成的等级代表制，即议会或三级会议。这是一种以法律和协商的方法来解决各等级以及各种力量之间矛盾的机构，它既取代了过去那种完全凭借武力解决纠纷的旧方式，又能够在较大程度上满足各等级均衡发展的要求。各种力量只有在协商和法律无效时才付诸武力，例如 13 世纪，教皇与英国国王约翰进行斗争时，教会与英国封建贵族联合，鼓动贵族反叛，结果迫使英王向教皇屈服。此后，贵族、僧侣又与城市资产阶级联合，迫使国王签署了限制国王随意征税，保障教会自由、工商业发展、城市自由发展的文件。《自由大宪章》实际上就是从法律上确认了各等级的权利，开创了以法律调节各种力量关系，以及强调法律高于国王、高于其他一切力量的先例。随后，各等级又组织了议会，在一次议会的通知书上有"众人的事由众人认可"的话，[1] 充分说

---

① 〔美〕威廉·兰格主编《世界史编年手册》（古代和中世纪部分），下册，三联书店，1981，第 402 页。

明各等级的联合及制约已经制度化。法律和等级代表制机构的产生对资本主义的发展极其有利，使得资产阶级可以免受过分的封建勒索。

资产阶级在发展初期，经济力量还未占压倒优势，只是在西欧封建社会的社会结构中增加了一种新的均势力量，并不能改变这种结构的特点。随着资本主义经济的发展，他们开始打破这种均势。这是因为在西欧封建社会后期，频繁的战争不仅耗费了王室的大量资金，而且因为取消封建义务军，建立雇佣军以及改换先进的军事技术装备，王室的开支成倍增长，军费的增加使国王越来越依靠资产阶级。当时资产阶级虽有财富，政治上却处于无权的地位，最需要王权的支持，而王权为了得到更多的货币以支付日益庞大的军事开支，就给城市资产阶级发展商品经济的特许状和优惠条件，保护工商业发展。结果正如罗素所说："整个西欧君主凭着新型的作战方式得以制服几百年来处于无政府状态并兴风作浪的封建王公。专制政府和市民阶级是双双联袂由火药带到欧洲来的。"① 王权与资产阶级的联合削弱了封建贵族的经济政治力量，又回过头来把教会势力控制在最小的程度。可以说，西欧资本主义是在各种封建势力的缝隙之中，利用他们的矛盾而成长、壮大起来的。

西欧封建社会的各种力量均衡发展和互相制约，使得它们不可能得到更多的财富和权力。在中国封建社会，皇帝的收入和开支相当庞大，汉代有的皇帝私人收入就相当于封建国家收入的三分之一。② 可以说，整个社会都是直接或间接地为皇室服务的。官僚地主和皇帝其实是一个整体，官僚地主取得财富的途径和手段，基本上也与皇帝相同。尽管单个官僚地主没有独立的政治力量，但他可以借助国家机器，对下级、对百姓滥用各种权力。由于官僚集团利益的一致性，官僚之间经常用自己手中掌握的不同权力进行交换，这就加重了滥用这种权力的程度。

中国封建社会的统治者为了保证其目的实现，必须控制以至打击任何能够凭借个人经济力量发财致富的社会阶层。"为人臣，权均于国，富

---

① 见田汝康等选编《现代西方史学流派文选》，上海人民出版社，1982，第209页。

② 周伯棣：《中国财政史》，上海人民出版社，1981，第83页。

佮于君者亡。"①

特别要提出的是中国封建社会从始至终,个体工商业都是官府的主要打击对象,人们一般认为封建政府重农是为了保证农业税收。这一点当然是对的。不过工商业能比农业提供更多的税收,为什么封建主阶级不像保护小农(实际上中国封建社会也并非真正保护小农)那样提出"重商",也没有像西欧封建王权那样,为了得到更多的财政收入而保护和鼓励发展工商业呢?原因仍然要到社会结构中去寻找。西欧封建社会各自独立的封建领地并不能包容和管理城市工商业经济活动,而中国封建社会,除了全国性的徭役和税收为官僚地主集团提供产品、货币和劳动力外,中央和一些地方的官府还有庞大的手工业和商业组织为其直接生产所需要的物品。然而,这些都远远不能满足官僚地主的需要,他们最大限度地追求社会财富。例如当时获利最大的盐铁业是在私人工商业主控制下的,对此,从汉代起,政府就推行了一系列措施和制度。结果是政府垄断了最有利可图的工商业部门,在很大范围内堵塞了工商业主个人致富的道路。对于没有收归官营的工商业,朝廷仍然采取限制和勒索的政策。人们常常说中国封建社会是官僚、地主、商人三位一体,实际上是官僚地主为主体,工商业主处于依附和服从的地位。唐宋以后,许多贵族、官员,尤其是管理财政、税收的官员经商致富,一些工商业主为了生存,必须投靠在官府或高官显贵之下。在明代南方的一些城市中,开大商店的都是宗室,而一般人要开店营业,必须借用王府宗室的名义。② 清代大商人常常花钱捐一个道台的虚衔,以与官场人物周旋。这说明,在中国这样的社会结构中,工商业不可能有独立发展的可能。

西方一些封建领主在资本主义生产对社会有了决定性影响以后,其原有经营面临破产时,即改变身份,改变经营方式。而在中国封建社会整体结构中,官僚地主利用国家机器,能够极大限度地满足他们的需要,因此,即使科学技术发展,生产力水平有所提高,他们也不可能改变旧的生产方式,只是在经济繁荣后加重剥削。唐以后江南生产力有很大发

---

① 《盐铁论》卷8《褒贤第十九》。
② 谢国桢:《明代社会经济史料选编》下册,福建人民出版社,1981,第265页。

展，物产丰富，反而使那个地区税收增加。明史载："韩愈谓赋出天下，而江南居十九。以今观之，浙东、西又居江南十九。而苏、松、常、嘉、湖五府，又居两浙十九也。""而此五府者，几居江西、湖广、南直隶之半。"① 这样重的田税，只是为了统治阶级的享受，对于社会经济和较先进的生产力，无疑是极大的破坏。

中、西封建社会的产生、发展的不同道路和特殊规律，大抵就是如此。

原刊《社会科学》1985 年第 4 期。

---

① 顾炎武：《日知录集释》卷 10。

论欧洲中世纪的封建制与非封建性制度

百余年来，马克思主义史学（主要是苏联的和中国的史学）认为，在欧洲中世纪，也就是被马克思主义史学称为封建社会的历史阶段中，封建制占着主导地位并决定了当时的社会性质。然而我认为，在欧洲中世纪的社会中，不只实行封建制，在很多领域和方面实行的是非封建性的制度。中世纪的欧洲并不是封建制的一统天下。非封建性的制度在当时的社会结构中，同样普遍存在并占有重要的地位。对欧洲中世纪社会进行整体考察，可以看到社会上这两类制度是并存的；对当时社会中的组织和个人进行具体的考察，则又可以看到这两类制度是相互交融的。

将欧洲中世纪看作封建制的一统天下，这种认识主要来源于用唯物史观认识社会历史的角度和方法的局限性。唯物史观是从政治经济学的角度来认识社会的，具有经济决定论的性质，同时也具有极高的抽象性和单一性的特点。唯物史观只从剥削与被剥削的关系来考察社会，而忽略社会中多种多样的要素及其之间的关系，并把社会中种种复杂的结构和关系仅仅归结为生产力和生产关系、经济基础和上层建筑这两对矛盾。从这种认识社会历史的角度、原则和方法来考察中世纪的欧洲，领主对农民的剥削必然就成为理论核心，亦可确定社会的性质即封建社会，而不可能看到和区分社会中普遍存在着的，同时也具有重要意义的封建制和非封建性制度。因为按照唯物史观的理论逻辑，经济制度决定了社会的性质，经济基础决定上层建筑，上层建筑反过来又作用于经济基础，因此也就决定了社会中所有制度的属性都是封建性的。

一　封建制（Feudalism）

用现代历史学的原则和方法来考察，封建制只是欧洲中世纪的一种特殊的社会制度。它有着严格的内在规定性，也有明确的实行范围。

1. 封建制的内容及其原则

欧洲的封建制是以封土为基础形成的一种社会制度。

封建制的产生是由于君主和贵族的政治、军事及经济方面的需要。中世纪早期的欧洲由于受单纯自然经济制约，几乎没有商品和货币，君主要下级武士为他承担各种义务，无法以其他的方式支付报酬，只得把土地分封给下级当作酬劳。而各级贵族又出于同样的原因把国王分配的土地进一步层层分封，只留下一部分作为自己的领地。领主把领地分为两部分：一部分留作自留地，其余的部分作为份地分给农奴，以换取他们提供的劳役或实物地租。

在封土的基础上，形成了两种基本的社会关系以及更具体的社会制度。第一种是封君与封臣的关系，这种关系发展成为贵族的等级制。第二种关系是贵族与其农奴之间的关系。这种关系存在的形式是庄园制。第一种关系是贵族之间的，第二种关系是贵族等级与部分非贵族等级的关系。这两种社会关系及相应的制度具有很大的共同性。它们都是以土地作为换取下级承担义务的条件，所不同的只是贵族履行的义务主要是军事的和行政的，而农奴履行的是经济方面的。两者还是相互影响，相互促进的。它们不仅同时产生，而且几乎是同时因共同的原因而解体。

封建制既是经济制度，又是政治制度和军事制度、法律制度。它有几个基本特征：首先，封建制建立的是纯粹个人之间的关系，封君对封臣的下属是不能直接行使封建性权力的。14 世纪法国流行的一句话就是"我的封臣的封臣，不是我的封臣"。即使是在王权比较强的英国，国王对封臣的封臣也没有太多的直接权力。例如他需要通过自己的封臣才能征召更下级的贵族，也就是封臣的封臣来为他服兵役。其次，正因为是个人的关系，双方地位相对平等，缺乏国家统治所特有的强制性。无论是权利还是义务都有契约所规定的范围。最后，因为封建制以封土为基础，所有的权利、义务都与土地相关。从地产中产生封建领主的司法权、经济权等管理臣民的各项权力，也决定了封建主对上级的相对独立性。

从欧洲封建制特征可以得出这样的结论：判断某个人、某个组织或某项制度是否具有封建性，关键是要看其是否与封土有关，可否被纳入建立在封土之上的两种基本社会关系。

在明确了封建制的意义之后，就可以比较容易地识别什么是非封建性制度了。凡是与封土无关，不属于封君与封臣或领主与农奴这两层关系的制度，基本上就可以说是非封建性的。例如，我们可以说国王和他的封臣有封建关系，但不能说国王与他的所有臣民都有封建关系。至于在中世纪城市中的社会关系和制度就更不属于封建性的了。

2. 单纯经济角度认识的局限性

以往我国学界对欧洲中世纪封建制的理解过于片面，与历史的实际状况有着很大的距离。首先，它忽略了封建制中最重要的和首要的社会关系，即封君与封臣之间的契约关系，而只认定领主对农奴的剥削关系。其次，它只强调封建制中的经济意义，而忽视了其中的政治意义和法律意义。最后，它把封建制看作中世纪社会的近乎唯一的基本制度，并由此认定了中世纪社会的性质是封建社会，而没有看到当时的社会中还存在着许多非封建性的社会组织和制度。这种过于抽象和以偏概全的认识，不仅导致了将"封建社会"一词用于描述与欧洲社会有着极大差异的中国古代社会的错误，而且反过来影响了中国历史学界对欧洲中世纪社会性质和结构的全面认识。

造成这种失误的原因是我们缺乏对欧洲历史的认真研究，而主要是从马克思、斯大林等革命领袖的著作中接受了某种现成的结论。尤其是斯大林关于封建制的论述对我国史学界产生了极大的影响。斯大林说："在封建制度下，生产关系的基础是封建主占有生产资料和不完全地占有生产工作者，这些生产工作者就是封建主已经不能屠杀但是可以买卖的农奴。""私有制在这里得到进一步的发展。剥削几乎同奴隶制度下的剥削一样残酷，不过是稍许减轻一些罢了。剥削者和被剥削者之间的阶级斗争，就是封建制度的基本特征。"① 此外，马克思、恩格斯关于人类社会历史阶段的理论也直接影响了对封建制的认识。然而在接受这些结论时，人们并没有意识到，马克思等人对人类社会发展阶段的认识是从经济学角度出发的，因过分强调经济的因素而忽视或忽略了政治的、法律的等多种因素。马克思在《政治经济学批判》序言中已明确指出，大体说来，亚细亚的、古代的、封建的和现代资产阶级的生产方式可以看作是经济的社会形态演进的几个时代。

需要指出的是，马克思、恩格斯在用唯物史观阐述历史发展的理论时，特别强调社会制度的经济特征。但在描述欧洲的历史时，并没有完全忽视封建制的具体政治的和军事的特征。这是由于马克思、恩格斯是在两个不同的抽象层次上来认识欧洲中世纪社会的，一个是政治经济学的高度抽象的层次，一个是历史学的具体的层次。他们在著作里，曾多处论述封君与封臣的关系。在《共产党宣言》中提到的中世纪的等级就有"封建领主、陪臣、行会师傅、帮工和农奴"。恩格斯在《论封建制度的解体及资产阶级的兴起》一文中，论述封建军队时所用的"封建"一词，明显指的是当时具体的封建制，即封君与封臣制的封建关系。他说，那时兵士自己就还是封建性的，他们与其直接领主的关系要比与指挥国王所属军队的主帅的关系更为密切。以这种军队来进行反对封建经济的斗争，显然必陷入绝境而不能自拔。从 14 世纪初起，各国国王力图摆脱这种封建的军队来建立自己的军队。从这时起，我们就看到国王军队中征募来的兵和雇佣兵的成分日渐增长。……这便宣告了封建军事制度无可挽救的崩溃。② 恩格斯在这里很明确地用封君与封臣关系为标准划分封建军队和非封建军队的界限。中世纪的国王虽然是封建主的总头目，但是他不用分封的方法而用招募和雇佣的方法组织的军队就是非封建性的，这种军事制度就属于非封建性制度。可见，并不是中世纪所有的制度及

---

① 斯大林：《论辩证唯物主义和历史唯物主义》，《斯大林文集》，人民出版社，1985，第222～224 页。

② 恩格斯：《论封建制度的解体及资产阶级的兴起》，《封建社会历史译文集》，三联书店，1955，第 14 页。

事物都具有封建性，也不是封建主在任何时候都要按封建制度办事。生活在欧洲环境里，受西方文化熏陶的马克思和恩格斯当然能够清楚地辨别封建制与非封建性制度在政治、法律意义上的不同。

然而可惜的是，长期以来，我国的史学界并没有全面地理解马克思、恩格斯的思想，只注重唯物史观和政治经济学方面的理论，而忽视了他们对历史方面的具体研究，没有区分两者的不同，因而产生了单纯从经济角度出发认识历史的片面性错误。

二　非封建性制度

从现代历史学的角度来考察，封建制是一种有着具体规定性的社会制度，而不是抽象的、无所不包的普遍性社会制度。一些现代西方学者认为，封建制度并没有在欧洲所有的地区确立统治地位，即使是在它的全盛时期，也仍有许多非封建性的制度与之并存。

形成非封建性制度的基本条件是那些与封建制相违背的因素，即货币、商业经济以及公共关系的建立，此外还有习惯和历史的原因。

1. 城市制度

在非封建性因素中最重要的部分就是城市。从大约 11 世纪起，一批新兴城市从农村的边缘兴起。它们是新的社会有机体。城市的非封建性表现在如下几个方面：（1）市民摆脱了土地的束缚。正如比利时学者皮朗所说，城市与农业社会的重要区别就在于，城市市民，即商人和工匠的生活不再决定于他们与土地的关系。"从这一点说来，他们形成了一个名副其实的脱离土地的阶级。"① （2）市民拥有人身自由。市民中商人是最早的自由人。在早期的城市里有些工匠具有农奴的身份，但随着城市独立性增强，也都获得了自由。13 世纪流行的一句话"城市的空气使人自由"，就反映了当时的状况。（3）形成了与领主个人权力相对应的公众管理制度。市民自己建立城市共同体，在与封建主的斗争中取得了一

---

① 〔比〕亨利·皮朗：《中世纪欧洲经济社会史》，乐文译，上海人民出版社，1964，第40页。

系列自主管理内部事务的权利。市民有自己的立法机构和行政机构，有城市法庭专门审理市民的案件。在每个城市里，市民组织社团，通过合作来保护自己的利益。（4）建立了公共事业。封建制的基本单位庄园是在封建主个人权力和个人利益支配下的狭小的社会单位，几乎没有任何公共事业。城市是市民自己组织的、范围广大的社会单位。城市有发展公共事业的需要，也有充足的财力投资于交通、市政建设等公共事业。

城市因使用封建领主的土地而必须向领主交税和承担一些义务。早期的一些城市领主还对城市保留一定的司法权力。但总的来说，城市的基本制度是非封建性的。城市从产生到发展都与土地的分封无关，也与人身依附相对立。城市以政治单位的名义向领主缴税，市民个人与领主不发生直接关系。这是它非封建性的突出表现。

2. 官僚制等国家制度

另一个重要的非封建性制度是官僚制。封建制确立的是个人的权利和义务以及个人间的关系。与此相反，欧洲中世纪社会中体现国家权力、公共关系、统一政治原则的大部分制度基本上都产生于非封建性的体系之中（当然不能说所有的非封建性体系中不存在个人间的关系）。国家制度的形成就是一个明显的例子。在中世纪中期以前的大部分时间里，作为社会公共关系代表的国家几乎不存在。由于财政困难，国王只能靠分封土地来换取贵族履行义务，并与世袭的贵族分享权力。这时的国王与其说是国家的君主，不如说是他封臣的宗主。因为他只有世袭的封臣而没有随时任命的官员。从大约 12 世纪起，由于商业的兴起和货币的大量流通，非封臣性质的官员便产生了。亨利·皮朗把这种官员称为"长吏"。他说："随着这种不以授予土地而以薪俸相酬劳的，必须每年报告管理工作情况的，可以撤换的人物的出现，一种新型的政府出现了。长吏处于封建等级制度之外。长吏的性质完全不同于旧的世袭的推事、总管或城堡主。"①

除了官僚制之外，国家还发展了非封建军事制度。从 12 世纪起，英

---

① 〔比〕亨利·皮朗：《中世纪的城市》，乐文译，商务印书馆，1985，第 138 页。

国的骑士以交纳"盾牌钱"代替以往给国王的军事服役。不久这种方式也传入法国和其他地区。国王用招募和雇佣的方法组织新的军队。

此外，还有一些国家机构具有封建和非封建两重性，这些将在下面论述。

3. 自由人的自由地

城市、官僚都是非农业社会的产物，但是在农业社会中也有非封建性制度。一些持有自由地的自由人就是处于封建体系之外的。他们不向领主承担封建性的义务，也不受领主司法权的管束。在除英格兰、法兰西等地区之外的大片欧洲土地上分布着大量自由人的自由地，它们是领主地产之外的独立经济单位。在有些地区，自由人为反对封建化、保护自己的土地而组织同盟会社。汤普逊的描述清楚地说明了自由人经济的性质。他说："甚至在封建的盛世，自由人也未曾完全被消灭；在他留存的地方，他是最自由的人。他的土地虽是'非贵族'的，但他也是'非农奴'的。他的唯一义务，是缴付'免役税'；在这种情况下，它不是一项封建租，而是一项地方税，付给那邻近领主，后者是他的一个统治者而不是他的庄园主人。"[1]

三　封建性与非封建性的交融

在中世纪欧洲，不同的人或组织因与不同性质的制度发生关系而具有不同的属性。一般来说，封建主当然是具有封建性的。但是若详细划分的话，封建主也并非都是同质的。基督教教会和国王就因执行两种制度而具有两重性。

城市市民阶级和那些持有自由地的自由人基本上是处于封建体系之外的，他们的组织、制度及个人的属性明显的是非封建性的。但是任何事物的属性都不能过于机械地划分。例如在城市初起的时候，就有少部分的封建因素，表现在一些工匠具有农奴的身份，只是城市的非封建性

---

① 〔美〕汤普逊：《中世纪经济社会史》下册，耿淡如译，商务印书馆，1984，第391页。

是更重要和主要的，并且随着时代的发展非封建性日益加强，终于完全排除了封建性。

考察中世纪的欧洲，可以发现在社会很多领域和方面封建性与非封建性既是同时并存的，又是相互交融的。

1. 教会

基督教会是欧洲中世纪最重要的社会组织。人们一般以为基督教及教会是封建性的，因为根据马克思的经济基础决定上层建筑的原理，它属于"封建社会"的上层建筑。但是根据当时社会上所实行的具体的封建制原则来分析，教会只有部分的封建性。从历史的实际状况来分析，教会的封建性并非由于它是"封建上层建筑"，为封建经济基础服务，而是由于它被纳入了由分封土地建立起来的契约关系。中世纪的基督教会很大程度地世俗化即封建化了。一些神职人员受聘于国王或贵族，担任伯爵、外交官、巡阅使及其他职务，并接受作为他们服务酬劳的封土，从而成为国王和世俗贵族的封臣。同时，教会也像世俗贵族一样把领地分割成自留地和份地，并把份地分给农民耕种，以换取他们的劳役。

但是，教会的基本制度，包括教会的组织、教职的授予和对宗教职能的行使，基本上是非封建性的。与封建关系只限于封君与封臣、领主与农奴这两层简单个人关系不同的是，教会是一个有着严密组织系统、机构遍布全欧洲的庞大社会实体，它与所有的社会成员有着直接的统属关系。有些现代西方史学家称教会是一个"超国家"，认为它在许多方面行使了近代国家的职能，对克服由封建制造成的分裂、封闭状况起到了一定的积极作用。这是它非封建性的典型表现。此外，教皇基本上由主教选举产生，各级教职的任命也不由分封决定。教会的财产和收入、支出有相当大的部分是非封建性的。与只剥削其领地上的农奴不同的是，教会向全社会的各个阶层征收大量的、名目繁多的费用及捐税，包括什一税、遗嘱检验费、丧葬费、诉讼费等；还以出售赦罪符等名义征收钱财。教会的财产有较大部分用来建设、维持教会学校、医院、公共设施及济贫院等慈善事业。教会在中世纪最早开始兴办公共事业，而公共事业的性质本身就是与封建制的原则相违背的。此外，教会的法律与封建法律也不同。据美国史学家汤普逊说："教会未曾要求过撤消封建法律，但它坚持要加上一种更高级的法律。它在封建法和这判断是非的更高级法典之间，划出了一条显明的分界线。"①

由于教会具有两重性，教士的身份也有了两重性的特征。他们既是贵族，与世俗贵族有同等的地位，甚至是世俗贵族的封臣；又是神职人员，上帝的代表，位于世俗世界之上。与世俗贵族不同的是，宗教贵族不是世袭的，这一方面是因为僧侣执行独身制度，另一方面是由于教职的任免有一定的法制原则。这就使教会免于彻底的封建化。教士的双重身份可使他们在不同的场合根据需要以不同的身份行事。例如在 1295 年，英国的教士宣布不再参加由国王召集的"模范议会"，而另外组织"教士会议"。这时仍有部分上层高级教士留在模范议会里，但他们是以封建主身份而不是以教会代表的身份出席议会。

然而，教会的双重性又成为它与世俗政权矛盾的根源。在中世纪各国普遍兴起教权与王权之争，关键原因就在于教会及其人员身份具有双重性。国王想把教士当作自己的封臣那样加以控制，但罗马教廷则坚持自己对教士的控制权和任免权。

从根本上来说，教会虽然深深地渗透到封建制中，并从封建制里得到实际的物质利益，但它绝不是为世俗封建主服务而生存的。相反，它要超脱于封建制，凌驾于世俗世界之上。基督教会只在经济方面和世俗事务方面封建化了，但在精神方面并未封建化，作为一种人类普遍宗教的基督教早在封建制产生之前就已存在，在封建制消亡之后也继续存在。基督教的教义并未因封建制的出现而有根本的改变。与封建制体现的分裂倾向相反，教会在欧洲是唯一能够建立统一组织的机构，是它把分裂的欧洲连成了一个整体。把基督教简单看作"封建意识形态"，把教会看成"封建"上层建筑，都是不符合历史事实的。有不少现代西方史学家甚至认为教会在有些方面是反封建的，例如反对封建主之间的私斗，限

① 〔美〕汤普逊：《中世纪经济社会史》下册，第 261 页。

制封建主的权力，等等。法国史学家布瓦松纳还强调在中世纪后期，有些教皇努力把教会从封建束缚中解放出来，试图在欧洲建立公共秩序。（这里的"反封建"与中国近代以来文化中的"反封建"是两个完全不同的范畴。）

2. 君主制及其有关的组织

君主制不等于封建君主制，因为它具有两重性。国王既是最高的封建主，又是国家的代表。作为封建主他只对其封臣行使权力，但作为国家的代表他有更广泛的权力，有超出于封建制规定的财政收入、军队和行政机构。君主制中非封建成分的比重决定了王权的强弱程度。法国起初王权微弱，国王只能享受封臣提供的军役等封建义务，而不能征收更多的赋税。渐渐地，法国国王通过各种方式扩大王权和国家权力才取得比封君更高的地位。正如布罗代尔所说："君主制由封建制脱胎而出。法兰西国王原是一名普通领主，后来区别于其他领主，出类拔萃。"[1]

英国国王因一开始保留了充足的土地，又掌握着非封建性的军队、政府机构和财政收入，所以有比法国国王更强大的力量。早期英国国王掌握的非封建性兵力是效忠国王的全国性民兵。他们是全国范围内的自由人，不是因为国王给他们分了土地才承担军事义务。到 12 世纪以后，非封建军队开始壮大，并逐渐取代了封建军队。英国在地方行政上继承了历史上的传统，保留了区法院、郡法庭和郡长制度。国王直接派官员治理各郡，从中央到地方建立了较强的行政组织，有效地控制了封建主的割据势力。英国还较早建立了全国性的税收制度，因此国王从一开始就有征收赋税的权力。早期的非封建收入包括丹麦金、郡农庄收入和临时征收的税等，到 13 世纪初开始向全国臣民征收动产税，这项税被认为是正式的国税。

应国王征税的需要，产生了议会这一特殊的机构。依据西欧封建制的原则，国王应该主要靠自己的收入生活，国王自己的收入是他根据封

---

① 〔法〕布罗代尔：《十五至十八世纪的物质文明、经济和资本主义》第 2 卷，施康强、顾良译，三联书店，1993，第 608 页。

建权利得到的，包括王室庄园中的收获物、王室法庭的罚金收入、对下级封臣征收的协助金和继承金等等。这是因为封建主们把国王看作贵族中的一员，国王主要应享有封建制规定的权利。作为国家的代表，国王需要获得更多的财政收入。国税就是以国家的名义向全体臣民征收的。但是如果国王要取得封建契约以外的收入，必须征得纳税人的同意。国王征求纳税人同意的方式是召集他们的代表开会。议会既是国王的征税机构，又是各等级限制王权的重要工具。1215 年，因英国国王过多征税，贵族和市民联合，在议会中共同制定《大宪章》，规定国王不得对贵族和商人任意征税。1297 年，英国贵族和市民再次联合起来共同制定《宪章确认书》，重申《大宪章》的原则，并规定国王不经议会批准不得征收非封建税。

关于中世纪议会及英国《大宪章》的性质，有些中外学者认为完全是封建性的，有的则认为它们具有近代民主制的意义。这两种说法都过于绝对化。其实议会是典型的两种制度的复合体。从形式上看，英国的议会到 14 世纪分为上下两院，上院的成员都是大贵族，并且是以国王封臣的身份参加议会。下院的成员为骑士和市民。市民是非封建性的，骑士虽然是贵族，但他们大多数已放弃了战争的职业而变成了经营型的地主，因此也有较多非封建性因素。其他国家的议会虽然没有实行两院制，但也是等级代表制，也是封建性与非封建性并存。从实质上分析，各等级根据封建原则限制王权，但又在一定程度上承认国王对全国的征税权。以公众同意作为国家征税的原则，具有近代民主制的意义。有的西方史学家认为，中世纪的议会是向近代民主政体过渡的形态，并认为英国的《大宪章》具有封建的和立宪民主的两重性，这种认识是比较符合实际的。因为两重性恰恰就是过渡形态的表现。

3. 封建领地中的非封建性制度

在领主统治下的封建领地也不完全是封建制的一统天下，其中也保存着历史上遗留下来的非封建性因素。早期的日耳曼人实行的马尔克村社制度，是一种民主性的公社组织。后来虽然封建庄园占据了农村，但公社并没有彻底消失。学者马克垚指出："农村公社存在的最明显的证据就是中世纪西欧各农村普遍有公共土地，多为荒地、牧场、树林、水塘等。这些土地归农村公社掌握，全体居民都享有一份权利，无论他是自由人或不自由人，甚至是领主，其权利都是相等的。"① 据他的研究，有些农村公社自己组织法庭，按照古老的习惯召集全体村民集会，讨论共同的事务，审理农民的案件、制定有关农事活动的规章。公社在组织农民反抗领主的剥削和保护农民的权利方面起到了积极的作用。不仅部分公社组织继续发挥着作用，即使是在没有现成公社组织的地方，马尔克的民主传统也长期保留下来，在保护农民利益方面起着重要的作用。据学者侯建新的研究，由于受古代马尔克传统的影响，英国中世纪的庄园法庭具有两重性的特征。他说："庄园法庭首先是维护封建主对佃户统治和剥削的工具。庄园法庭对农奴拥有的行政和司法权力是以封建土地所有权为基础的，势必带有封建强制性和奴役性。""另一方面，我们也不能无视农民利用庄园法庭来保护自己权益的历史事实。实际上，由于马尔克民主传统的影响以及佃户团结一致的斗争，英国中世纪庄园法庭表现了明显的两重性：既有保证封建主实行超经济强制的一面，也有对封建主的政治特权和经济剥削进行限制的一面。"②

四 结语

揭示封建制与非封建性制度在欧洲中世纪社会中并存、互相交融的历史状况，对于人们认识当时社会的形态、结构与性质，有着极为重要的意义。这不仅打破了封建制在中世纪欧洲社会中一统天下的神话，而且更为重要的是，能使人们在此基础上进一步认识到西方近代社会产生、发展的根本原因和规律。如果欧洲中世纪没有种种非封建性的制度，绝不可能产生出近代社会的模式与结构；同样，如果没有封建制的种种原则，现代资本主义也是难以产生和发展的。我认为，西方近代社会的诞

---

① 马克垚：《西欧封建经济形态研究》，人民出版社，1985，第272页。
② 侯建新：《现代化第一基石》，天津社会科学院出版社，1991，第98～99页。

生，就是孕育在欧洲中世纪封建制与非封建性制度这并存又交融着的两类性质不同的制度和原则中。限于本文的篇幅，这个问题不可能在此展开论述，我将有专文讨论。

原刊《西北大学学报》1999 年第 3 期。

从"家天下论"看中国皇帝
天经地义的征赋役权
——兼与西方赋税理论的比较

以往学界对西方中古社会的赋税基本理论有着较为明确的认识,这就是"共同利益"、"共同需要"和"共同同意"。具体来说,就是国王要向国民征税,必须首先征得国民的同意。而中国中古社会是否有赋税基本理论的问题,却鲜有论及。顾銮斋教授在《从比较中探寻中国中古社会赋税基本理论》①中首次提出,中国中古社会很早就形成了自己的赋税基本理论。在笔者看来,所谓"赋税基本理论",其实就是皇帝或国王征税的合法性问题,同时也是税权的归属问题。这种理论是受实际权力状况制约的。中国的君主很早就拥有"天下",并掌握着对"天下"所有的人与财物的支配权,因而有着与生俱来的征税(及役)权;西方的国王则没有这种天经地义的权力,所以国王要征税的话,必须取得纳税人同意。也就是说,中国的税权始终掌握在皇帝手中,西方的税权却为纳税人与国王所共有,国王的权力受到纳税人的极大制约。

一 中西方的不同概念所反映的不同制度

本文在论述西方时,用"赋税理论"这个词,说到中国时,则采用"赋役理论"的概念,以示两者有所不同。因为,在西方,国王所征的确是赋税,而在中国的中古社会,皇帝向民众征收的不仅是税,还有役。

---

① 《史学理论研究》2005 年第 4 期。

在中国，赋税是国家用强权取得的财政收入，表现形态为货币或实物。在早期，赋与税在用途上有区别，赋专指军费，税为其他开支；只不过后来赋、税统称，并从形态划分的角度与役相区别。役大致可分为三种：军役、职役和徭役。军役是当兵，但其中也有一些徭役的性质，如军屯的耕种及为官府、官僚修建大型建筑。职役是国家强迫编户庶民提供的无偿服务，如催征粮草、运送官府物资。因为服役者要以自家的财产做担保，所以多以富户为征派对象。为承担职役带来的巨额赔偿，许多富民倾家荡产，可见"役"也有"税"，即财物征收的性质。徭役则是国家强迫"编户民"从事的无偿劳动，如修建宫殿、陵寝、长城，开挖运河等。在相当长的时间里，中国历代皇朝对社会实行赋役并征，而且役之重、之多，远远超过了税。

另据经济史专家王毓铨所说，赋税与役是不可分的，因为田（财产）与身是密不可分的："有身固有役，但无田之身不承当正役。役与身诚然有关，但朝廷正供之役（正役）非是有田之身不能担当。"① 他还说，无论是赋还是役，只是取民之法不同，没有什么本质的区别。"古时赋与役之名可分，而实则不能分。"② 所以论及中国的赋税，便不可不谈"役"。实际上，现在的许多有关著作都是题名为"赋役史"。

中国与西方之不同不仅在于有"役"和多役或者赋役不分，更重要的实质性差异在于征收的前提。西方的征税是国家对国民部分财产的有限和有条件的征收，有限是根据财产数量制定税额，并非像中国那样任意夺取。有条件是指这种征收必须是互惠的，不仅有利于国家，而且能在一定程度上满足纳税人的利益需求，就像投资于市场需有所收益，有所回报。纳税人的"同意"就建立在他们利益表达和利益实现的基础之上。

中国的赋役征派基于国家对民众的强力人身控制，因而完全是强制性的和任意的、无限度的。各种役就是国家对庶民人身的强迫奴役，赋税也主要是以人身掠夺为目标的盘剥（汉代口赋竟然一度征及一岁的幼

---

① 王毓铨：《王毓铨史论集》，中华书局，2005，第708页。
② 王毓铨：《王毓铨史论集》，第756页。

儿）。不仅以"身丁"和户籍为本的税和役的比重大大超过了财产税，而且即便财产税的征收也是对"编户"的人身搜刮。出于"抑商"而对商人实行加重、加倍征收，甚至大规模掠夺其财物的政策就可充分证明中国的财产税与西方的性质完全不同。归根结底，皇帝对臣民的绝对人身控制恰是他们能够随心所欲地征收赋役的前提。

为什么西方的国家财政中没有中国这种"役"的征调呢？原因很简单：西方国王不像中国皇帝那样，拥有对臣民人身的绝对支配权。普天之下非尽为王土，率土之滨也非尽为王臣。按照封建制的原则，"我的封臣的封臣，不是我的封臣"。国王无力，也无权支配不直属于自己的人。即使是对直属于自己的臣民，国王也不能任意地支配其人身。中国所谓"王臣"之"臣"，是"臣妾"，没有独立人格，相当于地位卑微的奴婢。西方的封臣是有充分独立性的贵族。即使是农奴，也有受法律保护的权利，有权抵制不合理的负担。

那么，西方国王如何解决"役"，即军务和劳务的问题呢？首先是尽量减少开支，压缩需求。相当长的时期里，西方各国没有常备军。占人口大多数的农奴不当兵，骑士组成的封建军队和自由人组建的民军都是临时征召的，战事一结束就立即解散。在生活方面，国王像其他贵族一样，"巡行就食"，长途跋涉到各个王室领地去就地消费农产品。不像中国的皇帝动用大批人力修建运河、粮仓，不远万里组织漕运。国王也不大修陵墓，死后通常葬于教堂墓地。在公务方面，西方国王实行"马上办公"，亲自到各地解决问题，没有中国这种庞大的公文传递系统和大规模的官府修建。其次是通过市场，例如组建雇佣军，雇人运送所需物资，等等。但是这种方法势必增加开支，由此造成财政紧张，于是国王就得征税。可是征税因受到纳税人的制约，难以满足需要，国王不得不举债度日，据《剑桥欧洲经济史》所述，不少国王债台高筑。然而，即使将王冠作抵押借债，他们也不能随意征税，更不能抓壮丁，役使民众。在中古后期，税收和借贷成为西方国王财政的两大支柱。可见，君主对臣民人身及财产的支配权较小，极大地影响和制约着他们的财政能力及征收的内容。

二 "皇帝家天下论"的理论体系

尽管向民众征收赋税和征调徭役无需征得他们同意，中国皇帝完全可以凭借强权和暴力无限制地得到他所需要的一切；但是，历代的皇帝和官僚、文人们仍然为证明皇帝征税役权的合法性做了大量的解释和宣传（因为，任何一个社会的统治者都不能仅仅依靠强权来实施统治，还需要利用多种非暴力的社会控制手段，其中包括道德、教化之类的"软手段"），由此形成了中国特有的赋役基本理论。这些理论极大地丰富了《诗》中的那一纲领性表述，即"王土王臣论"的内容，并扩大其范围，不仅规定了土地和子民归属于帝王的事实，而且充分说明，拥有这些归属权就可以堂而皇之地无条件地奴役民众和掠夺其财产。

"皇帝家天下论"大致有以下几个要点：

1. 明君取天下论

中国早在先秦之时，王朝的更替就是依靠武力来实现的。秦及其后的各次改朝换代或是直接凭借武力，或是以武力为后盾，"天下"成为不同姓氏家族争夺的对象。"成则王，败则寇。"刘汉取代嬴秦，李唐代替杨隋……成功者把"天下"从失败者手中夺去，当作战利品和私家财产。所以中国历代史籍中关于"天下"的词语多得数不胜数，尤其在一些开国皇帝的传记中随处可见。这些词有"取天下"、"打天下"、"得天下"、"失天下"、"有天下"、"保天下"、"定天下"、"王天下"、"霸天下"、"强天下"、"治天下"、"制天下"、"一匡天下"、"为天下王"、"为天下主"等等。这些关键词恰是"皇帝家天下论"的核心，它表明"天下"是一些人争夺和占有的对象，也是统治者治理和统治的政治单位。

一些开国皇帝对"家天下论"做出具体的说明。秦始皇在统一中国后，郑重地宣告："六合（天地四方）之内，皇帝之土，人迹所至，无不臣者。"① 宣称从此天下的土地和人民全归他所有。汉高祖刘邦把天下当

---

① 司马迁：《史记·秦始皇本纪》，中华书局，1959。

作自己挣的莫大"产业"，他当着群臣得意地向其父炫耀说："始大人常以臣亡赖，不能治产业，不如仲力。今某之业所就孰与仲多？"① 唐太宗登上帝位后，夸耀李唐皇朝尽取杨隋皇朝之天下后的盛况："今宫观台榭，尽居之矣；奇珍异物，尽收之矣；……四海九州，尽为臣妾矣。"②

这些皇帝的宣言意在向天下人说明，天下是我历尽千辛万苦打下来的，是我光明正大地从前一个皇朝手中夺取的，因此，我就有权，也有充分的理由去占有它、支配它。

历代帝王打了天下，无不希望天下永远为他一家所有。秦始皇就曾指望秦朝的江山能传之后世万代。但是事与愿违，秦皇朝二世即亡。于是后来的新皇朝的开国者又多热衷于总结短命皇朝的教训，探讨如何永保江山的"秘诀"。说来说去，无非是施"仁政"，对民众适度地剥削，这就形成了一种从属性的理论，即"保天下论"。

汉高祖刘邦津津乐道于他的"马上得天下"，其臣下反驳说，马上可打天下，却不能马上守天下。要守天下得靠施仁政。唐代张玄素在谏阻唐太宗修宫殿的奏章中说，陛下威权无限，"令之所行，何往不应，志之所欲，何事不从？"，然而，他认为"天下不可以力胜"，强权并不能维持长久的统治。③

唐太宗可以说是中国历史上少有的"明君"。他多次与臣僚们探讨隋朝短命的原因，提出打天下与保天下、创业与守成孰难的问题。前人提出的"载舟覆舟论"成为永保李氏江山的"法宝"，被不断地强调。在《贞观政要·君道第一》中，李世民的论说与"载舟覆舟论"基本上如出一辙。他说："为君之道，必须先存百姓。若损百姓以奉其身，犹割股以啖腹，腹饱而身毙。"唐太宗的"存百姓"，只是主张要有限度地剥削，养鸡下蛋而非杀鸡取卵，如此方能维持长久的统治。明君与昏君的区别只在于剥削量有所不同，但是都不曾否定其征税役权的合法性。

"保天下论"除了强调"取天下"的基本理论外，还派生出一种具体

---

① 班固：《汉书·高帝纪》，中华书局，1962。
② 吴兢：《贞观政要·君道第一》，上海古籍出版社，1978。
③ 吴兢：《贞观政要·纳谏第五》。

赋税理论，即藏富于民，还是藏富于官；财留于下还是征于上的问题。唐太宗说："凡理国者，务积于人，不在盈其仓库。古人云：'百姓不足，君孰与足'。"① 其实，早在西汉，就有这种主张。在"盐铁会议"上，民间代表"文学"提出"王者不蓄聚，下藏于民"的主张。②

2. 帝王功德论及臣民报恩论

历代的开国皇帝无不是为了建立自己的家天下去改朝换代，但是他们却都打着为公、为民的旗号，标榜自己如何除暴乱、"拨乱反正"，"解民于倒悬"，为人民立下了大功；因此受其恩惠的民众就应该对帝王感恩戴德。官僚文人们也都随声附和。

秦王嬴政灭六国后，立即与群臣商议更名号，将"王"改成"皇帝"。"今名号不更，无以称成功。"为此他夸耀自己"兴兵除暴乱"，"天下大定"。李斯等人乘势赞美嬴政："今陛下兴义兵，诛残贼，平定天下，海内为郡县，法令由一统，自上古以来未尝有，五帝所不及。"③ 秦始皇在四处巡视时到处刻石、竖碑，为自己歌功颂德。碑文中吹嘘他"功盖五帝，泽及牛马"。刘邦因"功最高"被后人称为"高祖"、"高皇帝"，他死后，群臣议尊号时说刘邦"拨乱世反之正，平定天下，为汉太祖，功最高"。④《新唐书·太宗本纪》"赞"说李世民"除隋之乱，比迹汤武"。明太祖朱元璋说自己"拯民水火"，"罚罪安民"。⑤

即便不是开国的皇帝，也对百姓有功、有德，因为他们随时向民间普施恩泽。在汉代的盐铁会议上，无论是官方代表还是民间代表都大力歌颂帝王的功绩。来自民间的"文学"盛赞夏禹治水、后稷教民众耕稼、周武王讨伐暴君商纣王、汉武帝命令群臣率百姓治洪等功德，还夸赞当朝皇帝继承先帝的丰功伟业，"养劳倦之民"。而官方的大夫则主要歌颂本朝的帝王："高皇帝受命平暴乱，功德巍巍，惟天同焉。而文、景承绪润色之。及先帝，征不义，攘无德，以昭仁圣之路，纯至德之基，圣王

---

① 吴兢：《贞观政要·辩兴亡第三十四》。
② 桓宽：《盐铁论·禁耕第五》，中华书局，1984。
③ 司马迁：《史记·秦始皇本纪》。
④ 班固：《汉书·高帝纪》。
⑤ 张廷玉：《明史·太祖本纪》。

累年仁义之积也。"①

历代帝王、官僚多把朝廷赈济灾荒、减免赋税、徭役说成皇帝对百姓的恩德，是"爱民"、"养民"之举。皇帝的有关诏书中常有"赐"的字样，说明减免税、役是对百姓的"恩赐"。汉代盐铁会议上，作为官方代表之一的御史以赞扬帝王的恩德来指责百姓忘恩负义，逃避赋税和徭役。他说，现在政府把仓廪中的粮食全部拿出来赈济穷人，"民犹背恩弃义而远流亡，避匿上公之事。民相仿效，租赋不入，抵扞县官"。②

唐太宗极力鼓吹他对百姓的恩德，说他即位后轻徭薄赋，从而"人人皆得营生，守其资财"。他认为百姓的资财"皆朕所赐"。于是魏征趁势吹捧唐太宗"慈爱万民"，堪比尧舜，可是民众却不知情，不图报恩。③

明太祖朱元璋把帝王功德论及臣民报恩论发展到了极致，不仅将其明确化和具体化，而且纳入他亲自制定的大法《大诰》中，命令全国人民人手一册，强制推行此论。在《大诰》中，朱皇帝吹嘘自己"以其社稷立命之恩大，比犹父母"。也就是说他因"为民立命"而成为民众的父母。朱元璋认为"良民"只要尽心报答朝廷，定会家道兴旺；而不知报答就会遭到上天的惩罚，招致天灾人祸。他严厉谴责那些不知报答"圣恩"的愚民，说"民有不知其报，而恬然享福，绝无感激之心"，更有甚者，有些人还千方百计贿赂有司，以逃避徭役。他告诫民众应该以积极缴税、尽力服役来报答君主："若欲展诚以报社稷，为君之民，君一有令，其趋事赴功，一应差税，无不应当。若此之诚，食地之利，立命之恩，斯报矣。"

朱元璋又提出"君养民"之论来证明民众必须报答君主。他说，人们以为君的衣服食物全是由民供给的，应该说是"民养君"，其实不然。如果没有君用五刑惩奸除恶，维护社会秩序，用五教来规范社会道德，民就无法生存和生活。"去五教五刑而民生者，未之有也。""五教"和

---

① 桓宽：《盐铁论·论功第五十二》。
② 桓宽：《盐铁论·未通第十五》。
③ 吴兢：《贞观政要·政体第二》。

"五刑",就是他所说的君主"养民之道"。① 循此"养民之道",朱元璋一方面宣传他的理论,另一方面采取实际行动:立严刑峻法,用法律规定"天下人"必须各守本分,各操其业,按照朝廷的需要去生产和经营;不得偷懒,不能闲逛(即"毋许闲惰"),更不准随意离开居住地,以便随时听候官府的调遣和支配。违反此令者即为"好闲无功、造祸害民者"和"殃吾民者",将会受到严厉的惩处:"逸民处死"。②

3. 君父论及子民忠孝论

"君父论"也即"天子为民父母论"。

在中国古代文献中常见"君国子民"的说法。"君国"是指统治国家,"子民"即《礼记·中庸篇》之"子庶民",也就是统治百姓,"君"和"子"在这里被当作动词用,但它是从名词转化而来的。古人把君主比喻为民众的父亲,把百姓说成是统治者的儿子。这一理论以欺骗性的手法向百姓显示统治者对民众的"关爱"和"仁慈",然而更重要的是在于说明,"君父"和"子民"的关系是难以解除的。子对父的义务和服从不仅是绝对的和无条件的,而且是与生俱来的。君父、子民论极大地附和了皇帝"家天下论"。既然皇帝以天下为家,自然就成为臣民的父亲。

在汉代的盐铁会议上,官方代表大夫极力宣扬忠臣孝子论,说帝王是"慈父"。他还明确指出:"天子者,天下之父母也。四方之众,其义莫不愿为臣妾。"意思是民众心甘情愿地以臣妾自居。③

据中国古代史籍记载,许多皇帝标榜自己"为民父母"、"为天下父"、"子万民"。《贞观政要》中君臣多次提到皇帝"为民父母","为人父母,抚爱百姓"、"为亿兆人父母"、"为苍生父母"之类的话。

作为皇帝的子民,就要对皇帝尽忠尽孝,《唐律疏议·名例律》说:"王者居宸极之至尊,奉上天之宝命,同二仪之覆载,做兆庶之父母,为子为臣,惟忠惟孝。"具体表现是无条件地服从皇帝的命令,甚至以死来

---

① 朱元璋:《大诰·民不知报第三十一》,张德信、毛佩琦主编《洪武御制全书》,黄山书社,1995。

② 朱元璋:《大诰续编·松江逸民为害第二》、《大诰续编·互知丁业第三》,张德信、毛佩琦主编《洪武御制全书》。

③ 桓宽:《盐铁论·备胡第三十八》。

报答君父的养育之恩。所谓"君要臣死，臣不可不死；父要子亡，子不可不亡"，是绝对的行为准则。《汉书·苏武传》中，苏武说："臣事君，犹子事父也。子为父死亡无所恨。"普通百姓对君父尽忠尽孝的主要方式就是积极纳粮当差。所以，在汉代盐铁会议上，官方代表将政府加重民众负担的政策说成"有司倚于忠孝之路"。董仲舒的《春秋繁露》将"下事上"，即臣民服务于皇上说成"大忠"，向朝廷无私奉献财物也属于"忠君"的行为。汉代富民卜式在朝廷财政危机之时多次给官家捐献财物，汉武帝赞扬他"忠"。唐代的官僚马周在给唐太宗的上疏中说，帝王只要向百姓普施恩泽，就能得到百姓们的效忠和爱戴，使"其下爱之如父母，仰之如日月，敬之如神明，畏之如雷霆，此其所以卜祚遐长而祸乱不作也"。①

此论将家与国联系起来，将孝道和忠道统一起来，把子女对家长的顺从引导为臣民对君主的服从。"忠"成为"孝"的放大体。

4. 良民义务论

这里的"良民"有两种含义，一是等级的概念，一是好坏（统治者对其行为的评价）的概念。

中国中古社会的成员被分为三个等级：贵、良、贱。处于中间阶层的良等级者，即"良民"，也就是"编户齐民"，其中既有编户农民（所谓的自耕农等），也有庶民地主，他们是赋税和徭役的主要承担者。统治者认为纳粮当差是良民的"本分"，也就是不可推卸的责任。《大唐六典·户部郎中》中说，民的职责是"肆力耕桑"。明太祖朱元璋说："为吾民者，当知其分。田赋力役出以供上者，乃其分也。"明代每月初一皇帝向百姓下的《宣谕》这样教育百姓："说与百姓们，各守其分，纳粮当差不要误了。"②

虽然朝廷对全体编户民做出了统一的规定，但是他们的反应和表现毕竟有所不同，于是就在"良"等级中有了更进一步的划分。为官方满意的人被认为是"良民"，而千方百计逃避赋役者被视为"奸猾之民"、

① 吴兢：《贞观政要·奢纵第二十五》。
② 王毓铨：《王毓铨史论集》，第 781 页。

"刁民"、"顽民"等等。朝廷大力表彰良民，严厉惩罚刁民。汉代的"告缗"，几乎所有的财政史和赋税史都会提到它。人们多将这一事件归结为汉王朝的抑商政策，实际上其直接原因是皇帝受良民启发而对"刁民"进行严厉惩罚。

汉武帝时对外战争频繁，造成财政危机，元狩四年（公元前119年）朝廷发布"算缗令"，命令商人、高利贷者向政府申报资产，缴纳财产税。也许因为这是一种额外的征收，目的是要富商捐助，"佐公家之急"，商人们都置之不理。汉武帝想起此前有一个名叫卜式的富民曾多次出巨资捐助国家财政，便召他进京，给他加官晋爵，并向全国大力表彰其对朝廷的忠诚及义举，希望天下的富民也都能像卜式那样，急朝廷之所急，慷慨解囊。然而事与愿违，富民们仍是无动于衷。"天子既下缗钱令，而尊卜式，百姓终莫分财佐县官。"震怒之下，汉武帝下"告缗令"，让百姓互相揭发违反政府法令、隐匿财产的行为，告发者可得到所没收违法商人财产的一半。于是，这一空前的搜刮民间财产的大运动就在史册上留下了令人难忘的记载："杨可（运动主持者）告缗遍天下，中家以上大抵皆遇告。……得民财物以亿计，奴婢以千万数，田大县数百顷，小县百余顷，宅也如之。于是商贾中家以上大率破。"① 实际上当时被掠夺财产的不仅仅是商人，民间凡有积蓄者都受到告发和清算。

朱元璋认为，能为朝廷无私奉献，哪怕倾家荡产也无怨无悔的人堪称"良民"，而逃税、避役者则是"奸民"、"顽民"即"奸顽之徒"。洪武之初，朝廷在京师及各地遍设马驿（即驿站），命令民众为驿站无偿提供马匹。"其良民奉命，竭家资以备走递。时一马千贯者有之，九百贯者有之，七八百贯者有之，贵矣哉。以此观之，何民不因马驿而贫矣？呜呼，良矣哉！古先哲王之教，民间相传。良民趋事赴功，终不为怨，教之良矣。"他谴责那些用病马、弱马应付差事，欺蒙官府的"奸民"、"愚民"，认为对他们的惩罚是其罪有应得。② 朱元璋还说："钱粮尽在民间，

---

① 司马迁：《史记》卷30《评准书》。
② 朱元璋：《大诰·马站第六十一》，张德信、毛佩琦主编《洪武御制全书》。

征敛不足，其顽在民。"① 明初，朱元璋命富户担任粮长，为朝廷催征粮食，属职役性质。因所担风险极大，有大批富户破产。能够如期、如数押解税粮到京师十分不易。上海县粮长陈秀运粮入京，得到皇帝的召见。朱元璋见他"手足胼胝"，知其一路辛苦。"（上）呼为'好百姓'，给帖一道，内云'有此帖者，即我良民'。其子孙持此夸耀乡里。"②

以上列举的中国古代的这些"理论"其实都是强盗逻辑，纯属强词夺理，但言之凿凿，有根有据，似乎无可怀疑。它历经几千年的积累和完善，形成了庞大而又严密的体系，就像一张天网，有力地笼罩着全社会成员。因此，天下为皇帝一家所有的理论几乎成为君臣及百姓共同信奉的准则。人们普遍认为，天下的财物都属于皇帝。皇帝随时可以根据需要去征收和享用，不需要时则将它暂时寄存在百姓家中。百姓虽握有财物，但这并不表明百姓拥有自己财产的所有权和支配权，而体现的是皇帝对他们的恩典。请看以下各家的论述。《韩诗·外传十》："王者藏于天下，诸侯藏于百姓。"《说苑·反质篇》："天子藏于四海之内。"《汉书·萧望之传》："古者藏于民，不足则取，有余则予。"《盐铁论·禁耕第五》："民人藏于家，诸侯藏于国，天子藏于海内。故民人以垣墙为藏闭，天子以四海为匮匾。"（"文学"之语）《盐铁论·园池第十三》："大夫曰：'天子以八极为境。'"

这些不同的文本所传达的信息竟是如此惊人地一致，尤其来自民间的"文学"把皇帝藏富于海内与民人藏富于家并列，将"四海"当作天子保存财富的箱柜，表明皇帝"家天下论"的普遍和深入人心。

文献记载之外的考古材料里也有同样的内容。据侯旭东对北朝石刻的研究，北朝民众在修建佛像时所作的"造像记"中有一些为皇帝和朝廷祈福的语句。例如东魏一座造像记中称颂一些"开基定业"的圣主明君，并赞扬当朝皇帝"平天下"，使"民安足食，甲兵不起，四海晏安，政和民悦"。另一造像记说皇帝"泽洽九区，恩过八极"。因此人们企盼

---

① 朱元璋：《大诰·设立粮长第六十五》，张德信、毛佩琦主编《洪武御制全书》。
② 郑学檬主编《中国赋役制度史》，上海人民出版社，2000，第519页。

"皇祚永隆","国祚永隆",祝愿皇家的统治绵延无穷。① 这些话语其实就是"帝王功德论"的生动体现。

值得注意的是,一些被认为是激烈反对君主专制的明末清初的思想家们也有着相似的说法。黄宗羲的《明夷待访录》在抨击暴君的同时,期待圣君的降临。唐甄的《潜书》中多有贤君"施惠泽"、"民被其泽"及"仁政"之类的词语。这足以说明"皇帝家天下论"对社会的强有力影响。

三 中西中古赋税（役）理论的差异及其成因

中西中古赋税（役）理论的性质和作用迥然不同:西方赋税基本理论中的"同意"原则是以强调纳税人的权利来限制国王的税权,使赋税公平,从而实现公共利益。而中国赋役基本理论力图证明皇帝具有无可置疑的、与生俱来的征赋役权,以牺牲全社会的利益来满足皇帝一家的私利。中国赋役理论强化了皇权,西方赋税理论则制约王权。

为什么西方君主征税须取得纳税人的同意?为什么他们不能像中国君主那样任意支配臣民的人身及其财产?中西赋税理论的巨大差异是由各自的社会状况造成的。具体来说首先取决于征税者与纳税（役）人的身份及力量对比,其次则是由于纳税人的观念所起的作用。

西方赋税理论主要由贵族提出,并在社会广大阶层（市民、教士）支持下,依靠武力迫使国王接受和遵守。当时西方国王没有常备军,而实力强大的贵族本身是武士,手下也都有私人武装,联合起来就足以与国王抗衡。实际上在规定"同意原则"的《大宪章》签署之前,贵族已有表达"同意原则"的行动,即贵族迫使国王终止征税的行动。例如1166年,亨利二世以十字军东征为由,试图开征动产税,因遭到贵族的抵制而未能实施。此外还有多次贵族迫使国王停征或减征赋税的事例,贵族的抵制迫使国王（安茹王朝）一直采取有节制的、较为温和的政

① 侯旭东:《北朝村民的生活世界》,商务印书馆,2005,第286~288页。

策。但是在约翰王（1199～1216年在位）时期，国王为了扩大对外战争加重税收，征收对象主要是贵族，这引起贵族的强烈反抗。1215年北方的大贵族率领中小贵族以及部分市民、教士起兵，打败国王军队，约翰王不得已与25名贵族代表谈判，共同签署了由大贵族起草的著名的《大宪章》。《大宪章》确认了贵族和市民、教士等阶层的基本权利，也规定了国王的权力范围。其中最重要的一条就是未经国民的同意，国王不得任意征税。

正如顾銮斋教授所说："《大宪章》是无地王约翰在内外交困、民怨沸腾的形势下，迫于诸侯的刀剑而签署的具有宪政意义的文件。"[1] 刀剑代表实力。没有纳税人的刀剑，就不会有体现共同利益的"同意原则"的确立和实施。在其后的岁月里，国王曾多次试图背离《大宪章》的原则，都遭到贵族的反对，甚至引起内战。贵族们不屈不挠地以刀剑迫使国王遵守《大宪章》，最终在刀剑下建立议会，从此对国王的制约有了制度的保证，这才可以使贵族们"马放南山，刀枪入库"。

不过，武力只是手段，起主导作用的是贵族的自由精神和权利意识。如果没有自觉的权利意识，武装的反抗只会产生以推翻王朝为目标的非理性的暴力行为。西方贵族武装反抗国王，在取得战争胜利后，并未将国王废黜，而是制定法律约束他，将以往的"王在法上"变成了"王在法下"，从根本上保护自己的权利。西方的权利意识植根于古老的自由传统，在与国王的斗争中，英国贵族始终宣称他们是在捍卫自古以来的自由。西方的权利意识也源于封建制，可以说是封建制使之具体化、明确化。西欧封建制的契约原则强调有条件的义务、与权利对等的义务。因而广大社会成员有自觉的权利意识，能够随时拒绝和抵制不合条件的义务。例如，封臣从封君那里分得土地，每年要以服40天的军役作为回报。这个条件是被严格遵守的，多一天也不行。哪怕战事正酣，封臣只要是服役期已满，便可立即撤离战场。如果封君需要他继续服役，就得付与他额外的，而且能使他乐意接受的报酬。在权利意识的

---

[1]　顾銮斋：《西欧农业税现代化之旅》，《经济－社会史评论》第2辑，三联书店，2006。

指导下，才有贵族对国王的持续不断的反抗，才会产生不经同意不得征税的原则。

在中国中古社会，纳税服役者主要是编户民。他们手无寸铁，根本无力对抗强大的国家。更为重要的是，中国古代的"民"没有独立的人格，被统治者当作牛马一样地奴役，人民也被看作牲口。《管子》中有《牧民篇》，又有《七法篇》明确指出："养人如养六畜。"《汉书·食货志》中说："民者，在上所以牧之。"《淮南子·览冥篇》："牧民者，犹畜兽也。"值得注意的是，民自己也认同这种低下、屈辱的地位。在西汉盐铁会议上，来自民间的"文学"多次提到"畜民"和"牧民"。"畜民"就是将百姓当作牲畜一样地养，"牧民"指统治、管理百姓就像牧人饲养和驱使牲畜。西汉富民卜式也曾以他养羊的经验为例，对汉武帝大讲"牧民之道"。

由于缺乏权利意识，民众对于赋税、徭役的合理性和皇帝税权的合法性从不质疑。民众期盼统治者施"仁政"，乐于接受他们认为是适度的征收。就如盐铁会议上"文学"所说："夫牧民之道，除其所疾，适其所安，安而不扰，使而不劳。是以百姓劝业而乐公赋。……故取而民不厌，役而民不苦。"① 对于苛政、暴政，大多数情况下他们都是无奈地承受。实在承受不了的时候则不得不采取各种手段来减轻或躲避，包括自残肢体以逃避徭役和兵役；杀死亲生的骨肉；贿赂官吏以减轻税、役；投靠官僚；流亡山林、川泽乃至起义造反。在起义造反中民众终于有了自己的武装，但是权利意识的缺乏使得他们不能像西方贵族那样采取理性的行动。起义的最初目的只是盲目的反抗，最终却都演变为夺取政权，取而代之，打天下，得天下，从而建立新的皇帝家天下。中国历史上频繁的"农民战争"形成了周期性社会动乱，一个又一个皇帝家天下的更替形成了王朝内的治—乱周期。中国历史几千年来陷入这种恶性循环，难以自拔。

从中西赋税理论的比较中可以看出，财政既有经济意义，也有重要

---

① 桓宽：《盐铁论·未通第十五》。

的政治意义：它体现了权利和权力的关系。在西方，纳税人为维护自己的权利而制约国王的权力，从制定《大宪章》发展到建立议会；在议会中人民代表利用制税权与国王讨价还价，不断扩大自己的权力，使议会从最初的决定赋税的机构逐渐演变成立法机构。议会监督下的合理的税收使国家财政最大限度地用于公共事业，尤其是用于对外战争以开辟海外市场，有力地促进了经济的发展。这一切都极大地加速了现代化的进程。中国却走了一条不同的道路。不受制约的权力使得皇帝能够为所欲为，将天下物质财富耗尽。社会生产力一次又一次遭到严重破坏，社会因此而长期停滞不前。

原刊《华东师范大学学报》2007 年第 1 期。

中国古代社会性质研究

近年来学术界对"封建"
及"封建社会"问题的反思

一 关于"封建"及"封建社会"

长期以来，中国马克思主义史学把五种社会形态的依次更替当作人类社会的普遍规律，认为各国、各民族都必须经历从原始社会、奴隶社会、封建社会、资本主义社会直至社会主义社会这样一个完整的历史过程。从 20 世纪后期起，越来越多的学者开始对这一模式提出质疑。经过反复的研究和辩论，目前，学界已对这样两个重大问题达成了基本的共识。一是五种社会形态的顺序发展并不是人类社会的普遍规律。除了西欧以外，大多数国家和民族都没有形成这种发展途径。二是奴隶社会不是各国普遍存在的，因而不是人类社会必经的历史阶段。关于封建制和封建社会问题虽然没有像上述两个问题那样，展开大规模的讨论，但是也引起了学者的广泛关注。

以往对所谓封建社会的误解多来自斯大林。斯大林指出，在封建社会里存在着两种不同的所有制，一种是"封建主占有生产资料和不完全地占有生产工作者"的大地主土地所有制；另一种是"农民和手工业者以本身劳动为基础的个体所有制"。[①] 由此而形成了一个关于"封建社会"的模式，即把封建社会看成一种社会形态，是大土地和小生产的结

---

① 斯大林：《论辩证唯物主义和历史唯物主义》，《斯大林文集》，人民出版社，1985，第 223～224 页。

合，是农民与地主对立的社会。从这一意义推断出封建社会具有普遍性，中国和西欧都曾存在过封建社会。这使人们只注意地主与农民两个抽象的阶级（实际上这种抽象的阶级在中国古代历史上是不存在的），只注意土地所有制，只看到经济剥削，而忽视了官僚集团靠政治权力对全社会进行的掠夺，或者是把政治强权的剥夺说成是剥削。一些学者从中国历史的实际出发，比较欧洲的封建制，提出一些崭新的见解，认为中国历史上没有封建社会，甚至在西欧中世纪，也不是封建制的一统天下。

　　方兢在《走出史学研究的樊篱——论中国历史上没有封建社会》[①] 中指出："回顾半个多世纪来的社会性质讨论，我们发现了一个理论上的和逻辑上的重大缺陷，这就是人们对于所争论问题的大前提并没有经过论证。究竟是不是世界上所有的国家和地区都是按照这五种社会形态发展的，绝无例外？中国古代的历史上究竟有没有封建社会？如果不首先论证中国历史上有没有封建社会这个大前提，就来争论中国的封建社会是从什么时候开始的，实在未免有些鲁莽。""在中国历史上，曾有过中国自己特色的封建制，这就是在西周时期实行过的'封诸侯，建同姓'。但这种封建制与欧洲的封建制——确切地讲应是 Feudalism，仅仅是表面上相似，实际上有着本质的不同。至于秦以后中国社会的形态与性质，则与欧洲中世纪社会的状况，无论在表面上，还是在实质上，无论是在经济关系方面，还是在政治体系、法律制度、文化观念、社会结构、家族关系等方面，都毫无相似之处。因此我们认为，中国古代不存在与欧洲中世纪相同的封建社会这样一个五种社会形态理论中的历史阶段。"文章具体分析，指出中国秦以后社会的基本制度是皇帝、官僚的中央集权制。皇帝、官僚统治的中国社会，是与欧洲中世纪社会截然不同的专制、集权的和统一的社会。皇帝官僚集团靠暴力取得政权，又凭强权统治社会，社会中没有欧洲那种个人契约关系，更没有下层制约上层的可能。中国古代没有一个抽象的地主阶级，只有两类具体的、性质不同的地主。一种是具有贵族身份的官僚地主，一种是庶民身份的地主。与欧洲领主不

---

① 《文化中国》第 5 卷第 2 期，1998 年 6 月。

同的是，官僚地主主要用政治权力取得财富，所以他们对政治权力的追求超过了对地产的经营。庶民地主也与欧洲的领主不同。因为他们没有领主所有的个人领地，以及从领地派生出的种种权利，更没有欧洲领主所有的独立人格。他们时常遭受官僚地主的欺压和剥夺。这种地主剥夺地主的现象，是十分普遍的，也是中国古代社会所特有的。

周东启从另一方面提出相近的看法。他在《中国有封建社会吗？》①中说，马克思是在了解西欧社会的历史发展的基础上来概括和描述封建社会的特征的。现在我们对封建制度和封建社会的习惯理解与马克思所阐述的西欧封建制度的社会形态有着原则的区别。认为五大社会形态应适用于一切地域，这实际上是对马克思主义的机械理解。马克思曾明确指出，不能把关于西欧资本主义起源的历史概述成一般的发展道路。西欧的封建社会是一种契约关系，各阶层都被涉入契约。封建制度的土地所有者叫"领主"，领主下的土地持有者称为"封臣"，封臣所持有的土地称为"采邑"。这样使我们容易理解"封建制度"这个名词的意义。西欧的封建社会的政治权力极度分散。从中国古代社会的特征看，它并不是封建制度的经济形态，不具备封建社会的特征，而是集权官僚制下的小农经济形态，有着严格发达的土地私有制，而没有商品生产。欧洲的封建社会与中国的中央集权的官僚制社会是两种完全相反的建制，一个趋向分裂，一个严格要求统一；一个政治上分散，一个权力必须集中，是多元政治与一元政治的对立。从上面的分析比较不难看出，中国古代社会根本不是马克思所说的那个意义上的封建社会。

世界史专家日知在《"封建主义"问题——论 FEUDALISM 百年来的误译》② 中分析了对封建社会误解的一个重要原因。他指出："欧洲中世纪的 FEUDALISM，译为'封建主义'、'封建制度'等，是中国古典'封建'的误译，已有一个世纪了。古典中国的'封建'和不少'封'，是说殖民建邦，封邦建国，今后应复其原说，不让西欧中世之 FEUDALISM说强加于古典中国的'封建'。"他还说："问题的中心，Feudalism 问题，

---

① 《求是学刊》1993 年第 5 期。
② 《世界历史》1991 年第 6 期。

只能是中世纪的问题,这个问题无关于欧洲古代,也无关于中国古代,用古典中国很少见的'封建'与之对译,不对。但本世纪初年的这种误译,不久就在国内外大为流行,至今已有一个世纪。""关于中世纪本身的问题,中国和欧洲有各自的特点。"

有的学者创立自己的理论体系,用新概念代替"封建社会"的概念。王亚南早在 20 世纪 40 年代的著作《中国官僚政治研究》中,就把中国古代社会明确称为"中国官僚社会"和"专制官僚社会"。在新时期这种做法日益普遍。何怀宏称春秋时代为"世袭社会",秦至晚清为"选举社会"。他的两本专著分别论述了这两个历史阶段。何怀宏在《世袭社会及其解体——中国历史上的春秋时代》① 一书中详细分析了中国封建制的意义以及"封建"这一概念在中国的发展、演变和确立过程。他认为西方"封建制度"的概念与中国的不同。"如果说西方'封建制度'的概念主要是一个社会政治(最初尤其是法律)的范畴的话,中国的'封建社会'的概念则主要是一个社会经济的范畴。并且,在这一经济范畴中,土地所有权也不再是西方中世纪存在的那种特殊的层层'封土'的土地占有制,而是一种相当广泛和平面的土地占有制,但在这一平面上,存在着一条庞大的、把地主与农民截然两分的鸿沟。"在《选举社会及其终结——秦汉至晚清历史的一种社会学阐释》② 导论中,作者指出,他提出"选举社会"这一概念,是想用它来解释中国在秦汉至晚清的历史发展中所形成的一种自成一体的社会结构。因为,他认为"封建社会"的概念不符合中国的历史事实。他总结说,从秦汉至晚清,社会的基本特征没有大的改变。这些特征是:君主集权制、官僚制、社会等级制、社会秩序与伦理秩序的融合。其中,官僚制和社会等级制对选举社会的确立至关重要。

以戴逸为学术委员会主任委员,由王和、商传、曹大为、赵世瑜任主编的一部新编《中国大通史》力求突破原有的理论模式。主编之一曹大为指出,《中国大通史》在以下几方面与以往的通史著作有所区别。一

---

① 三联书店,1996。
② 三联书店,1998。

是不再套用斯大林提出的"五种社会形态"单线演变模式作为裁断中国历史分期的标准，用"上古时代"取代"奴隶制"，并且避免使用含义不清的"封建制度"的概念。二是提出对中国历史的新的分期。《中国大通史》把从夏到清统称为"农耕文明"。其中从夏到春秋战国为"宗法集耕型家国同构农耕社会"。从秦到清代中期为"专制个体型家国同构农耕社会"，这一长阶段又可分为三个小段，即确立与反复（秦汉—魏晋南北朝）、发展与成熟（唐宋—明中期）、传统中的变异：走向近代（明中后期—清中期）。[①]

叶文宪写了《封建和"封建社会"新论》[②]。文章指出，把欧洲中世纪的 Feudalism 译为"封建"，是严复的一个误译。中国的"封建"是贵族分权、封邦建国的政治制度。秦始皇统一六国后废封建，设郡县，建立了皇帝集权、独裁专制的政治制度。中国的中古时代并不是封建社会，而是专制帝国。关于"封建"这个概念的内涵，长期以来产生了许多的误解。叶文宪批评说，"封建"不是垃圾桶。他列举了一系列被冠以"封建"的名词，指出这些名词在概念上大都是错误的或自相矛盾的。文章指出："我们使用'封建'一词之混乱已经到了该封建的不封建，不该封建的都封建的不可复加的地步。不过我们发现，大凡冠以'封建'前缀的名词都是贬义词。于是我们恍然大悟，原来'封建'成了垃圾筒（桶），不管什么坏东西都往里面扔；'封建'也成了恶谥，凡是坏人就给他贴上一张'封建'的标牌。这种做法只是一种丑陋的权术，不是科学的研究。"

还有一些学者虽没有全面提出否定意见，但在提到中国历史上通常被称作"封建社会"的阶段时，尽量避免使用"封建社会"这一词，或用"古代社会"，或用"传统社会"，或用"中世纪"、"前资本主义社会"这类词来代替原有的名词（目前看来，用"古代社会"者较多）。白寿彝主编的《中国通史》把从秦代到清代的这一长段时期称为"中古时代"。他在题记中说明："所谓中古时代，是指以封建制生产方式占支

---

① 曹大为：《关于新编〈中国大通史〉的几点理论思考》，《史学理论研究》1998 年第 3 期。
② 《浙江学刊》2000 年第 4 期。

配地位，同时还有别种生产方式存在的时代。"① 有些学者还特别指出他
们这样做的目的。例如孙立平在《中国传统社会王朝周期中的重建机
制》② 中一开头就郑重声明："这里的'传统社会'是指从秦到清的帝国
时代。之所以使用这个概念，是想避免用'封建社会'来指称这一时期。
正如有些同志已经指出过的，按'封建社会'的本义只能勉强套用在先
秦时代，而秦以后，中国则结束了'封建时代'而进入'帝国时代'。"
冯天瑜提出，应克服概念的滥用。他说，中国古代的"封建"，是指周代
的封建制，这本是一个内涵明确、并未引起歧义的概念。近四十年来，
我国史学界所通用的"封建制度"、"封建社会"则是从"五种生产方
式"的角度确定其含义的。它既不符合"封建"的古义，也与"封建"
的世界通义相悖。这既有碍于理解古史，也给国际交流及内地与港台的
学术交流带来不便。为避免滥用"封建社会"的概念，近几年来张艳国
撰写的论文和几部专著，论及秦汉至明清的社会形态，都不用"封建社
会"、"封建制度"，而用"宗法—专制社会"、"东方专制社会"、"农业
—宗法社会"代之。这些概念也不一定准确，但较之滥用"封建"，心里
踏实几分。③

滥用"封建"的确造成极大的混乱。有不少人感到惊异：中国历史
上真正实行过"封建"制度的周代，不能称为封建社会，而必须称为
"奴隶社会"（西周封建论者的"封建"实际上与中国古史中"封建"的
本意并不相同）；相反，已废除了封建制度的秦汉以后的社会却必须称为
"封建"时代。还有一个最大的误解就是把"封建"和专制联在一起。对
中国人来说，专制的就是封建的，有封建就必有专制。而在实际上，封
建与专制是对立的。我们多年来大力批判"封建专制主义"，却不知道这
一提法极大地违背了历史常识。北成在《关于"专制君主制"的译名》④
中指出："在马恩那里，封建主义和专制主义，这是两个不相兼容的概

① 白寿彝：《中国通史》第 5 卷，上海人民出版社，1995。
② 《天津社会科学》1993 年第 6 期。
③ 张艳国主编《我的历史观》，武汉出版社，1994，第 45 ~ 47 页。
④ 《史学理论研究》1996 年第 2 期。

念。凡是典型的、纯粹的封建主义,必然是'等级的所有制',其统治权是分裂和分散的。那就不可能有专制主义。专制主义只存在于没有封建主义的东方社会,它只是'东方专制主义'。西欧中世纪是典型的封建主义,因此没有专制主义。"

看来,对中国历史上有没有封建社会的认识,必将有一个大的理论突破。

大多数学者同意中国的封建制只存在于西周,还有人认为西周的封建制与西欧的封建制有相同之处。方兢则不同意这种看法。他认为西周的封建制与西欧封建制根本不同。黄敏兰从更广泛的意义提出质疑,指出封建制并非欧洲中世纪社会中普遍实行的制度。

黄敏兰在《论欧洲中世纪的封建制与非封建性制度》① 中指出:将欧洲中世纪看作封建制的一统天下,这种认识主要来源于用唯物史观认识社会历史的角度和方法的局限性。唯物史观是从政治经济学的角度来认识社会的,具有经济决定论的性质,同时也具有极高的抽象性和单一性的特点。唯物史观只从剥削和被剥削的关系来考察社会,而忽略社会中多种多样的要素及其之间的关系,并把社会中种种复杂的结构和关系仅仅归结为生产力和生产关系、经济基础和上层建筑这两对矛盾。从这种认识社会历史的角度和原则来考察中世纪的欧洲,领主对农民的剥削必然就成为理论核心,并可确定社会的性质即封建社会,而不能看到和区分社会中普遍存在的,同时也具有重要意义的非封建性制度。因为按照唯物史观的理论逻辑,经济制度决定社会的性质,因此也就决定了社会中所有制度的属性都是封建性的。然而,通过考察我们发现,封建制只是欧洲中世纪的一种特殊制度,它有着严格的规定性和明确的实行范围。中世纪的欧洲并不是封建制的一统天下,不仅有封建制,还有在许多领域实行的非封建性的制度。非封建性制度不仅普遍存在,而且占有重要的地位。这种结论,与苏联和中国史学界普遍认为在欧洲中世纪,封建制占主导地位并决定当时社会性质的观点截然不同。文章还指出,欧洲

———————————

① 《西北大学学报》1999 年第 3 期。

的封建主并不都是同质的，有些人因执行两种制度而具有两重性。

揭示封建制与非封建制在欧洲中世纪社会中并存、相互交融的历史状况，对于认识当时的社会形态、结构及发展趋势都有着重要的意义，如果欧洲中世纪没有种种非封建性的制度，绝不可能产生近代社会的结构。同样，如果没有封建制的种种原则（如契约原则），资本主义也是难以产生和发展的。西方近代社会的诞生，就是孕育在封建制与非封建制这并存又交融的两种制度和原则中的。

就像对"奴隶社会"一样，对"封建社会"也应有观念上的更新。对中国古代社会的重新认识将彻底推翻"封建社会"的理论。

二 中国古代社会主要矛盾问题

传统的观点认为，中国古代社会（一直被称为"封建社会"）的主要矛盾就是地主阶级与农民阶级的矛盾。这种把社会分为两大阶级的简单做法不利于认识中国古代社会的性质。

官民对立，而非地主阶级与农民阶级对立，这才是中国古代社会的主要矛盾。官，即官僚集团，其中也包括皇族贵族。民主要是庶民百姓，其中也包括庶民地主和商人。当然，比庶民更低等的贱民更是官僚压迫的对象。

在20世纪40年代所写的《中国官僚政治研究》中，王亚南明确提出"官民对立"的观点，实际上是指出中国古代社会主要矛盾是官僚与民众的矛盾。一般人认为官僚是"地主阶级的代表"，而王亚南认为，官僚不是简单地代表其他阶级，而是"自有特殊利益"，"自己就是支配者阶级"。可以说，"官民对立"就是中国古代社会的基本阶级分野。中国的官僚自身构成了一个阶级，其独特的生存方式是以权谋私，用政治权力获取经济利益。官僚积极地以权谋私，首先是贪污和受贿。王亚南尖锐地指出，中国的二十四史，实是一部贪污史。官僚的贪污和受贿，已形成了普遍的、日常化的现象，任何严刑峻法都难以制止。官僚"以权谋私"，离不开地权、商业资本和高利贷资本。"商业、高利贷、地权兼并、差役、摊派、贪污，都像配合得非常周密。"根据官民对立的社会主要矛盾，王亚南把中国古代社会称为"专制官僚社会"和"中国官僚社会"。其实，当时有不少学者有相同的看法，但在新中国成立后，阶级分析法占据主导地位，这种观点不能为人所接受。

近年来，黄敏兰正式在理论上提出此问题的重要意义，在《评农战史专题中的严重失实现象》①中明确指出："中国古代社会有自己独特的发展规律，与欧洲中世纪社会的性质和特点完全不相同。社会的基本矛盾并不是能从政治经济学的角度来解释的，不能用单纯的剥削与被剥削关系来解释具体的社会现象。中国古代的社会基本结构，是以权力为核心的等级制，与财产占有、经济行为和阶级属性都没有直接的关系。法律明确规定了等级间的不平等，这种不平等包括了政治、经济、司法、日常生活等几乎社会生活的所有组成部分。"中国古代社会的基本矛盾不能简单地归结为地主阶级和农民阶级的矛盾，而是皇帝、官僚集团与该集团以外的全体社会成员的矛盾。其中庶民地主与官僚地主的矛盾是不容忽视的。庶民地主具有双重性。他们一方面在经济上剥削农民，另一方面又受官僚地主的剥夺和欺压。庶民地主受官僚剥夺的程度远远超过了他们自己对农民的剥削，同时官僚地主对庶民地主的剥夺的程度也大大超过了对一般农民的剥夺。虽然从政治经济学的角度分析，官僚地主与庶民地主同属于一个阶级，但古代社会的人并没有明确的阶级意识，只有鲜明的等级意识。官僚地主不会照顾与他们有着严格等级差别的庶民地主的利益，更何况官僚地主与庶民地主仅仅是在经济行为上有着部分相同之处，并没有共同的利害关系。

黄敏兰的观点曾引起不少人的反对。例如有人在一部批判李泽厚《告别革命》一书的论文集，不点名地批评黄敏兰"不赞成用阶级观点分析封建社会的矛盾关系，否定'中国古代社会（即被称为封建社会——原作者注，引者按）中的主要矛盾是地主阶级对农民阶级的剥削和压迫'，提出'在中国古代社会里，社会的基本矛盾不能简单地归结为地主

---

① 《史学理论研究》1995 年第 4 期。

阶级和农民阶级的矛盾，而是皇帝官僚集团与该集团以外的全体社会成员的矛盾'。这就离马克思主义的基本常识太远了"。①

孟祥才赞同并发挥了黄敏兰的观点，在《如何认识中国农战史研究中的"失实"问题》② 一文中指出，中国古代大量的史料表明，中国封建社会的主要矛盾是封建国家同它的赋税和徭役的征课对象之间的矛盾。这个征课对象的主体应是自耕农与半自耕农，其中当然也包括不享有免赋免役特权的一般地主。农民阶级与地主阶级之间的矛盾并不像农民与封建国家的矛盾那么尖锐。在中国历史上，完全因地租剥削过重而引起的佃农大起义还不多见。倒是自耕农因受不了封建国家过重的赋役征课而自动举家投献地主做佃农的情况多有记载。东汉时期，黄巾起义的队伍基本上是自耕农和半自耕农，而在豪族地主田庄上的佃客等反而跟着他们的主人参加镇压农民军的活动。这说明，地主阶级与农民阶级，特别是与他们的剥削对象之间的矛盾虽然是封建社会的重要矛盾之一，但与农民阶级同封建国家的矛盾相比，在大多数情况下，只能居次要地位。

迄今为止，已有不少学者指出中国社会官民对立的情况。王曾瑜在《宋朝阶级结构》③ 中指出，宋朝将臣民分为官户和民户。官户，即品官地主，是地主中地位最高的一个阶层。官户享有种种特权，官户有权势，更便于强占和强买土地。由于宋时地主占有大部分耕地，故官户的主要兼并对象应是地主的田地，而非农民的田地。宋朝的乡村上户作为编户齐民，没有特权，并且必须按其田业和家产，承担各种赋役。由于推行户等制的原则，乡村上户的负担比乡村下户更重。确有不少乡村上户因承担职役而倾家荡产。

《历史研究》1986 年第 2 期张显清文《明代官绅优免和庶民"中户"的徭役负担》指出："中国封建社会是等级森严的社会，明代亦然。""社会等级虽然是'多级'的，但官绅等级与庶民等级的划分却是最基本

---

① 沙健孙、龚书铎主编《走什么路——关于中国近现代历史上的若干重大是非问题》，山东人民出版社，1997，第 104～105 页。
② 《泰安师专学报》1998 年第 1 期。
③ 河北教育出版社，1996。

的。""本文所讲的官绅等级，系指具有进士、举人、贡监生员身份的出仕、致仕、未仕人员的阶层。……皇族、贵族也属于官绅等级……庶民等级，除了广大的农民阶级之外，还包括非身份的地主，即庶民地主。官绅等级与庶民等级的差别是多方面的，是否向封建国家承担徭役则是主要标志之一。官绅有免役权，而庶民必须服役当差。……'役其身'与'不役其身'反映了封建社会的'人身依附关系'和'超经济强制'的特征。……庶民服役，就是'人身依附关系'的一种表现形式。""对于官绅等级，不仅他们本身及其家内部分或全部人丁有免役之特权，而且其田地也部分或全部享有免役之特权。人是有特权之人，田是有特权之田。"（明代役法，以民为役，以田制役。）

徭役"给人民带来的苦难是十分沉重的。明代有不少人甚至认为，徭役之苦重于赋税。他们说：'至粮外之役，尤能破家。'……今人王毓铨先生也说：中国封建历史上，'以人身为本的徭役和贡纳重于以土地为本的田租（赋、粮）。不仅重，而且重得多'。国家徭役的绝对数量已经如此之重，再加上官绅等级的转嫁，庶民的负担就重上加重了。……这里着重论述的是徭役给庶民'中等人户'带来的痛苦和破产"。"庶民中小地主，作为地主阶级，有剥削农民的一面；作为非身份的庶民，又有必须承担徭役的一面。他们往往是重役的担负者、官户转嫁徭役的受害者"，"官绅优免加重了庶民中户的徭役负担和破产"。

用"地主阶级"与"农民阶级"的对立这一理论无法解释中国历史上的许多重大问题。最显著的就是频繁的"农民战争"。民间流行的是"官逼民反"，而不是"地主"逼"农民"反。王亚南即指出："我认定'官逼民反'的官，不当理解为某个或某些特别的官吏，而是整个官僚统治。"黄敏兰也指出官僚对全体社会成员的残酷剥夺是历代起义的主要原因，许多庶民富户因不堪忍受官僚的剥夺和欺压而造反。刘泽华、王连升在《中国封建君主专制制度的形成及其在经济发展中的作用》① 一文中指出，君主专制国家征收大量的赋税、徭役是社会动荡不安的主要原因。

① 《中国史研究》1981 年第 4 期。

当然，地主阶级对农民的压迫和剥削，无疑是农民起义的因素之一。但是，地主对农民的剥削不管怎样残酷，因为这种剥削关系是租佃制，农民可以转租，这种剥削大体上就得服从简单再生产的规律。在当时的社会条件下，农民只要能维持简单再生产，社会就不至于发生大的动乱。中国历史上农民起义数量之多，堪称世界之最。可以说全国性的农民起义都不是由地主的剥削直接引起的。因为地主阶级的剥削不可能普遍地破坏简单再生产的社会条件。而专制君主国家靠权力强行征收大量赋税、徭役，剥夺了农民进行简单再生产的手段，农民只能铤而走险。他们不同意那种认为中国的地主比西欧的地主更坏，只会杀鸡取卵的观点，这种观点不符合中国的历史实际。事实上，在中国封建社会中，常常发生国家编户民逃入地主之家，以逃避国家的徭役赋税的情况。

中国古代的地主并不是一个统一的阶级。官僚地主和庶民地主是身份、地位截然不同的两大等级。1983 年 10 月，在昆明举行了新中国成立以来史学界第一次专门研究地主阶级问题的学术会议。全国 21 个省、区、市的高等院校、科研机构及出版单位的百余名专家、学者出席了会议。与会者对封建社会地主阶级的结构提出看法。李文治将地主阶级分为贵族官绅地主和庶民地主两部分。他指出，庶民地主没有特权，赋役负担比较沉重，和贵族官绅地主有矛盾。他们多是中小地主，比较注意农业生产。到封建社会后期，有的庶民地主经营工场手工业，对农产品进行加工。由于农村中没有行会束缚，在这类经营中较早地产生了手工业资本主义萌芽。越到封建社会后期，庶民地主数量越显增加，起的作用越大。他们的发展，代表着社会经济发展的趋势。李文治还特别论述了明清时期地主阶级状况，指出，明清两代，官绅和庶民是两个不同的社会等级。由庶民地主所形成的租佃关系，虽不能完全摆脱超经济强制，但和官绅地主所形成的租佃关系毕竟有程度上的差别。庶民地主有一定的进步作用。而官绅地主则是保守、落后的乃至反动的。傅衣凌、王仲荦主张把地主分为身份性地主和非身份性地主两部分。[①]

---

① 见《"中国封建地主阶级研究"学术讨论会述要》，《历史研究》1984 年第 3 期。

侯外庐早就对地主做等级上的区分。他不赞成一些人把地主阶级划分为大、中、小阶层的做法，认为，单纯以土地数量的多少来区分地主阶级，并不足以揭示中国封建社会的本质。他依据古代社会中等级、身份制研究地主阶级，将其分为三个阶层：皇族地主、豪族地主（即豪门、豪强）和庶族地主（或细族、寒门）。他指出，品级结构是和土地权力密切结合在一起的，所以皇族地主占据了社会整个阶梯的顶端。侯外庐把豪族地主又称为"品级性地主"，"庶族地主是指那些社会地位低下，等级微贱的富有者。他们占有土地权，也能支配奴隶和招引客户，但不享有免役权，一般要负担国家的课役，我把它称为'非品级性'或'半品级性'地主"。所谓品级是指特权者的身份，是特别地与国家相联系的职能。所以侯外庐把豪族地主又称为"身份性地主"，把庶族地主称为"非身份性地主"，指出二者是有区别的。[①]

不同的地主，剥削方式不同，与农民的关系不同。

李文治指出，地主可概括为两大类，即具有封建特权的贵族缙绅地主和处于"凡人"地位的庶民地主。"这两类不同等级的地主和农民所形成的相互关系不完全相同。由庶民地主和农民所形成的租佃、雇佣关系是比较自由的。由缙绅地主和农民所形成的租佃、雇佣关系则具有浓厚的封建性。……由贵族缙绅地主的土地垄断到庶民地主的发展，是土地关系的巨大变化，意味着土地关系中封建宗法关系的瓦解。"

不同的地主对发展经济所起的作用不同。李文治说，在清代发展起来的经营地主主要是庶民地主。到清代前期，伴随着庶民地主的发展，又在其经营活动中出现了农业资本主义萌芽。这类庶民地主和雇工容易形成自由雇佣关系。庶民地主的发展在经营管理方面也引起一系列变化。他们的生产不单纯为了自给自足，还为了进行商品生产。他们为了增加生产，不自觉地按照资本主义经济原则组织生产。这类经营的社会性质在发生质变。[②]

---

① 侯外庐：《我对中国社会史的研究》，《历史研究》1984 年第 3 期。
② 李文治：《论中国地主经济制与农业资本主义萌芽》，《中国资本主义萌芽问题论文集》，江苏人民出版社，1983，第 232、244 页。

柯建中也指出明清时期缙绅地主与一般地主，尤其是与经营地主的不同。他说，缙绅地主拥有政治特权，缙绅地主的佃户在生产条件上比普通地主的佃户要恶劣得多。缙绅地主的寄生性对经济所起的消极作用是不可低估的。①

同样，农民也不是一个统一的整体。冯尔康指出，数量很大的自耕农与佃农不是一个阶级，自耕农与地主不构成生产关系，基本上也不处于对立的地位。自耕农主要与国家发生关系，与国家处于对立状态。②

在古人的概念里，"农民"包括庶民地主。李文治说，乾隆五十一年（1786）修订的雇工律例明确规定，得以解除法律上身份义务的长工必须具备几个条件，其中之一为雇主是"农民、佃户"。这里的"农民"指没有特权身份的"庶民"，即包括自耕农和庶民地主。

顾真在《审视"定论"与等级分析——以关于封建时代农民、地主的理论为例》③中提出封建社会主要矛盾为"税民"与国家的矛盾。税民包括为数众多的庶民地主。

顾真指出，以往的定论是：农民就是佃农，农民与地主形成生产关系，他们间的矛盾是社会主要矛盾；地主阶级是统治阶级，农民战争是推动历史发展的唯一动力，阶级斗争的理论是分析封建社会历史的唯一依据；等等。近年来，学术界对此已有所议论。如果深入考察，即可发现这些"定论"有某种失误。顾真认为：第一，农民、佃农不是同义词，只有佃农与地主形成生产关系。农民中有多种成分，其中自耕农占多数，此外还有平民地主。佃农只是其中的一种，佃农以外的多数农民并不与地主阶级构成生产关系。第二，地主并非都是统治阶级。地主分为几个等级，绅缙以上的地主（皇家地主、贵族官僚地主和绅缙地主）是特权地主，或身份性地主，平民地主及贱民地主是非身份性地主，没有特权。后者与特权地主不属同一等级，也不能构成一个阶级。第三，当时的社

---

① 柯建中：《明清农业经济关系的变化与资本主义因素的萌芽》，《中国资本主义萌芽问题论文集》，第306页。
② 《中外封建社会劳动者状况比较研究论文集》，南开大学出版社，1989。
③ 《东方文化》1998年第5期。

会存在两种基本矛盾：一种是地主与佃农的矛盾，另一种是平民地主和自耕农与封建国家的矛盾，也即"税民"与国家的矛盾。平民地主与自耕农同是国家的主要赋役承担者，直接与国家发生关系。当赋役沉重不堪时，平民地主就会和农民一起武装起义。第四，研究封建社会，需使用等级分析的方法，而不能仅用阶级分析方法。因为封建社会是划分等级的。"农民与地主的生产关系"、"农民与地主阶级的矛盾"等提法，是以佃农即农民的观念为前提的，倘若我们承认农民中有不可忽视的自耕农等成分的存在，就不能不认为上述概念缺乏科学性。"地主阶级即封建统治阶级"之说，忽略了地主构成里包含庶民地主，如果将命题改为"特权地主是封建统治阶级"就确切了。顾真认为，只有认识到税民与国家的矛盾，由此认识封建社会所出现的户口制度、赋役制度、政治改革等，历史才会清晰一些。因为这些都是封建国家为控制自耕农和平民地主等税民所采取的措施。

正确认识了中国古代社会的主要矛盾，就可确定，中国古代社会并不是以往所理解的那种地主压迫农民的"封建社会"，而是有着更复杂的社会关系。

从上述情况看，有些学者明确反对将"封建社会"套用于从秦至晚清的这一长段中国历史，而有些学者虽仍使用"封建社会"及"封建"等词，但他们对中国"封建社会"已经有了完全不同的认识。这种认识是符合中国历史实际的。

原刊《史学月刊》2002 年第 2 期。

中国究竟有没有"封建社会"

—— 驳潘顺利"中国中古社会形态就是封建社会"说

关于西欧"封建主义"是否具有普遍性以及中国有无"封建社会"问题，中外学界长期以来一直争论不休。潘顺利在《学术界》2007 年第 5 期发表了与黄敏兰商榷的文章《中国中古社会形态就是封建社会》，笔者看后有些想法，愿提出来与潘先生商讨。

一　应予澄明的几个基本理论问题

1. 学术研究的原则

潘文的题目首先就让人困惑不已，因为如此斩钉截铁的肯定句在学术文章中实在罕见。学术研究最基本的原则应该是百花齐放，百家争鸣，任何人都没有权利公然标榜自己一家的观点是唯一正确的，规定"就是"什么或不是什么。学术无定论，探索无止境；不断超越前人，不断推翻以往的成见正是学术生命力的表现，而不应以狭隘和专断的态度对待他人的研究。

其次，历史学的基本要求是论从史出。因为历史学是一门实证科学，每一个问题，每一项立论都需要用充分的史实来证明。对于中国有无封建社会这样一个重大问题，起码需要交代封建社会的具体规定性是什么，中国中古社会在哪些方面符合了这些规定。然而，潘文对此并未涉及，使得"中国中古社会形态就是封建社会"这一结论在文中也缺乏相应的史学根据。

2. 关于"不加分析地搬用西方学术观点"

潘文批评黄敏兰的文章《中国中古社会形态并非只能有"秦以后封建论"一说》①"不加分析地搬用西方的某些学术观点","表现出学术的狭隘"。黄文究竟是如何"搬用"西方的学术观点,潘文却没有具体的说明。实际上,黄文中仅有一处引用西方学者,即法国马克·布洛赫《封建社会》英译本前言中的一小段话,用以证明一个史实,并非用来分析文中所要阐述的问题。文中所有论证都是依据中国学者的观点,并不存在潘文所指责的那种"不加分析"搬用西方学术观点的错误。相反,马克思主义本身才是来自西方的学说。长期以来一些中国人正是因为片面误用一些经典作家的某些观点,才导致片面地认识社会,从而形成中外社会历史都一样的错误观念。

3. 关于历史分期方法

潘文批评黄文主张可以用古代、中古来代替奴隶社会、封建社会的名称是"混淆了社会形态和历史分期的概念"。但实际上历史分期有多种方法,有时代、年代分期法,有社会历史阶段分期法。五种社会形态论就是后一种分期法,对社会阶段的区分本身就形成了对历史的分期。两种分期法并非如潘文所说,是"风马牛不相及",而是统一的和互补的,可以相互替代,也可以同时采用。马克思、恩格斯实际上较多使用"古代"、"中世纪"、"近代"的概念,也用过"原始氏族社会"、"封建时代"、"资本主义时代"这类名词;有时候还两者并用,如在《反杜林论》中说过"封建的中世纪",并没有一种固定的模式。

4. 有关命名问题

潘文批评黄文提出中国中古社会可以有一些不同于"封建社会"的其他名称是"随意、草率、不负责任",说"解放思想,不是胡思乱想"。因而我们有必要对命名问题进行基本的梳理。

首先,马克思本人并没有给人类社会的各个阶段规定一种严格的、前后一致的名称。人们多次引用的马克思《〈政治经济学批判〉序言》中

---

① 《探索与争鸣》2006 年第 4 期。

的那段名言这样说："大体说来，亚细亚的、古代的、封建的和现代资产阶级的生产方式可以看作是经济的社会形态演进的几个时代。"①

原文中没有提出"原始社会"和"奴隶社会"这样明确的概念，以五种形态给人类社会做明确命名的是苏联人，所以一些学者认为"五方式论"并非马克思的原意。此外，马克思的"资产阶级社会"还有另一种说法。马克思主义研究专家俞可平说："马克思著作中译本中的'市民社会'和'资产阶级社会'在其德语原著中是同一个词：burgerliche Gesellschaft，这是马克思著作中出现频率最高、最重要的术语之一。""马克思所说的'市民社会'既是指人类社会的一个特定发展时期，又是指与'政治社会'相对应的私人活动领域。"②

不同名称是不同观察角度的结果，并非"随意、草率、不负责任"。在马克思是如此，在中国亦然。改革开放以来，学术界解放思想、实事求是，从多方面认识中国中古社会，得出多元化的认识。马克垚说："时下我国各种学者不时来讨论封建，有人类学家、经济学家、社会学家、政治学家，还有公共知识分子。在那些领域里，你可以说什么绅士社会、贡纳社会、选举社会、世袭社会、官僚社会、小农社会，都对我们很有启发。"③当前，中国学术全面地发展，多学科交流，打破了传统历史学那种封闭、单一的状态。所以，仅用一种方法来认识社会已远远不足，仅用一种名称来概括中国中古社会就显得比较狭隘。

5. 如何以马克思主义为指导

潘文说，黄文主张对中国中古社会不必非要用"封建社会"命名，就是"放弃马克思主义对史学研究的指导地位"。然而实际上，马克思并没有对"封建社会"做具体的和明确的概括，否则后人也无需为此争论不休了。潘文中引用的马克思的那段话，是论述花剌子模国的，与中国的情况相去甚远。不能看到马克思在某处说过"封建"这个词，就认为"封建"无处不在。况且，马克思、恩格斯常常会对同一个问

---

① 《马克思恩格斯选集》第2卷，人民出版社，1995，第33页。
② 俞可平：《马克思的市民社会理论及其历史地位》，《中国社会科学》1993年第4期。
③ 马克垚：《中国有没有封建社会？》，《史学理论研究》2004年第4期。

题有多种说法，前后并不统一。例如关于封建社会的基础，他们有"大地产"① 或 "大土地占有制"②、"占有自己的生产资料的小生产"（相当于"小地产"）③ 和 "地产"④ 三种说法，地产当然包括了大小地产两种，但是大地产与小地产却是一对相互对立的概念。如果仅引用其中的一种说法，就会造成片面性的认识。

无论如何，以马克思主义为指导，应该是运用马克思主义的基本方法和研究态度，并不是恪守某种结论。还应该看到，马克思的某些历史理论也有一定的局限性——时代的局限和地区的局限。已有不少学者指出马克思的社会发展观受欧洲经验的制约。李峰说："只要我们承认马克思是一位学者而不是一位神，那么我们就应该承认他对欧洲社会历史的认识也是受了他当时学术水平的限制的。如果我们认为一百年前的马克思比之当代西方专门研究欧洲中世纪的学者还更了解欧洲中世纪，那么我们似乎要全盘否定西方这一百年来的学术进步了，这恐怕大有问题了。而至于马克思对中国的看法，本来就是含混其辞的，其基本轮廓都不一定准确，这当然也是受到一百年前西方汉学初创阶段学术研究水平的限制。我们今天如果还用马克思的眼光来看欧洲中世纪并以之来衡量中国历史的发展，那问题可能就更大了。"⑤ 美国学者阿里夫·德里克也说："那些把源于欧洲经验的马克思主义模式直接运用于中国历史的人，要么使得马克思主义的社会经济概念简化为一些不能与中国历史实质产生有机关联的有名无实的范畴，要么虽强调普遍性，却掩盖了中国社会发展中最显著的一些细节。"⑥

---

① "大地产是中世纪封建社会的真正基础"，参见《马克思恩格斯全集》第 6 卷，人民出版社，1961，第 290 页。
② "大土地占有制是封建贵族借以获得代役租农民和徭役租农民的先决条件"，参见《马克思恩格斯全集》第 20 卷，人民出版社，1971，第 203 页。
③ "在资本主义时代之前，存在过以劳动者私人占有自己的生产资料为基础的小生产"，参见《马克思恩格斯全集》第 20 卷，第 145 页。
④ "封建时代的所有制的主要形式，一方面是地产和束缚于地产上的农奴劳动"，参见《马克思恩格斯全集》第 3 卷，人民出版社，1960，第 29 页。
⑤ 李峰：《欧洲 Feudalism 的反思及其对中国古史分期的意义》，《中国学术》2004 年第 24 辑。
⑥ 〔美〕阿里夫·德里克：《革命与历史——中国马克思主义历史学的起源》，翁贺凯译，江苏人民出版社，2005，第 185 页。

6. 人类社会的发展规律问题

潘文说："人类社会的发展是有规律可循的，这个规律就是着眼于生产方式的运动变化。"的确，人类历史是有规律的，但是这规律并不一定就是五种生产方式的演进。

何新说：五种生产方式公式的理论背景，一是古典进化论的单线演化模式，一是欧洲中心主义。然而，对于亚、非、拉地区的大多数民族和国家来说，由于它们的历史文化传统与欧洲是那样地不同，它们不仅从未走过欧洲式的资本主义道路，而且从未经历过希腊、罗马那种奴隶制以及中世纪欧洲那种封建制的道路。但是三十多年来的中国历史学却一直在做两件事。第一是试图尽可能地削足适履，扭曲、删改中国历史，以便把它塞进这个历史公式的框架内。第二就是在"历史规律"的名义下，将这个公式神化成不允许怀疑和批评的神圣教条。①

确切地说，五种生产方式理论只是西欧历史演进的模式，并不是人类社会历史的普遍规律。据一些世界史和中国史学者的研究，无论在亚洲、非洲，还是在拉丁美洲地区，都没有五方式论的那种发展模式。人类历史的普遍规律需要从各国历史的特殊规律中总结、归纳出来，不能靠简单的逻辑推理得出，更不能以偏概全。

甚至就是历史规律本身，人们至今也并没有搞清楚。论者往往不加思考地运用着"历史规律"或"历史发展规律"这类名词去说明一切被论及的历史问题，却并不真正了解这些名词的确定含义。王和、周舵说，历史规律究竟是什么样的东西？他们认为："历史规律，是历史学家对历史发展的规律性的描述和归纳，即对多次出现的具有相似性的历史现象和过程的描述。"② 如果对历史规律的认识过于简单化，就会导致历史研究的盲目性和片面性，这也是以往一些错误的根源。

7. 历史研究与政治的关系

潘文提出"牢牢把握马克思主义在意识形态领域的指导地位"，已经将所讨论的问题政治化：谁若是不承认中国中古社会是封建社会就是否

---

① 何新：《古代社会史的重新认识》，《读书》1986 年第 11 期。
② 王和、周舵：《试论历史规律》，《历史研究》1987 年第 5 期。

定马克思主义，或者放弃马克思主义的指导地位。仅此还不够，潘文又进一步把这个问题与新民主主义革命的纲领联系在一起："对秦汉以来社会封建性质的认识与新民主主义革命的总路线及其纲领的关系是如此之密切，绝不只是不同的看法而已，而是必须十分严肃、慎重对待的问题。"他进而提出，如果否定中国中古为封建社会，近代"新民主主义革命的对象（指半封建）是不是搞错了？"

但是对于中国近代"半殖民地"、"半封建"的定性，并不是中国共产党人和马克思主义史学家自己对中国社会历史做认真研究后得出的结论，而是苏联人——列宁和共产国际对中国施加的影响。对这个问题，李洪岩在《半殖民地半封建理论的来龙去脉》中有详细的介绍："学者们一般认为，最初指明中国之半殖民地半封建性质的是列宁"，"但是，列宁对中国社会的复杂情形，毕竟不了解。当时，在共产国际内部，也没有中国问题专家"。① 在并不了解中国情形的情况下做出的对中国社会的概括，究竟有多少科学性呢？

为了维护这样一种对中国近代社会的论断，而不惜歪曲中国古代的历史，岂不是有违历史学求真的原则吗？学者们已经意识到这个问题。在最近召开的有关封建名实问题的学术讨论会上，有学者认为不应将近代和古代扯到一块，近代史问题不应影响到古代史的研究。还有学者说，对近代的反帝反封建也应重新认识。

应该承认，封建问题曾经是个政治问题：为了革命的需要给中国社会定性。现在革命任务早已完成，就得由政治向学术转化，还历史以真面目。定性、命名是20世纪的任务，现在重要的是认识社会。新民主主义革命的胜利是党领导人民革命实践的结果，并不是"封建论"的功劳。况且反帝、反封建只是一个大目标，后来还有更具体的目标、任务。抗战时期"打倒日本帝国主义！"解放战争时期"打倒蒋介石，解放全中国！"这类口号就起着更直接的作用。

---

① 《中国社会科学院近代史研究所青年学术论坛》（2003年卷），社会科学文献出版社，2005，第2页。

二 中外学界对"封建社会"问题的反思

近几十年来，西方历史学界对西欧封建主义 Feudalism 做了大量反思性研究。一些学者认为这一术语过于宽泛，缺乏严格规定性，难以概括西欧的中古社会，因而主张抛弃它。不过从 20 世纪 80 年代起，"大部分中世纪学者采取了一种比较慎重的态度，尽可能在他们的著作中避免使用这一概念。另一些学者则是在他们的著作中一边批判这一概念，一边使用它。现在西方史学界似乎有一种比较普遍的态度，那就是尽管我们可能不必要完全抛弃这一概念，但是如果它一定要被使用的话，那只有在有 Fief 即领地的情况下才可以使用。也就是说，要按照其词源对 Feudalism 进行严格的界定"。[①]

旅美中国学者、美国哥伦比亚大学李峰教授根据这种情况总结说："如果说西方学术界长期以来所讲的 Feudalism 是一个错误，即使是可以比较正确地称为'领地—封臣制度'的这种制度在欧洲中世纪的将近一半时间内也并不存在，即使后来存在也不能涵盖欧洲社会的一切关系，那么由它发展出一种概括社会形态的模式，再把这一模式套用在其他社会特别是非西方的社会之上，这不能不说是一个错误的连锁性反应。这不仅是西方非马克思主义史学的一个问题，对同样源于欧洲十八到十九世纪学术传统的马克思主义史学，这恐怕也不能不是一个严重问题。我们不禁要问，把这样的模式（不管是马克思主义的还是非马克思主义的）用在万里之外的古代中国之上，这到底有什么意义和必要？"[②]

中国内地对封建问题的再探讨始于 20 世纪 80 年代以来对五方式论的大讨论，起初并没有像对奴隶社会问题的讨论那样热烈。对"封建"问题的专门讨论在最近的两三年内形成热潮。法国学者马克·布洛赫研究

[①] 李峰：《欧洲 Feudalism 的反思及其对中国古史分期的意义》，《中国学术》2004 年第 24 辑。

[②] 李峰：《欧洲 Feudalism 的反思及其对中国古史分期的意义》，《中国学术》2004 年第 24 辑。

封建主义的经典性著作《封建社会》中译本于 2004 年由商务印书馆出版，推动了学界对西欧封建主义有无普遍性的更深入研究。在《史学理论研究》2004 年第 4 期组织的"马克·布洛赫《封建社会》中译本出版笔谈"中，一些著名学者（主要是西欧史学者）发表了两种不同的看法。有人认为西欧封建主义具有普遍性，因而世界各国，包括中国都曾有过封建社会，另一些人则不同意这种说法。

2006 年，冯天瑜梳理"封建"概念的学术史著作《封建考论》由武汉大学出版社出版，引起较大的反响，从而将对封建问题的讨论推向高潮。由中国社会科学院历史研究所主办、中国社会科学院经济研究所和《历史研究》编辑部协办的"'封建'社会名实问题与马列主义封建观"学术研讨会于 2007 年 10 月 11 日至 12 日在京举行。会议上的争论十分激烈。

事实表明，无论是西方还是中国的学界，"封建"问题都是一个尚未解决并且正在不断被探究的问题。而且从总的趋向看来，越来越多的学者（包括海外和国内）认为中国只有在西周时期才有封建制。从秦到晚清的社会不应被称为"封建社会"。在这一阶段，社会状况与西欧中世纪的封建社会并不相同，也与斯大林所概括的封建社会有较大的距离。他们批评滥用"封建"的现象，并力图用新的概念来代替"封建社会"，用新的理论体系描述从秦到晚清的历史。如果能在中外学界学术动态的基础上看待问题，就难以得出"中国中古社会形态就是封建社会"这样斩钉截铁的判断了。

三　如何解决这个世纪性难题

用不同的方法去研究，便会得出不同的结论。以往多是从理论出发，以论带史甚至是以论代史，从而得出中国也与西方一样，经历了五种社会形态，也有封建社会的认识。潘文之所以在缺乏实证研究的情况下，轻易得出"中国中古社会形态就是封建社会"的结论，实际上是基于这种普遍性的认识。所以，需要进一步研究这种认识的具体表现情况。

在中国马克思主义史学的早期，郭沫若没有深入研究中外历史，仅从逻辑推理就得出中外历史相同的结论。他说："只要是一个人体，他的发展，无论是红黄黑白，大抵相同。由人所组织成的社会也正是一样。中国人有一句口头禅，说是'我们的国情不同'。这种民族的偏见差不多各个民族都有。然而中国人不是神，也不是猴子，中国人所组成的社会不应该有甚么不同。"① 郭老后来深刻反省自己过去公式化的错误。近年来，有些学者提出，只要把"封建"看作一种社会形态，它就具有了普遍性，就可以用来研究世界各地类似的社会。这等于说，五种社会形态论具有"点石成金"的魔力。只要你认为哪个社会是"封建社会"，这个社会自然就具有了封建性。这种方法虽简便易行，却并不可靠。

有学者将封建社会形态以一个公式概括。马克垚说："如果认为封建是一种社会形态，是大土地所有制和小生产的结合，是农民和地主对立的社会，那么它的普遍性就是没有疑问的，中国和西欧都存在过封建社会，有过封建时代。"② 然而，这个大前提本身就存在疑问：这种概括过于抽象，由它形成的"封建社会"只是观念形态的，在世界上找不出任何一个实际的例证，从而中国是封建社会的论断难以成立。关键在于这些学者是用政治经济学方法研究，研究的是生产方式，而不是真正的社会，把社会高度抽象化，只说大地产，看不到中小地产；仅重视生产性经济，忽视非生产性经济；只看农村、农业经济，不说城市、工商业经济；只说生产关系（地主—农民），不说非生产性社会关系（教会、贵族、市民、皇帝、官僚）；等等。对城市，则仅注重其封建性，而不做历史学的分析。然而，正是因为这种不合理的抽象舍弃了历史的具体内容，才赋予西欧封建主义普遍性。

"中国有无封建社会"问题，本是一个历史学的问题，需要用充分的史实来证明，以往的失误就在于没有弄明白这个道理。论从史出，从史实出发去研究，即可得出不同于以往的结论。例如马克垚在《关于封建社会的一些新认识》中提出中西社会在许多方面相同，但是从大量史实来看，这些论断还是存在一定疑问的。

---

① 郭沫若：《中国古代社会研究》，人民出版社，1954，第 8 页。
② 马克垚：《关于封建社会的一些新认识》，《历史研究》1997 年第 1 期。

论断一，中古西欧和中国的城市都是封建的。西欧城市的确具有一定的封建性，这表现在城市依照封建契约，对封建主承担一定的义务，因为城市的用地是由领主提供的，有些城市就是由封建主创建的。城市对领主的义务类似于封臣对封君所尽的义务，城市则在此基础上享有一定程度自治的权利。可以说，封建制在某些方面是有益于西方城市的独立和发展的。正如汤普逊所说："新形成的资产阶级要求承认城市的权利与特权；这项要求从政治上来说是：那在封建世界几百年来有效的契约原则应扩充到非封建世界。平民也要求'权利'与'自由'来执行自己的司法、征税、铸币、市场管理等等，像封建王公在他们领土上所做的那样。""他们要求在封建统治内的而非在封建制度下的一个地位。城市应有它的行政官，它的团体印章，它的市政厅，它的钟塔。这一切都是它独立的象征。"城市还应有自己的宪法。[1] 而中国的城市不是封建的，仅是专制帝国的附属单位，所以没有独立发展的可能，也不会有西方那种封建契约原则和保障城市自治的城市法。

论断二，在生产关系方面，普遍是大土地所有制和小生产的结合。马克·布洛赫指出，庄园的土地分成两部分：一种是领地或领主产业，另一种是农民的份地。"从经济角度看，一份大产业与许多小地产在同一个组织中的共存是领主制的基本特征。"[2]

封建普遍论者把农奴仅仅看作出卖劳动力的生产者，看不到他受剥削的经济前提是领主给予他份地，而这正是西欧生产方式的特征，为中国所无。更重要的是，忽视了农奴的财产关系，西欧封建制解体的原因就无从认识。因为农奴对份地可以继承、买卖，取得对土地的私人财产权是封建制解体的一大表现。

走出庄园看全社会，大地产也只是其中的一部分。西欧领主和中国地主都是以中小地产居多数（限于篇幅，不能详细论证）。此外，中国中古的大地产拥有者以国家和皇帝、官僚为主，大地产下的经济是权力支配的经济，这一点与西方领主的个人经济明显不同。西欧的领主庄园制

---

① 〔美〕汤普逊：《中世纪经济社会史》下册，耿淡如译，商务印书馆，1997，第425页。

② 〔法〕马克·布洛赫：《法国农村史》，张绪山译，商务印书馆，1997，第80页。

是真正的封建经济形态，而中国的地产并非分封得来的。更为重要的是，皇帝、官僚集团主要利用强大的国家权力剥削、奴役广大编户齐民（其中有庶民地主，也有自耕农），而不是仅靠地产剥削农民。这是中国与西方的重大区别。造成这种区别的原因恰恰是中国没有西方那种封建制。

论断三，在政治方面，都是君主制统治，其发展趋向是君主的力量越来越强大。西欧君主受教会、城市、贵族多方面的制约，其中一项重要的制约，即财政的制约就是来自封建原则。按照封建原则，国王要靠自己过活，只能以自己的领地收入为生。如果国王要征收额外的赋税，则须取得纳税人的同意。西欧财政严格区分封建财政（国王个人财政）和国税（需经纳税人同意的公共财政）。马克·布洛赫说："西欧封建主义的独创性在于，它强调一种可以约束统治者的契约观念。因此，欧洲封建主义虽然压迫穷人，但它确实给我们的西欧文明留下了我们现在依然渴望拥有的某种东西。"① 正因为有这种制约，才会有《自由大宪章》和议会制的产生。而中国因为没有封建制，集权、专制的君主有能力对全社会无限制地剥夺，用国税养庞大的皇室及其家奴。西方君主以个人领地为家，中国君主以天下为家，实行"家天下"制度。像慈禧太后挪用大量海军军费为私人造园林的事情，在英国是绝不可能发生的。英国伊丽莎白（一世）女王要想从议员钱袋里多掏一便士，比要他们的脑袋还难。

另外，中西君主力量都有强大的趋向只是一个表面的认识，二者意义截然不同。西方君主权力的发展，不是个人权力加强，而是法律制约下的公共权力加强。正因为这样，西方才能率先实现现代化。中国始终是君主个人权力无限制发展，由此造成中国长期停滞和落后。

论断四，中古的中国和西方都没有自由和权利，自由和权利是近代才有的。这个论断对中国适用，而在西方中古社会，最基本的价值观就是自由和权利。西方的权利意识恰源于封建制，封建制的契约原则强调有条件的义务、与权利对等的义务。因而广大社会成员有自觉的权利意

① 〔法〕马克·布洛赫：《封建社会》下卷，商务印书馆，2004，第714页。

识，能够随时拒绝和抵制不合条件的义务。例如，封臣从封君那里分得土地，每年要以服四十天的军役作为回报。这个条件是被严格遵守的，多一天也不行。哪怕战事正酣，封臣只要是服役期已满，便可立即撤离战场。如果封君需要他继续服役，就得付与他额外的，而且能使他乐意接受的报酬。在权利意识的指导下，才有贵族对国王的持续不断的反抗，才会产生不经同意不得征税的原则。城市的发展也是靠争取权利和自由实现的。即使是农奴，也有受法律保护的权利，有权抵制不合理的负担。相形之下，中国民众无限度、无条件地为统治者尽义务，却没有任何权利以及权利意识。

马克垚在《中国有没有封建社会?》中还说，中国和西方"意识形态领域占统治地位的是宗教"。这种说法实在是太牵强了，根本不值得一驳。

从上述史实可以看出，中国没有西欧的那种封建制，因此不宜称中国中古社会为封建社会。同时，我们可以针对如何解决"中国有无封建社会"这一难题，选定一个有效的和合理的方法，那就是跨越五方式论的抽象公式，一切从史实出发，通过中外对比来深入探讨，以求达到对社会的全面认识。

原刊《探索与争鸣》2008 年第 1 期。

中国中古社会形态并非只能有
"秦以后封建论"一说

《历史研究》2004 年第 3 期发表了李根蟠先生的文章《中国"封建"概念的演变和"封建地主制"理论的形成》（以下简称"李文"），提出要以梳理学术史的方法来考辨"封建社会"这一重大理论问题，这应该是一种有益的方法。但是，细读全文，却发现其中存在着一些明显的失误，例如概念表述不清、理论缺乏史实根据，以及误读几个重要人物之观点等。更主要的是，作者在介绍中缺乏客观、公正的态度，从整体上违背了学术史的原则，表现出学术的专断和狭隘。对此不得不指出来以供学界评判。

一 历史研究的方法和结论

长达数万言的李文，其主旨可用三句话概括：一是历史研究只应使用一种方法，即唯物史观的方法；二是因为唯物史观主张寻求人类历史的普遍规律，所以历史学应当主要求同；三是求同的结论只能是"秦以后封建论"，其具体内容则是"封建地主制"。这些观点如果仅仅作为个人所奉行的原则，是无可非议的；但是将它作为一种学界应当共同遵守的准则而极力主张和大力宣扬，就值得商榷了。

1. 关于唯物史观的方法

李文的上述主张，有些是直接阐述的，有些则是通过有目的地处理学术史来间接地表达的。这种处理方式是，在对待它所认为的非马克思主义派的论点时采取两种态度：一种是将其牵强地比附于唯物史观，例如将梁启超所说的各国国体发展的不同阶段解释成"时代的标志",甚至说以严复为代表的思想家"承认人类历史发展存在某种普遍性和规律性,不是仅仅把'封建'看作一种政治制度,而是把它看作以一定生产类型为基础的社会形态或人类社会发展阶段。"(p. 151)似乎中国早期思想界的精英们与马克思主义不谋而合了。李文还把外国学者的研究成果硬往唯物史观上套。他说:"20 世纪 30 年代末,马克·布洛赫写的集当时研究之大成的《封建社会》一书,就深受唯物史观的影响。"(p. 149)然而,《封建社会》的英译本"前言"称:"把布洛赫的著作同马克思主义著作混为一谈,则殊为不当;布洛赫在著作里从未提到马克思,并且厌恶这类理论的僵化和教条,不过他对马克思的社会分析能力表示钦佩。"

李文对所谓非马克思主义派的另一种态度是一味批评和贬斥。在这方面,陶希圣是其主要目标。李文把他所推崇的"秦以后封建论"战胜非封建论的原因归结为此论与生俱来的正确性,并指出这种正确性就在于它是用唯物史观的方法进行研究,而非封建论"由于自身理论上的缺陷"便遭到失败,"连首倡者陶希圣也不得不改变观点"(p. 163)。其实,陶希圣与郭沫若的分歧并非方法的不同,而是结论的不同。何兹全说:"主编《食货》半月刊和在北京大学教书时代的陶希圣,他的历史理论和方法论正是辩证唯物史观。使陶希圣高明超出他的同辈史学家的正是他的辩证唯物史观。"① 据笔者及学界同仁的研究,陶希圣与郭沫若等人都以"社会形态"为研究目标,都将经济的因素作为划分社会形态的标准,分歧只是在于由此产生的结论不同。有学者指出:"陶氏之以辩证唯物史观为理论指导,原是三十年代的常谈。"② 陶氏主持的新生命书局大体上承续着国民党左派的风格,出版了大量与马克思主义相关的书籍,如恩格斯的《家庭、私有制和国家的起源》。有人说,北伐以后,出版马克思主义最多的,就是新生命书局。世界中世纪史专家马克垚在给马克·布洛赫《封建社会》所作的序言中,恰恰说到了陶希圣对中国史学

---

① 何兹全:《我所经历的二十世纪中国社会史研究》,《史学理论研究》2003 年第 2 期。
② 李洪岩:《陶希圣及其中国史观》,张本义主编《白云论坛》第 2 卷,北京图书馆出版社,2004,第 342 页。

界的封建社会研究所做的开创性贡献。他指出："中国史学界从讨论封建主义开始，就不只把它当作一个政治制度，而兼及其社会、经济内容，例如陶希圣著《中国封建社会史》，主张周代即是封建社会，春秋之际封建制度开始解体，但封建的自然经济则一直延长到 1500 年。陶希圣对中国封建社会中的土地制度、庄园制度、农民状况、分封制度等都做过分析。"① 马克垚所介绍的陶希圣的这种全面性研究，不仅在当时是难能可贵的，即使是在现在也值得借鉴。当然，陶希圣后来放弃了唯物史观，我们也不否认。

客观来说，李文对这个问题进行解释时没有注意到时代背景。从主观上看，他或许以为只有郭沫若这一派共产党内的马克思主义史学家是唯物史观派，只有他们的历史理论是正确的，而其他派别都是错误的，注定要被正确的观点打败。还有一点，就是陶希圣未能像李文所希望的那样，彻底地承认中国秦以后是封建社会，而只是部分地承认中国社会的封建性。而且陶希圣最大的特点是强调中国社会的特殊性，这与郭沫若强调中国历史与世界历史的共同性恰恰相反。关于陶希圣对中国历史特殊性的重视，李洪岩在其文章中已指出，何怀宏也认为："我们通过陶希圣对士大夫身份的重视仍可发现，在西方理论与中国历史之间，他还是注意中国历史的特殊性。"② 笔者在一部研究各派历史观的著作中对此也早有论述，认为陶希圣对中国社会的看法更贴近历史的真相。③ 李文对陶希圣的批评令我们思考一个问题：唯物史观提供的究竟是方法还是结论？或者说，用唯物史观研究历史，是否只能有一种结论，而其他的结论都不具合法性？但是这种唯一正确的结论的合法性又该由谁来鉴定或确认呢？这都是值得考虑的。由此又产生了更多的疑问：历史研究是否只能用一种方法？我相信，如果抽象地讨论这一问题的话，没有人能公开地给予肯定回答。任何人都会极力主张"百花齐放、百家争鸣"。但是

---

① 〔法〕马克·布洛赫：《封建社会》上卷，张绪山译，商务印书馆，2004，中文版序言，第 10 页。

② 何怀宏：《世袭社会及其解体——中国历史上的春秋时代》，三联书店，1996，第 36 页。

③ 参见黄敏兰《学术救国：知识分子历史观与中国政治》，河南人民出版社，1995。

为什么一到具体问题上，就不那么宽容了呢？这是值得深思的。

2. 所谓唯一正确的结论：秦以后封建论

研究学术史的方法应该是客观地叙述各派观点的形成，分析它们在认识史上的意义。但是，李文仅仅突出了自己一家的观点。为此，李根蟠先生不仅严厉批评和排斥他所认为的非马克思主义派，例如国民党人陶希圣，还回避了马克思主义学派关于古史分期的各种看法，结果是把始于七八十年前的那段学术史描绘成了"秦以后封建论"战胜秦以后非封建论的历史。李文不仅多次强调，"封建地主制"理论及秦以后封建论是如何正确，如何科学，已成为学术界的"主流"，而且十分明确地指出，通过论战，"错误学说"受到批判，"唯物史观的正确的方法论被越来越多的人所掌握，秦以后是封建社会的观点也为越来越多的人所接受"（p. 163）。这说明他是把秦以后封建论当作唯物史观方法论的唯一正确的产物。这种结论使人感到困惑和惊讶。众所周知，中国史学界关于古史分期的派别多达十几家，其中重要的"西周封建论"由吕振羽、范文澜等老一辈马克思主义史学家在"社会史论战"时期提出，并与以郭沫若为首的"春秋战国封建论"（郭老是在新中国成立后转变为"战国封建论"者的）展开了论战。新中国成立后，学界不仅出现了更多的新观点，而且对原有的论题进行了新的讨论。奇怪的是，秦以前的"西周封建说"和"春秋战国封建说"在学术史上没有了地位，而且后来的新观点在李文中都未论及，给人的印象似乎是它们从未在历史上存在过。即便仅仅是阐述个人关于分期的观点，不提以往的论点似乎也显不足，因为，毕竟应当说明自己的观点与其他人的观点有何异同；而在一部标榜学术史的文章中，谈到分期，竟然不介绍总体的分期说，恐怕就不是一般的失误了。历史学的分期说中，自有一种"秦统一封建说"，李文似乎应当说明一下自己的"秦封建论"与前者的关系，但是这项基本工作李文也没有做。而且，尽管大多数论点是在秦以后，但不能说明李文所主张的"秦以后封建论"能够包括和代表那些观点，因为各派的划分标准不同。例如侯外庐提出的"西汉封建说"是以法典化作为分期的标准的。这样，李文所极力宣扬的"秦以后封建论"以及与之相关的"封建地主论"似乎就成为中国学术史的主流了，这种表述方式恐怕是值得怀疑的。

3. 关于"封建地主制"理论以及王亚南对此所做的"贡献"

李文重点论述的内容有两点，一是通过"封建"概念的演变来证明"秦以后封建论"的正确性，另一个是通过阐述"地主制理论"的形成来证明这种理论的正确性。但是李文仅仅强调自己是"地主经济论"的信奉者，对于"封建地主制"这一概念，并没有做起码的说明，也没有对它与封建社会形态的关系做必要的阐述。令人疑惑的是，李文强调"封建地主制"的独特性，指出"这种类型既区别于战国以前的封建领主制（或把战国以前定性为奴隶制），也区别于西欧中世纪的封建领主制"（p. 146）。李文在这里强调了"封建地主制"的特殊性，但是，它究竟如何有特色，如何与西欧中世纪不同，李文并没有进行必要的论证。然而，李文既已明确指出，"主张中国和西方都经历过封建社会的发展阶段，其前提是承认中国和西方历史的发展具有共同性"（p. 170），这两种说法岂不是自相矛盾？究竟是与西欧的共同性还是中国自身的特殊性决定了秦以后中国社会的封建性呢？

"封建地主制"理论的概念混乱不仅是李文所特有的，而且是中国历史学中普遍存在的。以往，人们笼统地将地主和领主当作同一种性质的阶级，认为他们只是形式上不同。也就是说，两者是大同而小异。所以尽管人们承认中国的地主与西方的领主不同，但仍将他们共同作为判断"封建社会"的标志。这种将地主与领主混为一谈的做法，极大地妨碍着对历史真相的认识。英国史学者徐浩指出，英国的地主 landlord 与领主 lord 产生的历史条件和阶级属性不同，领主是庄园化和政治多元化，即封建化的产物。地主在产生时间上晚于领主。他们伴生于农业生产中新的经营方式。后来庄园制瓦解，地主完全取代了领主。地主实际上是农村资产阶级。① 所以说，在西方，领主并非"地主阶级"中的一个类型，领主和地主是性质、身份和作用都不同的两个阶级。

除概念不清和逻辑混乱之外，李文还错误解读了其所认定的，建立

---

① 徐浩：《地主与英国农村现代化的启动》，《历史研究》1999 年第 1 期。

"地主制"理论的关键人物。李文认为，中国的马克思主义史学家在大论战中及以后，通过对各种错误学说的批判，"努力探索战国秦汉以后至鸦片战争以前中国封建社会的本质和特点，从而作出'封建地主制'或'地主经济封建制'这一科学的概括"。"第一次对'封建地主制'的理论作出系统阐述的是王亚南。"（p. 166）需要指出的是，王亚南早期所阐述的"地主制"理论中已经包含了另类的理论成分，即"官僚制社会论"。他在初版于1948年的《中国官僚政治研究》一书中重点阐述了他的这一具有开创性的理论。王亚南明确指出，这一理论注重中国历史的特殊性。它是经长期探索后，对过去那种不成熟理论的极大突破。王亚南本来一直考虑中国历史特殊性与所谓普遍历史规律的关系问题。他说："在我的理解和研究上，认为中国社会经济的历史演变过程有许多是不能由硬套刻板公式去解明的，但提出任何特殊经济发展规律固然很难，应用那种作为社会基础看的规律去解说历史上的一切突出的社会文化事象更属不易。"正是在这一探索过程中，李约瑟向王亚南提出中国官僚政治这一问题，激发了他对官僚政治的兴趣，从而使他对中国历史的特殊性有了明确的把握。王亚南说："经过这次研究以后，我以往对中国社会史上想得不够透彻、讲得不够明白的许多问题，现在感到豁然贯通了；而我一向强调的所谓中国社会的特殊发展，这才实实在在的有了一个着落。"①

王亚南新理论的核心是"官僚制社会"理论。它与"地主制封建社会"理论不同的地方有以下几点：（1）官僚统治中国社会，并决定中国社会的性质。王亚南指出："中国贵族支配的封建社会瓦解之后，代之而起的却是一个官僚支配的封建社会。"所以王亚南称秦以后的中国社会为"官僚社会"。尽管它仍可称为"封建社会"，但是与以往马克思主义派的"封建社会"意义已经不同。在该书主要论述中国经济、政治制度的第八篇和第九篇中，"官僚社会"这个词出现的次数最多，高达10次。此外，"官僚封建社会"出现过2次，而"封建社会"一词仅出现过1次。（2）

---

① 王亚南：《中国官僚政治研究》自序，中国社会科学出版社，1981，第15、16～17页。

社会主要矛盾不是"地主制"理论所认定的"地主与农民"的矛盾，而是"官民对立"。王亚南十分强调中国社会中的"官民对立"。（3）官僚阶级不代表社会上其他阶级的利益，而只是代表自己的利益。在这里，王亚南引用了陶希圣的话：中国的士大夫阶级正如"陶希圣讲对了的那一句话：'自有特殊利益。'因为他们自己就是支配者阶级，自己就是一直同所谓'自由'农民处在对立者的地位"。（4）所谓"封建剥削"的方式不同。官僚获取财富的方式是采用政治手段，而不是通过地产的经济剥削。所以王亚南大力抨击官僚的贪污和腐败，指出中国官僚制的特殊性在于"整个政治权力，结局也即是整个经济权力"。王亚南还将中国官僚制与西方领主制做比较，指出，西方领主是以个人身份单独地统治和剥削农奴，而中国官僚是以集团的形式统治全民；中国的农民比西方农奴更不自由，受剥削的程度更深。① 这些分析都是颇有见地的。这种对中西不同"封建社会"的比较，开创了中国史学中"封建社会"比较研究的先河。

由此可以看出，王亚南对中国马克思主义史学的最大贡献，不是系统阐述"地主制"理论，而是系统阐述了"官僚制"理论。他这里所论述的官僚制，并非单纯的政治制度，而是政治、经济制度的复合体，是政治决定了经济。王亚南的贡献根本在于指出了中国历史的特殊性。"官僚社会论"比"地主制封建社会论"更加符合中国历史的特征。这种认识对于中国历史学的转变有着十分重要的意义，它与其他马克思主义学者的努力汇合在一起，促进了马克思主义的中国化。

4. 中国中古社会是否只能叫作"封建社会"？

针对近年来历史学界存在大量否定中国中古社会封建性的主张，李文质问说："如果鸦片战争前的中国社会不是封建社会，那是什么社会，如何命名？"（p. 169）似乎非"封建社会"不足以为这段中国历史命名。既然我们可以用近代、现代、当代这样的词语来指称鸦片战争以后的各个历史阶段，为什么对近代以前的社会就非得另取名称呢？

---

① 王亚南：《中国官僚政治研究》，第115、60~61、62页。

尤其是非得用一些具有特别意义的词语来给社会定性和命名，这岂不是前后不一吗？

刘泽华认为："把某一段历史时期是否概括为'奴隶社会'以及中国是否有'奴隶社会'并不重要，过去把它视为一个与马克思主义命运攸关的大事，实在是小题大作。同样，用不用'封建社会'来概括周秦以后的历史也并不重要。"① 他还在其他场合提出，对秦以后的中国古代社会叫不叫"封建社会"无所谓。这种观点的确有一定的道理，而且反映了不少人的心态。把秦以后的中国社会称为"封建社会"也好，不称为"封建社会"也好，都只是不同的看法，不必强求一致。重要的不是定性和命名，而是如何去实际地研究"社会"，研究中国社会的特殊构造，研究它与西方的区别在哪里，什么原因导致了千年文明古国落后于西方，等等。

不久前，在中国社会科学院历史所举办的"中国社会科学院历史学论坛"上，与会专家提出："社会经济形态理论对社会转型具有重要意义。学术界应把研究重点放在历史的转折点上，而不是局限于命名之争。"②

日本学者谷川道雄根据中国学者的研究状况总结道："五种生产方式的理论很难适用于中国史发展的具体情况。那么，究竟应该用怎样的理论方法来把握中国史发展的特征呢？有学者提出为了客观地讨论中国历史发展的社会形态，最好不要生造词汇。对于各个历史时代的称呼也如此。像奴隶时代、封建时代这样的词汇可以不用，而应该使用上古、中古、近古、近代这样的词汇。总之，考察中国历史发展的实际状态是最为重要的。中国史的研究应该重视中国历史所具有的特征。"③

中国中古社会不一定非得叫"封建社会"，还可以有其他一些不同的名称，正如一个人可以取不止一个名字一样。历史学完全可以用各种方法，从各种角度来认识社会。马克垚说："时下我国各种学者不时来讨论

① 刘泽华：《分层研究社会形态兼论王权支配社会》，《历史研究》2002 年第 2 期。
② 《中国社会科学院院报》2005 年 1 月 27 日。
③ 〔日〕谷川道雄：《试论中国古代社会的基本构造》，张国刚主编《中国社会历史评论》第 4 卷，商务印书馆，2002，第 3 页。

封建，有人类学家、经济学家、社会学家、政治学家，还有公共知识分子。在那些领域里，你可以说什么绅士社会、贡纳社会、选举社会、世袭社会、官僚社会、小农社会，都对我们很有启发。"① 当前，中国学术全面地发展，多学科交流，打破了传统历史学那种封闭、狭隘的状态，从而开拓了人们的视界。所以，仅用一种方法来认识社会已远远不够。何况，以往用"封建社会"命名中国中古社会，并不是真正用历史学的方法，而是用经济学的方法。这种方法因过于抽象而舍弃了许多历史内容。王亚南的官僚社会论并非如人们所认为的那样，是政治学方法的产物，而完全是历史学方法的结果，因为它注重中国历史的具体内容。当然，也可以仍旧保留"封建社会"的称呼，无论它是什么方法的结果。不过，不管是否将中国中古社会称为"封建社会"，有一个基本点需要注意：不能强不同以为同，不能无视甚至抹杀中西社会的巨大差异。你尽管可以仍叫它为"封建社会"，但是，作家林达在《带一本书去巴黎》中的话提醒我们注意："'欧洲封建'和'中国封建'肯定不是一个'封建'。"

二　治学术史应该遵循客观、公正的原则

"有比较才有鉴别。"在这里，笔者特举出两个例证，以资比较，说明学术史应该如何做。这里将提到两位学者，一位是中国"封建论者"，对西欧封建社会历史有深入研究的专家马克垚，另一位是中国封建论怀疑者何怀宏。无论对中国社会的封建性是肯定还是否定，他们在论述封建社会这个问题时都表现出了客观、公正和平和的态度。在给马克·布洛赫的《封建社会》所作的中文版序言中，马克垚回顾了中外学界对封建社会的研究状况。他客观地评价了陶希圣对封建社会研究所做的贡献，对布洛赫的介绍也是恰如其分，并未把他与马克思主义牵强做比附。对于学界近年来出现的大量否定中国封建社会的观点，马克垚在"序言"

---

① 马克垚：《中国有没有封建社会？》，《史学理论研究》2004 年第 4 期。

中仅仅介绍这一现象，未做任何评论。而在《史学理论研究》2004 年第 4 期为《封建社会》一书组织的"出版笔谈"中，马克垚对此问题做了客观的评价。在题为《中国有没有封建社会？》的笔谈的开头，他谦虚地称自己要"说几句中国有没有封建社会的外行话"。然后他说："似乎有一些学者不愿意把中国的古代社会称之为封建社会……这种思潮的出现我认为是很自然的，也有它的合理性。……总的说来，这种学术界百家争鸣的态势，我以为是很好的。使我们的头脑不至于僵化，使社会科学得到发展。真理愈辩愈明，不怕得不到共识。"他并没有将自己的观点奉为至尊，更没有强加于人。值得注意的是，马克垚介绍这一情况时用的是"似乎"二字，语气并不十分肯定。实际上他并非不能肯定，只是用这种特殊的表达方式来表现他的谨慎、宽容态度和学者风范。

何怀宏在《世袭社会及其解体——中国历史上的春秋时代》[①] 和《选举社会及其终结——秦汉至晚清历史的一种社会学阐释》[②] 两部书中，对中国社会历史提出了一种新的解释体系。在前一部书中，何怀宏以大量的篇幅论述了"封建"概念的演变。这是迄今为止笔者所见的关于"封建社会"问题的最为全面和客观的学术史概括，其中最值得称道的是何著表现出的学术态度。他说，本书只"希望提出另一种观察角度，另一个解释框架。笔者无意于否定和抛弃既有的解释框架，但却赞成历史解释的丰富性和多样性，赞成社会历史向新的解释开放"（代序）。正因为有了这种公正的学术态度，何怀宏对有关"封建"的学术史叙述才能够符合历史真相。表现在以下几个方面：（1）对于早期思想家的认识没有刻意拔高，更没有将其比附于唯物史观。他说，梁启超的"封建时代"概念"基本上是从政治（国体）的角度观察，而未涉及经济形态。在这里所用'封建'的含义与古义基本相合，并无意义上大的转折"。（2）客观地介绍和评价陶希圣的学术成就，并对其"多变"给予合理的解释。他指出，陶希圣把战国以后的中国社会称为"前资本主义社会"或"先资本主义社会"，"这不仅反映出他对经济因素的重视，而且反映

---

① 三联书店，1996。
② 三联书店，1998。

出他也受到数种社会形态依次递进的'客观发展规律'的影响。……当然，陶希圣的如此称谓也可以理解为是一种谨慎的态度"。(3) 详细介绍了有关古史分期的九个派别中的四大派别及其观点。他指出"上述各期封建说都是自觉地以马克思主义为指导，以马克思主义经典作家的论述为依据的，但究竟在何种程度上依赖他们，又主要依赖于谁却又有不同"。说明唯物史观的方法可以产生不同的结论。(4) 全面介绍了中外学者关于封建社会的认识，无论是对马克思主义学派还是非马克思主义学派，都一视同仁，并无厚此薄彼之论。(5) 全面介绍了关于地主制和领主制的观点。①

与上述两位学者的研究及其学风相比，李文中"学术史回顾"的缺陷不是显而易见了吗？

原刊《探索与争鸣》2006年第4期。

---

① 何怀宏：《世袭社会及其解体——中国历史上的春秋时代》，第33、35、50页。

从四种"封建"概念的演变看三种 "封建社会"的形成

关于西欧"封建主义"是否具有普遍性以及中国有无"封建社会"的问题，中外学界长期以来一直争论不休。中国内地对封建问题的再探讨始于 20 世纪 80 年代以来对五种生产方式理论的大讨论，起初并没有像对奴隶社会问题的争论那样热烈。对"封建"问题的专门讨论在最近的两三年内渐成热潮。法国学者马克·布洛赫研究封建主义的经典性著作《封建社会》中译本于 2004 年由商务印书馆出版，推动了学界对西欧封建主义有无普遍性的更深入研究。在《史学理论研究》2004 年第 4 期组织的"马克·布洛赫《封建社会》中译本出版笔谈"中，一些著名学者（主要是西欧史学者）发表了两种不同的看法。有人认为西欧封建主义具有普遍性，因而世界各国，包括中国都曾有过封建社会，另一些人则对此持保留态度。2006 年，冯天瑜梳理"封建"概念的学术史著作《封建考论》由武汉大学出版社出版，引起较大的反响，从而将对封建问题的讨论推向高潮。目前，学者们对辨析"封建"概念已做了大量的工作，并取得一定成就，笔者以为还需更进一步深入研究社会，从中西各自的社会来看"封建"的真实含义。

一 "封建"概念和"封建社会"的关系

迄今为止，大多数学者——无论是封建论者还是非封建论者——所确认的"封建"概念基本只有三种：西周的、西欧的和五方式理论的。尽管非封建论者批评中国人对封建概念普遍存在着误解和滥用，但并没有把中国人认定的封建当作单独的一种。而封建论者认为，中国人认定的"封建"概念就是马克思主义的。例如，李根蟠说："这里所说的'封建'，不同于中国古义的封建，也不完全同于'西义'的封建，属马克思主义的封建概念。"①

笔者则认为还有第四种封建概念，那就是中国秦以后的。持此论者主张不能把它与五方式论的"封建"混为一谈，因为其中包含的大多是中国自身的内容。五方式理论的"封建"概念是中性的和高度抽象的，而中国的"封建"概念多是贬义的、批判性质的，针对的是中国社会里存在的种种具体事物和制度——基本上是落后的和丑恶的。这一特征和表现无论是在西欧封建概念还是在五方式论的封建概念中都难以找到（尽管 18 世纪法国启蒙思想家把封建当作恶谥，严厉批判，但那并非历史学的观念）。现代中国人最为熟知，而且运用最广的就是中国式的"封建"概念，即被误解和滥用的封建概念。

何怀宏、叶文宪等学者对中国的这种封建（秦以后的封建）做了较为全面的归纳。叶文宪说："自从把 feudalism 译为'封建'，尤其是引进五形态论以后，孳生出一系列以'封建'为前缀的名词，形成了一个'封建族'名词群，如：封建制度、封建专制、封建等级制、封建帝制、封建帝国、封建国家、封建王朝、封建压迫、封建割据；封建领主、封建主、封建地主、封建官僚、封建士大夫、封建军阀、封建把头、封建余孽、封建残余、封建势力、封建农民、封建农奴；封建经济、封建领地、封建庄园、封建剥削、封建地租、封建土地制度；封建主义、封建思想、封建道德、封建遗毒、封建迷信、封建脑瓜；封建家庭、封建婚姻、封建习俗等等。"②

把上述概念和其他三种概念做比较，便可发现它的独特性：

西周"封建"是"封土建国"、"封爵建藩"，概念具体、明确而又简单。中国秦以后的那一系列"封建"概念显然与之不相符合。五方式论的"封建"主要有两点：一是大地产加小农，二是地主剥削农民。这

---

① 李根蟠：《"封建"名实析义》，《史学理论研究》2007 年第 2 期。

② 叶文宪：《封建和"封建社会"新论》，《浙江学刊》2000 年第 4 期。

两者实际上是一致的，可合二为一（关于这种封建概念，将在下面详细论述）。可见，五方式论的"封建"并没有中国"封建"那么复杂多样。它是抽象的，而中国封建多是具体的。

西欧的 feudalism 是以封土 feud 为核心建立起来的具有广泛意义的社会制度。上述"封建"名词群中，只有少数可用于西欧社会，即封建领主、封建主、封建农奴；封建经济、封建领地、封建庄园、封建剥削、封建地租、封建土地制度。而且其中有些是与中国共有的。

西欧的封建制有着严格的规定，这是由具体的历史内容决定的。对于这一点，不仅研究封建社会的专家马克·布洛赫有明确的说明（具体可见布洛赫《封建社会》一书），即使是马克思、恩格斯也有清醒的认识。他们并未一般性地赋予西欧封建主义普遍性的意义。从他们的一些具体论述来看，封建制即使在西欧也并非无所不在。

从对中西"封建性"的历史考察中可以看出，那些在中国被视为"封建"的事物与西欧历史上的"封建主义"不仅从根本上毫不相关，而且有许多是背道而驰的。可以说，每一个带有"封建"前缀的名词都是值得怀疑和值得推敲的。下面试举数例说明。

首先论述历史学方面的"封建"。

"封建专制"：已有不少学者指出这一词的荒谬。刘北成指出："在马、恩那里，封建主义和专制主义，这是两个不相兼容的概念，凡是典型的、纯粹的封建主义，必然是'等级的所有制'，其统治权是分裂和分散的，那就不可能有专制主义。专制主义只存在于没有封建主义的东方社会，它只是'东方专制主义'，西欧中世纪是典型的封建主义，因此没有专制主义。"[1] 何怀宏也指出，"封建专制"、"封建大一统"这一类的词"从其本义来说，其实是自相矛盾的"。"'封建'就意味着分封，意味着权力分散。因而，如果是'封建'就不可能是中央集权，不可能是君主一人'专制'，不可能是天下'大一统'。"[2] 这种错误恰恰是将中国

---

[1] 刘北成：《关于"专制君主制"的译名》，《史学理论研究》1996 年第 2 期。

[2] 何怀宏：《选举社会及其终结——秦汉至晚清历史的一种社会学阐释》，三联书店，1998，第 14、42 页注（43）。

的专制命名为"封建"所致。

"封建政府"：西欧中古既没有统一的，也没有同质的"封建"政府。王室与教会、贵族及城市分享权力。一些城市有自己的议会和市政府。那么，城市政府是否是封建的呢？中古后期，王权与议会共同形成等级制国家机构，这种政府也非完全封建的。无论这些形式是否是"封建"的，可以肯定的是，中国绝没有这种分权的"封建政府"，只有皇帝、官僚集团组成的大一统国家机器。

"封建政治"：这究竟是指封建主搞的政治，还是指所有发生在"封建社会"中的政治行为或政治现象？英国封建贵族联合市民阶级共同制约王权，制定具有宪政意义的《大宪章》，成立议会，以及西欧普遍发生的王权联合城市、削弱封建主势力、发展资本主义，等等，究竟是什么样的"封建政治"？城市自身的政治运动又将如何解释？如何定性？进一步看，中国的中古社会是否有这种"封建政治"？毋庸置疑，如果中国有这种"封建政治"的话，就不会长期停滞、落后了。

"封建王权"及"封建君主制"：首先，西欧的王权只是多元社会中多种权力的一部分，与教权、城市权力、贵族权力相互制约并分享权力。其次，西欧的君主具有双重性，即封建性与非封建性，前者表现为封君，后者表现为国君。国王作为最高的封君，即最高封建主，与其封臣有着直接的个人关系，但是与封臣之外的人则缺少权力关系。作为国君，国王对所有的臣民行使一定的权力。君主制中封建性与非封建性的比重决定了王权强弱的程度，王权的强大即表现为非封建性高于封建性。例如，法国的王权起初比较微弱，国王只能享受封臣提供的有限的封建义务，而不能征收更多的赋税。渐渐地，法国国王通过各种方式扩大了王权，才取得比封君更高的地位。正如布罗代尔所说的："君主制由封建制脱胎而出。法兰西国王原是一名普通领主，后来区别于其他领主，出类拔萃；他使用领主的语言，奉行领主的原则，而终于超过领主。王权仍然带着自己的胎记，'贵族与国王具有同质性'。"[①] 中国的皇帝独霸所有的权

① 〔法〕布罗代尔：《十五至十八世纪的物质文明、经济和资本主义》第2卷，施康强、顾良译，三联书店，1993，第608页。

力，决不与其他势力分享。中国的皇帝也不具有双重性，他与所有的臣民都是国家关系而无私人关系，即使是皇帝的家人也是皇帝的臣属。

"封建法律"：西欧中世纪从 11 世纪后期起，产生了这样一些法律体系：教会法、封建法、庄园法、商法、城市法和王室法。由于教会部分地处于封建经济体系之中，所以教会的财产法部分地具有封建性质，同时又具有部分的资本主义性质。而王室法中也有一些鼓励资本主义发展的内容。除此之外，封建法是调整封君、封臣关系的法，庄园法是调整领主和农奴关系的法，并都规定双方的权利和义务（领主也对农奴有义务，农奴也有自己的权利）。严格地说，只有这两种法基本上与"封建"经济基础相对应。而城市法和商法则是资本主义性质的法。法律史专家伯尔曼指出："在 11、12 世纪，广泛的商业活动是与庄园的生产方式和封建的社会政治关系并存的。新出现的商法体系——它是典型的资本主义法——是与西方的封建法体系和庄园法体系同时产生的。"① 然而，即使是具有封建性的庄园法，也不是完全为封建主服务的。许多中外学者指出，西方的法律是一把"双刃剑"。马克·布洛赫在《法国农村史》中就曾这样说过。伯尔曼指出："在所谓封建制度下的法律，不仅维护当时通行的领主与农民的权力结构，而且还对这种结构进行挑战；法律不仅是加强而且也是限制封建领主权力的一种工具。"② 国内学者侯建新在他的著作中对此也有详细的论述，认为封建法律既有维护领主利益的一面，也有维护农奴利益的一面。③ 除了上述诸多法之外，西欧中古社会还继承了古代的罗马法和自然法。这些法显然不是什么封建性的法了。中国中古社会的法律只是皇帝、官僚一家的法，它不规定民众的权利，而只是维护皇帝、官僚集团利益的工具。所以说，"中国封建社会"（如果说有这样一个社会的话）中的"封建法律"，无论是形式还是内容、实质，以及法律的精神，都与西欧中古社会中的法律根本不同。

---

① 〔美〕哈罗德·J. 伯尔曼：《法律与革命》，贺卫方等译，中国大百科全书出版社，1993，第 407 页。
② 〔美〕哈罗德·J. 伯尔曼：《法律与革命》，第 647 页。
③ 参见侯建新《现代化第一基石——农民个人力量与中世纪晚期社会变迁》，天津社会科学院出版社，1991。

"封建军队"：西欧中古社会中的军队有多种：早期的封建军队是封君给封臣分封土地换取军役组成的军队，主要是骑士自备武装，为封君服军役。恩格斯在《论封建制度的瓦解和民族国家的产生》一文中所说的"封建军队"，就是指这种军队。他说："同封建制度作斗争而使用本身就是封建的军队（这种军队的兵士同他们的封建领主的联系要比他们同国王军队指挥官的联系更为密切），显然意味着陷入绝境，走不了一步。所以，从 14世纪初起，国王们就力图摆脱这种封建军队，建立自己的军队。从这时起我们就看到，在国王军队中，由招募的或雇佣的军队组成的部分不断增长。……这种迹象表明了封建的军事制度的彻底崩溃。"① 除封建军队外，还有雇佣军、民军（包括城市武装和王国临时征募的军队），以及中古后期国家建立的常备军。在这多种类型中，虽然有常备军可与中国军队相比，但也有极大的差异。中国中古的常备军不仅规模大、存在时间久，而且与西方的常备军的功能不同。中国国家的常备军除了对外作战之外，主要是皇帝、官僚镇压和防范民众的工具。大量军队被用来护卫皇宫以及王府、公主府和官僚府第。而西方中古后期建立的常备军不仅规模大大小于中国的常备军，而且主要用于对外作战，为民族开辟海外市场。西方君主或大贵族依靠雇佣的私人武装来保护自己的安全，而不是国家军队。

"封建社会"：以往我们不假思索地说"封建社会"这个词，却未考虑它的结构和成分，以为有了地主剥削农民的制度，就有了封建社会，无论东方还是西方，性质都一样，社会自然也就一样。然而社会的构成并非如此简单。西方"封建社会"是多元结构的，由多种社会实体构成。如布罗代尔所说的，用"封建主义"概括西方 11 ~ 15 世纪的社会很勉强，"不合逻辑"。他认为西欧"封建社会"至少由五种不同的社会组成：领主与农奴结合在一起的社会、神权社会、以领土国家为中心组织起来的社会、贵族社会以及城邦社会。② 这些社会实体并非都具有封建性。中

---

① 恩格斯：《论封建制度的瓦解和民族国家的产生》，《马克思恩格斯全集》第 21 卷，人民出版社，1965，第 455 页。

② 〔法〕费尔南·布罗代尔：《十五至十八世纪的物质文明、经济和资本主义》，第 506 ~507 页。

国从秦至晚清的社会是皇帝、官僚统治的一元的国家/社会。无论它是否是"封建社会",从结构到组成要素都与西方社会有根本不同。

"封建关系"：以往历史学对"封建关系"的认定仅限于地主和农民（西方则是领主与农奴）这一层关系。然而，这一种关系并不能代表全部的社会关系。在西欧中古社会里，最重要的一层关系是教会与俗界的关系，包括教权与王权、教会与贵族及其全体教民的关系。没有教会，西欧"封建社会"是难以成立的。因为仅仅凭着分散的庄园，是无法组织社会的。此外，贵族内部的结合也是重要的社会关系，其中有封建性的贵族关系（封君—封臣关系），也有非封建性的贵族关系。这些从各国内部建构了社会。最基层的才是庄园及其所属的领主农奴关系。各自孤立和分散的庄园需要贵族、教会和国家作为组织者和黏合剂才能组成社会共同体。以往以为只要有了庄园，有了领主剥削农奴，就形成了西欧的封建社会，这实际上是不可能的。中国中古社会中，教俗关系显然并不重要。中国是国家统治社会，所以国家与社会的关系是最主要的关系。地主与农民的关系是次要的。尽管地主与农民的关系与西方领主与农奴的关系有相似之处，即都是个人关系，但是缺乏西方那种领主对下层保护的关系和双向互惠原则。

"封建经济"：西欧的封建经济是个人经济。按照封建制原则，国王要"靠自己过活"，以自己的领地为生。如果国王需要征收非封建性的收入，则必须取得纳税人的同意。中国中古社会中，国家经济，也就是权力经济占据主要的和支配的地位。皇帝、官僚集团主要通过国家权力取得大量的财富，供他们挥霍、享用。西欧封建经济的特点是公私分明，因为封建制的原则就是严格划分封建的个人经济与非封建的公共经济或国家经济的界限。中国则不仅不是公私分明，反而是假公济私、以公养私。可以说，中国恰恰是因为没有西欧那种封建经济和封建的原则，所以对社会的掠夺就毫无限制。

"封建财政"：马克垚主编的《中西封建社会比较研究》① 中的第14

---

① 学林出版社，1997。

章"中西封建财政"（由顾銮斋撰写）明确区分西欧的两种财政收入："封建"收入和国税。封建收入是国王个人的收入，主要来自国王个人领地，如司法收入等，无论在征收范围还是使用方面都是私人性质的。国税，即非封建性财政是向全国臣民征收的公共性税收，用于公共事业。日本学者井内太郎把以封建收入为基础的国家命名为"国王领地收入国家"，而把以国税为基础的国家称为"赋税国家"。分析角度与顾銮斋是一致的。国税的扩大表明近代民族国家的形成，其内在机制则是国王从封建君主变成国家的代表。英国在 1129～1130 年国税不及封建税的 1/9。16 世纪都铎王朝试图征收一种新国税，却没有成功。井内太郎认为，这表明直到 16 世纪末，英国尚未完成向"赋税国家"的转变，因而以往人们所说的都铎王朝为中央集权的君主专制政体的观点也是值得怀疑的。①

中国没有西方那种"封建收入"，却有国税，而且是以国税作为国家经济的基础。

"封建地主"：以往学界基本上是将地主制（或地主土地所有制）当作决定一个社会"封建性"的重要标志，认为地主与农民的矛盾构成了封建社会的主要矛盾。尽管人人都知道，西欧中古的统治者是封建领主，但是人们笼统地将地主和领主当作同一种性质的阶级，认为他们只是形式上不同，两者是大同而小异。这种将地主与领主混为一谈的做法，恰恰是造成"封建"概念混乱的一个重要原因。英国史学者徐浩指出，英国的地主 landlord 与领主 lord 产生的历史条件和阶级属性不同，领主是庄园化和政治多元化，即封建化的产物。地主在产生时间上晚于领主。他们伴生于农业生产中新的经营方式。后来庄园制瓦解，地主完全取代了领主。地主实际上是农村资产阶级。② 所以说，在西方，领主并非"地主阶级"中的一个类型，领主和地主是性质、身份和作用都不同的两个阶级。在中国的中古社会，既没有西方那种领主，也没有西方那种地主，同样也没有"地主制"理论所认定的那样一个抽象的"地主阶级"；只有

① 〔日〕井内太郎：《协助金：都铎是专制王朝？》，侯建新主编《经济－社会史评论》第 1 辑，三联书店，2005。

② 徐浩：《地主与英国农村现代化的启动》，《历史研究》1999 年第 1 期。

两种具体的和性质不同的地主，一种是具有贵族身份的官僚地主，另一种是具有庶民身份的地主。与欧洲领主不同的是，官僚地主主要用政治权力取得财富，所以他们对政治权力的追求超过了对地产的经营。庶民地主也与西欧的领主不同。因为他们没有领主所有的个人领地和从领地中派生出来的种种权利，更没有欧洲领主所有的独立人格。他们时时遭受官僚地主的欺压和剥夺。这种地主剥夺地主的现象，也是中国中古社会所特有的。用抽象的地主论来解释中国历史，许多问题得不到合理的解释。例如中国历史上频繁出现的周期性社会动乱，是皇帝、官僚集团残酷剥削编户民（编户民中既有编户农民，也有编户地主）的结果。以往人们一直以为这是"地主阶级对农民的残酷剥削"造成的，这实际上是混淆了概念。

"封建思想"：中国人头脑里的"封建思想"主要是忠与孝两字。首先是忠君思想和君尊臣卑观念，其次则是孝敬父母和为家族利益服务的观念。尽忠尽孝，成为传统中国社会的最高行为准则（日常生活中的"封建思想"则缺乏具体的规定性，例如重男轻女等，都可算作此类）。西方封建社会中的思想，其内容与实质都与此不同。在西方，最重要的是神权至上观念，其次才是真正的封建思想，即封君与封臣之间的效忠。封君与封臣的关系是个人关系，是非强制性的。布洛赫说，它相当于朋友关系。不仅封臣要向封君效忠，封君也要向封臣效忠。这种效忠并不是对个人的无条件服从，而是以相互的义务为条件。这种封建义务关系高于人们对国王和国家的臣服关系，也高于家族的利益。正如布洛赫说的："附庸义务有时不可避免地与其他义务——如臣民义务或亲属义务——发生冲突。这种情况一旦发生，附庸义务几乎总是战胜其他义务，不仅在实际活动中是如此，而且在法律中也是这样规定。"① 正是由于神权至上的思想和封建思想的制约，西方才不可能有中国的这种忠（君）和孝（父）思想。

"封建特权"：中国中古社会中，皇室贵族和官僚及其家族享有免役

① 〔法〕马克·布洛赫：《封建社会》上卷，张绪山译，商务印书馆，2004，第375页。

（军役和徭役）特权。而在西方，服军役却是贵族的特权。前者是摆脱义务的特权，后者是尽义务的特权。中国官僚贵族还有犯罪后减免刑罚的特权，即所谓"八议"和"官当"。而在英国，议会的议员享有获得人身保护的特权。现代社会一些国家的议员豁免权，以及中国人大代表的"免责权"，都是法律赋予民意代表的特权，就是从西欧中世纪继承而来的。中国的特权是皇帝恩赐给官僚的种种个人待遇，而非真正的权利。既是恩赐，就可随时剥夺。而西方特权的实质是权利，它保障个人和团体的自由。一旦授予，就不能随意剥夺，特权享有者随时为保护这些权利而奋斗。中国的皇帝和官僚独享、独占特权，目的是加强对人民的统治和剥夺。而在西方，统治者和人民分享特权。人民经常自己争取特权，由此而维护自身的利益。正如汤普逊所说："新形成的资产阶级要求承认城市的权利与特权；这项要求从政治上来说是：那在封建世界几百年来有效的契约原则应扩充到非封建世界。平民也要求'权利'与'自由'来执行自己的司法、征税、铸币、市场管理等等，像封建王公在他们领土上所做的那样。"① 正是因为有这些"封建"特权，西方资本主义才能迅速发展。特权的意义本是形成社会成员间的不平等待遇，但是西方的特权由于为社会广泛分享，可以扩大平等，产生出与特权本义相反的效果。例如贵族的一项特权是只接受同等级贵族的审判，"同等人的审判"这项原则也为其他等级所应用。商人只出席商人法庭，只接受商人的审判。而"封建"的庄园法庭，则是由农奴和领主代理人共同组成的，农奴自己成为法官，参与审判和裁决。在中国，绝不可能有人民参与审理案件的情况，只能是官府决定一切。

"反封建"：中国的"反封建"是现代社会中人民反对地主、军阀及其政府的政治行为，而西欧的"反封建"是"封建社会"中各种群体共同的政治、经济行为。作为封建主首领的国王联合城市资产阶级反对封建贵族，不少中外学者指出，教会在有些方面是反封建的，例如限制封建主的权力，反对封建主之间的私斗，等等。封建主也反封建，这说明

① 〔美〕汤普逊：《中世纪经济社会史》下册，耿淡如译，商务印书馆，1997，第425页。

什么问题呢？

其次论述日常生活方面的"封建"：

"封建迷信"： 这个词在日常生活中的使用率似乎最高。但是令人费解的是，现代社会中的种种迷信现象为什么统统被说成是"封建迷信"。如果说这是因为它们是从"封建社会"中流传下来的，那么是否意味着迷信只是"封建社会"所特有的？实际上，时代越往前，迷信越严重。可是为什么没有"原始迷信"和"奴隶社会迷信"之说呢？这些迷信与"封建迷信"又有何区别？为什么更为严重的迷信反倒没有命名？这一现象恰恰说明了滥用封建的结果。

"封建军阀"： 军阀就军阀，何必冠以"封建"二字？加上了"封建"，反而把事情搞乱。因为这使我们分不清究竟是指古代的军阀，如安禄山、史思明，还是近代的军阀，如阎锡山、张作霖。反过来说，西欧有中国的这种"封建军阀"吗？

"封建大家庭"： 这一说法十分普遍，尤其在文学作品和一些回忆录中常见。然而，这既可能是指地主家庭，也可能是指官僚家庭或者军阀家庭。此词与上述词语一样，表述不清，画蛇添足，不如直接说明究竟是哪种大家庭。

"封建包办婚姻"： 是否仅"封建社会"有包办婚姻？实际上现代社会中也有这种现象，尤其是在农村。由于农村青年男女缺乏社交的条件，就只得由家长来操办婚姻，这与"封建"毫不相干。

"封建脑瓜"： 这种称谓语焉不详，难以理解其意义。

还有许多歧义颇多的"封建"概念，限于篇幅，难以一一列举。

令人惊讶的是，中国和西欧的"封建"竟是如此地不同。更令人难以置信的是，如此不同的事物长期以来却被看作完全相同的。正如侯建新所说："本来是两种不同的物品。为什么贴上同一标签并且装进同一笸筐？"① 历史为什么要开这样的一个大玩笑？这的确是需要我们认真思考的。

---

① 侯建新：《"封建主义"概念辨析》，《中国社会科学》2005 年第 6 期。

迄今为止，也有不少学者指出中西"封建"是不同的。旅美作家林达多次强调中西方的差异，明确提出："我们觉得，'欧洲封建'和'中国封建'，肯定不是一个'封建'。"① 王家范也说："现在教材里中世纪的中国和西欧都是封建社会，殊不知彼封建而非此封建。"②

中西中古的差异不仅在于各个具体的方面，还在于其根本的精神或原则。西欧封建主义的实质是明确规定各等级的权利和义务，而不是以往简单认定的那种领主剥削、压迫农奴的阶级对立。最基本的有两点：一是权利和义务的对等，享受权利就得尽义务，同样，尽义务就应享有相应的权利。议会制就是根据此原则建立的。二是无论上下，都既有权利，也有义务，非一方独享权力和权利。以往我们因对封建的误解，以为封建主义是落后的和丑恶的，因而未能看到，西欧的封建主义有它的积极的一方面，例如契约原则、互惠原则、等级内相对平等原则、分权制约原则等等。这些都对资本主义的发展起到了促进的作用。更重要的是，封建主义为社会留下了相当充裕的空间，使得新生力量有生存和发展的条件。而在中国"大一统"的国家/社会中，新生力量难以产生和发展。中国恰恰是因为没有西欧的这种封建主义，才长期停滞、落后。

正确认识西欧"封建"，不仅可以发现中西历史的不同发展道路，而且能够有助于认识中国"封建"的特殊性。通过进一步考察可以看出，中国封建的特征一是多为贬义，正如叶文宪所说的："我们发现，大凡冠以'封建'前缀的名词都是贬义词。于是我们恍然大悟，原来'封建'成了垃圾筒（桶），不管什么坏东西都往里扔；'封建'也成了恶谥，凡是坏人就给他贴上一张'封建'的标牌。这种做法只是一种丑陋的权术，不是科学的研究。"这种"封建"的第二个特征是无所不包，封建成了形容词、前缀，可以加在当时的所有事物之上。没有规定性的概念必然被滥用。叶文宪说："我们使用'封建'一词之混乱已经到了该封建的不封建，不该封建的都封建的不可复加的地步。"③ 对"封建"的批判性解释

---

① 林达：《带一本书去巴黎》，三联书店，2002，第110页。
② 王家范：《阅读历史：前现代、现代与后现代》，《探索与争鸣》2004年第9期。
③ 叶文宪：《封建和"封建社会"新论》，《浙江学刊》2000年第4期。

原因主要在于误解西欧封建主义。由于五方式论的误导，人们认为封建主义只是一种剥削方式。此外，将近代中国定性为"半殖民地、半封建社会"，革命任务确定为反帝、反封建，也加深了对封建的批判和抵制。而中国"封建"的滥用则是由于经五方式论的定性，中国秦以后的社会被命名为"封建社会"，从而该社会中的一切事物就都被赋予"封建"性。

近代中国学者将西欧的 feudalism 译为"封建"，是名实不符。这种误译不仅妨碍了对西欧封建制的认识，而且在其后的岁月里，因把中国中古社会命名为"封建社会"而造成了更大的误解和混乱。

关于"封建社会"有几种，似乎没有人专门论述，看起来无论哪一派都认为只有一种。否定论者认为中国没有封建社会，只有西欧有封建社会。肯定论者认为西欧封建社会与中国封建社会都是五方式论中的封建社会，属于同一性质，或许是不同类型。本文则以为有三种不同的"封建社会"：西欧封建社会、五方式论的封建社会以及中国所谓的封建社会。它们都以"封建"概括或命名。虽然都被中国人叫作"封建社会"，实际上它们却有各自的内容和意义。

西欧封建社会是具体、真实的原生形态；五方式论的"封建社会"是高度抽象的，完全脱离了西欧封建的原形；中国"封建社会"是根据五方式论的抽象公式取得封建性而产生的（实际上是人为地制造出来的），尽管是具体的真实的存在，但其社会结构和社会的各个方面都与西欧不同，是名不副实的封建社会。

中国秦以后封建概念虽然与其他三种不尽相符，却是从它们演变而来，并由此形成中国式的"封建社会"。其中五方式论的封建概念起了关键的桥梁作用。所以，要了解中国"封建社会"，或认识中国有无封建社会问题，就必须详细考察五方式论的封建概念和封建社会。

二 五方式论的"封建"概念和"封建社会"

中国有没有封建社会，取决于西欧封建主义是否具有普遍性。进一步讲，取决于人们如何认识西欧封建制度。如果注重西欧封建制的具体规定性，就不会得出封建主义普遍性的认识。如果舍弃西欧封建制的具体内容，抽象地概括它，就会认为封建主义在世界上普遍存在，那么，中国当然就会有封建社会。五方式论关于封建主义普遍性的结论就是这种抽象化的产物。

在这里，马克垚的论述具有一定的代表性。他不止一次强调："如果认为封建是一种社会形态，是大土地所有制和小生产的结合，是农民和地主对立的社会，那么它的普遍性就是没有疑问的，中国和西欧都存在过封建社会，有过封建时代。"① "经过长期的研究，在前资本主义时代，大土地所有制和小生产的结合，是各国家、民族的共同经济特征，应该是没有问题的。"② 按照这种理论，任何一个社会，无论它与西欧中世纪社会有多么大的不同，只要用这个简单公式定性之后，就都可成为"封建社会"。实际上，中国"封建社会"就是靠这种公式定性而形成的。

然而，这个大前提本身就存在问题：这种概括过于抽象，由它形成的"封建社会"只是观念形态的，在世界上找不出任何一个实际的例证，从而中国是封建社会的论断就难以成立。关键在于这些学者是用政治经济学方法研究，研究的是生产方式，而不是真正的社会，把社会高度抽象化，只说大地产，看不到中小地产；只关注地主和领主的地产，不重视小农的地产；仅重视生产性经济，忽视非生产性经济；只看农村、农业经济，不说城市、工商业经济；只说生产关系（地主—农民），不说非生产性社会关系（教会、贵族、市民、皇帝、官僚）；等等。对城市，则仅注重其封建性，而不做历史学的分析。然而，正是因为这种不合理的抽象舍弃了历史的具体内容，才赋予西欧封建主义普遍性。

马克垚的这一看法显然是受了苏联学者的影响。他在为马克·布洛赫《封建社会》作的"中文版序言"中说："苏联史学家进一步确定了封建生产方式、封建社会的概念。他们认为封建生产方式是一种大土地

---

① 马克垚：《关于封建社会的一些新认识》，《历史研究》1997 年第 1 期。
② 〔法〕马克·布洛赫：《封建社会》上卷，中文版序言。

所有制和农民小生产相结合的生产方式。"①

与中国和苏联马克思主义学者不同的是，西方学者，包括马克思、恩格斯，都比较注重西欧封建制的具体内容，只不过马克思、恩格斯与其他一些（主要是非马克思主义的）西方学者的关注点有所区别。马、恩注重对社会的全面考察。其他西方学者则较重视西欧封建制的具体历史规定性，即封君—封臣制。

我们说，五方式论的"大地产和小农论"以及"地主剥削农民论"过于抽象，首先就在于它抽去了城市和工商业经济，而将封建制锁定在农村社会以及农业中的生产关系。持此论的学者尽管在具体历史研究中也注意到城市以及工商业经济，但是在理论阐述时，为了论证封建主义的普遍性而有意无意地排除了城市。在这方面他们忽视了马克思、恩格斯的大量具体论述。

马克思、恩格斯较全面地考察西欧封建社会，提出"全国的封建结构"这一概念，从乡村的封建制到城市的封建制。他们认为，"随着封建制度的充分发展，也产生了与城市对立的现象"，从而产生了城市和乡村两种封建所有制形式。马克思、恩格斯说："封建时代的所有制的主要形式，一方面是地产和束缚于地产上的农奴劳动，另一方面是拥有少量资本并支配着帮工劳动的自身劳动。这两种所有制的结构都是由狭隘的生产关系——粗陋原始的土地耕作和手工业式的工业所决定的。在封建制度繁荣时代，分工不大发达。每一个国家都存在着城乡之间的对立；虽然等级结构表现得非常鲜明，但是除了在乡村里有王公、贵族、僧侣和农民的划分，在城市里有师傅、帮工、学徒以及后来的平民－短工的划分之外，就再没有什么大的分工了。"② 马克思、恩格斯在《共产党宣言》中所说的西欧中世纪的等级——封建领主、陪臣、行会师傅、帮工、农奴，就是对城乡两种等级的全面概括，与上述的概括是基本一致的。可见，马、恩并没有将封建生产关系仅仅局限于地主（或领主）和农民的关系。

---

① 〔法〕马克·布洛赫：《封建社会》上卷，中文版序言。
② 《马克思恩格斯全集》第3卷，人民出版社，1960，第27、28页。

这段话中的"城乡对立"，乡村的农奴、僧侣、王公贵族，城市里的师傅、帮工，等等，主要是论述西欧社会的。然而，五方式论者却将他们简化了，去掉城市，只留下乡村。又将农奴变成"农民"、"小农"，将西欧的特殊劳动者变成在全世界都普遍存在的劳动者。另一些特殊人群僧侣、贵族等也都不予考虑。这样便得出了封建主义具有普遍性的公式，即"大地产加小农"。

马克思、恩格斯之所以重视封建时代的城市以及工商业经济，在于他们始终是以资本主义为关注和研究的重点。对前资本主义社会，尤其是封建社会的研究也主要着眼于它对于资本主义起源的意义。在这里，马克思、恩格斯并非像现在有些人所理解的那样只是从生产力、生产关系的抽象的运动方式考虑问题，而是亦具体考察西欧封建制如何转变为资本主义制度。马克思、恩格斯认为，西欧城市及工商业的发展促进了资产阶级的形成和壮大。

马克思、恩格斯注意到西欧资本主义和封建主义之间有着密切关系，这种关系恰恰体现在城市中。他们多次指出，资产阶级的前身——市民等级是在封建社会中产生和发展起来的，是一个拥有一定封建特权的封建等级。恩格斯说："在封建的中世纪的内部孕育了这样一个阶级，这个阶级在它进一步的发展中，注定成为现代平等要求的代表者，这就是市民等级。最初市民等级本身是一个封建等级。"[①] 由此看来，五方式论者不考虑城市以及工商业经济显然无法解释资本主义如何能战胜封建主义。

马克思、恩格斯重视城市。城乡的对立是西欧中世纪的一大特征，是资产主义的兴起改变了这一特征。马克思明确指出城乡对立是西欧中世纪特有的，不仅与古代的希腊、罗马不同，也与"亚细亚"社会不同。马克思说，亚细亚的历史，"是一种城市和乡村不分的统一（在这里，大城市只能看作王公的营垒……）"，在中世纪（日耳曼时代），历史的进一步发展是在城市和乡村的对立中进行的。现代则是城市关系渗进乡村。[②]

西方马克思主义史学家佩里·安德森说："城镇和乡村一种强有力的

① 《马克思恩格斯选集》第3卷，人民出版社，1995，第445页。
② 马克思：《资本主义生产以前各形态》，人民出版社，1956，第15页。

对立只有在封建生产方式中才有可能。"他认为，主权的封建分裂化产生了中世纪的城市，这是西欧封建主义的一个重要的结构性特征。在中国那样的大帝国中，城市由朝廷官僚所控制，是不会有这种特征的。① 安德森的这种分析显然是受了马克思上述理论的影响。

另外，"大地产小农论"的抽象去掉了西欧封建制中一层极重要的社会关系。西欧封建制度由两层关系构成：首先是贵族内部的封君与封臣关系，其次是贵族与非贵族之间的领主与农奴关系。封君给封臣分封土地，以换取军役；领主给农奴分配土地以获取地租。由此建立相互间的权利和义务关系。这两种关系都通过法律来调节。美国法律史专家伯尔曼指出，调整封君—封臣关系的封建法和调整领主—农奴关系的庄园法之间有着密切的联系。

对西欧"封建"的不同理解形成三派学说。一些西方学者只认定封君—封臣关系，不认为西欧封建制具有普遍性，因为封君—封臣制是西欧特有的。中国和苏联的马克思主义学者将其称为"狭义封建主义"。法国学者马克·布洛赫看到了两种关系，他所认定的这种封建主义被称为"广义封建主义"。关于布洛赫是否认为西欧封建主义具有普遍性，学界有不同的看法，据我看来是没有的。因为从他的具体分析看不出有这种取向，而且他主张不要把人类社会抽象化，认为历史学家不应脱离具体时代来理解一种社会现象。尽管苏联和中国的马克思主义学者赞赏布洛赫的"广义封建主义"，但是他们却不持同样的看法，他们欣赏的仅是布洛赫对领主和农奴关系的关注。

五方式论者只注重领主与农奴的关系，对具有决定性意义的封君与封臣关系弃之不顾，丝毫不考虑第二种关系实际上是由第一种关系发展而来——领主给农奴的份地就是从封君分给封臣的土地（领地）中划出的。舍弃封君—封臣制，不仅庄园制成了无源之水，无本之木，而且西欧历史许多方面难以说清。

五方式论者为什么置封君—封臣关系于不顾？因为他们认为"资产

---

① 〔英〕佩里·安德森：《从古代到封建主义的过渡》，郭方、刘健译，上海人民出版社，2001，第 154 页。

阶级"学者将封君—封臣制理解为法律、政治制度,这与马克思主义的经济决定论相违背。问题是他们不自觉地因袭了西方学者的这种片面认识,因而不是去超越它和改进它,而是从一个极端走向另一个极端,把婴儿连同洗澡水一同泼掉了。没有了封君—封臣制的封建主义,已不是西欧的封建主义,在这个前提下再来讨论西欧封建主义是否具有普遍性的问题不仅毫无意义,而且是不可能的。

中国和苏联学者指责一些西方学者是"狭义封建主义",岂不知他们自己也是狭义封建主义,我将其视为"后期狭义封建主义"。它甚至比早期狭义封建主义离史实更远。因为它完全脱离了西欧历史的本来面目,把"封建"理解为地主剥削农民,或"大地产与小农"的经济关系,忽视了西欧封建制中极其重要的法律关系。不仅庄园法的意义和作用无从认识,西欧社会率先现代化的发展状况也无法解释——封建的经济关系是由法律来调节的,西欧封建社会正是因其法治的性质而有极大进步。

把复杂的社会用一个简单的公式来概括,难以看到社会的全貌。从史实来看,封君—封臣制首先是经济制度。正如马克·布洛赫所说:"各种保护关系从一开始就涉及到经济方面,附庸关系和其他关系都是如此。"具体来看,首先,封地形成庄园地产,是封建经济的基础。领主和农奴都赖以谋生。其次,作为军事制度的封建制也有极大的经济意义。战争的经济收入是西欧中世纪贵族的一项重要经济来源。马克·布洛赫阐述了贵族作为武士的重要意义,认为战争是武士获利的重要手段。贵族打仗,除了为上级尽义务(而为上级尽义务也是为了换取土地作为酬劳)外,"也许首先是一种利润来源,事实上,它是贵族的主要产业"。①据布氏的描述,武士在战争中有多种获利方式:一是得到上级的奖赏;二是自己掠夺平民的财物;三是分配战利品;四是从俘虏身上获取赎金。由于战争已成为一种合法的产业,所以法律对分配战利品和支付赎金等方面都有详细的规定。战争对于贵族的经济意义是如此重要,以至和平对于他们来说,就意味着贫穷和灾难。这种产业尽管是非生产性的,但

---

① 〔法〕马克·布洛赫:《封建社会》下卷,第490页。

其经济意义也许比产业经济更重要。布洛赫不是说"它是贵族的主要产业"吗？布洛赫称战争为一种"产业"。这种需要付出流血牺牲的代价和自己花费巨金购置武装的产业，绝不是为了消遣和娱乐或冒险而形成的。不是大利所驱，很难想象武士们会有如此大的热情。认识了封君—封臣制的经济意义，就能更全面地认识封建制的两层次的密切关系。封建贵族主要有两种身份：武士和领主，有两种产业：战争和地产。这两方面恰恰分别体现在两种封建制中，而且是第一种身份决定了第二种身份。两种封建性质的法律——调整贵族内部关系的封建法和调整领主和农奴关系的庄园法正是这两种关系的体现。

"大地产论"主要是出于经济学理论。在传统理论的影响下，以往人们仅注意生产性经济而忽视非生产性经济，实际上人类的经济活动有多种，非生产性经济在其中占有相当的比重。传统理论还将土地制度看作社会的基础，将地租收入（或称"剥削"）看作地主阶级的主要的或唯一的收入。他们没有看到，在前资本主义社会里，非经济收入，即权力收入占有重要的地位。

无论在中国还是在西方中古社会，非生产性经济都占据重要的地位，所以"大地产和小农的结合"并非当时社会制度的主要特征，更不是唯一的特征。西方的封建贵族有多重身份、多种职业，因而有多种谋生手段，最重要的或主要的一种是战争。这在上面已经论述过了。第二种收入是作为地方的统治者获取权力/特权收入，例如司法收入等。第三种收入才是通过经营地产，取得地租收入。

中国的地主有两类：庶民地主只有一种收入，即地产收入，而皇族地主和官僚地主则有两种收入：强权收入和地产收入。与西欧领主收入不同的是，第一，他们的强权收入始终占据着重要的和决定性的地位。首先是官俸，官俸是国家用强权征收赋税后在官僚集团中的再分配。其次是官僚贪污、受贿所得。第二，官僚的强权收入和地产收入是密切相关的。强权收入直接决定了他们的地产收入（也可称为"经营性收入"）。因为土地是用官俸购买的，或国家分配、皇帝赏赐的，或个人强权掠夺而来。中国的强权收入与西方的特权收入有很大的不同，西方领主的特权收入是有条件的和有限的。农民不打官司，就不用向领主交纳司法费用。同样，若不使用领主的磨坊或面包房，也不需交纳相关的费用。当然，用是要用的，只是有一定的限度而已。而中国官僚的强权掠夺则是无条件的、任意的和无限的，具有专断性。更为重要的是，西欧领主的特权是个人的，特权收入也只能根据个人的能力和社会的习惯法来征收，不能任意而为。中国皇室和官僚的强权收入是靠庞大的国家机器——军队、监狱及严刑、酷法来征收的，是血腥统治的结果，而不是靠土地所有权取得的。汉高祖刘邦把天下当作自己挣的莫大"产业"，他当着群臣得意地向其父炫耀说："始大人常以臣亡赖，不能治产业，不如仲力。今某之业所就孰与仲多？"① 刘邦经营的产业就是政治产业。

领主和农奴构成的庄园制也并非仅是经济制度，而是政治的和法律的以及经济制度的复合体。汤普逊指出："庄园制度的性质与范围是理解中世纪时代的经济社会史的关键。""它是一种政府形式，也是一种社会结构，一种经济制度。"庄园领主具有"地方的政治统治权"，"他对他的农奴和贱农兼有征税权和司法权"。② 没有非经济制度，领主恐怕很难获得其地产的收入。西方马克思主义史学家安德森也指出："把封建社会只概括为大土地所有制和小生产的结合并不能说明问题。因为前资本主义社会形态通过超经济强制而运行，有关的政治、法律等上层建筑是其生产方式的本质结构，是剥削剩余价值的中介，因此不可能不通过如主权分割、封君封臣关系等来理解封建社会。"③

现在让我们来进一步具体分析"大地产与小农"的公式是否符合历史的真相。

"大地产"显然是指地主或领主的地产。然而，在地主、领主地产之外，还有众多小农的地产。在西欧，除了自由农民拥有自己的地产外，占人口多数的农奴也都占有小土地，即"份地"。庄园的土地就是领主的大地产和农奴（佃农）的小地产的结合。

---

① 《汉书·高帝纪》，中华书局，1962。
② 〔美〕汤普逊：《中世纪经济社会史》下册，第 358、391 页。
③ 转引自〔法〕马克·布洛赫《封建社会》上卷，中文版序言，第 8 页。

马克·布洛赫说："庄园的土地分成两部分，区别十分明显，但又相互关联，极为紧密地结合在一起。一方面，领主亲自管理或委托代表管理相当大的一部分耕地，我们称其为领地或领主产业。另一方面，还有众多的中、小型地块，它们的持有者要向领主提供各种服务，特别是在领地上劳动，历史学家称它们为'采地'。从经济角度看，一份大产业与许多小地产在同一个组织中的共存是领主制的最基本特征。"① "绝大部分采地形成一些不可分割的固定单位，人们称为份地。"②

马克·布洛赫还说："在领主制度下农奴人数占总人口的大多数。"③那么，农奴的小地产从总体上来说是数目不小的。

封建普遍论者把农奴仅仅看作受剥削者，出卖劳动力的生产者，看不到他受剥削的经济前提是领主给予他采地，而这正是西欧生产方式的特征，为中国所无。更重要的是，忽视了农奴的财产关系，西欧封建制解体的原因就无从认识。因为农奴对份地可以继承、买卖，取得对土地的私人财产权是封建制解体的一大表现。

就地主和领主们的地产来看，大地产也只是其中的部分。在英国中世纪早期，世俗封建主以小地产居多。据1279年的一项调查，可耕地面积在500英亩④以下的小地产占65%，500英亩至1000英亩的中等地产占22%，1000英亩以上的大地产为13%。⑤

布洛赫说：法国"占地面积1/4～1/2的耕地为国王、高级贵族、大教会地主占有，并且他们的地块面积往往十分大，有几百公顷"。⑥ 不过大地产有向小地产发展的趋势。一方面是由于不断分封，另一方面是由经营方式的改变造成。在法国如此，英国也是这样。据马克垚主编的《中西封建社会比较研究》⑦ 第三章"中英封建地产演变的比较研究"（刘

---

① 〔法〕马克·布洛赫：《法国农村史》，余中光等译，商务印书馆，1997，第80页。

② 〔法〕马克·布洛赫：《法国农村史》，第84页。

③ 〔法〕马克·布洛赫：《法国农村史》，第106页。

④ 1英亩≈0.4047公顷。

⑤ 沈汉：《英国土地制度史》，学林出版社，2005，第41页。

⑥ 〔法〕马克·布洛赫：《法国农村史》，第81页。

⑦ 学林出版社，1997。

光临撰写），1086 年，王田占全英格兰耕地的 1/7 ~ 1/5，180 个大封建主的土地几乎占了全国耕地总面积的一半。而到了 1436 年，王田只占全国耕地的 5%，大地产只占 20%。"15 至 16 世纪的英国是以自耕农为主体的社会，我们进一步总结说，从 11 世纪到 16 世纪这段前资本主义时期内，英国地产总的运动趋势是，封建大地产日益缩减，而中小地产越来越多。"

地产的大小，即规模仅仅是现象，地产的性质则是实质问题。

西方地产有封建和非封建之分，无论哪种，都是个人的。中国的地产则主要是官民之分，大地产多为官田。官田包括国家的和官僚个人的。国家地产有屯田、营田、职田等。中国民间地产以中小地产为主。因为庶民百姓主要靠自身财力，凭借长期的艰苦经营所得购置田产，不像国家和官僚地主可以靠强权轻而易举地获得大量土地。明清时期，无论南方还是北方，都少有大地产。

中国国家地产常常靠掠夺庶民地主的地产来扩充。汉武帝时，"杨可告缗遍天下，中家以上大抵皆遇告。……得民财物以亿计，奴婢以千万数，田大县数百顷，小县百余顷，宅亦如之。于是商贾中家以上大率破。"① 可见，被掠夺的是"中家以上"的民间中、大地产。明初，朱元璋下令"籍诸豪族及富民田以为官田。"通过籍没扩大官田。《明史·食货志》说，官田中有"占夺民业"得来的。清初，从顺治元年到康熙八年通过执行圈地令，清皇室、八旗宗室、八旗官兵掠夺了大约两千万亩土地。

官僚地主也凭借政治权力兼并、掠夺庶民地主的地产。汉代丞相萧何"强贱买民田宅数千万"，由此形成他的大地产。② 明代大学士梁储之子为夺取一个富民的土地，竟然杀死他家 200 余人，事后却逍遥法外。③

官僚地主的土地兼并，都是以好地、大面积土地为目标。宋代大贪官朱勔假传圣旨，一次就把苏州城中数百家庶民百姓的田产、房屋占为己有。他的花园别墅遍布吴郡，良田耕地多达三十万亩，跨州连县。明

---

① 《史记·平准书》。
② 《汉书·萧何传》。
③ 《明史·梁储传》。

代的大贪官严嵩在其家乡广占土地。史载："袁州一府四县之地，七在严而三在民，在严者皆膏腴，在民者悉瘠薄。"① 大部分官僚地主都以掠夺广大庶民百姓为生存的条件。明代"官豪势要之家，其堂宇连云，楼阁冲霄，多夺民之居以为居也；其田连阡陌，地尽膏腴，多夺民之田以为田也"。② 官僚地主在兼并土地时，并不会从地主阶级利益出发，在连片的土地中专挑上中农以下的农民土地，而把庶民地主的土地宽厚地放在一边。恰恰相反，与自耕农相比，庶民地主的土地好、面积大，这正是官僚们土地兼并的主要对象。虽然从政治经济学的角度分析，官僚地主与庶民地主同属于一个阶级，但是古代社会的人没有明确的阶级意识，只有鲜明的等级意识。官僚地主不会照顾与他们有着严格等级差别的庶民地主的利益。更何况官僚地主与庶民地主仅仅是在经济行为上有着部分相同之处，并没有共同的利益关系。

可见，中国的大地产主要是通过政治权力和暴力获得的。此外，中国古代特有的漕粮的生产和运输，不论是来自大地产，还是小地产，都是政治权力支配下的经济形态。

地产经济并不是中古社会经济的全部，工商业经济也十分重要。西方的工商业是私人的、民间的，因此而有市民自己制定的城市法和商人制定的商法。

而在中国，国家不仅严密控制民间工商业，而且自身就拥有庞大的官营工商业。这使得皇帝、官僚集团能够最大限度地满足自己的需要。例如，清朝雍正皇帝的御用作坊无所不能，制作的器物数量之多，令人难以置信，甚至能制造重型武器。雍正五年、七年、八年各制造大炮130位、100位和92位，造炮车（安置大炮所用）3400辆。除此之外，还制造大量其他武器。如雍正七年，做腰刀10000把，八年，命制作鸟枪1000支，腰刀2000把，大小刀2000把。

按照朝廷的制度，武器的设计、制作和使用是国家的事，权归兵部、工部。可是雍正皇帝用国库银两制造大量武器，无论兵部、工部，还是内

---

① 陈子龙等辑《皇明经世文编》卷329。
② 陈子龙等辑《皇明经世文编》卷251。

阁都无权过问。造办处还制作其他物品。这些物品（包括小型兵器，如刀剑）一部分用来赏赐群臣，以笼络臣下；一部分为己用，如出宫防卫。

官营工商业无限制地耗费民间财力、物力，严重损害百姓利益。另外，由于其充分自给自足，不需借助市场，不利于发展市场经济。

重要的是，皇帝、官僚集团主要利用强大的国家权力剥削、奴役广大编户齐民（其中有编户农民，即所谓的自耕农，也有庶民地主），而不是仅靠地产剥削农民。这是中国与西方的重大区别，造成这种区别恰恰是因为中国没有西方那种封建制。

至于用"小农"概括中古时代的劳动者，也是过于简单。秦汉时期的国有农业和一些私有农业，还有手工业的劳动者有许多是奴隶，国有手工业中还大量使用刑徒。这是集体劳动，而非个体小生产，更不是小农。历代的屯田也多是集体劳动。中国国家经济的特征是西方所没有的。中国无论是经济类型，还是劳动者成分都比西方要复杂多样。用"大地产小农论"很难解释这样复杂的历史现象。

中西方劳动者不仅成分不同，更重要的是他们的地位和生存条件有着极大的差异。封建论者把地主剥削农民当作各国、各地区"封建社会"的主要的和普遍的表现，这实际上忽视了西欧封建制的特殊意义。西欧封建制的实质是由法律规定的权利与义务的关系。无论封君、封臣还是领主、农奴，各自都有权利和义务，领主不仅仅剥削农奴，还有保护农奴的义务。农奴不仅仅向领主尽义务，即所谓的受剥削，也有许多法律规定的权利。伯尔曼指出："到12世纪，西方基督教世界包括农奴在内的全部农民都享有受法律保护的权利。"① 这些权利包括以下几种：占有自己份地和使用公共村社土地的权利、接受领主保护的权利、拒绝不合理负担的权利、在法庭上指控领主不合法行为尤其是过度剥削的权利、参与审判并为自己辩护的权利以及参与庄园管理的权利。

侯建新在《社会转型时期的西欧与中国》（高等教育出版社，2005年第2版）中指出，西欧生产者尽管经济发展的起点很低，物质生活比

---

① 〔美〕哈罗德·J. 伯尔曼：《法律与革命》，贺卫方等译，中国大百科全书出版社，1993，第393页。

较艰苦，但是他们很早就有较强的自我保护意识及能力，因此能坚守一种个体权利的底线。比如迫使领主不能随意提高地租或增加劳役，地租和赋役量都要在法庭上受到严格的限定；惩罚农奴必须经过法庭，由庄园全体共同裁决；等等。这并不是说农奴不受压迫和剥削，而仅仅是说农奴已经根据一种法律体系取得了某种权利，从而获得某种程度的保护。凭借着习惯法，即使是在农奴制最严酷的条件下，农奴也能有效地维护自己的利益，有力地抑制统治者的过分侵夺。与西欧农奴相比，中国农民缺乏个体权利，哪怕是最基本的权利，因此面临着更苛刻的压迫和剥削。

恩格斯也曾注意西欧农奴的特殊性。在《共产主义原理》中，恩格斯通过与无产者的比较，指出，农奴拥有并使用生产工具和一块土地，农奴生活有保障；农奴可以通过各种途径获得解放。"总之，农奴可以通过不同的办法加入有产阶级的队伍并进入竞争领域而获得解放。"[①]

权利、义务关系使得西欧领主的剥削以及领主与农民的关系与其他地区有很大不同。正因为农民有权利抵制领主的过分剥夺，他们才能较多积累个人财富，由此获得解放，并极大地促进生产的发展和社会进步。而中国劳动者缺乏法律保护，没有最基本的权利，只能忍受统治者的无限奴役和掠夺，实在忍无可忍时便起义造反。生产者的不同状况是中西方不同发展道路的根本原因。"地主剥削农民论"（"大地产小农论"的另一种表述）则未能反映这种历史真相。

传统的"大地产与小农结合论"形成了"地主和农民对立"观点，认为这是封建社会的主要矛盾。这也是封建主义普遍性的一个内容或规定。一个社会必有一个主要矛盾的观点是受阶级斗争理论的影响，这一理论认为每个社会形态中两大阶级的对立构成了该社会的主要矛盾。然而这种看法与史实并不相符。西欧中古是多元的社会，多元社会无所谓主要矛盾，而是有多种矛盾：教权与王权、贵族与王权、城市与贵族或与王权、领主与农奴等等。各种矛盾都对历史进程起作用，很难区分哪

---

① 《马克思恩格斯选集》第 1 卷，人民出版社，1995，第 233 页。

个是主要的，哪个是次要的。如果非得比较的话，恐怕是领主与农奴的矛盾对历史进程的影响较为次要。正如古代社会中，自由人内部，即平民与贵族的斗争对历史进程的影响大于奴隶与奴隶主的斗争。中国中古社会虽然是一元的社会，"主要矛盾"说能够成立，但是它是皇帝、官僚集团与广大编户齐民的矛盾。而"地主与农民的矛盾"则是次要的和从属的。这从历代"农民起义"的原因中即可看出。

王毓铨指出："历朝大规模的农民战争多起于北方，北方土地占有比南方分散。在北方，除皇室官庄外，岁收二三十万担租子，占着三二千户佃户的地主，或占有上万顷多至七万顷土地的地主好像是没有或没有几个（这有政治原因和历史原因），小土地占有者个体农户居农耕人户乃至全体编户的绝大多数。这些小农户的负担是丁田赋役，而且那赋役的征调签拨是绝对强制的。农民军的成员主体也是个体农民，不是个人地主的私家佃户。农民军中杂有逃军、逃匠，军、匠户下也有田土，也并未脱离分散的小型农耕。历史上最大的农民军，应该说是明末李自成的农民军。李军活动地区有明朝的几个王府。……耕种王府庄田的都是佃户（庄民）。却不见他们首先发难组成农民军，或焚劫府库起而响应农民军。李自成农民军的口号是'不当差不纳粮'，是个体农民的要求，而不是私人佃户的要求。

"居于主体地位的个体小农户所遭受的剥削和压迫是赋役（粮差），而赋役的超经济强制性出乎人们意料之外。朝廷赋役重，其重者如明之军户、灶户、民户中之库子、斗级、解户、役夫户，一役即破人之家荡人之产，当役的人常是被迫逃亡。

"历史上多见军、民、匠、灶（编户齐民）逃往官府控制达不到的偏远山区，多见他们逃往权贵豪宦之家，充当他们的奴仆佃户，却很少见逃民和地主家的佃户逃归朝廷，重新附籍当差。

"'民逃，为逃役耳'（明宣宗）。过去我们的史学家不大注意这一点，也可以说有意无意地躲避这一点。不幸的是这一点在农民战争史上正是关键性的一点。前年出版了《中国农民战争史》（魏晋南北朝卷），朱大渭在《绪论》中说'几乎所有大规模的农民起义都与徭役有关'，这话不仅合乎魏晋南北朝的实际，也能印证其它时期农民战争的原因。这不是为古代地主开脱剥削和压迫农民的罪孽，而是说（就全体编户齐民来说）以皇帝为主的地主阶级的朝廷更残酷。……我们一直在说中国古代的封建政权是地主阶级的政权，皇帝是最高最大的地主。可惟独对这个最大的地主我们寡言少语。中国古代史研究工作中不少问题就出在这里。"①

传统"地主制理论"有一个重要观点是认为"封建国家"代表地主阶级的利益，或者说"封建国家"是社会上所有地主阶级的代表，并以此来证明"封建社会论"的合理性。因为他们可以据此将官僚的种种恶行归结为"地主"的行为，把官僚对社会的掠夺说成是"地主"对"农民"的剥削。对此观点，陶希圣、王亚南都提出了不同的意见。他们认为国家以及官僚只为自己的利益，而不代表其他任何阶级的利益。近代社会的政治理论和由此产生的历史理论则认为国民党政府是社会上资产阶级和地主阶级的总代表，并以此来证明反封建的必要性。这种理论与前述地主制理论是基本一致的，同时也都是"经济基础决定上层建筑"理论的中国化表述。然而，它也是不符合历史事实的。美国学者小科布尔在《上海资本家与国民政府》中指出：所谓南京政权代表资本家的利益，"这个论断是站不住脚的，这是因为事实上，存在于两个集团之间的关系的真正特点是：政府竭力从政治上压制城市资产阶级，并榨取这些经济现代化部分的力量"。他还指出，南京政府只代表自己的利益，而不代表社会上其他任何阶级的利益，无论是地主还是资产阶级。他说："南京政府的政策只图谋取政府及其官员的利益，至于除它以外的任何社会阶级的利益，它是完全不管的。"他还说，无论是地主还是资本家等等，都对这个政府的存在构成了一种潜在的挑战势力。因此政府竭力将他们置于其控制之下，甚至对地主阶级支配的地方机构也要逐步战而胜之。②

可以说，五方式论的"封建"概念是不合理抽象的结果，它所构成

① 王毓铨：《研究历史必须实事求是》，《王毓铨史论集》下卷，中华书局，2005，第696～698页。
② 〔美〕小科布尔：《上海资本家与国民政府》，杨希孟、武莲珍译，中国社会科学出版社，1988，第3、320、321页。

的"封建社会"只存在于它的理论中,在世界上任何地区都找不到其原型和表现形态。它既与西欧封建社会不符,也不能说明中国的社会状况。

然而,五方式论的抽象将"封建"及"封建社会"普遍化(正因其高度抽象,才能够普遍化),使之成为放之四海而皆有的历史现象。中国中古社会就根据这一理论被定性和命名为"封建社会"。具体过程是,根据五方式的理论,认为中国社会因为有着地主剥削农民或大地产与小农的现象,从而认定它是"封建社会",于是这个社会中所有的事物就都可称为"封建"的。于是人们就用贴标签的方式无限制造"封建"的东西,以致中国的封建漫无边际,无所不在。

就这样,以西周"封建"为名称,从西欧的具体的封建,到五方式论的抽象的封建,又到中国的具体的封建,四种封建概念经过大幅度的时空转换,不断置换了其中的含义,由此形成三种不同的"封建社会"。

一些学者主张回归西周封建的本意,这无疑是必要的。不过,西欧封建的本意似乎更应得到重视。因为对封建的所有认识都是从西欧封建开始的,因而对中西中古社会的比较研究应该是认识中国有无封建社会的关键。以往的研究恰恰忽视了这一方面,西周的封建只是起命名的作用,较容易区分。比较西欧与中国则是难度和工作量都更大的工作。

中西中古社会在社会结构和社会的各个方面都有极大的不同。例如,西欧是多元社会,各个社会共同体具有一定的自治性,有自己的法律;政治权力由各共同体分享并相互制约。中国是集权国家统治的一元社会。西欧的君主不得不自己跑腿,到自己的领地就地消费农产品,即所谓的"就食巡行",而中国的皇帝官僚可以用漕运调动大量人力去为他们运送粮食。西欧的君主要靠自己过活,即以自己的领地为生,如果需要征收额外的赋税,则须取得纳税人的同意;中国的皇帝实行家天下制度,无限征收赋税、徭役,供其家族和家奴享用,而无须取得被征收者的同意。西欧的农奴可以在法庭上为自己辩护,有受法律保护的权利,因而有能力限制统治者的任意剥夺;中国的庶民百姓却只能任官府和官僚宰割。西欧的城市有自己的法律——城市法,商人也制定自己的法律,即商法,这都是有资本主义性质的法;中国的城市和商人则没有这种法。

西欧的多元社会中，封建制与非封建制并存，并且相互影响。社会的发展和转型是具体的封建制被非封建制取代，而不是五方式论中那种抽象的资本主义生产关系战胜封建生产关系的简单过程。具体到封建社会本身来说，是领主个人领地所有制，即使是国王也不例外。中国"封建社会"是国家强权支持下的皇帝"家天下"的社会。皇帝利用国家权力统治并剥削掠夺广大编户齐民（其中既包括编户农民，即通常所说的"自耕农"，也有为数不少的编户地主，即庶民地主，非身份性地主）。国是家的扩大。国家财政也主要为皇室、官僚私人服务。例如明初宗室人数仅 40 余人，而到明末已达 28924 人，将近 3 万人。全国每年为他们提供的禄粮多达 870 万石，是京师漕粮的一倍多。①

与之不同的是，西方的国家支用出自国税，而王室消费出自国王个人收入。

把中国中古社会说成是"封建社会"，抹杀了与西方的差异，无视中西方各自的特点，对于历史研究只能是有害无益。

原刊《"封建"名实问题讨论文集》，

江苏人民出版社，2008。

---

① 郑学檬主编《中国赋役制度史》，上海人民出版社，2000，第 549 页。

质疑"中国古代专制说"依据何在

——与侯旭东先生商榷

侯旭东在《近代史研究》2008年第4期发表了一篇颇具挑战性的文章——《中国古代专制说的知识考古》,意图为中国两千年来的专制制度平反。作者声明此文仅仅是观念史研究,可是实际内容已大大超出了观念史的范围,而涉及社会史、政治史、法制史等诸多方面。侯文指出:"19世纪末以来,秦至清的帝制时代的中国政体为专制政体、皇帝为专制皇帝的论断影响广泛,流行不衰,并成为中国史研究的基本观点之一。本文从思想史的角度对这一说法产生、传播的历史及其后果加以分析,指出此一论断并非科学研究的结果,而是亚里斯多德以来的西方人对东方的偏见。18世纪时个别西方思想家开始以此来描述中国,19世纪末以后经由日本广为不同立场的中国知识分子所接受,并通过辞书与历史教科书渗透到大众中,罕有质疑者。这一说法实际未经充分的事实论证,不加反思地用它来认识帝制时代中国的统治机制只会妨碍研究的深入。"(第4页,以下径引期刊页码)

笔者认为,要证明上述的论断,起码需要做五项基本工作:第一,考察西方政治思想史的相关方面,以确认"亚里斯多德以来的西方人对东方的偏见"是否存在;第二,考察中国古代专制说西来之前,中国人对君主专制的认识,以便弄清西方学说与中国本土资源之间的关系;第三,研究中国近现代史学史,证明中国古代专制说确实未经充分的事实论证就被仓促使用,并流传至今;第四,研究中国古代社会和政治制度史,证明专制说不符合中国历史事实;第五,用事实说明中国古代专制说如何"贻害不浅",从而妨碍了历史研究的深人。遗憾的是，侯文在这几项工作上都有基本欠缺，因此难免出现一些疏漏。

一 想象的"自我东方化"

不少人感到困惑，作者为什么要写这样一篇文章？究竟要达到什么目的？实际上这个问题很容易在原文中找到答案——侯文把中国人接受"中国专制说"说成为西方文化殖民充当帮手，这比西方人亲自对中国殖民具有更强的欺骗性、效果更佳，结果导致中国人的自我东方化和自我矮化。文章说："当中国人在对自己历史的描述中用'专制政体'来概括秦代以来的二千年政治时，就等于在替西方人宣传他们对中国历史的歪曲，正是由于是中国的历史学家自己如此表述，才更具有欺骗性与'说服力'，才更容易为百姓所接受。接受这一论断的过程也就是中国人走向自我东方化的过程，即按照西方人的观念重新塑造对中国自身历史认识的过程。其结果是我们在空间上是生活在西方以外的东方，但是，从商品、品味、感觉到表述，实际上都难以挣脱西方制造的牢笼。'中国专制说'从出现到流行于中国学界与社会的历程是中国近代遭遇危机背景下国人思想上经历西方理论殖民的一个缩影。如果说中国在现实中仅仅是半殖民化，但在思想观念上受到的殖民却更加严重。"清末救亡图存以此说为批判武器无可厚非，但是作为定论引入学术界则贻害不浅，不仅束缚学者对历史的认识，而且"暗中应和了西方人对中国的歪曲，无意间为西方的'东方学'做了不少添砖加瓦之事"。（第27、28页）

如此看来，侯文提出重新审视"中国专制说"，目的是反对西方对中国的"文化殖民"，具有较强的政治色彩和价值取向。作者的主观意图自然无可非议，但这样的结论却足以令许多人震惊。近代爱国知识分子为了救国——救国的目标之一就是反对帝国主义——而引进西方政治理论，竟然被说成是帮助西方殖民者对祖国进行文化殖民，这种不负责任的论断有哪一个中国人能够接受呢？李慎之说过，"中国人是花了血汗、血泪、甚至血肉的代价才认识西学的"。① 侯文的论断恐怕轻视了先贤们的崇高追求。

侯文的这些想法显然得自萨义德《东方学》的启示。萨义德的学说的确对世界产生较大的影响，但是这种学说是否适用于中国，或者在多大程度上适用于中国，则需要具体地考察。余英时指出："萨义德在 1978 年刊行的《东方主义》一书，对于文化认同的研究发生了深远的影响。他严重地指责西方的'东方学家'的偏见，把'东方'描写为西方的反面——非理性、神秘、怪诞、淫乱。他认为这代表了西方帝国主义建立文化霸权的企图，东方人必须起而反抗。这一说法的必然涵义之一自然是东方人必须摆脱西方人所强加的文化宰制，建立起自己的文化认同。但是萨义德的'东方'主要指中东的阿拉伯世界，并不包括中国。以中国而言，事实适得其反。自 17、18 世纪以来，西方的'东方学家'对古典中国是颂扬远过于贬斥。由于启蒙时代的西方作家对中国描写得太美好，以致造成研究启蒙运动的专家之间的困惑。其中有人提出一种解释，即当时启蒙思想家为了批判西方文化，故意用中国为一种理想来鞭策自己，这就是所谓'打棍子理论'：中国是西方人打自己的一根棍子。我们只要一读《中国：欧洲的模范》（Louis S. Maverick，1947）这本书，就可以明白其大概的情形了。这是中国人引用'东方主义'的说辞时首先必须注意的重要事实。"②

应该看到，东方学理论有其自身民族文化背景：作为阿拉伯裔的萨义德主张中东阿拉伯世界各族群建立自己的文化认同，以抵抗西方帝国主义的文化霸权。他的批判具有很强的现实性和针对性，主要针对的是美国，因为美国对中东事务的干预大大超出其他西方国家，为配合现实政治对中东推行的文化霸权也格外严重。在《东方学》2003 年版序言中萨义德说，是他成长的那个世界造就了这本书。相比于欧洲人，美国人通常"蓄意贬损"、对"他者""轻率蔑视"。"今天，美国的书店充斥着各种蹩脚的长篇大论，他们被冠以关于伊斯兰与恐怖主义、伊斯兰本质

---

① 李慎之：《什么是中国现代学术经典》，《开放时代》1998 年第 5 期。
② 余英时：《现代危机与思想人物》，三联书店，2005，第 40～41 页。

解剖、阿拉伯的威胁以及穆斯林的恐怖这样令人瞠目结舌的标题。"各大媒体"都喋喋不休地重复那些一成不变的未经证实的虚构和笼统的归纳，以煽动美国与外国魔鬼相抗"。"五角大楼和白宫的美国顾问们使用着同一套陈词滥调、同一套侮辱性的固定观念、同一套论证霸权和暴力合法的依据。"① 然而这是否与中国的情况相同呢？

中国近代的确遭受过西方列强的领土殖民，当然也会伴随着文化的殖民。但是文化殖民究竟是如何表现的，是否和领土殖民相一致，应当做具体的分析。如果说文化殖民的话，西方对中国的传教当是较为典型的。然而，传教士的活动早在西方入侵二百余年之前的明末就开始了，即使在后来也与领土殖民的活动相对疏离，所起的积极作用也不容忽视。传教士开启了中西文化交流的大门，给中国带来西方新知识、新文化。他们创办报刊，开设新式学校、医院、慈善机构，等等，在客观上起到了改造中国传统社会和传播现代文明的作用。后来的基督教青年会则发挥了更大的作用。

总之，对西方的"文化殖民"应该客观地、全面地看，最重要的是用事实说话。而侯文否定中国专制政体说的结论，显然是难以令人信服的。

二 夸大的"西方人对东方的偏见"

1. 亚里士多德与"中国专制说"无关

侯文提出破除"亚里斯多德以来的西方人对东方的偏见"，然而语言有其演变发展的过程，"西方"和"东方"这两个词并不是明确和固定的概念，不同时期、不同人物的界定也都有所不同。黑格尔的"东方"和萨义德的"东方"很可能就不一样，西方观念史里没有一个从古到今一成不变的"东方"。正如萨义德所说，"无论是'东方'这一用语，还是'西方'这一概念都不具有本体论意义上的稳定性"。②

还有一点需要明确，究竟谁所说的"东方"中包括中国？我们不能

① 〔美〕爱德华·W.萨义德：《东方学》，王雨根译，三联书店，2007，第4、6～7页。
② 〔美〕爱德华·W.萨义德：《东方学》，第3页。

简单地把东方与中国画等号。对某些东方国家有偏见、有看法不一定是对所有东方国家有偏见，过于笼统地说西方人对东方有偏见恐怕会造成误解。既然我们讨论的是中国专制说，就应该以西方人对中国的具体论述为目标，而不能把没有涉及中国的说法也拿来批判。亚里士多德的《政治学》并未谈到中国，把中国专制说看成亚里士多德以来西方人的偏见，则未免远离事实。

重要的是，在亚里士多德时代，还没有形成近代以来的那种以欧洲为中心的东西方观。只是在罗马帝国后期，才渐渐演化出一种对"欧洲"和"东方"的十分模糊和粗浅的认识。据《欧洲思想史》说："欧洲这个概念是在罗马帝国后期的帝国东部开始形成的。最初，它只是用以表明一种区别。戴奥·卡修斯（2、3世纪罗马著述家）在199年时观察到，在罗马皇帝塞普提米乌斯·塞维鲁斯的军队中，来自帝国西部的'欧罗巴人'与东方的'叙利亚人'有显著不同……开始的时候，'欧罗巴'的含义是指军队和稳固的政治结构，'东方'则被用以形容各种宗教运动、哲学思想、政治试验、民族特点的辐辏、涡动与时而融合、时而分离的那种状态。东方本来就是各民族、国家、大帝国的汇合。"①

进一步看，亚氏着重区分的是希腊和非希腊。他把非希腊民族称为"野蛮民族"，其中既有"亚洲蛮族"，也有"欧洲蛮族"。这种划分法是当时希腊人普遍的观念，并非亚氏特有，因为"在古典时期，希腊人认为城邦生活的独特经验使他们有别于其他民族，而在希腊人与蛮人之间划了一道几乎无法逾越的鸿沟"。②

亚里士多德强调的是制度和文化的差异，而不是种族和地区的差异。他赞赏的政体比较优秀、政治比较清明的国家除希腊城邦斯巴达外，还有非洲的迦太基，而不甚欣赏的某些专制政体的变态形式，如僭主政治，恰恰是在希腊。③ 亚里士多德是在比较不同政体的优劣中选择他理想的政

---

① 〔奥〕弗里德里希·希尔：《欧洲思想史》，赵复三译，广西师范大学出版社，2007，第1页。

② 〔美〕弗雷德里克·沃特金斯：《西方政治传统》，李丰斌译，新星出版社，2006，第1页。

③ 〔古希腊〕亚里士多德：《政治学》，吴寿彭译，商务印书馆，1965，第134、159、439页。

体，并没有确定哪种政体最好、哪种最坏。虽然较多肯定民主政体，但也指出它的局限性，他实际上主张混合政体。亚里士多德说："凡能包含较多要素的总是较完善的政体，所以那些混合多种政体的思想应该是比较切合于事理。"① 具体做法是，将寡头制与平民政体混合起来，集中两者的优点而避免其弊端。② 混合政体思想也为不少先哲认同，柏拉图早在《法律篇》中就有对混合政体的设计，波利比阿和西塞罗也持这种主张，③这是古代城邦多元化政治格局的产物。可以说，亚里士多德并没有用对政体的褒贬来表达他对东方的偏见，在这里理应为他平反。

2. 孟德斯鸠评论中国并非出于偏见

孟德斯鸠因批评中国专制而被普遍认为是西方"贬华派"的代表，侯文似乎也接受了这一观点。侯文说，孟德斯鸠"是西方思想家中第一个将中国划入'专制政体'的。他说：'中国是一个专制的国家，它的原则是恐怖……'因此，孟德斯鸠被认为是从否定方面将中国列入一种世界模式的第一人……为法国和欧洲提供了与以往不同的中国形象。其说尽管在当时受到同时代的许多思想家的反对，随着时间的推移，则逐渐成为西方人看待中国的基本前提"（第 7 页）。不过，据许明龙考察，在《论法的精神》（1748 年）发表的 17 年前，就有法国人论及中国皇帝专制："一度担任法国财政总监的西鲁哀特（Etienne de Silhouette）于 1731年发表了《中国的政体和道德概述》，对中国的政治体制和以儒家学说为主题的中国人的道德观念备加赞赏，认为欧洲国家可以从中得到教益。然而，他在谈到中国皇帝时却说：'中国皇帝拥有专制的权力。'"④

孟德斯鸠不是第一个说中国专制的，也不是唯一批评中国专制和落后的西方人。当时有些西方学者对中国的批判程度远远超过了孟德斯鸠。据许明龙介绍，卢梭在对中国没有了解的情况下对中国恶言恶语，说中国人是奴隶，懦弱、虚伪、狡诈、卑躬屈节。赫尔德说中国人"愚蠢"，

---

① 〔古希腊〕亚里士多德：《政治学》，第 66～67 页。
② 徐大同主编《西方政治思想史》，天津教育出版社，2000，第 44～45 页。
③ 见徐大同主编《西方政治思想史》，第 36、55、57 页。
④ 许明龙：《18 世纪法国思想家对中国专制主义的褒贬》，楼均信等编《中法关系史论》，杭州大学出版社，1996，第 62 页。

缺乏想象力和创造力。狄德罗也批评中国专制。他认为中国人生活在双重暴政之下，其一是家庭暴政，其二是皇帝暴政。在专制君主的统治下，人民只能钳口不言，忍受一切暴政。他还说："中国人是自以为了不起的野蛮人，是腐败透顶的人。"① 相比之下，孟德斯鸠并没有如此刻薄地贬损中国。所以侯文认为孟德斯鸠一个人的看法"成为西方人看待中国的基本前提"，看来有些言过其实。

至于孟德斯鸠对中国的评论究竟对不对，需要具体分析，不能因为他批评中国就一概加以否定。例如孟德斯鸠说："中国是一个专制的国家，它的原则是恐怖。"这个恐怖原则并不是专对中国而言，而是对所有地区专制主义的普遍概括。他还说了"专制政体的原则是恐怖"，在这里，恐怖是为了迫使人民绝对服从君主的意志。"在专制的国家里，政体的性质要求绝对服从；君主的意志一旦发出，便应确实发生效力。"②

孟德斯鸠不仅批评中国专制，还批评其他国家，既有东方国家，也有西方国家。包括土耳其、波斯、印度、日本，以及古罗马、西班牙、英国，范围极其广泛。例如孟德斯鸠认为中国法律对"大逆罪"没有明确规定，所以任何事情都可拿来作借口去剥夺任何人的生命，去灭绝任何家族。"如果大逆罪含义不明，便足以使一个政府堕落到专制主义中去。"③ 应该说他的这种看法是正确的。在评论了中国后，孟德斯鸠紧接着就批评有着相同情形的罗马和革命前的英国，把它们也称为可怕的专制主义。孟德斯鸠批评普遍的子罪父坐和父罪子坐（即株连）这种残酷刑法，认为它是专制主义的结果，又以中国为例说明其具体表现。孟德斯鸠说欧洲在税务上的处罚竟比亚洲还严，相比之下，土耳其和中国对横暴压迫的行为有所克制。

孟德斯鸠写《论法的精神》，是为了反对全世界的专制主义，更主要

① 许明龙：《欧洲十八世纪"中国热"》，外语教学与研究出版社，2007，第188、200页。
② 〔法〕孟德斯鸠：《论法的精神》上册，张雁深译，商务印书馆，1961，第27、58、129页。
③ 〔法〕孟德斯鸠：《论法的精神》上册，第194页。

的是反对本国的专制制度。正如译者张雁深在该书的介绍中所说:"法国的暴政和教会的联盟就是他攻击的对象。""孟德斯鸠在《论法的精神》里,颂扬英国的君主立宪,认为行政、立法和司法的分权,相互制衡,是公民自由的保障。……我们要注意的是,当时对资产阶级革命成功了的政制的赞扬就是对法国封建专制政体的批评。"① 他还在《波斯人信札》中批评亚洲、非洲、欧洲的专制,指出法国的君主专制暴政甚至比东方伊斯兰国家的专制暴政还要厉害。② 另外伏尔泰也曾在欧洲大陆掀起一股"英国热",他推崇英国的自由、民主,就是为了反对法国的专制。孟德斯鸠时代的西方人,恐怕还没有形成"西方=民主、进步"、"东方=专制、落后"的认识,这种对应模式应该是在西欧普遍摆脱专制制度以后才有的。西方人更多反对的是直接危害自身的西方专制,东方专制毕竟离他们还很远。

应该看到,孟德斯鸠不仅贬华,还较多颂华。他称赞有几个皇帝(唐高祖、明永乐帝和建文帝)能够体恤民情,限制奢侈之风,把这些皇帝的诏书称为"美丽的诏书"。孟德斯鸠客观分析历代皇朝的盛衰原因,认为"所有的朝代开始时都是相当好的。品德、谨慎、警惕,在中国是必要的;这些东西在朝代之初还能保持,到朝代之末便都没有了。……在开国初的三四个君主之后,后继的君主便成为腐化、奢侈、懒惰、逸乐的俘虏"。孟德斯鸠赞赏中国政府重视农业,在"中国的良好习俗"这一节里,他指出:"中国皇帝每年有一次亲耕的仪式。这种公开而隆重的仪式的目的是要鼓励人民从事耕耘。不但如此,中国皇帝每年都要知道谁是耕种上最优秀的农民,并且给他八品官做。"中国皇帝平治洪水,使江南富庶,"这件事最有力地证明他们的智慧"。这也证明中国是一个"智慧的民族"。他欣赏中国的立法,说中国的立法者比较明智,"所以使他们的宗教、哲学和法律全都合乎实际"。"中国的立法者们主要的目标,是要使他们的人民能够平静地过生活。他们要人人互相尊重,要每个人时时刻刻都感到对他人负有许多义务;要每个公民在某个方面都依赖其

---

① 〔法〕孟德斯鸠:《论法的精神》上册,第21、22页。
② 张铭、张桂琳:《孟德斯鸠评传》,法律出版社,1999,第39页。

他公民。因此，他们制定了最广泛的'礼'的规则。"①

可见孟德斯鸠不仅没有不加区别地一味批评中国君主专制，而且对中国是褒多于贬。从总体上看，孟德斯鸠对中国的评价有好有坏，也有不加价值判断的客观介绍。这些介绍和评价大体上与事实相符，从中难以发现他对中国有什么"偏见"。与卢梭、狄德罗等人的过分贬华以及伏尔泰过高颂华相比，孟德斯鸠对中国的认识较为理性、客观。他明确声明："我的原则不是从我的成见，而是从事物的性质推演出来的。""我的著作，没有意思非难任何国家已经建立了的东西，每个国家将在这本书里找到自己的准则所以建立的理由。"②

更重要的是他所依据的资料较为可靠。侯文说，西方人20世纪以前关于中国的概括，无论偏重正面还是负面形象，都是在对中国一知半解的状态下形成的，因此，得出的结论包含相当的想象与幻想的成分。（第8页）这一评价大体上符合事实，但孟德斯鸠的情况却有所不同。许明龙介绍说，孟德斯鸠通过中国人黄嘉略，掌握了有关中国的直接资料。孟德斯鸠早就"对热烈颂扬中国的言论抱有反感，对耶稣会士的中国报道不予置信。对于他来说，认识黄嘉略的重要意义在于打开了一扇了解中国的窗口，经由这个窗口获得的信息可以纠正或补充耶稣会士关于中国的报道。因为在他看来，黄嘉略既然是中国人，他所讲述的有关中国的情况必定比较真实、具体和深刻。何况，书本只能一个人读，是单向的接受，谈话则是两个人谈，是双向的交流，可以询问、回答和讨论。……他如饥似渴地向黄嘉略提出一系列有关中国的问题，并将黄嘉略的回答认真地整理成笔记。黄嘉略的谈话似乎证明，耶稣会士确实不值得信任，中国并非如他们所描绘的那么美好"。③

侯文对孟德斯鸠与其他学者在这方面的区别显然重视不够。不过，既然侯文认为伏尔泰、孟德斯鸠、魁奈的认识都缺乏可靠证据，为什么

---

① 〔法〕孟德斯鸠：《论法的精神》上册，第 102、103、232、233、219、282、283、312 页。

② 〔法〕孟德斯鸠：《论法的精神》上册，"著者原序"，第 37、38 页。

③ 许明龙：《黄嘉略与早期法国汉学》，中华书局，2004，第 295 页。

明显地倾向"颂华派"代表伏尔泰、魁奈,却批评和抵制"贬华派"代表孟德斯鸠呢?无论对贬华还是颂华,都应考察他们的论述究竟是否符合事实。例如,侯文引用利玛窦的话说,明朝万历年间中国朝廷在一定程度上是"贵族政体",如果没有与大臣磋商或考虑他们的意见,皇帝本人对国家大事就不能做出最后的决定;皇帝无权封任何人的官或增加对任何人的赐钱,或扩大其权力,除非根据某个大臣提出的要求这样做。(第7页)这些话基本上是背离事实的,侯文却以赞赏的态度加以引用,这难道不是出于较强的主观倾向性吗?

3. 当时大多数西方人对中国态度友好

侯文的主旨是反对"西方人对东方的偏见"。在这里需要搞清楚,究竟有多少西方人对东方抱有偏见,不能一概而论。许多西方人对东方既不了解,也不一定关注,他们对东方没有任何看法,当然也不会有什么偏见。即使那些关注东方的人也不会都对东方抱有偏见。

人类的偏见任何民族都会有,不是只有西方人才对其他民族有偏见。若论对外族的不公正态度,中国人长期以来则不仅存在偏见,而且存在以"天朝"为中心的歧视。佐藤慎一分析中国的华夷观说:"华夷观即是汉族将自身的生活方式体系视为文明,而将与之不同的异民族的生活方式视为非文明而产生的世界观。'非我族类必异'所表现的,概而言之作为排斥异族的理论而起作用的倾向性较强。"[1] 罗志田指出:"清代读书人视外国人为'夷狄'其实也是类似'东方主义'的'西方主义'眼光。"[2] 马弗里克在为魁奈著作所作的序中说,米拉波曾对中国人看不起外国人的蔑视态度表示质疑。[3] 那么,不加区别地指责西方人对中国抱有偏见,是不是也是某种中国人对西方的偏见呢?

从史实来看,17、18世纪(即我们需要考察的那个时期),大多数曾

---

① 〔日〕佐藤慎一:《近代中国的知识分子与文明》,刘岳兵译,江苏人民出版社,2006,第156页。

② 罗志田:《译序》,〔美〕何伟亚:《怀柔远人:马嘎尔尼使华的中英礼仪冲突》,邓常春译,社会科学文献出版社,2002,第13页。

③ 〔法〕弗朗斯瓦·魁奈:《中华帝国的专制制度》,谈敏译,商务印书馆,1992,第11页。

经关注中国的西方人对中国是善意的、友好的，有些还充满向往和赞许。侯文中简单提到利玛窦、魁奈、伏尔泰、维科，实际上还有更多。

许明龙告诉我们，18世纪欧洲曾掀起长达百年的"中国热"。不少欧洲人如醉如痴地欣赏和赞美中国文化，将中国看作世界上最理想的国度。在物质层面上，"中国的商品抢着买，关于中国的书争着读；凡尔赛宫的舞会上，国王身着中国服装出现在满朝文武面前；塞纳河边的戏园子里，男女老少聚精会神地观看中国皮影；国王的情妇养金鱼，大臣的夫人乘轿子；阔人在私家花园的中国式亭子里闲聊，文人端着景德镇的茶碗品茶……"。① 这种"中国热"表明当时欧洲人对中国的仰慕和钦羡。

在精神层面上，学者、思想家对中国的观察全面而又细致，除了理性思考，还将中国作为参照，探讨欧洲的诸多问题，从而显现了中国文化对欧洲思想的影响。大多数人认为中国地大物博，人口繁多。欧洲普遍把历史视为一个国家的荣誉，中国历史悠久，几乎令人难以置信，因此被誉为"睿智的王国"。中国农业非常发达，人民勤劳，农产品种类繁多，手工业技术先进，等等，只是畜牧业不如欧洲。中国具备宗教宽容这样的优点，所以历史上从未发生过欧洲那种宗教战争。在政治与法律等体制方面，中国是一个君主专制国家，皇帝拥有绝对世俗权力和最高宗教权力；道德、宗教、习俗以及法律往往难以分清，行政与司法也是如此。欧洲人对科举制评价甚高，认为它体现了人人平等的原则。中国的科学技术在古代有一些辉煌的成就，以四大发明为主要代表，但长期以来没有明显进步，在许多方面已经落在了欧洲的后面。以上看法表明，欧洲人对中国的评价基本上是比较客观、偏重正面和美好的。

即使是思想家的颂华，也值得更深入研究。一般认为伏尔泰是西方颂华派中第一人，实际上，这项桂冠应该戴在德国数学家莱布尼兹头上。莱布尼兹对中国痴迷、钦羡，赞赏有加："我相信，如果需要挑选一个精于辨识各民族的优点，而不是精于鉴赏女神的美丽的评判员，那么金苹果就应该奖给中国人。"② 许明龙说："莱布尼兹是欧洲第一位致力于推动

① 许明龙：《欧洲十八世纪"中国热"》，"前言"，第1页。
② 引自许明龙《欧洲十八世纪"中国热"》，第156页。

中国与欧洲文化交流的著名学者，他在欧洲的'中国热'远未达到高潮之时，便以其广博的学识和深邃的眼光认识到中国文化的世界意义，从而表现出巨大的兴趣和进一步探索的强烈欲望。……在他的影响下，18世纪德国出现了一批以研究中国为终生追求的学者。所以，无论怎样评价莱布尼兹对于德国的'中国热'的贡献，都不会过头。"① 马弗里克说，在这场崇尚中国的运动中，"莱布尼兹是第一个可以要求获得这种最高荣誉的人。正是他使人们开眼看到中国的榜样，并且极力主张当时在欧洲各国首都建立起来的文化研究机构把获取有关中国的知识作为其目的之一"。②

法国的伏尔泰是欧洲18世纪最关注中国，谈论中国最多的思想家。他称颂中国地大物博、人口众多、历史悠久、政治开明、人民道德高尚……总之，中国是世界上治理得最好的国家，中国人是世界上最有智慧的民族。③

魁奈也是颂华派代表人物之一。在他眼里中国是世界上最美丽、最繁荣、人口最多的国家。他赞扬中国历代的君王尽心竭力于促进国家的繁荣，政府以为民造福为宗旨。他夸赞中国的城市既多又大，远远超过法国。当然，这些评价有些符合事实，有些则言过其实。

魁奈对西方的影响不仅在于他的颂华态度，还有更多值得回味的意义。作为欧洲重农学派的创始人，他正是从中国政府的重农政策中得到启示。尽管重农学派只有短短的历史（仅仅走红了15年），但是魁奈对中国的关注引起后人极大的兴趣，引起欧洲以及亚洲长达几十年的"魁奈热"。魁奈《中华帝国的专制制度》的译者谈敏在中译本序言中介绍说，早在19世纪末期，欧洲学者发现魁奈的著作是当时经济学家"崇尚中国运动的顶峰之作"。这种独特的历史现象引起后代学人的注意，由此形成了魁奈和重农学派的中国渊源这一研究课题。20世纪20年代以后，研究的成果逐渐增多，到30年代形成高潮。据笔者归纳，其意义主要在三个方面。首先，发现魁奈学说的思想渊源并不是人们以往所说的为古

---

① 许明龙：《欧洲十八世纪"中国热"》，第119页。
② 〔法〕弗朗斯瓦·魁奈：《中华帝国的专制制度》，"英译本绪论"。
③ 许明龙：《欧洲十八世纪"中国热"》，第155、119、161页。

代希腊人，而是古代中国人，从而认识到中国文化的世界性意义。其次，在欧洲"中国热"已经消失的情况下，在学界再度掀起一股不小的"中国热"，不仅限于欧洲，还扩展到亚洲。在对魁奈与中国关系的探讨中，学者们更多地发现了中国文化的价值，从而促进和扩大了中外文化交流。最后也是最为重要的是，极大地冲击了"西方中心论"，促使一些学者深刻反省欧洲人以往对中国文化的漠视和无知。例如赫德森在《欧洲与中国》（伦敦，1931 年）中说，1789 年以后，由于中国热的完全消失，绝大多数欧洲史学家都不能正确评价中国思想在 18 世纪对欧洲的影响，而把这一中国热仅仅视为一种赶时髦的怪诞举动，或看作一种假以中国名义而与实际中国文化毫无联系的乌托邦幻想。谈敏认为，赫德森的这个批评意见对于西方经济学家的思想偏见不啻一个告诫。谈敏指出当时出现一些英文研究论著的特殊意义："它们毕竟是在一贯以鼓吹欧洲中心论著称的英语国家，显示出从欧洲以外的中国去寻找魁奈和重农学派的思想来源的变化迹象。这种值得注意的迹象，在 30 年代末到 40 年代初，尤从美国经济学教授马弗里克的若干专题论著中，得到显著的印证。"

马弗里克从经济史的角度提出，中国对重农学派的影响可能比一般估计的更强烈、更大。"由此得出一个很有意义的结论：在 20 世纪经济学家从法国重农学派那里继承的遗产中，仍保留有来自东方的沉淀物。因此，西方经济学家不应把研究中国的经济和社会思想看作是与西方文明毫不相干的外来物，而应认识到它们对于西方思想的发展做出了直接贡献。"马弗里克出版了《中国：欧洲的模范》（即余英时此前提到的 Louis S. Maverick, *China：A Model for Europe*, 1947），"这部著作现已成为东西方学者研究中国与法国重农学派之间关系的必备参考书"。该书的附录包括《孟子》和徐光启《农政全书》。对此有人评价，这部著作"再现了中西文化交流史上最重要的一章"。不少学者受其启发，进行更深入的研究。马克·布劳格在《经济理论的回潮》中提出，亚当·斯密关于中国经济问题的新见解，显然是来自魁奈。日本学者泷本诚一于 1931 年发表《西洋近代经济学的渊源在于中国的学说》，指出"现在的一般人，都认为近代意义的经济学是发祥于法国或苏格兰，把其重要的母家祖国的中国完全置于不顾"。对此他感到痛心疾首，称之为"我们东洋人的一大憾事"。① 从上述情况看，尽管魁奈不算是西方颂华派的第一号人物，但他的影响确实是更为重要、更加深远——不仅影响了 18 世纪的法国经济学，而且影响着 20 世纪的学术。

外国学者的研究表明，一些西方人早就在克服对东方的偏见，是他们率先反对西方中心论的。近年来反西方中心论的潮流又以提倡"东方中心论"和"中国中心论"为主题，在西方再度兴起，代表作有德国学者贡德·弗兰克的《白银资本：重视经济全球化中的东方》（刘北城译，中央编译出版社，2000）、美国汉学家孟德卫著《1500～1800：中西方的伟大相遇》（江文君等译，新星出版社，2007）、美国经济学家彭慕兰的《大分流：欧洲、中国及现代世界经济的发展》（史建云译，江苏人民出版社，2004），以及罗伯特·马克斯的《现代世界的起源》（夏继果译，商务印书馆，2006）。在《白银资本》的扉页上印有摘自《简明牛津字典》有关"东方"的说明："orient：东方，有光泽的、闪亮的、珍贵的；光芒四射的，升起的、新生的；可以让人确定或找到方向的地方或严格界定的位置；使人认清形势；直接面对一个方向；决定一个人与周围环境的关系；面向东方。"向往之情溢于言表。不过，一些海内外中国学者随即对这种赞美中国的热潮进行了冷静和客观的分析。美籍华裔学者黄宗智，中国内地学者王家范、侯建新、黄敏兰等人指出，上述论著无论是在史实方面，还是在观念方面，都存在一定程度的失误。西欧率先现代化以及中国近代的落后并非如他们所说，是出于偶然。② 这说明西方人

① 〔法〕弗朗斯瓦·魁奈：《中华帝国的专制制度》，"中译本序言"，第 6、7 页。
② 具体可见〔美〕黄宗智《发展还是内卷？18 世纪英国与中国——评彭慕兰〈大分叉：中国、欧洲与近代世界经济的形成〉》，《历史研究》2002 年第 4 期；王家范《解读历史的沉重：弗兰克〈白银资本〉》、《中国历史重估：彭慕兰〈大分流〉》、《挑战与回应：〈大分流〉的"问题意识"》，以上均载于王家范《史家与史学》，广西师范大学出版社，2007；《围绕〈大分流〉（又译〈大分叉〉）展开的争论》，《清史译丛》第 1 辑，中国人民大学出版社，2004；侯建新《社会转型时期的西欧与中国》"引言"，高等教育出版社，2005；黄敏兰《1500～1800 年间的中西相遇"伟大"吗？》，《中华读书报》2007 年 5 月 23 日，第 10 版；黄敏兰（笔名"黄晓"）《西方率先现代化是否偶然？》，《中华读书报》2007 年 3 月 14 日，第 10 版。

对中国的过分推崇并没有让中国学者头脑发热，丧失判断力。在这里之所以将话题引得这么远，意在表明对于颂华或贬华——无论新或旧——都应以实事求是的态度去评价。

对于真正的偏见，也应具体分析。有些偏见是出于恶意或自身的优越感，无视事实甚至歪曲事实，有些则是因缺乏了解造成的。缺乏了解可能是因为交流不够充分，更可能是文化差异造成沟通障碍。美国学者沃特金斯指出："今日东西方相互沟通的困难，乃是不同的历史经验所造成的。这两个地区由于成长的背景殊为不同，故知识发展也走上了截然不同的道路。"① 所以，对于后一种偏见应该给予充分的谅解。

三 对"中国专制说"的质疑难以成立

侯文列举一些学者质疑"中国专制说"，给人的印象是，现在质疑此说已成为一股不小的潮流。然而具体分析，即可发现其中有较大的出入。

1. 徐复观未否定"中国专制说"

侯文说，徐复观对此做过考察，认为专制政体一名之使用或即始于梁启超，而其取义则来自西方，"徐复观对这种轻率地比附中西政体的做法也持批评态度"（第16页"注1"）。

事实上徐复观是这么说的："专制一词，在先秦已出现……专制即不受他人牵制而独作决断的意思。但两千年中，似乎没有把秦政统一天下后所建立的政体称为专制政体的。""专制政体一名之使用或即始于梁氏（启超），而其取义则系来自西方，殆无可疑。但若因此一名词，实际是来自西方，因而将西方所谓专制政体的具体情形，轻率地和中国历史中的专制政体两相比附，而不考虑历史条件有很大的不同，便会陷于极大的错误。""西方近代的专制政体之出现，一方面因为民族国家的形成，发生了国家统一的积极作用，另一方面，专制君主在对付贵族阶级上，得到新兴的市民阶级——在当时是商业资本家为主——的支持。贵族的势力被推翻后，新兴的市民阶级又起而推翻了君主专制。这与中国的专

---

① 〔美〕弗雷德里克·沃特金斯：《西方政治传统》，第7页。

制情形相去很远。有人把中国专制政体的出现，和商业资本之发达连在一起，在后文里便会了解，这是由比附而来的误解。"①

徐复观的本意是，西方的专制政体曾起过积极的历史作用，后来又被资产阶级起而推翻，这些都与中国的情况不同。如果轻率地将西方比附中国，就难以认识两者的区别。进一步看，他批评的不是轻率地比附中西一般政体，而是比附"专制政体"。他不仅没有否认中国政体为专制的，而且严厉地批判它。

徐复观说，从秦"一直到辛亥革命，政治的形式都是专制"。秦为"典型专制政治"，"国家的力量及政治的性格，当然是由商鞅变法所奠定的基础"。商鞅变法的内容是"令民为什伍，而相牧司（即相纠发）连坐。不告奸者腰斩；告奸者与斩敌首同赏，匿奸者与降敌同罚。民有二男以上不分异者，倍其赋"。变法后秦统一中国，所建立的秦帝国刑法残酷，以军事组织为社会组织。秦以后王权的残暴丝毫不亚于秦朝："汉代几次大冤狱，每次杀戮三数万人；党锢之祸，一网打尽了天下的善类；高扬却喜欢把女人的腿砍下来堆积得高高的。如此之类，历史中不可胜数。"专制是为了维护皇帝的家天下制度。刘邦滥杀功臣，"被杀的功臣，皆先被五刑，磔尸首为菹醢。……只因刘邦既以天下为他一人的产业，则凡有夺其产业可能性的人，便都是罪大恶极之人，这是专制者最基本的心理状态"。"《史记》卷十七《汉兴以来诸侯王年表》：'高祖末年，非刘氏而王者，若无功，上所不置而侯者，天下共诛之。'"这正是皇帝家天下的法制化。②

2. 小岛毅未否定"中国专制说"

侯文说："亦有学者开始意识到盲目接受'专制说'的负面意义，见小岛毅《中国的皇权——〈礼治和政教〉导论》。"（第4页，"注1"）然而，小岛毅批评的不是中国的学术界，而是日本的学术界。他认为，在日本，直到最近为止，对中国皇帝制度的研究仍属于未充分开发的状态。在尚未了解中国古代政治秩序的情况下，如果只用"专制主义"等

① 徐复观：《两汉思想史》第1卷，华东师范大学出版社，2001，第77页。
② 徐复观：《两汉思想史》第1卷，第38、70、71、73、7、99页。

标签来硬贴中国历史，便会出现大问题。① 这就是所谓盲目接受"专制说"的负面意义。小岛毅并不否认中国皇帝的专制。他说，从公元前221年秦始皇称帝开始，"规定所有帝国臣民必须全部直接服从皇帝的'一君万民'制被颁制出来。'一君万民'制虽然并没有被彻底忠实地执行，时而有例外的制度出现抑或现实的偏离发生，但它作为理念确实表征了中国王朝体制的特征"。②

小岛毅的《中国的皇权》是日本学者撰著的《礼治和政教》一书的"导论"。在此书中，日本学者没有从正面评价中国的皇权，而是依据中国历史的特征，从不同侧面说明皇帝制度在社会中的地位，这正符合小岛毅的目标，即"依据中国历史自身的逻辑脉络来重新构建关于皇帝的学理，而不是满足于用起源于西方的概念去解释、规定中国历史"。③ 近代以来，西方学者分析前近代中国大都是从研究法制、财制、官制等对于现代国家必不可少的制度入手的。日本学者力图摆脱西方人研究中国的模式，反对用西方理论对中国做生搬硬套的研究，而是另辟蹊径，用文化人类学等多种方法认识中国历史。小岛毅介绍渡边信一郎的著作时说："文武百官对皇帝行臣服之誓的'元会'仪式，象征了在王朝体制里面政治秩序的构筑状态。在王朝体制里面，历法的制定是皇帝的专权事项。皇帝不仅是帝国领土这一空间的统治者，而且是时间的统治者。依据历法每年年初举行臣服仪式，是表示官员们服从作为时间统治者的皇帝的统治；而在首都的宫殿举行臣服仪式，则表示官员们承认那里是帝国的中心空间。""朝廷的官僚机构是以时间、空间的中心体现者、皇帝的个人肉体为核心组织和运营的。"④

渡边信一郎的《元会的建构——中国古代帝国的朝政与礼仪》指出，中国古代的社会秩序不仅要靠军队、警察等强制手段做后盾，还要凭借礼制这一中国固有的秩序方能得以维持。"在朝政的实现上，终究还是皇

---

① 〔日〕沟口雄三、小岛毅主编《中国的思维世界》，孙歌等译，江苏人民出版社，2006，第347~348页。
② 〔日〕沟口雄三、小岛毅主编《中国的思维世界》，第344页。
③ 〔日〕沟口雄三、小岛毅主编《中国的思维世界》，第348页。
④ 〔日〕沟口雄三、小岛毅主编《中国的思维世界》，第350、351页。

帝一方起着决定性的作用。君臣关系的存在，导致最终决定权掌握在皇帝手中。……如果不去维系这种君臣关系，以朝政构造为核心的国家自身也难以存在。承担维系这一君臣关系的，是在宫廷之上举行的朝会和通过朝会之礼而实现的礼仪秩序。"朝会礼仪加强皇帝的威严，强制臣下对皇帝臣服，又通过周边异民族的参加、入贡，更新中华—夷狄关系。"如此看来，元会仪（元旦举行的朝会）所象征的，是皇帝统治的整个宇宙的更新。"它"在维护皇权方面发挥着重要的作用"。[1]

金子修一的《皇帝祭祀的展开》指出："中国史和欧洲史最大的不同就在于中国存在着中央集权的皇帝制度。中国自秦汉以来就经营着超过西欧的领域，实行由中央派遣主要官僚的郡县制、州县制等，以这种中央集权制为基础实现了皇帝制。"[2]他介绍的是皇帝祭祀，作为朝廷礼制中一个重要组成部分，如何维护皇帝的一元统治。汉代以来，中国王朝将国内的君臣关系也用于国际关系，因此，礼制通过外交影响着中国和周边诸国的国际秩序。

妹尾达彦的《唐长安城的礼仪空间——以皇帝礼仪的舞台为中心》揭示，唐长安城的设计和建造是出于加强皇权的需要，"唐长安城主要是作为国家礼仪的舞台而设计的"。它"为王权的正统化涂上了种种象征的和礼仪的色彩"。[3]

日本学者采用新的研究方法，为全面认识皇帝制度开辟出一条新路。虽然他们并没有直接批评皇帝制度，但是那种纯客观的描述无疑更能展现关于皇权的事实。

3. 甘怀真的质疑难以成立

经过检验和排查，侯文所提到的公开质疑"中国专制政体说"者还剩下两个人，一个是早些时候的钱穆，另一个是不久前（1995 年）提出此论的台湾学者甘怀真。现在就需要进一步检验他们的质疑是否能够成立。

---

[1] 〔日〕沟口雄三、小岛毅主编《中国的思维世界》，第 363、376、374 页。
[2] 〔日〕沟口雄三、小岛毅主编《中国的思维世界》，第 410 页。
[3] 〔日〕沟口雄三、小岛毅主编《中国的思维世界》，第 476、466 页。

先看甘怀真。甘文和侯文在主要观点上极其相似，看得出侯文较多地受到甘文的影响。侯文说，关于中国古代专制说未经检验就被接受这一问题，"台湾学者甘怀真做过初步的梳理"。（第5页）事实果真如此吗？

纵观甘怀真的《皇帝制度是否为专制》一文，我们看不到他对此有基本的梳理。他只是简单概述专制说进入中国后的情形，而重点阐述的是个人的看法——主要是对专制说的批评。甘怀真自己也明确说明，他的这篇文章是应钱穆纪念馆之邀所做的一个演讲，"非严格的学术论文"。所以才收为《皇权、礼仪与经典诠释：中国古代政治史研究》的附录。①

由于缺乏系统研究，甘文在许多方面存在漏洞，首先是结论过于主观和武断。他说："专制的概念被引进中国不是基于单纯的学术兴趣，而是出于现实的政治运动的需求。"所以，他认为梁启超等人对中国专制说没有做历史的研究，只是政治宣传。而实际上，爱国志士们为政治目的采用政治理论，并不意味着他们就不需要进行历史学的研究，我将在后面进一步说明，正是为了更好地宣传政治理论，梁启超他们才会认真地探讨专制政体的历史发展。

在先入为主的情况下，甘文对梁启超的评价就严重失真。例如："在梁启超的用法中，'专制'一词并非用来客观地描述一种政体，而是有强烈的价值判断，如专制是'破家亡国的总根源'，而推翻专制政体则为'文明革命'。"他还说，梁启超的几篇有关专制政体的文章"性质均属政论，有宣传意味"。②

然而，甘文的上述论断并不符合梁启超的原意。"文明革命"不仅是指推翻专制政体，更主要的是要用理性的，即文明的方式进行社会变革，是对合理手段的选择而不仅是目的的选择。在《中国历史上革命之研究》③中，梁启超把西方的革命称为"文明革命"，认为这种革命是由市民、平民团体发起，目的是为广大民众谋利益，目的的达到后就结束，流

---

① 甘怀真：《皇权、礼仪与经典诠释：中国古代政治史研究》，华东师范大学出版社，2008，第381页注＊。
② 甘怀真：《皇权、礼仪与经典诠释：中国古代政治史研究》，第383页。
③ 《饮冰室合集·文集之十五》，中华书局，1989。

血牺牲不多。中国的"革命",即农民起义都是私人野心家发起,目的是为个人谋利益,夺取最高政权。群雄相争,常持续数十年,不仅生灵涂炭,而且内部自相残杀。梁启超希望中国今后的革命能像西方那样理性化,这样才能真正改造社会。

至于"专制是破家亡国的总根源"也非政论和宣传。在《论专制政体有百害于君主而无一利》① 中,梁启超详细介绍中国历史上无数次"农民起义"和上层权力斗争所造成的大量流血牺牲,说明中国专制政体使权力高度集中,引起全社会对最高权力的争夺。这不仅给社会带来灾难,也对皇帝本身造成极大的威胁。"破家亡国"主要是对皇帝而言。这种分析是有充分史实依据的。

此外,被甘文定性为"政论"的几篇文章,其实都是史学著作,对此将在下文中详细论述。对梁启超的种种误读表明作者既没有读懂梁启超的著作,也对梁启超缺乏基本了解。

甘文对中国古代政体是否专制也没有做基本历史研究,唯一一个历史说明就是援引黄仁宇在《万历十五年》中所举的一个例子。甘文说:"传统中国并不是没有制君的机制,皇帝制度是受到规范的。黄仁宇在《万历十五年》一书中,鲜活地描述明万历皇帝如何成为一位'活着的祖宗'。"② 问题是,对万历皇帝个人行为的某种暂时限制是否就能证明皇帝制度受到规范?万历皇帝的这一个简单的事例是否能证明中国历史上几百余名皇帝都受制约?即便这一个事例,也需要具体分析。朝廷官员们极力反对万历皇帝立自己宠爱的小儿子为太子,不是为了制约皇权,而是为了维护皇权,保障皇帝制度的正常运行。因为万历皇帝因自己个人喜好而破坏皇位继承制的立长原则,废长立幼,将会严重危害皇权继承的稳定性。他们限制的只是万历皇帝有害于皇帝制度的个人行为,而且这种限制是极其有限的。后来万历皇帝为弥补遗憾,给福王封赏大量超出制度规定的土地,并没有受到限制;万历皇帝派宦官作为矿监,到南方大肆掠夺民财,以至激发民变,也未受到制约。

---

① 《饮冰室合集·文集之九》。
② 甘怀真:《皇权、礼仪与经典诠释:中国古代政治史研究》,第388~389页。

进一步看，黄仁宇并没有否定中国皇帝的专制。在《万历十五年》中，他提到皇家的开支不受限制，皇帝的行政大权至高无上，"朱笔所代表的是皇帝的权威，如果没有皇帝的许可而擅用朱笔，就是'矫诏'，依律应判处死刑"。"重要官员的任命，也是绝不容许由旁人代理的。……只要拿起朱笔在此人（候选人）的名字上画上一圈，就可以体现他的无上权威。"明初朱元璋取消宰相之职，目的是使皇权不被分割。"这种皇帝个人高度集权的制度在有明一代贯彻始终。"宫廷礼仪中官员们对皇帝"无数次的磕头加强了皇帝神圣不可侵犯的意义"。[①] 皇帝掌握生杀予夺大权，明初大兴冤狱，杀死 10 万人之多。皇帝时而赏赐官员财物，时而又抄家，剥夺他们的财产（张居正被抄的财物中就有皇帝赏赐的物品）。明代皇帝设置特务机构，"钳制臣僚"，用廷杖迫害违抗君命者。如此等等，不一而足。

甘文还说，中国的皇帝不能创造法律，不是立法者。而事实上仅朱元璋一个人就制定了 10 多部法——既有国家法，也有皇帝个人的法；皇帝可以任意立法本是很平常的事。

如此看来，这样一篇既不严谨也缺乏说服力的非学术文章，却被侯文用作立论依据，似乎有欠考虑。

4. 钱穆为何反对"中国专制说"

侯文介绍了钱穆反对中国专制说的某些结论性的观点，却并未对其主要观点做详细分析，因而不能让人理解钱穆反对中国专制说的依据何在。不过，侯文说钱穆认为国人自称中国专制是"自鄙"（第 25 页），看来他把国人接受"中国专制说"当作自我矮化，自我东方化，多少是受了钱穆结论的影响。那么，钱穆反对"中国专制说"有没有道理呢？

钱穆的观点大致有四个方面：中国古代有民众参政的民主机制；相权制约皇权；皇权受监察制和封驳制的制约；民众有权反抗暴君。

（1）关于民众参政

钱穆认为汉代皇朝作为"代表平民的政府"是"中国史上平民政权

---

① 〔美〕黄仁宇：《万历十五年》，中华书局，1982，第 13、15、17、18 页。

之初创"。① 众所周知，西汉皇朝的开国君臣多出身低下，所以赵翼说西汉开创了"布衣将相之局"。② 但是布衣只是出身，成为将相后即改变了身份，不再是布衣。他们也不代表平民的权益，只为自己谋私利，很难看到这些新贵有任何代表人民利益的行为。况且以一个汉代的特例来证明所有朝代都是平民政府，未免以偏概全。

钱穆最主要的是提出中国古代"直接民主"论，与上述"平民代表论"有所区别。从汉代察举制到隋唐的科举制，"定为人民参加政治惟一的正途。由于有此制度，而使政府与社会紧密联系，融成一体。政府即由民众所组成，用不着另有代表民意机关来监督政府之行为。近代西方政府民众对立，由民众代表来监督政府，此只可说是一种间接民权。若由民间代表自组政府，使政府与民众融成一体，乃始可称为是一种直接民权"。"此一政权很早即产生在中国。""中国传统政治，早不是君主专制。因全国人民参政，都由政府法律规定，皇帝也不能任意修改。"③ 在他看来，中国古代早有比西方优越的民主制度。

钱穆在这里恐怕是混淆了概念。中国古代察举制和科举制是官府通过考试来选拔官吏的选官制。对于参加考试的士人而言，只是个人求仕途的制度。基本上，被选者进入官场后已不再是民众，也不代表民众，只为个人当官发财。他们是从政，而不仅是参政、议政。把官僚制当成"直接民主制"，显然是判断失误（就现代西方政治体制来说，人们也绝不会把作为行政制的政府及其所属文官机构与民主制的议会相混淆）。西方民主制下，民众代表由民众选举，受民众委托，代表选民参政、议政，目的是实现选民的利益，而不是个人利益。无论是性质还是形式，两者都不能相提并论。

钱穆还说清朝，"同治皇帝与民同治，即不敢以帝王专制。继之为咸丰皇帝，与民俱丰，即不敢以帝皇独丰"。④ 这种解释未免牵强。据清史

---

① 钱穆：《国史新论》，三联书店，2005，第113、128页。
② 赵翼：《廿二史札记》卷2，中华书局，1984，第36页。
③ 钱穆：《国史新论》，第86、317页。
④ 钱穆：《国史新论》，第174页。

专家阎崇年说，同治帝"年号初定为'祺祥'，'辛酉政变'后改年号为'同治'，当时两宫皇太后垂帘听政，意为共同治国"。可见，"同治"乃两宫皇太后共同统治，不是皇帝与民同治。另外"'咸丰'是天下丰衣足食的意思。可是在当时，所谓天下丰衣足食只能是个不切实际的幻想"。①希望天下丰衣足食，并没有"不敢以帝皇独丰"的意思。无论如何，用皇帝的年号来断定政体性质是没有说服力的。需要指出的是，钱穆是承认清代为专制统治的（他认为元代、清代可称为专制政体），可是为了证明中国非专制论，他就不顾一贯的说法，难免自相矛盾。

中国历史上确曾有平民代表参政、议政的事例，这与钱穆所谓的"直接民主"截然不同。汉昭帝始元六年（公元前81年），执政的大将军霍光以汉昭帝的名义发布诏书，命御史大夫桑弘羊、丞相田千秋召集征自民间的贤良文学60多人于朝廷，以问"民所疾苦，教化之要"②为议题，对政府现行政策举行一次大规模讨论会。这就是西汉历史上有名的"盐铁会议"。徐复观说，盐铁会议上显出官僚/富豪阶级（当时的财富多集中在官僚集团手里）和来自社会的平民阶级在利害上的尖锐对立。桑弘羊代表官僚集团的利益，极力坚持武帝时期的盐铁官营和穷兵黩武政策，贤良文学"为大多数人民的痛苦呼吁"，希望能取消严重危害人民利益的盐铁官营和均输，停止对外作战，与民休息。贤良文学还大力抨击官僚集团的腐败，指责他们"因权势以求利，入不可胜数也"。"公卿亿万"，指的就是桑弘羊。桑弘羊当时对自己以权谋私也并不否认，他反过来讥笑来自民间的人士贫贱、低下、无知，没有资格也没有能力来谈论国家大事。

这种官方代表与民间代表的激烈交锋无疑是中国历史上的一个奇观。然而，是谁给了民间代表直接批评官府政策和官僚行为的机会和勇气呢？据徐复观分析，汉武帝死后，辅政的大将军霍光希望改变武帝时的政策，以平定被长期军事消耗造成的社会动乱，与坚持旧政策的桑弘羊产生政见分歧。另一重要原因是霍光企图借民间代表之手打击桑弘羊，夺取他

---

① 阎崇年：《正说清朝十二帝》，中华书局，2004，第197、179页。
② 《汉书·食货志》。

手中的财政大权。"盐铁之议，也成为霍光夺权的一种手段。"徐复观总结道："在皇权政治下，知识分子只有在矛盾对立、相持不下的夹缝中，才有机会反映出一点政治的真实，《盐铁论》的价值正在于此。"霍光只是暂时利用贤良文学，但他们"喜妄说狂言，不避忌讳，大将常仇之"。可见这些为民请命的士人在霍光时代命运并不佳。"辩论的结果，也只是暂时废除了郡国的榷酤及关内的铁官；此外则一仍桑弘羊之旧。"①

这次民间代表的参政、议政，不是民间的主动参与，而是由朝廷执政者召集和主持，有权臣作后盾，结果并没有实现人民的利益。这一事件的性质和起因恰恰从侧面反映出一个事实：中国古代不可能建立民众参政、议政的机制。

（2）关于相权制约皇权

钱穆认为，中国传统政治有君权与臣权的划分，亦可说是王室与政府的划分。其中相权与王权的划分最为重要。西汉时，相权就很大。北宋时"宰相则是一副皇帝"。"皇帝所有的只是一种同意权。"② 钱穆的这种观点连他的学生余英时都没有接受，在《"君尊臣卑"下的君权与相权》一文中，余英时说： "君权是绝对的（absolute）、最后的（ultimate）；相权是孳生的（derivative），它直接来自皇帝。"③

不过，余英时尽管与钱穆结论不同，在方法上却是一致的，都是仅仅着眼于皇帝处理政务的权力，也即制度化的权力。应该看到，中国皇帝还有着更重要的、非制度化的权力，即古人所说的生杀予夺大权。这种权力统治全社会，而不仅仅限于政治领域，即便高至宰相，其人身、命运也都是由皇帝主宰的。李斯未死于秦始皇之手，却死于秦二世刀下；汉初萧何、周勃因遭到汉高祖刘邦及汉文帝的猜忌，无端下狱，周亚夫含冤而死；汉武帝朝的十二名宰相中，有五人因"有罪"自杀或下狱死、腰斩。林剑鸣说："由此可见宰相地位之岌岌可危。其之所以如此，乃是宰相的权力已逐渐转归中朝尚书。"即以皇帝的心腹组成直接听命于皇帝

① 徐复观：《两汉思想史》第1卷，第95、81、77页。
② 钱穆：《国史新论》，第75页。
③ 余英时：《历史与思想》，台北：联经出版事业公司，1976，第50页。

的"中朝"来削夺以宰相为首的"外朝"的权力。"所以，尽管有的宰相也终老相位，但皆空有其名。由于宰相无权，又处于危机四伏之位，有的人甚至视任相职为畏途。"① 明太祖朱元璋杀死左丞相胡惟庸、右丞相汪广洋，又将早已免丞相之职的李善长赐死，前后株连数万人。宰相连自己的身家性命都难以保障，还谈什么制约皇权呢？历史发展的趋向是君权愈来愈强，相权愈来愈弱，直至明太祖朱元璋彻底取消宰相之职。

（3）关于监察制和封驳制

钱穆说，朝廷设置谏官，专门监察皇帝。问题是监察的效果如何呢？徐连达、朱子彦说："自秦汉以来，历代帝王虽曾设置谏官，但多数是虚应故事，摆设门面而已。谏臣们只是随从左右陪侍，给皇帝拾遗、补阙也多是寻摘些微细小事以敷衍塞责，对大是大非问题能直言极谏、犯颜进说的人在历史上可说是凤毛麟角。谏臣们即使是披肝沥胆，在殿陛上叩头流血也丝毫不能打动帝王铁打的心。"他还特别说明："在明代君主专制高度强化的情况下，给事中的谏诤权很难顺利行使。虽也有给事中向皇帝谏规献纳的，但很少起到'司君主之失'的作用。而且倘触犯了皇帝，还往往招来横祸，轻则革职、廷杖，重则杀头。"②

钱穆说，唐宋和明代，大臣"有权反驳皇帝的命令，只要他们不同意，可以把皇帝上谕原封退回"。③ 这就是所谓"封驳"。对此需要具体考察封驳的效果，弄清楚各个朝代都有哪些皇帝的诏书被大臣退回。吴晗以有力的论证表明，隋唐以来的门下封驳制度、台谏制度，用官僚代表对皇帝诏令的同意副署，来完成防止皇权滥用的现象。"一切皇帝的命令都必须经过中书起草，门下审核封驳，尚书施行的连锁行政制度，只存在于政治理论上，存在于个别事例上。所谓'不经凤阁鸾台，何谓为敕？'诏令不经过中书门下的，不发生法律效力。可是，说这话的人，指斥这手令（墨敕斜封）政治的人，就被这个手令所杀死，不正是对这个

---

① 林剑鸣：《秦汉史》上册，上海人民出版社，1989，第337页。
② 徐连达、朱子彦：《中国皇帝制度》，广东教育出版社，1996，第581、286页。
③ 钱穆：《国史大纲》上册，商务印书馆，1996，第75页。

制度的现实讽刺吗?"① 吴晗所举的事例就是唐代睿宗朝的宰相刘祎之,因为这句话直接激怒了太后武则天而被赐死。②

皇帝有各种手段对抗封驳制。据《明史·杨廷和传》,明代内阁大学士杨廷和曾多次封还皇帝的诏书,引起世宗皇帝的不满。明世宗遂解除杨廷和的职务,让他告老还乡,继而启用效忠君主的张璁,从而摆脱了封驳制的束缚。应该看到,有些皇帝"乾纲独断",根本不需大臣同意就可决定一切大事。明太祖朱元璋废中书省,完全是他一人决定,仅凭一纸诏书③就将实行了千余年的国家制度一举送进坟墓。随后朱元璋制定皇帝个人的法典《皇明祖训》,在"首章"中规定:"以后子孙做皇帝时,并不许立丞相,臣下敢有奏请设立者,文武群臣即时劾奏,将犯人凌迟,全家处死。"④ 对这项命令,有哪个大臣敢封驳呢?只是有一个御史解缙在大屠杀平息后斗胆写了一份奏章,为李善长的冤死"辩诬",希望皇帝以后能明辨是非,不要再迫害忠良,使天下离心。朱元璋自知理亏,只得容忍,未加害于他。⑤ 可是,这种事后的议论,根本于事无补。在《洪武御制全书》中,可看到朱元璋多次下诏,命令各部依照他的旨意处理政务或审判案件,无需廷议,也未见臣下有异议。

(4)关于臣民可推翻不称职的君主

钱穆将《孟子》"君有大过则谏,反复之而不听则易位"发挥为全民都可以推翻君主:"天子和君不尽职,不胜任,臣可以把他易位,甚至全国民众也可以把他诛了。这是中国传统政治理论之重点,必先明白得这一点,才可以来看中国的传统政治。"⑥ 实际上中国传统政治理论的重点并不是孟子的理论,而是君尊臣卑论和皇帝家天下论。况且孟子的理论没有也不可能付诸实践,我们从未看到历史上哪个君主被臣民合法地易位。至于历代"农民起义"引起的改朝换代则是以暴易暴,并不是依照

---

① 吴晗、费孝通等:《皇权与绅权》,天津人民出版社,1988,第47页。
② 见《旧唐书·刘祎之传》、《新唐书·刘祎之传》。
③ 《废丞相大夫罢中书诏》。
④ 张德信、毛佩琦主编《洪武御制全书》,黄山书社,1995,第40、389页。
⑤ 王其榘:《明代内阁制度史》,中华书局,1989,第12页。
⑥ 钱穆:《国史新论》,第72页。

孟子的理论行事。

知道钱穆如何说固然必要，然而探究他为什么如此说，也许更为重要。钱穆反中国专制论的主要原因在于他过高赞赏中国传统文化和政治，钱穆把中国史比喻为一首诗，"一片琴韵悠扬"。中华文化在世界上最优秀："我中华文化，于并世固当首屈一指。"中国古代社会美满无比："汉唐诸代，建下了平等社会和统一政治的大规模。那时候的政治，比较先秦是很有进步了。政治清明、社会公道、国家富强，人生康乐。"① 他充分肯定秦汉以后大一统的政治制度和隋唐建立的科举制，并对清末废除科举制深感遗憾。像他那样把中国古代社会美化到极致的学者在中国也许是绝无仅有，这就是钱穆成为极少数（在当时是唯一的一位）否定中国专制论的学者的原因。当然，他是出于一片爱国之心，对此我们应该予以理解。钱穆和梁启超都是为了爱国而坚持各自的主张，只是他们爱的方式和所爱的方面有所不同，所以产生了不同的结论。

陈勇在《钱穆传》中说："钱穆反对革新派把中国传统政治简单化，不无合理处。但是他得出的自秦以来两千年的专制社会并非专制的结论却不能为我们所赞同。他主要是从历史现象入手进行分析、解剖的，强烈的民族文化意识又妨碍了他对传统政治的弊端作客观地、多层面地深入分析。所以，他仅仅看到了历史的表象（相权、台谏制、监察制、封驳制对君权的某些限制），却未能触及到历史表象背后的本质真实（实为君主专制、独裁）。所以他得出的结论，不免有理想化的浪漫色彩，不能为人们所认同。"② 这一评价应当是准确的。

到目前为止，我们所知道的公开和明确反对中国专制说的中国学者似乎只有三位：甘怀真、侯旭东和钱穆。前两者基本上没有做历史学的论证，所以其观点难以成立。钱穆尽管做了某些论证，但是这种论证缺乏说服力。

当然，也有人不说"专制"，例如用传统方法治学的孟森。我们在他

---

① 钱穆：《国史大纲》上册，第 13、1、320 页。
② 陈勇：《钱穆传》，人民出版社，2001，第 264～265 页。

的《明史讲义》①中就难以找到"专制"这个词。不过，他在叙事时，仍要说到朱元璋大兴冤狱，残杀无辜；说朱元璋如何喜怒无常，时而纳谏，时而又滥杀谏官；说朱元璋一手制定多部国家法典，仅此还不够，又另立皇帝专门的法典，以严刑峻法威慑、迫害臣民；说朱元璋在国家司法机构之外，设置皇家刑讯机构厂卫；说朱元璋廷杖大臣；说朱元璋大杀拒绝应召到朝廷为官的文人；等等。不说专制并不能回避和否定中国古代专制的事实。也许孟森的不说专制，比其他人明确批评中国专制更能说明问题。

四 "中国专制说"的本土思想资源不容忽视

大凡一种外来学说，要能在本土立足、生长，必得适应本土的需要，要有适宜它生长的土壤。侯文在一定程度上肯定中国本土资源的作用，认为黄宗羲等人的思想对维新派知识分子有所启发，但仍主张专制政体说为西来，他引用陈旭麓的话："近代中国的民主不是从黄宗羲等人的思想直接孕育出来的。"（第 14 页）

对这个问题，当时人的说法应该最具有说服力。梁启超说："凡大思想家所留下话，虽或在当时不发生效力，然而那话灌输到国民的'下意识'里头，碰着机缘，便会复活，而且其力极猛。清初几位大师——实即残明遗老——黄梨洲、顾亭林、朱舜水、王船山……之流，他们许多话，在过去二百年间，大家熟视无睹，到这时忽然像电气一般，把许多青年的心弦震得直跳……读了先辈的书，蓦地把二百年麻木过去的民族意识觉醒转来。他们有些人曾对于君主专制暴威作大胆的批评，到这时拿来外国政体来比较一番，觉得句句都餍心切理，因此从事于推翻几千年旧政体的猛烈运动。总而言之，最近三十年思想界之变迁，虽波澜一日比一日壮阔，内容一日比一日复杂，而最初的原动力，我敢用一句话来包举他，是残明遗献思想之复活。"②

① 上海古籍出版社，2002。
② 梁启超：《中国近三百年学术史》，中国书店，1985，第 28~29 页。

梁启超承认他的民主思想直接来源于黄宗羲。他说："梨洲有一部怪书，名曰《明夷待访录》，这部书是他的政治理想……三百年前——卢梭《民约论》出世前之数十年，有这等议论，不能不算人类文化之一高贵产品。其开卷第一篇'原君'从社会起源说起，先论君主之职务，次说到：'古者以天下为主，君为客；今也以君为主，天下为客。凡天下之无地而得安宁者，为君也。是以其未得之也。屠毒天下之肝脑，离散天下之子女，以博我一人之产业。敲剥天下之骨髓，离散天下之子女，以奉我一人之淫乐……然则为天下之大害者，君而已矣。岂天下之大，于兆民万姓之中，独私其一人一姓乎？'像这类的话，的确含有民主主义的精神——虽然很幼稚——对于三千年专制政治思想为极大胆的反抗。在三十年前——我们当学生时代，实为刺激青年最有力之兴奋剂。我自己的政治运动可以说是受这部书的影响最早而最深。"①

吕思勉于 1929 年写的《中国政体制度小史》② 中也引用黄宗羲《明夷待访录·原君篇》的这段话。吕思勉分析黄宗羲思想产生的原因和它引起后人注意的原因："自秦以来，君权日张，至晚近而其弊大著矣。故有梨洲之论。皆时势使然也。""逮乎明清之际，阉宦横于上，'流寇'起于下。生民之道既绝，清人乘之入主，论者穷极根原，乃觉一君专制之害之大，而梨洲原君之论出焉。尚未为多数人所注意也。适会西人东来，五口通商而后，无一事不受外侮。我国人始觉时局之大异于昔……而中日战后，时势之亟，又迫我不得不图改变。于是新机风发泉涌，改革之势，如悬崖转石，愈近愈激。图穷而匕首见，而君主政体动摇矣。"③

梁启超还将黄宗羲称为"中国之卢梭"。革命派陈天华接受了这一说法且有所发挥，他在《狮子吼》中说："当初法国暴君专制，贵族弄权，那情形和我现在中国差不远。那老先生生出不平的心来，做了一本《民约论》。不及数十年，法国遂接革了数次命，终成一个民主国，都是受这《民约论》的赐哩。可惜我中国遂没有一个卢梭！有！明末清初有一个大

---

① 梁启超：《中国近三百年学术史》，第 46～47 页。
② 后收入《中国制度史》。
③ 吕思勉：《中国制度史》，上海教育出版社，1985，第 478、483 页。

圣人，是孟子以后第一个人，他的学问、他的品行比卢梭还要高几倍……就是黄梨洲先生。他著的书有一种名叫《明夷待访录》，虽不及《民约论》之完备，民约之理却已包括在内。"① 刘师培也将《明夷待访录》与卢梭的《民约论》相提并论，表示对黄宗羲"五体投地而赞扬靡止"。② 朱维铮说："黄宗羲绝没想到，他的《明夷待访录》，在他死后两个世纪，居然成为鼓动反君主专制的一部经典。"③

从对中国专制说的认识过程来看，并非如侯文所说，是近代思想家受明末清初思想启发才接受西方学说，而是他们在急于抵御外敌、改造传统社会的情况下，受西方进步思想启发，回过头去发掘中国的本土资源。这也表明，中国人在西学到来之前就已经充分认识到君主专制的危害。虽然中国原有的民本思想与西方民主思想有本质上的区别，但是明末清初思想家对皇权以及皇帝家天下的激烈批评，与后来人们的批评有着共同目标和共同语言。正因为前人已经做了大量工作，后人才能如此顺利地将政体学说及中国专制政体说发挥到人人皆知的地步。

冯天瑜、谢贵安以揭示明末清初进步思想的内在逻辑来探讨其真实意义，他们指出："明清之际的进步思想家是在对两千余年的君主专制这一庞然大物加以'解构'，以探寻新的政治文化组建之径。值得指出的是，那时的哲人是在基本没有受到西方政治理念影响的情形下，运用中国固有的思想资源从事这项工作的……值得景仰的是，作为解构专制先辈的明清之际哲人，以巨大的勇气，迎难而上，从学理层面挑战专制政治。"其政治理念主要是推倒偶像，指出专制君主是一切灾难的总根源，全面反省和整体批判两千年来的君主制；探讨国家（王朝）与天下之别，动摇君主专制赖以立论的基础；强调民在君民关系中的主导作用；提倡分权和分治，以前所未有的力度限制君权。④ 可见，明清之际哲人对后人的影响不仅是批判君主专制的激烈态度，更多的是对君主制的全面剖析。

① 转引自〔日〕佐藤慎一《近代中国的知识分子与文明》，第 227 页。
② 引自朱维铮《求索真文明：晚清学术史论》，上海古籍出版社，1996，第 354 页。
③ 朱维铮：《求索真文明：晚清学术史论》，第 357 页。
④ 冯天瑜、谢贵安：《解构专制：明末清初"新民本"思想研究》，湖北人民出版社，2003，第 1、134、151、180、191 页。

对于梁启超思想与传统的关系，大体有两种看法。一种认为梁启超的思想大部分离开了传统，以美国学者列文森为代表。另一些学者则持相反观点。例如张朋园认为，梁启超深受传统影响，又不为传统所限。黄宗智认为，梁启超无论在情感上还是理智上都依赖着传统。① 黄克武在《清末民初的民主思想：意义与渊源》中说："来自传统的观念在梁氏思想中仍具主导性地位，他以来自传统的视野观察西方的新观念，而形成本身的观点。"这些观点中包括"民主就是中国古代'民本'或'贵民'理想之实现"。②

也许正是因为忽略了中国本土思想资源的作用，侯文才过高估计中国专制说的西来因素。中国现代文化西来说曾经是一种较为普遍的认识。例如许纪霖说，过去的流行观点是"中国的现代性来自西方。"而"这一以西方为中心的思想史视野，近十年来受到严峻的挑战。这几年，不少研究现代中国思想的学者，都将寻根的目光内转，从海外回到本土。金观涛、刘青峰的《中国现代思想的起源》、汪晖的《现代中国思想的兴起》，都是从中国自身的历史脉络中解释现代中国思想的崛起。这一观察视野的大转换，意味着包括梁启超在内的晚清思想家的思想，就不是所谓'从传统到现代'的过渡，而是中国思想内在演变脉络中非常核心的一段"。③

五 "中国专制说"并非未经认真论证

侯文说："中国知识分子从听说到接受'中国专制'说历时甚短，前后不过一二年。短短的一二年显然不可能对秦以来二千年的中国政治史做充分的研究，而且当时也不存在安心从事研究的外部条件与环境。这一论断可以说是在没有经过认真论证的情况下匆忙接受的，并随即应用

① 引自黄克武《一个被放弃的选择：梁启超调适思想之研究》，新星出版社，2006，第26页。
② 黄克武：《一个被放弃的选择：梁启超调适思想之研究》，第25～27页。
③ 许纪霖：《序》，黄克武：《一个被放弃的选择：梁启超调适思想之研究》，第1页。

到实践中。从学术的角度看，是犯了结论先行，以论代史的错误。"（第26页）

然而考察中国近现代史学史即可发现，侯文的这一结论并不符合事实。梁启超最早就开展了较深入的研究。梁启超有关专制政体的论著可分为四种：一种是纯粹的政治批判和宣传，既没有政治学的分析，也没有历史学的推演。这类文章在全部论著中仅占少数，其代表作是《拟讨专制政体檄》："起起起！我同胞诸君！起起起！我新中国之青年！我辈实不可复生息于专制政体之下，我辈实不忍复生息于专制政体之下。专制政体者，我辈之公敌也，大仇也！有专制则无我辈，有我辈则无专制。我不愿与之共立，我宁愿与之偕亡！使我数千年历史以脓血充塞者谁乎？专制政体也。使我数万里土地为虎狼窟穴者谁乎？专制政体也。使我数百兆人民向地狱过活者谁乎？专制政体也。"①

侯文把梁启超在《论专制政体有百害于君主而无一利》中的一段话说成"声讨中国二千年专制政体的一篇战斗檄文"（第18页），似乎忽视了梁启超上面那篇真正的檄文，而将作为史论的文字看成政论。梁启超是这样写的："中国数千年君统，所以屡经衰乱灭绝者，其厉阶有十，而外夷构衅、流贼揭竿两者不与焉。一曰贵族专政，二曰女主擅权，三曰嫡庶争位，四曰统绝拥立，五曰宗藩移国，六曰权臣篡弑，七曰军人跋扈（如唐藩镇之类），八曰外戚横恣，九曰金壬腺削（如李林甫、卢杞之类），十曰宦寺盗柄。此十者，殆历代所以亡国之根原。凡叔季之朝廷，未有不居一于是者也。至求此十种恶现象所以发生之由，莫不在专制政体。专制政体者，实数千年来破家亡国之总根原也。"② 无可否认，这段话是对中国专制政体做历史的分析，与上面那篇真正的檄文截然不同，分析之全面和细致足以令人信服。

梁启超的第二种论著主要介绍、宣传外国思想家卢梭、孟德斯鸠、伏尔泰、康德等人的政治思想。第三种是政论，从政治学、政治理论角

---

① 梁启超：《拟讨专制政体檄》，陈书良选编《梁启超文集》，北京燕山出版社，1997，第309页。

② 梁启超：《饮冰室合集·文集之九》，中华书局，1989，第90页。

度分析政体，如《立宪法议》、《政府与人民之权限》等。不过在有些政论中也有史的研究，例如在《开明专制论》中先从政治学角度说明各种政体和专制政体，然后从历史学角度阐述专制政体在世界和中国的形成，并探讨其产生的原因。第四种是专门的史学研究，代表作是《中国专制政治进化史论》和《论专制政体有百害于君主而无一利》（均载于《饮冰室合集·文集之九》）。

在《中国专制政治进化史论》中，梁启超首先说明，中国自古及今只有一种政体，所以中国人头脑里没有对政体分类的观念。他根据西方政治理论介绍世界上各种政体，并阐述各类政体的历史演变，对中国从周代的封建制谈起，论及从秦汉到明清中央集权专制政体的沿革；同时将中国与西欧及日本做比较，进而探究为什么中国走上了一条与外国不同的道路，发展出强大的专制政体。梁启超特别指出，中国没有贵族政治是导致专制政体存在的一大原因，即"贵族政治，为专制一大障碍。其国苟有贵族者，则完全圆满之君主专制终不可得行"。① 这一认识与中外学者的研究结果基本吻合。例如，顾准认为，贵族在确立雅典民主的过程中起了某种主导的作用。② 人们普遍高度评价西欧中世纪贵族对于制约王权的重大作用。美国最高法院大法官米勒说："约翰国王在英格兰伟大的贵族们以刀剑相逼的关头，被迫作出了除非按照王国的法律规定，他们的生命和财产不得被英国国王处置的让步。这里王国的法律就是指英国人古老的律法和习惯法或者占据支配地位的贵族组成的英国议会颁布的法律。"③ 可见梁启超当时的研究已颇具学术水准。

梁启超并不仅限于一般性地描述历史大势，还列举充分的史实做论证。表现形式是用大字阐述主要观点，用略小的字体引述史料来证明此观点，真正做到论从史出。梁启超注重史的说明，也运用归纳分析手法使史实条理化。他按皇权强弱程度将重要皇帝分为四种类型，每个类型

---

① 梁启超：《饮冰室合集·文集之九》，第 71 页。
② 顾准：《希腊城邦制度》，中国社会科学出版社，1982，第 133 页。
③ 〔美〕约翰·V. 奥尔特：《正当法律程序简史》，杨明成、陈霜玲译，商务印书馆，2006，第 7~8 页。

包括多少皇帝都有明确说明；还统计世界上 19 名重要的专权者，包括普鲁士铁血宰相俾斯麦、俄国沙皇彼得大帝等人，分析他们专权的行为。照此情况看，说梁启超对专制制度没有历史研究是缺乏根据的。

否认梁启超对中国专制说有研究者主要是想当然地以为，梁启超当时正忙于从事政治运动，没有时间和精力去搞历史研究这种不急之务。然而，正是现实的政治需要迫使他研究政治史。佐藤慎一说："20 世纪初的中国人并不以仅仅知道这种新的三分法为满足，如孟德斯鸠的《论法的精神》所述……对他们来说，与知道中国的现状是君主专制相比，知道将它改变成其它政体的方法更加重要。他们所关心的重点，与其说是政体的类型，不如说是政体之间相互转化的关系。转化关系中特别关注的问题是政体的'进化'关系……最初试图解决这一问题的是梁启超。"① 第一个将政体说引入中国的是梁启超，第一个对政体的进化进行历史研究的中国人也是梁启超，这当然不是巧合。梁启超当时大力提倡学术救国，建立包括新史学在内的新学术，而政治史作为中国新史学的一个显要学科，乃是他事业中最重视的一部分。

即使是对于近代思想家的政论，也应更全面地看。先哲们接受的孟德斯鸠的学说主要不是中国专制政体说，而是自由、法治和三权分立说，政体说是为这些根本思想服务的。梁启超、章太炎、孙中山都主张三权分立说。1912 年作为辛亥革命胜利产物颁布的《中华民国临时约法》，就是根据三权分立的原则来建立国家机构体系的。

继梁启超之后，还有一些历史学者对中国专制政体进行学术研究。以制度史见长的吕思勉于 1929 年写的《中国政体制度小史》中分析的亚里士多德所说的三种政体在中国历史上都曾出现过，但是流传到后世的只有君主专制这一种。他指出，秦汉以后君主专制的原因在于先秦时所有的贵族势力及神教限制君权之力不复存在，"故秦汉之世，实古今转变之大关键也"。无限制的权力使得皇帝有能力对全社会进行控制和掠夺。"以天下为一人所私有，盖从古未有此说。然君主之权，既莫谓之限制，

---

① 〔日〕佐藤慎一：《近代中国的知识分子与文明》，第 243 页。

则其不免据天下以自私。"① 吕思勉还详细考察了历代王位继承制的演变以及君权与相权消长的过程。

雷海宗于 20 世纪 40 年代写《中国的元首》②，论述皇帝专制和家天下。林同济的《官僚传统——皇权之花》指出，官僚与专制，在时间上说，是并世而生，在功用上则相得益彰。③ 丁易《明代特务政治》④ 剖析明代皇权如何利用特务组织——东厂、西厂及锦衣卫，残酷迫害臣民。吴晗等人的《皇权与绅权》⑤ 认为在中国传统社会中皇权是最基本的权力，秦以前是贵族专政，秦以后是皇帝独裁。

1949 年以后，专业化的研究蔚为大观。经大量学者数十年的努力，创造出大量研究成果，形成了颇具规模的学科体系。有专论，有通论；有通史，也有断代史；还有各类专史，如社会史、思想史、法制史、政治史、经济史、农民战争史甚至建筑史等多种角度能够揭示专制制度的特征。在此仅举一小部分著作说明如下。

陈长琦《中国古代国家与政治》⑥、张晋藩和王超《中国政治制度史》⑦、左言东《中国政治制度史》⑧、韦庆远《中国政治制度史》⑨、白钢主编《中国政治制度史》⑩ 从总体上概述中国专制制度。刘泽华、汪茂和、王兰仲《专制权力与中国社会》⑪ 和刘泽华《中国的王权主义》⑫ 论述专制权力如何支配中国社会，后者还分析君尊臣卑观念等强化君权的理论。多部中国农民战争史揭示专制皇朝对人民的残酷迫害与掠夺激起历代的农民起义。

---

① 吕思勉：《中国制度史》，第 466、476 页。
② 原名《皇帝制度之成立》。
③ 参见雷海宗、林同济《中国文化与中国的兵》，岳麓书社，1989。
④ 1945～1948 年写成，群众出版社，1983。
⑤ 天津人民出版社，1988。
⑥ 文物出版社，2002。
⑦ 中国政法大学出版社，1987。
⑧ 浙江古籍出版社，1986。
⑨ 中国人民大学出版社，1989。
⑩ 天津人民出版社，1991。
⑪ 吉林文史出版社，1988。
⑫ 上海人民出版社，2000。

冯尔康主编《中国社会结构的演变》① 说明皇帝有至高无上的地位，皇室成员是社会最高等级，享有多种特权。徐连达和朱子彦《中国皇帝制度》②、白钢《中国皇帝》③、周良霄《皇帝与皇权》④、卫广来《汉魏晋皇权嬗代》⑤ 从皇帝制度和皇帝个人两方面认识专制制度。朱子彦《后宫制度研究》⑥ 详细介绍与皇帝制度密不可分，同时也是皇帝制度一部分的后宫制度。卜宪群《秦汉官僚制度》⑦、诸葛忆兵《宋代宰辅制度研究》⑧ 从官僚制方面研究。李禹阶、秦学顾《皇权与外戚》⑨ 分析皇权的孪生物：外戚专权。

田余庆《东晋门阀政治》⑩ 反驳多数人认为东晋门阀政治是贵族政治的观点，认为这种观点是受西方理论影响，忽视了中国历史本来的特征。指出东晋门阀政治是士族与皇权的共治，是一种在特定历史条件下出现的皇权政治的变态。它的存在是暂时的，它来自皇权政治，又逐步回归于皇权政治。朱子彦、陈生民《朋党政治研究》⑪ 介绍皇帝如何严禁臣下结党，打击威胁其地位的朋党，又自己建立帝党来加强皇权。

王子今《"忠"观念研究》从历代典籍、石刻、碑文、敦煌遗书等多种史料以及民俗文化、人名、地名中发掘"忠"观念的表现及演变过程，发现秦汉专制政体的奠基导致"忠"的政治规范的定型。"早期（战国时期）政治道德形式中的某些情感因素，已经逐渐为完全由政治地位所决定的义务和责任的严格规范所代替"，"为人臣必忠"，"危身奉上曰忠"。表明"忠"是对皇帝的绝对服从，"不忠"常常是君主令臣下致死的罪

① 河南人民出版社，1994
② 广东教育出版社，1996。
③ 社会科学文献出版社，2008。
④ 上海古籍出版社，1999。
⑤ 书海出版社，2002。
⑥ 华东师范大学出版社，1998。
⑦ 社会科学文献出版社，2002。
⑧ 中国社会科学出版社，2000。
⑨ 西南师范大学出版社，1993。
⑩ 北京大学出版社，1989。
⑪ 华东师范大学出版社，1992。

名。① 这部著作视角独特，立论新颖，史料翔实，堪称观念史中的精品。

张晋藩《中国法律史论》② 论述皇帝至高无上的立法权。林咏荣指出，在专制政体之下，刑法严酷，忽视人权。此外，明代皇帝在国家司法机构之外，另设专门处理政治性犯罪的特务组织，如东厂、西厂、锦衣卫、镇抚司等，"甚为酷虐，为一代秕政"。③ 张中秋《中西法律文化比较研究》④ 认为中国与西方君主的立法权极大地不同，导致中国"人治"和西方"法治"的结果。侯家驹《中国经济史》⑤ 指出皇帝"家天下"制以及政治权力对古代经济的强力干预严重阻碍中国经济的发展。刘展主编《中国古代军制史》⑥ 涉及皇帝至高无上的军权。

杨宽揭示了建筑史上的一个奥秘："西汉以前都城布局坐西朝东，是继承过去维护宗法制度的礼制，以东向为尊。东汉以后都城布局改为坐北朝南，是推行推崇皇权的礼制，以南向为尊。当时在中央集权的政治体制下，为了尊崇皇权的需要，把皇帝祭天之礼作为每年举行的重大典礼，规定在国都南郊举行，这是使都城布局坐北朝南的一个原因。"⑦ 这一重大发现受到日本学者的高度重视，妹尾达彦写作《唐长安城的礼仪空间——以皇帝礼仪的舞台为中心》就引用和发挥了他的观点。杨宽还分析明代为皇帝掌管"诏狱"（就是由皇帝亲自断案的重大刑狱）的锦衣卫，之所以设在洪武门的内右侧，而国家正式司法机构三法司设在较远的皇城西北，是因为"锦衣卫的权势凌驾于三法司之上"。⑧

李铁《中国文官制度》⑨ 说明，中国古代国家制定严格管束官吏的官法和官刑，即"治吏之法"，以确保官僚对皇权的绝对服从。即使是文官之长的丞相，也不免于殊死。治吏过严，有时竟激起"官变"。据《史记

① 王子今：《"忠"观念研究》，吉林教育出版社，1999，第71、129页。
② 法律出版社，1982。
③ 林咏荣：《中国法制史》，台北：大中国图书公司，1976，第219、817页。
④ 南京大学出版社，1999。
⑤ 上下两卷，新星出版社，2008。
⑥ 军事科学出版社，1992。
⑦ 杨宽：《中国古代都城制度史研究》，上海人民出版社，2003，第186页。
⑧ 杨宽：《中国古代都城制度史研究》，第531页。
⑨ 中国政法大学出版社，1989。

·李斯列传》记载，秦末"法令诛罚日益深刻，群臣人人自危，欲叛者众"。瞿同祖《清代地方政府》① 角度新颖，方法独特，与其他人的研究有极大不同：一是大多数人偏重于中央政治制度，而该书从清代地方政府的运作揭示古代政治的实际操作；二是一般人多以现代政治学的观念分析中国古代政治，论述行政机构及各项制度，仅重视制度的正式性和官方因素，该书则注意到成文制度之外的私人因素和非正式政府形式；三是注重对人的行为的分析，指出州县政府的所有职能都由州县官一个人负责，州县官就是一人政府。

王彬《禁书、文字狱》② 详细介绍从秦到清历代皇朝实行的思想、文化专制。

由于明代的专制程度达到历史的顶峰，关于明代的著述更有不少，如刘志琴《晚明史论——重新认识末世衰变》③、王其榘《明代内阁制度史》④、张显清和林金树《明代政治史》⑤、李渡《明代皇权政治研究》⑥等。如此种种，不一而足，限于篇幅难以详细介绍。

侯文说中国专制说未经事实论证，岂不是无视众多学者多年来的研究成果，岂不是割裂了中国近现代学术史？对于侯文，此前姜鹏曾质疑："这么多有名有姓的大知识分子，为什么在短短一两年之内就接受了孟德斯鸠的观点，认为中国是专制政体？这本身难道不说明问题吗？侯先生却说，这是未经深究的皮相之论。但这么多一流学者，在这么大的观念转变问题上，有如此一致的决断，如果毫无事实基础作为他们的认知前提，难道是他们集体认知失范？恐怕不这么简单吧！我们不否认，观念会局限人的视野，经常诱导人们有选择性地认知事实，但归根结底，观念本身是怎么产生的呢？是事实催生了观念，还是观念催生了事实？梁启超等人，这些比我们更深入那个体制中的人，思想水平至少不亚于现

① 法律出版社，2003。
② 中国工人出版社，1992。
③ 江西高校出版社，2004。
④ 中华书局，1989。
⑤ 广西师范大学出版社，2003。
⑥ 中国社会科学出版社，2004。

代学者的人，他们的认知，会是跟中国的实情完全脱节的吗？"① 在这里恐怕还应补充，后来这么多学者，花费这么多精力去研究中国专制政体，难道都是向壁虚构、无的放矢么？

六 从中西王权的比较看中国是否专制

侯文说："本文只是对关于中国古代政体及皇帝本性的一种'论断'的传播、发展历史的剖析。具体说属于词汇史、观念史，并不是对帝制时代二千多年中实际运转的中国统治体制本身的研究——对统治体制本身的研究绝非一篇短文所能完成。"（第 5 页）可是，既然侯文断言中国古代专制说不符合中国历史事实，那么就必须对"中国统治体制本身"做一定的研究。一点不谈恐怕是说不过去的。

判断一种政体是否专制，可以从正反两方面看。正面即最高统治者有多大的权力，反面即这一权力是否受制约。这两者又是相互影响的，权力受制约就有限，权力不受制约自然就无限。曾经有学者说，世界上没有不受制约的权力。这话当然没错，可是历史研究不能仅靠逻辑推理得到绝对的结论，而是要用大量事实来论证制约是否有效，是否有制度上的保障，制约的程度又是多少。

钱穆认为中国的皇权是受到极大制约的，我们已经根据学者们的研究结果对其做了初步分析，证明此论难以成立。20 世纪 40 年代，还有学者对这个问题展开讨论。费孝通和吴晗两人在基本观点上相同，都认为中国古代政体是专制政体。例如费孝通说："在专制政权下，人民只有义务而没有权利，皇帝的话就是法律。"② 不过费孝通认为，中国的皇权在一定程度上受制约。吴晗则与他商榷，指出"皇权的防线是不存在的。虽然在理论上、在制度上，曾经有过一套以巩固皇权为目的的约束办法，

---

① 姜鹏：《读〈中国古代专制说的知识考古〉：认识自我不应脱离"他者"》，《文汇报》2009 年 1 月 4 日，第 8 版。

② 吴晗、费孝通等：《皇权与绅权》，天津人民出版社，1988，第 4 页。

但是，都没有绝对的约束力量"。① 究竟哪一种意见正确，需要用史实来判断。如果我们变换角度，从西方看中国，或许更能对这一问题有较清楚的认识。

1. 西方的王权

首先，中西专制王权存在的时间相差甚远。中国专制王权有长达两千余年的历史，而西方专制王权仅存在了两百多年——大致从 15、16 世纪（各国不一）算起。意大利政治思想家拉吉罗说："'在法国，自由是古典的，专制才是现代的。'斯塔尔夫人的这句话，颇道出了历史的事实。自由与现代君主制下的专制相比，确实更为古老，因为它植根于封建社会。"② 然而，专制是现代的并不是法国一国特有的现象，而是欧洲普遍的现象。英国思想家阿克顿说："根据欧洲大陆最著名的女作家的一句名言——自由是古老的，专制才是新的。证实这一名言的正确性，已是最近之史学家的荣耀。希腊英雄时代证实了它，在条顿人的欧洲则表现得更加明显。"③ 西方专制王权之所以时间短暂，就是因为王权始终受到全社会强有力的制约。

进一步看，西方的"专制"与东方的专制有着根本的不同，其实本应该叫作"绝对主义"。刘北城、龚晓庄指出："绝对主义（或绝对君主制 absolute monarchy）原本特指近代历史上继等级君主制之后发展起来的中央集权的'新君主国'。马克思、恩格斯多次论述这种政治体制。但是，在中文版里，'绝对君主制'一直被译为'专制君主制'或'专制君主国'。"然而绝对主义和专制主义有较大的区别。从地域上看，"在马克思、恩格斯的著作中，'专制主义（despotism）'一般是用于东方，特指'东方专制主义'"。而绝对主义是欧洲特有的现象。从政权的基础看，西欧在绝对主义君主制之前的是封建的等级君主制。"在西欧中世纪末期和近代早期发展起来的王权，因其权力集中，形成绝对君主制，也破坏

---

① 吴晗、费孝通等：《皇权与绅权》，第 47 页。

② 〔意〕圭多·德·拉吉罗：《欧洲自由主义史》，杨军译，吉林人民出版社，2001，第 1 页。

③ 〔英〕阿克顿：《自由的历史》，王天成等译，贵州人民出版社，2001，第 7 页。

了原有的封建主义。这种君主制的社会基础也不是纯粹的封建贵族，而是‘土地贵族和资产阶级间的均势’。"①

以往中国人总把封建与专制连在一起，实际上两者是不兼容的。刘北城、龚晓庄说："封建主义的概念最初是对中世纪西欧军事分封制和等级所有制的概括。马克思、恩格斯只承认这种本来意义上的封建主义。因此，凡是典型的、纯粹的封建主义，必然是等级的所有制，其统治权是分裂和分散的，那就不可能有专制主义。东方社会没有封建主义，只有东方专制主义。"② 即使"绝对主义"这个概念也不够准确，佩里·安德森就认为这是一个"错误的命名"，专制主义的特征是君权无限，而西方所谓绝对主义则是君权有限。佩里·安德森说："从不受约束的专制主义的意义上看，没有一个西方君主享有统治其臣民的绝对权力。所有君权都是有限的。从本质上讲，君主和绝对权力的主要标志就是无需征得臣民同意而将法律强加于其头上的权利。"然而，"没有一个绝对主义国家能像同时代的亚洲暴君那样，可以随意剥夺贵族或资产阶级的自由或地产。他们也从未真正实现过完全的行政集权化或司法一体化"。③ 这种分析与上面所说的自由植根于封建社会大体是一致的。

西方中古社会是多元的和分权的社会，社会中存在着多种势力及其多种权力：教权、王权、贵族权力以及后来兴起的城市权力。王权仅仅是其中的一种，与其他社会力量处于时而共存、时而对抗的状态。王权之外的其他社会势力有时自成力量、有时相互合作，随时起到制约王权的作用。大致上有以下几方面的表现。

（1）"王在法下"：以法律管束国王

沃特金斯指出："从古希腊、罗马时代以降，法律下的自由这个概念，便一直是西方政治生活最明显的特色。""在中古时代，法治的概念主要是从基督教的制度中获得认可。遵守法律，乃是上帝所规定的职责，

---

① 〔英〕佩里·安德森：《绝对主义国家的系谱》，刘北城、龚晓庄译，上海人民出版社，2001，"中译者序言"，第1、2页。

② 〔英〕佩里·安德森：《绝对主义国家的系谱》，"中译者序言"，第2页。

③ 〔英〕佩里·安德森：《绝对主义国家的系谱》，第40、41页。

而由一个普世教会（此教会声称有权要所有世俗的统治者都按上帝规定，各司其职）之道德构成所强制执行。"① 西欧封建社会的地方自治和贵族自由传统也促进法治的实施。

按照西欧封建制的原则，国王被要求"靠自己过活"。他的经济来源基本上只限于王室领地。如果国王要向臣民征收额外的赋税，则必须取得纳税人的同意。这样就限制了王朝对社会的过度剥削。这一封建原则其实就是习惯法，具有法律效力。然而，约翰王为了征集战费，向臣民广收赋税，破坏了这一原则。结果正如钱承旦、许洁明《英国通史》所说："那种个人无视法律的行为终究导致了贵族的反叛。"1215 年，英格兰贵族联合市民阶级武装反抗，以刀剑胁迫国王签署由贵族制定的《自由大宪章》（以下简称为《大宪章》）。《大宪章》详细规定了贵族、市民、教士等各阶层的权利，也明确划分国王的权限范围，对国王能够做什么和不能做什么都有明确的规定。"《大宪章》一直作为国王应该遵守法律的象征而矗立着，成为英国有限君主制传统的永久的历史见证。这种深远影响是制定《大宪章》的男爵们始料不及的。"② 《大宪章》中最为精髓和最为重要的有两点，一是除非得到本王国的同意，国王不得擅自征税。这成为后世"无代表权不纳税"这一原则的基础，为后来议会制的产生开辟了道路，北美独立也是依据这一原则实现的。二是著名的"正当法律程序"。奥尔特说："英国人的权利首次在 1215 年的《大宪章》中作了令人难以忘怀的表述。除了其他许多事情以外，臭名昭著的约翰国王受其反叛的贵族们所迫做出承诺：'任何自由人非经贵族院依法判决或者遵照王国的法律之规定外，不得加以扣留、监禁、没收其财产、剥夺其公权，或对其放逐，或受到任何伤害、搜查或者逮捕。'""正当法律程序保障（或者王国的法律）是对君主的一种限制，在约翰国王或是他的皇室官员可能针对一个人采取行动之前，必须遵循某些程序，而设计这些程序的目的就是为了确保公正。在当代，公正的程序依然是正当程序的核心。"正当法律程序概念，"发端于数百年以前的英国，并由英国

---

① 〔美〕弗雷德里克·沃特金斯：《西方政治传统》，第 2、3 页。
② 钱承旦、许洁明：《英国通史》，上海社会科学院出版社，2002，第 58、61 页。

殖民者携带到美洲。美国革命之后，正当法律程序有了宪法法典的保障"。① 1258 年，武装的男爵们以全英国的名誉迫使亨利三世接受了一个比《大宪章》更进一步的条例，即《牛津条例》。条例规定：没有大议事会的同意，国王不能任意没收地产、分配土地和监护土地，也不能出征。②

据施治生、郭方主编的《古代民主和共和制度》（中国社会科学出版社，1998）介绍，当时西欧各国的教俗贵族普遍制定了这种约束王权的法律，以确保贵族自身的自由和权利。这些法律是普遍的和长久有效的。

（2）"王在议会中"：建立制度制约国王

受日耳曼原始民主制的影响，西欧封建社会早有贵族议事会的组织机构，随后则产生议会这一正式组织。英国议会的建立也是贵族联合市民斗争的结果。"因为，经过《大宪章》和《牛津条例》的签订，凡国事应该交大议事会讨论，国王和贵族间应该有一种有效的合作方式，这两点已在英格兰人的心中生了根。"③ 1264 年，贵族蒙特福特在联合市民反抗王权的战争中召开议会。参与者不仅有贵族，还广泛吸收中等阶层的人士，从此使民众参政议政制度化。议会除了掌有征税权外，还参与外交政策（例如讨论与某国联姻）、国内宗教政策及经济政策等的制定，并逐渐获得主权和立法权。这是议会长期以来与国王顽强斗争的结果。1621 年议会曾强烈要求把一直专属于国王的决定战争与和平的权力给予议会，这遭到了国王的强烈反对。下议院议长柯克宣称议会代表成千上万的国民。从此，英国议会开始以全体国民的名义，并代表他们的利益制约国王，甚至反对国王。"光荣革命"开启了"议会至上"的时代，英国首次有了现代类型的立法机构。④

法国的三级会议不如英国议会有力，但是法国还有一个机构能够起到制约王权的作用，那就是高等法院。高等法院不仅是司法机构，还是

---

① 〔美〕约翰·V. 奥尔特：《正当法律程序简史》，第 4、5、7 页。
② 钱承旦、许洁明：《英国通史》，第 63 页。
③ 钱承旦、许洁明：《英国通史》，第 65 页。
④ 魏建国：《宪政体制形成与近代英国崛起》，法律出版社，2006，第 98、99 页。

贵族参政、议政的机构。它由大贵族组成，有巴黎的和地方的两种。虽然它的范围小于三级会议，但因是常设机构，与临时召集的三级会议不同，能够起到后者所起不到的作用。巴黎的高等法院曾多次驳回国王的财政预算，因为"王国政府不能随心所欲地设立税收和征税，它必须事先得到最高法院的同意。最高法院是阻止政府为所欲为的制约"。[①] 1648年，巴黎高等法院为抵制政府的横征暴敛，联合各地法院向国王提出27项制约政府行为的要求，巴黎市民筑起上千个街垒，武装起义响应贵族的行动，国王和王太后被迫逃离巴黎。这就是法国历史上有名的"高等法院投石党运动"（投石即反对当局之意。投石器本是一种儿童玩具，曾被当局明令禁用）。高等法院还参与议决某些国家大事。例如亨利四世死后，继位的国王年幼，遂由高等法院的法官投票决定由皇太后摄政。1788年，为对抗路易十六不合理的增税方案，巴黎高等法院庄严地发表宣言《民族权利和君主制根本法》，明确提出制约王权，得到各地民众的热烈响应。这一运动被称为法国史上的"贵族革命"，它恰是1789年（仅一年后）法国大革命的先声。

（3）废立国王和制裁国王

西方王权合法性的基本原则有三项：除了要求有王室血统（有时是贵族血统）外，另外两个重要原则，一个是人民同意，另一个是教会同意。"人民"最初只是贵族，后来发展为更多的民众参与。在英国，人民同意常常表现为议会同意，议会有权决定王位继承问题。教会同意就是所谓的君权神授。君主继位时，要由教皇或者教皇的代表为其加冕、涂圣油，王权才具有合法性。人民同意和教会同意两项原则的含义是，贵族和教会承认国王合法的和合理的统治，在这一前提下给予应有的支持。如果他们认为国王的行为违背法律或损害了教会和贵族的利益，就有权将他废黜。王权合法性的基本原则是由多元社会结构决定的。西方社会的统治阶级未能形成一个统一的整体，贵族和教会相对独立于王权，并与王权分享统治权。所以才会有既支持王权又制约王权的政治格局。

---

① 〔法〕米歇尔·卡尔莫纳：《黎塞留传》上册，曹松豪、唐伯新译，商务印书馆，1996，第207页。

据丁建弘《德国通史》介绍，公元 1075 年，德意志皇帝亨利四世因与教皇争夺主教授职权发生激烈冲突，教皇于 1076 年宣布破门律，开除他的教籍，宣布废黜国王。按照破门律，如果被惩罚者不能在一年之内获得教皇的宽赦，他的臣民都要解除对他的效忠，这意味着皇帝最终被废黜。当时许多贵族站在教皇一边对抗皇帝。在教会和贵族的双重压力下，亨利四世于 1077 年到意大利北部的卡诺莎（教皇当时在此），赤足披毡，在风雪中等候三天，向教皇忏悔赎罪，才得以恢复王权。这就是历史上著名的"卡诺莎之行"。① 实际上"卡诺莎之行"并非西欧历史上的特例，在法国、英国也有一些类似的事例，国王为了保持王位，不得不向教皇低头。

德意志贵族对国王（或皇帝）的压力不仅在于行动上的反对，更多是影响乃至操纵王位继承。德意志国王大多是经选举产生的。到 1257 年，德意志王国选举国王时有七大诸侯参加，这是历史上第一次出现七大诸侯选举国王的事件。在 1356 年颁布的"金玺诏书"从法律上正式确认"选侯"的身份和特权。"金玺诏书是德意志王国整整一百年来政治—法权发展的总结，是诸侯对以皇帝为代表的中央皇权的胜利。金玺诏书一直到 1648 年都具有法律效力，德意志一直就是一个选侯选皇帝—国王的国家。"② 选侯制不是像英格兰政治中的贵族与国王共治，而是德意志国王代表贵族，或很大程度上按照贵族的意愿行使权力。

据《英国通史》介绍，英格兰贵族不满爱德华二世任用私人亲信，认为这有害于贵族们的利益。他们处死一个国王的宠臣，并以议会名义宣布驱逐另一个宠臣。国王却与宠臣联合，迫害反对派。"国王与大贵族之间不能合作终于导致了王权的崩溃。1327 年，爱德华二世在议会的胁迫下逊位于自己的儿子（爱德华三世）……在英格兰的现实政治生活中和议会发展史上，爱德华二世被废黜是史无前例的，因为自诺曼征服以来，这是第一位被废黜的国王，并且是以议会的名义废黜的，表明议会

---

① 丁建弘：《德国通史》，上海社会科学院出版社，2002，第 33 页。
② 丁建弘：《德国通史》，第 44 页。

可以引导法律的变化。"① "尽管爱德华之子的继位确保王权世袭的原则不受侵犯,但神授王权的不可侵犯性遭到了破坏。"② 其后,又有三位英格兰国王被废。苏格兰女王玛丽·斯图亚特因不得人心,被贵族们废黜,逃亡到英格兰,又因谋害英格兰女王伊丽莎白一世而被英格兰议会判处死刑。法兰西历史上也有几个国王被贵族废黜。

(4)人民对政府的压力

大约10世纪以后,城市作为一股新兴力量参加到多元力量的角逐中。城市的兴起一方面凭借的是自身的经济实力,另一方面则得益于教权与王权,以及王权与贵族的竞争。三方都给城市以种种特权和优惠政策,并在不同程度上允许城市自治,以换取城市的支持。城市因而极大地发展,成为举足轻重的社会力量。其后的趋势是王权与城市结成较为永久性的联盟,以对抗封建贵族。城市及市民阶级形成了类似于现代政治中的压力集团,直接影响王国的外交政策、宗教政策、城市及经济政策以及政治决策的制定。城市的这种作用有些是通过议会中的代表来实现的,有些则是以城市为单位独自实现的。例如,法国的亨利四世登基之初,全国仅有5座城市承认他的合法性。在天主教徒占人口总数90%的法国,一个信奉新教(胡格诺教)的国王是难以实行统治的。当时正值新旧教两派战争,即"胡格诺战争"之时,亨利国王多次率兵攻打天主教的大本营巴黎。"在屡攻不克的巴黎城下,亨利四世最终下决心改宗旧教。他说了一句日后被世代相传的名言:'为了巴黎而做弥撒是值得的。'1593年亨利四世正式宣布放弃新教信仰。6天后,新旧教两派达成为期3个月的休战协定。1594年3月,亨利四世在热烈的欢呼声中进入巴黎,并成为全国公认的国王。至此,持续了32年之久的胡格诺战争画上了句号。"亨利四世并不以取得王权为满足,为进一步赢得人心,他在1598年颁布著名的《南特敕令》,规定天主教为法国的国教,同时宣布法国人民有信仰新教的自由。"'南特敕令'堪称基督教欧洲国家实行宗教

① 钱承旦、许洁明:《英国通史》,第75页。
② 〔英〕肯尼斯·O. 摩根主编《牛津英国通史》,王觉非等译,商务印书馆,1993,第192页。

宽容政策的第一个范例。它从法律上正式承认每个人均享有信仰自由，并给以切实保障。显然，南特敕令具有的划时代的意义是毋庸置疑的。"①在结束国内宗教战争的同时，亨利四世适时结束与西班牙的战争，双方签订和约，结束长达45年的宗教战争，从而完全恢复了和平。"在法国，善良的百姓憧憬着和平。重建和平使'明君'亨利四世深得人心，其威信达到了顶点，这尤其是因为恢复对外和平与恢复国内的宗教和平在时间上几乎完全吻合，两者只有几天之隔。"②

在多方力量的种种制约下，国王的实际权力是有限的。例如在英格兰，"亨利二世（1154～1189年在位）的财政收入的某些具体数字保留下来了，这些数字显示了一个比较强大的国王的职能和权力。财政总收入是很少的——无论国王要履行的职能有多少，这些职能只涉及很少的官员，花费很少的钱。'官僚机构'的规模仅仅稍微大于大贵族和高级僧侣的家庭。此后不久，国王约翰（John，1199～1216）估计，自己的财政预算小于坎特伯雷大主教的财政预算。财政收入的主要部分来自王室领地，即来自国王的'私人来源'。直到13世纪70年代爱德华一世创造了广泛的关税收入之前，这种情况一直没变"。③

史实表明，西方不需要建立"谏议制"等制度，贵族的兵谏比"文谏"更有效，议会制比监察制对王权的约束力更强，全社会的力量能够有效地制约王权。结果是，西方的分权制约形成了法治和民主，受制约的政权要依法执政，遵照人民的意愿制定政策，从而使社会朝着合理的方向发展。这些恰是西方率先现代化的重要的和直接的原因。

2. 中国的皇权

中国王权合法性的依据，不是人民同意或教会同意，而是暴力。"成则王，败则寇"，成功夺取政权的就是合法政权。中国王权也有"君权神授"，但这是中国特色的君权神授，是由皇帝给自己授，而不是由独立于

---

① 吕一民：《法国通史》，上海社会科学院出版社，2002，第65页。
② 〔法〕米歇尔·卡尔莫纳：《黎塞留传》上册，第48～49页。
③ 〔英〕迈克尔·曼：《社会权力的来源》第1卷，刘北城、李少军译，上海人民出版社，2002，第564、565页。

王权的教会来授。新皇帝继位后，总要制造出一些神话，宣扬关于自己的一些特异现象，如降生时满屋红光，或者其母与神、龙交配，等等，表明皇帝是神灵转世或神的后代。这种"神授"不仅对王权毫无约束力，反而加强了王权。庞大的官僚集团只是皇帝的奴仆，他们没有独立性，盛衰荣辱都随皇帝的意志而定。由于中国社会中没有独立于王朝的社会力量和政治实体，也就不可能对王权有实质性的和有效的制约。

与西方的"王在法下"不同，中国是王在法上和王在法外。"从中央的行政体系结构剖析，皇帝并非是这一体系的成员。在中国洋洋数百万言的行政法典中，从未保留下有关皇帝的一条一款。既无法律的授权，又无法律的认定，他对权力的行使是于无法之中握有最大的法权，于法外特权中享有最高主宰权。对此，中国人总是欣然默许，并运用一切手段，尤其是运用强化维护皇权的官吏制度给予保障。"①

中国皇帝最重要的是掌有生杀予夺大权。皇帝征税无需取得人民的同意，他们任意杀人、抄家、掠夺臣民的财产也没有"正当法律程序"去制止。专制君主为了加强专制而滥杀人，又因有权任意杀人而更加滥杀，杀功臣、杀异己、杀任何可能危害自己统治地位的人。"司马懿处置曹爽一党，手段极其残忍。《晋书》卷一《宣帝纪》曰：'诛曹爽之际，支党皆夷及三族，男女无老长，姑姊妹女子之适人者，皆杀之。'数年后，当晋明帝问及晋朝先人所以得天下之由，王导乃陈帝（宣帝司马懿）创业之始及文帝（司马昭）末高贵乡公事。明帝以面覆床曰：'若如公言，晋祚复安得长远？'"② 晋明帝从前一代皇朝覆灭的悲剧中预见到今后晋朝难逃灭家亡国的命运。这段史料恰好证明了梁启超在《论专制政体有百害于君主而无一利》中的论断：专制政体是破家亡国的总根源。

专制皇帝有能力充分动用国家财政以满足个人的需要。据日本华裔学者杨启樵介绍，清朝雍正皇帝的御用作坊无所不能，制作的器物数量之多，令人难以置信，甚至能制造重型武器。雍正五年、七年、八年各制造大炮130门、100位和92门，造炮车（安置大炮所用）3400辆。除

① 李铁：《中国文官制度》，中国政法大学出版社，1989，第9页。
② 田余庆：《东晋门阀政治》，北京大学出版社，1989，第143页。

此之外，还制造大量其他武器。如雍正七年，做腰刀 10000 把，八年，命制作鸟枪 1000 支，腰刀 2000 把，大小刀 2000 把。按照朝廷的制度，武器的设计、制作和使用是国家的事，权归兵部、工部。可是雍正皇帝用国库银两制造大量武器，无论兵部、工部，还是内阁都无权过问。造办处还制作其他物品。这些物品（包括小型兵器，如刀剑）一部分用来赏赐群臣，以笼络臣下；一部分为己用，如出宫防卫。①

慈禧太后动用巨额海军军费为自己修建颐和园及"三海工程"（北海、中海、南海），比雍正帝花费更大，对国家造成的危害更深。花费这样大的款项（据专家估计有二三千万两之多），却没有人敢于劝阻，② 这种情况在英国绝对不可能发生，当时英国有一个流行的说法：伊丽莎白女王要想让议员多掏一便士，比要他们的脑袋还难。

侯文说，中国专制政体说妨碍了对历史的深入认识，事实恰恰相反。否认中国专制，才是真正妨碍了对中国历史的认识。由于没有人民和全社会的压力，专制政府的任何政策都只为自己的利益，而不顾民族和人民的需要。黄仁宇说："明朝采取严格的中央集权，施政方针不着眼于提倡扶助先进的经济，以增益全国财富，而是保护落后的经济，以均衡的姿态维持王朝的安全。这种情形，在世界史中实属罕见，在中国历史中也以明代为甚。""这种维护落后的农业经济，不愿发展商业及金融的做法，正是中国在世界范围内由先进的汉唐演变为落后的明清的主要原因。"③

这种专制的强权统治造成社会的封闭和僵化。徐复观说，在中国，"没有任何社会势力，可以与专制的政治势力作合理的、正面的抗衡乃至抗争，所以最后只有全面性的农民暴动"。"改朝换代，重新再来。政治是循环的，经济社会也是循环的。在此种情形之下，不能容许某一特定阶级作直线的发展。因此，两千年来的历史，政治家、思想家，只是在专制这架大机器之下，做补偏救弊之图。补救到要突破此一专制机器时，便立刻会被此一机器轧死……一切文化、经济，只能活动于此一机器之内，而不能逸出于此一机

① 杨启樵：《雍正帝的御用作坊》，《北京大学学报》2000 年第 1 期。
② 雷颐：《李鸿章与晚清四十年》，山西人民出版社，2008，第 303、305 页。
③ 〔美〕黄仁宇：《万历十五年》，第 2、3 页。

器之外，否则只有被毁灭。这是中国社会停滞不前的总根源。研究中国历史，不把握到这一大关键，我觉得很难对中国历史作正确的理解。"①

正如陈勇指出的，"中国传统政治最大的弊害就在于它的专制性"，②这是千真万确的。专制政权以刑治——严刑酷法统治社会，迫害人民。在专制权力的淫威下，臣民的生命和财产不仅得不到基本的保障，还会受到极大的损害。人民创造的绝大部分社会财富被统治者掠夺去，供他们挥霍和享用，社会经济难以正常发展。法治的缺失造成社会不公正，由此不断引发周期性社会动乱，更加严重地阻碍了社会进步。

中国专制是造成中国古代社会长期停滞的重要原因，这已是学界的普遍共识。

七　小结

知识考古是一项非常有益的工作，只是侯文所做的知识考古不够完全。这启发我们去思考如何将这项工作引向深入。首先，对于每一个人物的思想都应该做全面的考察，而不是仅仅引述他的某一个结论。例如，对梁启超的政体说，既要研究其政论，也要研究其史论，还要探索他认识的来源：本土的和西来的。对于孟德斯鸠，既要看到他的贬华，也要看到他的褒华，并比较他与其他启蒙思想家的异同。其次，应注重概念的时代背景，明确人类认识在不同时代所具有的不同内容。概念是发展变化的。例如，"东方"这个概念从古到今有着不同的含义，它在不同人的认识中也各有其特殊意义，并不是整齐划一和一成不变的。最后，要将概念史的研究置于对社会史研究的基础之上。概念是反映社会实际的，如果脱离了对社会的研究，概念史的研究就失去了根基，也失去了意义。

原刊《近代史研究》2009 年第 5、6 期。

---

① 徐复观：《两汉思想史》第 1 卷，第 91、92 页。
② 陈勇：《钱穆传》，第 262 页。

"封建"：旧话重提，意义何在？

——对"封建"名实之争的理论探讨

近年来，关于中国秦以后是否为封建社会的问题再度引起学界的热烈争论，封建坚持论和否定论两种观点针锋相对。本文拟从分析坚持论的各种论点谈起，进一步阐明在新时期讨论此问题的重要意义。

一 封建坚持论的诸多论点剖析

近年越来越多的学者质疑中国秦以后是封建社会。面对这股不断升温的热潮，封建坚持论者中只有少数学者表示欢迎和理解，表现出宽容的高姿态。马克垚说，似乎有一些学者不愿意把中国的古代社会称为封建社会，"这种思潮的出现我认为是很自然的，也有它的合理性。改革开放以来，我国的学者深知过去学术过分受政治束缚，现在获得独立研究、发展的机会，当然应该提出自己的独立看法。过去历史发展的五种生产方式说，当然也被认为是一种带有政治性的束缚，所以应该摆脱。另外，现有不少国外学说被介绍进来，主要是欧美的、西方的"。"总的来说，这种学术界百家争鸣的态势，我以为是很好的。使我们的头脑不至于僵化，使社会科学得到发展。真理愈辩愈明，不怕得不到共识。"① 绝大多数封建坚持论者对非封建论反应强烈。他们提出两种观点，一是封建论不容否定，二是旧话不必重提，也就是没有必要重新审视"封建"问题。

① 马克垚：《中国有没有封建社会？》，《史学理论研究》2004 年第 4 期。

1. 所谓封建论已成定论

李根蟠认为中国秦以后是封建社会，早已是定论，不容否定也无需再谈。他说："战国秦汉以后是否封建社会的问题，我们的先辈在七八十年前就已认真讨论过了。在讨论中，否认战国秦汉以后是封建社会的各种论调露出了许多破绽，经不起时间的检验，已经相继为人们所抛弃。肯定战国秦汉以后是封建社会的观点，虽然不是每个人都同意，但已被越来越多的人所接受。现在有人又把这个问题重新提出来了。我不知道这些学者是否认真研究和总结过 20 世纪的这次大讨论。"[①] 似乎重新提出这个问题是不必要的，是无知的表现。

刘丹忱在 2007 年 10 月召开的"封建"名实问题研讨会议上发言说，中国的封建社会历史阶段不容否定。[②] 潘顺利也断然宣称："中国中古社会形态就是封建社会。"[③] 如此肯定的论断，可惜缺乏充分的论证，令人费解，所以在此仅分析第一种说法。

李文以为秦以后封建论是社会史论战时取得的一致性意见，其实当时及其后都并未形成各派均接受的定论。钱穆、张荫麟、劳干、周谷城、瞿同祖、吕思勉、许倬云、胡适、雷海宗、林同济、齐思和、费孝通等诸多著名学者只承认中国西周有过封建制，遑论众多一般的历史学者。瞿同祖的《中国封建社会》、许倬云《西周史》、吕思勉《先秦史》中的"封建"以及其他一些学者所说的"封建时代"仅指西周时期。这是中国"封建"，而不是五方式论的封建概念。张荫麟反对将"封建"用于秦以后。他说："'封建'一词常被滥用。""在中国史里只有周代的社会可以说是封建的社会。"[④] 钱穆说："近人率好言中国为'封建社会'，不知其意何居？"他从各个方面论证中国秦以后不足以称为"封建社会"，并且批评封建论者："何以必削足适履，谓人类历史演变，万逃不出西洋学者

---

① 李根蟠：《中国"封建"概念的演变和"封建地主制"理论的形成》，《历史研究》2004 年第 3 期。
② 朱昌荣：《"封建"社会名实问题与马列主义封建观研讨会综述》，《史学理论研究》2008 年第 2 期。
③ 潘顺利：《中国中古社会形态就是封建社会》，《学术界》2007 年第 5 期。
④ 张荫麟：《中国史纲》，上海古籍出版社，1999，第 24、25 页。

此等分类（即奴隶社会、封建社会、资本主义社会）之外。"① 许倬云说："唯物史观的学者必须要在中国历史上确定一个封建时代，甚至削足适履也在所必行。"② 吕思勉说，将"封建"视为封土建国，"可谓名称其实，否即难免名实不符之消矣"。③ 瞿同祖的《汉代社会结构》严格区分秦汉的郡县制与西周封建制，并将汉初分封诸侯王说成"局部封建制"。他说："汉朝初年实行的是局部封建制，建立了许多的王国和侯国。"④ 徐复观也说："一般史家说汉初是实行半封建半郡县的制度。所谓半封建，乃指的是被封为王的'诸侯王'而言。"他把郭沫若一派史学命名为"模仿史学"，即"模仿马克思、恩格斯所说的西方历史发展的阶段，把中国历史生硬地套上去，以符合马恩心目中的历史发展的法则。……但是，马、恩不是历史学家，对东方的历史，更是一无所知"。⑤ 李文无视这些论点，显然是将马克思主义学派的观点当作学界全体的观点，有以偏概全之嫌。

就马克思主义学派本身来说，问题也一直未得到真正的解决，古史分期的大讨论便足以说明这一点。争论的时间如此之长（半个多世纪），"封建社会"起始的时间差距如此之大（从西周直至唐，长达一千余年），充分表明封建论者对于什么是"封建"，什么是"封建社会"并没有一个明确而又一致的认识。完全是从五方式论出发，还没有说清什么是封建制，就已经确定中国有封建社会，然后才去确认中国"封建社会"起于何时。正是因为不清楚什么是封建社会，才众说纷纭，难有定论。尽管关于分期的争论早已偃旗息鼓，但恰恰是因为问题无法解决，讨论不下去，才不得不停止。

况且，前人讨论过的问题，就意味着画上完满的句号了吗？李文说，在 20 世纪 20～30 年代，"没有一个中国学者否认中国历史上存在过封建社会"。那么，这就可以成为以后不能质疑中国存在封建社会的理由吗？

---

① 钱穆：《国史大纲》（修订本），商务印书馆，1996，第 21、22 页。
② 许倬云：《西周史》（修订本），三联书店，1994，第 144 页。
③ 吕思勉：《先秦史》，上海古籍出版社，1982，第 374 页。
④ 瞿同祖：《汉代社会结构》，上海人民出版社，2007，第 83 页。
⑤ 徐复观：《两汉思想史》第 1 卷，华东师范大学出版社，2001，第 96、249～250 页。

这样的逻辑是不能成立的。科学无定论，史学也无定论。许多问题被人们不断重提，重新研究。目前，中国历史学正处于学术转型的关键时刻，对旧课题的回顾和改造恰恰是转型和创新的重要一步。学术无禁区，探索无止境；不断超越前人，不断推翻以往的成见正是学术生命力的表现。所以，重提封建问题是必须的和不可避免的。

实际上，关于西欧封建主义是否具有普遍性，以及中国有无封建社会问题，中外学界长期以来一直争论不休。中国内地对封建问题的再探讨，始于20世纪80年代以来对五种生产方式理论的大讨论，起初没有像奴隶社会问题的争论那样热烈。对"封建"问题的专门讨论在最近的几年内渐成热潮。法国学者马克·布洛赫研究封建主义的经典性著作《封建社会》中译本于2004年由商务印书馆出版，推动了学界对西欧封建主义有无普遍性的更深入研究。2006年，冯天瑜梳理"封建"概念的学术史著作《"封建"考论》由武汉大学出版社出版，引起较大反响，从而将对封建问题的讨论推向高潮。由中国社会科学院历史研究所主办、中国社会科学院经济研究所和《历史研究》编辑部协办的"'封建'社会名实问题与马列主义封建观"学术研讨会于2007年10月11日至12日在京举行。会议上的争论十分激烈。

近几十年来，西方历史学界对西欧 feudalism 也做了大量反思性研究。一些学者认为这一术语缺乏严格规定性，难以概括西欧的中古社会，因而主张抛弃它。不过从20世纪80年代起，"大部分中世纪学者采取了一种比较慎重的态度，尽可能在他们的著作中避免使用这一词汇。另一些学者则是在他们的著作中一边批判这一概念，一边使用它。现在西方史学界似乎有一种比较普遍的态度，那就是尽管我们可能不必要完全抛弃这一概念，但是如果它一定要被使用的话，那只有在有 Fief 即领地的情况下才可以使用。也就是说，要按照其词源对 Feudalism 进行严格的界定"。①

事实表明，无论是西方还是中国的学界，"封建"问题都是一个尚未解决，并且正在不断探究的问题。而且从总的趋向看来，越来越多的学

---

① 李峰：《欧洲 Feudalism 的反思及其对中国古史分期的意义》，《中国学术》2004年第24辑。

者（包括海外和中国内地）认为中国只有在西周时期才有封建制，从秦到晚清的社会不应被称为"封建社会"。在这一阶段，社会状况与西欧中世纪的封建社会并不相同，也与斯大林所概括的以经济为特征的封建社会有较大的距离。他们批评滥用"封建"的现象，并力图用新的概念来代替"封建社会"，用新的理论体系描述从秦到晚清的历史。如果能够关注中外学界普遍的学术动态，就可看出"中国秦以后封建论"以及五方式论的封建社会论，并非学界普遍公认的定论。

值得注意的是，中外学界的探讨是在彼此隔绝的情况下分别进行的。尽管各有其原因，但这种不约而同的共同关注已经充分表明，"封建"问题是一个很值得重新思考的问题。

2. 关于马克思的原论以及如何以马克思主义为指导

有学者批评秦以后封建论是泛化封建论，背离了马克思的原论。封建坚持论者则认为，他们遵守了马克思的"原论"，因而"中国秦以后封建论"不容置疑，不容否定。他们反过来批评非封建论是对马克思主义的严重挑战。

首先必须明确讨论的基本原则，应该是平等对话，自由探讨。不能自命为"正统"马克思主义，动辄给不同观点者扣上反马克思主义的帽子。

关键在于，什么是马克思的原论？

这个问题，近来人们说得很多，却还没见有人明确地加以界定。依笔者看来，马克思的封建社会原论，应该是马克思明确表达的、准确无误的对于封建社会的具体看法，不是含糊不清的或一般性论述，更不是后人随意解释的论述。后人的解释难免掺杂着解释者的主观意图，很难说就能代表马克思的原意。就"中国有没有封建社会"这个问题来说，目前为止，我们还没有看到马克思、恩格斯对此有具体的和明确的描述。否则的话，也不会引起后人如此激烈的争论了。李峰就说："马克思对中国的看法，本来就是含混其辞的，其基本轮廓都不一定准确，这当然也是受到一百年前西方汉学初创阶段学术研究水平的限制。"① 从这个角度

---

① 李峰：《欧洲 Feudalism 的反思及其对中国古史分期的意义》，《中国学术》2004 年第 24 辑。

看，说泛化封建观不符合马克思的原论，我以为是可以成立的。如果非要说中国秦以后是封建社会的观点是出自马克思的原论，那么只能说，这个原论是无中生有。

马克思不仅没有对中国封建社会的问题有所表述，即便对西欧封建社会乃至全人类的封建社会也缺乏明确的说明。德里克说，马克思在《资本论》和《德意志意识形态》等著作中对封建生产方式的论述十分"含糊"，"即使是在《论前资本主义经济方式》一书中马克思同样也很少对封建制度作出解释"。①

封建坚持论者只是从马克思的一般理论中推断出他们的结论，由此自认为是符合了"马克思的原论"。然而各个人所援引的"原论"是那样的不同，以致五花八门，毫无逻辑，也毫无规范，让人难以把握其大概的意图。例如李根蟠认为："中国马克思主义史学工作者对战国秦汉以后社会封建性质的论定，是在马列主义社会经济形态学说的指导下进行的。……马克思主义的社会经济形态学说并非只适用于西欧，关键是承不承认人类历史发展有规律性，承不承认各地区各民族的历史发展有共通的东西。"② 按照他的推论，人类历史的普遍性和共通性就决定了中国和西方一样，都有奴隶社会和封建社会。而瞿林东从马克思政治经济学理论中得出结论："所有制形式、劳动的方式以及剥削的方式是判断一个社会性质最基本的标志。"他认为这也是马克思、恩格斯概括的封建社会的基本特征，这些"是可以用来说明中国封建社会的基本面貌的"。③ 在"封建"名实问题研讨会上，栾成显从马克思的地租理论解释其"原意"。刘秋根搜寻的范围更为广泛，他从马克思、恩格斯的十几部著作中总结出 18 项所谓马克思主义关于封建主义的"特征"，认为这些特征是中西方所共有的。④ 且不说这些特征根本经不起历史的检验，例如封建主特权

---

① 〔美〕阿里夫·德里克：《革命与历史——中国马克思主义历史学的起源》，翁贺凯译，江苏人民出版社，2005，第 97、111 页。
② 李根蟠：《略谈马列主义的封建观和社会形态观》，《史学月刊》2008 年第 3 期。
③ 瞿林东：《〈"封建"考论〉一书的论点和方法献疑》，《史学月刊》2008 年第 3 期。
④ 刘秋根：《马克思恩格斯封建学说方法论与普适性》，《封建名实问题讨论文集》，江苏人民出版社，2008，第 164～165 页。

和地方特权、僧侣和贵族统治、直接生产者是农奴等等，都是中国所没有的，单是庞杂、烦琐、缺乏逻辑关联的论点堆积，便很难让人领略到马克思的原意。

我们所认可的马克思的原论应是具体的历史理论。封建坚持论者所援引的"原论"是抽象的、一般性理论，不是历史理论，而是历史哲学，乃至政治经济学理论。从这种抽象理论中，如何能够得出"中国秦以后封建论"这一具体的历史学的结论呢？看来，争论的双方并没有站在同一个出发点上，不能形成真正的对话，就像有学者形容的那样，颇有"关公战秦琼"的味道。还有些学者从列宁、斯大林的著作中寻找马克思的原意（他们认为列宁、斯大林合理地发展了马克思主义），那就离目标更远了。

至于有学者说，五种社会形态论不是斯大林发明的，应该说，它是符合马克思本人的原意的，这种结论也只是推论，不是什么马克思的原意。

马克思本人并没有给人类社会的各个阶段规定一种严格的、前后一致的名称。人们多次引用的马克思《〈政治经济学批判〉序言》中的那段名言这样说："大体说来，亚细亚的、古代的、封建的和现代资产阶级的生产方式可以看作是社会经济形态演进的几个时代。"①

原文中没有提出"原始社会"和"奴隶社会"这样明确的概念，给人类社会以五形态做明确命名的是苏联人。对于五种形态说不是马克思的，而是斯大林的这一点，有些封建坚持论者，例如李根蟠也是承认的。

吴承明老先生的一段话无疑是对"正统"马克思主义的绝好描述。他说："有学者说我用的'封建'及'封建社会'概念一定是标准的马克思主义，这也不必，这很难。""马克思主义的封建学说，如同马克垚教授所指出的，前后也不是一样的，早期和晚期也有不同。到了列宁、斯大林手里也有不同，究竟是哪一个也很难说。我想，今天所讲的，秦汉以后到了明清都是封建社会，这指的是有中国特色的封建社会。不必

---

① 《马克思恩格斯全集》第 13 卷，人民出版社，1962，第 9 页。

去同西方（封建社会）作比，也没有办法同马克思的真正的原义相比。马克思的原义，我们可以从《马克思恩格斯全集》中找到一些，但是后来相关论述又有所变化。大概任何学说，我觉得原教旨主义都不可靠。"他还说中国"封建主义"的特色一是宗法，二是专制，"马克思的封建主义好像就没有强调这个"。① 这段话也表明，"中国封建论"未必就符合马克思的原论。

人们常说，以马克思主义为指导，应该是运用马克思主义的基本方法和研究态度。马克思主义的基本方法和研究态度恐怕主要是"实事求是"四个字。凭空想象和牵强附会，是不能认识马克思的原意的。

回答"中国有没有封建社会"的问题，不能依赖于对马克思文本的解释，而是需要对历史做实证的研究。王学典说："至于一个地区的人类社会的历史上有没有那样几个时代，比如说，有无奴隶制时代，这是个历史学上的问题，这是个历史事实问题。因此，是只能通过实证研究、经验材料来解决的问题，不是历史观和方法论上的问题，更不是一个信念问题。这就是说，某一个地区的人类社会有无某个时代，和历史唯物主义的基本原理适用不适用这个地区的历史，是两个彼此本来毫无关系的问题。"②

3. 关于维护中国革命纲领

不少人提出，为了维护中国革命的纲领，中国秦以后封建论不容否定。李根蟠说："中华人民共和国建立前的中国是半殖民地半封建社会，新民主主义革命的任务是反帝反封建，这是写进了中国共产党纲领的。鸦片战争前的中国是封建社会，既是这个纲领的逻辑前提，也是中国共产党人和马克思主义史学家运用唯物史观考察中国的现实和历史所得出的结论。""秦以后是否封建社会，从来就不仅仅是书斋中的问题，因为它牵涉到肯定还是否定中国新民主主义革命的历史，肯定还是否定中国马克思主义史学。"③

① 吴承明：《秦以后的中国是有中国特色的封建社会》，《史学月刊》2008 年第 3 期。
② 王学典：《从强调"一般"到注重特殊》，《20 世纪中国史学评论》，山东人民出版社，2002，第 105 页。
③ 李根蟠：《"封建"名实析义》，《史学理论研究》2007 年第 2 期。

新民主主义革命的胜利是党领导人民群众进行革命实践的结果，并不是"封建论"的功劳。况且反帝、反封建只是一个大目标，后来还有更具体的目标、任务。抗战时期"打倒日本帝国主义！"解放战争时期"打倒蒋介石，解放全中国！"这类口号就起着更直接的作用。

封建坚持论者一再强调新民主主义革命的胜利证明了封建论的正确性。郭世佑则指出："能否用新民主主义革命的胜利来反证新民主主义革命理论与历史观的科学性，在我看来也值得斟酌。……如果用新民主主义革命的胜利来论证毛泽东的近代史论与新民主主义理论的绝对科学性，将不适当地夸大意识形态的作用，最终偏离马克思主义。"他还说："革命胜利的原因是多方面的。"中国革命之所以最终取得胜利，当离不开包括辛亥志士在内的无数爱国先烈英勇奋斗所构成的量的积累，甚至还离不开日军侵华后中国社会主要矛盾与政治阵营所出现的有利于革命者的显著变化，离不开世界人民反法西斯斗争的伟大胜利这一整体格局对中国时局的重大影响。①

夸大反帝反封建口号的作用并不符合历史事实。关键在于这个结论是否是运用科学的方法得出来的，是不是符合历史的真实。李根蟠认定鸦片战争前是封建社会、鸦片战争后是半殖民地半封建社会这一论断，是中国共产党和马克思主义学者正确研究的结果，这种说法与事实不符。

在中国马克思主义史学的早期，郭沫若没有深入研究中外历史，仅从逻辑推理就得出中外历史相同，都有奴隶社会和封建社会的结论。他说："只要是一个人体，他的发展，无论是红黄黑白，大抵相同。由人所组织成的社会也正是一样。中国人有一句口头禅，说是'我们的国情不同'。这种民族的偏见差不多各个民族都有。然而中国人不是神，也不是猴子，中国人所组成的社会不应该有甚么不同。"② 郭老后来深刻反省说："我初期的研究方法，是犯了公式主义的毛病的。我是差不多死死地把唯物主义的公式，往古代的资料上套。而我所据的资料，又是那么有问题

---

① 郭世佑：《"封建"、"半封建"的理解与近代中国社会的实质》，《史学月刊》2008 年第 3 期。

② 郭沫若：《中国古代社会研究》，人民出版社，1954，第 8 页。

的东西。"①

至于中国近代社会"半殖民地"、"半封建"的定性，并不是中国共产党人和马克思主义史学家自己对中国社会历史做认真研究后得出的结论，而是苏联人——列宁和共产国际对中国施加的影响。对这个问题，李洪岩在《半殖民地半封建理论的来龙去脉》中有详细的介绍："学者们一般认为，最初指明中国之半殖民地半封建性质的是列宁"，"但是，列宁对中国社会的复杂情形，毕竟不了解。当时，在共产国际内部，也没有中国问题专家"。② 在并不了解中国情形的情况下做出的对中国社会性质的概括，究竟有多少科学性呢？

为了维护这样一种对中国近代社会并不可靠的论断，而不惜损害中国古代的历史，岂不是有违历史学求真的原则吗？学者们已经意识到这个问题。在最近召开的有关封建名实问题的学术讨论会上，有学者认为不应将近代和古代扯到一块，近代史问题不应影响到古代史的研究。还有学者说，对中国近代社会性质也应重新认识。郭世佑说："就近代中国社会的经济形态而言，众口一词的'半殖民地半封建'究竟是什么意思？""半殖民地"、"半封建"各自的指向是什么，还需要进一步推敲。由于近代中国社会的复杂性和特殊性，单从社会经济形态入手来概括它的社会性质是否合适，还有待斟酌。

最近，近代史专家步平在一篇总结性的文章中指出："虽然不能否认改革开放前近代史研究领域已经形成了许多带有指导性的理论概念：对半殖民地半封建社会性质的认定，对反帝反封建民主主义革命及农民革命、资产阶级革命的叙述……而且这些理论为多数研究者接受并用以指导对中国近代历史的认识与教学，但也不能不承认，这些理论形成于相当特殊的政治环境下，缺乏规范的论证和实践的检验，在来自反面的挑战面前，其科学性显得十分脆弱。"③

---

① 郭沫若：《海涛》，新文艺出版社，1954，第118页。
② 《中国社会科学院近代史研究所青年学术论坛》（2003年卷），社会科学文献出版社，2005，第2页。
③ 步平：《改革开放与中国近代史研究》，《近代史研究》2009年第5期。

4. "约定俗成"论

约定俗成论是一种较为普遍的主张。不仅封建坚持论者大力提倡，有些非封建论者或封建怀疑论者也有条件地认可，其中就包括笔者本人。可以说有两种约定俗成论，一种是有条件的，只承认其名，而不认同其实，强调要注重同一名称下的不同内容。持此论者主张多元化的解释，不坚持某种单一的命名方式。吴承明说："因为我们写历史就是要根据本国的情况，详细地写中国社会的特点，有中国特色的东西。你叫它'封建主义'也可以，你叫它别的也可以。我倒是同意陈支平提出的，'约定俗成'罢了，大家认为从秦汉到明清是封建社会，那你就叫它封建社会，这个无所谓的。不过，我们的封建社会，是指中国的封建社会，中国特色的封建社会。"他认为，中国特色的封建社会与作为社会形态的封建社会是不一样的。① 笔者曾撰文指出："把秦以后的中国社会叫'封建社会'也好，不叫'封建社会'也好，都只是不同的看法，不必强求一致。重要的不是定性和命名，而是如何去实际地研究社会，研究中国社会的特殊构造，它与西方的区别在哪里，是什么原因导致了千年文明古国落后于西方，等等。无论是否将中国中古社会称为'封建社会'，有一个基本点需要注意：不能强不同以为同，不能无视甚至抹煞中西社会的巨大差异。你尽管可以仍叫她为'封建社会'，但是，作家林达在《带一本书去巴黎》中的话应当提醒我们注意：'欧洲封建'和'中国封建'肯定不是一个'封建'。"②

封建坚持论者并不关心历史事实，只是以"约定俗成"作为他们坚守旧概念的借口。马克垚在 2004 年就提倡约定俗成论。他说，"封建"这个概念，已经"约定俗成"了，"社会上也时常拿封建来形容落后的、过时的东西，为什么要放弃它呢？如果不使用封建，那么近代以来的反帝反封建斗争，又该如何命名呢？"③ 在"封建"名实问题研讨会上，主

① 吴承明：《秦以后的中国是有中国特色的封建社会》，《史学月刊》2008 年第 3 期。
② 黄敏兰：《中国中古社会形态并非只能有"秦以后封建论"一说》，《探索与争鸣》2006 年第 4 期。
③ 马克垚：《中国有没有封建社会？》，《史学理论研究》2004 年第 4 期。

张此论的人也在所不少。瞿林东说："在学术史上，所谓约定俗成的例子太多了。"①

一些封建坚持论者拿老一辈马克思主义史学家侯外庐大做文章，以他从批评封建"语乱天下"到出于"约定俗成"的考虑接受封建论为例，证明"封建论"是正确的和合理的。但是他们没有看到侯外庐与"正统"封建论者的出发点有着极大的差异。侯外庐的古史分期说是西汉封建说，并不是现今封建论者提倡的"秦以后封建说"。他划分封建社会的标准不是秦以后封建论者认定的"地主制经济"（所谓经济基础），而是作为上层建筑的法典。更重要的是，侯外庐是中国马克思主义史学家中最重视中国历史特殊性的一位。他的土地国有（皇族所有）制说以及对身份性地主和非身份性地主的区分，突破了中国"正统"马克思主义史学"地主剥削农民"的简单公式，对于深化历史研究具有特殊意义。封建坚持论者只看表面，未深究事实，用侯外庐来支持他们的观点恐怕只能是适得其反。

非封建论者对中国封建论（泛化封建观）有两种态度，一种是上面介绍过的有条件承认封建名称，另一种是主张循名责实，纠正概念错误，彻底放弃"中国封建社会"的称呼。

冯天瑜指出："惯性力量固然顽强，但约定俗成又并非不可撼动。如果所'定'所'成'偏误严重，已经并继续干扰中国历史的基本述事，妨碍历史述事的古今传袭和中外对接，我们便应当循名责实，花力气将其纠正过来。"②

侯建新说："中文'封建'与西文'feudal'的对应属误译。历史的真相是：中国先秦'封诸侯，建同姓'制度是中文'封建制'的本义；秦汉以后是'皇权专制制度'；西欧则是'feudalism'。它们本是三个不同的概念，谁也不能替代谁，谁也不能涵盖谁。就西欧和中国而言，它们属于前近代时期不同的社会形式，不应该贴上同一个标签。循名责实清源，势必免去中西历史的双重误读，有利于学术概念的规范，有利于

---

① 瞿林东：《〈"封建"考论〉一书的论点和方法献疑》，《史学月刊》2008 年第 3 期。

② 冯天瑜：《"封建"考论》，武汉大学出版社，2007，第 537 页。

基础教学和学术交流，也有利于中西历史及其发展前途的认识。"①

黄敏兰一定程度上有条件地承认"约定俗成"这个现实，但是也主张应该尽量纠正对"封建"的误解和滥用。在《从中西封建概念的差异看对"封建"的误解》中，通过辨析十几个"封建"概念，说明"那些在中国被视为'封建'的事物与西欧历史上的'封建主义'不仅从根本上毫不相关，而且有许多是背道而驰的"。② 在"封建"名实问题研讨会上指出："把中国中古社会说成是'封建社会'，抹煞了与西方的差异，无视中西方各自的特点。"③

为回应非封建论者"循名责实"的主张，封建坚持论者提出"封建概念演变合理论"。在"封建"名实问题研讨会上，李根蟠说："'封建'概念是历史地变化着的，不应以凝固化的老概念去'匡正'人们鲜活的历史认识。所谓'循名责实'实质上就是否认'封建'概念演变的合理性。"张岂之也说："'封建'这一词汇，在社会发展和学术研究中已经发生了语义变化。"④

问题是，"封建"概念的演变真的合理吗？这个合理性不是自命和自封的，而需要从学术史的角度，客观地考察这种认识的途径是否合理，是否符合历史认识论的要求。历史认识必须是从史实出发，从研究史实而得出结论。关于封建社会的历史认识首先应从西欧的封建社会研究起，但是五方式论者的研究却是本末倒置的。它一方面是为了给中国革命寻找理论依据，另一方面则是为了证明社会形态演变论的正确性及其对中国的适用性。所以结论先于研究并决定了研究。关于古史分期的"历史研究"首先是从五方式论出发，确定了中国历史必然要经历奴隶社会、封建社会等几个阶段。中国封建社会的必然性又因革命任务的需要而加

---

① 侯建新：《"封建主义"概念辨析》，《中国社会科学》2005 年第 6 期。
② 黄敏兰：《从中西"封建"概念的差异看对"封建"的误解》，《探索与争鸣》2007 年第 3 期。
③ 朱昌荣：《"封建"社会名实问题与马列主义封建观研讨会综述》，《史学理论研究》2008 年第 2 期。
④ 朱昌荣：《"封建"社会名实问题与马列主义封建观研讨会综述》，《史学理论研究》2008 年第 2 期。

强，即李根蟠所说的："中国共产党人指出鸦片战争以后的中国社会是半封建、半殖民地社会，其逻辑前提是认定鸦片战争以前的中国社会是封建社会，因为半封建、半殖民地社会正是由它演变而来的。"这个"逻辑前提"显然表明，逻辑推论而非历史学的论证决定了一切：因为把当时的社会定性为"半殖民地半封建社会"（如上所述，这个"半封建"、"半殖民地"的性质是苏联人加诸中国人的），那么在这之前的社会就只能是"封建社会"，而不是别的。李根蟠进一步说明秦以后封建论的"这种认识经历了一个从现实到历史的逆向考察的过程"。① 由于是"逆向考察"，封建社会的特征，当然是从中国近现代社会中总结出来的，从而将中国当时社会中的种种腐败、落后现象统统命名为"封建"。对于这一点，李文明确说明，中国马克思主义史学对中国"封建社会"的认识"是从对中国现实社会的封建性认识开始"的。他还说，因为当时人们强烈地感受到中国社会具有严重的封建性，所以"封建"一词便在社会中广泛地流行。对社会中丑恶现象的批判就都具有了"反封建"的性质。

　　从理论出发而非从史实出发，根据中国现实社会的"封建性"事物和"半封建性质"（这一定性实际是不可靠的）而将古代社会定性为"封建社会"，并把从中国社会中生造出来的"封建性"赋予全人类的封建社会，这三者都严重地违背了历史认识的基本原则。这种本末倒置的研究方法难道是合理的吗？

　　中国"封建"概念的演变之所以不合理，在于这种演变没有经过学术的考察，只是出于社会政治的需要，在社会范围内实现，具有极大的随意性，不能符合历史的真相。尽管促成这一演变过程者有许多是造诣很深的历史学家，但他们当时主要不是为学术，而是为政治这样做。

　　必须承认中国"封建"一词的含义已经"约定俗成"的事实，因为"约定俗成"本来就是语言的本质特征。既然它已经在社会上发挥了并仍然发挥着很大的影响，我们当然要正视这个现实，这就是笔者主张有条件承认"约定俗成"的原因。但是，这个"约定俗成"只应限定在社会

---

① 李根蟠：《中国"封建"概念的演变和"封建地主制"理论的形成》，《历史研究》2004 年第 3 期。

语言的范围内，而学术语言应该有自己明确的概念，有恰当的学科理论依据，不能将错就错，因为"约定俗成"就继续混淆不同的概念。如果说，前辈历史学家没有来得及对"封建"做历史考察的话，我们应该做这项补救工作，把历史的面貌恢复过来。

针对非封建论者提出误译造成概念混乱，妨碍历史认识的说法，一些封建坚持论者辩解说，西周封建和他们所说的封建从来没有被混淆过。瞿林东说："我们现在讲的'封建'，其内涵不是'封邦建国'，而是封建社会。这在逻辑上并不存在概念的混淆。"①

的确，人们一般不会将西周封建与五方式论的封建混淆，因为西周封建仅起命名的作用，未在实质上与中西的中古社会有所联系。但是，严重的概念混淆发生在中国和西欧以及五方式论的"封建"之间。从西欧"封建"到五方式论的"封建"随后又到中国"封建"，经历了大幅度的时空转换，其间不断地置换着概念。最终造成中国的"封建"是对"封建"的误解和滥用，它已经严重影响到对中西历史真相的认识。

西欧的封建主义具有两重性，五方式论只强调它消极的一面，即"地主剥削农民"，使得封建主义积极的方面长期受忽视。然而西欧封建主义的实质是明确规定各等级的权利和义务，不是以往简单认定的那种领主剥削农奴的阶级对立。最基本的有两点：一是权利和义务的对等，享受权利就得尽义务，同样，尽义务就应享有相应的权利。议会制就是根据此原则建立的。二是无论上下，都既有权利，也有义务，非一方独享权力和权利。以往我们因对封建的误解，以为封建主义是落后的和丑恶的，因而未能看到，西欧的封建主义有积极的一方面，例如契约原则、互惠原则、等级内相对平等原则、分权制约原则等等。这些都对资本主义的发展起到了促进的作用。更重要的是，封建主义为社会留下了相当充裕的空间，使得新生力量有生存和发展的条件。而在中国"大一统"的国家/社会中，新生力量难以产生和发展。中国恰恰是因为没有西欧的那种封建主义，才长期停滞、落后。

---

① 瞿林东：《〈"封建"考论〉一书的论点和方法献疑》，《史学月刊》2008 年第 3 期。

法国历史学家马克·布洛赫在《封建社会》一书中指出，西欧的封建制度是封君与封臣之间的一种双向契约。"西欧封建主义的独创性在于，它强调一种可以约束统治者的契约观念。因此，欧洲封建主义虽然压迫穷人，但它确实给我们的西欧文明留下了我们现在依然渴望拥有的某种东西。"①

然而，中国人根据中国"国情"制造出来的中国式"封建"，不仅根本没有这些积极的内容，反而成了落后、腐朽事物的代名词。

叶文宪在《封建和"封建社会"新论》（《浙江学刊》2000 年第 4 期）中批评说，封建成了垃圾桶。不管什么坏东西都往里面扔。封建也成了恶谥，凡是坏人就给他贴上一张"封建"的标牌。费正清也说："在中国，'封建'成了骂人的字眼，可是它缺乏明确的意义。"② 法国学者谢和耐说："人们如此滥用了'封建'一词，以至于它失掉了任何意义。"③

钱乘旦、许洁明指出："请读者注意'封建'（feudalism）这个词，它后来显然被滥用了。在有些中文词汇中，一切坏东西都冠以'封建'两字，从包办婚姻、裹小脚、烧香拜佛、爱占小便宜，到以前存在过的政治经济制度等等无不属于'封建'。但'feudalism'在欧洲是有确定性的，它指以土地分封为基础的权利与义务关系，是一种经济和社会的制度。'封建'社会结构建立在土地封授的基础上，政治权、司法权乃至社会特权都随土地分割而被分割，相应地分散在社会的各个层面上。因此，'feudalism'意味着分权，而不是集权，集权的制度是不好用'封建'两字来修饰的。"④

五方式论的"封建"忽视了西欧封建主义积极的一面，使历史认识简单化、片面化。而中国式"封建"丑化封建主义，歪曲封建主义的实质，严重影响了对历史真相的认识，对历史研究的危害更大。

① 〔法〕马克·布洛赫：《封建社会》下卷，李增洪等译，商务印书馆，2004，第 714 页。
② 〔美〕费正清：《伟大的中国革命》，刘尊棋译，世界知识出版社，2000，第 264 页。
③ 〔法〕谢和耐：《中国社会史》，耿昇译，江苏人民出版社，1995，第 50 页。
④ 钱乘旦、许洁明：《英国通史》，上海社会科学院出版社，2002，第 56 页。

二 重新审视"封建"问题的意义

重新审视旧专题，包括"封建社会"问题，目的不是辨析某些具体的概念和结论，而是更新观念，促进历史学的学科建设。通过讨论，可明确以下重要理论问题。

1. 历史学的目的和方法

此次论争，被命名为"封建"的名实之争。什么是名，什么是实，以及如何对待名与实，这些看法都反映了论者对历史学目的的不同认识。那就是，历史学的目的是认识历史，以求真为职志，还是只为了证明某种理论的"正确性"？

在我看来，"名"，当然是指"封建"这个概念或名称。"实"，则是关于封建社会的历史事实，主要是封建制的内容。名实之争，关键在于求实，研究社会本身，这样才符合历史学的目的，也才能达到循名责实的目的。然而迄今为止，这项最基本的工作做得还很不够，大量的精力放在了争"名"之上。封建坚持论者只致力于捍卫封建论的不可动摇性，对于封建的"实"，即历史事实既不去追究，也无意去追究。他们不是要循名责实，而是要以"名"去框定"实"，代替实。

李根蟠指出："如果把奴隶社会、封建社会、资本主义社会逐一抹杀，社会经济形态学说和唯物史观就基本上否定掉了。如果我们还要讲马列主义的话，就应该十分严肃地对待这一问题。"① 在封建名实问题研讨会上，一些封建坚持论者批判"去社会形态化"倾向，提出"捍卫历史唯物主义"的口号。

目的决定方法。求真，就会采取论从史出的方法。若只是为证明理论的"正确性"，必然会以论代史，并且为证明理论去随意解释和安排史料。

封建坚持论者的最大缺陷是主观随意性，他们对自己提出的论断没

---

① 李根蟠：《略谈马列主义的封建观和社会形态观》，《史学月刊》2008 年第 3 期。

有进行历史学的论证。他们的工作不外乎两点：要么是对经典作家的论述做烦琐的演绎，要么更简单地做逻辑推论，使得这些论断缺乏可靠的史实依据。不仅难以服人，也经不起历史学的考察。按照学术研究的要求，如果要说明中国秦以后是封建社会，首先应该论证西欧封建主义是否具有普遍性。然而封建坚持论者并未做这项最基本的工作，就断然宣称：封建主义具有不容置疑的普遍性。

例如马克垚多次说："如果认为封建是一种社会形态，是大土地所有制和小生产的结合，是农民和地主对立的社会，那么它的普遍性就是没有疑问的，中国和西欧都存在过封建社会，有过封建时代。"① 然而，这个大前提本身就存在疑问：这种概括过于抽象，由它形成的"封建社会"只是观念形态的，在世界上找不出任何一个实际的例证，从而中国是封建社会的论断难以成立。关键在于这些学者是用政治经济学方法研究，研究的是生产方式，而不是真正的社会，把社会高度抽象化，只说大地产，看不到中小地产；仅重视生产性经济，忽视非生产性经济；只看农村、农业经济，不说城市、工商业经济；只说生产关系（地主—农民），不说非生产性社会关系（教会、贵族、市民、皇帝、官僚）；等等。对中西方的城市和王权，仅说它们都是封建的，而不做历史学的分析，让人无法解理解为何两种城市和两种王权存在巨大的差异。仅仅用"如果"这两个字假设和推论，就能轻而易举地解决一个长期困扰众多中外学者的大难题，岂不是太简单了吗？

再如李根蟠指出："当'封建'用以指称某种社会的时候，这个概念已经具备了某种普遍性的品性，可以用它来研究世界各地类似的社会和类似的历史，而不光局限于西欧一地，于是有东欧的封建社会、亚洲的封建社会、非洲的封建社会等等。"② 也就是说，只要把"封建"看作一种社会形态，它就具有了普遍性，可以用"封建"指称任何一个社会，而不用考虑这些社会各自的具体内容。只要你认为某个社会是"封建社

---

① 马克垚：《关于封建社会的一些新认识》，《历史研究》1997 年第 1 期。
② 李根蟠：《中国"封建"概念的演变和"封建地主制"理论的形成》，《历史研究》2004 年第 3 期。

会"，这个社会就自然具有了封建性。这种方法虽简便易行，却并不可靠。因为我们无法了解这个普遍性是从哪里来的，唯一的解释是社会形态论具有点石成金的作用。

有些封建坚持论者提出"广义封建主义"，这种广义封建主义正是他们强调封建主义普遍性的依据。在这里，需要辨清什么是广义和狭义的封建主义。西欧封建制由两种制度、两层关系组成，一种是封君—封臣制，施行于上层社会，另一种是领主—农奴制，体现贵族与下层的关系。一些西方学者（所谓"资产阶级"学者）强调封君—封臣关系，被封建论者称为"狭义封建主义"。相对而言，法国史学家马克·布洛赫创立的则是"广义封建主义"。黄春高介绍说："布洛赫扩大封建主义概念的关键在于将下层社会依附关系纳入进来。布洛赫的封建主义是两个层次的：在上层为附庸，在下层则为农奴。……布洛赫将狭义论者抛弃的农民纳入到了封建主义体系之中。"

封建论者坚决反对狭义封建主义，而且赞赏布洛赫的广义封建主义。例如，马克垚在马克·布洛赫《封建社会》"中文版序言"中说布洛赫的研究"较之只研究封君—封臣关系的狭义封建主义为优"。但是他们并未采用布洛赫的方法，而是只将封建主义限定在领主与农奴制这一方面。由此形成三种封建观："狭义论者将依附农民置于封建主义之外，只强调上层依附。作为广义论者的布洛赫则自上层依附关系出发，承认下层依附与上层一样具有封建主义的特征。马克思主义者则将依附农民作为认识封建社会的基点和核心。"[①]

在"封建"名实问题研讨会上，马克垚说："我觉得应该区分狭义的封建主义和广义的封建主义。狭义封建主义是从西方来的，主要是从政治形态讲的，强调西方的封建君臣关系。广义的封建主义是指一个社会，包括经济基础、上层建筑两个方面。现在说中国没有封建的人，我看大部分是从狭义封建制度来讲的，说我们的'封建'和西欧中世纪对不上号。各个国家有各个国家的特点，我国的封建，细细来抠，当然不会与

---

① 黄春高：《略论马克·布洛赫的封建主义概念》，《史学理论研究》2004 年第 4 期。

西欧完全一样。但是作为一种社会形态，作为大土地所有制和小生产的结合的社会形态，封建社会在世界上有其普遍性，这不能否认。"①

按理说，只有像布洛赫那样，承认上下两种关系，才能称得上是广义封建主义，而封建论者舍弃了上层封建关系，只承认下层关系，实质上仍是狭义，是从一个极端走向另一个极端，可以称之为"后期狭义封建主义"。

封君—封臣制度是西方封建制的重要内容，承认它就必然否定西欧封建主义具有普遍性，而舍弃它，再把领主—农奴制简化为"大土地所有制和小生产结合"的公式，封建主义就有了普遍性。正是因为这种不合理的抽象舍弃了历史的具体内容，才赋予西欧封建主义普遍性。

以往封建论者的误解在于，将上下两种制度、两层关系的性质过于绝对化地分割和对立，将封君—封臣制仅理解为军事的或政治的和法律的，而将领主—农奴制仅看作经济的，因为这种制度是领主通过剥削农奴取得经济收入。他们多次总结的关于封建制的认识从政治、军事、法律制度向生产方式的进步，就反映了这种误解。但事实上，上层封建关系中也有非常重要的经济成分，正如马克·布洛赫所说："各种保护关系从一开始就涉及到经济方面，附庸关系和其他关系都是如此。"② 从形式上看，附庸制主要是军事制度，但本质上是经济制度。这一点为封建论者所忽视，但是马克·布洛赫有明确的认识。他阐述了贵族作为武士的重要意义，认为战争是武士获利的重要手段。贵族打仗，除了为上级尽义务（而为上级尽义务是为了换取土地作为酬劳，也有经济意义）外，"也许首先是一种利润来源，事实上，它是贵族的主要产业"。③

布洛赫还注意到下层关系中的非经济因素，即服从—保护关系。他给封建主义下的定义中说的是"依附农民"，而不是人们通常说的"农民"或"农奴"。强调"依附"二字，是有深意的。农奴只体现了被剥削者的地位和身份，而依附农民则体现了服从（领主）者和被（领主）

① 见《"封建"名实问题研讨会发言汇编》，中国经济评论网。
② 〔法〕马克·布洛赫：《封建社会》上卷，第274页。
③ 〔法〕马克·布洛赫：《封建社会》下卷，第490页。

保护者的身份，从而挖掘出封建制中的普遍的和深层的意义。以往的传统理论仅强调领主对农奴的剥削，强调两大阶级的对抗（所谓"阶级斗争"），但是没有看到，在领主和农奴之间，既有对抗，也有共存甚至互惠。领主不仅剥削农奴，还要给农奴提供必要的生存和生产条件，并且要保护农奴的人身和财产安全。西欧的庄园法是一把"双刃剑"，既维护领主对农奴的剥削，也保护农奴的利益不受领主的过度侵犯。庄园法的双重作用正是这两种关系的具体体现。后期狭义封建主义仅看到领主—农奴制中的对抗关系，而没有看到服从—保护关系，所以说"大地产与小农的结合"构成了封建主义的普遍性。但是这种抽去了服从—保护关系的封建制在西欧中古社会中是不存在的。因为农奴若没有领主提供的起码的生存、生产条件，就不可能进行最基本的生产活动。可以说，领主—农奴制中的经济因素和非经济因素是相辅相成的。

由此看来，布洛赫的论证比五方式论者翔实、细致得多。封建论者与早期狭义封建主义只是结论不同，方法却相同，其实是他们全盘接受了早期狭义封建主义的观察视角——把封君封臣制看作政治法律制度，并从经济史观的角度将其排除在封建主义之外。封建论者没有超越早期狭义封建主义，反而不自觉地继承了其传统观念，这样才形成后期狭义封建主义。

马克·布洛赫的广义封建主义，首先是全面的，既关注封君—封臣关系，也重视领主与农奴关系。其次是深入和具体的。对封君—封臣制中的经济意义有充分的理解，也对领主—农奴制中的非经济因素有充分的认识。所以说，布洛赫才真正是"广义封建主义"的代表。

封建论者以为把封建看成一个社会形态就是广义封建主义，这种似是而非的说法一直未受到学界的质疑。现在笔者经过做历史学的考察，证明这种说法难以成立。"社会形态"似乎比封君—封臣制全面，但是缺乏实际的内容，是一个空泛的事物。没有具体封建制的社会，如何能成为封建社会呢？马克垚所说的经济基础、上层建筑这些抽象概念，既不是具体的社会制度，也不是封建社会所特有的。"大土地所有制和小生产的结合"只是一种经济现象，它既不是封建社会特有的经济现象——它在古罗马奴隶社会就大量存在——也不是一种社会制度。这个公式不仅把封建制的上层关系排除在外，还对下层关系进行不合理的抽象，使之失去了历史的内容。可以说，由这些抽象概念支撑的"广义封建主义"对于认识历史没有太多实际的意义。

封建论者提倡他们所谓的广义封建主义（即实质上的狭义封建主义），只是为了重申和强调"大土地所有制和小生产的结合"这个封建社会的"共同"前提，以证明封建主义的普遍性。两种说法虽略有不同，结论却是一致的，而且所用的方法也相同，即都未经过历史学的论证。值得注意的是，这种明显背离历史学求真原则的研究方法一直为学界接受和认可，这不能不令人感到惊讶。也许，历史学的求真从理论到实践还存在着一定的距离。

2. 历史学的对象

封建坚持论者强调马克思主义史学要以证明人类社会的共同规律为主要目标，因而中西方社会都是一样的，都经历了从原始社会到奴隶社会、封建社会的历史阶段。否认中国秦以后是封建社会就意味着违背马克思主义。在这里，他们混淆了历史哲学与历史科学的不同性质及其对象。

李振宏说："历史科学作为一门独立的学科，却没有自己独立的研究对象，人们总是自觉不自觉地让它去和历史唯物主义争地盘。历史唯物主义作为一门哲学学科，它要研究人类社会发展的一般规律，但谈到历史科学的对象和任务，人们也总是这样讲，使这两门不同的学科在对象和任务上混淆起来。因此，阐明历史科学研究对象的特殊性，是史学理论研究中的一个重要问题。历史科学研究的对象和任务应该是：在马克思主义哲学所提供的一般基本规律指导下，通过世界各民族国家的无数历史现象、历史事件和历史人物的分析研究，以理解它们的历史发展的特殊规律和特点。就是说，历史科学不是研究哲学，而是研究历史发展的具体规律，是一门实证的科学。"

"历史唯物主义和历史科学的关系，是一般和特殊的关系。前者研究人类历史发展的一般的普遍的规律，后者则是研究具体的民族或国家的特殊规律。前者通过不同国家或民族历史中普遍的共同的东西，去把握人类社会历史的本质，后者则通过具体的实证性的研究，认识不同民族或国家历史的特殊风貌。"①

在笔者看来，寻求一般还是特殊是不同层次的认识，也是不同学科的任务。历史学更多的是要去探求各国、各地区的特殊发展规律。还有一点需要明确，人类历史的共同规律应该是从各国、各地区的特殊规律中总结、归纳出来的。而以往的历史学并没有对各国、各地区历史做全面的总结，只是将西欧的特殊历史规律抽象化，把它当作人类历史的"普遍规律"，推而广之，就把丰富多样的历史描绘成了单调、贫乏的历史。

何新说："五种生产方式公式的理论背景一是古典进化论的单线演化模式，一是欧洲中心主义。然而，对于亚、非、拉地区的大多数民族和国家来说，由于它们的历史文化传统与欧洲是那样地不同，它们不仅从未走过欧洲式的资本主义道路，而且也从未经历过希腊、罗马那种奴隶制以及中世纪欧洲那种封建制的道路。但是三十多年来的中国历史学却一直在做两件事。第一是试图尽可能地削足适履，扭曲、删改、修正中国历史，以便把它塞进这个历史公式的框架内。第二就是在'历史规律'的名义下，将这个公式神化成不允许怀疑和批评的神圣教条。"②

确切地说，五种生产方式理论只是西欧历史演进的模式，并不是人类社会历史的普遍规律。据一些世界史和中国史学者的研究，无论在亚洲、非洲，还是拉丁美洲地区，都没有五方式论的那种发展模式。

甚至就是历史规律本身，许多人至今也并没有搞清楚。论者往往不加思考地运用着"历史规律"或"历史发展规律"这类名词去说明一切被论及的历史问题，却并不真正了解这些名词的确定含义。王和、周舵说，历史规律究竟是什么样的东西？他们认为："历史规律，是历史学家对历史发展的规律性的描述和归纳，即对多次出现的具有相似性的历史现象和过程的描述。"③ 如果对历史规律的认识过于简单化，就会导致历

---

① 李振宏：《历史与思想》，中华书局，2006，第178、182页。
② 何新：《古代社会史的重新认识》，《读书》1986年第11期。
③ 王和、周舵：《试论历史规律》，《历史研究》1987年第5期。

史研究的盲目性和片面性，这也是以往一些错误的根源。

3. 政治与学术的关系

在"封建"名实问题研讨会上，林甘泉说："当前有关封建的讨论，其指向实际上是政治而非学术的。"① 这一看法只有部分的正确性，那就是道出了封建坚持论者的真实目的。在此次会议上，封建论者明确表示：一是要坚决捍卫五方式论的神圣不可侵犯性，即所谓坚守马克思主义的"阵地"，二是极力维护革命纲领的"正确性"。然而，他们以己度人，把自己的强烈政治诉求也当作其他学者的研究目的。所以，封建论者指责非封建论者是要借着讨论封建来否定五形态论，"去除封建社会形态"，实质上是反对马克思主义。李根蟠还说："以反对套用五种生产方式公式为幌子否定中国马克思主义史学家对中国封建社会的论定，本身就是一种'意识形态的诉求'，隐含着某种政治。"②

他们没有看到，实际上也不能理解，大部分非封建论者是为学术，而不是为政治目的参与讨论的。笔者在会议上发言，坚决反对学术政治化的倾向："学术研究要去政治化，否则会阻碍学术讨论。中国有没有封建社会是一个历史学的问题，要从史实出发而不是从理论出发。现在看起来两种意见针锋相对，激烈交锋。在我看来，这不是两条路线的斗争，而是各人根据不同材料、使用不同方法得出的不同结论。问题在于我们把它当作什么问题来研究：政治问题还是学术问题。有些人把这个问题往政治挂钩比较紧，一说秦以后无封建似乎就是否定革命。这样会对讨论造成障碍。我觉得封建问题在历史上曾经是政治问题，老一辈革命家为了革命需要，要为社会定性，这在当时是有它的合理性，但也破坏了历史的真实性，牺牲了学术独立的原则。现在革命任务已经完成，在改革开放时代，应该从政治向学术转化，去政治化。"③

大多数封建论者是在回应反对派的意见时表达其政治目的，李根蟠

---

① 朱昌荣：《"封建"社会名实问题与马列主义封建观研讨会综述》，《史学理论研究》2008年第2期。
② 李根蟠：《中国"封建"概念的演变和"封建地主制"理论的形成》，《历史研究》2004年第3期。
③ 见《"封建"名实问题研讨会发言汇编》，中国经济评论网。

还一直力图说明学术政治化的合理性。他认为，马克思主义史学家对中国社会封建性的认识，是由革命需要推动的，这是它的特点，也是它的优点。"历史研究实际上是难以和政治绝缘的。"① 的确，历史研究很难与政治绝缘。中国的史学从古到今都不同程度地政治化乃至工具化。20世纪初梁启超创立的新史学从一开始就有着强烈的政治色彩。梁启超要将中国的史学从皇朝的工具改变成为整个民族服务的史学，其早期的史学思想中政治色彩十分浓厚。梁启超的新史学成为中国知识分子"学术救国"的典范。然而，学术与政治毕竟需要有一定的距离。因为史学的政治化必定会不同程度地破坏其学术性。梁启超在后期自觉地从政治向学术过渡，强调为学术而学术，主张裁抑主观，表明他对学术政治化的危害有着充分的体会。

学术为政治服务，不能是盲目的和无条件的。尤其不应以牺牲学术为代价。学术独立和学者的人格还是应当捍卫和保留的。

李根蟠还说："在历史学中，不是每个问题都要与政治挂钩，但是，像'封建社会'是否存在这样的问题，想和政治脱钩也脱不了。"这种论断在当时的确是如此，社会史论战中马克思主义史学家对马克思不同原论的选择就充分说明这一点。德里克说："《政治经济学批判导论》的序言是马克思有关历史唯物主义基础的最有力的论述，它比马克思的任何著作都要深地使读者相信马克思认为历史的发展是普世一致的。"表明马克思的论述"是针对人类整体社会的"，"暗示了历史发展的普遍性和必须性"。然而在1852年问世的一篇德文论文中，马克思"明白地提出了多元演进的历史发展观"。"即使不论这篇中国史学家在30年代还不可能看到的论文，马克思著作中也有足够的证据表明他支持多元演进的历史观。在直接面对这一问题时，马克思否认他关于'西欧资本主义起源的概括'构成了'一个必然可以施用于所有民族的普世发展的历史哲学理论'。"出于强烈的现实需要，即阶级斗争的需要，中国马克思主义史学家最终选择了前一种理论。"中国马克思主义者相当清楚马克思主义是开

① 李根蟠：《中国"封建"概念的演变和"封建地主制"理论的形成》，《历史研究》2004年第3期。

放的，不只是一种解释，但是他们还是选择了直线的一元发展观。"尽管他们中相当一些人"都已经意识到了欧洲与中国历史的不同之处，以及历史唯物主义公式无力解释中国历史中许多重要方面时，他们还要坚持对于历史唯物主义的公式化的解释"。德里克说："政治考虑对于历史唯物主义阐释的干扰，产生了这样一个问题——无论从理论和革命的角度而言是多么的正当，这种干扰对于马克思主义史学是否有益？答案应该是否定的。"中国马克思主义史学家们"最终既简化了马克思主义的理论概念，又简化了中国的历史。最终，阻碍了中国马克思主义历史研究的深入发展"。①

中国共产党人接受苏式"马克思主义"更明显是受政治的影响。丁守和说："中国人是在俄国革命影响下接受马克思主义的，中共是在共产国际和苏共代表帮助下成立的，因而主要是接受列宁主义，而且又主要是斯大林解释的列宁主义。特别是在王明等人领导时期，完全是按斯大林和共产国际的指示行事的。毛泽东反对教条主义，强调理论结合实际，用马列主义的立场观点方法研究中国问题，与中国革命实践相结合，引导中国革命走向胜利。毛泽东对斯大林干涉中共内部事务和政策是很不满的，但又推崇斯大林主持编写的《苏联共产党（布）历史简要读本》是国际共产主义运动的最高总结，是学习马列主义的中心教材。就是后来苏共批判斯大林时，仍然认为斯大林这把'刀子'不能丢。中共曾反对某些资产阶级学者提出的'西化'论，却又推行'苏化'论。"②

中国共产党人在理论上接受斯大林式"马克思主义"与他们在政治上接受列宁、斯大林对中国近代社会的定性和中国革命任务的规定是完全一致的，是一个问题的两个方面，都是苏共影响中国内部事务的结果（当然其中还有中共领导人的作用）。德里克说："1927 年之后的新的中共领导集团，依照斯大林的政策，继续坚持中国革命本质上是反帝反封

---

① 〔美〕阿里夫·德里克：《革命与历史——中国马克思主义历史学的起源》，第 189、190、191、187、200 页。
② 丁守和：《中国近代思潮论》，广东人民出版社，2003，第 56～57 页。

建的。"①

当然，这些都是当时的历史所必然造成的。我们在今天对这种学术政治化的结果既要有理解的同情，又要有理性的认识，不能无条件地接受。如果说，在最初，讨论中国社会性质问题是出于革命的需要，现在革命任务早已经完成，历史学完全应当从学术的需要出发来研究中国社会。应该看到，一个时代有一个时代的政治，一个时代有一个时代的学术。现在的政治是与时俱进，构建和谐社会，全面推进文化建设。如果一定要说非封建论者有什么政治诉求的话，那就是要以学术上的去政治化促进学科建设，以适应当下时代的需要。

我们一方面应当充分理解前辈史学家为了救国而用史学为政治服务的用心，充分肯定他们对创立马克思主义史学所做的贡献。但是另一方面，也需要从学术的角度出发来评判前人的成果，剔除那些有损于历史学的成分，才能符合马克思主义实事求是的思想原则。正如王学典所提倡的：将学术与政治、正确与错误做小心的剥离。②

4. 历史比较研究中求同与求异的关系

"封建社会"问题由于要进行中西历史的比较研究，所以牵涉历史比较研究中求同和求异的关系。在学术研究中，无论求同还是求异，都只是不同的方法。它们不是对立的，而是互补的。然而李根蟠却把这两种方法看成是对立的，甚至是"两条思想路线"的对立。他说，这两条路线，"一条是承认各民族历史的发展既是特殊的，也有普遍性的一面。另一条是强调各国历史发展的特殊性，否认这些特殊性中也包含了普遍性，把运用马克思主义指导研究中国历史等同于教条主义和西欧中心论。我们赞成第一条思想路线，反对第二条思想路线"。③

学术方法的不同，与"思想路线"的对立根本无关。历史研究中求同还是求异，不是由研究者的主观愿望所能决定的，而是由研究对象的

① 〔美〕阿里夫·德里克：《革命与历史——中国马克思主义历史学的起源》，第61页。
② 王学典：《"五朵金花"：意识形态语境中的学术论战》，《文史知识》2002年第2期。
③ 李根蟠：《中国"封建"概念的演变和"封建地主制"理论的形成》，《历史研究》2004年第3期。

性质所决定的。性质就是指共性和个性。在世间任何事物中，同是抽象的、有条件的、难以捕捉的。因为它是观念形态的东西，是人们为了交流的需要或认识的需要而做的对具体事物的抽象性概括。异是具体的、普遍的，而且是实实在在的、可感知的。我们每时每刻面对的都是具体的事物。例如"人"这个词的运用是如此普通。但是我们从未见过"人"，也不可能见到哪怕是一个抽象的人。我们只能见到具体的各种人：中国人、外国人；男人、女人；城里人、乡下人；广东人、福建人；诸如此类。正如何兆武所说的："社会是由许许多多个体的人所组成的，脱离了具体的个人之外，并不存在一个抽象的'人'。个人之所以为个人，就在于他具有不同于其他人的个体性或个性。"共性与个性的条件决定了这两者的关系是：共性寓于个性之中，个性是共性的前提。① 历史学当然也需要抽象，但是这种抽象应当是本学科范围内的，而不能抽象到政治经济学或哲学的高度。舍弃了历史的具体内容的抽象，是无益于历史研究的。

由于异是同的前提，所以应当先从"异"研究起。但是以往历史学却是在没有充分研究异的情况下，就直接得出了"同"的结论。而且这个"同"是没有确定范围的，也就是整个"人类社会"的。"人类社会"实际上也是一个抽象的概念。我们的研究，只能是从具体的各个地区、各个国家的社会研究起。即使有"人类社会"的共同规律，也应当是从各国、各地区的特殊规律中总结、归纳而来。世界历史的共同性不是凭空产生的，不同地区的人们要有相互的交往和交流，才能产生共同性。在前资本主义社会，历史和文化的共同性不可能是全球的、全人类的，而只能是局部的，只能存在于那些有着共同联系和相互交往的区域社会中。

一味求同的做法，抹杀了历史的丰富性和多样性，不利于认识历史的真相。王家范说："马克垚和他的《中西封建社会比较研究》的同事们，利用熟于西洋史的优势，在中西古代、中世纪历史的比较方面提出

---

① 何兆武：《文化漫谈——思想的近代化及其他》，中国人民大学出版社，2004，第176、177页。

了不少新见解、新视角，读了获益匪浅。马克垚说他心中有一个试图综合中西、重新给出世界性的'封建社会'概念体系雄心，对此我却不敢苟同。在我想来，越是深入到各国、各民族的历史里去，越能感觉到历史的多样性、复杂性。历史学的魅力，它的独有的功能，不在给出共性，而恰恰在于揭示个性。'共性'的不断抽象的结果，其内涵只能越来越浓缩——这件事还不如交给历史哲学去做，反倒合适些。或许也是这个缘故，我有一种感觉，马克垚的中西比较，已经作了很长一段时间，成绩有目共睹，但越比下去，中西历史却越来越相像。我曾有过怀疑：这对劲不对劲？"①

在马克垚主编的《中西封建社会比较研究》这部国内仅见的中西全面比较研究的著作里，他明显地忽略了西欧中古最大的两个特征：宗教和法律。该书先从大地产开始，随后是"封建王权"，体现经济基础决定上层建筑的理论模式。实际上法律、宗教并不全是"上层建筑"，它们也能起到决定性的作用。重要的是，没有宗教和法律，西方的中世历史就是残缺不全的，大部分历史很难说清。马克垚的其他著作对宗教和法律也很少关注，因为极力求同，必然要省略西方与中国相异的方面。不过，在《中西封建社会比较研究》中，部分学者在其撰写的章节里，还是体现了中西间的显著区别。例如，侯建新在第四章中分析西欧与中国农民的地位、身份不尽相同，西欧农奴受领主剥削的程度比中国编户农民受官府剥削、压榨的程度要轻。西欧农民的产品储蓄率和商品率都高于中国农民，这正是西欧率先现代化的一个重要原因。顾銮斋在第十四、十五章中所讲的西欧"封建财政"专指王室财政，这与国家财政不是一个概念。而中国则没有西方那种封建财政，只有国家财政。他的这一分析是出于西欧原初的"封建"意义（历史学的），而不是社会形态理论那种抽象的封建意义。正因为是从历史事实出发，才能揭示中西财政制度的巨大差异，那就是，受封建财政约束的西方国王只能靠自己的领地为生，如果他需要征收封建收

① 王家范：《中国历史通论》，华东师范大学出版社，2000，第47页。

入之外的税收，必须取得纳税人的同意。中国强大的专制王权可以无限地征收国税，以供自己和家人挥霍，对社会的危害极大。这种差异反映出税权的归属不同。西方的税权由纳税人以及他们的代表议会掌握（英国女王伊丽莎白一世时期有一句流行的谚语：女王要想从议员的钱袋里多掏一便士，比要他们的脑袋还难）。而中国的税权由专制王权垄断，不受任何制约。中西的巨大差异无可辩驳地说明了它们各自发展道路不同的原因。

马克垚在许多场合都强调中西方的"同"，其基本观点一致。在《关于封建社会的一些新认识》①中说中西社会在几个基本方面都是一样的：一是中古西欧和中国的城市都是封建的；二是在生产关系方面，普遍是大土地所有制和小生产的结合；三是在政治方面，都是君主制统治；四是中西方"封建社会"都没有自由和权利。笔者曾撰文《中国究竟有没有"封建社会"》②，指出他的这些结论过于表面化和简单化，与史实基本不符。马克垚在《中国有没有封建社会？》③中除了重申上述主要观点外，还说，中国和西方"意识形态领域占统治地位的是宗教"。这种说法对于中国来说实在比较牵强。

不过，不要以为这样一位造诣颇深的西欧史专家会不懂西方的基本史实。在马克垚亲自撰写的《英国封建社会研究》中，对封臣—封土制（所谓"狭义封建主义"的主要内容）和庄园制、农奴制都有全面的论述，并未显示出仅仅偏重庄园、农奴制的倾向。在介绍地产情况时，他指出："总的趋向是大地产日渐衰落，而中、小地产增加，即封建地产运动的趋向是日益分散。"④他的书中还提到农奴对份地的实际占有，有较牢固的权利。这都与他一贯强调的封建社会的前提是"大土地所有制和小生产的结合"明显不同。如此看来，在具体研究中世纪历史时，他完全能够尊重历史事实。可是在论述理论问题时，为了证明西欧封建主义

① 《历史研究》1997 年第 1 期。
② 《探索与争鸣》2008 年第 1 期。
③ 《史学理论研究》2004 年第 4 期。
④ 马克垚：《英国封建社会研究》，北京大学出版社，1992，第 160 页。

具有普遍性,他就有意无意地舍弃一些基本史实,尽量使历史抽象化。这恐怕是理论制约历史研究的一个典型例证。

结 语

当前的"封建"名实之争,绝不仅是旧话重提,更不是老调重弹,而是具有十分重要的和深远的意义。

在改革开放之初的 20 世纪 80 年代,史学界对以往的各项专题进行了较全面的和大规模的清理,一时间形成了理论研讨的热潮。但是到 90 年代后,这种理论热突然冷落下来,以致出现王学典所说的"没有问题"的现象。近年来"封建"名实之争又成热潮,打破史学理论界多年来沉寂的局面,大大激活了学术空气。本文总结的封建论争中反映的诸多理论问题,也是中国历史学普遍存在的问题。通过解决这些问题,不仅有助于我们认识其他各项专题,也有益于中国历史学的全面建设和发展。

20 世纪 80 年代的史学理论热具有在政治上"拨乱反正"的倾向,思想解放的意义比较突出,但是学术建设相对薄弱,许多重大理论问题缺乏史学实证研究的基础,因而大多数讨论还没有得到结果,就突然中止了。此次封建名实之争则大不相同。一些非封建论者注重用实证研究,尤其是用中外比较研究说明问题,具有不可辩驳的说服力,对于深化史学研究有着积极的意义。李峰认为,中国内地近年来对"封建"问题的反思,事实上已经把中国以往有关封建的争论推向了一个更深的层次。不再局限于历史的分期,也不仅是专注于 feudalism 一词是否可以译为"封建主义",而是探讨这种制度在历史上究竟有没有普遍性。在这里,简单的定性不能解决问题,需要对中外历史进行广泛的比较研究。

由此引出一个问题:讨论究竟要达到什么目的?封建坚持论者的目的很明确,就是要维护传统理论以及既定的概念。对于真正关注史学建设的人来说,名实之争不是为了重新命名,重新给中国社会定性,只是为了更新史学研究方法，并用它来重新认识中国社会。定性是20世纪初的任务，定性这种简单的认识方法不能够认识复杂的社会，不符合历史学的需要。历史研究不能像贴标签那样简单，社会是多样性的，很难用一个制度、一种社会现象来框定。社会历史是丰富多彩的，不应该用简单的公式把它格式化、概念化，让它失去魅力和意义。以往历史学用"封建"定性的方式也广泛地影响到其他学科：文学、哲学等。人们往往用定性来代替分析，不仅简单化，而且常常背离事实。例如，笔者曾见央视《百家讲坛》有一位文学教授讲解唐诗，说李商隐的爱情诗比较朦胧，是因受到"封建礼教"的束缚。这种说法实在是太牵强。文学创作是个人体验的产物，与"封建"何干呢？况且，即便有什么"封建礼教"的话，也主要是在明清时期，唐代恰恰是最开放的时代。传统观点以为，"封建社会"中的一切都是"封建"的，"封建性"决定所有事物的特征。现在解决封建问题，破除泛化封建观，无疑对其他学科也有一定积极意义。

争论的双方是否能像马克垚所期望的那样，达成共识？就目前的情况看，由于双方的立场、出发点大不相同，达成共识的希望是很渺茫的。不过，可以肯定的是，这次讨论，不再会像以往的大讨论那样，雁过无痕，没有结果。因为对历史的深入研究揭示了历史的真相和真意义，比较研究发掘出中国与西方的差异，这对于更新全社会的历史认识都是大有裨益的。最重要的是，以马克思主义的"求实"精神明确历史学的目的和方法，促进史学的学术转型，这个意义更为深远。所以，笔者并不以"循名责实"或取得某种结论为满足，而是将全面认识社会历史作为最终目标和主要任务。

"封建"的名实之争还具有特殊意义。以往的许多专题讨论，如农民战争、资本主义萌芽、古史分期、土地制度等等，基本上都是中国自身的问题，"封建"问题则是中西方共有的，也是中国和西方学界共同关注的。合理地规范"封建"概念，将有助于国际学术交流。中国历史学的最新研究成果也可对外国同行有所启发。其他那些专题，多为研究某方面（如农民战争）或某一较小阶段（如资本主义萌芽）的问题，而研究

"中国有没有封建社会"的问题，需要对中国两千余年的历史做详细的考察，对于全面理解中国历史进程、准确把握中国历史特征至关重要。也许正因如此，这个问题才能受到当今学界的格外关注，才能在百花凋零之后，再次焕发活力。

原刊《史学月刊》2009 年第 8 期。

中国人误解和滥用"封建"的根源

一 "封建"如何被污名化和泛滥化

近两年来，中国流行一个说法："被"怎么怎么，例如"被捐款"、"被就业"、"被幸福"、"被自杀"等等。它说明一种现象或行为是被制造出来的，即被人捏造的，与事实根本不相符合。在学术领域中，也有这种"被"的现象，最典型的就是"封建"问题。

冯天瑜曾明确提出"封建"概念的"泛化说"，并引起学界的普遍关注和热烈的争论。但是鲜为人知的是，还有学者指出"封建"概念的"污名化"。"泛化"和"污名化"都是"被"的结果，而且两者是相互影响的。其中，"污名化"更加普遍和严重，所以要先考察这个问题。

明确提出"污名化"这个词的，是台湾学者潘光哲。他说："'封建'在中国自身的历史传统里，本来只是西周王室用以安排统理统治地域的一种制度。""在 20 世纪初期，随着严复翻译的《社会通诠》的问世，'封建'被视为社会历史发展序列的'低级'阶段，具有落后的意味，更逐渐被污名化，至 20 世纪的'五四'阶段，'封建'作为落伍的、非现代的、非文明的一切总合，已是负面意蕴的字眼了。随着此后中国的马克思主义者对'封建'的新诠，转化为革命的动员理论，它竟成为武器批判的直接对象，被污名化的'封建'已然是历史记忆的深层积淀。现下，当我们准备在现实里开展批判斗争的时候，'封建'便是从历史记忆里最方便也最容易被召唤出来的恶魔，它只有承受必得被专政凌迟与侮蔑的命运，历经千年转折的'封建'，还有从这条命运的锁链里挣脱开来的可能性吗?"①

　　其实，早已有不少中外学者指出"封建"的被污名化现象，只不过他们没有明确使用"污名化"的词来概括这一现象；其中叶文宪对此描述得最为全面。他说："自从把 feudalism 译为'封建'，尤其是引进五形态论以后，孳生出一系列以'封建'为前缀的名词，形成了一个'封建族'名词群，如：封建制度、封建专制、封建等级制、封建帝制、封建帝国、封建国家、封建王朝、封建压迫、封建割据；封建领主、封建主、封建地主、封建官僚、封建士大夫、封建军阀、封建把头、封建余孽、封建残余、封建势力、封建农民、封建农奴；封建经济、封建领地、封建庄园、封建剥削、封建地租、封建土地制度；封建主义、封建思想、封建道德、封建遗毒、封建迷信、封建脑瓜；封建家庭、封建婚姻、封建习俗等等。"他指出，这些"封建"的性质多为贬义："我们发现，大凡冠以'封建'前缀的名词都是贬义词。于是我们恍然大悟，原来'封建'成了垃圾筒（桶），不管什么坏东西都往里扔；'封建'也成了恶谥，凡是坏人就给他贴上一张'封建'的标牌。这种做法只是一种丑陋的权术，不是科学的研究。"② "垃圾桶"和"恶谥"，就是"被污名化"的结果。

　　费正清也说：在中国，"'封建'成了骂人的字眼，可是它缺乏明确的意义"。③

　　冯天瑜指出"封建"在中国被"泛化"的过程。他所说的"泛化"是指"封建"脱离了其西周的本义，注入宽泛的内涵，将"封建"的外延做巨大的扩张，从而演化成另外一种概念。然而，这种"泛化"同时也是"污名化"，"污名化"不过是"泛化"的结果，对此他却没有明确意识到，所以将污名化也算作泛化。冯天瑜说："'封建'这一表述周朝制度的旧名，借作欧洲中世纪制度（feudalism）的译名，因与日本中世

---

① 潘光哲：《"封建"与"Feudalism"的相遇："概念变迁"和"翻译政治"的初步历史考察》，叶文宪、聂长顺主编《中国"封建"社会再认识》，中国社会科学出版社，2009，第 132 页。
② 叶文宪：《封建和"封建社会"新论》，《浙江学刊》2000 年第 4 期。
③ 〔美〕费正清：《伟大的中国革命》，世界知识出版社，2000，第 264 页。

及近世历史实际相似，故在日本没有出现错置。至于在'封建'一词故乡的中国，史学术语'封建'在清末民初还保持着概念的一贯性（以严译'封建'为代表）。但到五四新文化运动期间（1915～1921），'封建'的含义在某些重要论者那里发生变化，从一古史概念，演变为'前近代'的同义语，成为与近代文明相对立的陈腐、落后、反动的制度及思想的代名词。此为'封建'概念'产生混乱'之始。"及至大革命时期，一切旧的都被看作封建的，都在被打倒之列。"此后，经过20世纪30年代初的社会史论战，泛化封建观获得某种'社会科学'形态；50年代以降，泛化封建观更普及与法定化，国人已习惯于将各种落后、腐朽、反动的事物、思想乃至人物，全都冠以'封建'，形成一系列'泛封建短语'。"①

由于这种"封建"不是对某种制度的客观描述，而是出于主观的需要，人们把所有被认为是反动、落后的事物都贴上"封建"的标签，因而它与西周的或西欧的那些表示某种制度的名词不同，所起的是形容词的作用——当作前缀，可以任意地加在任何事物之上，并且无限制地制造，由此形成"封建"概念的泛滥化（不完全是冯天瑜所说的"泛化"）。正如叶文宪说："我们使用'封建'一词之混乱已经到了该封建的不封建，不该封建的都封建的不可复加的地步。"②

污名化造成了对"封建"的误解，同时又促进了"封建"的泛滥化，因为没有规定性的概念必然被滥用。结果，"封建"的被污名化和泛滥化一同导致了对"封建"的误解和滥用。钱乘旦、许洁明指出："请读者注意'封建'（feudalism）这个词，它后来显然被滥用了。在有些中文词汇中，一切坏东西都冠以'封建'两字，从包办婚姻、裹小脚、烧香拜佛、爱占小便宜，到以前存在过的政治经济制度等等无不属于'封建'。但'feudalism'在欧洲是有确定性的，它指以土地分封为基础的权利与义务关系，是一种经济和社会的制度。'封建'社会结构建立在土地封授的基础上，政治权、司法权乃至社会特权都随土地分割而被分割，相应地分

①　冯天瑜：《"封建"考论》，武汉大学出版社，2007，第245、246、241、263页。
②　叶文宪：《封建和"封建社会"新论》，《浙江学刊》2000年第4期。

散在社会的各个层面上。因此，'feudalism'意味着分权，而不是集权，集权的制度是不好用'封建'两字来修饰的。"①

二 "中国式"封建：第四种"封建"

要深入认识"封建"的被污名化和泛滥化，还需要与其他几个"封建"概念相比较。在这里先要弄清楚，一共有几个或几种"封建"。

按照一般人的理解，"封建"的概念只有一种，即大家经常使用的那个"封建"。而研究者一般认为有三种，即西周的、西欧的和中国秦以后的。五方式论者认为中国秦以后的"封建"是符合马克思主义的，可以视为一体。例如，李根蟠说："这里所说的'封建'，不同于中国古义的封建，也不完全同于'西义'的封建，属马克思主义的封建概念。"② 中国非封建论者或封建怀疑论者则不认可此说法。

何怀宏曾明确指出三种封建概念："在中国，'封建'的概念可以意指三个不同的对象：第一是指中国古代的封建，如西周的'封建亲戚，以蕃屏州'；第二是指中国从古代延续到近代的'封建社会'……第三是指欧洲中世纪的一种社会制度，它常被看作是各种封建社会的参照原形。"③ 可见他没有把五方式论的概念算作单独的一种。

实际上，共有四种不同的"封建"概念。人们耳熟能详的，被当作反动事物代名词而被误解和滥用的就是这第四种"封建"。确切地说，它是中国式的"封建"，是中国人根据自己的需要，并依照中国的历史和现实创造出来的。这一问题以往似乎还没有人明确地指出，但是已有学者看到这一事实。

冯天瑜所说的"泛化封建"观实际上就是第四种。他说："我确信，'泛化封建'观是不能成立的。单从概念演绎史的角度说，它至少有'三不合'：（一）不合古义（'封土建国'、'封爵建藩'）；（二）不合西义

---

① 钱乘旦、许洁明：《英国通史》，上海社会科学院出版社，2002，第 56 页。
② 李根蟠：《"封建"名实析义》，《史学理论研究》2007 年第 2 期。
③ 何怀宏：《世袭社会及其解体》，三联书店，1996，第 29 页。

（feudalism 意为采邑，又译封地，意谓采取其地赋税）；（三）不合马克思的本意。""'泛化封建'完全偏离了概念古今演绎、中外涵化的正途，把非封建乃至反封建的含义硬塞进'封建'名目之中，造成名实错位，所谓'语乱天下'。"① 只是他没有明确指出这是第四种"封建"。

吴承明曾经提出"中国特色封建社会"的说法。他说，对于西周封建和西欧封建，大家都是比较清楚的。至于马克思主义的封建学说，因为马克思本人有不同的表述，后来又有列宁、斯大林的解释和发展，就比较难把握。他说："我想，今天所讲的，秦汉以后到了明清都是封建社会，这指的是有中国特色的封建社会，不必去同西方（封建社会）作比，也没有办法同马克思的真正的原义相比。……我想它最大的特色，一个就是宗法，或者说血缘关系。马克思的封建主义好像就没有强调这个，再一个是专制。"他认为中国式封建还有伦理道德方面的东西，因为中国人很重视这些。"封建"被用于描述保守、落后的男女关系。"中国历史上'贞妇'、'节烈'、'牌坊'等，这些在西方恐怕就不是很普遍。""所以，有学者说我用的'封建'及'封建社会'概念一定是标准的马克思主义，这也不必，这很难。"②

笔者也曾撰文《从四种"封建"概念的演变看三种"封建社会"的形成》③，明确提出中国式封建是第四种封建的理论。指出不但要将中国式"封建"（秦以后）和西周封建、西欧封建区分开，也不能把它与五方式论的"封建"混为一谈。将中国式"封建"与上述三种"封建"做比较，即可凸显其污名化和泛滥化的特征。

西周"封建"是"封土建国"、"封爵建藩"，概念具体、明确而又简单，最不会引起误解和滥用；关键是西周"封建"只起译名的作用，被用来翻译、引进西欧的 feudalism，与后来的一系列"封建"没有发生直接关系。

---

① 〔日〕谷川道雄、冯天瑜：《关于"封建"的中日对话》，叶文宪、聂长顺主编《中国"封建"社会再认识》，第 342 页。

② 吴承明：《秦以后的中国是有中国特色的封建社会》，《"封建"名实问题讨论文集》，江苏人民出版社，2008，第 110～111 页。

③ 《"封建"名实问题讨论文集》，第 333～363 页。

西欧的 feudalism 是以封土 feud 为核心建立起来的社会制度。在前述中国式"封建"的庞大名词群中，只有少数存在于西欧社会，即封建领主、封建经济、封建领地、封建庄园、封建剥削、封建土地制度、封建割据、封建等级制等等；其中大部分都是对当时历史及制度的客观描述，没有歧义，也并无贬义。即使有一定贬义的"封建剥削"一词，也是有条件的，因为马克思主义承认剥削在一定社会阶段中的必然性和合理性。不仅如此，西欧封建主义还含有某些进步性，这正是西欧能够率先实现现代化的重要原因（关于这一点将在后面详细介绍）。

西欧的封建制有着明确、有限的范围和严格的规定，这是由具体的历史内容决定的。对于这一点，不仅研究封建社会的专家马克·布洛赫有明确的说明（具体可见布洛赫《封建社会》一书），即使是马克思、恩格斯也有清醒的认识。他们并未一般性地赋予西欧封建主义普遍性的意义。

笔者早前指出，在欧洲中世纪的社会中，不仅仅实行封建制，在很多领域和方面实行的还有非封建性的制度。中世纪的欧洲并不是封建制的一统天下。[①]

笔者的另一篇文章《从中西"封建"概念的差异看对"封建"的误解》[②]，从概念上区分"封建"与"非封建"。例如，"封建财政"只是指国王的私人财政，与非封建性财政——公共财政截然不同。正是因为有这种封建与非封建制度的严格区分，才有国王征税必须取得纳税人同意的原则，才有议会制的产生——因为议会从一开始是为了协商公共财政而建立的。封建制一方面限制国王的权力，另一方面保护纳税人的权利。而中国恰恰因为没有封建制，所以皇帝凭借专制权力任意掠夺人民财产，奴役庶民百姓的人身。由此产生的公私不分的国家财政不仅供皇帝挥霍，还用来实行"家天下"制度，供养庞大的皇室家族。仅此一例就可看出中西社会的巨大差异。

综合笔者上述几篇文章看来，西欧的"封建"首先没有"污名化"的特征，其次没有泛滥化的特征，不是一个能容纳一切的大箩筐，只是

---

① 黄敏兰：《论欧洲中世纪的封建制与非封建性制度》，《西北大学学报》1999 年第 3 期。
② 《探索与争鸣》2007 年第 3 期。

具体的社会制度。中国本没有封建制，却要说秦以后是"封建社会"，这才会把社会中的一切都笼统地称为"封建"。

现在要面对的是五方式论的"封建"，它的具体表述十分简单、明了："在封建制度下，生产关系的基础是封建主占有生产资料和不完全地占有生产工作者，这些生产工作者就是封建主已经不能屠杀但是可以买卖的农奴。"[1] 然而，这是否符合马克思的本意呢？

马克思并没有集中和明确阐述封建概念。他在不同的论著中多次提到，封建主义的主要特征是人身依附、封君封臣制、农奴制、庄园采邑制、等级制等等，这些都是当时具体的制度。德里克说，马克思在《资本论》和《德意志意识形态》等著作中对封建生产方式的论述十分"含糊"，"即使是在《论前资本主义经济方式》一书中马克思同样也很少对封建制度作出解释"。[2] 不过，无论是马克思的"封建"说，还是五方式论的"封建"说，都不存在中国式"封建"的那种被"污名化"和泛滥化的现象。中国的五方式论者将斯大林的论述加工，把"封建"概括为两点：马克垚的公式是"大地产加小农"，大多数人则以"地主剥削农民"作为判定封建社会的依据。这两者实际上是一致的。可见，五方式论的"封建"并没有中国式"封建"那么复杂多样，其概念是中性的和高度抽象的，而中国的"封建"概念多是贬义的。

尽管五方式论的"封建"本身与中国式"封建"较少有共同点，但是它对后者的形成起到了极为关键的作用。这不是示范性的作用，而是将西欧"封建"转换成中国式"封建"的关键。西欧封建制由两种制度、两层关系组成，一种是封君—封臣制，施行于上层社会；另一种是领主—农奴制，体现贵族与下层的关系。一些西方学者（所谓"资产阶级"学者）强调封君—封臣关系，被封建论者称为"狭义封建主义"。相对而言，法国史学家马克·布洛赫创立的则是"广义封建主义"。黄春高介绍说："布洛赫

---

① 斯大林：《论辩证唯物主义和历史唯物主义》，《斯大林文集》，人民出版社，1985，第223～224页。

② 〔美〕阿里夫·德里克：《革命与历史——中国马克思主义历史学的起源》，翁贺凯译，江苏人民出版社，2005，第111页。

扩大封建主义概念的关键在于将下层社会依附关系纳入进来。布洛赫的封建主义是两个层次的：在上层为附庸，在下层则为农奴。"① 中国封建论者坚决反对狭义封建主义，赞赏布洛赫的广义封建主义。但是他们并未采用布洛赫的方法，而是只将封建主义限定在领主与农奴制这一方面。

封君—封臣制度是西方封建制的重要内容，承认它就必然否定西欧封建主义具有普遍性，而舍弃它，再把领主—农奴制简化为"大土地所有制和小生产结合"或"地主剥削农民"的简单公式，封建主义就有了普遍性。可以说，五方式论的"封建"概念是不合理抽象的结果，它既与西欧封建社会不符，也不能说明中国的社会状况。然而，这种抽象将"封建"及"封建社会"普遍化（正因其高度抽象，才能够普遍化），使之成为放之四海而皆有的历史现象。中国中古社会就根据这一理论被定性和命名为"封建社会"。于是这个社会中所有的事物就都可称为"封建"的。于是人们就用贴标签的方式无限制造"封建性"的事物，以致中国的"封建"漫无边际，无所不在。

三　应该如何看待中国式"封建"

一些封建论者也看到了"封建"被"污名化"的现象，但是他们把这种现象看作正常的、合理的。马克垚说，"封建"这个概念，已经"约定俗成"了，"社会上也时常拿封建来形容落后的、过时的东西，为什么要放弃它呢？如果不使用封建，那么近代以来的反帝反封建斗争，又该如何命名呢？"②

李根蟠部分地承认，现在中国人使用的"封建"不同于中国西周的"封建"和西欧的"封建"，但是不同意它不符合马克思主义封建概念的说法，他认为中国人对中国封建社会的认识是在马克思主义指导下进行的。李根蟠高度称赞"封建"的被污名化和泛滥化，指出："至于在民主革命和社会主义革命过程中，广大群众接受了'封建'的概念以后在使

---

① 黄春高：《略论马克·布洛赫的封建主义概念》，《史学理论研究》2004 年第 4 期。
② 马克垚：《中国有没有封建社会?》，《史学理论研究》2004 年第 4 期。

用中把它泛化了，一切与五四以来宣扬的民主科学精神不符的事物都被冠以'封建'，于是有封建思想、封建迷信等等词汇的出现，这没有什么可奇怪的，因为词义总是在群众的使用中不断丰富其内涵的。这也没有什么不好，在某种意义上，它正是人民群众思想觉悟提高的表现。"李根蟠明确说明，中国马克思主义史学对中国"封建社会"的认识"是从对中国现实社会的封建性认识开始"的。他还说，因为当时人们强烈地感受到中国社会具有严重的封建性，所以"封建"一词便在社会中广泛地流行。对社会中丑恶现象的批判就都具有了"反封建"的性质。①

一些非封建论者或封建质疑论者，例如冯天瑜、叶文宪以及笔者，严厉批评中国式"封建"，认为它导致人们对"封建"的误解和滥用，应当及时纠正。还有少数学者，例如吴承明，虽然不同意中国式"封建"，但是对其持保留态度，认为对中国秦以后叫不叫"封建社会"都可以，关键是要明白中国封建与西方封建及马克思主义"封建"概念并不相同，是"中国特色的封建"。

笔者认为，对中国式"封建"应采取历史主义的态度，区分它的政治作用和学术作用。"反封建"口号在历史上的作用应当充分肯定。即使在改革开放后，"反封建主义"仍是思想解放和政治批判的一面旗帜，黎澍等思想家就是提倡"反封建主义"的先锋。不过，时至今日，作为政治批判武器的中国式"封建"已经完成了它的历史使命，应该从政治转向学术，进行全面的学术建设。冯天瑜多次引用侯外庐关于封建论"语乱天下"的说法，在这里需要认清究竟是如何乱，具体危害在哪儿。

从封建概念的演变来看，由西欧"封建"到五方式论的"封建"，随后又到中国式"封建"，经历了大幅度的时空转换，其间不断地置换着概念。最终造成的中国式"封建"是对"封建"的误解和滥用，它已经严重影响到对中西历史真相的认识。西欧的封建主义具有两重性，五方式论只强调它消极的一面，即"地主剥削农民"，使得封建主义积极的方面长期受忽视。然而西欧封建主义的实质是明确规定各等级的权利和义务，

① 李根蟠：《中国"封建"概念的演变和"封建地主制"理论的形成》，《历史研究》2004 年第 3 期。

不是以往简单认定的那种领主剥削农奴的阶级对立。最基本的有两点：一是权利和义务的对等，享受权利就得尽义务，同样，尽义务就应享有相应的权利——议会制就是根据此原则建立的；二是无论上下，都既有权利，也有义务，非一方独享权力和权利。以往我们因对封建的误解，以为封建主义是落后的和丑恶的，因而未能看到，西欧的封建主义有积极的一方面，例如契约原则、互惠原则、等级内相对平等原则、分权制约原则等等。这些都对资本主义的发展起到了促进的作用。更重要的是，封建主义为社会留下了相当充裕的空间，使得新生力量有生存和发展的条件。而在中国"大一统"的国家/社会中，新生力量难以产生和发展。中国恰恰是因为没有西欧的那种封建主义，才长期停滞、落后。

　　法国历史学家马克·布洛赫在《封建社会》一书中指出，西欧的封建制度是封君与封臣之间的一种双向契约。"西欧封建主义的独创性在于，它强调一种可以约束统治者的契约观念。因此，欧洲封建主义虽然压迫穷人，但它确实给我们的西欧文明留下了我们现在依然渴望拥有的某种东西。"① 然而，中国人根据中国"国情"制造出来的中国式"封建"，不仅根本没有这些积极的内容，反而成了落后、腐朽事物的代名词。把中国中古社会说成"封建社会"，抹杀了与西方的差异，无视中西方各自的特点，对于历史研究只能是有害无益。

　　必须承认中国"封建"一词的含义已经"约定俗成"的事实，因为"约定俗成"本来就是语言的本质特征。既然它已经在社会上发挥了并仍然发挥着很大的影响，我们当然要正视这个现实。但是，这个"约定俗成"只应限定在社会语言的范围内，而学术语言应该有自己明确的概念，有恰当的学科理论依据，不能将错就错，因为"约定俗成"就继续混淆不同的概念。如果说，前辈历史学家没有来得及对"封建"做历史考察的话，我们应该做这项补救工作，把历史的面貌恢复过来。

原刊《探索与争鸣》2011 年第 1 期。

----

① 〔法〕马克·布洛赫：《封建社会》下卷，李增洪等译，商务印书馆，2004，第714页。

中国古代官吏腐败研究

试论中国古代官吏腐败的原因[*]

一

翻开中国历代史籍，所载官吏贪赃腐败之事，比比皆是。各级官吏，上至宰相，下至未入流的小吏，一朝有权在手，便贪赃枉法，贿赂公行，假公济私，搜刮民财，少有例外。手段之毒辣，程度之严重，实在令人触目惊心。而且尽管朝代频繁更替，此风却绵延不绝。这是世界历史上所罕见的。著名学者王亚南曾说过，中国一部二十四史，实是一部贪污史。总结得何等精辟！

自秦汉中央集权的官僚政体形成之后，贪污贿赂等腐败之风便随之俱来。其特点大致有三。一是普遍性。各级官员"皆尚贪残，罕有廉白"。[①] 如唐穆宗时，大臣韩弘以财赂权贵，满朝文武除牛僧孺外皆纳贿。[②] 元代，"居官者习于贪，无异盗贼，己不以为耻，人亦不以为怪。其间颇能自守者，千百不一二焉"。[③] 官员贪残，甚至官僚的家奴及充任粮长差役的民户也倚仗权势，贪污掠夺。如明代严嵩家人严年，受贿逾数十万。[④] 又有粮长动用官银为自己买田、建宅院、娶妾，而将费用转嫁于普通民户身上。如说无人不贪是夸张，但说无处不贪则是实。带兵的克扣

---

* 本文为黄敏兰与方兢合写。

① 《梁书·贺琛传》。

② 《新唐书·牛僧孺传》。

③ 吴澄：《吴文正公文集》卷 14。

④ 赵翼：《廿二史札记·明代宦官》。

军饷，管财政的贪污国库，不直接经手钱财的，则靠手中权力受贿或勒索。如吏部掌管官员考核升迁，可卖官，刑部掌管生杀大权，可卖法。

二是多样性。所谓多样性，一方面是种类多：贪污、受贿、挪用经费、多征苛敛为己有等等。另一方面是名目繁多。如宋时州郡给中央有关部门送公文，都要贿赂、送礼，各有规定的数目，不够便百般刁难，成为通例。明代"刘瑾时，天下三司官入觐，例索千金，甚至有四五千金者"。① 官场中的交往，有许多不成文的规定，要交"打点"、"规礼"、"照应"等手续费，征税时又有火耗、鼠雀耗、脚钱等种种杂派。甚至小小胥吏在每次征粮时，都要勒索各种名目的杂费，"公差至门索路费，索纸包、酒钱、饭钱、买差钱、雇役钱、门子掣签钱、吏房销名钱、粮房嵌数钱、数书还库钱、经催常例钱、府厅解比钱、内衙公费钱"。②

三是严重性。如东汉权臣梁冀，身败后家产被籍没、变卖，"合三十余万，以充王府，因减天下税租之半"。③ 清代军机大臣和珅，被嘉庆赐死后，所抄没的财产，总计不下白银八亿两，几乎相当于清朝二十年的财政收入，二十五年的财政支出，六十多年的财政盈余。④ 时有"和珅跌倒，嘉庆吃饱"的谚语。

层层官吏，如此腐败，结果当然可想而知。横征暴敛，是直接剥削人民，贪污则是间接剥削人民。因国库之财，皆取之于民，亏空后，当然要增加赋税。贿赂成风，又大大促进贪污掠夺。结果是百姓不堪忍受，流民四起，聚众起义，直接威胁统治者，甚至推翻一代政权。中国封建社会两千多年，大小起义就有三百余次，与此不无关系。

官吏腐败可导致如此严重的后果，历代的最高统治者并不是看不到，也不是没有设法制止。西汉景帝曾下诏书规定，官吏如有受下级财物者，免官受罚。东汉时，法律已很严厉，规定"赃吏子孙，三世禁锢"。⑤

---

① 赵翼：《廿二史札记·明代宦官》。
② 佚名：《虞谐志》。
③ 《后汉书·梁冀传》。
④ 中央财政金融学院财政教研室编《中国财政简史》，中国财政经济出版社，1980，第149页。
⑤ 程树德：《九朝律考·汉律考》。

"长吏赃满三十万而不纠举者，刺史二千石以纵避为罪，若有擅相假印绶者，与杀人同弃市论。"① 以后贪污越重，法律越严。至北魏文帝时规定，"赃满一匹者死"。② "义赃一匹，枉法无多少皆死"。③ "隋文帝时，为索财而荐官者，获罪。"盗边粮一升以上，皆斩，并籍没其家。"④ 明太祖甚至将贪官剥皮，枭首示众，惩治不可谓不严厉。明清两代，较以前历代更为腐败，被籍没的贪官也甚多，朝廷为此专门设立"赃罚库"，以贮没官之物。

最高统治者一方面厉法、严刑，以图刹住腐败之风，另一方面，增加俸禄，多行赏赐，以图防患于未然。西晋武帝时即有此举，以使官员"外足以奉公忘私，内足以养亲施惠"。⑤ 宋代给官员的各项钱款，名目最多，看后实令人眼花缭乱：俸钱、禄米之外，又有职钱，职钱之外，又有随员的衣粮钱。此外，又有茶、酒、厨料之给，薪、蒿、炭、盐诸物之给，饲马刍、粟之给，米面、羊口之给。其官于外者，别有公用钱和职田，无职田者，则有茶汤钱。⑥ 自明始，地方官吏以"火耗"（银两改铸时的折耗）为名，加派私征，贪为己有。火耗实为百分之一二，然清初时，有高达正税 80% 者。雍正年间，为防止私征贪污，施行"火耗归公"，另给官吏"养廉银"。却不知廉岂能养而得之，官必然是越养越肥，越养越贪。中国历史上最大的贪官和珅，恰恰出在施行养廉银政策之后。总之，最高统治者威也好，恩也好，恩威并重也好，无论采取什么措施，都不能有效地制止官吏腐败，其原因何在呢？

二

中国古代社会的官吏，大多同时又是地主，或者还是商人、高利贷

---

① 《后汉书·桓帝纪》。
② 《魏书·高祖纪》。
③ 《魏书·刑罚志》。
④ 程树德：《九朝律考·隋律考》。
⑤ 《晋书·武帝纪》。
⑥ 赵翼：《廿二史札记·宋制禄之厚》。

者。即使有些人出身贫寒，一旦跻身于官场，也就成为地主阶级的一员，而且比起无官的庶民地主来说，获得财产的途径更多。此外，官吏是整个社会的统治者，法律明确规定了官等级在政治、经济、法律、生活等方面享有种种特权。即使没有特权的吏，也因掌握具体实权而在社会上形成特有的权势。古代官吏的这种特殊地位和身份，使其必然格外贪婪、残酷和具有无穷无尽的欲望。

官吏贪婪本性的形成与实现，是在古代社会的客观环境中完成的。也就是说，中国古代社会的政治结构和经济结构，决定了其如此方式和如此程度的腐败。

简言之，中国古代官吏腐败主要表现在以下几方面：（1）在直接经管国家的农工商业中贪污；（2）在管理国家行政和军事事务中贪污；（3）倚仗强权横征暴敛、敲诈勒索；（4）慷国家之慨请客送礼；（5）贿赂。

在中国古代社会，各朝都有不少由国家直接经营的田产和工商业。如屯田、营田、官营手工业作坊、盐铁业、均输、平准、平籴、营造及兴修水利等。这些经济活动，都由国家投资。如屯田需置耕牛、农具，修水渠；漕运需造船、修河、疏浚，耗资甚巨。南宋孝宗时，荆襄屯田，置耕牛，置农器，修长、木二渠，耗费十余万缗。明天启年间，为漕运凿河，仅二百余里，就费金钱五十万。至于治堤和兴建城池、宫殿、陵园，则所费更巨。汉代濒黄河十郡治堤，岁费万万，明初先后在南京、北京大建宫殿、城池，豪华富丽，所费不赀。单以乾清宫的修建为例，便用银两千余万两，役匠三千余人，岁支工食米一万三千余石。这些大量的财务支出，以及国营生产部门的生产资料和收入，在各级官吏管理和经手时，就或多或少被他们贪为己有。曹魏何晏等专政时，"共分割洛阳野王典农部桑田数百顷，及坏汤沐地以为产业"。① 明代，屯田之地多为内监、军官占夺，宁阳侯陈懋曾侵盗屯田仓粮达二十多万斤，私役军士为其种田三千余顷。② 明代修宫殿时，工部官员贪污官银去行贿。汉代

---

① 《三国志·曹爽传》。
② 《明宣宗实录》，宣德六年。

为昭帝修陵墓时，大司农田延年贪污牛车雇值三千万。

各级官吏在管理国家行政事务中，也利用直接经手公物钱财之便，进行贪污。如军队中，军官克扣、贪污兵士军饷，各代屡见不鲜，几成定律。又如东晋时，地方长官常常占公物为己有。官员上任，"先之室宇，皆为私家，后来新官，复应修立，其为弊也，胡可胜言"。① 明洪武年间，户部侍郎郭桓等贪污浙西秋粮，官吏数百人被处死刑，下狱的达数万人，追赃达数百万石。清乾隆时，甘肃布政使王亶望等地方官员贪污救灾款项多达两万两银以上者，就有二十多人。② 汉代张骞开西域之路后，朝廷多派官员出使，使节每每贪污钱财。更有甚者，还常将皇帝给西域诸国的礼物贪污，拿到市上去卖掉，以获私利。③

中国古代官吏不但贪污国库，同时还凭借权势，在管理税收、漕运、仓储、商业等方面敲诈勒索百姓甚至下属官吏，其中历代皆以私征税收为尤。宋代"正税之外，科条繁重……税米一斛，有输及五六斛，税钱一千，有输及七八千者"。④ "今朝廷少有科敛，州县必增其数。"⑤ 明代，"吴中财赋甲天下，加派名目不一，而常熟胥吏，因缘为奸，尤剧于他县"。⑥ 再如漕运，明时，负责漕运的官员一方面向运粮的军民敲诈勒索，一方面将漕运费用放高利贷，名为"条子钱"，以获厚利。再如管仓库的官吏"凡为仓库害者，莫如中官。内府诸库监收者，横索无厌。正德时，台州卫指挥陈良纳军器，稽留八载，至乞食于市"。⑦ 至于向运粮的军士多索耗余，更是漫无止境，且比比皆是，屡禁不能止。倚仗权势，强占民田民宅，或强行贱买，以至掠夺，历代也不乏其例。如汉代，相国萧何强行贱买民田。衡山王数侵夺民田，且坏人冢以为田。东汉宦官侯览，"前后请夺人宅三百八十一所，田百一十八顷"。⑧ 对商人的掠夺，当以宫

① 《晋书·范汪附子宁传》。
② 翦伯赞主编《中国史纲要》第3册，人民出版社，1979，第179、294页。
③ 《汉书·张骞传》。
④ 《建炎以来系年要录》卷42。
⑤ 刘子翚：《屏山全集》卷2。
⑥ 佚名：《虞谐志》。
⑦ 《明史·食货志》。
⑧ 《后汉书·侯览传》。

市、和买为甚。唐代宫中所需物，派宦官到闹市购买。名为宫市，而实夺之。明代光禄寺官吏，为宫中购物，"概以势取。负贩遇之，如被劫掠"。"假公营私，民利尽为所夺。"①

由上述可见，官吏蚕食国家，鱼肉百姓，都是凭借手中的权力。如果我们再进一步考察中国古代社会中权力与财产的关系，就可以更为深入地理解官吏腐败的原因。

中国古代社会，都是官吏的地位越高，特权越大，所得的俸禄和田产就越多，地位高的，还常常得到皇帝的重赏。这些都是官员合法的收入。因此可以说，官僚的身份决定其拥有收入的资格和保障，而官员的品级高低、权力大小，则决定其收入的多寡。另外，官吏的权力和特权越大，利用职权营私舞弊就越容易，也越胆大，谋取的私利也就越多。清人赵翼就曾说过，"贿随权集"。

但是，每一个官吏，不管他的权势如何，都是官僚集团中的一员。中国古代社会的官僚集团，是一个整体，每个成员的地位和作为，都受到多方面的制约和影响。官吏凭个人的能力，很多欲望和目的都无法实现。因此，必须采用行贿的手段。如东汉梁冀掌握朝廷大权时，"吏人赍货求官请罪者，道路相望"。② 北魏时，吏部尚书脩义"及在铨衡，唯事货贿，授官大小，皆有定价"。③ 唐代安禄山就因厚赂李林甫、裴度等皇帝的亲信，使他们为之吹捧，才得宠于皇帝的。宋代蔡京在被贬官后，重赂徽宗的亲信童贯等，使得"宫妾、宦官合为一词誉京"，④ 于是重新被重用，官至太师，权倾满朝，无恶不作。明代严嵩，更是广纳贿赂，"边军岁饷数百万，半入嵩家。吏、兵二部，持簿就嵩填注"。"边臣失事，纳赇于嵩，无功可受赏，有罪可不诛。文武大臣之赠谥，迟速予夺，一视赂之厚薄。""户部发边饷，朝出度支之门，暮入奸嵩之府；输边者四，馈嵩者六。边镇使人伺嵩门下，未馈其父，先馈其子，未馈其子，

---

① 《明史·食货志》。
② 《后汉书·梁冀传》。
③ 《魏书·景穆十二王汝阴王天赐传》。
④ 《宋史·蔡京传》。

先馈家人。"①

　　贿赂，就是因有所请托，以财物来买通人。然而在官僚集团内部，除贿赂外，还历来盛行相互请客送礼之风。送礼并不见得当时即有所求，而是为了加强官吏之间的勾结和联系。新官上任，每每要大宴宾客，重馈上司、同僚，以盼诸官多多关照。所谓关照，无非是在公私诸事中，给予方便。论其性质，当和贿赂所差无几，此种恶习形成风气之后，个人力量难以改变。即使个别清廉者，也迫于形势，不得不如此。另外，性质相近的，还有官吏利用公事之便，大慷国家之慨，以图巴结奉迎。如新官到职，旧官去任，迎新送故，都要大摆宴席，重馈礼物，漫无节制，所耗钱财，当然都取自国库。《晋书》载："方镇去官，皆割精兵器杖，以为送故，米布之属，不可称计。……送兵多者至于千余家，少者数十户，既力入私门，复兹官廪。"② 再如各级大员外出，无论是公差或是私游，每经州、县、驿站，当地官吏都要耗费巨资，迎送、招待和送礼。"差使一过，自馆舍铺设以及洒筵种种靡费，并有夤缘馈送之事。随从家人有所谓钞牌礼、过站礼、门包、管厨等项，名类甚繁，自数十金至数百金，多者更不可知，大抵视气焰之大小，以为应酬之多寡。""凡此费用，州县之廉俸不能支，一皆取之库帑，而亏空之风又以成矣。"③

　　显而易见，官僚集团内部的贿赂、送礼等不正之风，或是为了升官、受赏（有的仅是为保住自己的地位），或是为打通关节，使自己贪赃无人弹劾，有罪不受惩罚。其实质，一是权力的交易，一是官吏之间的联系。体现了官吏之间（同僚之间、上下级之间、不同部门之间）在利益上是相互需要、相互依赖的，同时也增强了官僚集团的整体性。因此可以说，这是一种比贪污国库、勒索黎民等性质更严重的腐败现象。我们如此认识，并不过分。理由有三：第一，贿赂既然是官吏之间的相互联系，就不是一个人的事情，必然要相互影响、相互制约。这样，便很容易迅速形成一种风气、一种势力，风靡全国，即使有廉洁者，也难抵制。清人

---

① 赵翼：《廿二史札记·明代宦官》。
② 《晋书·范汪附子宁传》。
③ 《清史列传·王杰传》。

薛福成谈到官吏贪污成风时说，"非其时人性独贪也，盖有在内隐为驱迫，使不得不贪者也"。① 第二，当贿赂成风后，官场处处都要行贿。为了行贿，各级官吏就必然要贪污公款，勒索民财。如唐代禁军大将军常以巨款贿赂中尉，求为节度使，到镇之后，便大肆搜刮盘剥，数倍于本钱。明代大臣弹劾严嵩时说，"文武迁擢，不论可否，但问贿之多寡。将弁贿嵩，不得不朘削士卒，有司贿嵩，不得不掊克百姓"。② 而后，为了违法之事无人纠举，有人庇护，则更要行贿。于是便恶性循环，无穷无尽，越来越甚，竟成了中国封建官僚集团独特的经济活动。第三，贿赂既是权力的交易，官吏纳贿后就必然要营私舞弊，枉法不公，使正常的公事不能进行，法律不能执行，制度不能贯彻。于是由官吏个人的腐败，导致了整个官僚集团的腐败。而官僚集团经济上的腐败，又导致了政治上的腐败。

三

　　中国古代社会的官僚集团，既是国家机器的重要组成部分，又是国家机器的操纵者。国家是每个官吏的政治代表，也是他们谋求经济利益的组织形式。马克思、恩格斯认为，国家是属于统治阶级的各个个人借以实现其共同利益的形式。中国历代王朝统治者都依靠强权和暴力，征收大量的租税和征调繁重的徭役，剥夺、占有了人民的劳动成果和财产，以供官僚集团的成员享用。每个官员，都领取俸禄、赏钱或分配大量土地，甚至随从仆人的费用也由国家供给。此外，还以徭役之名役使大批人民为他们个人服务。即使纵兵抢掠、无恶不作的大军阀侯景，也这样说过："试观今日国家池苑、王公第宅、僧尼寺塔，及在位庶僚，姬姜百室，仆从数千，不耕不织，锦衣玉食，不夺百姓，从何得之！"③ 因此可以说，中国古代社会的国家，就是官僚的国家，其与庶民百姓的关系，

---

① 《庸盦笔记》卷 3。
② 赵翼：《廿二史札记·明代宦官》。
③ 《资治通鉴·梁纪》。

只有剥削与统治。

从这个角度出发，我们就不难看到，官吏的俸银、禄米、赏赐、职田等合法收入，与其贪污、纳贿、勒索等非法收入，其间并无本质的区别，都出自劳动人民，其实质都是对社会财富的再分配。我们从历代的史实中也可以看出这个道理。北魏孝文帝在著名的吏治改革中，规定赃一匹者死，但其弟奢侈无度，"一食必以数万钱为限"。这些钱当然都是剥削而来的，即使全部属"合法"收入，也比"赃一匹"严重得多。唐职制律规定，受财而尚未枉法者，一匹杖九十，二匹加一等。但唐玄宗曾将全国一年内进贡的物品，全部赏给宠臣李林甫。以廉洁著称于史的范仲淹，在做参知政事时，皇帝曾经一次赐给他苏州近郊上等田一千亩。他也受之无愧，这是自然而然的。更能说明问题的是，有的朝代，如王莽时和元代，都曾不给官吏定俸禄，而纵其直接掠夺百姓。再如历代每次大规模的赋税改革，几乎都把官吏私加的"杂征私派"改为常赋。唐代的两税法、明代的一条鞭法，以及雍正二年的"火耗归公"都是明显的例证。

国家既是官僚的国家，在法律上就明确规定了官僚的特殊身份与特权。因此，官僚贪赃枉法，往往可以得到公开的保护。一些官僚享有八议的特权，即与皇帝沾亲带故者，有贤有能有功之臣，都可享受减免刑罚的特权。不在八议之内的官吏，在一些朝代也能以官抵罪，即所谓"官当"。法律明文规定几品官能抵几年刑。官品越高，可抵罪越多。如因官当去官者，过一段时间仍可降原官一二等任用。官僚除了享有明文规定的法律特权外，在法律的实际执行中，也可凭借权势，不受惩罚。

官吏腐败的另一原因，是中国古代国家的统治形式——集权和专制。历代屡禁腐败而终不能止的原因也在于此。中国古代社会的官僚制度，在世界历史上较为发达，其人事、财政、监察等各项制度和手续，早有建置，也不可谓不完备。但是，从中央到地方皇帝和各级官吏的专权专制，使得这些制度徒具形式。在专制集权的政治体制下，制定一些相互制约的具体制度来试图防止官吏腐败，只不过是个美好的愿望而已。具体制度绝不可能超越根本的政治体制而起作用。

　　皇帝是古代社会的最高统治者；也是官僚集团的总代表。他统治的出发点，是以官僚集团为基础的政权如何巩固。所谓"水能载舟，亦能覆舟"之说，出发点是守护古代国家政权这条船，而不是被喻作水的劳动人民。正因为如此，皇帝最关心的，向来是如何巩固中央集权，防止大权旁落。对大臣及宗室，首先要求他们忠君，而不是清廉。对于"谋反"罪，向来置于"十恶"之首，不能宽赦。"十恶"的内容，各代有所改动，却皆无贪赃之罪。相反，官僚贪财图利，往往被视作没有政治野心，能得到皇帝的赏识和重用。西汉初，相国萧何因才智过人，又有安邦定国的大功，因而受到刘邦的猜忌。有人劝萧何大量强行贱买民田，表现出对钱财的贪婪，刘邦才会放心。"于是相国从其计，上乃大悦。"①南朝时，梁武帝之弟萧宏恣意聚敛，库室垂有百间。有人怀疑是兵器，密奏于武帝。武帝不放心，亲去察看，屋屋检视，见有三十余间屋藏钱，共三亿余万，其余屋内贮布、绢、丝、棉等货物，不计其数。梁武帝见不是兵器，"大悦，谓曰：'阿六，汝生活大可！'"②便对萧宏更加信任。萧宏也就因贪财受到嘉许，更加肆无忌惮地搜刮民财，使得百姓大受其害。北朝东魏时，货贿渐行，在位文武罕有廉洁者。大臣杜弼谏之，高欢说，浊乱之习由来已久，况今天下未定，我若急作法网，恐文官武将投奔他处。又说："诸勋人触锋刃，百死一生，纵其贪鄙，所取处大。"③宋代则采取"大度宽容"政策，只求政治安定，以利中央集权。除谋反叛逆罪外，朝中官员犯罪，只是贬黜任地方官，罪大者虽贬得较远，但往往是俸禄照旧，权势依然。因此官吏有恃无恐，贪污行贿，敲诈搜刮，毫不掩饰。

　　除皇帝包庇纵容以外，各级官吏还利用专权专制的统治形式，直接进行种种非法活动。尤其是皇帝的亲信很容易借皇帝的权势，行使国家权力，为自己谋私利。虽然中国古代官制中始终有一套监察机构——御史台（或御史府、都御史），专门纠弹百官罪恶，自皇太子以下，无不

---

① 《史记·萧相国世家》。
② 《南史·临川王宏传》。
③ 《北史·杜弼传》。

纠，并且派有刺史、监察御史等官以察郡县，但这些官员仍属于专制政体下官僚机构的一部分，他们的委任与工作受皇帝及其权臣的制约，常常是贪官本人就身兼御史之职。唐代杨国忠，"自侍御史以至宰相，凡领四十余使，又专判度支、吏部三铨，事务鞅掌，但署一字，犹不能尽，皆责成胥吏，贿赂公行"。由于他一身兼行政、监察、财政、人事等要职，权倾满朝，无视王法，"自公卿以下，皆颐指气使，无不慑惮"。① 宋代贾似道当权时，朝中一切大事都由其决定，"凡台谏弹劾，诸司荐辟及京尹、畿漕一切事，不关白不敢行"。② 这两人都是历史上有名的贪官。即使皇帝亲信不具体担任要职，仍然能凭借皇帝的势力，打着皇帝的旗号营私舞弊。东汉安帝的亲信樊丰等人"无所顾忌，遂诈作诏书，调发司农钱谷、大匠见徒材木，各起家舍、园池、庐观，役费无数"。③ 明代，"南京内库颇藏金银珍宝，魏忠贤矫旨取进，盗窃一空。内外匮竭遂至于亡"。④

集权专制既然是中国古代社会的统治形式，那么，就必然体现在国家机构的各个方面。各级地方长官独揽地方行政、财政、司法等一切大权。由于地方长官直接临民，其权力更容易体现，并且漫无止境。唐代大历年间，"百事从权，至于率税少多，皆在牧守"。⑤ 官僚机构的各个部门和各级行政单位，都是最高长官专权专制，即使在官僚集团内部，也毫无民主可言。

同时，专权专制的统治形式，必然导致权臣在官僚中排斥异己，培植亲信。汉外戚窦宪专权时，"刺史守令多出其门"。⑥ 唐代杨国忠常在自己的住宅"暗定官员"。明代刘瑾甚至在被捕下狱后，仍狂妄地宣称："满朝公卿，皆出我门，谁敢问我者。"⑦ 这些专制政权的代表人物，滥用

---

① 《旧唐书·杨国忠传》。
② 《宋史·贾似道传》。
③ 《后汉书·杨震传》。
④ 《明史·食货志》。
⑤ 《陆宣公奏议》卷12。
⑥ 《后汉书·窦宪传》。
⑦ 《明史纪事本末·刘瑾用事》。

职权，网罗党羽，完全是由其专权决定的。而结党营私的结果，又使其更加专制，形成了权倾满朝的权力中心。结党营私的结果，使得吏治更加腐败。凭贿赂投靠权臣的各级官吏，因在朝廷有后台，便有恃无恐，在地方上为所欲为。中央和地方上下串通，左右勾通，连成一体，形成盘根错节的私党势力，以至牵一发而动全身，一个权臣垮台，常常牵连各级官员数百名。如汉代梁冀被诛后，除其宗亲皆被弃市外，"其它所连及公卿、列校、刺史、二千石，死者数十人，故吏、宾客免黜者三百余人，朝廷为空。"① 然而，这些贪官污吏的垮台，并不是因其浊乱，而受到法律制裁，而是统治集团内部权力斗争的结果。因此，另一个贪官集团便可能代之而起。其专制、结党营私、贪污贿赂等活动，丝毫不会减弱，而必将更甚。东汉及唐、宋、明各代，外戚、大臣、宦官等各个贪官的权力集团频繁更替，便是明证。

当然，严惩贪官污吏，历代都有，并不罕见。但这同样出于政治统治的需要。原因和情况大致如下：第一，因政治权力斗争的需要，而以其腐败为借口。第二，恐贪赃枉法过甚，影响政治统治。第三，官僚集团内部再分配的制度，完全依官员品级高低严格执行，不得逾越。

四

中国封建社会的贤明君主，当推唐太宗为首位。他常说："朕尝谓贪人不解爱财也，至如内外官五品以上，禄秩优厚，一年所得，其数自多。""群臣若能备尽忠直，益国利人，则官爵立至。""帝王亦然，恣情放逸，劳役无度，信任群小，疏远忠正，有一于此，岂不灭亡？"② 由此可看出，古代贤明的君主，其理想只不过是要求对人民的剥削要有一定的限度，这样才能保证政权稳固长久，以利长久地剥削人民。

但是历史发展的规律，绝不可能以某几个人的意志为转移。几乎历代开国君主都曾重整纲纪，修订法律，吸取前朝覆灭的教训，采取种种

---

① 《后汉书·梁冀传》。
② 吴兢：《贞观政要》卷6。

预防措施，但总是只能清明一时，不久即腐败之风渐开，屡禁非但不能止，反而越行越甚，直至这一朝代灭亡。接着又是旧戏重演，恶性循环，如出一辙。就这样伴随中国古代社会两千余年。

历史已经证明，古代社会官吏腐败的弊端，出自封建政治体制本身，是中国古代社会的绝症，无法医治。

原刊《西北大学学报》1990 年第 4 期。

论中国古代官吏腐败与制度的关系

近年来，中国古代官吏腐败这一历史现象，越来越引起人们的兴趣和学界的关注。我们曾从政治权力的角度研究腐败的原因，这里试图从"制度"这一角度入手做进一步探讨。

一 腐败行为形成事实制度

1. 制度的含义

这里所说的制度是社会学意义上的，是指在社会中已经建立和确定，并为人们普遍遵守的行为方式。制度有如下几个特征：制度是适应人们充分满足欲求而组织起来的定型化的规范；制度具有一种象征性；制度有其存在的明确目的；制度是通过一切文化的诸要素组织起来的，通过对一系列更具体的制度加以综合而成。

从中国古代官吏腐败之普遍性、严重性及其内在规律可以看出，腐败行为已经制度化。因为它是适应官吏满足权力欲和财产欲而组织的。既有明确目的，也具有象征性；而且不仅仅是经济的行为，还综合了政治、行政、监察、司法等制度的因素。它不是个别官吏的行为，而是有规则、有相互协调与合作的整体行为。

2. 腐败作为制度产生的原因

（1）官吏的财产欲和权力欲导致腐败

从表面上看，官吏的腐败是由于合法制度难以满足个人的财产欲。不能否认，在有些朝代，如王莽的新朝以及刘宋、北齐和元代初，朝廷不给官员俸禄，任文武官员勒索、掠夺。在有些时期，如晋初和明中叶后，官员的俸禄较低，促使他们多捞"外快"。然而在官员待遇优厚的汉、唐、宋以及官俸比明代高的清代，腐败也相当严重。而且晋代从薄俸改为厚俸以后，宋代给官员由不定俸改为定俸以后，官员依旧掠夺、勒索。这说明，官吏的财产欲是无止境的。

当然，在任何时代和地区，官吏因贪财造成腐败的情况都会发生。但是在中国古代，官僚制的性质决定了其成员的财产欲不仅格外强烈，而且是相互影响的、整体性的。中国古代的官僚制具有两重性。它首先是一种社会等级制度，其次才是政治制度和行政制度。每个朝代的官僚基本上是一个武装集团用暴力夺取政权后，在掌握政权的过程中形成的。这个集团建立起一套为自己服务的社会制度和政治—行政制度。所以官僚既不代表全社会的成员，也不代表其他的有产阶级（如庶民地主、商人等等）。在这种制度中，官僚理所当然地成为中国古代这个等级社会中的最高等级。等级制度的实质是确立了社会的分配原则和分配体系。国家不仅明文规定了官僚享有的全面特权（如法律上的"八议"、"官当"，财政上的免役、减免赋税以及在衣食住行各方面的优待等等），更重要的是给予官僚参与社会全部财产分配的权利和条件。政治—行政制度是为这一基本社会制度服务的。其目的是将整个社会作为官僚集团的财产进行瓜分。历代官僚集团的首领——皇帝都公然将整个国家当作自家的产业。刘邦登上皇位后，得意地问其父：我治的产业与我兄种田治的产业哪个大？刘邦治的是政治产业。他把天下看作自己的家产。然而为了巩固皇位和维护皇家的长远利益，皇帝必须分出一部分财产给官僚作为报酬，以换取他们的服务。刘邦即曾说过，贤人和我共打天下，我怎能不和他们分享利益呢？刘秀组织人马造反后，迟迟不称帝，其部下多次催促他早日称帝，以安众心。因为众将跟随他浴血奋战，目的就是要在打下天下后分享财产、官位、特权等利益。在这种制度下，官僚绝不会仅仅满足于保障个人基本的生活需要和简单维持行政机构运转的费用，而是要维持符合社会等级制的奢侈腐化的生活，其次是要家族、子孙后代永享荣华富贵。为此，就不仅需要合法地取得财产，还要凭借非法的手段。

不论是合法的收入还是非法的收入，都是靠权力取得的。所以官僚为了满足最基本的财产欲望都必须首先追逐权力。然而，在中国古代，官僚是一个整体，每个人的身份、权力都受到多方面的制约。个人权力的取得、巩固和保持都必须依靠上级和同僚的提携和照应。为此必须进行权力交换以及财产与权力的交换。于是就需要贿赂和请客送礼。官僚贿赂上级后，可以得到更高或更有利的职位和权力，从而取得更多的财产。可见，官吏个人的财产欲和权力欲是通过整体性腐败而实现的，并由整体性的腐败活动综合成为整体性的欲望。

（2）官僚制运行的需要促成腐败

正因为古代官僚制不是单纯的行政制度，而是与社会等级制融合在一起，所以在具体运行中同时实施两种制度。人们所熟知的科举制、考核制、监察制、惩处违法行为的司法制度等合法的制度，主要是政治—行政制度的具体制度和规定。它们并不能满足官僚对财产和权力的需要，因而不能解决官僚内部如何具体运行的问题。因为这些合法的政治、行政、司法制度完全是从最高统治者和官僚整体的利益出发，从上制定并自上而下操纵的。但是官僚内部存在着多层次、多方面的联系以及种种具体利益。其中既有家族的、同乡的、等级的、党派集团的联系和需要，也有官僚上下级之间、同僚之间相互的联系和需要。在中国古代这样的身份制、等级制社会中，在中央集权的政治体制下，远远不能建立起一套像在现代社会所有的、非人格化的技术官僚系统。所以，官员为了各自的政治、经济需要，随时随地都不断创造具体的、适合于自身需要的制度。例如，官僚内部在进行权力交换时，必然要结党营私，破坏或躲避合法制度，而另实行一套有利于结党的人事制和监察制。历代的法律都严禁结党，明代的公职制律甚至规定，不准官员阿谀奉承上级，吹捧上级的德政，违者即以奸党论，连坐三族，处罚相当严酷。然而在各个朝代，官僚交结朋党、结党营私的活动频繁不断，甚至常常公开进行。官员对上级乃至权臣岂止是阿谀奉承，完全是趋炎附势，争相进献。有的甚至不顾廉耻卖身投靠权臣，自称儿孙。明代魏忠贤当权时，一些官员甘当他的干儿义孙。此外，全国各地官员为歌颂魏忠贤的"德政"，为他建造的生祠就多达上百个。

正因为国家是由整个官僚集团操纵的，社会上没有任何力量能够制约它。而从上制定的各项制度很难约束官僚自身。所以古代官僚制并不根据条文中的规章制度，而是根据官僚的实际需要自行运转。这就是腐败从个别行为发展成为整体行为，从而不断制度化的原因。

3. 腐败事实制度的产生

所谓事实制度，是指人们在社会中实际执行的一种制度。这种制度不一定是由政府颁布的，也不是成文的法律，有时甚至与成文法律相对立。事实制度是部分社会成员为了满足自身的需要，在社会活动中自然形成的，并且逐渐得到了社会的认可和政府的默许。其中有一部分还会逐步转化为成文的法律制度。

古代官僚的经济腐败基本上都形成了事实制度。就拿贪污和勒索来说，地方官征税，从来都要在朝廷规定的税额之外多征很大一部分。宋代，"正税之外，科条繁重，税米一斛，有输及五六斛；税钱一千，有输及七八千者"。明代，地方官以"火耗"为名加派私征，贪为己有。火耗实为百分之一二，然到清初，竟有地方高达正税的80%。地方官的多征私敛之所以如此严重，是因为腐败的制度化。一方面，勒索有朝廷认可或默许的合法或半合法名目。可以说，增一税或改变一种征收方式就能立即产生相应的名目。另一方面，勒索来的钱财可以在地方官和朝官之间分配，在财政制度上已半合法化了。更为重要的是，地方官吏贪污勒索，完全是各行其是，自订一套制度，而将朝廷正式的户籍、地籍和税收制度当作形式或招牌。例如明代，政府为征收赋税编造黄册，地方官则私自涂改黄册，而自行编造白册。结果黄册的作用仅仅在于哄骗上级，在实际征收赋税时完全依照白册行事，所以白册也叫实征册。

官场中的贿赂和请客送礼则是官僚集团整体性和广泛性的活动，体现了官僚之间的普遍联系和权力交换。需要指出的是，请客送礼是形式，贿赂是实质。贿赂往往通过请客送礼来完成。其目的有多种，有时是为了办成当时的某件具体事情，更多的是为了加强官僚之间的联系，以求日后在公私诸事中给予方便。官僚之间的这种具有贿赂性质的请客送礼，已成为官场中交往的制度。例如，外省官员进京，须晋见上级部门官员和更高级的权臣。新科进士亦多托乡情世谊，投拜于高官门下，"朔望问安，昏夜谒见"。京官携家眷、仆从外出，无论是公差还是私游，每经一处，当地官员都要耗巨资迎送、招待和送礼。无论在何种场合，只要有机会，就会有相应的请客送礼的名目。明代官员请客，有"送风饭、下马饭、阅操酒、迎风饭"等，动辄数千金。元代官场的各种礼钱有"拜见钱、撒花钱、生日钱"等。请客送礼成为官吏普遍性的行为后，自然而然地会产生出一些具体的运行规则和手续。诸如在什么场合、对什么人应送什么礼，都有一些约定俗成的惯例。明清时在胥吏中流行一本佚名的《佐杂须知》，专门教杂吏如何接待上司，如何送礼，如何请安。足见官场中的交往已形成一套完整的复杂的制度，丝毫不能违背，也不能出偏差。在有些朝代，请客送礼的过程中还要履行记账的手续，送礼者和收礼者都记。如唐代，韩弘用大量钱财贿赂满朝文武，何时送什么礼以及谁收礼谁不收礼，都记得一清二楚。许多权臣垮台或死后，都被朝廷发现家中存有"赂籍"，上面记载着送礼和行贿的情况。如明代宦官李广死后，皇帝派人到他家搜查，发现了一本"赂籍"，记载着文武大臣向他送礼的详情。一些监察官员极力主张把这本赂籍公开，并由司法部门立案调查，严惩行贿者。于是凡在赂籍上有名的文臣武将都惶惶不安，连夜奔走于权贵门下，请求疏通，终于使调查的事情不了了之。赂籍的普遍化不仅说明贿赂的制度化，而且表明官僚之间送礼的实质早已超出了日常性的礼仪交往，而成为一种纯粹的利益交换。因为记账的目的就是在收礼和送礼之后得到相应的权力或财物的补偿。

官场中的这种风气不仅存在于官吏之间的私人交往中，而且渗透到了日常的行政公务中。公事公办也有种种陋规，不得违背，否则正常的公事也办不成。例如宋代州郡给中央有关部门送公文，都要交各种规定的礼，给不够便百般刁难，已成为通例。明清时，各省州县对中央的六部有什么请求，都得"孝敬"。比如奏销地丁，要交"奏销部费"，报销钱粮，要交"报销部费"。换一缺，提一官，以及办理刑名案件，都必须上缴"打点"、"照应"、"招呼"、"斡旋"等的"手续费"。京官出差，地方官则以"公帮银"、"盘费"、"程仪"、"支应"等名目，为其提供旅途开支。供应之外，还要多送"规礼"。旧官离任，新官就职，也都要借机大宴宾客，重馈上司和同僚。晋代地方官离任时，部下都送其大批士兵和物资，名为"送故"。历代史书中常有"例索千金"、贿赂"几成定律"，以及"授官大小，皆有定价"这类的语言。这些"例"、"律"、"定价"以及种种规矩、种种名目，就是事实制度中的具体条文，只不过没有公开颁布罢了。但是，如果违反了这些不成文的规定和惯例，也就是违背了事实制度中的条文，不要说办私事，就连公事也无法办成，有的还会丢官甚至送命。即使有些官吏可以不参与官僚个人之间的请客送礼等贿赂活动，但绝不可避免和抵制公务中的腐败活动。例如清代宁远通判锡纶死后，被查出有四万多两亏空。朝廷派人去查抄其家，却发现他家业萧条，所抄出的衣物多是破烂之物。究其原因，亏空的钱财并非他个人贪污挪用，而是大量用来招待来往过境的上级官员。可见，官僚制的运行所造成的腐败事实制度的形成，远远不是个人的力量可以抵制和扭转的。反之，当腐败事实制度一旦形成，就成为这个朝代的政治—行政制度的有机组成部分，如不遵守它，政权机构就无法运转。

明代末期，官吏腐败极为严重。崇祯皇帝提出要"文臣不爱钱"，这样政事才大有可为。要官僚不爱钱，这岂不是白日做梦？当时即有人上疏直言，打破皇帝的幻想。户科给事中韩一良上疏皇帝说，今世何处非用钱之地，何官非爱钱之人。官以钱进，安得不以钱偿？韩一良以自己为例，说他起自县令，现为言官（即监察官员）。县令为行贿之首，言官为纳贿之魁。今咎守令不廉，然守令安得廉？薪俸几何（县令正七品，月俸米七石五斗，三成是折色，共可得银约三两），而上司督取甚多，来往过客要招待、送礼。至于考选、朝觐，动费四五千金。此金非自天降，非从地出，而欲守令之不爱钱，可得乎？至于科道官（也是监察官员），人称之为"抹布"，意思是说只要他人净，哪管自己污。韩一良两个月内，即辞退了价值五百余两白银的礼物。韩一良向来不善交际，尚且有人送这么多礼，其余的人就可想而知了。的确，当时各级官吏的任命，都要靠行贿才能办到。总督、巡抚的官位要五六千两银子，道府缺也得要二三千两银子。用钱买官后，当然要贪污、勒索，以补偿损失。此外，还要应付上级的层层勒索。如果不爱钱的话，这个官就当不成了。韩一良的直言，刻画了官场的真实状况。腐败事实制度形成以后，不仅在官场中通行，而且被社会认可。所以，在元代，"居官者习于贪，无异盗贼，己不以为耻，人亦不以为怪"。又例如在南朝，许多官员勒索百姓，有种种陋规。有的官员只收"陋规"的一半，就被认为是"好官"，使当地百姓感恩戴德，欢天喜地。而梁代孙谦任钱塘令时不收一文陋规，去职时百姓竟"追载缣帛送之"。文学名著《红楼梦》中的一段描写也很能说明问题。贾政放了江西粮道的外任，一心想做好官，严禁手下人勒索百姓。弄得长随集体告假，跟班也不听话。但百姓并不相信，却说"凡有新到任的老爷，告示出的越厉害，越是想钱的法儿。州县害怕了，好多多的送银子"。在当时人的眼里，腐败是正常的现象，而抵制或反对腐败则是反常的。可以说，当社会承认了官场腐败是正常的现象时，即标志着腐败事实制度已基本确立。勒索和贿赂这两种类型的经济腐败形成事实制度后，促进了官吏的贪污活动。由于各级官吏有行贿的需要，必然要更多地贪污公款，勒索民财。而后，为了违法之事无人纠举，有人庇护，还要不断行贿。于是恶性循环，腐败现象越来越严重。这三种类型的腐败由此便融为一体，相互依存，相互推动。当贿赂的事实制度形成后，整体性的经济腐败的事实制度也就随之形成了。

正因为腐败事实制度的形成，中国古代的官吏腐败才能达到如此普遍、如此严重的程度。如果不是腐败已形成了事实制度，历代的大贪官如汉代的董贤、梁冀，明代的刘瑾、魏忠贤，清代的和珅等人，就不可能达到个人财产与国家收入相抗衡的程度。即使是比他们职级略小的贪官污吏，贪污、勒索的财产数目也是惊人的。宋代地方官多征赋税，即是"上取其一，而下取其十"。清代地方官普遍贪污税收，有些两广总督则贪污海关税款多达几千万两，以致地税入库不过三分之一或二分之一，关税入库不过十分之一。征收最苛刻的厘金也只是国家得小头，个人得大头。当时有大臣认为，厘金征收后十分之三归隶仆，十分之三归官绅。

许多中外学者估计，在明清两代，官员私征税收和贪污受贿所得收入甚至超过本人薪俸的数倍乃至数十倍。腐败事实制度的形成，使得官吏个人的腐败行为，发展成为官僚集团整体性的腐败活动，使得官吏腐败从非法的行为，演变成为合法的活动。

二 法外制度与法定制度的相互制约及转化

1. 法外制度与法定制度的关系

所谓法定制度，是执政者出于政权和自身的需要而有计划地制定的，并且由成文法律所规定，由政府公开颁布，具有一定的强制性。法外制度，即是前面所讲的事实制度，是成文法律之外的制度。现在政治学、社会学等社会科学都十分重视研究法定制度与法外制度的关系，研究二者的相互对立、补充及其转化。

法定制度虽然是由法律明确规定的，但其中总有一部分并不能真正施行。因为在制定这些法律条文时，必然带有制定者的某些主观因素，也必然带有某种象征性的因素。这些因素与社会结构、政治结构往往是不一致的，明显地与一些人的利益相违背。所以制定出的法律条文犹如一纸具文，并不能作为制度被社会贯彻执行。这种制度只能称之为具文制度。具文制度是法定制度中不能被真正执行的那一部分。例如隋文帝崇尚俭约，竟规定贪一钱，偷吃一个西瓜都要处死刑。从明至清，朝廷一再发布上谕，要严格惩罚蠹吏，却都无济于事。所以法令尽管经过三令五申，多数是不能实行的，只不过是个美好的愿望。可以说，几乎每个朝代都有一些法定制度从颁布之日起就未能实行。

法外制度是在社会结构中，出于调整人们社会关系的需要自然产生的，是社会成员真正执行的制度，所以也叫事实制度。法外制度虽然不具有强制性，但同样不能违背，否则将事事碰壁。法外制度有些是法定制度的补充，有些是与法定制度对立的。当法外制度与法定制度发生冲突时，法外制度必然强于法定制度。冲突后的结果一般有两种，一种是迫使最高统治者承认它并将其合法化，也就是从法外制度转化为法定制度。第二种是经最高统治者默许，作为法外的事实制度继续存在，同时却将与其对立的那部分法定制度转化为具文制度。

由此可见，人们通常认为官吏腐败行为是非法的活动，是从法定制度的角度来看的。其实非法与合法之间，并没有一条明确的界限。而且官吏的非法的腐败行为，又随着自身不断的发展和严重化，反而转化为合法的活动。

2. 由法定制度刺激所产生的腐败

（1）国家制度造成的腐败

中国古代国家的法定制度从本质上来说，助长了官吏腐败。因为古代的国家是官僚的国家，国家对社会征收的赋税和徭役近乎勒索和掠夺。历代所记载的朝廷"朝令夕改"、"加派不已"、"峻法以剥下，厚敛以奉上"等等，几乎是不绝于书。国家公开无理地没收、掠夺百姓的财产更是屡见不鲜。汉代杨可告缗造成庶民中家以上大都破产。宋、明、清等朝代都曾大规模没收庶民百姓的田产。明代朝廷将大批田地分配给诸王，官田不够即征民田。民田无处可征后，竟将租税分摊到附近的广大民户土地上，名为"无地之租"。国家为官吏做出了榜样，并直接刺激了官吏的贪欲，为他们的贪污勒索开创了先例。历代的私征从来都是与公敛齐头并进的。朝廷加派越多，官吏私征的数额和名目也越多。

国家急征暴敛促进了官僚私征赋税和敲诈勒索，而朝廷公然卖官则又促使官吏贪污腐化。从秦代的纳粟拜爵到清代的捐纳制度，许多朝代都实行了纳资卖官制。汉代的贡禹曾上书指出这种制度是造成官僚贪污的原因。"使犯法者赎罪，入谷者补吏，是以天下奢侈，官乱民贫"，"故谓居官而置富者为雄杰，处奸而得利者为壮士"。清代捐纳的范围更广，凡文武生员、内外官吏，均可有职衔、加级、记录、封典等捐纳。朝廷卖官与权臣个人以权纳贿卖官虽然有合法与非法之分，但性质相同，结果也一样，都导致官职虚设、官吏的品质降低。而卖官者的目的就是用钱买到官后，以权牟取更多的钱财，所以到职后必然横征暴敛、贪污受贿。

此外，中国古代国家的法定制度本身并不严密和确定，具有很大的任意性，常常自相矛盾。这就为官吏腐败造成了可乘之机。例如唐代颁布两税法时规定："敢有加敛以枉法论。"但不到三年，朝廷就"诏天下两税钱每贯增二百"。以后各道量事取资，税钱不断增加。十几年后，苛捐杂税就又超过了正税。可见，古代国家政府本身就经常枉法。这些法和制度都是随意而无信的。即使颁布时三令五申，要求严守，但各级官吏深谙其间规律，并不理会。而在有些朝代，朝廷并不制定统一的俸禄制度，地方官的俸禄和办公费多依陋俗，随地自取。所以官吏的贪污、勒索在当时就是合法的分配制度。虽然有的朝代后来制定了俸禄制度，但是当初的法定制度仍有很大的影响。官吏依然勒索，赋取如故。

（2）皇帝制度造成的腐败

在中国古代，皇帝在名义上具有至高无上的地位，因而根据皇帝的需要所执行的制度自然就被认为是合法的。皇帝除了以赋税为主要财政收入外，还历来实行地方官上供制度。上供有些是经常性的。如汉代各郡国须定期向皇帝上供各种土特产和珠宝。唐代藩镇给皇帝上供有日进、月进，有常赋，常赋就是地方官多征的羡余。清代实行例供，即逢年过节上供。上供制有很大的随意性，可根据皇帝的需要随时调整。例如隋炀帝巡游江南时，令各州郡献宝，献礼多的升官，献得少的被撤职。南朝的宋孝武帝令地方官定期向他进献财物，还以赌博的方式索取他们的钱财。大臣上供送礼，送得多的能得到皇帝的赏识和重用，而送得少了皇帝便不高兴，甚至会受到处罚。无论上供是经常性的还是临时性的，都是合法的。为了上供，各地官员必然要贪赃掠夺。宋代地方官为上供而多征税，便向百姓额外摊派。因为上供具有随机性的特点，各级官员乘机主动向皇帝献礼献宝，这样既能讨好皇帝，达到个人加官晋爵的目的，又使自己的贪污勒索有了合法的名目。如宋代的大贪官蔡京借办"花石纲"四处掠夺，同时又讨好了皇帝。

皇帝制度也与上述国家制度一样，充满着自相矛盾与荒谬之处。虽然从汉代起开始区分皇室财政与国家财政，但是皇帝常常随意支取国库财物，甚至直接将国家收入归己私有，尽情挥霍。汉灵帝将卖官的钱贪为己有，唐德宗也是如此。由此造成国库空虚，致使赋税加重，又为官吏贪污勒索提供了更多的机会。

（3）法律特权纵容了腐败

中国古代官僚制具有两重性，因此在实际运行中同时实行两种制度。官僚制的政治—行政制度如考核制、监察制以及司法制度等等，在一定程度上具有限制官吏腐败的作用，这是不可否认的。历代严惩贪官污吏的法定制度即是其中的一部分。然而，应该指出的是，在官僚制的两重性中起决定作用的是等级制。也可以说这是官僚制的核心，而政治—行政制是为等级制服务的。虽然在政治—行政制中有条文规定法不阿贵，严格执法，但等级制却规定刑不上大夫，礼不下庶人。在许多朝代，官僚享有明文规定的法律特权，例如八议、官当。八议，即与皇帝有亲有故或有功有"贤"，甚至上一代皇朝的贵族，共八种人，只要所犯罪非谋逆，即可享受特权庇护，减免刑事处罚。官当即以官品抵罪，法律规定几品官位可抵几年刑，官品越高可抵的罪越多。即使因官当去官，过几年后仍可降原官几等任用。法律特权虽然是对官僚腐败行为发生后的庇护，但是这一法定制度无疑会使官僚在贪污、勒索、受贿时有恃无恐，从而纵容他们进行违法活动。

3. 部分法外制度转化为法定制度

一方面，法定制度刺激和促成了法外制度的产生和发展。另一方面，当法外制发展强大以后，反过来会影响和制约法定制度，甚至由法外制度转化为法定制度。腐败由法外制度转化为法定制度，既可以随时随地分别进行，也可以大规模地、统一地由国家立法确立。北齐时官吏私征陋规甚多，就有人提出陋规归公之说。明清朝廷随时将官吏私征的耗米、两尖米等转为变相的附加税，在征收正税时一同索取。此外，"如关税之有盈余，盐课之有杂费，昔归私橐，后充公帑，亦耗羡之类也"。历代每次大规模的赋税改革，几乎都把官僚私征的"杂征私派"改为常赋。唐代的两税法、明代的一条鞭法，以及清雍正年间的"火耗归公"后另发"养廉银"，都是明显的例证。这说明国家不断地将腐败这一事实上的法外制度转化为法定制度。合法的养廉银即是由非法的火耗转化而来。所以养廉银远远高于正俸，甚至有高二十倍还多的。虽然一般说来，清廉的官员只参加合法的分配，只进行合法的经济活动，即领取朝廷的俸禄和皇帝的赏赐，并将这些钱财置办成田产经营。例如诸葛亮将俸禄和赏赐置田十五顷，不贪不贿不勒索。清官尽量抵制腐败，避免直接介入非法的分配，甚至拒绝接受由皇帝赏赐的抄没的贪官财物。例如东汉时钟离意拒绝汉明帝赏给的"臧秽之宝"，汉明帝乃转而赏其国库钱二十万。但是，他们以个人的能力并不能改变皇帝或国家将这一法外制度转化为法定制度，也不可能拒绝从合法化的"杂征私派"所得的国家收入中支取俸禄或养廉银。

国家不仅将官吏勒索的行为和结果转化为法定制度，而且不断将官吏私占公田的行为合法化。历代因官员侵占屯田和劳力过多，而不得不宣布罢屯田，实际上就是承认屯田的国有土地私有化。北魏时还将职分公田私有化的事实合法化，听任官员占有和买卖。

然而，法外制度转化为法定制度以后，不但没有制止腐败，反而更刺激了新的勒索和私征。王夫之说过："两税之法，乃取暂时法外之法，收入法之中。……他日者变故兴，国用迫，则又曰，此两税者正供也，非以应非常之需者也，而横征又起矣。"中国古代各个朝代的腐败几乎都不断由法外制度转变为法定制度，又不断由法定制度刺激新的法外制度的产生。如此循环往复，腐败便越来越普遍和严重。对于没有转化为法定制度的腐败，朝廷也往往因无力管束，或因可分得部分利益而加以默许和放纵。

4. 部分法定制度变成具文制度

官僚腐败的事实制度即使不能转化为法定制度，也会对现存的法定制度产生极大的影响，使与之相制约、相对立的那部分流于形式而成为具文制度。其中最主要的是使惩治贪官污吏的监察、考核、司法等制度失效，甚至将其改变性质用来为腐败服务。明初，朱元璋大杀贪官，并制定法律严禁官吏贪污腐败。然而即使是严刑酷法也难以制止腐败事实制度的产生。杀了一批贪官，又有新的贪官不断出现。朱元璋对此不能理解。他说："我欲除贪赃官吏，奈何朝杀而暮犯？"又例如在清初，对官吏私征火耗有极严格的惩治规定，"禁之而不能，则微示其意而为之限。限之而不能，乃明定其额而归之公，其变法也以渐……"。这说明，官吏腐败事实制度逐渐改变法定制度，首先是要将其变成具文制度。

限制和惩治腐败的法定制度变为具文制度，是由于腐败的力量太强，不可能制止。可以想象，官吏腐败形成事实制度以后，上下各级的腐败都十分普遍和严重，如果严格执行惩治腐败的制度，就会使大多数官吏都受到法律的制裁，整个官僚系统就会瘫痪，国家机构就会停止运转。这对于最高统治者来说，将比官吏腐败更直接、更严重地危及自己的政权，当然是绝对不可能实行的。南宋初年，给事中汪藻曾猛烈抨击官吏腐败。他说："臣观今日诸将，用古法皆当诛。"当然这实际上是办不到的。清代的康熙皇帝对贪官污吏惩治不可谓不严。但他深知朝廷内外的状况是"部院无事无弊，大臣无人无私"。所以在康熙二十四年，他发布上谕说："今年所拟秋决，贪官甚多，若尽行处决，朕心不忍。"

然而，最高统治者为了长远巩固自己的政权，又的确需要对官吏腐败这一事实制度加以限制。正如美国学者费正清在《剑桥晚清中国史》中所说："官场的通病这种事实是被接受、被体谅，问题不在于消灭，而在于将其限制。"腐败事实制度终于迫使最高统治者乃至整个社会承认它的存在以及威力，并且为了调和法定制度与法外事实制度的矛盾而不得不采取变通的做法，这就是逐步降低区分合法与非法、廉洁与腐败的标准，将一部分非法活动视为合法，将不甚严重的腐败当作廉洁。康熙皇帝就曾说过："所谓廉吏者，亦非一文不取之谓……如州县官只取一分火耗，此外不取，便是好官。"清人冯桂芬分析得更加透彻。他认为当时官吏廉与不廉的区别仅仅在于"廉者有所择而受之，不廉者百方罗致，结拜师生、兄弟以要之"。这些经过变通而形成的标准比严格的法定制度更缺乏对腐败的约束力。

人们通常认为，官僚制中有些具体制度，如监察制、考核制、司法制是可以严格防止腐败的。其实这只看到了那些静止的条文，而忽视了如何执行这些条文，忽视了这些制度究竟是怎样运转的。在中国古代社会里，具体执行制度的只能是官僚自身，而不可能是其他的阶层和集团。一切法律条文的执行都离不开官僚自身的利益。前面曾说过，如果严格执行各项惩治腐败的法律，就会使大多数官吏受到法律制裁，那只是从最高统治者的角度出发所做的假设，而永远不可能成为现实。因为在任何时候，法律条文都不可能自动生效，自动发挥作用，而必须通过人来贯彻执行。尤其是当监察部门、司法部门、考核官吏的人事部门被贪官权臣所把持和控制的时候，再严格的法令条文都难以约束官吏的腐败行为。事实上，历代都有些大贪官直接控制监察、司法大权，甚至自己就身为监察御史，而无人能够依照法律对他们加以制裁。恰恰相反，大贪官权臣为了权力斗争的需要，往往利用现成的法律条文来打击异己。于是，惩治腐败的法定制度反而成为官僚政治腐败的工具。

限于篇幅，我们在本文着重讲的是官吏经济腐败与制度的关系，实际上这些是与官僚政治腐败相辅相成的。其实，中国古代官吏的经济腐败和政治腐败，只是我们为了研究而做的抽象分析，在具体的事件中，都包含着二者的成分，只不过比例不同。二者既是水乳交融，又是相互促进。所以官吏的经济腐败和政治腐败是并行发展的。当经济腐败的事实制度形成的时候，政治腐败的事实制度也就形成了。这些我们将在专文中详细论述。

三　结语

官吏腐败是中国古代社会体制的必然产物。由这种社会体制所决定的种种具体的制度，促使官吏腐败产生。同时，大小官吏们为了腐败的需要又时时处处改变着和创造着种种制度。尽管中国古代某些成文制度已达到了高度的理性化，其中有不少是限制和惩治贪官污吏的，但是它们很难进入制度的运行轨道中去。我们过去对于中国古代历史和社会制度的研究，往往停留在书面的条文上，其实那是死的制度。

而真正的制度是活的制度，是在社会中实际运行的制度，其中包括法外的事实制度和一部分法定制度。当官吏腐败的法外制度转化为法定制度后，官吏更进一步的腐败又会促进新的法外制度产生。同时也有一些与理性化绝对冲突的法外制度不可能转化。因此，永远有法外制度存在，与法定制度共同运行。这些制度是中国古代社会真正的制度。它决定和保证了官吏腐败的产生，同时又不断被改造，使其更适应官吏腐败的需要。

原刊《中国人民大学学报》1993 年第 5 期。

论中国古代官吏腐败与政治权力的关系

——兼与现代化过程中的腐败规律比较

美国著名政治学家塞缪尔·亨廷顿（Samual P. Huntington）在《变动社会的政治秩序》中，有一节专门论述了现代化与腐败的关系，他认为：现代化会滋生腐败。他在研究了大量西方发达国家现代化过程的史料和当代发展中国家的现状后，得出了这一论断。同时他还认为，腐败程度与社会和经济现代化的迅速发展有着相当密切的关系。[①] 然而，为什么在远离现代化的中国古代，却会有比在现代化进程中世界各国更严重、更广泛、更持久的官吏腐败呢？这是我们在本文中所要探讨的。

一　强大的国家权力产生了腐败的可能性

所谓官吏腐败，就是他们利用手中掌握的国家权力，谋取私利的不法行为。因此，只有当社会建立了较强大的国家机器，操纵国家机器的官吏掌握了全面管理社会的各种权力，才有产生腐败的可能性。国家机器的强大，应该包括两个方面，一是对社会管理和控制全面而深入，二是具有强力有效的进行管理和控制的权力。而当国家机器较弱小的时候，所管理的社会事务必然少，能够征集和调动的资金也就必然有限，官吏腐败的可能性相对就小得多。在欧洲中世纪，国家权力分散地掌握在各

---

① 〔美〕塞缪尔·亨廷顿：《变动社会的政治秩序》（中译本）第 1 章第 3 节，张岱方译，上海译文出版社，1989。

个大大小小的封建领主手中。由于权力分散，国王和领主分别管辖的社会事务相对简单得多，领主在其领地内所有的农舍、堡垒、马厩、储藏所、仓库、作坊等简单的自然经济系统就已经能够满足当时全部的经济需要和政治需要。在一些国家里，国王与封建贵族的地位和权力相差无几，无论对国王还是领主来说，国家的公共权力都未能从分散的私人权力中分化、独立出来。在这种条件下，产生腐败的可能性很少。原因是，一方面最高统治者缺乏管理和控制整个社会的能力和权力，也无法征集、调动足够的资金。另一方面，国家权力个人化，而个人权力支配的只是个人行为，无论封建主如何勒索农民、奢侈腐化、胡作非为，都不属于政府官员腐败的范围。在西欧、美国以及世界上其他许多国家和地区，政府的权力是随着现代化的进程而不断集中、确立和扩大的。所以亨廷顿认为"现代化产生腐败"，据我们的理解，其前提是在这些国家里，现代化开创了财富和权力的新来源，使政府权力扩大，政府管理的事务增多，从而给官员腐败提供了社会条件。就这一点来说，"现代化产生腐败"的结论是完全可以成立的。但如果作为普遍的规律推而广之则难以成立，因为在不同国家和民族，政府权力的大小都有着不同的条件和时代背景。所以，我们应该说在强大的国家权力下才有产生腐败的可能性，而不是现代化产生腐败。

中国的历史与亨廷顿所述的那些国家的历史不尽相同，早在两千多年前的秦汉时起，中央政府的权力就开始不断强大。历代王朝无论在建立庞大的军队和官僚机构方面，还是在修建运河、宫殿、城池等公共工程方面，或是在组织和管理农、工商业方面，都显示出在那个时代来说无与伦比的强大能力，其所管辖的社会事务范围之广，征集和调动人力、物力的数量、规模之庞大，在某种程度上甚至超过了一些现代国家。无怪乎西方学者罗兹曼误以为中国古代的官僚制度是一种酷似现代官僚格局的行政体制，"有时简直就可以称得上是所有现代官僚制度的原型"。这种误解与亨廷顿的理论之相似处，恰恰在于它们都是以西方国家现代化过程中国家权力扩大的经验为依据的，但是又比亨廷顿的理论走得更远。亨廷顿只是就具体国家现代化过程而谈这一过程中的腐败，而罗兹曼是将西方的经验推及与现代化国家无论在历史背景、社会政治结构或经济结构等各方面都毫无相同之处的中国古代社会。抛开西方学者的论断，我们完全可以通过研究中国的历史和社会得出自己的结论，由于中国古代的官僚制度在权力的结构和性质等方面与现代政府机构截然不同，所以官吏的腐败与现代化过程中的腐败也大不相同，具有自己的特点和不同规律。

二 中国古代官吏腐败的类型与权力的关系

中国古代官吏腐败的特点之一就是多样性。一是官吏腐败的种类多，有贪污、受贿、敲诈勒索等。既有经济上的腐败，也有政治上的腐败。二是在这些活动中所产生的名目繁多。进一步探究腐败与权力的关系，可以看出，官吏腐败的不同类型是官吏运用不同类型的权力造成的。

古代官吏腐败主要有以下几种类型：

1. 在管理国家的行政、军事、经济等事务中贪污

中国古代的官僚机构是统一和集权的政治系统。为了维持这个庞大的国家机器，需要征集数目巨大的军事和行政费用。为了满足皇室和官僚的政治需要和日常生活需要，历代都耗费巨资兴建宫殿、官邸、陵园、城池，开办漕运，等等。为了巩固和延续官僚的统治，官僚又利用强大的国家权力统一管理整个社会。各个朝代都有不少国家直接投资经营的田产和工商业，如屯田、营田、官营手工业作坊、盐铁业、均输、平准及兴修水利等等，都投入了大量的人力和物力。这些大量的财务支出以及收入在各级官吏经管时便或多或少被据为己有。军队中军官贪污、克扣军饷，管财政的贪污国库。例如，汉代大司农田延年就曾用偷改账目的手段，贪污为皇帝修陵的费用，明代屯田多为宦官、军官占夺。官吏不仅占地，而且贪污屯田仓粮、私役屯田兵士为其种田。至于专权的高官，贪污钱财则更为便利。宋代朱勔掌管"应奉局"，取国库财物轻而易举，"直取内帑如囊中物，每取以数十百万计"[①]，明代魏忠贤竟矫旨将南

[①] 陈邦瞻：《宋史纪事本末》卷50。

京的内库财产窃取一空。在中国古代社会这种专制、集权的政治结构中，国家经营的产业越多、管辖的事务越多，官吏经手的钱财则越多，贪污的机会也就越多。明代宦官就常常鼓唆皇帝多建宫殿、多营矿业等产业，就是为了更多地渔利。

2. 敲诈勒索庶民百姓

官吏勒索庶民最普遍的是私自多征徭役或税收。例如唐代，"百事从权。至于率税多少，皆在牧守"。[①] 宋代"正税之外，科条繁重，税米一斛，有输及五六斛，税钱一千，有输及七八千者"。[②] 历代的勒索苛征，名目繁多，数不胜数。如耗羡、平余、雀鼠耗、脚钱等等，随定随征，甚至小小胥吏在每次征税时，都要勒索多达几十种的杂费。除了勒索税收外，官吏在任何直接临民的场合，都可大加敲诈。《南史》载某太守到任后，勒索当地富户不已，稍不从命即杀其全族。[③] 唐代宦官将富户抓起来拷打，以勒索钱财。宋代蔡京借为皇帝采办"花石纲"为名，竟随意拆毁民宅，抢夺民产。这些事例，在历代史书中比比皆是。

3. 官场中的贿赂和请客送礼

贪污和勒索之外，官吏腐败最普遍的行为就是贿赂和请客送礼。无论在办公事还是私事的场合，也无论在哪个部门，下级对上级以及同僚之间，时常盛行种种贿赂和请客送礼。这些活动有的在私下进行，而有很多则公开标价，明目张胆地索贿受礼。例如北魏时吏部尚书脩义"授官大小，皆有定价"，明代宦官王振、刘瑾先后专权时，向百官索贿的定价分别为百金、千金。宋代和清代地方官到中央各部送公文、办公事都要贿赂，各有规定的数目，给不够便百般刁难。官场中的交往，有许多不成文的规定，如打点、规礼、照应等等。贿赂的目的比较直接和明确，请客送礼虽然也具有贿赂的性质，但一般不见得当时即有所求，而是为了加强官吏之间的联系。旧官离任、新官就职，或其他各种公私场合，都要大宴宾客，重馈上司、同僚，利用公款为官僚个人建立起官场中的

---

① 陆贽：《陆宣公奏议》卷 12。
② 李心传：《建炎以来系年要录》卷 42。
③ 《南史·孝义传》。

关系网络，以利日后在公私诸事中能够"方便"行事。

分析官吏三种类型的腐败，我们不难发现，中国古代官僚在社会中具有的强大政府权力，是官吏行为的共同基础。他们在不同的场合，针对不同的对象使用不同类型的权力，就产生出不同类型的腐败。贪污是官吏利用个人职权，侵夺用国家权力征收得的社会财产。其行为既具有个人权力的基础，也有国家权力的基础。毫无疑问，没有能力征集和调动社会的财力和物力，就不可能有如此现成的贪污条件。同时，官僚个人权力的应用，也必然受国家权力结构和性质的制约。敲诈勒索是官吏个人滥用职权，对社会强行征收国家财政之外的财物。官僚滥用职权，实质上是将国家权力分割化、人格化。但对于被勒索的百姓来说，由于他们面对的是一个由国家强权支持的整体集团，这个集团不仅是政府机构的成员，而且有些是社会等级的最高层——贵族等级的一部分。他们既具有职权，又享有国家明文规定的特权，还有职权在社会上造成的类似于特权的权势。这多重身份、多种权力往往交织混杂，没有明确的法律分界，分散的、无权无势的庶民没有能力也绝不敢去区分，因而很难抗拒官吏的勒索。另外，我们也不能忽视在勒索行为的背后，有着强大的国家权力。官吏勒索的对象虽然不是国家已经取得的现成财产，但这一行为的实现往往比贪污更为便利。因为中国古代国家对社会的强权统治已经将官吏置于社会上最有利的特殊地位。一方面，国家以足够的财力垄断了社会上最有利的行业，例如盐铁业利厚，国家就将其收归官营，而个体工商业无力与之竞争。另一方面，国家对社会上的庶民征收各种徭役、税收，甚至掠夺、没收财产，任意欺压、剥削，再者，国家以法律规制了官吏等级与庶民等级的种种区别，从政治、经济待遇到衣食住行，庶民均不得僭越。古代国家的权力已经将庶民百姓置于从属于官僚的地位。所以，伴随着国家权力征收、掠夺社会财产，官吏个人的敲诈勒索就会没有止境、没有制约。这使得中国古代官吏的勒索惊人地普遍和严重。

从表面上看，贿赂也是权力与财产的交易，即受贿的官员利用手中的权力取得财产，而行贿的官员是以财产"买"权力，但其实质是权力与权力的交换。因为贿赂所用的钱财是官吏利用权力取得的，可以说贿赂是不同层次、不同类别的权力在交换。同时，贿赂的最终目的仍是追求权力。作为行贿、送礼的一方来说，可以得到更高或更有利的职位和权力。例如唐代市舶利厚，有的官员求得高官推荐谋得此职，赴任后即多征钱财，将其中的一部分用来酬谢推荐之官员。宋代蔡京一度失势后，靠用重金贿赂皇帝的亲信，得以重新起用，竟官至太师，权倾朝野。官僚在这种权力交换中得到的都不仅仅是钱，还有权。就受贿的官员来说，他们在收取钱财的同时，与行贿者建立起长久的统治—服从关系，或将阿附者组成私党势力，作为其行使权力的保证。可以说，在贿赂这种权力交换中，官僚集团内部的权力得到了不断的转移和调整。

贪污、勒索和贿赂等腐败行为虽然类型不同，发生的场合不同，对象也不同，但因为它们都有共同的行为基础，即国家权力作为保证，所以官吏的这些腐败行为常常互相影响、互相推动。这三种腐败行为的互相推动常常导致官僚集团整体的腐败。

三 中国古代的权力结构产生了腐败的必然性

中国古代官吏腐败的另外两个特点就是普遍性和严重性。这两个特点和上述特点——多样性一起，从度和量的角度概括了中国古代官吏的腐败程度。例如梁代，官员"皆尚贪残，罕有廉白"。[1] 唐代穆宗时，大臣韩弘以财赂权贵，满朝文武除牛僧孺外，皆纳贿。元代，"居官者习于贪，无异盗贼……其间颇能自守者，千百不一二焉"。[2] 贪官的比例与贪污数量的比例，也就是普遍性与严重性是成正比的。在各朝几乎都有权臣如汉代董贤、梁冀，宋代贾似道，明代严嵩、刘瑾、魏忠贤等，因广收贿赂，以及贪污、勒索而积累了大量财产，足以与整个国家的财政相抗衡。清代和珅财产之巨竟相当于朝廷二十几年的财政收支。即使是一

---

[1] 《梁书·贺琛传》。
[2] 吴澄：《吴文正公文集》卷14。

般官员的腐败也是相当严重。宋代地方官征税时多征私敛，结果是"上取其一，下取其十"。①

中国古代官吏腐败如此严重和普遍，原因在于古代国家的权力没有制约。强大的国家权力只是产生腐败的一般条件，为腐败提供了可能性，而没有制约的、绝对的权力则是腐败的特殊条件，为其提供了腐败必然发生，而且越来越普遍和严重的必然性。中国古代的官僚制度一直较为发达，其人事、监察、财政、司法等各项制度和机构，早有建置，也相当完备。以至有些中外学者以为，中国古代官僚制度充分理性化，甚至已具有分权和权力相互制约的性质。实际上中国古代官僚制的各个部门和制度都只达到了职能划分，而远远没有分权和制约的性质，与现代政治制度中建立在分权基础上的职能划分截然不同。中国古代的国家政体是皇帝与官僚的专权专制。在最高统治层，不是由强有力的皇帝专权，就是权臣（包括宦官、外戚、文臣或武将）及女主专权。各个朝代从政权的建立和巩固、延续，到皇帝或官僚个人地位的稳固、提高，以及财产分配的多少，都离不开以权为核心的政治斗争。所以，皇帝或执掌朝政的权臣出于政治斗争的需要，往往破坏各种制度的规定性，打破机构职能的划分。在专制集权的国家权力与没有分权基础的具体制度的较量中，制度是绝对服从于权力的。因为制度是由权力制定的，并为其服务的。正因为如此，中国古代官僚内部才会产生如此普遍和严重的权力交换，才会由官僚个别的腐败逐步导致整体的腐败。

1. 皇帝专权专制对腐败的影响

在中国古代，皇帝最关心的始终是如何巩固集权和专权的统治，防止大权旁落。皇帝对于大臣及宗室，首先要求他们忠君，而不是清廉。腐败无能和政绩、才干是相对立的。在以权力为中心的政治结构中，掌权者常常需要纵容下级腐败、无能，而不需要他们有才干和远见卓识。这样才有利于自身权力的稳固。无论是皇帝，还是权臣，以及上级对下级无不如此。就皇帝来说，他们常出于专权的需要打破监察、司法制

① 马端临：《文献通考》卷19。

度，从而使之难以对官吏腐败起到防治作用。虽然中国古代官僚制中始终有一套较完备的监察制度，但这些制度仍属专制政体的一部分，其制定和执行直接受皇帝及其权势的制约。《大唐六典》中规定，御史弹奏百僚，须先上奏听进上，皇帝准其进则进，不准则不能弹劾。所以，皇帝的宠臣、亲信为非作歹，或出于政治需要，被庇护的人就很难受到制裁。

2. 权臣专权对腐败的影响

在中国古代历史上，由于有些皇帝昏庸不理政事，而常常出现权臣掌握实际中心权力的情况。权臣对腐败的影响远比专权君主更深、更广、更直接。首先，权臣比皇帝具有更强的财产欲和权力欲。因为皇帝的财政权一般是有充分保障的。皇帝既广有天下，有广阔的财政来源，同时又都有专属皇帝个人支配的财政机构——少府或内府。而权臣则没有这种合法的财政来源，所以必须更多地运用"非法"手段去掠夺财富。其次，这些权臣往往身兼数职，既有财权可以直接贪污，又有人事权可以索贿受贿，还直接控制监察、司法等大权。权臣不仅出于个人私利贪污、受贿，还需要在官僚中排斥异己、培植亲信、结党营私，组成以其为中心的政治集团。把握中央权力的权臣所组织的权力集团，往往囊括了各级和各部门的大部分官员。东汉外戚窦宪专权时，"刺史守令多出其门"，[①] 明魏忠贤把持朝政七年，将一切异己排斥净尽，真正做到"朝署一空"。一些清廉、正直或不愿阿附和贿赂权臣的官僚则被赶尽杀绝，而后提拔上来的几乎都是卖身投靠权臣的昏庸腐败之徒。他们本身无操行，又有权臣为后台，因而更加有恃无恐，为所欲为。于是，吏治便更加腐败。

在中国古代官僚集团内部，权力支配和调节着权力与金钱以及权力与权力的交换，形成了独特的规律。就像市场上的交易一样，一时有一时的行情和定价。往往在一朝之内，贿赂风开后，便愈演愈烈。例如明代较早开始专权的宦官王振向百官索贿的定价是百金，当时送千金的就

---

① 《后汉书·窦宪传》。

算是重礼了，而到后来的刘瑾专权，"天下三司官入觐，例索千金，甚至有四五千金者"。[1] 形成贿价上涨规律的原因是权臣一个比一个专权。例如刘瑾比王振专权，魏忠贤又比刘瑾更甚。"贿随权集"，越是专权则权臣的贪欲越大，所得钱财越多。同时，由于其专权，下级官员行贿送礼的目标更为集中，从而引起激烈的竞争。为了竞争，还得事先巴结、重馈权臣的亲信和家奴。明代严嵩的家奴严年，就因此而受贿逾数十万。在这种贿价上涨规律的支配下，整个官僚集团内形成了贪污腐败的势力。顺之者昌，逆之者亡，少数想独善其身者也难以抵制。清人薛福成在说到贪污成风原因时指出："非其时人性独贪也，盖有在内隐为驱迫，使不得不贪者也。"[2] 以致明代有科道官因无钱贿赂上司，四处借贷不成，被迫自刎而死。从历代史实中我们可以得出这样的结论，即官僚由个别的腐败发展到普遍的、整体的腐败，往往是在权臣掌握大权的时候。

3. 普遍的专权造成普遍的腐败

在中国古代，不仅皇帝、权臣的专权促使官吏腐败，各部门、各地方机构的统治形式也都是最高长官专权专制。上级部门可凭借权力向下级官员，乃至下级部门勒索财物。地方官直接统治百姓，又往往同时掌握行政、司法、财政大权，其权力则更无止境。中国古代的政治制度不仅没有各部门及不同种类权力互相制约和分权的性质，也没有中央与地方的分权，国家权力更不受社会制约。所以即使地位低微的小吏也可对百姓大加勒索。如此专制、集权的权力所能导致的腐败必然是严重的。所以我们说，没有制约的权力造成了腐败的必然性。

四　与西方现代化过程中的腐败比较

中国有中国的国情，中国有自己的历史。中国社会有独特的结构。中国社会的官吏腐败并不是在现代化进程中产生的，而恰恰相反，是在遥远的古代，两千余年前秦汉奠定的中央集权的专制制度中产生的。两

---

① 赵翼：《廿二史札记·明代宦官》。
② 薛福成：《庸盦笔记》卷3。

千年来这种社会结构和政治结构长期在中国大地上延续，官吏腐败也就一直绵延不断。

研究中国古代官吏腐败的特点与原因，并与亨廷顿所论述的世界各国现代化过程中的腐败进行比较，我们认为，亨廷顿所说的现代化产生腐败，只是一个表层的现象。更深层的原因是在于官员个人手中掌握的国家权力，以及权力受制约的程度。在中国古代，产生了从上到下各个层次的全面的腐败，而在世界上其他许多国家，腐败的确是随着现代化进程出现的，因为这些国家的政府权力是随着现代化进程确立的。

在现代化了的社会中，虽然官员掌握了较大的权力，但法制日渐完备、新闻舆论发达、通信科技先进，这些对于惩治和监督官员腐败都起了有效的监控作用。因此，并不能说现代化就一定会导致严重的腐败。例如美国的政治，19世纪比18世纪和20世纪都腐败，这是因为19世纪比18世纪的现代化速度快，所以腐败的程度便更严重；然而到了20世纪，美国的现代化速度并没有放慢，而是由于各种制约腐败的制度逐步建立，腐败在一定程度上便得到了控制。在英国17~19世纪也有同样的现象。这说明，虽然现代化使政府权力扩大，产生了官员腐败的可能性，但是社会现代化的发展，使法制以及各种制约腐败的措施和制度日趋完备，从而减少了腐败的可能性。这就使得现代化过程中的腐败与中国古代官吏的腐败有着完全不同的规律。

进一步比较，我们还可以发现，在现代化社会里，官员腐败的类型及其程度都与中国古代的大不相同。首先，在英、美等现代化国家，不存在中国古代官吏那种普遍而严重的勒索平民百姓的行为。因为人们广泛具有法律权利的知识，并拥有独立的人身权利和财产权。健全的法律制度和普遍、发达的司法机构又保障了个人权利的实现。这一切都防止了官员的勒索。其次，在现代化国家里贪污的条件也远不及中国古代。因为在现代化社会里，财政权由独立的立法机构掌握，并受社会广泛制约、监督，绝不可能出现像魏忠贤、朱勔那样将财库任意窃取的情况，也不会出现官员用非法手段取得比国库收入更多的财产的现象。在公众眼里，政府公职人员的贪污无异于公开的盗窃。由于现代政府的性质和权力结构与中国古代官僚制完全不同，法治国家的公职人员贪污少量现金的行为远远要比非公职人员通过贿赂取得百万资金的行为判刑更重。同时，由于法律的执行是公开的，故可以较全面地受到社会的监督。在现代化社会里，也不会出现中国古代官僚内部那种普遍的、频繁的权力交换，更不会因需要组织权力集团而导致官僚整体的腐败。因为现代化社会的基本条件之一便是自由竞争的平等原则。由政治权力主宰财产分配乃至人生命运的作用微乎其微。所以，无论如何，现代化社会官员的腐败行为是个别的，而不是整体的，更不可能有中国古代那种公开标价的索贿以及贿价不断上涨的规律。由此可以看出，在现代化国家产生腐败的必然性减少，是由于国家权力受到制约，一方面国家权力自身相互制约，另一方面国家权力普遍受社会的制约。这一点尤为重要。因为现代化使人们普遍增强了独立意识和法制观念、权利观念以及鉴别腐败行为的能力，因此才可能从社会中产生出普遍制约国家公职人员的意识和行为，以至形成和完善种种制度。而这些现代化的意识和观念也不可避免地会影响到公职人员本身，使其不同程度地约束自己的行为。

而在中国古代社会中，具有政治能力的社会集团只有一个，这就是官僚集团。官僚集团依靠强权，掌握了社会中一切重要的部门（军事、立法、行政、司法、财政、经济、文化教育等等），没有其他的政治力量能够从制度上加以制约，而且事实上也根本不存在其他的政治集团。因此，如果官僚集团中个别成员腐败，那么从其集团的内部还可以处治。如果整个集团普遍腐败，则社会上就没有什么外部力量可以控制了。所以，虽然官僚完全能够自己从法律上制定合法行为与非法行为的标准，在许多朝代之初也几乎都能采用严刑峻法惩办腐败，但随后法制便愈渐松弛，而后终于废弃。如宋朝开国皇帝宋太祖严惩贪官，十几名贪官全被弃市，而到宋真宗时，弃市之法不复用，仅将贪官杖流海岛。到后来的仁宗时，甚至连杖流之法都不用了。明初太祖曾用将贪官枭首、剥皮示众的做法，大张旗鼓地惩治腐败，但不久即权臣、宦官交替专权，从而导致腐败成风。这些说明，当开国之初政事较清明时，腐败刚刚滋生，对于少数贪官污吏的惩办，并不能从根本上动摇整个官僚集团，而恰恰是为了保持一个适当的剥削尺度。当日后腐败之风大开，官僚集团普遍腐败时，这些法律便失效了，因为他们已经不能顾及长远利益了。从根本上说，这些法律本来就是官僚集团制定的，它只能惩治官僚集团中个别的成员，而绝不允许摧毁整个集团。

五　古今腐败比较研究及意义

本文使用了比较研究的方法来分析中国古代官吏腐败与权力的关系。通过比较可以更清晰地把握中国古代社会的特点。中国古代官吏腐败与现代化过程中官员的腐败，显然不是同时代，也不是同性质的，而是同类型的。因为我们着重比较的是权力的结构及其对人的行为的影响。在我们看来，权力结构对腐败的影响是实质性的、根本的，而现代化对腐败的影响则是表层的。需要进一步指出的是，现代化这一概念在一般人眼中最突出的也许是其作为一个时代的标志和特征。然而在这时代标志背后，无疑深藏着进行现代化的各个国家不同的历史背景和社会结构。现代化的起点各个民族都不相同。有些国家，例如英国、美国、瑞典等等，因为在现代化之前社会就已存在相当程度的政府分权形式，所以在进入现代化之时国家权力的强大是以分权为条件的。这些国家现代化过程中产生的腐败必然与集权国家现代化过程中的腐败大不相同。在这一点上，亨廷顿的论点倒是颇有见地。他说："封建社会在现代化过程中的腐败，没有集权官僚社会的腐败广泛。"① （这里，封建社会指的是西欧式的封建社会，这当是西方学者的惯例）所以我们在理解"现代化产生腐败"时，首先应该看到，在具体国家里，腐败是相对于该国现代化之前的不腐败而言的，其次应区别不同国家在现代化过程中由于权力结构不同，产生的腐败也不尽相同，而不能一概而论。

我们之所以能将古今腐败做跨时代的比较，除了上述理由外，还有更具体的原因。亨廷顿的著作曾指出，现代化产生腐败的原因之一是，

---

① 〔美〕吉尔伯特·罗兹曼主编《中国的现代化》，陶骅等译，江苏人民出版社，1988，第 2 章。

现代化使人们的社会价值观念发生了变化，许多在传统社会本来是合法的、可以接受的行为，在那些思想观念发生了某些变化的人看来就是违法和腐化的了。据我们的理解，在亨氏研究的那些国家里，人们对腐败行为的鉴别和判断能力是在现代化过程中产生的。而中国古代官僚很早就具备这方面的能力了。各朝的行政法典对官吏贪污数量多少、勒索多少、受贿枉法与不枉法，均有详尽的辨别与惩处规定。这表明官僚完全有能力区分官吏行为之合法与非法的界限。这种能力甚至不亚于现代社会的人们。只有那些能够判断什么是腐败的社会，才有可能被作为研究腐败的对象，才有可资比较的基础。

原刊《北京社会科学》1995 年第 2 期。

中国古代官僚的三种分配[*]

本文所论及的分配，叫作社会分配或社会财产分配，与人们通常所说的产品分配属于不同的范畴。产品分配是指生产资料所有制所决定的分配，这是经济学的概念。社会财产分配比产品分配范围更广，它既包括生产资料、劳动力和产品分配，还包括其他非生产领域的财产分配，是综合了各种分配的结果。其途径有多种，如通过政治权力、社会特权、财产所有权等等。决定社会财产分配的还有更深层的原因，即社会分层和社会等级、社会政治制度、社会体制、社会结构等等。

我国学术界以前对于中国古代社会的研究，主要着眼于地主或官僚的产品分配，而忽视从社会学、政治学的角度研究社会财产分配。我们在研究中发现，在中国古代社会，一般的庶民百姓（包括农民和地主），仅参与一种社会财产分配，而官僚贵族却参与三种社会财产分配，即三种类型的社会财产分配，也可以叫作三次分配。这三次分配虽然以最初分配为起点，但总的来讲是同步进行的，三者相互影响、相互推动，循环往复，互为因果，并无时间顺序之分。

一 以官品等级为尺度的分配

以官品等级为尺度的社会财产分配是由国家主持的、合法的分配。这种分配的原则基本上是分配的多少与官品等级高低成正比，等级越高得到的越多。这种分配主要有两个方面。

---

* 本文为黄敏兰与方兢合写。

1. 俸禄、食邑、土地

俸禄是官僚最基本的法定收入，是由国家按照官品等级进行分配的。在汉代，中国古代官僚的官品制度和俸禄制度即基本确立，以后各个朝代基本上都实行官员按品级授俸制度。官僚的俸禄始终是国家开支中仅次于军费的最大部分。汉代官俸达国家岁入的一半。清代俸禄占国家财政总支出的六分之一。① 俸禄的形式各代不同，多种多样，有钱、物、职田（职田的收入归官员所有），明清两代，基本上以银支俸。大体上，汉、隋、唐、宋及明初，职事官俸禄较高，明、清的皇室贵族俸高，而职事官俸禄相对较低。例如清代亲王年俸高达万两，而文武官一品只有俸银一百八十两。② 有的朝代，如晋代及宋代初期，官员俸薄，或无常俸，以致官吏贪污腐败严重，因而最高统治者认为俸禄必须优厚，要使官员"外足以奉公忘私，内足以养亲施恩"，③ 所以大幅度增加俸禄。

除正俸外，许多朝代都给官员名目繁多的钱财，谓之杂供给。如车马、官服、饭钱，甚至随从人员的衣食费用等。唐、宋政府给官吏按品分发料钱，即俸禄外的一种津贴。清代满汉章京及仆从的饭食也属办公津贴。宋代给官员的俸外津贴最为繁杂：正俸之外，京官给职钱、食料钱，外任官给公用钱，又有侍从的衣粮钱（宰相、枢密使各带七十人，节度使带百人），还有"茶、酒、厨料之给，饲马刍、粟之给，米面、羊口之给"，此外还按品给职田，无职田的另给茶汤钱。④

除了按品取得俸禄及贴补，有的高级官员或权臣还能够以种种方式取得比一般规定更多的俸禄。唐代的大将郭子仪月俸二万缗，比当时的刺史月俸高达二十倍。⑤ 有些高官还可以兼俸。宋代滥设职官，有一人兼三人俸，甚至兼十人俸的。

食邑是国家分给贵族的封地，由贵族自行征收封地内民户的赋税以充食禄。有些贵族既领俸禄，又享有食邑。职事官有爵位的也能分到食

---

① 周伯棣：《中国财政史》第2编，上海人民出版社，1981。
② 《清朝文献通考》卷42。
③ 《晋书·武帝纪》。
④ 赵翼：《廿二史札记·宋制禄之厚》。
⑤ 周伯棣：《中国财政史》第2编。

邑。所以食邑与俸禄虽形式不同，但性质相同，都是国家分配给贵族官僚的最基本的财产。食邑多者往往达数县数万户。

除此之外，有些朝代还实行给官僚、贵族按等级分配土地的制度。汉代即按官品等级赐予官僚田地，名曰"均田"。① 隋代和唐代前期实行均田制，分给皇亲、贵族、官僚世禄田，自亲王以下按级给田百顷至六十亩不等。最高的官比最低的官受田额高达数十倍。唐代对立有战功曾受勋位的官员，还可以按照勋级授给勋田六十亩至三十顷。清代曾给官僚按品级分配园地。

2. 赏赐

赏赐是由皇帝亲自主持的另一种合法的财产分配制度。自汉至明清，各个朝代都曾盛行赏赐制度。赏赐虽然不像俸禄那样，是按年、月定期付给，但作为一种分配制度，其意义并不亚于俸禄，所以古人常将禄赐相提并论。赏赐的制度化表现在如下几方面：举凡国家庆典、皇帝祭祀、皇帝巡游、皇室成员的红白喜事、皇帝生子和行冠礼以及大规模的官员升迁等活动，都要大赏贵族和官僚。如汉武帝一次巡视就赏百官帛百余万匹，钱巨万。② 清代恩赏数目亦相当大。此外，清代宗室、觉罗、八旗子弟例有红白赏赐。赏赐有功的大臣，在各代亦几成定制。汉代霍光因征服匈奴有功，前后受邑二万七千户。唐太宗时魏征每次向皇帝进谏，几乎都会得到百匹或千匹的帛及钱。仅将《贞观政要》的记载做一大略统计，魏征七次进谏就赏绢三千匹、钱十五万、金十斤。仅这三千匹绢就相当于唐初六千丁口一年须缴纳的"调"（当然魏征进谏不会仅七次，所受赏赐也不会止于上述数目）。此外，元代朝廷不定俸禄，赏赐即成为主要的合法分配制度。赏赐在财政上也基本上有制度保证。朝廷收入多，赏赐也随之增多。唐玄宗时和北魏时都曾因库存丰厚而大赏群臣。有时则须专门拨款。明代万历皇帝曾以生皇女故，诏命太仓、光禄各进银十万两，以备宫中赏赐。③ 即使财政紧张，一些例行的赏赐也不能取消。清

---

① 《汉书·王嘉传》。
② 《史记·平准书》。
③ 《续文献通考·国用考》。

咸丰时苏州织造怡良曾因财政亏空较大而奏请缓办大运绸缎，被咸丰皇帝斥责道："汝等外边实不能深悉内务府用度"，这批专用于外藩赏项的绸缎"实为内务府必用之物，并非可缓"。①

赏赐包括钱、物、土地、劳动力、爵位（以及由爵位带来的食邑）。汉代皇帝赏赐大臣多用黄金，赐得多的有千斤、万斤。宋代皇帝给大臣赐宅邸，一次即须费百万。皇帝亦常对官僚、贵族按等级或因功赏赐土地和劳动力。隋代皇帝曾赏功臣杨素大量土地，唐太宗赐裴寂田千顷。②元代曾一次赏功臣、诸王约四十人，多者五十万亩，少者四百亩。③ 明代给宗室亲王赏地竟是按几府几十县计。官僚不仅领受赏赐，还可主动请求赏赐，名为"请乞"。秦代王翦出征前即向秦王请乞良田美宅，汉武帝时其乳母、东方朔都曾请田。明代亲王、官僚请田最广。朝廷无官田可赏了，就让各州县拨田，至各州县无田可拨，竟勒令百姓分摊地租，名曰"无地之租"。三国时孙吴政权把政府所有的屯田户多次连同土地一起赏给部下大臣，曾赐蒋钦"民二百家，田二百顷"，赐吕蒙"寻阳屯田六百户"。④ 两晋时更是普遍把屯田客按等级赏赐给各级官僚，"魏氏给公卿以下租牛客户数各有差"，"又太原诸部亦以匈奴胡人为田客，多者数千"。⑤ 明太祖曾在功臣李善长致仕时，赐其地若干顷，置守冢户百五十，给佃户千五百家、仪仗士二十家。⑥

赏赐基本上也是按等级分配的。史书中记载皇帝颁布各种例行的赏赐，常用"各有差"的词句，说明是按等级赏赐。此外，因事、因功的赏赐不是普遍的，皇帝还常常随意赏赐皇亲贵戚和宠臣大量财产。这几类赏赐虽然并不是按等级制普遍进行分配，但仍是建立在等级分配制基础上的。因为能直接领受皇帝亲自赏赐的，必然是等级较高的官僚和贵族。

---

① 《清代档案史料丛编》第 1 辑，中华书局，1978。
② 《新唐书·裴寂传》。
③ 梁方仲：《中国历代户口、田地、田赋统计》，上海人民出版社，1985，第 319 页。
④ 《三国志·蒋钦传》、《三国志·吕蒙传》。
⑤ 《晋书·王洵传》。
⑥ 《明史·李善长传》。

二 以政治权力为依据的分配

官僚以政治权力为依据的社会财产分配，是指官僚个人进行的，名义上是非法的分配，即我们平常说的贪污、受贿、勒索等腐败行为。这种分配的原则是分配的多少与权势的大小及地位高低成正比。权力越大、地位越高，得到的就越多。如果说官僚的前一种分配是出于维护官僚国家整体利益而实行的话，那么官僚的这种分配则是由官僚个人自身政治和经济的需要非法进行的。许多官僚的个人利益互相补充、互相交换、互相制约、互相推动，形成一股合力，随时调节着和塑造着中国古代官僚特有的社会财产分配。这种分配尽管表面上是"非法的"活动，但已成为事实上的法外制度，其重要性甚至超过了国家主持的第一种分配。

1. 贪污和侵占国有财产及土地、劳力

官僚在管理国家的行政、军事、经济等事务中利用手中的权力，贪污公款公物。中国古代，官僚国家拥有统一的、集权的政治系统，其权力大，管辖的社会事务多，从而收入和支出的钱财也就庞大。为了维持庞大的国家机器，各代都征集数目巨大的军费和行政费用，以及营建宫殿、官邸、陵园、城池，开办漕运等的修建费用和经营、管理农、工、商业等的费用。而这些大量的财务收入和支出在各级官吏经管时便或多或少被据为己有。例如军费开支历来是国家财政中最大的项目，在有的朝代高达总支出的三分之二。"国家经费，莫大于禄饷。"① 经管这些经费的官员，就比别的官员更具备贪污的有利条件，所以吏、兵二部，往往是大利所在。军官克扣、贪污军饷，各代屡见不鲜。明代权臣严嵩贪污和收受的贿赂中，就有全国高达数百万的军费开支中的一半，而这些军费又是兵部及各级军官贪污而来的。汉代南方官员比其他官员贪暴，原因是南方盛产上贡朝廷的奇珍异宝，官员即将其倒卖以获暴利或送给京

---

① 《明史·食货志》。

师权贵以邀宠幸。唐代市舶利厚，四十年中贪官接踵而来，满载而去，广州节度使中保持清节者仅有四人。① 明代负责漕运的官员将漕运费用放高利贷以谋取私利。清代官员竟贪污朝廷赈济灾荒的粮食多达上百万石。②

官僚不仅贪污国家钱物，还利用职权侵占公地及其收益。汉代朝廷广辟公有的苑囿、土地、池泽，转手让京师的贵戚管理，造成实际上利归权家。各代官吏侵占屯田，极为普遍。晋代何晏占屯田至数百顷。明代屯田多数为宦官和屯田的军官占夺。官僚在对公田的管理、经营中将其转归己有，已成为事实制度，所以国家最终不得不将其合法化。历代皇朝常因官吏侵占屯田而罢屯田，实际上是承认屯田私有化。北魏时还将职分公田私有化的事实合法化，任官吏占有和买卖。官僚个人亦多利用权势强占或私役国有劳动力。明代宁阳侯私遣军士操舟出境捕鱼、采木，或遣军士携银去杭州市买货物，更侵盗屯仓粮食达二十多万斤，私役军士为其种田三千余顷。③

2. 敲诈勒索和强占庶民财产、土地、人身

敲诈勒索是官僚运用手中掌握的国家权力，对全社会强行征收国家财政之外的财产。官吏勒索庶民最普遍的是多征税收或徭役。唐代"百事从权，至于率税多少，皆在牧守"。④ 明代，地方官吏以"火耗"为名，加派私征，贪为己有，火耗实为百分之一二，然到清初，有高达正税一半以上者。所以"农不苦于赋而苦于赋外之赋，差外之差"，⑤ 甚至小小胥吏，在每次征粮时，都要勒索多达几十种的杂费。唐代宦官以"宫市"为名敲诈掠夺商人、百姓，百姓如同遇到盗贼白日抢劫。宋代蔡京派人采办花石纲，对庶民强取豪夺，等等。这类事例，在历代史书中比比皆是。

如果说，官僚并非个个都勒索、强占庶民钱财的话，官僚强占、兼

---

① 《旧唐书·卢奂传》。
② 参见翦伯赞《中国史纲要》第 3 册，人民出版社，1979。
③ 《明宣宗实录》，宣德六年。
④ 陆贽：《陆宣公奏议》卷 12。
⑤ 贺长龄编《皇朝经世文编·户政》。

并民田则更加普遍，伴随各个朝代的始终，甚至导致各个皇朝的衰亡。官僚强占的民田远远比从国家合法地分得的土地要多得多，而且为历代最高统治者所难以禁止。汉代贵戚、宦官即纷纷以势抢夺庶民田产，淮南王甚至将庶民的祖坟荡平，括为耕地。宋代有官僚占民田多达数百里者。明代亲王、官僚侵夺民田，几乎与国相始终。官僚除了以个人权势兼并民田外，还常常打着皇帝的招牌，去"合法"地掠夺，谓之"请乞"。汉代宦官侯览即"前后请夺人宅三百八十一所，田百一十八顷"。①明代官僚向皇帝请乞的土地，多为庶民的田产，官僚、贵族向皇帝请求赐田，得到特许后，即借皇权势力将庶民赶走，从而将土地强行霸占。"名为奏求，实豪夺而已。"②明宪宗即曾一次批准外戚周或请乞六百余顷，翔圣夫人刘氏请乞三百余顷。官僚强行贱买民田，也具有掠夺、兼并的性质，强行贱买即是以官的权势，强迫庶民以最低的、不合理的价格出售其赖以为生的田产。汉代相国萧何即强行贱买数千人的田宅。南朝梁武帝之弟萧宏用聚敛的钱财放高利贷，负债者被迫以田宅抵债。萧宏借此手段兼并了大量的田产。③官僚强行贱买的田宅往往都是价格低，而质是较好的。汉代张禹所买的四百顷田都是京师附近用泾水、渭水灌溉的"极膏腴"之地。④明代严嵩强行贱买的地既多又富饶。"袁州一府四县之地，七在严而三在民，在严者皆膏腴，在民者悉瘠薄。"⑤

3. 贿赂

贪污国有财产，勒索、侵夺庶民土地、财产等活动直接满足了官僚部分的经济需要。然而官僚还有更进一步的权力需要和更多的经济需要，这就产生了官僚内部的贿赂。北魏时，吏部尚书脩义"唯事货贿，授官大小，皆有定价"。⑥宋代蔡京、贾似道，明代严嵩、刘瑾、魏忠贤等等，都是广纳贿赂的贪官。官僚贿赂上级后，可以得到更高或更有利的职位、

① 《后汉书·侯览传》。
② 《明史·李森传》。
③ 《南史·临川王宏传》。
④ 《汉书·张禹传》。
⑤ 陈子龙等编《明经世文编》卷6。
⑥ 《魏书·景穆十二王传》。

更大的权力。例如唐代市舶利厚,有的官员求得宦官或高官推荐,赴任后多征钱财,将其中一部分用来"酬谢"推荐之官员。宋代蔡京一度失势,他即用重金贿赂皇帝的亲信,得以被重新重用,从而不断升迁,官至太师,权倾满朝,从而取得贪污、受贿的更有利地位。

官僚对社会上的庶民也广收贿赂,因为官僚个人"执国家之柄以行海内",对庶民用强权敲诈、勒索、掠夺。而官僚整体又通过国家对庶民征发繁重的徭役和赋税,两种力量结合起来使庶民轻则破产,重则家破人亡,所以庶民不得不通过贿赂去投靠某个官员、贵族,以暂时躲避或减轻官僚普遍的、层层的剥削和掠夺。史料载三国时庶民因惧怕过度征发徭役,"小有财货,倾居行赂,不顾穷尽"。① 富商则以此为手段,凭借权贵的势力经商、发财。汉代大商人罗裒将千余万金财产的一半用来贿赂王侯,仗其势放高利贷和经营盐业,不仅"人莫敢负",而且几年即赢利数倍。② 明代许多商人也用钱换来王府的招牌,在此招牌保护下经营店铺。究其原因,庶民的贿赂与官僚内部的贿赂不尽相同,是以官僚对社会的剥削、勒索为条件的,但是其经济结果与官僚内部的贿赂一样,两者同为以官僚个人权力为依据的、非法的社会财产分配。

三 以财产和经济特权为依据的分配

官僚以财产和经济特权为依据的社会财产分配是个人进行的合法的活动。从表面上看,这和普通百姓,尤其是庶民地主的社会分配是相同的。然而仔细考察起来,其实质并不一样。

在中国古代,占绝对比重的物质生产部门是农业。所以,官僚们的经济活动都是经营田产。当然随着商品经济的发展,也有一部分兼营商业、金融业,如开钱庄、开酒楼商店、开当铺。因此,中国古代官僚基本上都是地主,通称为官僚地主。官僚本人在外做官,所得禄俸除去满足他和家庭高水平的日常生活消费外,还用于在家乡广置田地。一般来

---

① 《三国志·骆统传》。
② 《汉书·货殖传》。

说，官俸本身就很高，更不要说大多数官员贪贿、勒索的更大宗的收入。这些钱大都买成田产经营。

以生产资料占有者的身份参与经济活动和产品分配，官僚地主和庶民地主是一样的，或雇佣长工，或出租土地，收取地租。但我们进一步深入考察，就会发现二者并不完全相同。首先是土地，即生产资料的来源不同。官僚的土地来源之一就是买田，这与庶民一样，但官僚的钱来得快来得多，来得容易，而庶民只能一点一点积累。来源之二就是国家分配，前面已讲到，有俸禄中的职田，有多于庶民几十倍的永业田，有赏赐的田。来源之三是强占和强行贱买。无论是分配、赏赐或强占，都能比买田更直接和迅速地大量获得土地。就拿唐代裴寂一次获得赐田千顷的例子来说，按当时的标准，一般人拥有十顷土地就已很富了，可见裴寂一朝一夕之间所获的土地就可抵得上一百个庶民富户地主。土地来源既不相同，从事生产的劳动者身份也不相同。官僚地主固然和庶民地主一样，雇佣长工，或出租土地，但由于他们享有免役的特权和荫庇的特权，便可以无偿占有和使用大量的劳动力。投靠官僚家的荫户或称隐户、佃客，不再为国家服徭役，而成为官僚私人的劳动力，服从官僚家族统一的奴役和分工，或在农田中生产，或从事家庭手工业，或服侍主人，或担任保镖、打手等私人武装，所以有的也叫家人、家丁或家奴。如"（北）魏初不立三长，故民多荫附，荫附者无官役"。① 明代"太祖数凉国公蓝玉之罪，亦曰家奴至于数百。今日江南士大夫多有此风，一登仕籍，此辈竞来门下，谓之投靠，多者亦至千人"。②

由此可见，官僚地主的主要生产资料和劳动力，都是通过非经济手段，即权力和特权获得的。这也就是说，在官僚的经济活动的全过程中，最主要的部分却并不是或不纯粹是经济活动。因此，就经营农业来讲，官僚地主与庶民地主相比，付出的极少，获取的极多。

中国古代社会的各朝各代官僚历来是免役的，官僚的家眷甚至私属劳动力也享受免役的特权。在中国古代社会，是否免役极为重要，在唐

---

① 《魏书·食货志》。
② 顾炎武：《日知录》卷13。

中叶以前，徭役对庶民的剥夺远重于赋税，即使在宋、明等朝代，各种力役、职役之重亦足以使殷富之家倾家荡产。所以说，"役之厉民，实尤甚于赋"。①

仅仅根据法定的经济特权，官僚地主的第三种分配就与庶民地主经营地产所得的分配大不相同。然而我们还应看到，庶民繁重的赋税、徭役更多地来自官僚的勒索，即所谓"赋外之赋，役外之役"，官僚地主即使交纳地税，也只是基本的赋税，实际上能够免除所有的劳役和各种苛捐杂税、杂役的勒索、摊派。这使官僚又获得更多的财产分配。进一步结合第一种分配来考察，我们还可以发现其中的不公平。庶民百姓向国家提供了比官僚多得多的财力和物力，国家却又把其中的一部分给了官僚。由此可以看出，官僚不但"合法地"剥削他的佃客、长工、家奴，而且整个官僚集团都在"合法地"剥削全社会的庶民百姓。

四　滚雪球效应

从上面论述的三种社会分配中我们可以看到，中国古代官僚致富主要是依靠等级特权和手中掌握的政治权力。一个庶民再穷，只要一登仕籍，钱财、土地即随之俱来，源源不断。如汉代贡禹未当官时，"家訾不满万钱，妻子糠豆不赡，裋褐不完"。及至"拜为谏大夫，秩八百石，奉钱月九千二百，廪食太官，又蒙赏赐四时杂缯绵絮衣服酒肉诸果物，德厚甚深，疾病侍医临治……又拜为光禄大夫，秩二千石，奉钱月万二千，禄赐愈多，家门以益富，身口以益尊"。②

如果一个廉洁的官员用自己的俸禄、赏赐购置田产经营，这就是第一种分配和第三种分配的结合。由于官僚拥有经济特权，他能以比庶民快得多的速度积累财富。另外，俸禄是年年有、月月有的。而且中国古代社会，有官僚逐渐向上流动的规律，所以官一般都越做越大，那么俸

---

① 参见吕思勉《读史札记》，上海古籍出版社，1982，第831页。
② 《汉书·贡禹传》。

禄也就越来越高。源源不断、越来越多的俸禄再加上经营农业的收入，使得他们不断购进土地，扩大生产规模。当然，古代各朝各代的官俸及其他正当收入多寡不一，清官的廉洁程度也难以衡量精确。所以，这里所描述的只是一个一般的模式。可以说，不贪不贿不勒索民财的清官，大概如此从事经济活动。然而，中国古代真正廉洁的官僚为数极少，绝大多数都不同程度地参与前面说的第二种社会财产分配。所以，这个模式适用范围极小。

一个贪官的经济活动，是将前面论述的三种社会财产分配结合起来进行的。这三者一结合，相互依存、相互推动，就产生了另一个很复杂的模式，并且性质也发生了变化，不单纯是经济活动了，而是经济活动和政治活动的复合体。

当一个官员同时参加三种社会财产分配时，也就是说，他既领取俸禄，又收取地租，还贪污受贿，勒索黎民，那么就能收入更多的钱财。这些钱除去扩大经营规模以图增殖之外，还有一件最重要的事情，那就是行贿，通过行贿谋取更高的或更有利可图的官位。在新的官位上，可得到更多的俸禄，更重要的是得到了更大的权力。这样，他就能有更多的贪污机会，就能收受更多的贿赂，也能更有恃无恐地勒索掠夺百姓的钱财。这一个过程完成之后，他仍然要广置产业，仍然要去行贿以获得新的更高的官位。就这样，周而复始，一个过程紧接着一个过程。当然，这也只是一个一般的模式，或者说是一个典型的贪官的行为模式。虽然并不是所有官员都腐败，但我们认为，大多数官员都在遵循着这一行为模式，只不过程度有别，而且在实际运行中，并不像这个模式所描述的那样刻板和条理分明。因为古代官场的实际状况远比我们所能想象的要复杂得多，官僚的行为也很难根据法律条文规定的标准加以严格区分。

在这里我们可以看到，官僚的权力和特权是最重要的，是核心。一个家境贫寒的庶民，一旦当上官有了这两样东西，即可暴富。这就像滚雪球一样以权力和特权作为核心，一滚，上面就沾满了钱财。没有核心就滚不成雪球。贿赂是整个活动的主线，是两个过程的联结点和下一个过程的基石。贿赂的目的是得到更多的钱，但直接目的却是得到权。所以这样的滚雪球运动，滚大的不仅仅是钱，同时还有权。在这个越滚越大的雪球里，一层是权一层是钱，没有权是滚不大的。然而也可以说，在这个雪球里，什么是权和什么是钱根本无法分清。只要一滚起来，二者就开始相互转化。我们称之为"滚雪球效应"。这不仅是中国古代官僚特有的经济活动，也是他们特有的政治活动。

原刊《北京社会科学》1992 年第 2 期。

全面认识中国古代社会的政治权力经济

　　2010 年 5 月 2~3 日，《文史哲》杂志举办"秦至清末：中国社会形态问题"高端学术论坛。据报道，20 多位与会学者对秦至清末的社会基本达成了如下重要共识：自秦商鞅变法之后，国家权力就成为中国古代的决定性因素。根据这一事实，学者们提出了用多个名称来取代"封建社会"的主张——诸如"皇权社会"、"帝制时代"、"帝制农民社会"、"郡县制时代"、"选举社会"、"专制社会"等。该报道总结道："《文史哲》杂志所举办的此次高端论坛，不仅宣告了学术史上的一个旧阶段的正式结束，而且将成为这一重大学术问题'由破到立'的转折点。"[①]

　　笔者以为，这次会议确实"将成为这一重大学术问题'由破到立'的转折点"。近年来，学界对于中国古代的"封建"问题展开了持续和热烈的讨论，主要的工作大体上有两方面：一是辨析"封建"概念，以"循名责实"来认识中国古代社会的性质；二是追寻"封建"问题的马克思理论来源，以确认"封建论"是否符合马克思主义的"原意"。通过研究，大多数学者已经对"秦至清末的中国社会不是封建社会"达成共识，"破"的工作大体上已完成。《文史哲》杂志举办的此次论坛则表明，目前的研究已经开始面对"中国古代社会究竟是什么社会"的问题，也就是由"破"到"立"。"国家权力决定中国古代社会的性质"这一认识，突破了以往的单纯经济决定论，的确抓住了中国古代社会的基本特征。这一方法论和认识论的进步不仅对于解决"封建"问题，而且对于整个中国历史的研究都具有重要意义。

---

　　① 《文史哲》2010 年第 4 期。

这一转变实际上牵涉到如何理解和运用马克思主义理论这一根本问题，因而应该从马克思主义最初传入中国时谈起。众所公认的是，李大钊最早全面向中国人介绍马克思主义。李大钊说，马克思主义之所以产生在 18 世纪，是因为那时"宗教政治的势力全然扫地，经济势力异军苍头特起支配当时的社会了。有了这种环境，才造成了马氏的唯物史观。有了这种经济现象，才反映以成马氏的学说主义。而马氏自己却忘了此点。平心而论马氏的学说，实在是一个时代的产物；在马氏时代，实在是一个最大的发现。我们现在固然不可拿这一个时代一种环境造成的学说，去解释一切历史，或者就那样整个拿来，应用于我们生存的社会，也却不可抹煞他那时代的价值，和那特别的发现。""我们批评或采用一个人的学说，不要忘了他的时代环境和我们的时代环境就是了。"①

李大钊对马克思主义的客观分析，意在说明，对于唯物史观的经济决定论，需要考虑它产生的时代背景，在运用时还要注意它是否符合中国的时代环境。遗憾的是，后来的马克思主义史学家们多忽视了这一点，因而也容易造成研究中的某些失误。

当然，逐渐也有少数学者发现中国历史的特殊性。例如在 20 世纪 40 年代，马克思主义学者王亚南提出"官僚制社会"理论，认为：皇帝官僚统治中国社会，并决定社会的性质；社会主要矛盾不是所谓的"地主与农民"的矛盾，而是"官民对立"；官僚获取财富的方式主要是政治手段，所以王亚南大力抨击官僚的贪污和腐败，指出"一部二十四史，实是一部贪污史"；中国官僚制的特殊性在于"整个政治权力，结局也即是整个经济权力"。② 著名中国经济史学者王毓铨亦指出："在中国家长制专制封建社会中起决定作用的是政治权力，不是经济权力。""这种政治权力经济在中国历史上表现得最为突出，最为典型。"③ 刘泽华等人撰写的

---

① 李大钊:《我的马克思主义观》,《李大钊全集》第 3 卷, 河北教育出版社, 1999, 第 36 页。
② 王亚南:《中国官僚政治研究》, 中国社会科学出版社, 1981, 第 116、122 页。
③ 王毓铨:《中国古代经济史研究议》,《王毓铨史论集》下册, 中华书局, 2005, 第 704、707 页。

《专制权力与中国社会》① 以及刘泽华的《中国的王权主义》② 都指出专制王权支配社会。

近年又有台湾学者侯家驹撰写《中国经济史》③，全面阐述中国权力经济的发展脉络。他以西方经济史为参照系进行比较，发掘出中国经济发展的特点就是政治经济，亦即权力经济。侯家驹认为，以往大陆一些经济史学者所遵循的理论，是将经济制度视为基础，政治制度视为上层建筑；基础的变化势必引起上层建筑的改变。他认为这种理论是从西方历史经验中总结出来的，只适用于解释西方的历史。西欧诸国多为小国，这些小国对外面临着国与国的竞争，内部则常有经济力量与政治力量相抗衡，工商人士较易发挥其影响力，所以经济制度的变动势必导致政治制度的变化。而像中国这样的大国因幅员广袤与人口众多，执政者有君临天下之势，工商人士莫能与之抗衡，结果造成"政治制度左右经济制度，政治力量凌驾于经济活力之上"，这种格局极大地影响着中国经济的发展。令人可喜的是，这种观点已为越来越多的学者所认可，成为认识中国古代历史的重要方法。

不过，说这次会议"宣告了学术史上的一个旧阶段的正式结束，"似乎为时过早。过去曾有这样一句名言："不破不立，破字当头，立也就在其中了。"实际上，"立"比"破"更重要。没有立，就难以达到真正的破。从此次会议的发言来看，"破"的工作做得还不够彻底，不少学者仍未摆脱"经济基础—上层建筑"二元对立的思维模式，把政治与经济截然分开。在具体表述上，强调国家权力支配社会，但同时又沿用传统理论中的基本概念"地主"和"农民"（五方式论的"封建社会"理论最基本的就是"地主剥削农民"论）；也可以说，是在抽象的"国家权力支配社会"理论前提下，继续用传统的经济决定论话语描述古代社会。人们仍普遍将"专制"看作"政体"，只是"基础"有所不同。有人将"土地国有制"当作"国家体制式社会形态"的基础，有人将农民经济或

---

① 吉林文史出版社，1988。

② 上海人民出版社，2000。

③ 上、下册，新星出版社，2008。

地主经济看作皇帝专制统治的基础，抑或是直接把地主经济看成是社会的基础或重要制度（见会议综述），这些表述都没能充分反映出权力支配社会以及权力经济的特征。

要想说明国家权力支配社会，就得使用与传统理论不同的话语体系，真正从中国历史出发认识社会。这样我们可以看到，在中国的中古社会，并没有"地主制"理论所认定的那样一个抽象的"地主阶级"。只有两种具体的和性质不同的地主，一种是皇室贵族及官僚地主，或称身份性地主；另一种是庶民地主（在古代属于"编户齐民"），即非身份性地主。与庶民地主不同，也与欧洲领主不同的是，身份性地主主要用政治权力取得财富，所以他们对政治权力的追求超过了对地产的经营。庶民地主只有一种收入，即地产收入，而皇族地主和官僚地主则有两种收入：强权收入和地产收入。他们的强权收入始终占据着重要的和决定性的地位。首先是官俸，官俸是国家用强权征收赋税后在官僚集团中的再分配；其次是官僚贪污、受贿所得。身份性地主的强权收入又直接决定了他们的地产收入（也可称为"经营性收入"）。因为土地或是用官俸购买的，或是国家分配、皇帝赏赐的，或是个人依靠强权掠夺而来的。中国官僚的强权掠夺是无条件的、任意的和无限的，具有专断性。更为重要的是，这种强权收入是靠庞大的国家机器——军队、监狱及严刑、酷法掠夺而来，是血腥统治的结果，而不是靠土地所有权取得的。因而传统理论的"经济剥削"这一概念也不再适用，而应代之以"掠夺"。还需要指出的是，身份性地主和非身份性地主是两个不同的等级。前者享有种种特权，而后者不仅没有特权，还是身份性地主掠夺和奴役的对象。正因为如此，历代"农民起义"不乏非身份性地主的积极参与。

对于"农民"这一概念，也应从新角度出发进行具体分析。以往学界多是抽象地谈论"农民"，把国家对编户民征收徭役和赋税说成是"地主剥削农民"。20世纪80年代后，随着研究的深入，一些学者开始区分"自耕农"和"佃农"，认识到"自耕农"并不与地主构成生产关系，而是与国家发生关系。佃农、雇农以及各种类型的私家农业生产者才与地主形成被剥削的生产关系。不过，有不少学者认为，占当时中国人口大多数的"自耕农"有比西欧农奴更优越的生产条件。西欧农奴人身不自由，而中国的自耕农有一定的独立性，有自己的土地，能够自主经营，人身依附关系较轻，因而比西欧中世纪的农奴有较高的生产积极性，能够创造出更多的财富。侯建新认为这是一种误解。他说，严格地讲，直至近代以前，中国没有自耕农。自秦朝以来两千余年的古代社会中，中国只有"编户齐民"和各种形式的佃农。所谓中国的自耕农就是国家登籍造册并征租缴赋的农民。他们对所耕土地只有有限的所有权，而国家拥有对土地的最高所有权和支配权。"与西欧农奴相比，中国农民更缺乏个体权利，哪怕是最基本的权利，因此面临着更苛刻的压迫和剥削。难怪中国农业劳动者难以积累起个人财富，也一直没有出现像英国约曼那样的富裕农民阶层，成为近代农业的发起人。"[①] 中国所谓"自耕农"其实应该叫作"编户农"，与"编户地主"同属一个等级，即"编户齐民"。他们之所以缺乏个体权利，完全是因为其人身和财产都受到国家强权的严酷控制和支配。西方的封建领主与农奴的关系是个人之间的关系，而非国家对个人的关系，领主缺乏过分剥削农奴的强权和暴力，只能有限制地剥削农民（相比较中国而言）。领主对农奴不仅剥削，还要进行保护，由此形成互惠关系。关键是，西欧农奴的不自由和种种义务是法律明确规定的，一般不能随意增加，并且可以通过种种合法的或非法的手段得以改变。此外，农奴还有法律规定的一些权利，例如具有在法庭诉讼、参与审判案件的权利。其中重要的一点就是"受法律保护的权利"。[②]而中国农民并没有法律规定的权利，其对国家的义务也没有明确规定，所以"自耕农"表面上看起来"独立"、"自由"，实际上却随时都可能遭到国家和身份性地主的人身奴役和财产掠夺，甚至沦落到家破人亡的地步。

由此看来，传统理论中的"地主"、"剥削"以及"农民"这三个关键词都不适合于对中国古代社会性质的概括。中国古代并非没有地主和

---

① 侯建新：《社会转型时期的西欧与中国》，高等教育出版社，2005，第142页。
② 〔美〕哈罗德·J. 伯尔曼：《法律与革命》，贺卫方等译，中国大百科全书出版社，1993，第393页。

农民，只是对这两个概念的认识，不能脱离权力经济体系。"国家权力决定社会"最主要体现在皇帝—官僚集团对编户齐民（包括编户地主和编户农民）的掠夺和奴役，这种国家对社会的关系形成古代社会最主要的经济关系。地主剥削农民（佃农等）的个人经济关系不仅不对社会起决定性作用，还会处处受到前者的影响。例如贵族、官僚对其佃农的剥削，往往要比庶民地主对佃农的剥削更残酷，贵族、官僚对土地和劳动力的占有也比庶民地主更强势。

在"立"的方面，也还有许多工作要做。比如"国家权力"具体是什么？它如何支配和决定社会？支配的结果又是怎样的？这些都要做全面的实证考察。目前学者对"国家权力"有不同的认识，有的注重皇帝专制制度，有的侧重官僚制度，强调"官民对立"，还有人认为这些看法"过于政治化"，尽量避免从政治角度看中国社会。这些看法似乎有些抽象。在这里引用刘泽华的论述或许可以使问题较为明确，他说："中国从有文字记载开始，即有一个最显赫的利益集团，这就是以王—贵族为中心的利益集团，以后则发展为帝王—贵族、官僚集团。正是这个集团控制着社会。""这种靠武力为基础形成的王权统治的社会，就总体而言，不是经济力量决定着权力分配，而是权力决定着社会经济分配，社会经济关系的主体——皇室、贵族与官僚地主是权力垄断与分配的产物。""在日常的社会运转中，王权起着枢纽作用，主要表现在人身支配、赋税、徭役、兵役、某些经济垄断等方面。"①

中国古代社会中，政治和经济并非截然分开。政治权力决定了经济之后，就形成了合二者为一体的"政治—经济"制度，以及合二者为一体的社会关系。社会关系的主体——皇帝贵族官僚集团在政治上是社会的统治者，也是社会经济的管理者和掠夺者。"国家权力支配社会"实际上是皇帝官僚集团运用国家权力来统治和奴役社会成员，以满足他们的种种物质需要。

全面认识中国古代社会，还需要与西方做比较。以往学界对中西比

---

① 刘泽华：《中国政治思想史集》第1卷，人民出版社，2007，第2页。

较做了大量工作，但是还缺乏全面的比较。"封建"问题本是由西方产生的，从西方看中国，则更能发现中国社会的特征。中国之所以是"国家权力支配社会"，是因为中国古代是由国家统治的社会，也可称为"国家社会"。社会的统治机构是官僚制和常备军所辅助的君主专制制度。以往中国人总把封建与专制连在一起，实际上两者是不兼容的。刘北城、龚晓庄说："封建主义的概念最初是对中世纪西欧军事分封制和等级所有制的概括。马克思、恩格斯只承认这种本来意义上的封建主义。因此，凡是典型的、纯粹的封建主义，必然是等级的所有制，其统治权是分裂和分散的，那就不可能有专制主义。东方社会没有封建主义，只有东方专制主义。"①

中国古代皇朝在政治上实行专制统治，在经济上实行"家天下"制度。专制统治决定和保证了"家天下"制的实施。皇帝不仅个人大肆挥霍国库的银两，还用国家财政供养庞大的家族和众多家奴，包括后妃、宫女、宗室、外戚、宦官等等，总数多达几十万人。帝王的后妃、子弟，甚至部分宦官被纳入国家的官僚系统，按官品等级领取俸禄。作为皇帝家臣的官僚也凭借国家权力取得大量的财富。

西欧在近代才形成民族国家，在此之前的中世纪是由各种自治共同体组成松散的社会，所以不存在中国那种"国家权力支配社会"的现象。各共同体包括教会、贵族等级、城市、商人集团、大学，都有自己的管理机构、法律或法规，不仅封建贵族，有些城市和商人集团甚至有自己的合法武装。美国法律史专家伯尔曼把这些共同体称为"准国家"。由于多元权力互相制约，西欧中世纪没有"专制主义"，始终是"有限王权"；即使是中世纪后期的"绝对主义"（以往被说成是"专制主义"），也属于有限王权。正如安德森所说的："没有一个绝对主义国家能像同时代的亚洲暴君那样，可以随意剥夺贵族或资产阶级的自由或地产。他们也从未真正实现过完全的行政集权化或司法

---

① 〔英〕佩里·安德森：《绝对主义国家的系谱》，刘北城、龚晓庄译，上海人民出版社，2001，"中译者序言"，第 2 页。

一体化。"①

董仲瑜等人的解释更为具体:"绝对主义盛行于王权国家兴起时的欧洲。绝对主义王权实为国王、教俗封建主和上层市民的联合执政。也就是说,权力是多元化的,但是其中王权暂时取得了优势。不过它仍在某种程度上要受教会、贵族和上层市民的权力的制约。专制主义则主要是指东方大帝国中盛行的专制制度,主要特点是权力一元化,高度集权于君主,没有任何其他的政治势力可与之抗衡。"②

西欧中世纪社会的封建制、封建法,乃至封建贵族都对王权有极大的约束。国王和其他贵族一样,依靠个人领地经济为生。因为封建制原则是国王要"靠自己过活"。不仅如此,他还要以个人收入支付王室官员的薪金。如果国王需要征收非封建性的收入,则必须取得纳税人的同意。国王因财力有限,不能随意征收物资供其享用,很长一段时期内都是像其他贵族一样,以"巡行就食"(即自己跑腿,到王室的各个庄园就地消费农产品)的方式解决基本生活问题。因为难以建立庞大的官僚系统,王室机构不过是低成本的小型私人政府。一些国王长期实行"马上办公"的方式,四处奔走去处理政务。西方的国王更不能像中国皇帝那样实行"家天下"制,只能以自己的领地收入供养王室成员(所幸王室成员并不像中国皇室贵族那样人数众多)。西方的宫廷并没有众多宫女,更无宦官。由于没有国家强力,西欧封建经济的特点一是属于私人的经营性经济,而非权力经济;二是公私分明,因为封建制的原则就是严格划分封建的个人经济与非封建的公共经济/国家经济的界限。中国则不仅不是公私分明,反而是假公济私,以公养私。可以说,中国恰恰是因为没有西欧那种封建经济和封建的原则,所以对社会的征收和使用就毫无限制。

中国国家权力统治社会的结果是皇帝—官僚集团对社会无限制的掠夺,导致对社会经济的严重破坏,由此形成循环往复的社会动乱,阻碍

① 〔英〕佩里·安德森:《绝对主义国家的系谱》,第40、41页。
② 〔美〕杰克逊·J. 斯皮瓦格尔:《西方文明简史》下册,董仲瑜等译,北京大学出版社,2010,第501页,注释2。

了社会进步。国家对城市、工商业的严密控制乃至对工商业的灾难性破坏更是后患无穷。西方的"有限王权"和各方面的权力制衡则限制了统治者对社会的征收,有利于经济发展和社会进步。城市和市民的相对独立也为现代化提供了重要条件。西方特有的"经济决定政治"的原则,更为新兴资产阶级战胜封建主义开辟了道路。由于在西方是"社会产生国家",国家产生之前的社会集团和成员有一定的自主性,共同推动社会进步;新兴国家的形成也能在许多方面综合社会成员的利益需要。在民族国家和人民的作用下,传统社会经过整合得以重建,形成新的现代化社会。"国家决定社会"和"社会产生国家"就是中西方的不同发展道路。

原刊《史学月刊》2011 年第 3 期。

中国古代制度研究

论中国古代故事现象的产生

我们在翻阅中国古代史籍时，发现了一个奇特的历史现象，即在皇帝、官僚的政治、行政、法律以及日常生活的各个方面，大至改朝换代，或决定政事、职官、礼仪等诸种事务，小至官员排座次，宴会上谁先举杯，常常要引用故事作为其行为的依据，而使之具有合法性。我们称这种现象为"故事现象"。所谓故事，是指曾经发生过的事情或曾经实行过的制度。故事一经后世人摹仿、实行，就成为一种合法的规范或制度，我们称之为"故事制度"。故事制度具有判例法和习惯法的特征和作用，并有补充和继承成文法的几项特殊功能。笔者在《论中国古代故事制度的不成文法特征和功能》一文中，对此有详细论述。正因为故事制度具有法的作用与功能，故事现象才大量产生。其数量之多，范围之广泛，内容之丰富，涉及的年代之久远，实在令人惊叹不已。本文将在确立故事制度的法律作用的基础上，从个案研究中，归纳出故事现象产生的范围和种种具体情况，以及更深层的政治、文化背景。

一　产生故事现象的具体情况

中国古代的故事现象虽然数量多，范围广，但并不是皇帝官僚们在任何情况下都需要引用故事来支持自己的行为。故事现象产生于以下几种具体情况中。

首先，故事制度由于具有习惯法和判例法的特征，可以起到补充成文法的作用，所以当人们的某些行动明显地缺乏成文法或法定制度的规定，同时由于政治反对势力或文化的制约及制度操作的需要，而必须提供相应的依据时，他们往往就寻找故事作为合法依据。我们常常可以看到人们在策划某项行动时提问："有故事乎？"就是寻找故事作为依据的过程之开始。例如，有些皇帝要废皇后，而成文法和经典又没能为此种行动提供现成的依据，皇帝便不得不寻找故事。明宣宗欲废胡皇后，便向大臣询问："废后有故事否？"① 清世祖在废后之前，即"命大学士冯铨等上前代废后故事"。② 事实证明，有些明显地不合成文法的行为，如果没有故事依据，即使贵为天子或强如权臣者，也难以断然从事。例如，宋仁宗久欲废掉早已失宠的郭皇后，却一直犹豫不决，甚至在郭后误伤他脖颈，引起他极大愤怒时，宰相吕夷简乘机提出废后的建议，帝"犹疑之。夷简曰：'光武，汉之明主也，郭后止以怨怼坐废，况伤陛下颈乎？'帝意遂决"。③ 吕夷简不仅以此故事说服了犹豫不决的仁宗，而且后来又以"废后有汉唐故事"为理由，阻止台谏官的强烈反对。

既然支持某项行动需要找故事依据，那么反对某项行动时，也可以"无故事"为理由作为其反对的合理依据。在前一种情况下问"有故事乎"是询问、查找之意，在后一种情况下则是质问、反问之意。如果被反对者无法出示其行为的故事依据，其行动则往往会难以完成。例如明隆庆元年吏部对京官考察结束后，科道官胡应嘉试图申救某位在京察中被罢免的官员。吏部侍郎吴岳到内阁大声质问："科臣敢留京察罢黜官，有故事乎？"胡应嘉因其行为没有故事作为依据而受到处罚。④ 实际上，吴岳是明知其提不出故事依据才如此理直气壮地提出质问，并达到了反对胡应嘉不合法行为的目的。而当被反对者能够找到故事依据时，结果就会恰恰相反：被反对者的行为能够继续进行，反对者则不得不放弃其反对的企图。例如东汉末期，宦官专权，无恶不作，太尉杨秉上疏劾奏桓帝的亲信宦官侯览，桓帝质问杨秉："公府外职，而奏劾近官，经典汉制有故事乎？"杨秉引用了春秋赵鞅逐君侧之恶和汉文帝时宰相申屠嘉召

① 谷应泰：《明史纪事本末·仁宣致治》，中华书局，1977。
② 《清史稿·后妃传》，中华书局，1977。
③ 《宋史·吕夷简传》。
④ 《明史·吴岳传》。

问邓通的故事先例，支持自己的行为，桓帝无可奈何地放弃了原有的反对企图："帝不得已，竟免览官。"① 东汉末年官僚士大夫劾治宦官集团的案例数不胜数，被惩治者达数百人之多。仅杨秉和司空周景就劾奏牧守以下宦官党羽 50 余人，被劾者或死或免。杨秉劾奏侯览之弟侯参任益州刺史时暴虐无道，侯参畏惧自杀。又有司隶校尉李膺，诛杀了许多宦官及其亲信，令宦官畏惧得一时不敢出宫门。还有一些地方官，如太守杜密、刺史朱穆等人也在其任内大量诛杀宦官子弟。面对这么多反对宦官的政治行动，作为宦官的支持者、包庇者的皇帝都无能为力，听任其发展，而唯独对杨秉劾奏侯览提出质问，原因就是官僚的大部分行动都是按照现行法律行使职权（司隶校尉在汉代专门纠举不法行为，而其他官僚对其下属违法行为的惩治也是完全合法的），只有杨秉劾奏侯览明显地缺乏成文法依据。如果杨秉不能及时找出故事为依据，则这一行为必定会失败。

其次，有时虽有成文法和经典规定，但皇帝和官僚出于自身政治需要，必须对成文法和经典有所变通或回避时，同样需要引用故事。如明代关于大臣为父母奔丧守制三年的丧礼制度，既有几朝皇帝的明令规定，还有儒家经典的丧礼规定，却也有变通这些规定的故事先例。虽然皇帝明禁大臣夺情起复，并著为令，但每当有些大臣贪图权位，不愿回家居丧时，就常常引用夺情的故事。成化二年大学士李贤依前朝杨溥的夺情故事被起复，罗伦上疏反对未获成功。万历五年大学士张居正父死，其亲信官员又引杨溥、李贤故事请皇帝留张居正在京师夺情，主持政务，皇帝因夺情"有往例"而敕准。② 张居正不归庐守丧引起大批朝臣强烈反对，然而反对派并非全是反对引用故事。他们依对故事的用法而分成两派：一派以吴中行、赵用贤为首，反对张居正不回家奔丧，但并不完全反对夺情。"即云起复有故事，亦未有一日不出国门，而遽起视事者。"③

① 《后汉书·杨秉传》。
② 《明神宗实录》卷 67，台北：中研院历史语言研究所，1962 年影印本。
③ 《明史·吴中行传》。

主张"莫如先朝杨溥、李贤故事，听其暂还守制"，① 待张居正为其父下葬后，再回朝主持政务。另一派以艾穆、沈思孝为首，坚决反对张夺情，"请令终制"。其理由是坚守儒家纲常礼教，建议以此来限制故事的应用程度，认为故事作为先例，只能偶尔用之，而先王之制则万世不能改变，不宜"弃先王之制，而从近代之例"。② 可见无论是夺情的反对派还是支持者，都不同程度地承认故事具有变通成文法的功能，只不过在这起具体事件上，支持派主张无条件地照故事办事，反对派吴中行等主张有条件地依故事行事，而艾穆等人则认为张居正之事不宜用先例（不是绝对禁止故事的应用）。

再次，不仅没有成文法律依据，而且与现行成文法直接冲突的政治行动，则更需要寻找故事。中国古代皇帝具有法定的至高无上的地位，任何有损于皇帝地位和尊严的行为都应受到法律的制裁，而谋夺皇帝的权力更是谋反和大逆不道的首恶罪行。然而，在中国古代，权臣或女主废立皇帝、改朝换代的事件屡有出现，其中一个重要原因就是借助了故事。例如汉昭帝死后无嗣，霍光与群臣商议迎立汉武帝之孙昌邑王贺为帝，不料刘贺继位后行为淫乱，不守汉家礼度，霍光忧虑地找田延年商量对策。田延年说：您认为此人不可，何不建议太后把他废了，更立贤者呢？霍光说：我是有此打算，然废立之事"于古尝有此否？"颜师古注说"光不涉学，故有此问也"。正因为霍光不知有故事，才难以决定废昏立贤之举。田延年引故事出谋划策说："伊尹相殷，废太甲以安宗庙，后世称其忠。将军若能行此，亦汉之伊尹也。"霍光这才与田延年等人具体部署废立皇帝之事。③ 霍光废立皇帝引的是商代故事，但伊尹废的太甲毕竟是王而不是皇帝，况且伊尹只是放逐太甲，三年后又将其迎立回朝。而霍光废的是皇帝，皇帝的法定权力、地位，都非先秦时王所能比。因先秦时的王权基本靠神权、族权和习惯法来维系和强化，而不像秦汉以后主要以成文法来加强和维护。所以，霍光行为的性质与伊尹的并不相

---

① 《明史·赵用贤传》。
② 《明史·艾穆传》。
③ 《汉书·霍光传》。

同，可以说是直接与现行成文法相冲突，而且他是永远剥夺了皇帝的权力，性质更严重。霍光的行为因此为后代废立皇帝的合法化开创了先例。不仅汉代董卓、晋代桓温、南陈陈顼等权臣废立皇帝都引用霍光故事，表明霍光故事成为具有判例法特征的故事制度，而且这些行为经多次重复实践，在人们头脑中形成了习惯法的意识。到魏晋南北朝时，废立皇帝的事件不断发生，人们便视其为理所当然。清人赵翼总结说：沈约在萧齐朝修《宋书》，所以对宋、齐之际的政治事件不得不有所忌讳，但当他"历叙帝无道之处，以见其必当废杀"时，毫不忌讳。原因是"废昏立明，本有故事，晋、宋去汉未远，霍光废昌邑之例，在人耳目间。故少帝义符以失德为徐羡之等所弑，时论亦但以废杀为过，未尝以废立为非也。前废帝子业无道，明帝结阮佃夫等弑之，时论亦未尝以明帝为非也"。又有苍梧王刘昱无道，朝中多人先后谋废立。后来取得成功的齐高帝说："黜昏树明，实惟前则。"沈昭略试图废东昏侯遭到失败时，痛骂使计划失败的徐孝嗣说：废昏立明是古今令典，因你无才使废立之事失败，我死后要去和龙逢、比干相对，而你死后若遇见霍光问起今日之事，你又将如何回答呢？赵翼说："可见当时人意中各有霍、伊故事，以为理之当然。"①

在中国古代，当权臣或皇室成员废皇帝而由自己取而代之时，废立行动常常以"禅让"形式出现，这种行动引用的是禅让故事。王莽代西汉，曹魏代东汉都引用远古时期尧舜禅让故事作为依据，后来许多朝代又都仿照他们行事。赵翼总结道：自此例一开，而晋、宋、齐、梁、北齐、后周以及陈、隋皆效之。此外尚有司马伦、桓玄之徒，亦援以为例。甚至唐高祖本以征诛起，而亦假代王之禅，朱温更以盗贼起，而亦假哀帝之禅。自曹魏创此一局，而奉为成式者，且十数代，历七八百年。② 可见，伊尹、霍光故事和尧、舜、曹魏故事给中国古代历次最严重的改立篡弑等政治行动披上了合法的外衣。

最后，在中国古代，儒家经典为人们的行为制定了一定的准则，并且具有与成文法地位相同的作用。然而儒家经典只是提供了一般性的原

① 赵翼：《廿二史札记》卷9。
② 赵翼：《廿二史札记》卷7。

则，后人在具体执行中会遇到许多特殊的甚至相互矛盾的情况，由于理解和出发点不一致，对经典的解释也会出现分歧，所以当古人需要照经典决定政事或议礼时，往往要参照故事行事。例如皇帝无嗣后继时，常常要将外藩王子接入京师，入继大统。而外藩入继者在正式登皇位后又往往要尊其生父为皇或帝以及母妃为太后。按照春秋之义，母以子贵，而且儒家以孝为本，帝王尊其父母是情理所必然，与儒家大义并无矛盾。但儒家的礼经又规定：为人后者为之子。在服丧时要给嫡父母服斩衰三年，却必须降低对本生父母的丧服等级、缩短丧期。儒家经典的抽象原则与具体规定之矛盾，使得历代在皇帝追尊本生的问题上都出现了大大小小的引用故事来辩论经典之争。汉代外藩入继大统，始自汉哀帝。哀帝原为定陶共王之子，因成帝无嗣，被立为皇太子，哀帝继位后，称成帝母为太皇太后，成帝皇后为皇太后，而对自己的亲祖母和母亲只以定陶为称。有董宏上书引故事说：秦庄襄王过继给华阳夫人为子，待其继王位后，对嫡母华阳夫人和生母夏氏都尊称为太后，所以应立定陶共王后为皇太后。师丹等大臣引经据典地劾奏董宏为大逆不道，遂将其贬为庶人。然而因哀帝祖母傅太后的强力干预，终于追尊定陶共王为共皇，傅太后为共皇太后。师丹不得不退一步接受此事实，但仍坚持要哀帝奉先帝为大宗，不得奉定陶共皇为大宗。[①] 由于儒家经典自身的矛盾，汉哀帝得以尊其生父为共皇，并从此在两汉形成故事制度。东汉安帝、桓帝、灵帝入继时，也都照此先例追尊本生父为皇，宋代英宗从旁支入继后，令朝官议定尊其生父濮王的典礼，"令有司博求典故，务在合经"，从而引起长达两年之久的濮议之争。最后皇太后下诏中书门下，决定尊濮王礼，仍是依照故事，"封濮安懿王如前代故事……"。[②] 明世宗从旁支入继后追尊本生引起的大礼议争论更为激烈，其客观原因是明代情况更为特殊。杨廷和等人反对明世宗追尊本生父母，坚持的仍是师丹所提倡的"为人后者为之子"的经义，但反对杨廷和的张璁等人却又引经典中相反的条文说，《礼》中规定长子不得为人后，兴献王只生了皇上一人，怎么

---

① 《汉书·师丹传》。
② 《宋史·英宗本纪》。

能给别人为后呢？况且汉哀帝、宋英宗都是在先帝在世时即预立为嗣，立为皇太子，是明为人后者，而明世宗则是在武宗死后由外藩入继大统，非为人后，即不是来继宗的。张璁认为杨廷和及礼官等强附末世故事。同时他又举了许多帝王事亲生父母孝的故事，"帝王事父孝，故事天明；事母孝，故事地察"。① 明世宗起初在杨廷和等朝官引故事和经典的强烈反对下，无法继续其尊礼行动，而一旦张璁等人为他提供了更适于他的经典和故事后，就转守为攻，因为他有了合法依据。

综上所述，可对中国古代故事现象的产生情况有如下认识：（1）一些明显缺乏成文法和经典依据的行为要引用故事作依据；（2）需要对成文法和经典变通的行为要引用故事；（3）直接违反成文法律的更需引用故事；（4）对儒家经典进行应用和解释时也要参照故事。

二　故事现象产生的条件

故事现象的产生并不是无条件的，也就是说，皇帝、官僚们并不是做任何事情都需要引用故事，也不是只要具备上述某一种情况就必定会产生故事现象。史实表明，皇帝、官僚们经常无视法律，规避法律，甚至践踏法律，他们的许多行为既不符合成文法和经典，也不需要引用故事。这里我们发现了故事现象的两个特点，即公开性和制度性。只有在行为需要公开时，以及需要纳入制度的轨道时，才具备产生故事现象的条件。

（一）公开性

在奏章、诏书以及有关朝官集议、辩论的记载中，常可看到引用故事的现象。我们说明显缺乏成文法依据和直接违背成文法的行为需要引用故事，就是由于这些行为具有公开性和不可规避性。毋庸置言，暗中进行的行动不需要有借口和依据，历代都有不少废立皇帝的非法行为均

---

① 谷应泰：《明史纪事本末·大礼议》。

未引用故事。而有些密谋行为如果需公开其结果并使之合法化，就需引用故事。例如有时权臣是在事先谋杀了皇帝后，才引故事公开进行禅代或废立。有时官僚暗中结党营私也不引用故事。公开性的行为比官僚暗中进行的行为更易于受法律制约，更需要堂而皇之的理由，如果没有成文法依据，自然要千方百计寻找故事。当然，公开的违法行为有很多，但有些是假借法定制度和权力完成的，所以其违法性并不那么明显。例如张居正在"夺情"风波中假借皇权，用廷杖的残酷手段镇压反对派官员，在风波之后，又借京察的机会罢黜其他反对派官员。因为这些行为都有貌似合法的借口，自然不必引用故事。

（二）制度性

历史上有许多公开的违法行为是完全凭借个人实力完成的，如军阀用武力割据，称霸一方，官僚和诸侯王凭借特权横行于王国乡里，等等。虽然这些行为有的在事后可能受到法律制裁，但基本上都不必事先引用故事，因为这些行为大多是个人行为而非制度化行为。而需要引用故事的行为基本上都是进入国家机构运转的行为。例如，皇帝要废立皇后，单凭一纸诏书是不能完成的，需要整个官僚机构的运转来实现，不仅要靠官僚提供故事依据，还要靠他们按照故事中的具体做法具体执行。其中，中书、执行部门有议决权和最高执行权，礼部按故事先例提供具体处置废后的待遇并执行，台谏官等监督执行。如果没有任何理由就废后，中书门下部门可以封驳诏书，台谏官可能没完没了地谏阻，而礼部官员自然无法具体执行对废后的处置措施。制度化的行为不仅要有合法依据，更重要的是要在制度上将其完成。废立皇后、皇帝都是如此，第一步是找故事作合法依据，第二步是将行为在制度上完成，即参照故事具体处置被废者。明宣宗虽然在废后借口方面并没有完全用宋仁宗故事，但在具体制度上基本依照其故事，甚至将宋仁宗给废后赐号仙妃的具体细节也照搬不误。[①] 桓温在预谋废立时，早已知道霍光故事，而且向手下人表

---

① 《宋史·后妃传》、《明史·后妃传》。

示要照办。可实际上他在未了解霍光故事具体制度细节的情况下就仓促行事，几乎到了难以继续下去的尴尬境地。"温集百官于朝堂，废立既旷代所无，莫有识其典故者，百官震栗，温亦色动，不知所为。尚书左仆射王彪之知事不可止，乃谓温曰：'公阿衡皇家，当倚傍先代。'乃命取《汉书·霍光传》，礼度仪制，定于须臾。"① 这些礼度仪制包括废帝时颁布什么文件，废帝的理由，文件的规格，文件由谁来宣布，文武官员在具体操作过程中行何种礼仪，皇帝被废后享受什么待遇，安置在哪儿，等等。难怪在找到具体故事制度之前，"百官震栗"，桓温也惶恐"不知所为"，而一旦找到具体制度后，废立行动才顺利地完成，包括废帝如何安置，也完全按霍光故事。"桓温奏：（废帝）东海王宜依昌邑故事，筑第吴郡。"②

历史上改朝换代的事件也是如此。由外部完全凭武力改朝换代的行为一般都不必引故事，而从皇朝内部以和平方式改朝换代则需在国家制度上逐步完成。即使像曹操、刘裕这类主要凭武力掌握最高政权的军阀，在废立皇帝的最终行动上，也只能以武力为后盾，而以故事为其公开废立皇帝的依据。

三 故事现象产生的背景

（一）一般故事现象及其一般背景

一般故事现象产生于常态政治状况下，其表现方式较为简单、平常，往往延续时间较短。人们在引用故事解决了对他们最为迫切的问题之后，这一故事现象就结束了，其结果既不会对引用故事者的人身和地位造成多大损害，也不会给他们带来至关重要的利益。原因是在这类故事现象中较少有政治利益的冲突，引用故事不是凭借政治权势或武力等实力，因而故事能够正常地发挥其不成文法效力。史书中最常见的、历史上数

---

① 《资治通鉴·晋纪》。
② 《资治通鉴·晋纪》。

量最多的就是这类普通的、细小的故事现象。然而很可能还有更多更细微的一般性故事现象不见载于史书,在完成其表现之后就自然消失了,没有给历史留下什么痕迹。

一般故事现象的一般背景即法律的、制度的背景。根据前面的分析:古代皇帝、官僚所进行的公开性以及制度性的行为,如果同时又符合了上述四种情况中的某一种,一般就要引用故事。因为公开性的行为比暗中进行的行为更易于受法律的监督和制约,制度性行为比单纯个人行为更易于受制度操作的制约。所以,中国古代社会—政治结构对人们行为的法律制约和制度制约就成为产生故事现象的最一般背景。

故事现象的一般背景是所有故事现象共有的,只不过在不同的故事现象中它们的程度和表现方式有所不同。一般故事现象受法律和制度制约的程度较轻,它们大多是因缺乏成文法或经典规定须引用故事,或单纯是为了执行经典规定须参照故事。毋庸置疑,古人有许多极普通、细小的行为,因为其制度层次低,范围小,成文法一般不予涉及。此外,由于古代社会中等级森严,各种礼制上的规定极为细密,需要引用故事执行儒家经典的场合非常之多。例如为皇帝、后妃、官僚等议尊号,定谥,定礼仪、服饰、待遇,等等,常常要引用故事。这些行动在制度操作上一般没有如废立皇帝、禅代、皇帝尊本生父母之类特殊故事现象那样复杂。

故事现象除了有法律的和制度的一般背景外,还都有文化的背景。文化背景是中国传统文化对人们心理和行为的制约,是比法律、制度的制约更为深层的背景因素。正是因为中国古代皇帝、官僚对其前代、前朝从制度到人的行为准则具有强烈的文化认同感,才能赋予故事制度以不成文法的地位和效力。所以一些违背传统文化标准的行为会受到官僚士大夫的强烈反对,而被反对者为了使其行为合法化,就要寻找一些与文化目标冲突较少的故事作为行为的依据。例如皇帝废立皇后,虽然并不十分违背成文法,但是信奉儒家文化的官僚认为,皇后母仪天下,应以德行充其位,任其职,不能因为皇帝个人是否宠爱而随意废立。皇帝凭个人偏私废立皇后被视为与儒家道德标准直接冲突的行为,历史上每有这类事件发生，官僚常常要拼命加以谏阻，试图以儒家文化制约皇帝个人的需要及行为。所以皇帝要废后，不仅常常引前代君主废后故事，而且必须引贤明、有为君主的故事。"光武，汉之明主也……"，企图以此证明贤明君主都能废后，说明废后并不是专属于荒淫君主的行为，完全可以仿而效之。所以宋仁宗废皇后引用了汉光武故事，明宣宗时又引宋仁宗故事。可见故事现象是由于文化制约的存在使一些人试图突破文化制约，另一些人力图加强文化制约。而故事的引用和重演又相应地减少了皇帝与官僚在文化上的冲突。

（二）特殊故事现象及其特殊背景

为了阐述方便，本文的例证多属特殊性故事现象。因为特殊故事现象往往是完整的、重大的和因果关系明确的事件，易于为人们所认识。特殊故事现象虽然在整个故事现象中所占比例较少，但其表现方式独特，更能显示出故事现象的特征。尤其是在某些特定的政治行为中，故事现象历经无数朝代，一再地重演、重现，并引起一连串的连锁反应：前朝、前代的故事现象成为后朝、后代同类事件的先例，对后人的行为方式和后来事件的进程、结果都起着极为重要的影响。例如废立皇帝和禅代故事历经汉、魏晋南北朝直至隋唐而不衰。明代夺情，李贤引用杨溥故事，张居正引用李贤、杨溥故事；直至明末杨嗣昌等夺情仍是如此。皇帝尊本生父母方面，宋代引汉代故事，明代又引汉宋故事。特殊故事现象中故事的引用和重演比一般故事现象更具有特色，值得我们更加重视对它们的研究。

特殊故事现象所产生的背景更为全面：既有法律、制度背景，也有文化背景，而且它们受法律、制度、文化制约的程度更深。例如权臣废立皇帝，不仅没有成文法依据，而且极大地违背成文法。同时，这里包含的文化冲突也较一般故事现象激烈：谋逆篡弑要比废立皇后更违背传统文化目标，所以要使废立皇帝的行为合法化，就必须引用前代废昏立明的故事。特殊故事现象与一般故事现象之间更根本的区别，在于前者具有更特殊的政治背景。如废立皇帝、皇帝尊其本生父母、明代夺情等故事现象同时又是重大的政治事件。在这些事件中，引用故事者的目的是实现其个人或本集团的政治利益，引用故事的过程和结果充满了惊心动魄甚至你死我活的权力斗争和人事斗争，如张居正夺情是为了牢固地掌握最高政治权力，而替他引用故事倡议夺情者是借机讨好张居正以图升官，反对者则被廷杖、贬黜。大礼议中明世宗坚持要追尊其生父为皇帝，一方面是要满足个人私欲，另一方面是力图树立新皇帝的权威，与掌管朝政大权的内阁大学士杨廷和争夺最高政治权力，而张璁等迎合世宗的需要引经义和故事，也是为了实现个人谋权的政治目的。其他如废立皇帝更是充满了皇帝和官僚之间的政治利益冲突。在特殊故事现象中，人们为了各自的利益往往对故事断章取义，各取所需，因而引起更激烈、为时更久的争执；争执的难以缓和又使得双方更多地援引故事。同时，单靠引用故事不能制服对手，必须借助政治权势或武力。实力较强的一方往往较易取胜。这种结局与一般故事现象中故事制度能够正常发挥其不成文法效力明显地不同。

故事现象的一般背景和特殊背景在性质上有所区别。大致说来，法律的、制度的、文化的背景是传统社会结构和文化对人们行为的客观约束造成的，而政治背景则主要表现为皇帝、官僚实现个人或集团利益的主观愿望。然而它们又是互相影响、互相促进的。背景越复杂和全面（即不仅种类多，而且程度深）的故事现象中，人与人之间，人与法律、制度、文化之间的冲突越激烈，该故事现象持续时间越长，越易于造成政治利益调整和人事变动等现实结局以及对后代故事现象的长远影响。因此可以说，特殊故事现象比一般故事现象更具有以上诸种特色和发展趋势。不过，并不是所有特殊故事现象的具体背景都是完全一致的。有时是开创先例的故事，例如霍光废立故事，与现行成文法、制度及传统文化的冲突最激烈，比其后的同类行为的背景更复杂，程度更深。然而，由于政治背景是受各个时期不同政治派别利益影响的，比较灵活多变，所以有些开创性的故事在政治冲突较少的情况下能自然产生，而后来的故事现象则因充满了激烈的政治斗争，具有比先例更为复杂的背景。例如张居正夺情的故事现象发生在明中叶，比前朝夺情故事时的政治斗争更激烈，不仅政治背景突出，而且政治背景又调动和加强了文化的、法律的、制度的多种背景因素。总之，既要根据不同类型，也要根据不同时期的法律、制度、文化、政治等多种状况进行具体的分析。关于故事现象的政治作用和文化意义，我们将另撰文详细论述。

原刊《陕西师范大学学报》1992 年第 1 期。

论中国古代故事制度的
不成文法特征和功能

一 故事现象与故事制度

在中国古代有一个奇特的历史现象，这就是上层统治者无论是决定国政大事，还是制定一项具体的措施，乃至细小的行为举止，常常要引用故事作为其行为的依据，从而使之具有合法性。我们称之为"故事现象"。

故事现象至迟在周代就已出现，南朝陆澄说："周称旧章，汉言故事。"① 例如《诗·大雅》载："不愆不忘，率由旧章。"在故事现象中，人们从丰富的故事中，选取最能满足当前利益需要的故事作为行为的依据。故事一经后世人模仿实行，就成为一种合法的规范或制度。本文拟对其不成文法特征和功能做一探讨。

二 故事制度的不成文法特征

1. 故事制度的判例法特征

我们发现，在许多故事现象中，古人依照故事来处理事件，很像法庭裁决案件时比照以前判例的制度，与英国的判例法（Case Law）的特点极为相似。因此我们说，故事制度具有判例法的特征和作用。尤其是

---

① 《南齐书·陆澄传》。

在比照故事定案、定谥，以及根据故事弹劾时，这种特征和作用就更加明显。

唐代狄仁杰任大理寺丞时，左威卫大将军权善才、右监门中郎将范怀义因为误砍了昭陵的柏树，论罪应当受到免官的处罚，可是唐高宗却要把他们处死。狄仁杰即引用汉代有人偷了高庙的玉环，汉文帝想灭其族，张释之说，假如盗取了长陵的一抔土，又应判什么罪呢？于是汉文帝便没有株连其族的故事，使唐高宗免除了权、范二将的死刑。① 南齐时有尚书左丞劾奏御史中丞陆澄不纠举，是失职行为，请求免去陆澄的官职。陆澄上表，列举了十多条故事为自己辩解，以致皇帝不能裁决，便将此案交给朝官详议。尚书令列举了许多左丞弹劾中丞不纠举之过的故事，最后皇帝同意了尚书令的意见，给予陆澄免官的处罚。②

古人为了解决某一难题，经常大量地引用故事。以至有时双方各执己见，都不能凭所引的故事说服对方，只能暂停争论而另寻找故事作为依据。这很像法院审判时的休庭。例如宋代朝廷官僚争论尊崇英宗之父濮王的典礼，一开始双方都引了不少故事，但由于意见得不到统一，皇帝不得不下诏说："如闻集议不一，权宜罢议，令有司博求典故以闻。"③另有一种现象，虽然不是以故事作为判例来裁决某件事情，但能从另一个侧面说明故事制度的判例法特征。我们在史书中经常见到官员们在争论某些事项时，反问道："有故事乎？"也就是说，有这个先例吗？例如明代隆庆年间，吴岳担任吏部侍郎，考察官员时，将不称职的罢了官，给事中胡应嘉便去为丢官者求情，吴岳"抗声曰：'科臣敢留京察罢黜官，有故事乎？'应嘉遂得谴"。④ 可见古人对故事制度的重视。

判例法是由判例构成的法律，判例就是法院对案件的判决。判例法中的判例与执行成文法得出的判例不同。在执行成文法的国家，判例只是应用成文法的结果，对以后法律的解释和执行没有多少效力。而在判

---

① 《新唐书·狄仁杰传》。

② 《南齐书·陆澄传》。

③ 《宋史·宗室列传》。

④ 《明史·吴岳传》。

例法中，判例对解释和应用法律具有重要的作用。它有以下特点：一是它作为一个先例，为后人审理类似案件提供了判决的原则。二是它对于应用此判例的案件和审理者具有法的约束力。我们说中国古代故事制度具有判例法的特征，基本上符合判例法的上述两个特点。

2. 故事制度的习惯法特征

在中国古代自然形成的制度中，其中有许多是由某个故事开创的，所以我们说，这些故事具有习惯法的特征。习惯法是不成文法的一种，是以自然形成的习惯为渊源的法律规范。习惯法的形成，一般是某种行为经过一段时期的重复实践后，逐渐使人们对其产生了法律意识，从而作为一种自觉遵守的行为规范。

习惯法与判例法特征的故事制度相同之处在于，它们都是由某个故事开创先例的。所不同的是，在前一类故事现象中，故事是作为判例被后人引用和参照执行，引故事和用故事是两种行动，也是先后相关的两个步骤。首先，需要对先例中人的行为或处理事件的方式及原则进行甄别和选择，以确定其是否适用于自身行为和与之相关的事件。所以特别注重先例产生的背景和先例中人的行为的原因和条件。其次才是照故事行事。而在后一种故事现象中，一般不需要详细考察开创故事的原因，只须遵守一种多年惯行的、具有法的特征的习惯，注重的是故事制度所规定的形式，反而把其背景淡化了。

汉武帝封丞相公孙弘为侯，从而开创了汉代给丞相封侯的故事制度，就是一个很典型的与习惯法密切相关的事例。史载：武帝元朔中，公孙弘代薛泽为丞相。在这以前，汉朝常以列侯任丞相，只有公孙弘没有侯的爵位。武帝便下诏说：朕要遵照先圣之道，广开门路，宣招四方之士。古人按照才能授官，功劳大的给禄厚，德行高的获爵尊。所以武将根据其立功表现受封，而文臣依据其德行受封。现特将高平的平津乡六百五十户分给丞相公孙弘，为平津侯。"其后以为故事，至丞相封，自弘始也。"① 公孙弘之所以被授予爵位，并不在于汉武帝诏书中所说的那些尊

---

① 《汉书·公孙弘传》。

贤奖德之意，最根本的原因在于，汉代实行有功者封侯的制度，而开国功臣又多担任丞相等要职。尤其是萧何、曹参、陈平、周勃等功高望重的功臣任丞相政绩显著，汉初丞相的地位和作为强化以列侯为丞相这一过程本身，却无形中淡化了丞相之所以是列侯的初始原因，逐渐地，以列侯为丞相这一行为经过多次重复，成为习惯，并自然而然地在人们头脑中形成了习惯意识，从而对以后丞相地位的提高产生了重要影响。直到公孙弘为丞相时，这一多年形成的习惯终于转变为具有习惯法特征的故事制度，为后人自觉遵守。

历代对大臣的特殊礼遇这一故事制度也具有习惯法特征。汉初遍封功臣之后，给功臣排位次。鄂千秋认为，萧何虽然未攻下一城一池，但他坐镇关中，随时供给军需粮草兵力，稳定汉王基业，所创功业是"万世之功"。而曹参虽然"身被七创，攻城略地"，但只是一时之功。所以主张"萧何第一，曹参次之"。他的主张深得刘邦的赞许。"上曰'善'。于是乃令何第一，赐带剑上殿，入朝不趋。"① 后代帝王常常将"赐带剑上殿，入朝不趋"作为授予地位最高的官员的特殊待遇。例如东汉的梁冀、董卓，三国时的曹操，魏晋时的何曾，南朝的侯景等许多高官权臣都享有过此待遇。虽然后代在授予这种待遇时有时也引"萧何故事"，实际上大多数场合中都抽去了萧何故事中严格按照功劳特赠待遇这个特殊背景，而仅仅把这一具体规定当作该官员所处的地位和享有极高特权的体现。

3. 兼有判例法和习惯法特征的故事制度

中国古代故事制度还有兼及判例法和习惯法两种特征的。例如汉代丙吉出身于管监狱的小吏，曾经因有过失受到处罚，所以当丞相后，对于下级官吏便不予考察和惩罚，仅让不称职的告长假离职。"后人代吉，因以为故事，公府不案吏，自吉始。"② 宋代枢密副使晏殊责罚官吏，用笏将其齿折断。御史曹修古弹奏说：晏殊身任皇帝辅弼大臣，为百僚所效法，却忿躁没有大臣应有的礼度。"古者，三公不按吏。先朝陈恕于中

---

① 《汉书·萧何传》。
② 《汉书·丙吉传》。

书榜人，即时罢黜。请正典型，以允公议。"① 晏殊遂被贬官，"罢知宣州"。② 在曹修古所引的故事中，"三公不按吏"是习惯法，先朝陈恕因为违反了这一习惯法在中书之地责打官吏，被立即罢黜了官职，则是判例。又例如，东汉末年宦官专权腐败，桓帝所宠信的亲信宦官侯览无恶不作，太尉杨秉遂上奏弹劾侯览。桓帝派尚书召问杨秉的属官说："公府外职，而奏劾近官，经典汉制有故事乎？"杨秉授意其属官回答说："春秋赵鞅以晋阳之甲，逐君侧之恶。传曰：'除君之恶，唯力是视。'邓通懈慢，申屠嘉召通诘责，文帝从而请之。汉世故事，三公之职无所不统。"帝不得已，竟免览官。③ 汉桓帝问"有故事乎？"是让杨秉出示其劾奏侯览的不成文法依据，如果杨秉提不出故事作为依据，则侯览就可以免受处罚。杨秉劾奏侯览的不成文法依据相当充分：既有"三公之职，无所不统"这一习惯法特征的故事，又有赵鞅除君之恶和申屠嘉召问邓通的两个判例法特征的故事。汉桓帝即使贵为天子也不得不服从依照故事制度所做的裁决。

4. 故事制度的法律效力和法律时效

明代徐宗实任苏州通判时，请求旌表元代的节妇王氏。礼部以这是前朝的事情为由，不批准。"宗实言，'武王封比干墓，独非前朝事乎？'遂得胜。"④ 远在周代初年，而且与明代人生活毫不相干的一件事，竟然能对两千几百年后的人们的行为方式有着如此有力的影响，这足以说明故事制度的法律效力的威力。

我们说故事制度具有法律的特征和作用，其最根本之处，就在于具有法律效力。史籍中记载的故事，只有潜在的法律效力。故事的潜在的法律效力是否能够实现，要看这一故事是否被后人当作制度。从这个意义上说，所有的故事都有潜在的法律意义。具有判例法特征的故事制度一俟付诸实行，即生法律效力。具有习惯法特征的故事制度，看起来其

① 《宋史·曹修古传》。
② 《宋史·晏殊传》。
③ 《后汉书·杨秉传》。
④ 《明史·徐宗实传》。

法律效力不那么显著，然而当有人违背时，便立即受到处罚，这时故事制度的法律效力就显得格外突出。

故事制度的法律效力范围极其广泛，在某种意义上并不亚于成文法的效力范围。上至皇帝，下至丞相、枢密使、皇帝亲信及政府各有关部门都必须服从。有些学者认为中国古代的皇权是法律的主要渊源，皇帝的话就具有法的威力。然而，仅从前引故事制度的法律效力来看，事实就远非如此。故事制度法律效力的产生有几种方式，一种是经过朝廷大臣引故事辩论后，由皇帝选择某一方所引的、他认为适当的故事作为判例进行裁决。另一种是某些官僚引故事而使皇帝和官僚服从该故事制度规定的法律效力。还有一种情况是官僚以无故事制度为理由，反对或取消某种无先例的行为。

古人对故事制度的法律效力极其重视，并相应形成了遵守故事制度的法律意识。唐代御史奏章中有"御史不守故事，俱失宪章"① 之语。明代都察院有一御史不守故事制度，在弹奏官员罪行时未向其直属长官汇报，都察院长官耿定向"守故事力争"，使其下属最终受到停俸两个月的处罚。② 又例如宋代英宗的高皇后"力行故事，杜绝外家私恩"，③ 严格维护宋初开创的抑制外戚的故事制度。明代的一个故事现象也很能说明此问题。明宪宗成化年间，众多大臣共哭于文华门，与皇帝争慈懿太后葬礼之事，取得成功，遂开了伏阙谏诤的先例。后来在明世宗大礼议中，官僚因皇帝一意孤行，不听群臣的意见，又一次相议说："宪宗朝尚书姚夔率百官伏哭文华门，争慈懿太后葬礼，宪宗从之，此国朝故事也。"于是二百多人"俱伏左顺门跪伏……伏不起，自辰造午"，甚至在皇帝因震怒，将为首者八人下狱后，仍不退却。"杨慎、王元正乃撼门大哭，一时群臣皆哭，声震阙廷。"官僚之所以能如此一致地采取大规模行动，而且不顾生死安危，不屈不挠地与皇帝抗争，是将宪宗朝故事视为具有祖宗法意义的制度，不仅期望世宗也能遵照其祖宗

① 《唐会要·职官》。
② 《明史·耿定向传》。
③ 《宋史·后妃传》。

的行为方式，向官僚让步；而且以前朝官僚的行为方式，制约本朝官僚。在倡议伏阙哭争时，有几个官员就对大家说，"今日有不力争者，共击之！"① 这种对前朝故事自觉遵守的努力说明众多官僚对故事制度法律效力的重视。

故事制度的法律时效，也有其特点。具有判例法特征的故事制度强调的是判例对目前事件的适用性而非时效。只要是内容条件上与当前案件或事件相符合的判例，无论时间相隔多远，就都能够应用。成文法是强调时效的。不过它的时效，即成文法律从开始生效到终止生效的时间是由立法者明文规定的，易于为人了解和掌握。习惯法特征的故事制度的时效是由该习惯所能延续的时间决定的。由于不同习惯所能延续的时间不同及其条件不同，因而比成文法更难以了解和掌握。某一习惯能够延续多久，从前举诸例来看，是受以下因素支配的。首先是人们对习惯的适应程度。习惯最基本的特征就是惯性。在惯性的支配下人们可以在某一段时间里自然地重复同一行为而不必追究其原因、合理性和必要性。但是，实际上每一个习惯毕竟都有其产生的条件和原因。由于该条件的改变，人们对这一习惯的适应程度乃至期限就会逐渐改变。其次，人们对这一习惯的法律意识也极其重要。法律意识是人们对某项习惯法重要性的理解以及坚持用该习惯强制制约人们行为的意愿。习惯法除了由惯性支配这一特点与成文法不同外，在法的基本性质上与之是一致的。所以它对人的行为既具有自然的制约性，也具有强制的制约性。从而人们对某一习惯的法律意识越强，其法律时效就越长久。例如西汉时丞相丙吉开创了"公府不案吏"的故事制度，起初它基本是凭惯性为丙吉的后任者所遵守。然而越到后来，人们越加强了对它的法律意识。后人认为，公府并非没有权力处罚下级官吏，而是因为在公府任职者多为位高权重的朝廷官员，理应保持儒家学说所倡导的礼度和尊严。所以到了宋代，这一习惯法特征的故事制度仍被强行实施，违反它的两位中书和枢密部门官员先后受到免官降职的处分。与仅凭惯性支配的汉代对丞相封侯的

① 谷应泰：《明史纪事本末·大礼议》。

故事制度相比，"三公不按吏"的故事制度的时效更为长久，超出了产生它的那个朝代。

三 故事制度的法律功能

故事制度是中国古代法律的一个组成部分，起着与成文法同等重要的作用，并且有着成文法所不具备的法律功能。

1. 非正式性

故事制度虽然有法律的特征和作用，但在名义上，毕竟不是正式的法律。这种似是而非的微妙性质，弥补了成文法正式性的不足之处，从而更适合中国古代政治的需要。这种非正式性的优越性，表现在故事制度的确立与废除，比起成文法来，更为简单、方便和灵活。中国古代的成文法，是由皇帝和上层官僚制定，并正式公开颁布，从上而下推行，有一套较完整、健全的制度。由于制定的方式十分慎重、严肃，制定、更改和废除就不那么随便。故事制度恰恰在这方面具有长处。故事的形成是自然而然的，都是历史上曾经发生过的事，因此，无论对于哪一个时代来说，那个时代所称的故事都是以前形成的，当然不受这个时代的政治制度所限制，更不需要什么人批准。虽然故事制度还必须由当代人确立，但以前的故事已为这项制度的建立奠定了基础和提供了便利的条件。上面说的，是具有判例法特征的故事制度。而具有习惯法特征的故事制度，是由某人某事开创后，逐渐形成的，也不需要像成文法那样必须经过正式的制度上的程序。

故事制度虽然有着很强的法律效力，但这种法律效力的生效并不是完全凭空的、无条件的，而是与当时的政治背景和文化背景相一致的。因此，中国古代的历史并不是一味模仿故事的历史，故事制度随着政治的变幻有废有立，新的故事也在变幻的政治中不断产生。虽然有些与朝廷制度有关的故事更改要经官僚奏议或集议，以及皇帝诏令的认可。例如，明代嘉靖朝，都御史张永明上奏说，九卿翰林官经吏部考核之后还要向吏部四司官员行礼的故事制度不合礼度，应当改正。皇帝下诏让礼部和礼科商议。礼部、礼科议后上奏说："永明议是，九卿翰林官辖四司当罢。'诏可。"① 于是这一故事制度经有关部门审核后又经皇帝批准，得以正式废弃。然而更多的故事制度是由个人的行为自行创立或改变的。例如唐代李林甫为了个人专权的需要，用其自身行为改变了宰相仪从制度和处理政事方式的故事制度。按照李林甫以前的故事制度，宰相都不务威权，出入骑从比较简单。自李林甫专权后，进出车辆随从众多，声势显赫。一些要向其汇报政事的节将、侍郎见了其车骑都像小吏一样惊慌地赶紧避开。又按照过去的惯例，宰相午后六刻才归第，李林甫奏说太平无事，于巳时归第，所有重要政事都在家中处理决定。不论是经集议改变故事，还是个人自行改变，故事制度的更改都不像改成文法那样是统一地、自上而下进行，而是各自、分别、随时进行。而且有时个人改变原有故事制度的同时往往又开创了替代前者的新故事制度。例如明初经筵有日讲之制。"先进故事，日进再讲。"② 至万历十五年，内阁首辅"申时行请免日讲，仍进讲章，以备观览。自后为故事，讲筵遂永罢"。③ 所以在改变、取消旧故事制度的同时，又总有新的故事制度产生。这种随机而改、应运而生的非正式性是成文法所不可能具备的。

2. 灵活性

故事制度以其灵活性的功能，弥补了成文法固定呆板的不足。成文法中所规定的，都是在一般的正常状态下的制度。然而无论这些规定如何细密，也仍然不敷需要。因为社会总是在运转之中，随着政治变动、经济兴衰、官僚流动，总是不断涌现出新的情况需要处理，而成文法在这些情况面前就往往显得无能为力。例如：成文法所规定的等级是固定的，而在实际生活中等级是流动和变化的。皇后、亲王的待遇，一查成文法典即可知道。可是皇后有废有立，亲王有封有夺，如何废后，废后应享受何种礼遇等，法典上没有明文规定，于是人们就用具体行动创立故事制度加以补充。又例如亲王反叛，朝廷是先出

---

① 《明史·张永明传》。
② 《明会要·经筵》。
③ 《明史·申时行传》。

兵镇压还是先遣使安抚，这类具体的对策也不能从成文法典中找到现成的答案，所以有时要靠参照先例。例如明代宁王密谋反叛，首辅杨廷和"请如宣宗谕赵王故事，遣贵戚大臣赍敕往谕，收其护卫屯田。于是命中官赖义、驸马都尉崔元等往……"。① 皇帝从旁支入统后，是否应该追尊本生父母，也属于等级流动变化的因素。因为没有成文法事先加以规定，所以在有些朝代皇帝追尊本生曾经引起大规模的故事和经典之争。

3. 具体性

故事制度以其具体性弥补了成文法过于抽象性的不足。我们知道，成文法一般是从上制定或规定的，具有一定的抽象性。它只能从总的目标出发，为人们的行为制定一个大框架，却不可能至微至细。例如，各代法典都详细规定了政府各级、各部门的职官建置，对其各自的人数、职权等方面都有较详细的规定。但是对于这些部门如何具体操作、运行等具体技术细节，成文法不可能规定得面面俱到，需要官僚们在实际操作中自己掌握。例如，御史的职权是纠察百官，这是法律明文规定的。然而御史纠察弹劾要经过许多具体的程序，如是否要上报本台长官，是否要上报行政部门或皇帝，这些只有少数朝代有明文规定，在大部分时候只能参照故事制度行事。

4. 现实性

故事制度以其现实性弥补了成文法过于理想性的不足。成文法反映了最高统治者期望长治久安的愿望和长远目标，但是皇帝和官僚有许多个人利益是与这些目标直接冲突的，所以直接与成文法相违背。然而成文法明文禁止的行为，却常常能在故事中找到依据，从而变为合法的行为。

5. 继承性

故事制度的上述几个功能特性，增强了中国古代法律和制度的连续性和继承性。这一功能表现在两个方面。首先，故事制度和成文法来源

① 《明史·杨廷和传》。

和构成方面是相互补充和影响的，因此，一个朝代的法律和制度，必然会继承前一个朝代乃至前面所有朝代的大量的内容。如前所述，许多过时的成文法，如前朝的法典和皇帝诏令不断补充了故事制度，是故事的重要组成部分之一。同时，故事又反过来在一定程度上影响了成文法的形成。古代皇帝的诏令中，有些是令朝臣寻找、搜集故事，以供其参照实行的，有些是肯定故事制度的有效性，令朝臣实行的，从而自身包含了浓厚的故事制度的因素。还有的故事经官僚奏请，皇帝批准后被著为令。例如宋代御史曹修古奏请照贞观故事允许官员迁官致仕："仍从贞观旧制，即'宿德勤贤，自如故事'。因著为令。"① 其次，在某些朝代战乱之后的恢复时期或者朝代更替之际，故事对于重建被破坏的政治制度和法律具有十分重要的作用。例如南朝侯景之乱曾经破坏了对过去有关政府各部门制度的保存和实施。"自太清之乱，台阁故事，无有存者。"虽然过去的制度和法律因战乱而中断、流失，但是一些熟知故事的官僚凭着记忆，参照故事又重新建立了新的法律和制度。沈文阿的父亲原是前朝的官员，"梁武世尝掌朝仪，颇有遗藁，于是斟酌裁撰，礼度皆自之处"。② 明初巨儒宋濂"于学无所不通"，熟知历代故事，曾应太祖之命，议五等封爵制，"宿大本堂，讨论达旦，历据汉、唐故事，量其中而奏之"。宋濂依照前代故事对明代成文法的制定做出极其巨大的贡献，明史评价他"虽白首侍从，其勋业爵位不逮（刘）基，而一代礼乐制作，所裁定者居多"。③

四　结语

本文对中国古代故事制度的研究，目的是更突出地揭示故事制度的本质特征。在中国古代，不仅成文法相当完备，非成文法也起了相当重要的作用。此外，故事制度在范围和层次方面不仅限于司法领域，还更

---

① 《宋史·曹修古传》。
② 《陈书·沈文阿传》。
③ 《明史·宋濂传》。

多地应用于中国古代政治制度、政治生活和社会生活等多方面。只有在综合研究成文法和故事制度的基础上，我们才能更全面地把握中国古代社会—政治生活和政治制度的实际运行以及各种法律从产生到生效这一过程中的不同特点。

原刊《人文杂志》1992 年第 3 期。

中国古代中央权力集团的组织及其功能*

在两千余年的中国古代官场上，官员们相互勾结起来组织权力集团，是中国古代官僚政治中最常见的现象。古人称这种现象为"结党"。由朝廷中权臣所组织的中央权力集团，往往有操纵全部朝政大权的能力，并向下延伸到各地方基层政权，有的甚至能凌驾于皇帝之上。中央权力集团中的大小官员们倚仗集团的权势，有恃无恐，无法无天，无所不敢为。尽管历朝历代都制定严厉的法律和措施，明令禁止官员结党，但屡禁不能止。研究中国古代官僚权力集团是中国政治学中的一项重大课题，本文仅就中央权力集团的组织原则、权力结构和功能做一初步的探讨。

一 宗法性的组织原则

官僚组织权力集团的现象，是从中国古代官僚制中产生出来的，是中国古代政治的必然产物。然而，它的组织原则却是与官僚制的原则和精神相反的。因此官僚权力集团也是古代官僚制的异化物。

在秦以前，中国的政治制度受宗法制支配，实行亲贵和一的政治原则和世卿世禄的分配制度，从天子到国君以至卿大夫，都是以血缘为纽带相系相承，世袭相继，官职的大小也完全根据与天子或国君的血缘亲属关系的亲疏远近而定。到秦汉时，中国古代官僚逐渐形成，官员的任职从"任人唯亲"改为"任人唯贤"或"任人唯能"。从原则上讲，官

* 本文为黄敏兰与方兢合写。

僚制是一种理性的政治、行政制度，官员之间的关系这时已不再具有个人的因素，只有单纯的工作关系即职能的分工与合作。实行官僚制只是为了排除非理性因素，防止无原则地使用行政权力，从而对国家进行更合理的更高质量的管理。

古代官僚组织权力集团的原则，与官僚制的原则恰恰相反。官僚权力集团是以亲缘或准亲缘为纽带、以宗法为原则而建立起来的私人组织。一个中央权力集团就像一个宗法制的大家族。权力集团的首领在朝廷中是一手把持政治、行政权力的权臣，在集团内则是宗法性的家长。集团中的成员与首领之间既有上下级之间的行政关系，更有着不同程度的人身依附的私人关系。官僚们组织权力集团是为了更广泛地利用国家权力为实现个人利益服务。

中央权力集团的内部关系是根据与权臣血缘亲属关系的亲疏远近为依据而确定的，其结构相当于一个以权臣为中心向外辐射的层层宗法网络。中央权力集团最核心的部分是由权臣的亲属（包括血亲和姻亲及其交叉关系）组成的。在权臣亲属的外围是权臣收认的晚辈干亲，再外围是完全隶属于权臣私人的家奴、宾客等。我们称这两种关系为准亲缘。最外围的则是那些虽没有与权臣建立明确干亲或幕僚关系，但在实际上也必须对权臣个人效忠、俯首听命的官员。

在中国古代，官僚一般都有着庞大的家族。权臣的家族成员对于构成中央权力集团起着骨干的作用。如西汉的霍光把持朝政时，让他的兄弟及兄弟的子孙掌握兵权，对外征战，他的两个女婿主管皇宫的禁卫，实际上是监视皇帝的动静，其子弟亲属布满朝廷。西汉末期汉成帝的舅舅王凤专权，其五个弟弟同日封侯，号称"五侯"。即便那些不能生育后代的宦官身份的权臣，也力图通过亲属和干亲即亲缘和准亲缘关系建立权力集团。明代的魏忠贤虽然自己没有子孙，但是他把侄子、外甥等亲属安插于锦衣卫等重要部门，并在朝廷官员中广泛收认干亲，联结私党。他的党羽有"五虎"、"五彪"、"十狗"、"十孩儿"、"四十孙"之号。

历代权臣不但都建立自己的权力集团，而且通过各种方式企图控制所有的官员，主要是利用强权强行扩大权力集团的规模。除了像严嵩、魏忠贤那样广收义子、义孙，建立准亲缘的宗法关系之外，还用强权威慑官员，迫使他们服从，与自己建立个人依附关系。东汉梁冀专权时，凡文武百官提拔升迁都必须先到梁冀府上谢恩。这样做不仅迫使各级官员从形式上表示向他效忠，更主要的是要不断扩大权力集团的规模，将所有新上任的官员都纳入自己的体系。所以当汉桓帝利用宦官的力量消灭梁冀集团时，竟出现"朝廷为空"的现象。

二 对国家主要权力的控制

一个由权臣组织的中央权力集团，必须能够对国家的主要权力进行有效的控制。中国古代的国家权力，主要体现为皇帝对国家的最高统治权和中央政府各部门的行政权。使用、控制和掌握这些权力，是中央权力集团能够存在的首要条件，也显示其内部的主要权力结构。

权臣是中央权力集团的首领，也是集团中直接同皇帝联系并利用皇权的核心人物。除了拥兵自重者如董卓、曹操之类的权臣外，中国古代的权臣之所以能够执掌朝中大权，都是因为受到了皇帝的宠信而被授予最高行政权力的。这种权力的获得，基本上只是出于皇帝个人的偏爱。由此可以看到这样一条线索：一个官员首先是由于受到了皇帝的宠信才爬上了权臣的重位，有了权臣的位置才能在中央组织权力集团并当上这一集团的核心人物。因此，权臣为了确保自己权力和地位的稳固，必须严防其他官员（包括本集团成员）。皇帝的爱憎又往往是随时起变化的，历史上一个个权臣的更替，往往是由皇帝的宠信变化直接造成的。例如唐代的杨国忠在得到玄宗皇帝的宠信后，很快即取代了李林甫的地位。明代，严嵩因比夏言更善于谄媚皇帝，博得了明世宗的欢心，因而击败夏言当上了内阁首辅。所以，深知其中利害关系的权臣，千方百计地阻止其他任何人与皇帝建立密切的关系。

权臣在中央权力集团中的分工，是千方百计地通过向皇帝以及皇帝身边的各种人（宦官、后妃等等）施展权术，来保持和扩大自己手中的权力。权臣保住自己个人的权力和地位，实际上同时也就是保障了整个权力集团成员的地位和生存。所以，权臣最主要的任务不是具体处理行政事务，而是施展政治权术笼络、蒙骗、操纵、利用皇帝，与皇帝以及其他权势人物进行政治较量。

中央权力集团中的其他重要成员，都被权臣安插在中央政府的要害部门。一个权臣所掌握的部门越多，权力就越大。明代权臣严嵩能把持朝政大权长达二十年，即是通过安插在各个职能部门的亲信和党羽。严嵩让亲信掌握吏部和兵部的人事任命大权，一方面通过他们在各部门进一步安排党羽，另一方面利用吏部考核官员的机会打击、排斥政敌。

严嵩还严格把持监察部门和中书等要害部门一般官员的选用。新考上的进士只有属于他集团中的成员才能进入掌管文件、奏章的中书部门。地方官必须向他行贿才能有资格入选监察官员。监察官员任命之后，严嵩都要请他们大吃大喝并馈赠厚礼，而且在不多年后，即使没有任何政绩，也都将他们破格提拔，以此笼络住监察官员。通过这些手段，严嵩控制了相当一批监察官。对于有些不受笼络的监察官，严嵩则将党羽布置在他们的周边观察动向，以便当他们将要弹劾自己时能事先有所准备，再加上通政司赵文华的及时通报，使得许多官员的弹劾都不能起作用。与严嵩相比，有些权臣的权力范围更广泛。唐代的杨国忠、宋代的贾似道都不仅把持人事、政务大权，而且直接掌握监察权。在中国古代政治中，能否掌握监察权是非常重要的。因为掌握了监察权不仅可以使本集团的成员免受弹劾和惩罚，而且可以利用它打击政敌。南宋权臣韩侂胄不仅利用监察制排挤了赵汝愚，还打击了一大批政敌，从而全面掌握了朝政大权。

三 政治与经济的两大功能

大多数官僚进入官场都有着政治的和经济的两种需要。官僚们组织与参加权力集团的目的，当然也就是要利用集团的力量来充分满足这两种需要。因此，权力集团的主要功能，也就是实现权力集团成员在政治上和经济上的需要。

1. 政治功能

中央权力集团的政治功能，首先是以集团的力量为其成员提供获得权力、保持权力和行使权力的最优条件。每一个中央权力集团组成后，都将在官僚内部形成一场新的权力分配。按照官僚制的法律规定，官员的任命应是由皇帝和官僚们共同主持的，标准应根据官员的政绩、才干和德行，对象则是全体官员。但是当中央权力集团形成后，重要官员的任命都由权臣一手操纵，并且只在他自己的权力集团范围内进行。任命的原则是根据权力集团的内部结构，也就是按照成员与首领的个人依附关系的亲疏远近进行。与首领亲缘关系越密切的，得到的权力就越大。打击、排斥异己者的目的就是剥夺他们参与权力分配的权利。

在中国古代，官僚之间必须相互依靠、互相帮助，结成千丝万缕的联系，才能取得并保持权力。因而下层官员对上级的个人依附往往是他们取得和保持权力的必要条件。而上级也需要下级在各部门为他掌握权力。官僚结党的范围是全面的，从中央到地方各级官员都有这种需要，也都有这样的情况。朝廷官员需要将自己的亲信安插到地方，以推行自己的政策为自己谋私利。而地方官员则要靠京官提拔和庇护。如果按照官僚制的法定制度，任何权力集团中的大多数成员，包括权臣在内，都不可能如此长久地保持权力，更不可能如此猖狂地以权谋私而不受惩罚。但是在中央权力集团的庇护下，他们都能安然无恙。

官僚权力集团的实质，是将为个人利益服务的私人集团安插在处理国家事务的官僚机构中。也就是利用手中掌握的国家权力来牟取个人利益。因此，权力集团在组织上与法定的官僚制既有一定的区别，又有很大的共同之处。以权臣为核心的中央权力集团能够把持大部分甚至整个朝政大权，其成员遍布于各个部门和地方的行政机构。集团的成员可以直接利用职权牟取个人利益，即使是在不掌握具体职权的情况下，也可凭借集团的势力充分实现个人的目的。（当然，他们行使的职权也是通过权力集团获得的。）如许多中央权力集团的成员安插家庭成员和亲信于官僚机构的要害部门，都是超越了他们本身的职权范围。这是因为中央权力集团控制了几乎整个官僚机构，在集团中可以进行广泛充分的权力交换。

2. 经济功能

官僚谋求政治权力的最终目的是取得经济上的利益。官僚权力集团的经济功能是最大限度地保证和满足其成员的经济需要。这种经济功能一方面通过貌似合法的形式实现，即首先保证其成员获得政治权力，然后根据官僚制的原则给予俸禄、赏赐等合法的财产分配。这是权力集团成员的最基本要求。然而权力集团最主要的经济功能还是满足官僚对"非法"的财产分配的需求。因为根据官僚制中的法定制度进行的财产分配远远不能满足他们的要求，一些贪婪的官僚就通过组织权力集团，利用集团中的权力交换进行贪污、受贿。贪官们更需要来自中央权力集团的庇护。因为贪赃枉法会受到法律的制裁，而投靠权臣，就能得到保护，得以继续从事腐败活动。例如明代的崔呈秀的腐败行为被监察部门的长官高攀龙揭发，吏部尚书赵南星提出要将他革职审查。崔呈秀原是一名监察御史，他借巡察地方的机会贪赃枉法，向地方的贪官敲诈钱财。贪官郑延祚贿赂他千两银子，他就免其贪污罪。郑延祚又给他千两白银，他竟推荐郑提升至更高的官位。被弹劾后，崔呈秀连夜跑到魏忠贤家中，叩头请求魏忠贤收为义子。在魏忠贤的庇护下，崔呈秀不仅官复原职，而且步步高升，当上了兵部尚书并兼任监察部门的长官。

中央权力集团是由权臣一手建立的，其首要的功能当然是实现权臣个人的利益。历史上许多权臣同时也是最大的贪官，他们的财富之多甚至可与国库相比。清代的权臣和珅堪称中国历史上的"贪污之王"。他的财产之多甚至令人无法确切统计，以致关于他财产的说法有多种。其中的一种说法是和珅的家产总计不下白银八亿两，几乎相当于清政府二十年的财政收入，二十五年的财政支出，六十多年的财政盈余。

权力集团中上下级的依附关系，往往是下级通过向上级贿赂、送礼等手段建立起来的。一个中央权力集团的形成，也是一张大型贿赂网的建立。中央权力集团不仅有着政治上的分工，而且在内部还有着经济上的分工。这种分工与权力集团的结构有着密切的联系。

原刊《探索》1995 年第 5 期。

中国农民战争史研究

评农战史专题中的严重失实现象

自 20 世纪 30 年代起，中国历代的农民起义和战争引起了史学界的关注，逐渐成为历史学的一个分支或一个专题。新中国成立以后，农战史在很长一段时间内成为一门显学，研究与著述都具有了相当的规模，被称为史学"五朵金花"中的一朵。更重要的是，新中国成立以后形成了一套较完整的理论模式，一切宏观的或微观的农战史研究与著述，都受这套理论的指导和约束。

据不完全的统计，新中国成立四十年来有关农战史问题共发表了四千多篇论文，三百多部著作。尽管很多学者为此付出了巨大的精力，但当我们在今天冷静下来回顾过去的这项工作时，就会发现其中存在着严重的不足与失误。苏双碧在《中国历史学四十年》一书中总结中国农民战争史时说，农战史"基本上承袭了战争时期指导思想的内容，即过于强调斗争哲学。这样一来，就误以为即使在历史上也是阶级斗争越激烈越好；片面地理解人民群众是历史创造者的原理。对农民战争的历史评价，缺乏具体分析，把农民阶级的觉悟估计过高，对农民阶级自身的落后性和保守性，不能作出应有的估计。后来由于'左'的思想路线的影响，在历史研究领域里也搞了阶级斗争为纲"。① 这些批评无疑是正确的，但我认为对农战史失误程度与危害的估计还远远不够，也没有揭示出其间的根本原因。对于这一问题，我将另撰文论述。本文在这里仅讨论由错误理论的指导和不正确的历史学的目的导致的农战史研究与著述中的严重失实现象。

---

① 苏双碧：《中国农民战争史》，肖黎主编《中国历史学四十年》，书目文献出版社，1989，第 373 页。

一 理论对解释史料的误导

中国古代社会有自己独特的发展规律，与欧洲中世纪社会的性质和特点完全不相同。社会的基本矛盾并不是能从政治经济学的角度来解释的，不能用单纯的剥削与被剥削关系来解释具体的社会现象。中国古代的社会基本结构，是以权力为核心的等级制，与财产占有、经济行为和阶级属性都没有直接的关系。法律明确规定了等级间的不平等。这种不平等包括了政治、经济、司法、日常生活等几乎社会生活的所有组成部分。赋税和徭役是国家向社会征派的，确切地说，是皇帝官僚集团对全体平民的压迫和剥夺。因此，赋税和徭役征派的对象，是包括庶民地主在内的全体平民。而且国家及官僚个人为获得更多的财富，无论是赋税、徭役，还是土地兼并，都是把富户作为剥夺的主要对象。这样的记载在史书中俯拾皆是。

然而，绝大多数学者在进行农战史研究和著述时，对于中国古代社会的独特规律和具体的事实竟熟视无睹，却遵循着一条高度抽象的基本原理，这就是中国古代社会（即被称为封建社会）中的主要矛盾是地主阶级对农民阶级的剥削和压迫。从这一基本原理出发，来解释赋税和徭役的性质及征派对象，便得出了与史实完全不符的结论：把沉重的赋税和徭役说成只是由农民（指没有剥削行为的农民）一个阶级负担的，并把国家对社会征收赋税和征发徭役说成是地主阶级对农民的经济剥削。

在秦以后的中国古代社会里，皇帝、官僚向平民征派大量的赋税和徭役，部分用来维持国家机器的运转，其余的由皇帝及官僚分配和使用。赋税和徭役是国家用政治权力取得的，与地主用土地进行的经济剥削有根本的不同，它不是以阶级关系为依据征发的，而是以等级，即社会成员与国家的关系为依据。作为贵等级的官僚和部分受国家特殊优待的人（如士人）有免除徭役的特权，而属于良等级的平民，包括庶民地主和下级小官吏都得服役。

在秦代，身为亭长的刘邦多次服役，《史记·高祖本纪》记载："高祖尝徭咸阳。""徭",即服徭役。庶民地主、商人和直接受国家控制的农民是征役的重要对象。而大量依附于官僚的农民反倒不用为国家服役。因为在许多朝代,官僚不仅自身免役,而且享有荫庇私属劳动力的特权。人人都知道秦末的大起义是由沉重的徭役和兵役引起的,首倡起义的是被征发的居住于闾左的穷人,但是闾左起初是免役的。《史记·陈涉世家》中的《索隐》说:"闾左,谓居闾里之左也。秦时,复除者居闾左。今力役凡在闾左者尽发之也。又云,凡居以富强为右,贫弱为左。秦役戍多富者,役尽,兼取贫弱而发之也。""复除"即免除徭役。这说明,秦末征发徭役、兵役是从富户开始,把富户和中等户都征尽了,不得已才征发本不应服役的闾左,由此爆发了全国性的大起义。至于闾左为什么免役,秦汉史专家林剑鸣在《秦史稿》中解释说,像陈胜这样的贫苦农民起初不用为国家服役,并非国家对他们的优待,而是因为他们依附于地主个人而不直接受国家控制,在法律上没有独立的身份。针对有些学者从简单的阶级观点出发,认为封建国家不会对贫苦农民如此优待,让他们能免除徭役的观点,林剑鸣指出:"其实,他们不懂得,所谓'贫苦农民'中,有直接受封建国家剥削的自耕农,还有受地主剥削的依附农民。"①

在唐代中叶以前,徭役对平民的沉重负担远远超过了赋税。即使在宋、明时期,各种力役和职役之重也足以使殷富之家倾家荡产。所以人说:"役之厉民,实尤甚于赋。"② 无免役特权的庶民要么被徭役折磨得家破人亡,要么就得投靠官僚。明代有些庶民地主把田地寄在有优免权的官绅名下,称为"诡寄",或请官绅冒认他们的田产,名为"投献",目的就是躲避沉重的徭役。

除了徭役之外,赋税也主要是由平民承担的。许多朝代官僚享有减免税的特权。即使官僚不免税,他们也只是交纳国家规定的基本税目。但在古代社会里,平民的沉重负担不仅在于国家明文规定的赋税、徭役,更多地来自各级官吏的勒索、掠夺,即"赋外之赋、役外之役"。官僚却

① 林剑鸣:《秦史稿》,上海人民出版社,1981,第439页。
② 吕思勉:《读史札记》,上海古籍出版社,1982,第831页。

因其特殊的地位，能够免除这些额外的勒索和摊派。更何况他们还常常用法外特权逃税，或利用官场的关系把赋税转嫁到普通百姓的身上。

古代国家征收赋税、征发徭役的重要依据是户籍制度。被国家用户籍管理的平民也称编户齐民。脱离了户籍的平民，被称为流民，这其中既有农民，也有庶民地主。历史上常有大量的流民出现，这往往是历代起义的前兆。可是很多学者却把流民说成是农民，把户籍制说成是地主阶级束缚农民、剥削农民的手段，否认了国家利用户籍制度对庶民地主进行的剥夺。这是严重违背历史事实的。其实，古代把凡是庶民身份的人，都称为"民"。这一概念并不含有阶级分析的因素在内，因此"民"中包括庶民中的各种行业、各种经济状况的人，如地主、自耕农、佃农、工匠、商人等等，都属于"民"的范畴。这是中国历史的最基本常识，对中国历史稍具常识的人都不可能不知道。作为史学工作者如此解释史料，真是令人不可思议。历代官府对户籍的制定和具体管理方式虽有不同，但基本原则是一致的，都是根据社会成员的身份划分户籍的等级，属于贵等级的户（在各代有不同的名称，如形势户、衣冠户、不课户、官户等等）享有各种政治经济特权，其中包括免役特权，不课就是免役的意思。作为良等级的编户齐民则是赋税和徭役的承担者。

户籍制度并不是地主阶级剥削农民的工具，而是皇帝官僚集团剥削全体平民的工具。赋税和徭役不是地主阶级对农民的剥削，而是皇帝、官僚集团利用国家机器对全体平民的剥削和掠夺。其使用的手段是政治权力而不是土地所有权，性质是政治—行政权力强制，而不是经济剥削。赋税和徭役剥夺的对象既不仅仅限于所谓的农民阶级（即没有剥削行为或受剥削的农民，如自耕农、半自耕农、佃农），也不是全部从事农业生产的农民，而是具有独立身份、由国家直接控制管理的部分农民和全部庶民地主（依附于私人的农民不在其内，而这部分人往往是社会中最贫穷的）。庶民地主不仅无法利用国家机器及其政治权力、户籍制度等剥削农民，反而要受到掌握这些政治—行政权力的皇帝官僚集团的剥夺。

在中国古代社会里，社会的基本矛盾不能简单地归结为地主阶级和农民阶级的矛盾，而是皇帝官僚集团与除该集团以外的全体社会成员的矛盾。其中庶民地主与官僚地主的矛盾是不容忽视的。庶民地主具有双重性。他们一方面在经济上剥削农民，另一方面又受官僚地主的剥夺和欺压。庶民地主受官僚剥夺的程度远远超过了他们自己对农民的剥削，同时官僚地主对庶民地主的剥夺的程度也大大超过了对一般农民的剥夺。原因很简单，地主的财产比农民多，更值得掠夺。剥夺一个富户相当于剥夺十个甚至上百个穷人。历代官府征收赋税、征发徭役常以民户的财产多少为依据。财产越多，交纳的税和负担的徭役越多。为此，古代户籍制度专门有一项内容是在人户中按照资产评定等级，并根据户等的高低征收赋税、徭役。宋代以后朝廷专门以富户为对象征发职役，命令他们自备衣食到官府听差。这种职役对富户的摧毁性打击丝毫不亚于徭役，常能使上等富户倾家荡产。因而在宋代民间形成了严重的恐富心理。富户们哀叹"富不如贫"、"富贵是危机"、"富贵者劳苦"等。除了这些常规的剥夺外，每当朝廷遇到财政困难时，都要先向富户征收钱财。汉武帝时因连年对外战争造成财政紧张，用告缗，即发动民间举报大户财产的方式公开大规模剥夺富户的财产，"得民财物以亿计，奴婢以千万数，田大县数百顷，小县百余顷，宅亦如之。于是商贾中家以上大率破"。[1] 唐代后期，朝廷在筹集军费上发生了困难，就曾多次向富户"借"款。名义上是借，实际上是公然掠夺，对拒不借款者都加以残酷的迫害。

除了官府的剥夺外，官僚个人对庶民地主的掠夺也是十分严重的。无论是土地兼并还是对动产的掠夺，庶民富户都是最大的受害者。宋代官僚以花石纲为名义大规模掠夺民间财富就是一个典型的例子。那些能被皇帝、官僚欣赏和垂涎的奇花、异木、怪石，别说贫穷的农民家没有，就是一般的小康人家也不会有。只有富裕大户才能有宽大的宅院和讲究的山石摆设。方腊起义既是由花石纲引起，起义成员必定多为受官府迫害而破产的庶民地主。但是很多农战史著作中却无视这一史实，只说农

---

[1] 《史记·平准书》。

民为花石纲付出的繁重徭役。实际上，即使是花石纲的徭役，也同样包括庶民地主在内。

官僚地主的土地兼并，都是以好地、大面积地为目标。宋代大贪官朱勔假传圣旨，一次就把苏州城中数百家庶民百姓的田产、房屋全部占为己有。他的花园别墅遍布吴郡，良田耕地多达三十万亩，跨州连县。明代的大贪官严嵩在其家乡广占土地。史载："袁州一府四县之地，七在严而三在民，在严者皆膏腴，在民者悉瘠薄。"① 不止一两个贪官，大部分官僚地主都以掠夺广大庶民百姓为生存的条件。明代"官豪势要之家，其堂宇连云，楼阁冲霄，多夺民之居以为居也；其田连阡陌，地尽膏腴，多夺民之田以为田也"。② 官僚地主在兼并土地时，并不从地主阶级利益出发，在连片的土地中专挑上中农以下的农民土地，而把庶民地主的土地宽厚地放在一边。恰恰相反，与自耕农相比，庶民地主的土地好、面积大，这正是官僚们土地兼并的主要对象。虽然从政治经济学的角度分析，官僚地主与庶民地主同属于一个阶级，但是古代社会的人没有明确的阶级意识，只有鲜明的等级意识。官僚地主不会照顾与他们有着严格等级差别的庶民地主的利益。更何况官僚地主与庶民地主仅仅是在经济行为上有着部分相同之处，并没有共同的利益关系。

历代起义的另一个直接原因，是庶民百姓不堪忍受贪官污吏残酷的司法迫害。中国古代的法律是由皇帝官僚集团制定的，是官僚们保护自己的既得利益、剥夺庶民百姓的工具。因此，古代的贪官污吏往往利用手中掌握的司法权力，敲诈勒索庶民百姓的钱财。其中的矛盾同样是官僚集团与庶民百姓之间的矛盾，而不是所谓的地主阶级与农民阶级之间的矛盾。例如汉代的吕母起义，在农战史著作中往往被归入农民起义之列，是农民对地主的反抗。有的学者就此论述，地主阶级制定了严刑酷法恐吓农民以防止农民的反抗，吕母起义就是为了反对这种严刑酷法而发起的。但历史的真实情况是，吕母本人就是一个地主，是民间一个拥有数百万资产的富人。史载："母家素丰，资产数百万。""初，吕母子为

---

① 陈子龙等辑《皇明经世文编》卷329。
② 陈子龙等辑《皇明经世文编》卷251。

县吏，为宰所冤杀。母散家财，以酤酒买兵弩，阴厚贫穷少年，得百余人，遂攻海曲县，杀其宰以祭子墓。"① 从汉代吕母起义的史实来看，无论是起义首领的身份还是起义的目的、性质都与农民没有任何关系，起义的根本原因是庶民富户受到官府不公正的司法待遇，而贫苦农民只是被富户利用来作为个人报私仇的工具罢了。

对上述的失实现象进行分析，可以找到这样一条逻辑线索。这就是在研究与著述农战史之前就已经确定，中国古代社会的基本矛盾是地主阶级与农民阶级的矛盾。那么，农民起义的原因就是地主阶级残酷的经济剥削和政治压迫；因此，起义者的阶级成分都必然是贫苦农民；战争也就具有了革命的性质。然而这个从理论出发用这条逻辑推导出来的结论，与中国历史上实际发生过的史实并不相符。如果尊重史实，就会看到中国古代社会中有一部分剥削阶级成员如庶民地主同样受剥夺受压迫，而且在历代起义军中都占有一定的比例和重要性。然而，承认这些史实，就会使农战史的理论逻辑陷入尴尬的境地，更可怕的是，先赋予"农战"的革命性质也会因此无法存在。像庶民地主也要承担徭役这样的史实，对中国历史稍有常识的人都会知道，作为史学工作者就更不可能不知道了，但由于为了证明理论正确的功利需要，便尽力加以掩盖和歪曲。产生这种大量而严重的无视史实、歪曲史实现象的原因，源于农战史专题的目的，这就是证明毛泽东所论述的中国古代农民战争理论的正确性。

在农战史的研究和著述中，这种以理论为出发点，以证明理论为目的的状况，是在新中国成立以后形成的。新中国成立之前的马克思主义史学家对于历代起义的原因，都是尊重历史，从历史事实出发，客观、全面地进行分析，指出庶民地主受官府压迫、剥夺的史实。吕振羽在《简明中国通史》中曾多处论述庶民地主与官僚地主的矛盾是历代起义的重要原因。例如他说在隋末，朝廷为东征朝鲜向民众征发徭役和物资，"相当严重地伤害了一般地主的利益，所以有不少地主分子也参加了起义"；在隋唐时期，"中小地主在政治上仍是没有权利，经济上也受到国

---

① 《后汉书·刘盆子传》、《汉书·王莽传》。

家税役的严重压迫";宋代官僚政治只照顾大地主集团的利益,"不只把一切负担全部加在农民以至中间阶层的身上,并把国家的收入由皇室和官僚公开分赃"。这些"扩大了农民和地主以至中间阶层和大地主之间的矛盾"。他还指出,明代的征役原则是"右贫抑富",即越富裕的人家负担越重。朝廷的剥夺和官僚的土地兼并使农民和部分中小地主不断丧失土地。① 翦伯赞在《中国史纲》中论述王莽起义的原因时说,王莽改制使商人地主大受损失,一般人民也遭其殃害。"富者不得自保,贫者无以自存。于是天下萧萧然群起为盗矣。"② 范文澜在《中国通史简编》中指出,在汉代,王莽派兵到处烧杀抢掠,使"中产人民也不能安居生活",由此激发了全国性的起义。隋代末期,朝廷征战高丽,命令天下富豪提供军马,"富家十之八九因此破产"。再加上其他的剥夺,"除去贵族官吏和大地主,凡是中小地主以至贫民,几乎全数破产,一致要求起义"。③这些论述鲜明地表达了老一辈史学家的实事求是的学风和对中国古代社会的真知灼见。

二 无原则地美化起义者

农战史中另一个严重失实的原因,就是许多学者试图把起义者描绘成现代农民革命英雄的光辉形象。产生这一现象是由于毛泽东说过:"总计大小数百次的起义,都是农民的反抗运动,都是农民的革命战争。""在中国封建社会里,只有这种农民的阶级斗争、农民的起义和农民的战争,才是历史发展的真正动力。"④ 既然农民起义的性质是革命的,那么参加起义者自然都是革命的英雄,所作所为自然都是革命的行为,具备革命英雄的一切优秀品质和高尚觉悟。从这样的理论和逻辑出发,一些人为了美化和歌颂农民战争和起义者,便无视史实、曲解史实,掩盖他

① 吕振羽:《简明中国通史》下册,生活书店,1946 年初版,三联书店,1951 年第 5 版,第 433~434 页。
② 翦伯赞:《中国史纲》第 2 卷,大孚出版公司,1947,第 402 页。
③ 范文澜:《中国通史简编》,新知书店,1947,第 124、250 页。
④ 《毛泽东选集》第 2 卷,人民出版社,1991,第 625 页。

们在历史上留下的真实但不光彩甚至反动、残暴的行为。

对于明末农民起义领袖李自成死因的处理就是一个典型的例证。关于李自成的死因，历史记载中有三种说法，一是说李自成兵败后退至湖北通山县九宫山，被乡兵（所谓地主武装）打死，另一种说法是病死，还有一种是说他兵败后逃到湖南的夹山寺当和尚，隐居三十五年后方死。第三种说法在历史上较有影响，而且后来为大量出土文物证明是符合历史真相的。但是郭沫若主编的《中国史稿》却采用了第一种说法。据中国明史学会会长刘重日教授近期揭示，郭沫若本人从未否定李自成禅隐石门夹山寺的说法，但是由于新中国成立后的时代背景不允许把一个农民起义的英雄写成一个和尚，所以他主持编写《中国史稿》时，特别叮嘱写作班子的成员要慎重。在这种形势下，《中国史稿》就把李自成处理成被地主武装打死这一壮烈的结局。[1] 在明明知道历史真相的情况下，为了政治的目的却偏要掩盖历史真相。这样做的结果是给历史研究造成了极大的障碍，致使史学界被这一问题长期困扰，难以定论。

与美化起义者形象的做法相比，不能容忍的是有些学者极力掩盖起义者大肆杀人，残害无辜的罪行，为起义中产生的新暴政开脱和辩护。例如有学者撰文说，在魏晋时期，"石勒、王弥农民起义军在镇压高门士族时，不免会滥杀无辜，但其主要锋芒还是针对门阀统治的"。并且说石勒大肆杀人并非天性残忍，而只是一种"阶级的报复行为"。[2] 但就在这篇文章中所引的史料记载石勒数次所杀的人竟多达数万乃至十余万。永嘉五年四月，"王公士庶死者十余万"。[3] 同年六月，王弥等攻进京都洛阳，纵兵烧杀抢掠，"害诸王公及百官以下三万余人"。[4] 建兴二年三月，石勒攻破幽州，焚烧城邑，害万余人。[5] 稍微有点常识的人都会知道，统治者的人数再多，在一个城市中也不会有上万人，更不会多至十余万人。

---

① 熊育群：《李自成之死揭秘》，《羊城晚报》1993 年 3 月 19 日。
② 朱大渭：《魏晋南北朝时农民战争的社会后果》，《中国农民战争史论丛》第 5 辑，中国社会科学出版社，1987，第 3 页。
③ 《晋书·东海王越传》。
④ 《晋书·刘聪载记》。
⑤ 《晋书·孝愍帝纪》。

况且"士庶"中的庶就是指庶民百姓。可见，被石勒等"起义者"杀死的大多数都是无辜的老百姓。滥杀了成千上万的无辜者，还要说是"不免"，这种辩护手法的确够骇人听闻了。黄巢滥杀无辜在历史上也是有名的。可是很多学者都盛赞黄巢如何杀官僚贵族，对他杀平民百姓的罪行或者避而不谈，或者轻描淡写地提一笔，甚至用歪曲史实的手法为其辩护。881 年，黄巢退出长安后又攻入该城，"贼怒坊市百姓迎王师，乃下令洗城，丈夫丁壮，杀戮殆尽，流血成渠"。① 用百姓的鲜血洗城，这是多么残忍的兽行！可是在一些研究农战史的论著中，这些严重的罪行却都有了合理的解释。有人说："这如果是事实，也是为了惩罚长安城中的地主大商人等，因为他们欢迎'官军'来复辟。但杀人决不会太多，因为《秦妇吟》中不载此事，那里只说：'内库烧为锦绣灰，天街踏尽公卿骨。'死的只是为人民所痛恨的公卿而已。"②

为杀人魔王张献忠辩护的现象尤其严重。有学者说张献忠杀人是"反抗复仇"，是为了"威吓住敌人"，并说"不能因为'农民起义'领袖反抗复仇的意识较浓厚，杀的人多了一点，把一些不应该杀的人也杀掉了，因而就指责农民战争的落后性与残酷性"。③ 这样的辩护和开脱虽然毫无道理，但总算是基本保留了史料的真实性，只是在引用史料时做了一番歪曲史实的解释。更严重的是，有的学者竟彻底否认史书中对起义者大肆屠杀无辜百姓罪行的记载。例如有些人不但大力歌颂明末起义的首领张献忠是什么"叱咤风云的农民英雄"，而且极力否认和掩盖他杀人的罪行，说对这些杀人情况的记载是地主阶级史学家所捏造的，是对农民英雄的诬蔑。有一部明末农民战争史说，张献忠"'剿灭蜀人'不是事实，但张献忠对这些反动势力的镇压的确比过去加强了"。它甚至还夸赞张献忠的大西军"军纪很严"，对擅自杀人者都严加惩办。④ 这种断言是毫无根据的。

对张献忠大杀无辜平民百姓的情况，不仅官方正史有记载，一些野

---

① 《旧唐书·黄巢传》。
② 杨志玖：《黄巢大起义》，《中国农民起义论集》，三联书店，1958，第 147 页。
③ 李桂海：《对农民一个历史侧面的考察》，河北教育出版社，1988，第 128、129 页。
④ 袁良义：《明末农民战争》，中华书局，1987，第 424～426 页。

史中也有详细描述。此外，有两位西方传教士在目睹了张献忠的杀人暴行后所做的记录充分证实了中国史料的可靠性。据耶稣会士安文思的《中国新史》记载："叛匪张献忠率领大军向省城挺进，所到之处杀人放火。他想占领省城后自封为中国皇帝，事情也正是这样。因此，大量的民众为了躲避其暴虐而遁入深山藏身，神父们亦随之而逃。""他以各种刑法处死了不计其数的人，或被斩首，或被活活剥皮，或被凌迟碎剐，还有一些人则被折磨的半死不活。他还屠杀了十四万川兵。因此，全省几乎荒无人烟。"① 另一位神父卫匡国所著《鞑靼战记》中说："我认为只有该死的家伙才能干出如此伤天害理、残无人道的勾当。这里要谈的内容，都是从那份材料（即两位传教士所记载的材料）中汇集的，不外是大量令人憎恶的罪行。我相信，即便最忠厚的读者，也会认为干这种事的人不是人，而是一头可怕的野兽；若无更适当的名词，也可称为混迹人间的魔鬼。这个恶魔象一头野熊闯进各省，到处进行抢劫、杀人、放火和征战，带来各种不可想象的灾难。因为他打定主意要摧毁一切，以求无敌于天下，否则，留下任何活人就可能起而反抗。……暴君便是这样使得人口众多的四川变成一片荒野。"② 现代美国经济学家赵冈在论述清初湖广大量移民涌入四川的原因时指出："这是明末张献忠在四川大屠杀，造成四川地区半真空状态所导致的特殊后果。"③ 可见，张献忠大屠杀造成四川人口几成真空状态是一个不容怀疑的史实。

从中国古代历次起义的真实情况来看，起义的领袖和参与起义的人并不都是农民，而是几乎包括了社会各个等级、阶层和行业的成员。其中既有达官贵族，也有乡官小吏，既有富商大贾、地主豪绅，也有士人游侠，当然更多的是自耕农、半自耕农、佃农、小手工商者以及相当数量的游民。从现代政治经济学的阶级角度来看，既有剥削者，也有被剥削者、流氓无产者，还有既不剥削他人也不受人剥削的劳动者。历代起义军中著名的领袖人物如项羽、刘邦、李密、黄巢、宋江、方腊、孙恩、

---

① 《中国农民战争史论丛》第 5 辑，第 578、579 页。
② 《中国农民战争史论丛》第 5 辑，第 580、581 页。
③ 赵冈：《从宏观角度看中国的城市史》，《历史研究》1993 年第 1 期。

李特、石勒等人，都不是农民。何况农民这个概念本身含混不清，按照古代的概念，农民就应该包括所有从事农业的人，即"士、农、工、商"四民中的一种，既有庶民地主，也有自耕农、佃农，如果从阶级的角度划分，农民中应分为地主、富农、上中农、下中农、贫农、佃农等。当然，农战史中所论述的农民，想必是把地主和富农排除在外的。即便如此，按照阶级分析的理论，上中农和佃农虽同属于农民，但他们的阶级观念、行为方式和在革命战争中所起的作用也都不相同。这一点，毛泽东早在其著名的《中国社会各阶级的分析》一文中指明了。因此，如果笼统提农民，并不能确定他们的阶级性。不同身份、不同阶层的人文化素质和行为方式大不相同，参加起义的动机和目的也大不相同。其实，即使是劳动者、被剥削者，也没有现代人所设想的那种高尚的品质和自觉的阶级意识。他们参加起义都只不过是为了寻求个人的出路，或者只是为了摆脱悲惨的境遇，或者追求更高的目标，以获得他们所向往但在平时难以得到的权力和财富。中国虽然在历史上有着发达而繁荣的文化，但就社会结构来说，最基础的是一种暴力文化。尤其是在社会动乱时期，除了暴力，没有其他任何原则和价值标准。中国古代社会历代政权的来源都是暴力，而财富的来源则主要是暴力支持的强权而不是经营。在这种最基础文化背景下，尽管历代的起义是由统治阶级的暴政引起的，起义者也基本上都打着反暴政的旗号，但是在起义中往往会迅速产生新的暴政。因此，起义军使用手中的暴力奸淫掳掠，焚烧滥杀，不但是历史事实，也有其社会的和文化的基础，毫不足怪。

此外，从大量的史实来看，决定起义者是否滥杀的重要因素不是所谓的阶级立场，而是政治目的。一些有着夺取最高政权目的的起义者往往要行"仁政"以收买人心。例如刘邦制定的"约法三章"就为他的取胜开辟了道路。所以像朱元璋、李自成等率领的农民起义军在一开始都曾滥杀百姓，但后来在有政治谋略的士人（即被农战史说成是"地主阶级知识分子"者）的劝说下，他们都改变了这种愚蠢做法，制定严格的军纪约束部下。而张献忠在一开始倒并没有大肆滥杀，可是因统一天下当皇帝无望，才开始毫无顾忌地滥杀。

鲁迅曾多次谴责张献忠的残暴行为。他说，当他十四五岁时，看过张献忠怎样屠杀蜀人的一本书，名为《蜀碧》，从此就"痛恨着这'流贼'的凶残"。他说，这本书和另一本名为《蜀龟鉴》的书，"都是讲张献忠祸蜀的书，其实是不但四川人，而是凡有中国人都该翻一下的著作"。① 鲁迅不仅出于强烈的正义感和对人民深厚的感情谴责张献忠，而且从理性上分析张献忠杀人的原因。他说："他开初并不很杀人，他何尝不想做皇帝。后来知道李自成进了北京，接着是清兵入关，自己只剩了没落这一条路，于是就开手杀，杀……他分明的感到，天下已没有自己的东西，现在是在毁坏别人的东西了，这和有些末代的风雅皇帝，在死前烧掉了祖宗或自己所搜集的书籍古董宝贝之类的心情，完全一样。他还有兵，而没有古董之类，所以就杀，杀，杀人，杀……"② 鲁迅明确指出，张献忠杀的大都是平民百姓。不仅张献忠如此，其他的"流贼"、"强盗"也都大杀平民。他说："他们所反对的是奸臣，不是天子，他们所打劫的是平民，不是将相。"③

新中国成立之前，老一辈马克思主义史学家也都曾以史实为根据，严厉批判一些起义者的杀人残暴行为。吕振羽多次指责张献忠"到处乱杀"，历数他屠锦州、杀妇女的行为是"无阶级立场的反动性行动"，尤其是张献忠在四川建立政权后，"比过去更乱杀"。吕振羽在引用《明史》的一段记载后，公正地指出："这虽则是献身仕清的汉奸张廷玉等的夸大，但张献忠实行乱杀，四川人口被屠杀为数颇大，清初由'湖广填四川'却是事实。所以张献忠领导的农暴，在这方面，完全是反动的。"吕振羽还指出："在其他方面，他们也没有什么进步的政治措施。"④ 范文澜披露黄巢的罪行说："黄巢怒市民助唐，纵兵屠杀，称为洗城。"⑤ 这些都反映出了老一辈马克思主义史学家实事求是的学风。由此也可以看出，当农战史的研究与著述还没有形成一套固定的理论模式时，史学家们都能从历史的真实状况出发，对农民起义中的具体行为做出公正的评价。

---

① 鲁迅：《且介亭杂文》，《鲁迅全集》第 6 卷，人民文学出版社，1981，第 179、165 页。
② 鲁迅：《准风月谈》，《鲁迅全集》第 5 卷，第 235~236 页。
③ 鲁迅：《三闲集》，《鲁迅全集》第 3 卷，第 160~161 页。
④ 吕振羽：《简明中国通史》，第 735、739、743、835 页。
⑤ 范文澜：《中国通史简编》，第 318 页。

三 扩大农民起义和农民战争的范围

扩大农民起义和农民战争的范围，是农战史严重失实的又一重要原因。这大概是由毛泽东的有关论述所导致。毛泽东在《中国革命和中国共产党》一文中说："中国历史上的农民起义和农民战争的规模之大，是世界历史上所仅见的。"并明确把汉代的项羽、刘邦及隋代贵族李密的起义列在农民起义之中。

然而，历史学毕竟应该有自己的科学规定性。在农战史的研究与著述中，首先应该明确的概念，即什么是起义，什么是农民起义，什么是农民战争，界定它们的外延与内涵。然而令人遗憾的是，这项最基本的工作竟没有去做。事实上，古代社会中所发生的动乱并不见得都是起义，而历次起义也并不都是农民起义，在很多情况下是社会各阶层的起义，或是由各阶层共同参与的。即便是纯粹的农民起义，也不见得最终会发展成为农民战争，如果势态扩大的话，则必然形成全社会性的战争。我认为，严格地讲，中国古代有农民起义，却没有农民战争。关于这个问题，我将另撰文论述。

就秦末战争来说，首先是由陈胜、吴广为领袖的农民起义引起的，而后有以项羽为首的六国贵族的队伍和刘邦为首的中下层平民阶层的队伍参与。在新中国成立之前的马克思主义史学著作中，并没有把项羽、刘邦的起义看作农民起义。范文澜、翦伯赞等人都曾明确指出项羽是代表六国贵族，刘邦是个小地主、农村无赖、野心家等等。范文澜在《中国通史简编》中用"农民起义"和"庶民起义"这两个不同的概念来描述秦末的起义，他认为陈胜发动的起义是农民起义，刘邦不是农民，所以只能算是庶民（即平民）起义。庶民起义的范围比农民起义更宽泛。范文澜说秦末起义者夺取政权是"庶民夺国"，并说"秦朝农民在历史上第一次大起义了，而且政权落在平民刘邦的手里了"。[①] 这表明他对农民

---

① 范文澜：《中国通史简编》，第 101 页。

起义的范围有一个严格的界定，也表明了老一辈史学家严谨科学的治学态度。

或许由于毛泽东论述的影响或暗示，在农战史的研究与著述中，农民起义和农民战争的范围不断被扩大，甚至包括范文澜、翦伯赞的著作，在再版修订时也改变了他们在新中国成立前的提法。以至发展到很多学者将利用流民建立自己专制政权的少数民族首领石勒、李特，因跻身于门阀政治的企图失败而起兵夺权的士族地主孙恩、卢循等人，也都列为农民起义的领袖。

在历代的正史和野史中，都有许多关于"盗贼"的记载。在农战史研究中，这样的记载和描述都被说成是地主阶级对农民起义和农民革命的诬蔑，并把盗贼算作农民。这种做法显然缺乏科学的分析。在中国古代，"盗贼"是一个法律概念和社会生活中的日常概念，并没有阶级分析的因素在内。凡是有害于社会公共治安和政权统治的人，都被统称为盗贼。史书中有关"盗贼"的记载，即是以此为标准的。具体分析古代史书中所记载的盗贼的身份，可以看到，虽然多是走投无路的流民饥民，但也有不少其他阶级或阶层的人，有的是对抗官府的豪强地主，有的是铤而走险的野心家，有的是复辟旧皇朝的贵族，不尽相同。这些"盗贼"都不是农民，他们的所作所为，自然更不能算是农民起义了。即便是农民，由于苛政难以为生，在很多的情况下往往只是结集起来打家劫舍、杀人越货，先是以此维持生计，再是获取财富，没有什么行为的准则，更没有明确的政治目标。这样的行为不能算作起义，这样的"盗贼"也不应该算作农民起义。在农战史的研究与著述中，对于"盗贼"的身份、动机和行为不进行具体的分析，便一律算作农民起义，显然是严重的失实。

四 运用史料的不良学风

由于上述几个理论问题的影响和误导，农战史的研究与著述在运用史料方面，形成了一种不良的学风，主要表现为随意确定史料的真伪、断章取义和对史料的歪曲几个方面。

如对官修正史中所记载的张献忠、黄巢杀人如麻、以血洗城、奸淫焚烧的史料，以及对李自成决黄河马家口大堤水淹开封的记载，很多文章都说是不可信的，是地主阶级知识分子对农民起义军的诬蔑。此外还有很多具体事情，如张献忠起义前曾为明政府军军士的经历以及方腊作为漆园主的出身等等，也都如此。这种不经考证而仅仅凭着现代阶级分析的推论，便宣布史料不可靠的做法，显然是一种违背科学的不良学风。这些学者也许并不知道，他们其实在这上面犯了一个严重的逻辑错误，这就是他们研究或著述农战史时所用的史料，百分之九十以上也是正史中记载的，他们并没有说这些史料是不可信的，是地主阶级知识分子的胡言乱语，是诬蔑和捏造。如《汉书·食货志》中记载了董仲舒的一段话，说秦王朝自商鞅变法之后，"除井田，民得卖买，富者田连阡陌，贫者无立锥之地。又专川泽之利，管山林之饶，荒淫越制，逾侈以相高；邑有人君之尊，里有公侯之富，小民安得不困？又加月为更卒，已，复为正一岁，屯戍一岁，力役三十倍于古；田租口赋，盐铁之利，二十倍于古。或耕豪民之田，见税什五。故贫民常衣牛马之衣，而食犬彘之食。重以贪暴之吏，刑戮妄加，民愁亡聊，亡逃山林，转为盗贼，赭衣半道，断狱岁以千万数"。[①] 在农战史中这段话历来被当作信史反复引用，说明秦皇朝的暴政是引起动乱的原因，并没有因为《汉书》的作者和董仲舒都是地主阶级知识分子而宣布这些不可信。

从实际情况来看，旧史书也并不像用阶级分析所得出的结论那样，一味地歌颂地主、诬蔑农民。在官方的正史中，也有许多对起义者良好风纪的记载。例如《旧唐书》中多次描写唐末起义军杜伏威的某些队伍纪律严明，深受百姓欢迎。如阚棱军队"令行禁止，路不拾遗"，王雄诞"每破城镇，约勒部下，秋毫无犯，故死之日，江南士庶莫不为之流涕"。[②] 这些史料都被农战史用来证明农民起义军的伟大。

由此可见，在农战史中这种运用史料的不良学风，即是：凡是符合

---

① 《汉书·食货志》。
② 《旧唐书·阚棱传》、《旧唐书·王雄诞传》。

自己需要的，就是信史，就拿来使用。凡是不利于自己观点的史料，就宣布它是不可靠的，是地主阶级知识分子的诬蔑或捏造。这种做法根本违背了历史研究的客观性、科学性的原则。

有些学者歪曲史料的方式，就更令人不可思议了。例如有文章说，在唐代武则天时，绥州稽胡白铁余起义，"建立了农民政权，称'光明圣皇帝'，置百官，杀官吏，焚烧地主的庄院，表现了与武则天地主政府誓不两立的英雄气概"。① 然而，查该文所引用的史料，却发现大有出入。据《资治通鉴》记载，白铁余"自称光明圣皇帝，置百官，进攻绥德、大斌二县，杀官吏，焚民居"。② 《旧唐书》的记载更具体，说白铁余"进寇绥德，杀掠人吏，焚烧村落"，③ "民居"和"村落"竟然被翻译成为"地主的庄院"。"民"是包括庶民地主和广大农民在内的一个平民阶层，其中大多数的成员还是农民。村落是农民的居住地，有的村落中有地主，有些村落中不一定有地主。从这段史料看，白铁余显然是进绥德后不分青红皂白滥杀一气。有一部农战史，在说到唐大中二年浙东裘甫起义后唐皇朝下诏命令王式派兵围剿时，说："地主豪绅才心神稍安，而正与义军将领饮酒的裘甫却'闻之不乐'。"④ 史料是这样记载的："及王式除书下，浙东人心稍安。裘甫方与其徒饮酒，闻之不乐。"⑤ 可见该书的作者把浙东人都当成地主豪绅了。至于浙东人为什么听说朝廷派兵围剿裘甫就会感到心安，那是因为裘甫大肆烧杀抢掠，不但威胁了地主富豪的利益，也危及普通老百姓的财产和生命安全。就在上述的同一史料中，记载裘甫进攻浙西，"掠扬州货财以自实"。裘甫进攻象山时，"所过俘其少壮，余老弱者蹂践杀之"。裘甫的残暴行为使所有的人都感到恐慌，并不是只有地主豪绅才怕他。

断章取义，甚至是断句取义，也是农战史中的不良学风，导致了农

① 白钢：《评"四人帮"在农民战争史领域里所制造的混乱及其反革命本质》，《中国农民战争史论丛》第1辑，山西人民出版社，1978，第11~12页。

② 《资治通鉴》卷230。

③ 《旧唐书·程务挺传》。

④ 李斌城主编《中国农民战争史》（隋唐五代十国卷），人民出版社，1988，第190页。

⑤ 《资治通鉴》卷250。

战史著作中诸多失实。例如上述的那部农战史著作中，就有多处这类的情况。该书说到浙东裘甫起义进攻越州会稽县平水镇东的小江，"城中富豪之家，'储舟裹粮，夜坐待旦，各谋溃逃'"。① 据查，这段被裁截的史料取自《资治通鉴》卷250，其主语是"城中士民"，而不是什么"富豪之家"。"士民"是"士"与"民"的合称，其中既有贫者，也有富者。同是这部农战史著作，在说到王仙芝进攻东都时，仍是把《资治通鉴》中的"士民携家逃出城"② 说成是"有产者也纷纷'携家逃出城'"③，所用的手法是一样的。在这部书中，还有不少类似断章取义、歪曲史实的写法，不必一一列举。

原刊《史学理论研究》1995 年第 4 期。

---

① 李斌城主编《中国农民战争史》（隋唐五代十国卷），第 189 页。
② 《资治通鉴》卷 252。
③ 李斌城主编《中国农民战争史》（隋唐五代十国卷），第 217 页。

中国农战史专题的形成与发展

——在领袖、政权及史学家的三重作用下

一　中国农战史专题的四大特点

本文首先需要指出中国农战史专题的四个特点，旨在说明农战史专题与一般农战史的不同之处，以及农战史专题与其他众多专题研究的不同之处。而这两大差异恰恰是以往学界所忽视的。

其一，农战史专题与一般农战史有所不同。一般农战史研究和著述中外农民战争史，是中外都有的史学形式。而中国的农战史专题为中国所特有，其对象基本仅限于中国古代的农民战争。它正式形成于 20 世纪 50 年代初期，到 20 世纪 90 年代后基本上处于停顿状态。前者是史学学术正常发展的产物。后者则是"证明学"，在某种程度上是为证明毛泽东农民战争理论的正确性而建立，就像是黎澍所说的"经学"，它是史学政治化的结果。两者不仅在目的和性质上有很大的不同，在表现形式及方法上也有较大的差异。而且正是由于目的的不同才造成了这些差异。一般农战史以叙述具体史实，即农民战争的发展过程为主，表现形式主要是史的专著，论从史出并附属于史。而农战史专题由于需要论证毛泽东的理论，又由于不同的人对毛泽东理论的理解有分歧，不可避免地引起争论。因此农战史专题的表现形式是以论为主，并常常发展为论战。即使是史的叙述也多是以论为线索或为指导，可以说是"以论带史"。其二，一般农战史只是历史学的一个分支，研究历史中的某一部分。它对历史的其他部分的研究没有较多的影响。而农战史专题是将农民战争史

作为历史发展的主要线索，并把农民战争看作历史发展的根本动力，赋予了农民战争史以超越一般历史的意义。因此农战史专题在中国史学中起着支配性的作用。农民战争理论成为解释中国历史发展的主流话语，而且是指导历史学研究与编纂的重要原则。正如孙达人所说，农战史专题最大的教训就是越来越严重、越来越偏狭的排他性。农民战争最初被誉为"五朵金花"之一，接着被日益拔高其地位，扩大其作用，到最后几乎独占了整个史学园地，并变成判别一切历史事件和史学家的价值标准。曾几何时，这个诞生不久的新生学科就在"显学"化的过程中排斥了其他学科分支和不同观点，同时也就窒息了自己的生机。① 其三，作为中国史学中众多专题中的一支，农战史专题的产生原因最为复杂和特殊，它是在领袖、政权和史学家三重作用下形成的。而其他的专题多只是在领袖理论和史学家这两方面因素的影响下形成的，具体方式是史学家研究和阐释领袖的理论，并对此展开讨论，权力的直接干预较为少见。其四，农战史专题因大力宣扬阶级斗争理论，极为有力地配合了 20 世纪 50年代至 70 年代末中国的政治运动，成为最政治化和最具现实意义的一项专题，并由此提高了历史学在中国政治和中国社会中的地位，使之成为学术中的显学。

二　早期一般农战史：20 世纪 30 年代的两部农战史专著②

　　1933 年，正是中国社会史论战进行之时，有两部农战史专著在中国问世，一部是蔡雪村著《中国历史上的农民战争》，另一部是薛农山著《中国农民战争之史的分析》。此前未曾见过有全面研究中国农民战争史的专著，只是有 20 余部太平天国史的著作。

　　这两部农战史与后来的农战史专题既有共同之处，也有较大的差异。

① 　孙达人：《中国农民变迁论》，中央编译出版社，1996，第 5 页。
② 　本节的写作参考了侯云灏《从三十年代的两部中国农民战争史论著看早期中国农民战争史研究》，《史学理论研究》1997 年第 3 期。

先来看它们的不同之处。关于农民战争的原因，农战史专题根据毛泽东的理论，认为是"地主阶级对农民的剥削和压迫"造成起义。而两著却都认为，全国性农民战争出现的社会条件是中国形成了商业资本主义社会。例如蔡雪村认为，从秦代到清代中期，中国都是商业资本主义社会。而"大规模的农民暴动是商业资本发展下的直接产物"。① 就指导原则来说，两著直接遵从的是马克思的阶级斗争理论。两位作者都引用了《共产党宣言》关于"至今一切社会的历史都是阶级斗争的历史"的论述。而农战史专题具体奉行的是毛泽东的农民战争理论，这一理论是马克思主义中国化的表现。正因为如此，两著的表现手法是史的专著而非论战的形式。

两著的观点与后来的农战史专题又有着某些共同之处，这表明后者在有些方面借鉴了前者。首先，两著都高度评价农民战争对于历史所起的作用。蔡雪村指出："由秦始皇时代以至帝国主义入侵中国前后，农民不断的暴动，成了推动中国历史向前演进的一个主要因素。"② 他认为，农民战争对历史的推动作用一方面表现为不断地改朝换代，另一方面则是迫使新的统治者实行"让步政策"。农民战争以其"余威""胁迫利用战争崛起之新兴政权不得不对农民施以相当让步与改良"。③ 这也许是中国农民战争研究中最早提出的"让步政策"论。薛农山也认为，农民暴动对于中国历史起到了重要作用。他甚至说："中国历史是一部农民暴动的历史。"④ 关于农民战争失败的原因，他们也归结为缺乏先进阶级的领导。两书还论述了有关"农民政权"及农民战争的口号等问题，这些都是后来的农战史专题所关注的。

三 1939 年毛泽东农民战争理论的提出

1939 年冬季，毛泽东和几个在延安的知识分子合作，写作了一个供

---

① 蔡雪村：《中国历史上的农民战争》，亚东图书馆，1933，第1页。
② 蔡雪村：《中国历史上的农民战争》，第8页。
③ 蔡雪村：《中国历史上的农民战争》，第2页。
④ 薛农山：《中国农民战争之史的分析》，神州国光社，1933，第228页。

当时政治教育用的课本，即《中国革命和中国共产党》。该文的第一章"中国社会"是由其他几位同志起草，经过毛泽东修改和定稿，并以他的名义公之于世。① 正是在这一章里，毛泽东提出了他关于中国社会历史的一整套解释系统，而其中最重要的就是农民战争理论。这个理论具体规定了以下几个方面：

农民战争的性质：从秦末起义到清代的太平天国，"总计大小数百次的起义，都是农民的反抗运动，都是农民的革命战争"。

中国农民战争的特点："中国历史上的农民起义和农民战争的规模之大，是世界历史上所仅见的。"

农民战争爆发的原因："地主阶级对于农民的残酷的经济剥削和政治压迫，迫使农民多次地举行起义，以反抗地主阶级的统治。"

农民战争的历史作用："在中国封建社会里，只有这种农民的阶级斗争、农民的起义和农民的战争，才是历史发展的真正动力。"

农民战争失败的原因：只是由于当时没有先进的政党，"因而这种农民起义和农民战争得不到如同现在所有的无产阶级和共产党的正确领导，这样，就使当时的农民革命总是陷于失败"。②

毛泽东的农民战争理论具有浓厚的政治色彩，其主要目的是论证他所领导的中国革命的合法性和正确性。他认为，中国的革命必须是中国共产党领导的武装斗争。而这种武装斗争的实质就是农民战争。毛泽东说："中国共产党的武装斗争，就是在无产阶级领导之下的农民战争。"③所以他高度评价农民战争对于历史的"推动"作用。同时他强调共产党领导的重要性，认为没有党的领导农民革命必定会失败。毛泽东还以历史上有些农民起义因未建立根据地，实行"流寇主义"导致失败的教训来证明他建立农村根据地的正确性。可见，是现代革命的需要赋予了古代农民战争"革命性"。对于毛泽东理论的深意，史学家田昌五有极好的

① 见罗志田主编《20世纪的中国：学术与社会》（史学卷），山东人民出版社，2001，第65页。

② 毛泽东：《中国革命和中国共产党》，《毛泽东选集》第2卷，人民出版社，1991，第625页。

③ 毛泽东：《共产党人发刊词》，《毛泽东选集》第2卷，第609页。

领会。他说："中国新民主主义革命所以能够成功，就在于有了再版的农民战争。"①

四 20 世纪 40 年代马克思主义史学中的一般农战史

尽管毛泽东在 1939 年所写的《中国革命和中国共产党》中明确规定了一整套农民战争的理论，而且毛泽东还曾授意延安马列学院历史研究室要研究中国农民战争史，但是在中国马克思主义史学中并没有随之形成农战史的专门研究与著述。只是在几部史著中有部分农战史的表述，那就是吕振羽的《简明中国通史》、翦伯赞的《中国史纲》以及范文澜的《中国通史简编》，这几部著作都出版于 20 世纪 40 年代。值得注意的是，这几部主要的马克思主义史著中并没有出现像 50 年代以后的那种以毛泽东农民战争理论为出发点而研究的模式。这些史学家完全是通过自己的观察和认识得出结论，即使是范文澜根据毛泽东的指示写成的《中国通史简编》也不例外。例如关于农民战争的原因，他们都没有采用毛泽东所说的"地主阶级剥削压迫农民论"，而是强调官府对全体庶民，其中也包括对庶民地主的剥削、压迫。吕振羽在《简明中国通史》中多次论述官僚地主与庶民地主的矛盾是历代起义的重要原因之一。② 翦伯赞在论述王莽统治时起义的原因时说，王莽改制使商人地主大受损失，"富者不得自保，贫者无以自存。于是天下萧萧然群起为盗矣"。③ 范文澜在《中国通史简编》中说，在汉代，王莽派兵到处烧杀抢掠，使"中产人民也不能安居生产"，由此激发了全国性的起义。隋代末期，朝廷征战高丽，命令天下富豪提供军马，"富家十之八九因此破产"。再加上其他的剥夺，"除去贵族官吏和大地主，凡是中小地主以至贫民，一致要求起义"。④

① 田昌五：《关于农民战争研究中的几个理论问题》，《中国农民战争史论丛》第 2 辑，河南人民出版社，1980，第 17 页。
② 吕振羽：《简明中国通史》下册，生活书店，1946，第 433 ~ 434 页。
③ 翦伯赞：《中国史纲》第 2 卷，大孚出版公司，1947，第 402 页。
④ 范文澜：《中国通史简编》，新知书店，1947，第 124、250 页。

50 年代后的农战史专题为了证明毛泽东所规定的农民战争的革命性，无原则地美化起义者，不仅把起义者描绘成现代农民革命英雄的光辉形象，而且极力掩盖他们的残暴行为。与之不同的是，老一辈马克思主义史学家多是以史实为依据，严厉批评一些起义者的杀人残暴行为。吕振羽多次谴责张献忠"到处乱杀"，历数他屠锦州、杀妇女的行为是"无阶级立场的反动行动"，尤其是张献忠在四川建立政权后，"比过去更乱杀"。吕振羽在引用《明史》的一段记载后，公正地指出："这虽则是献身仕清的汉奸张廷玉等的夸大，但张献忠实行乱杀，四川人口被屠杀为数颇大，清初由'湖广填四川'却是事实。所以张献忠领导的农暴，在这方面，完全是反动的。"吕振羽还指出："在其他方面，他们也没有什么进步的政治措施。"[①] 范文澜披露黄巢的罪行说："黄巢怒市民助唐，纵兵屠杀，称为洗城。"[②] 有关起义的性质，这些著作的论述也与毛泽东的论述有很大的差距。吕振羽将张献忠等的起义说成是"农暴"，即农民暴动。翦伯赞把黄巾起义说成是"农民暴动"，而把秦末和西汉末的起义说成是"农民叛乱"。这种命名与中国史学界通行的说法一致，却与毛泽东的"农民革命"论不尽相符。再例如毛泽东说，包括项羽、刘邦在内的"总计大小数百次的起义，都是农民的反抗运动，都是农民的革命战争"。而范文澜、翦伯赞都没有把他们领导的起义看作农民起义，而是指出，项羽是旧贵族，刘邦是个小地主、农村无赖、野心家等等。翦伯赞说，刘邦建立的政权是商人地主政权，项羽建立的政权是旧贵族政权。范文澜的《中国通史简编》中用"农民起义"和"庶民起义"这两个不同的概念来区分秦末的起义。认为陈胜发动的起义是农民起义，而刘邦领导的则是庶民起义。指出他们是"庶民夺国"，庶民就是平民。所以他说："秦朝农民在历史上第一次大起义了，而且政权落在平民刘邦的手里了。"[③] 这些著作中也没有论证毛泽东所说的"农民战争推动历史前进"的伟大作用。这些都反映出老一辈马克思主义史学家实事求是的

---

① 吕振羽：《简明中国通史》，第 735、739、743、835 页。
② 范文澜：《中国通史简编》，第 310 页。
③ 范文澜：《中国通史简编》，第 101 页。

学风。

范文澜 1945 年写成《中国近代史》，于 1947 年由华北大学出版，其中的第三章为"太平天国革命"。1951 年他将此章作为单行本出版，题目是《太平天国革命运动》。与毛泽东关于太平天国是"农民革命"的说法不同的是，范文澜虽承认其为"革命"，但不认为它是"农民的"革命。他详细分析了起义者的身份，认为它是"从工人、农民到富农、流氓无产者、兵士、失意士人、某些政治上被压迫的地主、豪绅、商贾；从新式的上帝会到旧式的天地会，团结在反满旗帜下，展开广泛的革命运动"。毛泽东将太平天国运动与从陈胜、吴广的所有起义算作同类，而范文澜将太平天国革命运动看作与以往所有农民起义都截然不同的"旧民主主义革命"，认为它客观上是资本主义将在中国萌芽的反映。虽然这种评价过高，但是表现出与毛泽东理论的不同之处。范文澜具体指出太平天国失败的原因，主观上是宗派主义、保守思想和安乐思想作祟。范文澜批评太平军首领自相残杀、腐化堕落等等，认为这些"决定了太平天国的必然崩溃"。[①]

从上述介绍可以看出，当农战史的研究与著述还没有形成一套固定的理论模式时，史学家们都能从历史的真实情况出发，对农民起义中的具体行为做出公正的评价。同时也说明，此时的农战史只是一般性的农战史，而不是后来的那种农战史专题。它不仅从基本概念到认识模式都与毛泽东的论述不相符合，而且基本上都没有讨论后来农战史专题所讨论的那些问题。曾任中国农民战争史学会理事长的漆侠在《建国以来中国农民战争史的研究》中说："自从 1939 年底毛主席的《中国革命和中国共产党》发表以后，郭沫若、范文澜、翦伯赞等马克思主义历史学家，便以极大的热情和兴趣开始了对中国农民战争史的研究。他们或者以专题论文的形式，或者在自己的著作中以一定的篇章，描述了农民革命的一些英雄事迹。"[②] 这种说法恐怕与史实有较大的出入。

---

① 范文澜：《太平天国革命运动》，东北人民出版社，1951，第 104、110 页。
② 漆侠：《建国以来中国农民战争史的研究》，《中国农民战争史研究集刊》第 4 辑，上海人民出版社，1985，第 1 页。

五 20世纪50年代初在新政权作用下 农战史专题的形成

以往人们总结农战史专题形成的原因，多把它归结为史学家们贯彻"人民创造历史"这一理论的产物。因为要歌颂劳动人民，所以就得研究中国古代的农民战争。这种论断实际上是站不住脚的。人民中有多种成分，为什么只有中国的农民战争形成了如此大规模的研究，而对奴隶、工人等"人民"却没有这样强烈的热情呢？众所周知，中国历史学中并没有一项专门的奴隶史。即使是工人运动史也仅仅是一个极小的专史，远没有达到农民战争史那样高的地位和那样大的规模。有人说，因为中国是一个农业大国，农民占人口的大多数，所以要重视农民战争史。但是，重视农民，应该是全面地研究农民的历史状况，可为什么不研究农民的生产、生活史，而只关注农民战争史呢？况且，农战史研究的对象，即起义的主体，不仅是农民，还有许多参与起义的社会各阶层人士，包括地主、商人甚至还有官僚、贵族。更重要的是，参加起义的农民主要是受国家控制的编户农民，即人们通常所说的"自耕农"，而不包括佃农。因为受雇于私人的佃农和一些隶属于私人的部曲等一般不参与针对皇朝统治的"农民起义"。可见农战史并没有研究农民的全部。这种"人民史"恐怕是不符合"人民创造历史"这一命题的要求的（关于"人民创造历史"这一命题的意义，史学界另有结论，因与本文没有直接的关系，在此无需叙述）。这充分说明，农战史专题并不单纯是为了歌颂历史上的"劳动人民"才产生的。

中国农战史专题的形成有三方面的因素，其中最重要的就是毛泽东的农民战争理论。它具体规定了农战史研究的范围和各个方面的内容。如果没有这一理论，可以肯定，中国历史学只会产生一般农战史，而不会有农战史专题这种形式。不过，理论自己是不会自动发生作用的，需要有历史学家的阐释和运用。据不完全统计，从50年代初农战史专题产生到改革开放前的近40年中，有关农战史问题共发表了

4000 多篇论文，300 多部专著。这些论文，多是学者们论证、讨论毛泽东农民战争理论的主要成果。而这些专著中也贯穿着相关的种种争论。如果仅仅是叙述农民战争史，是无需这样多的论文和著作的。

然而，从上面的介绍我们已经看到，领袖理论的提出，并没有立即推动史学家们积极地展开农战史的研究，也可以说，马克思主义史学家们当时并没有主动地迎和政治需要去研究农战史。农战史专题是在新政权建立后才形成的。对于这一点，农战史研究者如此解释："中国农民战争史作为一门学科，应该说，也是随着新中国的诞生而诞生的。在旧中国，尽管不少进步的史学工作者已经重视中国农民革命的历史，但有关的研究工作为反动统治者所不容，在社会上没有地位。只有在人民的新中国，由于国家和人民的鼓励和支持，中国农民战争史的研究才会有今天这样的地位和规模。"① 说在旧中国，因反动统治者不允许而不能开展农战史研究，并不能说明问题。因为在共产党管治的大部分地区，也没有形成一定规模的农战史研究。至于说由国家和人民的鼓励，在新中国成立后才有了大规模的农战史，这一解释还算有部分的可靠性。的确，没有国家的作用，农战史专题是不可能建立的。只是，国家的作用并非仅仅是"鼓励和支持"，还有权力的强有力的干预，包括下达命令、组织专业人员研究和教学。更重要的是在社会范围内造成强大的舆论宣传攻势。

最直接的原因是，在 1949 年以后，马克思主义史学的学术研究已经成为现实政治的一部分，贯彻、落实及诠释领袖人物的理论成为有组织的重要任务。这种任务经上级下达之后，由高等学校、科研单位以及学术期刊、出版机构等多方共同完成。一方面，学者在学校中开设相关课程，另一方面，他们撰写文章或著作发表。学术期刊也组织专门的讨论，以推动这项工作的进行。由于毛泽东是中国人民的领袖，他的理论自然比其他领袖的理论更加受到重视，贯彻毛泽东的理论便成了中国学界的首要任务。赵俪生和高昭一于 1954 年出版《中国农民战争史论文

---

① 《中国农民战争史研究集刊》第 1 辑，"编者的话"，上海人民出版社，1979。

集》。在"付印题记"中赵俪生说明："去年（1953）暑假前，山东大学历史系中国史教研室交下来一个任务，即自1953年暑后开学起，配合高等学校专业教学的设置，要我们开出一门专门化的课程：'中国农民战争史'。这个任务是光荣的，但也是艰巨的。特别对于旧文献根底较差的人，它更显得艰巨。当时，单纯靠了一点工作勇气，我们把这一任务接受下来了。到现在，通过一年余以来的劳动，这个试探性的工作，初步说是完成了。而这本论文集，就是在执行这个任务的历程中积累起来的出品之一。"① 受命开设农战史课程的，当然不会只是山东大学一个学校，很可能是全国多所重要的大学。还是在1954年，历史教学月刊社编辑出版了《历史教学丛刊》第1辑《中国农民起义论集》（五十年代出版社），其中收集了10位学者的15篇文章。在该论文集的"前言"中，首先引用了毛泽东在《中国革命和中国共产党》中的有关论述，以此来表明编辑此论文集的宗旨。孙祚民的《中国农民战争探索》出版于1956年。看来，这些论文集的问世都是1953年上级有关指示的直接产物。由此可以推论，1953～1954年正是中国史学中"农战史"专题正式形成的时间。

此外还有一些客观上的原因。一是毛泽东的《中国革命和中国共产党》尽管写作较早，但是并没有广泛发行，仅在1949年由华北大学教务处出版了一个单行本。因此在当时及其后的一段时期里没能在史学界引起普遍的关注。1949年以后，新政权在全国掀起了学习马克思主义理论的热潮。为配合学习，马克思、恩格斯、列宁、斯大林以及毛泽东的著作大量出版。截至1952年底，《毛泽东选集》的前三卷已出版发行，《中国革命和中国共产党》也多次出版单行本，成为史学界重点学习的篇目。通过有组织的学习，毛泽东的理论有力地覆盖了中国史学界，从而成为历史学研究和编纂的最高指导原则。二是文化、教育界的学习又与知识分子改造运动密切地配合起来，也就是人们所说的"洗心革面"。通过学习，知识分子树立起劳动人民是历史创造者的观点、

---

① 赵俪生、高昭一：《中国农民战争史论文集》，新知识出版社，1954，"付印题记"。

阶级斗争观点以及社会发展的规律性观点。这些都与毛泽东的农民战争理论密切相关。知识分子的命运完全取决于他们能否转变立场，能否热情地歌颂劳动人民。三是1950年是义和团运动50周年，为纪念它，中国史学会编辑的《中国近代史资料丛刊》之《义和团》于1951年出版发行。它虽是这套丛刊中的第九种，却是整套丛刊中最早发行的一部。1951年适值太平天国运动100周年，全国各地举行各种纪念活动。1952年，《中国近代史资料》之《太平天国》部分也出版。这些都有力地促进了农战史专题的形成。

六 农战史专题的发展

在当时那种特殊的政治形势下，农战史专题一经形成便迅速地发展，有大量专著、资料及论文问世。然而，这一学科从一开始，就出现了某种背离毛泽东农民战争理论的倾向，这恰是史学家认真思考的结果。这种认真的思考不断深入，最终向传统理论发起全面的挑战。

如上所述，在毛泽东的农民战争理论中，有五项原则性的规定。其中关于农民战争"规模大"的特点，史学界始终是认可的，因为它的确符合历史的事实。关于农民战争失败的原因是没有先进阶级的领导这一点也没有引起争论。而以上两点恰恰不太具有重要性。引起大的争论的是那些重要的论点，即农民战争的性质、农民战争对历史的作用和农民战争爆发的原因。这三者是密切相关的。农民战争的性质，即是否具有"革命性"，直接决定着它对历史的作用，而农民战争爆发的原因又影响到对农民战争性质的判断。农民阶级反抗地主阶级的剥削和压迫，当然就具有革命性。如果承认有些地主也因受官府的剥削和压迫而参加起义，那么就会影响农民起义的"革命性"。

史学界讨论最多的是关于农民战争的性质和作用问题。在20世纪80年代前，争议最大的是关于农民行为的性质和"农民政权"的性质。这只是从具体的方面入手，对农民战争的"革命性"进行辨析，毋庸置疑，绝大多数农战史学者是以大力颂扬农民战争的革命性及其"伟大作用"为研究的首要目标的。只有极少数学者在肯定"革命性"的前提下，批评农民战争的"局限性"和农民的落后性，实际上是对农民战争的革命性有所怀疑。孙祚民和翦伯赞较早提出这种看法。孙祚民指出："脱离了具体历史条件，过高估计中国农民战争在历史上的作用，是违反历史唯物主义的，因而也是不正确的。"他通过具体分析"农民政权"的性质来认识农民战争的性质："'新政权'的性质基本上还是封建的、专制的。它与'旧政权'之间，只是存在着差别，而没有实质上的不同。"孙祚民还以起义者的行为来分析农民战争的性质和作用。他说，一些学者"把历史上的农民起义军，统统说成绝对'纪律严明'，绝对'秋毫无犯'，简直和今天的人民解放军一般无二。而对有关农民军'纪律败坏'的一切记载则认为'完全是出于捏造'，'全出诬构'和'全然不足信的'。……仅凭'善良的愿望'。抱着'求全'的精神，无视当时的实际情况，一意藻饰，尽量'美化'农民军，以致达到了失实的程度，这便离开了实事求是的科学态度"。① 翦伯赞说："应该历史主义地对待农民战争。""在写农民战争的时候，不要忘记农民战争是发生在封建时代，不要忘记农民是小所有者，也不要忘记农民并不代表新的生产力。"翦伯赞说，我们除了歌颂农民战争以外，"还要指出他们的历史局限性，指出他们在生产中的保守性、分散性和落后性"。②

他们的批评是有充分的根据的，既有史实的根据，也有马克思理论的依据。因为马克思、恩格斯始终认为，农民是一个保守的阶级，工人阶级才是先进的阶级，是革命的领导力量。尽管这些质疑有着充分的根据，有着充分的合理性，但是在改革开放之前那种受"左"的思潮极大影响的史学界，是不允许对农民战争革命性有丝毫的怀疑的。翦伯赞等人的论述被说成是对农民的"诬蔑"。不过，翦伯赞、孙祚民等人并没有从根本上否定农民战争的革命性。改革开放以后，才有学者明确指出，这种"农民战争"丝毫不具有革命性（具体见下面的介绍）。

关于农民战争的作用，在 80 年代前，学界基本上是依照毛泽东的

① 孙祚民：《中国农民战争问题探索》，新知识出版社，1956，第 19、27、3 页。
② 翦伯赞：《对处理若干历史问题的初步意见》，《光明日报》1961 年 12 月 22 日。

理论，一致同意农民战争对历史起到了积极的推动作用，但是对于这种作用如何体现却有不同的看法。孙祚民、翦伯赞等学者提倡"让步政策论"，认为农民战争迫使统治阶级"让步"，就是农民战争推动历史前进的具体表现。这种观点在"文革"时期受到了毛泽东的严厉批评，因此遭到了大规模的无情的批判。在新时期，学界展开了"历史动力问题"的大讨论。有人提出，农民战争不但没有推动历史前进，相反起到了阻碍历史前进的作用。持这种观点的人试图以否定毛泽东的"农民战争动力论"来挑战"阶级斗争动力论"，同时主张"生产力动力论"。这种观点又引起坚持阶级斗争动力论者的反对。由于论战的双方仍沿袭了传统的方法，不是从史实出发，而依旧是从经典作家的论述推论，大多只是在概念上兜圈子，所以没能得出新的认识。与之不同的是，有些学者以分析史实来认识农民战争的性质和作用。潘旭澜指出："几十年来，太平军被作为'农民革命'的范例。其实，前期领导集团和骨干，不少人是游民、富户、典当商乃至海盗。问题不在于这些人原来的身份，不能用这种简单化的机械论来确定它的性质和历史作用。问题在于，它是利用宗教迷信发动起来的造反，而不是具有近代先进思想的革命；它是为极少数人建立的'地上的天国'，而不是为中国创造美好的前途，不是为广大农民谋福祉。"他还说："不加分别地从根本上肯定'农民起义'、'农民革命'，是历史研究的一大误区。……认为无论怎么样造反都天然合理，造反者所有'反其道而行之'都有进步意义，是一种背离事实、违反科学的历史观。根本的尺度应当是，根据其所作所为和造成的效果，带给广大人民福利还是苦难，促使社会文明进步还是落后倒退。"[①]

近年来，对农战史专题的研究有了新进展。中国农民战争史学会理事长孟祥才明确指出，新中国成立后直到"文革"结束的20多年中，农战史"所有学者都是在一个错误的理论框架内进行研究"。[②] 他对传统农战史理论提出根本的质疑。他还曾对笔者说，农战史专题的失误是体系

---

① 潘旭澜：《太平杂说》，百花文艺出版社，2000，第15~17页。
② 孟祥才：《历史动力唯一论统摄下的农战史研究》，《史学月刊》2005年第7期。

的问题，不是枝节的问题，需要全面地改造。

黄敏兰从史实出发，全面挑战传统的农民战争理论，对农民战争爆发的原因及性质和作用都提出了与前人根本不同的看法。结论之不同源于方法的不同，即不是仅仅讨论理论、辨析概念，而是具体分析中外历史的具体情况。在此基础上，黄敏兰提出改造农战史专题的初步设想。友人何兆武先生称这种方法是"'立'字当头，破在其中"。因为只有切实地研究，用史实说明理论问题，才能够真正地达到"破"。

关于"农民战争"的性质和作用，黄敏兰认为它既不是农民的，也不是革命的。所以它不具有"推动历史前进"的"伟大作用"。"所谓农民起义和农民战争，是名实不副，也就是说，它们并不是农民的。首先，它是全社会成员共同参与的，其中有大量的庶民地主和商人。其次，它不是为农民利益的；尽管在发动之初，有着民众反抗的性质，但是最终都发展成为个人和小集团通过夺取政权实现自己利益的政治行动。"黄敏兰还进一步将中国的农民战争与西方社会各阶层的斗争相比，分析其性质和作用，指出，西方社会各阶层的斗争，无论是农奴，还是市民或贵族的斗争，大多是为了制约权力或争取自身的权利。这种行动常常是以建立合理的制度和法律为结局，由此不断地促进社会的进步。而中国的"农民战争"，大多数人最初只是盲目地反抗，随后则是为了夺取政权，用以改变个人的地位和命运。改朝换代并不能改变不合理的制度，它只是更换了统治集团的具体成员，部分原来的被统治者变成了新统治者，而广大社会成员依旧处于受剥削和受压迫的境地。这种非理性的斗争，丝毫不具有"革命"性。根据大量中外的史实来看，"只有理性的行动才是历史发展的真正动力，而单纯暴力的行动不一定能成为历史发展的动力"。①

关于"农民战争"的原因，黄敏兰早些时候曾从分析社会矛盾入手，指出并不是地主剥削农民，而是官民对立造成了起义。"在中国古代社会里，社会的基本矛盾不能简单地归结为地主阶级和农民阶级的矛盾，而

---

① 黄敏兰：《当代中国历史学的学术转型与创新》，《史学月刊》2005 年第 5 期。

是皇帝官僚集团与该集团外的全体社会成员的矛盾，其中庶民地主与官僚地主的矛盾是不容忽视的。"① 其实，起义原因是"官逼民反"这种认识王亚南早在 20 世纪 40 年代就已提出，并非新论，在新时期也有不少学者表达了同样的观点。尽管这种认识比毛泽东的"地主剥削农民论"更接近于中国历史的真实状况，但是仍然过于简单，并不能解决根本性的问题。黄敏兰通过中外比较的方法认识到，由于起义与王朝更替有密切的关系，起义的原因只能从王朝自身以及王朝与社会的关系两方面去寻找。由于西方的王朝构成简单，西方的王朝更替只是国王个人的权力交替。中国的皇朝更替是庞大集团的权力交替以及由此引起的社会性财产再分配。中国皇朝的这种构成形式必然促使更多的社会成员参与造反、夺权。中国皇朝的集团性统治形式和剥削形式使它与全社会对抗，而不是像地主个人与农民只是单独的对抗，所以中国就会出现大规模的夺取政权的政治运动。更为重要的是，西方的王位继承有极其严格的血统要求，而中国改朝换代却是以"易姓"为特色。血统原则的缺乏扩大了广大社会成员参与起义的可能性。针对有些学者认为西方农民战争少，就意味着阶级斗争少的误解，黄敏兰指出西方并非阶级斗争少，而是中国式的单纯暴力的阶级斗争少。西方的农民经常性的斗争是合法的、非暴力的行动。由于他们能够通过多种方式来有效地维护自己的权利和改变自己的地位，无需较多地诉诸武力，尤其是不靠夺取政权来实现自己的利益，所以不会出现大规模的、全国性的农民起义。中国民众恰恰是因为平时缺乏合法斗争的手段，积重难返，才会在王朝末期爆发大规模的武装反抗运动。②

据笔者浅见，农战史专题实际上是大有意义的，大有潜力可挖。中国历史上频繁的周期性社会动乱以及由此引起的皇朝更替，最充分地体现了中国历史的特殊性和特殊规律。但是长期以来，这些动乱被当作"阶级斗争"在中国的典型表现，即"农民战争"。农战史专题用一般性的理论即阶级斗争理论来解释这一特殊的历史现象，结果是埋没了中国

---

① 黄敏兰：《评农战史专题中的严重失实现象》，《史学理论研究》1995 年第 4 期。
② 黄敏兰：《当代中国历史学的学术转型与创新》，《史学月刊》2005 年第 5 期。

历史的特殊性，使人无法认识它的真意义，也无法解释为什么西方没有中国的这种历史现象。当前，历史学必须对农战史专题进行改造，将这个旧课题变为新的课题；需要走出农民战争理论的误区，从新的角度去研究这种历史现象，从中发现其真实的意义。

原刊《齐鲁学刊》2006 年第 4 期。

梁启超研究

中国知识分子第一人：梁启超

清末民初，正是中国社会发生巨变之时，也是英雄辈出的时代。实际上，正是这些英雄使中国发生巨变。当我们仔细考察，即可发现一个令人惊异的现象，一个过去不为人们注意的现象。那就是：当时那些叱咤风云、活跃于政治舞台和思想前沿的英雄，几乎全是知识分子。他们催动了两千年来停滞、僵化的社会，把鸦片战争以来饱受屈辱的中国历史变成蓬勃向上的、充满希望的历史。知识分子积极引进外国新文化，以学术、文化救国。他们在将传统文化改造并转化为现代文化的同时，推动了中国现代化的进程。先进的爱国知识分子给中国社会带来了无限生机。他们像灿烂的群星，照亮了中国的光明前景。

在众多英雄中，有一位极为独特而又杰出的人物，同时也是一位过去长期被人忽视、被人误解的人物，他就是梁启超。梁启超堪称中国知识分子第一人。他的经历最为丰富，活动多样而且范围极其广泛。他既是著名的政治家、思想家，又是活跃的社会活动家，同时也是成就斐然的学者和文化工作者——历史学家、文学家、报业家（也称报人）、图书和出版事业家、教育家、目录学家、财政学和宪政学专家，甚至还是艺术鉴赏家。他在每项事业中都卓有成就，其中任何一项成就都足以令人景仰，足以使一个人功成名就，足以奠定一个人的历史地位。

1. 最早的新知识分子

梁启超之所以堪称中国知识分子第一人，首先在于他是最早的新型知识分子。有些学者认为辛亥时期的知识分子是最早的新知识分子："戊戌一代知识分子（如康有为、梁启超）仅是初通若干新知的传统士大夫"，而"胡适这一代辛亥知识分子""正是中国新型知识分子的开山元老"。"他们是旧社会的最后一批士大夫，又是新时代的第一批知识者。"① 然而最后的这句话用于康有为和梁启超身上也许更为恰当。他们既是科第中人，又都是向新知识分子转化的代表。而梁启超比他的老师康有为更早和更多地脱离传统文化的束缚，成为最早的新知识分子。梁启超对新知识的介绍和运用在那个时代是无与伦比的。正因为如此，他才能广泛地影响其后的几代知识分子。胡适只是童年受过传统教育，13岁即到上海接受新式教育，肄业于上海中国公学，1910 年赴美国受教育至 1917 年。胡适一生获得过欧美各国三十六个博士头衔。他并未参加过科举，算不上士大夫，完全是一个新型知识分子。而且胡适在辛亥革命时正在美国留学，他真正登上历史舞台是在"五四"时期。胡适在许多方面都曾受到梁启超的极大影响。他与梁启超之间，还隔着辛亥一代知识分子。他应属于第三代新型知识分子。

在第一代新型知识分子中，梁启超影响和造就的进步青年学生和知识分子最多。有人说他影响了两代知识分子，有人说他影响了三代、四代甚至更多。曹聚仁说："过去半世纪的知识分子，都受了他的影响。"② 也许梁启超的影响还不止半个世纪，而是更加久远。新型知识分子是现代化运动的主要动力。梁启超通过教育和影响青年，极大地促进了中国的现代化。他的文章充满爱国激情，感人肺腑，催人泪下。他的思想影响了几代人，包括李大钊、陈独秀、鲁迅、胡适、毛泽东、周恩来、郭沫若、吴玉章、梁漱溟、邹容、吴樾、邹韬奋等著名人物。有多少历史、文化名人在他们的传记、回忆录中记述了梁启超对他们的强烈震撼和巨大影响。我们随便翻开他们中任何一位的传记，即可发现这种表述触目皆是，这一现象在古今中外的思想文化史上是少有的。

2. 首倡全面现代化

然而，我们说他是知识分子第一人，并不仅在于他是最早的新型知识分子，更重要的是，他是中国最早提倡和推行全面现代化的人。关于

---

① 许纪霖：《智者的尊严——知识分子与近代文化》，学林出版社，1991，第 100 ~ 101、109 页。

② 曹聚仁：《中国学术思想史随笔》，三联书店，1986，第 350 ~ 351 页。

现代化的内容，有各种理论。一般人根据西方的经验，把现代化界定为经济的发展，而且主要指工业化。中国因特殊原因，需要推行全面的现代化。对于这一点，梁启超比其他知识分子有更深的理解。尽管当时他并不明确了解西方的现代化过程及理论。他完全是根据对中国国情的认真研究做出自己的选择。

台湾学者黄克武说："现在多数学者都认为在十九世纪末、二十世纪初年梁启超是第一位主要提倡'现代化'的中国思想家，这一取向后来并成为中国思想界的主流。"① 全面的现代化包括政治的、经济的、学术的、文化的、思想道德的各个方面。既有社会的现代化，也包括人的现代化。而梁启超是最重视文化的现代化和人的现代化的知识分子。

梁启超的所有成就都是推行全面现代化的结果。作为政治家和思想家，他发起和参与了清末民初的一系列现代化运动。在那个动荡的年代，政局变换极为迅速。一场运动紧接着一场运动，环环相扣。一个个历史事件层出不穷，令人目不暇接。梁启超始终活跃于其间，影响着历史的进程：他参与策划了中国第一场政治和思想、文化的现代化运动——戊戌维新运动。公车上书标志着以新型知识分子为首的知识分子群体登上政治舞台。作为政治变革的戊戌变法虽然暂时失败了，但是它开辟了中国政治现代化的道路。而维新思想文化运动则给中国社会注入了全新的活力。梁启超选择合理的民主化道路，领导和推动了清末的立宪运动和保路运动。他早期的革命宣传和后来的立宪活动都直接或间接地影响了辛亥革命。严复说梁启超实为亡清二百六十余年社稷之人。胡适的评论更为贴切。他说："梁任公为吾国革命第一大功臣，其功在革新吾国之思想界。十五年来，吾国人士所以稍知民族思想主义及世界大势者，皆梁氏之赐，此百喙所不能诬也。去年武汉革命，所以能一举而全国相应者，民族思想政治入人已深，故势如破竹耳。使无梁氏之笔，虽有百十孙中山、黄克强，岂能成功如此之速耶！"②

---

① 黄克武：《一个被放弃的选择：梁启超调适思想之研究》，台北：中研院近代史研究所，1994，第21页。

② 胡适：《藏晖室札记》，亚东图书馆，1939，第122页。

梁启超不断与专制势力斗争，日日倡民权，反专制。民国初年，他虽一度与袁世凯合作，但当袁世凯阴谋称帝时，是他第一个勇敢地站出来，谴责窃国大盗的罪行，随即与他的学生蔡锷一起，成功地完成了护国倒袁运动，成为当之无愧的再造共和的英雄。袁世凯死后，又发生张勋复辟事件。梁启超说动段祺瑞举行"马厂誓师"，结束了复辟丑剧，三造共和。他开创和推行"民意外交"，主动以民间代表的身份前往欧洲，在巴黎和会上为中国利益积极游说、奔走。是他将巴黎和会签订损害中国利益条约的消息传递到中国，由他的同志在其报刊上向国民披露，由此而引发了声势浩大的"五四"爱国运动。即使是一个职业政治家，也少有这样连续不断的政治作为，更何况他还是一位著作等身的学者，写作、教育、演说已占去了他大部分的精力。当然，作为政治家，他有成也有败。成有成的辉煌，败也败得壮烈。失败只是暂时的，其意义则永存。因为他尽了最大的努力，暂时的失败只是因为历史条件所限。

梁启超是清末民初二十年间一系列政治、思想、文化现代化运动的主将或推动者。因为他既是政治家，又是思想家、鼓动家，他的活动自有其特色，而与一般政治家不同。他极其重视舆论的作用。每项行动都提出相应的理论，每次有所动作都要大张旗鼓，大造声势，以致梁启超参与的运动总是比别人搞得轰轰烈烈。梁启超进行舆论宣传的重要手段是办报。几乎每一次运动都以报刊为舆论阵地，或是创办新报，或是利用已有的报刊。人称其"以言论动天下"，确实如此。《时务报》是戊戌变法的喉舌，《新民丛报》为启蒙运动的机关，《国风报》在立宪运动中大力宣传宪政理论和知识。护国运动中，袁世凯控制了国内几乎所有的报纸，操纵舆论，欺骗民众。梁启超则利用自己的报纸揭露袁贼，在社会上引起极大反响。"五四"时期，《国民公报》和《晨报》披露了有关卖国条约的消息，等等。正因为充分占领舆论阵地，他才能在长达十四年的流亡中仍有力地影响远隔大海的中国政坛和思想界。这也是中外历史上的一个奇迹。梁启超对每项大的举动都要提出相应的理论或纲领性文件，而这些纲领性文件又都发表于他的报刊之上。

梁启超似乎是把政治和思想活动当作一门艺术来精心设计。因而，梁启超的政治活动充满了理论色彩和思想性。他追求的不是运动本身，而是运动的精神。维新运动中，他不仅要变法，更重视宣传变革思想，以启迪民智、绅智。立宪运动中，他鉴于国民缺乏宪政知识，大力宣传有关常识。护国运动中，他不仅声讨窃国大盗的罪行，更强调维护法律的尊严和国民的权利及人格。

融政治、思想、文化以至学术活动为一体，是梁启超的特色。能如此全面安排、精心设计社会政治活动的，恐怕只有梁启超。正因为如此，他才能在各个方面都做出卓越的贡献。因为各个方面是相辅相成、齐头并进的。例如，他为了政治宣传而办报，促进了文化事业，由此进一步推动了社会的全面进步，包括新知识的普及、言论自由的发展、政治进步等等。其影响是无可估量的。

3. 爱国和救国的典范

在近现代的中国，知识分子最爱国，是他们领导了一场场爱国运动。

爱国是中华民族的优秀传统，但知识分子的爱国精神与以往人们出于本能的反抗和盲目的排外有很大的不同，是强烈的感情与冷静的理性相结合的产物。知识分子的爱国主义充满了现代化的色彩，它使中华民族的爱国主义达到了新的高峰。可以说，在近现代的中国，进步知识分子最爱国。实际上，是救国的责任感使他们形成了一个整体性的阶层，并把他们推到了社会的前列。他们把救国当作自己的毕生事业，为这个神圣的事业奔走呼号，流血奋斗。知识分子是民族的灵魂，是他们唤起了中华民族的觉醒。

梁启超是爱国知识分子的典范。他大力推行现代化运动就是为了救国。他的所有成就和作为都是爱国和救国的结果。梁启超的爱国在众多知识分子中自有其独特之处。首先，是他最早识别帝国主义侵略的新手段，最早提出反对帝国主义。早在 1899 年，他即写了《瓜分危言》一文。在文章中他详细分析了外国势力对外侵略的手段，将其区别为"有形之瓜分"和"无形之瓜分"两种。有形瓜分是指征服领土。无形瓜分是指经济利益的侵害，尤其是夺取铁路建设、内河航运等经济权利。他指出无形之瓜分比有形之瓜分危害更大。这些分析表明梁启超对帝国主义的本质和侵略手段有相当明确的认识。

梁启超认为要抵制不断扩张的帝国主义，必须发展中国的民族主义。为此，他极力反对以孙中山为首的革命派反满、排满的狭隘民族主义，主张全民族团结，共同抵抗外国势力。他还反对革命派节制资本等纲领，主张以保护民族经济、发展民族经济来抵制帝国主义的经济入侵。美国学者张灏指出，"从历史的观点来看，梁无疑代表了中国民族主义的主流"，并认为反满是民族分离主义的一种形式。① 这种评价无疑是正确的。梁启超不仅向国民宣传反帝主张，鼓吹民族主义，还积极维护海外华人的利益，为之多方奔走，由此受到了海外华人的景仰，并获得了有力支持。

其次，梁启超的爱国精神集中表现在他对救国道路的艰难选择上。救亡图存，是知识分子矢志以求的目标。但是以什么方式救亡他们则有不同的看法。梁启超起初大力提倡革命、共和。但经过考察西方各国历史和现状，研究对比中国的国情，他放弃原有的主张，选择了更为合理的民主化道路。他希望通过发动国民政治运动，建立君主立宪政体。这种国民政治运动不是中国历史上那种盲目的农民暴力行动，而是合理性的、有组织的追求法制和民主的运动。辛亥革命后，梁启超拥护共和，但他追求立宪、法制的目标始终未变。他孜孜以求的是要让中国人有一部宪法，有一个合理的政治制度。他要彻底改变中国几千年来暴力夺取政权和强权统治不断恶性循环的苦难历史，使中国能稳定、繁荣、长治久安。从这一意义来看，梁启超的爱国并不是一般意义的救亡图存，其意义更为深刻、目标更为长远，超出了当时的时代。他是要从文化的深层改变中国的社会结构，改变中国人长期遭受强权统治和暴力摧残的痛苦命运。他的救国主张是强烈的爱国心与理性的谨慎选择的结果。他的选择经过了艰难的探索，也招致人们的长期误解和非议。为此他感到痛苦，但他忍辱负重，绝不改变主张。

梁启超的爱国精神体现在他的行动上。早在戊戌时期，他就立志要

---

① 〔美〕张灏：《梁启超与中国思想的过渡》，江苏人民出版社，崔志海、葛夫平译，1993，第118、119页。

"舍身救国"。他与同志发誓说："非破家不能救国，非杀身不能成仁，目的以救国为第一义，同此意者皆为同志。"① 为了救国，他敢于赴汤蹈火，变法、讨袁，反专制、倡民权。为了救国，他日夜忙碌，奔走、奋战于各条战线。他不是忙于政治活动，就是致力于学术建设和文化事业。从戊戌维新时起，他即誓以文字报国、著作报国。其著述之多，范围之广，无人望其项背。他的朋友徐佛苏说："先生四十年之中，脑中固绝未忘一'国'字，且平昔眼中无书，手中无笔之日亦绝少，故生平之著述总额人皆谓有'二千余万字'之多，占古今中外著作家之第一位。"徐佛苏较为保守地估计，梁启超的著述在一千四百万字左右。"先生之著述，既能有一千数百万字之多，其价值又极重，则确为'世界第一之博学家'无疑。"②

梁启超以文字向国民介绍新思想、新知识，宣传爱国主义。在中国民族危机深重、中国人对前途感到迷茫之时，梁启超写下《中国前途之希望与国民责任》，大力宣传中国不亡论。许多青年读后热血沸腾，振奋起救国的信心。余英时在《中国知识分子论》中说，钱穆从16岁起，就为一个问题所困扰，即中国究竟会不会亡国。他后来多次向学生提到梁启超的"中国不亡论"对他心灵的巨大震动。余英时说，钱穆的爱国思想和民族文化意识至迟已萌芽于此时。余英时还说："梁启超这篇文字在当时激动了无数青少年的国家民族的情感。后来我读到左舜生的《我的少年时期》，也提到他和一位同学夜读这篇24000字的长文，至于欲罢不能而热泪长流。但是钱先生和大多数青少年读者不同，他读了此文之后没有走上政治救国的道路，而转入了历史的研究。"③ 梁启超所写的歌颂外国爱国志士的《意大利三杰传》和《罗兰夫人传》等文章，亦使无数青年为之倾倒，为之流泪。

为了救国，梁启超国事、天下事，事事关心，世界上无论哪个角落发生的事情，只要是他认为与中国有关的，他都要加以研究，加以评论，

---

① 丁文江等编《梁启超年谱长编》，上海人民出版社，1983，第107页。
② 丁文江等编《梁启超年谱长编》，第1204页。
③ 余英时：《中国知识分子论》，河南人民出版社，1997，第175~176页。

然后及时向国人介绍。国内发生的每个事件都引起他的关注。内政、外交无一不是他的评论话题，从抨击清政府到揭露袁世凯、张勋；从批评曹锟贿选到呼吁惩办"五卅"惨案的罪魁祸首。至于攻击政府的各项不良政策，向政府官员公开提出各种建议，更是寻常之事。在每个关键时刻人们都能听到他的声音。在各项运动中，他的大量文章及时反映了时代的潮流。第一次大战结束后，他马上赴欧洲考察，在旅途中看了近百本有关战后建设的书，通过考察和研究，提出对战后中国建设的看法。毛以亨说，他去欧洲，是在为中国谋出路，为中国文化谋出路。"这几十年来，新文化之路，是他开的，此后新文化将往何处去，自应对国人有个交代。他有站在时代尖端，来指导国人的习素，而国人亦有先听他怎样讲再说的惯性。他已取得一言为天下法的地位，故每遇一次变动，都抢先发表一篇文章，拿出主张来，做国人的指南针。"①

凡是他认为有益于国家的学问，他都要研究。一个饱读诗书的晚清举人，后来竟成为现代政治学、财政学的专家。为救国，他笔耕不辍。在流亡途中，他翻译外国小说，以便向国人介绍。在护国之时，他在前往西南前线的途中，大病初愈即撰写了向国民普及法律知识的《国民浅训》。在病重住院期间，他伏于病榻上撰写学术著作。他的确做到了为国为民呕心沥血，日夜操劳，生命不息，战斗不止。凡是他认为有利于救国的事业，他都要不辞辛苦，不计得失努力完成。在晚清之时，报人地位低下，开办报纸被视为"莠民贱业"。梁启超不惜以举人身份，全身心投入报业，从而提高了报人的威望和地位。为了救国，他身体力行，努力实践他在各方面的理想和主张。他发动"史学革命"，即亲自动手撰写新史，阐发新史学理论。他提倡新文学，即写新小说、译新小说，而不顾当时小说为人所轻视。他推崇政党政治，就亲身组织政党。他是思想家，也是实践家。像他那样在如此广泛的领域中，把各项理论与实践结合得如此紧密的人也是少有的。

然而有些人却认为梁启超只有言论而无行动。例如有人说梁启超

① 毛以亨：《梁启超》，香港：亚洲出版社，1957，第131页。

"颇有几分'言论的巨人，行动的矮子'的色彩"，并说他"政治抱负大，实践能力差"，等等。① 还有人认为梁启超"在政治上屡遭惨败"，"一生所干的事几乎都没有成功"，是"理论上的巨人，行动上的矮子"。② 梁启超固然以言论著称，但其言论并非空谈。他的言论本身就是行动，这种言论有力地推动了政治的运行，并唤起了他人的行动。人们说梁启超的文章比断头台还厉害，比千军万马更有力。这并非夸张之词。护国运动时袁世凯对他的恐惧就是证明。况且知识分子的救国，主要是靠言论。鲁迅比梁启超的行动更少，按此逻辑，不是更应算是"空谈家"了吗？更何况梁启超时时以言论配合行动，将理论与实践结合这一点却往往为人所忽视。张朋园在《梁启超与民国政治》一书中多次提到，梁启超"能坐而言，也能起而行"，并以讨袁之役为例："讨袁之役，先则发为言论，继则躬与其事，人谓其再造共和，功不可没。"③

梁启超最可贵之处是有强烈的责任感。他日夜操劳，忧国、救国，就是为强烈的责任感所驱动。他时时刻刻强调责任。他说："人生于天地之间，各有责任。知责任者，大丈夫之始也；行责任者，大丈夫之终也；自放弃其责任，则是自放弃其所以为人之具也。"他把有无责任心看作做人最起码的标准。所以他说"天下最可厌、可憎、可鄙之人，莫过于旁观者"。④

作为国民的一员，他最多地是严厉追究统治者祸国殃民的罪责。他还写了《敬告当道者》，声明国民皆有监督政府之权利，他批评政府即是行使此权利。同时，他激烈批判国民缺乏公德和爱国心，呼吁国民自责、自贬，转变为"新民"，从而负起救国的责任。作为知识分子，他号召知识分子以救天下为己任，用学术救国，并猛烈抨击古今士大夫和文人对社会的危害。作为历史学家，他写《新史学》，强调新史家对国民的责

① 吴廷嘉：《戊戌思潮纵横论》，中国人民大学出版社，1988，第249页。
② 李喜所、元青：《梁启超传》，人民出版社，1993，序及第179页。
③ 张朋园：《梁启超与民国政治》，台北：食货出版社，1978，第5页。
④ 梁启超：《呵旁观者文》，《饮冰室合集·文集之五》，中华书局，1989，第69页。

任，不仅自己立志要写一部新史，而且要求其他新史家共同努力，写出有益于国民的良史。作为报人，他写了《敬告我同业诸君》，呼吁他们尽报人的天职，监督政府，指导国民。在《少年中国说》中，他号召少年负起创造"少年中国"的责任。他写《敬告留学生诸君》，指出他们因有特殊地位和更多的新知识而对国家有特殊的责任。

梁启超更多的是严守自己的职责，时时谈到如何报国，如何报答国民。1915 年，在从政受挫后，他写下《吾今后所以报国者》，说作为一个国民，脱离政坛后仍要负起国民对国家的责任，要以言论对国有所贡献。梁启超经常自责、反省，无情地自我批评。"尝自言曰：'不惜以今日之我，难昔日之我。'"① 他还经常教育子女要为社会尽力，以报社会之恩。爱国知识分子都有强烈的责任心，但像梁启超那样强调责任，又不断自责的人是极其少见的。在他的著作中，随处可见"责任"、"天职"、"报国"这类词。如详细统计，恐怕不下百次。他自称"以忧患终其身"，忧国忧民，伴随着他一生。

4. 启蒙的巨大影响

梁启超最早发起思想启蒙运动，并提出塑造中国新民的任务。响应他号召的首先就是知识分子。梁启超的《新民说》几乎成为中国当时新知识分子必读的著作。他对落后国民性的批判振聋发聩，激起无数青年的救国责任感。毛泽东对梁启超的文章爱不释手，有些读了又读，直到可以背下来。他还把自己组织的团体命名为"新民学会"。鲁迅等"五四"人接过梁启超的旗帜，深入批判落后的国民性，把思想启蒙运动推向高潮。

梁启超于 1900 年所写的《少年中国说》，热情激荡，脍炙人口，批评腐朽落后的中国为老年中国，讴歌理想中的中国为少年中国。他号召青年人努力制造出光辉灿烂的少年中国，唤起青年人对美好未来的追求。一些青年人在读了这篇文章后，也自称为"少年中国之少年"，著名地质学家丁文江就是其中之一。十九年后，李大钊也大力提倡创造

---

① 梁启超：《清代学术概论》，《饮冰室合集·专集之三十四》，第 63 页。

"少年中国"的"少年运动"。他指出："我们的理想，是在创造一个
'少年中国'。"① 直至今日，《少年中国说》仍在中国海峡两岸广为流传。
据说，台湾几十年来各种版本的小学语文教科书都选了梁启超《少年中
国说》中的部分章节，所以梁启超的这些爱国言论是家喻户晓的。而在
大陆，由于政治的原因，梁启超的著作并不流行。一些青少年完全凭自
己的努力从他的著作中获取精神食粮，这足以证明梁启超的魅力，也令
人感到欣慰。②

梁漱溟说他最倾慕钦佩的人物就是梁启超，其次是章太炎。他说梁
启超一度将整个思想界造就成了他的天下。他指出梁启超在其全盛时期，
全社会都受他的影响、接受他的领导。"其势力之普遍，为其前后同时任
何人物——如康有为、严几道（严复）、章太炎、章行严（士钊）、陈独
秀、胡适之等等——所赶不及。我们简直没有看见过一个人可以发生像
他那样广泛而有力的影响。"③

梁漱溟的这番评论固然贴切，但仅是总结了当时的现象。而另一些
学者则对梁启超的作用有更深的阐述。美国学者张灏认为，梁启超比
"五四"青年更早促进中国文化由传统向现代化转化。他指出，梁启超塑
造的一代新民，与现代中国之间的联系，要比"五四"新青年更具有代
表性。他还说："梁启超的国民理想看来对过去半个世纪来各个思想流派
中的绝大部分中国知识分子都有着持久的吸引力，甚至在今天，它仍然
是共产主义中国价值观体系的一个重要组成部分。从这一角度来看，在
从传统到现代中国文化的转变中，19 世纪 90 年代中叶至 20 世纪最初 10
年里发生的思想变化应被看成是一个比'五四'时代更为重要的分水岭。
在这一过渡时期，梁是一位关键人物，他继承了晚清思想中儒家经世致
用的传统，同时将这一传统固有的关切转变为以他著名的国民形象为标

---

① 李大钊：《"少年中国"与"少年运动"》，《李大钊文集》第 3 卷，人民出版社，1999，
第 11 页。

② 我曾多次见到有关这方面的报道。例如《文摘周报》1998 年 4 月 13 日刊登的一篇报
道，介绍十一岁的少年马宇歌读了梁启超的《少年中国说》，写下这样的字句："我要
做少年中国之少年，要做一个有为的，有益于国家的人。"

③ 梁漱溟：《忆往谈旧录》，中国文史出版社，1987，第 25、75 页。

志的新的人格和社会理想，其思想成为 20 世纪中国意识形态运动的一个重要的和永久的组成部分。"①

梁启超对知识分子的影响是多方面的，既有政治思想，也有对学术、文化的态度，还有人生道路的选择及信仰、价值观、道德等等。无论是哪个方面最终都可归结到以现代化救国这条道路上。陈独秀、吴玉章等人在他影响下走上政治救国之路，还有一些知识分子走上学术救国和文化救国之路。邹韬奋对梁启超的《新民丛报》看得入了迷。这促使他放弃所学的工程专业，立志于新闻事业，并成为一名杰出的新闻记者和出版家。钱穆少年时代读了梁启超以历史事实论证中国不会亡的文章后，深受梁启超历史论证的吸引，希望更深入地在中国史上寻找中国不会亡的根据，从此开始他长达八十年的历史研究生涯。

胡适在《我的信仰》中说："从当代力量最伟大的学者梁启超氏的通俗文字中，我渐得略知霍布士、笛卡尔、卢梭、边沁、康德、达尔文等诸泰西思想家。"梁启超在介绍这些西方思想家的文章中，指出中国人缺乏西方人那种良好的特性，例如公共道德、国家思想、冒险精神、热爱自由的精神和自治能力等等。胡适说："就是这几篇文字猛力把我以我们古旧文明为自足，除战争的武器，商业转运的工具外，没有什么要向西方求学的这种安乐梦中，震醒出来。它们开了给我，也就好像开了给几千几百别的人一样，对于世界整个的新眼界。"在《四十自述》中，胡适更具体谈到梁启超对他的影响。他说："我个人受了梁先生无穷的恩惠。现在追想起来，有两点最分明。第一是他的《新民说》，第二是他的《中国学术思想变迁之大势》……'新民'的意义是要改造中国，要把这老大的病夫民族改造成一个新鲜活泼的民族。""《新民说》诸篇给我开辟了一个新世界，使我彻底相信中国之外还有很高等的民族，很高等的文化；《中国学术思想变迁之大势》也给我开辟了一个新世界，使我知道《四书》、《五经》之外中国还有学术思想。"这使他萌发了研究中国哲学史的兴趣。胡适还谈到严复对他的极大影响，同时指出："严先生的文字太古

---

① 〔美〕张灏：《梁启超与中国思想的过渡》，第 218 页。

雅，所以少年人受他的影响没有梁启超的影响大。梁先生的文章，明白晓畅之中，带着浓挚的热情，使读的人不能不跟着他走，不能不跟着他想。"① 可见，梁启超促进了胡适对西方文化的追求和对中国文化的研究，也影响了胡适的信仰。

最重要的是，梁启超激发了青年知识分子的爱国心和向外探求新知识的热望。在这方面他的作用超过了其他任何人。一位受过他影响的青年蒋梦麟就这样说："我就是这些数以千计的受到梁启超影响的学生之一，我认为这个伟大学者对正在成长的一代青年传播现代知识做出了在他那个时代的任何学者也无法比拟的贡献，他的文章为每一个接近于饥渴的青年人提供了新的学习和生活的途径。"② 梁启超不愧是最伟大的启蒙思想家和教育家，也是青年运动的先锋。是他第一个提出国民理想的塑造，最早全面、系统研究国民性的问题，这对于实现人的现代化有着重要意义。

5. 文化、学术事业的成就

我们说梁启超是中国知识分子第一人，还在于他在文化、学术事业中的很多领域里都取得了极大的成就。他的任何一项成就，都足以使一个人功成名就。

梁启超首先公开而又明确地提出学术、文化救国的口号，大声疾呼学术、文化对于政治现代化的重要性，并身体力行，为知识分子树起学术、文化救国的典范。作为学者和文化人，他勤奋笔耕，为后人留下了丰富和宝贵的文化遗产。梁启超对中国新文化的贡献既全面又具有开拓性：他介绍和发挥、运用的西方新思想、新学术最多，甚至超过了严复。更为重要的是他大力提倡引进以政学为主的社会科学和人文科学，扭转了单纯引进技术的趋势，对中国学术文化结构的改变起到不可忽视的作用。同时他又批判继承中国传统文化，促进了中国新文化的诞生。在从事政治活动的同时，他创造性地发挥西方政治学理论，为建立中国的政

---

① 曹伯言选编《胡适自传》，黄山出版社，1986，第89、47、49、47页。
② 蒋梦麟：《来自西方的观念》，转引自〔美〕约瑟夫·阿·勒文森《梁启超与中国近代思想》，四川人民出版社，1986，第113页。（该书将蒋梦麟译为蒋曼林）

治学做出积极的贡献。

他挑起"史界革命"的大旗,开创了中国的"新史学",奠定了百年史学基业。他是众所公认的第一位新史学家,也是极为独特的历史学家。因为他不仅研究历史,撰写史书,而且他自己就在不断创造历史、改变历史,以自己的行动书写历史。他在创造历史的同时就把这段历史详细记载下来。他还充分借鉴古今中外的历史经验选择政治方针。他对立宪政体的推崇就是比较英国和法国不同历史道路的结果。总之,一方面他以历史知识丰富其政治理论,另一方面又以自身的政治活动书写新的历史。这样把自己的生命融于历史中,在古今中外历史学家中是罕见的。无论是司马迁还是布罗代尔都无法与之相比。

他与同志一起,发动"文界革命"和"诗界革命",并以其独特的"新文体"为"五四"文学革命打下基础。

他积极投身于全面的教育事业:包括政治人才教育、社会教育和学校教育。他的学生有许多成为著名政治家、军事家和学者。

他开辟了报业的新路,他所办的一些报刊不仅创历史纪录,而且领导报业发展新潮流,由此掀起全国性的办报高潮。他是公认的"言论界之骄子"、"近代报业之第一人"。[①] 他参与开辟的舆论阵地极大地促进了思想自由、言论自由,在那个黑暗的强权统治的社会中开辟了一个相对独立的自由世界,并助长了一股与强权政治相对抗的政治力量。

他主持筹办北京图书馆,任北京图书馆首任馆长,为图书事业尽心尽力。

此外,他在宗教学、伦理学、经济学、文化学、社会学、新闻学、科技史、文化地理学、教育学、外交学以及出版事业、对外文化交流事业等各个方面都有突出的贡献。

人们称他为"百科全书式"的人物,赞叹他的一生多姿多彩。社会转型恰恰需要这种百科全书式的人物。欧洲的启蒙运动领袖也都是些百科全书式的学者。然而他们或许缺少梁启超这样多样的经历。在中国历

---

① 赖光临:《梁启超与中国近代报业》,台北:台湾商务印书馆,1980,第70页。

史（或许也包括世界历史）上，很少有人像梁启超那样，具有如此丰富的经历和如此多样的身份。也很少有人像他那样，对中国文化的转型起到如此全面而又重要的影响。

梁启超成就卓著，作用重大，这是无可非议的。然而他的作用并不主要表现于这些具体的作为，尽管这些具体的、方方面面的作为是那样突出。更为重要的是他从总体上促进了中国政治及思想、文化的全面现代化。关于这一点，梁漱溟的评价最为贴切。他说："总论任公先生一生成就，不在学术，不在事功，独在他迎接新世运，开出新潮流，撼动全国人心，达成历史上中国社会应有之一段转变。"[1] 梁启超对中国历史的影响可分为有形的和无形的两方面。有形的即是那些有目共睹的，如对戊戌变法、护国讨袁、五四运动等的推动。无形的则主要是思想、文化的影响。当然，无形的影响也会转化为有形的作用。他使青年走上进步之路就是证明。不过，梁启超对中国历史无形中的影响是更为深远的，无可估量的。

6. 高风亮节

梁启超具有高尚的品格。他追求真理，坚持原则。为了寻求真理，他抛弃传统习俗，恭恭敬敬地拜地位比他低的康有为为师。"以举人反拜秀才为师，通古所无。"[2] 然而当康有为逆历史潮流搞复辟时，他即断然与恩师决裂。"一日为师，终身为父"是中国的传统道德。背师、叛师，近于大逆不道。梁启超无论是当初拜师还是其后背师，都是以极大的勇气突破了传统规范和道德。他说："吾爱吾师，吾更爱真理。"这与他所说"吾爱孔子，吾尤爱真理"一样，成为传世名言。梁启超为爱国而坚持原则，公私分明。他一生多次受过日本政府和友人的极大帮助。尤其在戊戌政变后的生死关头，日本人帮助他逃离虎口。梁启超在日本度过十余年，视日本为第二故乡。但是当日本政府向袁世凯提出危害中国的"二十一条"时，梁启超义愤填膺，在报刊上接连发表文章，揭露日本侵略中国的野心。日本人威胁利诱不成，即中伤他"忘恩负义"，他义正词

---

① 梁漱溟：《忆往谈旧录》，第77页。
② 张朋园：《梁启超与清季革命》，台北：中研院近代史研究所，1964，第13页。

严地表示，自己决不会因受日本保护十余年而放弃对祖国的责任。

梁启超为政公正、清廉。他多次为其组织筹款，经手无数钱财，但未曾滥用一分公款以自肥其私。有时他生活窘困，卖文度日，在日本时甚至一度举债为生，他在给朋友的信中说："数月来生计之狼狈，乃至不可言。"① 他不为个人争权力。在组织政党时，一些人争地位，争权力，他则大力主张任人唯才、唯贤。民国初年，多少人为求官而多方奔走，他却因袁世凯及段祺瑞专制独裁、难以合作而毅然数次辞去高官。护国运动之后，他功成名就，却退出政坛，潜心学术，表现了知识分子高尚的情操和独立的人格。他不以权谋私。袁世凯任命他为司法总长，他上任伊始，即发表《告乡中父老书》，表示要"谢绝请托，破除情面"。对于同党、朋友及康有为等推荐的人，他尽量任用和推荐德才兼备之士，为此得罪了不少人。

梁启超光明磊落，为人坦荡。有什么主张都公开发表。他不仅平时待人平等、宽容，在政治上也主张自由竞争和宽容。梁启超在日本组织政闻社，革命派同盟会成员大闹成立会会场，并痛打梁启超。当时日本警方前来调查，以便依法处理。梁启超为避免同胞纠纷，将此事淡化处理，赢得人们的称赞。"日本名流及报纸颇赞美梁先生之有'政治德量'云。"② 梁启超平易近人，没有名人的架子。他在协和医院住院时，给从医生到看护妇，乃至厨子、打杂工共几十人每人送了一把题了字的扇子（梁启超的墨宝是相当名贵的），由此可见他的为人。梁启超的诲人不倦是世所公认、有口皆碑的。梁启超高尚的人格和爱国情操得到人们的一致赞许，即使是他的一些反对派也佩服他的为人与爱国心。

7. 辉煌的人生

梁启超是中华奇人，是知识分子的骄傲。梁启超的业绩，可歌可泣，令人感叹。师友钦佩他，赞赏他。见多识广且恃才自负的外交家黄遵宪惊叹他的才华，赞他的才识和文章"并世无敌"，称他为七十二变的孙行者，而自比猪八戒。青年人仰慕他，追随他走上爱国、救国之路。专制

① 丁文江等编《梁启超年谱长编》，第492页。
② 丁文江等编《梁启超年谱长编》，第418页。

统治者憎恨他、惧怕他。清廷悬赏十万元求购他的头颅；袁世凯以二十万元的重金引诱，企图阻止他发表揭露复辟罪行的文章。多少达官贵人、社会名流以与他交往为荣。梁启超因办《时务报》而成名时，年已花甲、身为朝廷大员的湖广总督张之洞邀请他赴鄂，信中竟称这位 24 岁的青年为"卓老"，甚至欲以迎接督抚的礼仪鸣礼炮开中门迎接仅有举人身份的梁启超。人们佩服他的学问、见识，向他请教各方面的知识。清末立宪时，清廷的王公大臣迫于对宪政的无知，竟不得不屈尊向这个远在日本的朝廷通缉要犯求助。出使考察外国宪政的报告及清廷的一些立宪文件大都为梁启超起草，长达二十余万言。参加护国运动的军阀，其中包括号称"西南王"的唐继尧，称赞梁启超"一言重于九鼎"，因而恭恭敬敬地听其指挥，并不时就内政、外交、军事战略等问题向他求教、求助。护国运动中大部分重要文件由他拟定。民国后的政府文件《政府大政方针宣言书》也是由他写成。民国政府的财政长官向他请教财政方面的学问。地方官员也不时地请他讲解各方面的问题。例如 1921 年，湖南总司令赵恒惕因联省自治事起，致书梁启超请教宪法问题。

梁启超还是天才的政治预言家。他对政治局势有深入的研究和各方面的详细考察，因而能高瞻远瞩，走在时代之前。清末，清廷被迫施行"预备立宪"，为敷衍请愿的国民，把召开国会的日期从宣统九年改为宣统五年。梁启超批评清廷违背民意，尖锐地指出，如政府没有变革的诚意，则将来世界字典上，绝不会再有"宣统五年"一词，预言了清廷难逃灭亡的结局。他主张循序渐进的改革，认为单纯暴力革命不会给中国带来民主，而只会造成更大的混乱。辛亥革命后的军阀混战恰恰证明了他的预言。

梁启超在海内外都享有盛誉。国内数所著名大学争相聘请他为校长，为导师。他开展中外文化交流，创办文化书院之举，赢得外国报纸的称赞。1923 年，伦敦万国作家俱乐部征求亚洲名誉会员二人，该会成员都为世界知名人士。中国驻英代办公使朱兆莘推举他为中国的代表。海外华人和留学生渴望一睹其风采，争相邀请他出国访问。在他逝世后，美国《史学界消息》报道了这一消息，并评论说："就是这个年轻人，以非凡的精神活力和自成一格的文风，赢得全中国知识界的领袖头衔，并保留它一直到去世。表现在他的文风和他的思想里的这种能够跟上时代变迁的才华，可以说是由于他严格执行他自己常常对人引用的格言：'切勿犹疑以今日之我宣判昨日之我'。"①

　　台湾学者张朋园评价说，梁启超的影响，"对近六十年来的中国，无论政治、经济、财政、社会、学术，其深远处，几无出其右者。如舍了任公不谈，都将残缺不整。他的一生，真是多彩多姿的"。② 在中国历史上，知识分子何曾有过如此的成就和辉煌。他在言论界叱咤风云，左右舆论。他在政坛上举足轻重。先秦时苏秦摇唇鼓舌，才得以配六国相印，携金币，乘宝马，纵横驰骋于政治舞台，但充其量是为个人利禄奔走，与权贵门下的众多普通食客并无本质上的区别，且其辉煌也只是过眼烟云，转瞬即逝。而当代知识分子在"反右"乃至"文革"中的悲惨遭遇就更是与之有天壤之别。相形之下，我们为中国历史上有如此杰出的人物感到自豪，也为知识分子失去昔日的辉煌而感到悲哀。为此，我们更应珍视这段辉煌，讴歌这段辉煌，并努力以昔日的辉煌重铸明日的辉煌。

原刊《人文杂志》1999 年第 1 期。

---

① 梁思庄译自《美国历史评论》第 34 卷，1929 年 4 月，第 670～671 页。
② 张朋园：《梁启超与清季革命》，第 1 页。

梁启超与五四运动

五四运动有广义和狭义之分。狭义的五四运动是指 1919 年 5 月 4 日的学生示威活动，即五四事件。广义的五四运动也称为五四新文化运动，是指从 1917～1921 年的政治和思想文化运动；有些学者认为时间跨度还可更长，例如何干之认为五四运动始于《新青年》创刊那一年，终止于科学与玄学论战结束之际，即从 1915 年 9 月到 1923 年 12 月。梁启超对整个五四运动都起了巨大而全面的作用，他不仅对五四事件起了决定性的作用，而且对五四新文化运动的各个方面都有着重大的贡献。在历史上，还没有第二个人与五四运动有如此广泛和密切的关系，对五四运动起了如此重要的作用。

一 梁启超对五四事件的决定性作用

在中国历史上具有划时代意义的五四运动，是由中国代表团将要在巴黎和会上签订卖国条约的消息而引起的。然而，条约还没有签订，消息怎么能如此迅速地为远在几万里之遥的爱国青年所得知呢？几十年来，绝大多数有关著作和文章（外交史及五四运动史）都对此讳莫如深，一般只说消息传来，群情激愤，云云。可是，在八十年前，并没有现在这样发达的无线电广播新闻，欧洲的报纸需走一个多月的海路中国读者才能看到。那么，是谁如此及时地传递了这一重要的消息呢？

历史的真相是：梁启超直接点燃了五四运动的导火索。

梁启超对五四运动的作用并非始于 1919 年的巴黎和会。早在 1917 年初，第一届段祺瑞政府时，第一次世界大战尚未结束，梁启超便主张在世界大战结束前，中国参加协约国，对德宣战，从而使中国能在战后以战胜国的资格出席和会，争取中国的权利。因此他以在野身份大力鼓吹中国对德宣战，招致多方反对。7月，梁启超协助段祺瑞粉碎张勋复辟，随即进入段祺瑞内阁。他入阁的主要目的就是实现对德宣战的主张，"在阁数月中，无日不提此议"，终于使政府发布公告，对德宣战。正因为中国加入协约国，对德宣战，才有可能在战后派代表参加巴黎和会。所以说，对德宣战，是梁启超为五四运动奠定的第一块基石。但是，北洋政府只顾打内战，而不顾国家和民族的利益，宣战后不仅对国际事务一无所为，而且借机扩充军备。梁启超对政府深感不满和失望。同年11月梁启超随段祺瑞内阁辞职。

1918年底，第一次世界大战结束，和会即将召开。梁启超不信任政府外交，要亲自去欧洲完成救国大业。他四处奔走，筹措资金，联络人员，自己组织了一个民间外交团。梁启超的外交团与中国政府的外交代表团不同。政府的外交团是代表北洋政府的利益进行秘密外交、卖国外交。当时北京政府以再度出山组阁的亲日派段祺瑞为首，企图出卖中国利益，以换取日本对它的财政、军事支持。而梁启超的外交团则是持民间立场，为了中国人民进行民意外交和公开外交。他们要监督政府代表团，维护中国的权益。

行前，梁启超做了大量准备工作。他会晤总统和政府官员，为中国代表团将在和会上所提的各项要求提出建议，还呼吁报界紧密配合，积极宣传。同时，梁启超拜访英、美、法、日等国驻华公使，表达中国人的愿望，请他们考虑中国的利益。他对日本代理公使宫泽说，日本应将德国在山东的权益归还中国。他说："我们自对德宣战后，中德条约废止，日本在山东继承德国权利之说，当然没有了根据。"① 日本代理公使不同意此说。

梁启超的外交团经一个多月的海上航行，于1919年2月18日到达巴黎。当时巴黎和会已经开幕。作为民间代表，梁启超在会场内外积极活

---

① 梁启超：《欧游心影录节录》，《饮冰室合集·专集之二十三》，中华书局，1989，第39页。

动，呼吁欧美各国支持中国收回德国在山东的权益。他甫抵巴黎，就将途中所作的《世界和平与中国》译成英文和法文，印了几千份，广为散发，宣扬中国的基本要求。他广泛会见各国代表，并谒见美国总统威尔逊，以争取同情和支持。梁启超认为，德国利用不平等条约，自1898年起侵占胶州湾，现在中国既为战胜国，德国战败后当然应该归还中国。

尽管梁启超不遗余力地鼓吹，但是丝毫于事无补。原因是，巴黎和会本质上并不是什么和平会议，而是列强分赃的会议。欧美各国并不想维护中国的利益，它们不可能使日本在中国问题上让步。关键是卖国的北京政府已于1918年9月与日本订下密约，承认日本为德国在山东权益的合法继承者，中日密约早已将山东与满藏特权拱手让给日本。这个密约梁启超是到达巴黎之后才知道的。

得知这个丧权辱国的密约，梁启超异常愤怒，立即打电报给老朋友、外交委员会的汪大燮和林长民："去年九月间，德军垂败，政府究用何意，乃于此时对日换文订约以自缚。此种密约有背威尔逊14条宗旨，可望取消，尚乞政府勿再授人口实。不然千载一时良会，不啻为一二订约之人所败坏，实堪惋惜。"汪大燮、林长民、张謇等人闻讯后立即组织一个国民外交协会。他们的目的一方面是要向北洋政府施加压力，另一方面也想真正形成外交的后援力量。4月8日，"国民外交协会"成立之日，张謇等致信梁启超："务恳鼎力主持，俾达目的，则我四万万同胞受赐于先生者，实无涯既矣。"[1] 请他作为该会代表，向巴黎和会请愿。

梁启超既受委托，义不容辞，力图挽回局面。但日本凭那一纸密约，有恃无恐，更何况日本人早在1917年就已取得英、法、意诸国的谅解。梁启超无可奈何。4月30日，美、英、法三国议定，将原德国在山东的权益全部让给日本。在这之前，梁启超已得知此消息。他于4月24日将这一情况电告国内同志，建议发起拒签卖国条款运动："汪、林两总长转外交协会，对德国事，闻将以青岛直接交还，因日使力争，结果英法为所动，吾若认此，不啻加绳自缚。请警告政府及国民，严责各全权，万

---

① 丁文江等编《梁启超年谱长编》，上海人民出版社，1983，第879页。

勿署名，以示决心。"① 梁启超的电报，揭露了北京政府的腐败，促成了五四的学生示威运动。林长民接到电报后，立即写了一篇《外交警报敬告国民》的新闻稿，于 5 月 2 日交由自己的进步党人所办的《晨报》发表："胶州亡矣！山东亡矣！国不国矣！……此恶（噩）耗前两日仆即闻之，今得梁任公电，乃证实矣。"林长民号召说："国无亡日，愿合四万万民众誓死图之！"1919 年 5 月 2 日的《晨报》还在同一版刊登紧要新闻，题目是《山东竟如是断送耶？》。新闻说："巴黎代表电告束手，梁任公早来警电。政府国民曷不自图补救耶？"最后呼吁"国民外交之奋起"。② 新闻披露的第二天，北京大学的壁报就贴出了十三院校学生代表召集紧急会议的通告。当晚的集会，决定于 5 月 4 日游行示威。震惊中外的五四运动终于爆发。

在学生运动的推动下，国内各界人士以各种形式展开拒签条约的运动。国内的五四运动虽然声势浩大，但对远在巴黎的政府代表团并没有造成直接的压力。而北京政府一意孤行，仍然命令中国政府代表在和约上签字。梁启超将此消息告知在巴黎的中国留学生。留学生会同在法的中国工人于预定签约日包围中国代表驻地，进行抗议。北京政府首席代表、外长陆征祥迫于压力，遂应允不签。6 月 28 日中国代表拒签和约，标志着自五四示威开始的群众运动的胜利结束，这也是梁启超组织在法华人斗争的结果。以后山东问题，由华盛顿会议解决。中国终于争得了自己的权益。

就五四事件而言，可以说，没有梁启超就没有五四事件。因为如果没有梁启超主张并促成中国对德宣战，中国就不会参加第一次世界大战，也就不可能参加巴黎和会，也就没有五四事件；退一步看，如果没有梁启超的民间外交团，国内的爱国青年就不会及时得知巴黎和会上的消息，也就不会发起示威拒签的五四事件；另外，6 月 28 日如果没有梁启超及时在巴黎组织留学生和工人包围中国政府代表团，中国代表也不会拒签。当然，历史是没有假设的，历史的真相是，梁启超对五四事件起了决定

---

① 丁文江等编《梁启超年谱长编》，第 880 页。
② 《晨报》1919 年 5 月 2 日。

性作用。

1920 年 3 月，梁启超回到了国内，一再发表关于山东问题的意见，并面见总统徐世昌，要求释放一月前因反对中日两国直接交涉山东问题而被捕的学生。政府中的亲日派曹汝霖和安福系因受学生运动打击，对挑起学生运动的梁启超恨之入骨，千方百计诋毁他，甚至在国会提出弹劾案，指责梁启超"自命名流，实同妖孽，趁欧洲和会之际，为自身活动之谋"。[①] 卖国贼的仇恨和攻击，恰恰说明了梁启超的行动是正义的。

梁启超全力以赴，为捍卫中国的权利和尊严做出了不懈的努力。他的爱国业绩应永远载入史册。不仅如此，梁启超提倡和推行积极进取的国民外交、民意外交、公开外交，与政府的妥协外交、秘密外交相对抗，对中国外交事业做出了重要贡献。

二 对五四新文化运动的全面而深远的影响

梁启超与五四新文化运动的关系，全面而深远，可用八个字概括：千丝万缕、源远流长。

论到五四，首先要提到北大，因为北大是五四运动的策源地。北京大学是由 1895 年康、梁所办强学会官书局演变而来，1898 年正式命名为京师大学堂，此即北京大学的前身。梁启超还为京师大学堂制定了校规。1912 年梁启超归国，北大学生就要请他任校长。在北大做讲演时，梁启超说："言及鄙人与大学校之关系，即以大学校之前身为官书局，官书局之前身为强学会，则鄙人固可为有关系之人。"[②] 北大历任校长中以蔡元培为最著名者，五四精神的发扬和传播与蔡氏的作用是分不开的。而蔡元培之出长北大，系由梁的学生范源濂所促成，这与梁启超对蔡元培的赏识不无关系。此外，北大的几任著名校长如胡适、蒋梦麟都曾受梁启超的极大影响。

以《新青年》为标志的一代新知识分子是五四运动的领导者。他们

---

① 《公言报》1919 年 5 月 10 日。
② 梁启超：《莅北京大学校欢迎会演说辞》，《饮冰室合集·文集之二十九》，第 39 页。

都曾不同程度地受到梁启超的影响。正如萧公权所说："五四运动的领袖几乎没有一个不曾因读了他的文字而得着启示。"① 胡适在十四岁时便对梁启超甚为崇拜。胡适说："我个人受了梁先生无穷的恩惠。现在追想起来，有两点最分明。第一是他的《新民说》，第二是他的《中国学术思想变迁之大势》……'新民'的意义是要改造中国，要把这老大的病夫民族改造成一个新鲜活泼的民族。""《新民说》诸篇给我开辟了一个新世界，使我彻底相信中国之外还有很高等的民族，很高等的文化；《中国学术思想变迁之大势》也给我开辟了一个新世界，使我知道《四书》、《五经》之外中国还有学术思想。"② 其他著名五四领袖如陈独秀、鲁迅等人也都受梁启超思想的启发。陈独秀说："吾辈少时，读八股，讲旧学，每疾视士大夫习欧文谈新学者，以为皆洋奴，名教所不容也；前读康先生及其徒梁任公之文章，始恍然于域外之政教学术，粲然可观，茅塞顿开，觉昨非而今是。吾辈今日得稍有世界知识，其源泉乃康、梁二先生之赐。是二先生维新觉世之功，吾国近代文明史所应大书特书者矣。厥后任公先生且学且教，贡献于国人者不少，而康先生则无闻焉。"③ 梁启超促使青年人抛弃旧学，追求新学，由此而培育了一代新人，为五四运动播下了火种。不仅如此，他批判落后的中国国民性，提倡培养"新民"的理想强烈地震撼了五四人，为五四思想启蒙运动开了先河。鲁迅受其启发，在其作品中深刻地剖析国民缺点，尤其激烈批判奴隶根性。鲁迅走上文学救国之路，也是受梁启超文化、学术救国思想的影响。可以说，对20世纪初到五四的知识分子影响最大的，就是梁启超的思想和学说。

五四的主要精神之一是反对帝国主义的侵略。五四事件的直接原因就是反对日本侵犯中国利益。五四运动中的山东问题始于1897年11月。当时德国借口两名德国传教士被中国人杀害而攻占胶州湾。1898年3月，德国强迫清政府订立中德条约，确立了对胶州湾及附属岛屿的占领。

---

① 张朋园：《梁启超与清季革命》，萧公权序，台北：中研院近代史研究所，1964。
② 曹伯言选编《胡适自传》，黄山出版社，1986，第49页。
③ 陈独秀：《驳康有为致总统总理书》，《陈独秀著作选》第1卷，上海人民出版社，1984，第214页。

1899 年德皇下令将胶澳租借地的新市区定名为青岛。1904 年德国将整个山东占为自己的势力范围。1914 年第一次世界大战爆发，日本乘机向德国发出最后通牒。11 月，青岛德军向日本投降。1915 年中日谈判山东问题。为换取日本对其复辟帝制的支持，袁世凯命令中方谈判代表接受日本的要求（即"二十一条"，其中包括日本继承德国在山东的权利）。梁启超早就反对德国、日本等帝国主义对中国的侵略行为。在戊戌时期他发起、组织的几次上书，就是直接反对德国、日本侵略中国的。1914 年 9 月，日本借口对德宣战，出兵进攻山东，时任参政的梁启超于 10 月 2 日在参政院会议上率先提出紧急动议，强烈要求袁世凯政府就此问题与日本交涉，维护中国主权。在他的倡议下，会议通过了由梁启超、熊希龄等五人起草的质问书。1915 年初，当日本向袁世凯提出"二十一条"的时候，梁启超在报刊上接连发表近十篇反对文章，表明中国人的立场。他强烈要求日本政府撤回损害我国主权的条款，并严正指出，若日本欲侵略中国，中国人将奋起反抗。梁启超还向袁世凯当局提出质问，警告政府"勿为祖国罪人"。日本政府对梁启超的言论极为恐慌，多次派人来"运动"收买，均遭拒绝。日本人恼羞成怒，指责他"忘恩负义"。梁启超义正词严地说，难道自己能因受日本保护十余年，就放弃对祖国的责任吗？表现了强烈的爱国主义精神。1917 年他极力推动对德宣战，就有向日本讨回权利的目的。可见，梁启超对五四爱国主义运动的推动是由来已久的。

五四的两大旗帜是"民主"和"科学"。梁启超自始即是民主战士，从青年时代投身政治时起，他就参与、领导和影响了中国一系列的民主政治运动，从戊戌维新运动到培养新民的思想启蒙运动、立宪运动、保路运动、护国反袁运动、反张勋复辟运动，直至五四运动。他终生都在为中国实现民主而奋斗。梁启超猛烈抨击专制政府，宣传自由民权理想。他宣传的民主思想对整个社会都产生了重大影响。五四提倡的科学主要是科学的精神，即反对愚昧、迷信和偶像崇拜。梁启超正是这方面的先驱。

五四新文化运动的重要内容之一是反对旧文学，提倡新文学。梁启超早在 1902 年就发起"小说界革命"。他大力宣扬小说具有改变社会的巨大功效，他不仅翻译外国新小说，还自己亲自创造小说，并创办了中国第一份专门刊登小说的杂志《新小说》。梁启超的"小说界革命"提高了小说在文学中的地位，使几千年来不登大雅之堂的小说从此成为文学中的主流。同时他还进行"诗界革命"、"文界革命"，为中国新文学的诞生奠定了基础。五四文学革命无论在形式上还是在内容上都是由梁启超开创了道路。

五四新文化运动提倡白话文，梁启超在戊戌变法之前就已注意到了言文分离的弊病，在《变法通议》中有具体论述。1902 年以后，他采用新文体写作，实际上开了五四文学革命的先河。他的"新文体"是从文言向白话的过渡形式。人们称赞梁启超"文开白话先河"。钱玄同说，论现代文学之革新，必数及梁先生。胡适发表文学革命的议论之后，梁启超即积极响应，马上开始用白话文写作，以至招致守旧派的攻击。

五四新文化运动是在西方新思想的影响下形成和发展的。梁启超从 1902 年起，在他创办的《新民丛报》等报刊上大力介绍西方新学人和新思想，是那一时期引进西方学说最多的人，对中国思想界影响极大。后来，梁启超专门从事文化、学术事业。在五四运动中，梁启超创办的共学社、讲学社是一支生力军，积极促进中外文化交流，进行译书、出版等事业。讲学社邀请杜威、罗素等著名外国学者来华讲演，在中国思想界产生了重大影响。正如美国学者周策纵指出的："在'五四'时期后期，罗素的哲学和个性比其他任何一位当代西方哲学家都更深地影响了中国的知识分子，特别是活跃的青年人。"杜威的民主观念和经济改革思想对陈独秀等五四人也有相当大的启发。① 由此可见梁启超在五四新文化运动中的地位。

五四时期大力提倡妇女解放，而梁启超正是妇女解放的最早提倡者之一。在戊戌维新时期，梁启超与其同志在上海成立不缠足会，并在他主持的《时务报》上刊登《试办不缠足会简明章程》。国内许多进步人士

---

① 〔美〕周策纵：《五四运动：现代中国的思想革命》，周子平等译，江苏人民出版社，1996，第 263、322 页。

踊跃加入该会，各地也纷纷成立分会，在全国掀起声势浩大的妇女不缠足运动。梁启超大力宣传妇女解放的意义。他在《戒缠足会序》中严厉谴责妇女缠足的恶习，呼吁妇女起来自己解放自己。梁启超与他的同志早在五四之前就已把妇女解放运动搞得轰轰烈烈。梁启超还大力提倡和创办女学，提倡晚婚和优生优育。他所写的维新运动的纲领性文件《变法通议》中，专门有一篇《论女学》，这是我国近代较早倡导女子教育的专论。文章论述女学的重要性，提出："欲强国必由女学。"梁启超把妇女教育看作女权运动的制造场，指出，十几个女子师范学校就是女权运动的基本军队，梁启超把教育与妇女的生活、命运联系在一起考虑，使妇女不仅因受高等教育而获得精神独立，而且能在毕业后有更多的就业机会，在经济上、生活上充分独立。所以他根据妇女的特点，为女子教育设计了一些必要的课程。为促进女子教育，梁启超于1897年协助经元善在上海创办经正女学，这是中国人自办的第一所女子学校。梁启超亲撰《倡设女学堂启》和《上海新设中国女学堂章程》，呼吁解放妇女，提倡培养有知识、有新思想的女青年。梁启超为妇女解放运动做出了积极的贡献。

五四人主张打倒"孔家店"，梁启超是最早怀疑孔子权威者。他于1902年写了《论中国学术思想变迁之大势》，独敢起而攻击几千年来一直保持最大势力的孔学，而且很击中其要害。这为谭嗣同、章太炎等人所不及，实为五四思想革命的先驱。他说："吾爱孔子，吾尤爱真理。"他批驳康有为尊孔教、保孔教的谬论，又反对袁世凯借提倡孔教以复古、复辟的丑行。他的这些思想和行为无疑对五四人产生了重要影响。不过，梁启超并未像五四青年那样对儒学持否定态度，而是更客观、平和。

五四运动直接继承了戊戌维新运动的精神。五四新文化运动领袖之一胡适说："新文化运动的根本意义是承认中国旧文化不适宜于现代的环境，而提倡充分接受世界的新文明。"他从这个意义出发，论述五四与戊戌变法的渊源关系："中国的新文化运动起于戊戌维新运动。戊戌运动的意义是要推翻旧有的政制而采用新的政制，后来梁启超先生办《新民丛报》，自称'中国之新民'，著了许多篇'新民说'，指出中国旧文化缺乏西方民族的许多'美德'……他甚至于指出中国人缺乏私德！这样推崇西方文明而指斥中国固有的文明，确是中国思想史上的一个新纪元。"①

对于五四运动与戊戌变法的关系，梁启超的概括更为准确。他指出五四运动的种子是戊戌变法播下的。在《五十年中国进化概论》中，梁启超总结中国人思想进化有以下几个发展阶段：第一期从器物上感觉不足，于是有洋务运动。第二期从制度上感觉不足，由此形成戊戌维新运动，"那急先锋就是康有为、梁启超一班人"。他们的政治改革虽然失败，但在文化事业上打开了一个新局面。废除科举后，"国内许多学堂，国外许多留学生，在这期内蓬蓬勃勃发生，第三期新运动的种子，也可以说是从这一期播殖下来"。第三期，是从文化上感觉不足。"革命成功将近十年，所希望的件件都落空，渐渐有点废然思返。觉得社会文化是整套的，要拿旧心理运用新制度，决计不可能，渐渐要求全人格的觉悟。"一些回国的留学生"鼓起勇气做全部解放的运动"。② 这就是新文化运动。梁启超说自己和康有为、严复等人是第二期的先锋，是"新思想界勇士"。"到第三期，许多新青年跑上前线，前期的人一躺一躺被挤落后，甚至已全然退伍了。"但实际上，梁启超并没有落后和退伍。他始终走在文化革命和思想革命的前列。

在梁启超的带动下，他领导的政治派系研究系亦与五四人建立了密切关系。1918 年底，研究系的机关报《国民公报》发表了一系列讨论和支持《新青年》所倡导的某些新思想的文章。1919 年初，胡适、陈独秀、周作人在《新青年》上与《国民公报》的编辑蓝公武互通了好几封长信，讨论贞操、语言和改革者的态度等问题。另一机关报《晨报》不仅积极报道五四事件的消息，也积极参与了新文化运动。

梁启超是一位伟大的爱国知识分子。正因为爱国，他努力创造机会为中国人争权利，由此才引发了五四事件；正因为爱国，他积极从事各项文化事业，为五四新文化运动奠定了基础。同时，梁启超既是政治家，又是思想家，还是成就卓然的学者和文化工作者；他在政治学、法学、

---

① 胡适：《新文化运动与国民党》，《胡适选集》，天津人民出版社，1991，第 249、251 页。
② 梁启超：《五十年中国进化概论》，《饮冰室合集·文集之三十九》，第 44、45 页。

历史学、经济学、文学等众多学术领域都有开创性的成就，并且在报业、图书馆业、教育事业、文化交流、外交事业等各方面都有杰出的贡献。从戊戌变法开始，在他所有的政治活动中，在他所涉足的所有思想文化领域里，都贯穿着批判旧制度和旧文化，主张并宣传爱国、民主和科学的思想。他的新文化思想通过他所主持的各项事业，对社会产生了巨大的影响。五四新文化运动正是在这样一个从戊戌变法开始的长期的思想积累中逐渐形成的。而梁启超就是这一时期中国思想界的先锋和主将，对创建新文化做出了最主要的贡献。

原刊《江汉论坛》2000 年第 2 期。

梁启超《新史学》的真实意义及历史学的误解

梁启超是近代中国杰出的政治家和思想家，也是一位卓越的历史学家。他的《新史学》是一部传世名著，对我国近现代史学有着极其巨大和深远的影响，在史学史上有着重要的地位。这些都是史学界所公认的。

然而，我在最近的这项研究中发现，梁启超的《新史学》绝不仅仅是一部史学著作，而主要是或者首先是一部政治理论著作。书中涉及极为广泛和深刻的政治理论问题，其中主要包括：政权的基础与合法性问题，政府（朝廷）与国家的关系问题，个人和民族的关系问题，文化学术与民族的关系问题，民族兴衰存亡的原因以及与知识分子应有的民族责任感和全体国民素质的关系问题，等等。梁启超的这些政治见解，有些是直接论述的，有些则是借批判旧史学的弊病、批判君主专制制度、赞誉西方史学宣传西方民主政治和民权思想来阐发的。梁启超试图通过对这一系列政治理论的研究，总结和探索政治斗争的经验——戊戌变法失败的原因，寻找新的救国道路。可以说，《新史学》是梁启超救国救民的政治生涯的一个重要组成部分，是戊戌变法的继续，是他政治斗争和政治理论的体现。

自 1902 年《新史学》发表至今已有九十余年，我国史学界一直把它当作一部史学理论方面的学术著作。这种误解对近现代史学理论和史学史产生了很大的影响。书中一些因政治斗争而发的言论，由于存在着过于强烈的主观目的和缺乏学术性的研究，难免有过激和偏差，但是长期以来我们却不加以分析和论证，一再反复引用，把它当作权威理论来指导研究。这导致我们的历史学在某些方面误入歧途，对古代史学产生了简单化的认识，加重了近现代史学政治化的倾向。同时令人感到可惜的是，书中成体系的政治学理论，在我国近现代史上并不多见，有着极宝贵的价值，却没有被发掘出来。

本文从著作的内容和结构入手剖析《新史学》的真实意义，并以此为线索分析历史学的种种误解。

一　著作中的政治主张和政治学理论

1. 主要论点分析

（1）政权的基础与合法性

梁启超认为，造成国家落后、朝廷腐败的主要原因是中国几千年的专制制度，这种制度的建立是不合理的。这是因为政权是依靠武力取得的，并没有得到全体人民的拥护和同意，因此不具有合法性。西方民主政治的政权基础是人民同意，由此建立起来的政府是合法政府。他在书中着重论述了这一政治学基本理论。

梁启超根据西方18世纪的社会契约论等政治学说，大力宣传西方民主制下政权的合法性，指出西方一些实行共和民主制的国家里，政权是在全民拥护下建立的，宪法和法律是人民共同协商民主制定的，在那里是"民有统而君无统也"。他强调指出："统也者，在国非在君也。在众人非在一人也。舍国而求诸君，舍众人而求诸一人，必无统之可言，更无正之可言。"统，就是纲纪、法制，延伸也有统治之意；正，即是合法性。梁启超同时指出，在英、德、日等君主立宪的国家里，虽然保留了君主制，但由全体国民制定的宪法约束了君主的权力，规定了君主继承制，君主在即位时要向国民宣誓敬守法律。这等于是得到了公众的同意，也接近真正的正统政权，所以也是合法的。梁启超对于上述两种西方民主政权模式都十分推崇，但根据中国国情，他认为实行君主立宪制更为合适。因此，他在长期的政治活动中，一直为在中国推行君主立宪制而奋斗。

在书中，梁启超用来表述政权合法性的术语是中国古代政治中的

"正统"一词。"正统",原是指先秦时周天子向诸侯颁布的历法,诸侯尊其命,服从其统治,故尊天子的历法为正统。到秦汉时皇帝即位改正朔,就有借历法来证明政权合法性的意义。以后历代皇朝的开国统治者往往在夺取政权时,马上求助于"正统"这种手段,以获取合法的统治地位。于是逐渐从这一政治行为中产生了相应的政治理论——正统论。西晋陈寿撰《三国志》时,又将正统论引入史学,引起史学上的正统之争。梁启超是在"新史学"的旗帜下进行政治理论建设的,所以要从批判旧史学上的正统之辨入手,讨论政权合法性问题。他在书中尖锐指出,正统论的实质是用武力和强权夺取政权后的专制统治者,为了欺骗人民,防止人民反抗而制造出来的理论,并用来巩固其不合法的统治。"统之云者,始于霸者之私天下,而又惧民之不吾认也,乃为是说以钳制之曰:'此天之所以与我者,吾生而有特别之权利,非他人所能几也。'""正统"的名义确立了以后,强权政权就貌似合法了,统治者任意作威作福,欺压掠夺,涂炭生灵,也不能说是不义,而人民稍有不满或反抗,就以"不忠、不敬、大逆、无道"等罪名残酷镇压。这就是统治者立"正统"的目的所在。梁启超认为不能以是否取得统治权作为政权合法性的依据,而要像西方那样,以全体人民的拥护为合法性标准。他说:"夫众所归往谓之王,窃夺殃民谓之寇。"王和寇在本质上是根本不同的。他以这个标准衡量中国的君主制,认为中国数千年历史上的数十个皇朝都是不合法的。"苟论正统,吾敢翻千年之案而昌言曰:'自周秦以后,无一朝能当此名者也。'"

梁启超通过对中、西不同政治原则的辨析,为中国民众树立了崇高的政治理想——建立以人民的拥护和法律制约为基础的民主政体。在这种政体下,人民有权成立政府、授权政府管理自己的事务,也有权撤换不符合自己利益的政府。梁启超的这一理论主要来自 18 世纪英国洛克、法国卢梭等人的政治学说。洛克在《政府论》中就指出,凭暴力取得的政权是不合法的,政权的合法性来自人民的同意,人民对政府拥有委托、撤换的权力等等。卢梭主张人民主权说,否认政府有任何既得的权力。

（2）政府与国家的关系

梁启超对政权合法性理论的阐述，极大地触动了专制统治的思想基础。不过，这项理论毕竟对于中国国民来说有些生疏。为了进一步确立民主政治的原则，他利用中国既有的国家概念，在书中阐述与政权合法性理论密切相关的政府与国家的关系问题。这也是来自西方的重要政治学说之一。这项理论认为，国家是具有公共人格的全社会的政治代表。国家的地位高于政府，国家的利益也重于政府。国家是稳定的，而且只有一个，政府却可以更换，有许多届政府。政府只是国家的雇佣机构，是由人民委托来执行国家权力的政治组织。因此，只有合法的，即人民同意的政府才能代表国家。然而，在专制君主统治的中国，皇帝统治的范围就是天下，也称为国家。这个国家只是皇朝的私有物，与近代西方的国家观念完全不同。

梁启超认为，旧史学中所表现出的只重视朝廷利益而不知有国家的政治观念，是陈腐而狭隘的，使得"吾中国国家思想，至今不能兴起"，因此，他在书中大力宣传国家高于朝廷的理论，批判传统的政治观念。在第一节"中国之旧史"中，梁启超借批判旧史学的弊病来批判中国传统政治观念"知有朝廷而不知有国家"，"以为天下者君主一人之天下"。他说这种弊病在于"不知朝廷与国家之分别，以为舍朝廷外无国家"。在"论书法"中，他借批判旧书法来强调社稷，即国家与君主的区别，认为为国捐躯的行为才值得称赞，"死节之所以可贵者在死国，非在死君也。试观二十四史所谓忠臣，其能合此资格者几何人也"。这是因为所谓的"君"并不是人民推选的，不能代表人民，因此也不能代表国家。他们只是祸国殃民的"民贼"。所谓的为君死节只不过是为一两个民贼作奴隶殉葬罢了。梁启超区分朝廷与国家的目的，在于强调"一姓私事"和"国民公义"是根本不同的政治原则，国家的利益高于朝廷的利益，全民利益重于一家一姓的私利。

国家与政府关系的理论，是建立在政权合法性理论基础上的。对于中国国情来说，这项理论更为重要，更具有针对性。因为中国几千年来，国家这一概念，没有西方政治学理论中的国家的含义。为在中国实行民主制度，必须让民众知道国家应该是民众自己的国家，以此激发民众振兴国家的政治责任感。这也是梁启超撰写《新史学》的主要目的之一。

（3）政体与民族兴衰存亡的关系

梁启超在"历史与人种之关系"一节中，详尽地论述了民族形成、进化和兴衰存亡的过程。在这里，他是从分析民族兴亡的原因来进一步论证民主制的合理性，而不是单纯在探讨民族问题。

梁启超在书中总结出初期民族形成的原因主要是人群之间的生存竞争，但在基本民族形成后，其兴衰则直接受政体的影响。例如，白种民族强盛发达史第二阶段是以腓尼西亚人为核心（即他所说的"枢机"）。这一民族的强盛和进步主要在于共和政治。而后来整个欧洲民族的进步也是由于继承和发扬了这种合理的政治体制。"腓尼西亚之政体，纯然共和政治，为希腊所取法。"由于直接影响希腊、罗马民族的形成，所以"腓尼西亚国虽小，而关系于世界史最大"。其后便是以希腊为代表的阿利安族。梁启超认为阿利安民族的优点在"贵自由、重考验、务进步，惟贵自由，故其于政治也，不甘压制而倡言平等"。正因为有合理的政体，阿利安民族才能称雄于世界史舞台。

政体可以分为性质和形式来考察。梁启超论述了政体性质对民族兴衰的决定作用，在此基础上，又进一步分析了同为民主共和制的政体，只因其政体形式不同而对民族发展的影响也不相同。他把政体分为国家政治和市府政治两种形式。他说古希腊政治文化虽然进步，但是"其民族之团结力，只能建设市府政治，不能成就国家政治，故虽握霸权于历史上者七百年，卒服属于他国以致灭亡"。而罗马民族凭借民主制、法律和武力，建立起强大的帝国，将无数异族置于帝国统治下，"为一定之法律以部勒之"。梁启超将这样的民族称为"国族"，他认为这是民族发展的最后阶段，即以国家为范围和政治单位的民族。在民主共和的政体下，只有有能力建设国家政治的民族，才能成为国族，才能不断发达兴盛。所以罗马民族能成为当时世界上最强大的国族，是欧洲古代国族和近代国族的"津梁"。在中世纪欧洲的各个民族虽然有些注重个人自由，有些注重全体国民一致的运动，但都没有形成国族，直至中世纪末期"意大利自由市府勃兴，实为今世国家之嚆矢"。从此欧洲国家不断强大，国族形成，各国"当十四五世纪，国势且蒸蒸日上，西辟美洲，东略印度，南开南洋，阿利安人之势力范围，始磅礴于欧洲以外"。"今日全地球之土地主权，其百分之九十分属于白种人。而所谓白种人者，则阿利安人而已。"

从梁启超的论述中可以看出，他认为在中国建立民主共和的政治体制，具体则必须要选择国家民主政治这种政体形式，只有这样才能振兴中华民族。希腊城邦式的民主政体形式缺乏强大的国家机器支持，不够理想。必须像古代罗马和近代欧洲各国那样，建立统一强大的国家范围的民主政权，才能形成强盛的国势，民族才能强壮昌盛。可以说，国家在政治上和武力上决定民族的命运。梁启超这里说的国家，是比政体更高一个层次的政治单位，其中包括政权、人民、地域等多种因素。梁启超关于政体形式与民族兴衰的关系的论述，也就是关于国家政治的理论，比关于政体性质的理论，更具体更进一步地揭示了救国的实质问题，从而指出了救国的途径。

（4）国民素质决定民族兴衰的理论和改造国民性的主张

通过以上分析我们可以看到，梁启超已从理论上初步确立了救国的具体目标，即建设强大的民主制国家。但是这一目标在很大程度上是根据西方政治理论的原则设计的，具有较多理想性的成分。它能否实现，在根本上取决于中国国民的意愿、觉悟和能力。梁启超从他多年的政治经验出发研究中国国民的具体状况，并据此与西方民主进行比较，深刻地提出了国民素质决定民族兴衰的理论。

在《新史学》的许多章节中，梁启超反复强调一个思想，即民族的兴衰是全体国民造成的，不是一两个人的作用。他说："吾以为一民族之进化堕落，其原因决不在一二人。"这一观点的表述在书中至少有五次。他把民族进步说成"群治"，把民族落后说成是"群治不进"。他认为直接决定群治，即民族进化的是全体国民的三种基本素质：群力、群智、群德。这三个要素是梁启超在全书开头批判旧史学的"二弊"中初步提出的，又在以后各节中逐步得以阐述。群力是一民族内部的"合群之力"，大约相当于"历史与人种之关系"中所说的人群内部的"自结"

能力，但又属于更高一个层次，具有更丰富的文化内涵。在《史学之界说》中，他明确指出：人类的进化是全体的进化。若以各个人来说，今人未必胜于古人，但现代人从整体上比古代人进步，原因是群力的作用。群智是指一民族中国民普遍具有的文化素质、政治觉悟和政治实践的能力，梁启超在《新史学》中有时又称其为"民智"。例如古希腊人的"贵自由、务进步、重革新"精神，古罗马人的"立法的智识，权利的思想"，条顿人的"个人自由之观念"，近代欧洲民族重视民统的观念和建设民主与法制的能力，等等。群智是国民素质的核心，也是比群力更直接影响民族进化的重要因素。群德是国民的道德，但这不仅仅是伦理道德，还是内涵更为丰富的社会道德和政治品质，主要是关心和维护群体利益的思想及行为，包括奉公守法、遵守纪律等表现。例如斯拉夫人"道义之观念"强，"其注意公益，服从于一定主权之下，听其指挥，全部一致"，形成"国民的运动"，也有"爱其群，善其群之心"等思想及感情。

梁启超在建立了国民素质决定民族兴衰理论的基础上，结合中国国情，提出了可供操作的具体的政治主张，这就是批判中国落后国民性、改造国民。他首先反驳当时某些人（即"今之谈国事者"）以为只要驱逐一两个病国殃民的统治者，中国就能像欧美各文明国家一样繁荣富强的谬论，批评道："专科功罪于此一二人，而为众人卸其责任也。"他批判中国国民的普遍素质太低，无论是见识、意气，还是道德、才能都与病国殃民的民贼不相上下。推其本源，是"先有无量数病国殃民之人物，而彼一二人乃乘时而出焉，偶为其同类之代表而已"。不清除落后国民性这个本源，只把眼光停留在一两个人身上，对于国家、民族的进步是无济于事的。他痛切地希望国民不要把病国殃民的罪责全推到统治者身上，从而卸掉自己对国家、民族应负的责任，指出国民自身的愚昧无能才是造成中国落后的根本原因。他要求国民"自讥"、"自贬"，自觉批判自身的落后性。梁启超本人在《新史学》中也具体实践了这一主张，批判国民的奴隶根性，希望以此唤起民众的"尊人格之念"，改变旧国民素质。

梁启超的政治目标是把中国建成共和民主制的强大国家，其理论基础是西方社会中形成的政治学理论，与中国的条件相差太大。因此要实现这一目标就必须教育国民、改造国民，使中国具备实行民主政治的基础。梁启超的这一政治学理论和政治主张，是他将西方政治理论与中国具体实践相结合的产物，也是他当时探索救国道路所做出的新的政治实践产物。

（5）学术文化的作用和知识分子的责任

梁启超为了救国，结合中国国情建立了一套政治学理论，确定了改造国民的目标，下一步便是制定可供操作的具体方案了。运用什么手段、依靠什么人才能有效地改造国民，这时已成为首要问题。他固然希望每个国民都能从自身做起，进行自我批判和改造，但这里的前提是必须用新学术文化来启发民众的觉悟。他在分析民族进化的原因时，不仅强调政治文化和法律文化的重要性，同时也重视整个文化对民族的普遍影响。在论述西方民族发达史时，他列举的众多因素有：埃及的宗教、工艺，腓尼西亚人的政治、学术、商业，新旧巴比伦的文学、美术，希腊的政治、学术，罗马的法律、语言、文学，等等。梁启超认为，先进的文化"浸润"于人们的头脑中，能够促进人们知识的增长。而文化在不同民族之间的传播又使落后民族的国民素质普遍提高，使他们在社会生活的各方面具有较强的能力，从而促进了民族的进步和强盛。例如罗马人把无数不同民族统一于一个大帝国之下，在其文化"浸润"下，这些落后的民族渐渐形成统一的欧洲民族，并在罗马之后不断强盛起来，成为更新的"世界史的主人翁"。

梁启超在"历史与人种之关系"中所做的这些描述只是一般性地谈到文化对民族进化的作用。在其他各节中，则着重强调学术文化的作用，而且主要是历史学的作用。他从政治的角度出发，探索近代西方社会进步的原因是历史学对国民思想的教育和熏陶。因此他说"今日欧洲民族主义所以发达，列国所以日进文明，史学之功居其半焉。"他称赞西方史学以人物为时代的代表，反映时代的要求，注重近世事务，宣传民族理想，鼓舞民族精神；更重要的是叙述国民系统的兴衰，宣传以民为正统即人民同意为政权合法性基础的民主思想，促进民主政治的发达。

梁启超认为，西方历史学能使国民团结、民族进化，主要是由历史学家（即他所说的"泰西良史"）的努力造成的。他以西方的成就衡量中国学术和历史学家，认为中国两千多年来虽然历史学号称发达，史书"浩如烟海"，史学名家"不下数百"，但不仅没有像西方史学那样促进社会进步，反而宣传旧政治观念，帮助专制统治者毒害民众，造成中国国家落后，民族衰败。他号召知识分子起来建设有益于"群治"的新史学。在书中他多次建议今后之"良史"（即他理想中的新史学家）应该如何宣传民族主义，兴国家思想、国民思想，益群智和群德。在"史学的界说"一节中，他阐述新史学的任务后感叹道："史乎！史乎！其责任至重，而其成就至难！中国前此之无真史家也，又何怪焉！而无真史家，亦即吾国进化迟缓之一原因也。吾愿与同胞国民筚路蓝缕以辟此途也。"这段话既表现了梁启超强烈的政治责任感和对知识分子的殷切希望，也反映出在他理论中新的学术文化和先进的知识分子在民族进化、国家强盛中有着重要作用。

2. 梁启超政治理论总结

梁启超的政治理论是《新史学》中最重要的和占比例最大的部分。由于这些理论的表述环境不同，有些是在论述新史学的任务中，有些是在批判旧史学的弊端中，并且不够集中、明确和详细，要从整体上理解并把握住，具有相当大的难度。这也是九十年来人们容易将其忽视和产生误解的重要原因之一。不过，如果结合梁启超当时的主导思想和曾对近代中国产生过重要影响的西方政治学说去研究《新史学》，就会看到它的真实面目，也不难发现梁启超在《新史学》中的政治理论是一个具有很强的内在逻辑的完整体系。梁启超政治理论的出发点是救国，所依据的是西方政治理论，着眼点是中国社会具体实际状况。这三者结合就成立了梁启超理论体系的核心——中国的国民。理论的逻辑围绕着国民这个核心展开：知识分子要用学术救国，提高国民素质；国民优秀，就有能力建设民主政治；国家范围内的民主政治使国家强大；国家强大促成民族兴盛。这个理论逻辑可以表述如下：先进知识分子→学术救国→改造国民→国民优秀→建设民主政体→国家强大→民族兴盛。

二 对《新史学》中批判的分析

《新史学》中的政治理论主要不是正面阐述的，而往往是隐含在对旧史学的批判之中。因此，在研究《新史学》的真实意义时，不可忽视对书中批判的分析。

1. 政治批判

《新史学》中的批判大部分是政治性的，政治性批判是出于政治目的、针对政治目标、采用政治方式进行的。梁启超在《新史学》中批判的出发点并不是他先在学术研究中发现了旧史学的不足，研究出新的史学理论和方法对其加以改造，而是要借批判来达到他当时的政治目的。《新史学》批判的总的目的与政治理论建设一样，都是救国，具体目的则是将批判目标与西方相应的事物做对比，以加强其论点的鲜明性和尖锐性，更好地完成政治理论建设。所以书中批判的目标和理论依据都是从上述政治理论出发的。

《新史学》批判的第一个目标是旧史学和旧史家的政治作用。在第一节"中国之旧史"中总结的旧史学的四病，全都集中在旧史学为政治制度服务方面：第一，"知有朝廷而不知有国家"是批判古代正史为专制君主的家天下张目，而无视国家和民族的利益。第二，"知有个人而不知有群体"是批判旧史学专门记载皇帝、官僚个人的事迹，而不宣传民族的进化。第三，"知有陈迹而不知有今务"是批判旧史"认历史为朝廷所专有物"，而造成专制政体日益发达，政治日益腐败。第四，"知有事实而不知有理想"是批判旧史学"耗民智"，不能激发民族精神。在后三节中，梁启超主要批判旧史学宣扬君主正统观，帮助专制统治者煽动民族的奴隶根性。在这里他不是批判旧史学在学术上的不足，而是批判旧史学因为替旧政治制度服务而对国家造成严重危害。因此他严厉地追究旧史家的政治责任。他说旧史学造成"吾中国国家思想，至今不能兴"，"我国民之群力、群智、群德所以永不发生，而群体终不成立也"。对这一切，"数千年之史家，岂能辞其咎耶！"这些批判充分表达了他对为专制制度服务的旧学术的憎恶之情。

《新史学》批判的第二个目标是专制政治体制和政治思想。因为旧史学是旧政治的工具，梁启超在批判旧史学弊病的过程中事实上已经批判了旧政治，指出了专制政体是造成中国落后的罪魁祸首。他在批判旧史学弊病后又进一步明确揭示旧史学的弊病完全是专制统治带来的，是专制统治赋予了旧史学为之服务的功能。在"论正统"中，他先指明"正统"实质上"始于霸者之私天下"，是专制统治者制造的用来"钳制"人民、镇压人民的工具。这说明梁启超并不是以批判史学上的正统之辨为主要目的，而首先是批判政治制度和维护这一强权统治的政治理论。在"论书法"中梁启超批判专制统治者利用史学宣传忠君思想愚民，造成国民素质低下。"顾吾独不许夫霸者之利用此以自固而愚民也。"这些话都直接表达了他对专制统治的激烈批判。

《新史学》批判的第三个目标是落后的国民性。这一批判有些是通过批判旧史学来表达的，如批判旧史学造成国民缺乏爱国心和内在凝聚力，使中国的"民气学风日以腐败"，"国民资格永坠九渊"，尤其多次批判国民的"奴隶根性"。有时梁启超又借大力宣传西方国民的较高素质来反衬中国人的落后、愚昧，表现出对优秀国民性的向往和对落后国民性的憎恶。在"论书法"中，他则直接批判国民的素质与民贼不相上下，是造成中国落后的根本原因。这时的批判已经超出了史学的范围。

梁启超批判的依据全部都是他的政治学理论中的主要论点。例如根据政府与国家关系的理论批判旧史学中的旧政治理论"知有朝廷而不知有国家"，根据政权合法性理论批判正统论，根据国民素质理论批判旧书法和落后国民性，等等。《新史学》中批判本来就是为了阐述这些理论，因此这些理论自然就是政治批判的出发点和标准。这说明在书中政治理论和政治批判是相互结合、相互促进的，是同一政治思想体系的不同表现形式，两者很难严格地加以区分。

梁启超在《新史学》中的批判由于是针对政治目标，依据政治理论，所以必然采用政治批判的方式。他提出"二十四史非史"说，是将旧史学当作旧政治的代表批判，而不是当作学术来进行研究。同样，他也不把旧史家看作学问家，只把他们看作旧政治体制的工具，是"霸者的奴隶"，"自为奴隶根性所束缚，而复以煽后人之奴隶根性"。梁启超愤怒地声讨旧史家的罪行，向他们追究应由政治家承担的责任。所以，书中的批判采用了十分激烈的政论语言，其特点是具有对批判对象全盘否定的破坏性效果和对民众的强烈煽动性，其中也充满了他对旧学术、旧政治毒害民众的"深恶痛绝"之情。如他斥责二十四史是"陈陈相因，一丘之貉"，"专奖励一姓之家奴走狗"，"史虽充栋，徒为生民毒耳！"甚至还有"史也者，赌博耳！儿戏耳！鬼域之府耳！势利之林耳！以是为史，安得不率天下而禽兽也？"一部《新史学》充满了这类激烈的政论言词，纯粹是一部向旧政治制度宣战的政治檄文。

2. 具有一定学术性的政治批判

学术性批判应是以促进学科建设和学术研究为目的，针对学术上的不足进行批判，其方式是研究、分析、鉴定和评价，学界一般称之为批评。《新史学》中有一部分批判具有一定的学术性。梁启超在批判了四病之后，指出还有二病，一是"能铺叙而不能别裁"。二是"能因袭而不能创作"。除此二病外，还有三端，即难读、难别择、无感触。这三端原则上是重复以上二病。

虽然这一部分批判具有一定的学术性，但从总体来看仍是属于政治性的。因为梁启超对这些病端的批判仍是从他的整个政治目的出发的，评价和分析所依据的是与上述政治批判相同的政治原则，以是否有利于国家和民族的利益，是否能使国民"受其益"为标准。《新史学》中的这一部分批判总的目的是加强政治批判，以同一政治理论体系为基础，协助政治批判中对政治理论问题的阐述。只不过因其中对于旧史学的分析和研究的成分较纯粹政治批判稍多一些，所以我们称之为具有一定学术性的政治批判。

三 《新史学》中的史学理论

梁启超在《新史学》中，提出了一些建设新史学的理论设想，主要涉及以下几个方面：

1. 历史学的功能

梁启超首先强调的是历史学的政治功能。在《新史学》一开始，他即宣称"史学者，学问之最博大而最切要者也。国民之明镜也，爱国心之源泉也"。他认为历史学应该对民族进步起到促进作用，历史学家应该对社会和民族负有政治责任。

2. 历史学的任务

梁启超从历史学的政治功能出发，提出了新史学的任务。在"史学之界说"中，他做了集中、正面的阐述：用进化论观点研究人群进化的历史，也就是民族的和种族的历史，以探索民族兴衰的规律（他称为"公理公例"）。他强调写全体国民的民族进化史，"所重者在一群，非在一人也"。也就是从全体国民的角度，探讨民族进化或衰败的原因，注重全体国民的义务和责任。为了完成历史学的这一任务，他提出了几点具体的理论要求。如树立新的正统史观，运用新的价值观即新书法褒贬历史，启用新纪年法，厚今略古，还涉及历史学的本质和历史学的主客体关系等问题。

总的说来，梁启超在《新史学》中所涉及的史学理论，都没有展开进行细致和深入的论述，而且仅仅论及这几个问题，尚不能形成体系。因此，《新史学》在建设新的史学理论方面，还很薄弱和欠缺，这尤其表现在纯学术方面的理论问题上。不过，他在论述历史学的功能和任务时却用了较多的篇幅，但这里是以政治性为目的和出发点的。他自己也坦然承认其新史学理论建设是实用的和政治性的，"夫所以必求其公理公例者，非欲以为理论之美观而已，将以施诸实用焉，将以贻诸来者焉。历史者，以过去之进化，导未来之进化者也"。因此可以说，梁启超的史学理论是政治理论在历史学中的具体体现，是政治化的史学理论。例如新正统史观是政权合法性理论的体现，新史学要写全民族的历史是民族理论、国民素质理论的一部分，建立新书法的目的是要使历史学"有益于群治"，等等。也可以说，梁启超的新史学理论是为宣传和实现其政治理论而建立的，在许多方面两者是交叉和重合的。

四 著作内部结构分析

《新史学》这部著作只有两万字左右，不长的篇幅却蕴涵着极为丰富的内容。由于这里面既有政治性的，又有学术性的；既有理论研究，又有实践方案设计；既有批判，又有建设；再加上逻辑层次多，表达方式不统一，人们很难一目了然地看清著作的整体概貌。为了更准确地把握著作的真实意义，本文有必要做一次结构分析。

任何一个事物都有自身的结构，都是由诸种要素按照特定的比例、层次和关系联结而成的。可以说，结构是事物本质的表现形式。不同本质的事物，其结构必然不相同。如果某些事物的构成要素相同，但要素之间的关系不同，或各要素的重要程度不同，或各要素所占的比重不同，那么这些事物的本质仍然是不同的。本文在这里从著作的内部结构进行分析，以揭示著作的本质。内部结构是构成著作的要素和要素之间的逻辑关系，是深层的，起决定作用的。通过著作的内部结构分析，就可以看到一个立体的真实的面貌了。

分析一部著作的内部结构，必须从作者的写作动机入手，梁启超撰写《新史学》不是为了进行学术研究，不是为了建立历史学这门学科及理论，而是为了救国，为了挽救民族于危难之中。建立新史学只是他为了达到这一目的所选择的一条途径。在第一节他就开宗明义地提出建立新史学是救国的头等大事："呜呼，史界革命不起，则吾国遂不可救。悠悠万事，惟此为大。新史学之著，吾岂好异哉，吾不得已也。"由于当时的政治形势所迫和他的社会责任感，他必须以历史学来启迪民众、教育民众，达到救国的目的。可以说，著作中论述的所有政治学理论、政治主张、史学理论，都是围绕着救国展开的，以救国为目的和出发点。救国的主导思想渗透在著作的字里行间和作者激昂的情感之中。

梁启超在书中提出的具体的政治主张，是他写作目的和理论核心相结合的产物。书中所做的政治批判，有些是直接从他的政治学理论出发的，有些是从他的政治主张出发的。具有一定学术性的政治批判和政治化的史学理论，是政治批判的辅助品，是协助和加强政治批判的。纯学术性的史学理论是政治化史学理论的附属品，就其本质来说，已与写作目的和理论核心相去较远，有游离之感。

现在将《新史学》内部结构中的诸种要素按照主次和它们之间的逻辑关系顺序排列如下：

①救国目的→ ②政治学理论→ ③政治主张→ ④政治批判→

┌ ⑤学术性的政治批判
└ ⑥政治化的史学理论→ ⑦史学理论

五　历史学的误解

大概自九十年前《新史学》一问世起，历史学的误解就开始产生了。这就是把这部具有重要政治理论价值和现实意义的著作看作一部纯学术性的史学专著或史学理论著作。由于这种误解，史学界对《新史学》的重视和评价一直都远远超过了近代任何一部史学著作，并由此产生了极为广泛和深远的影响。然而，在误解的前提下，越是重视、越是评价高，就越会背离它的真实价值和意义，其危害性也就越大。

1. 误解的现象

第一，忽视了《新史学》中的理论核心，即政治理论。迄今为止，在国内《新史学》的研究和评价中，几乎都未涉及这一部分最有价值的政治理论体系。

第二，把梁启超对旧政治制度、旧思想文化和落后国民性的批判看作只是对旧史学的史学批评。这一状况从《新史学》问世起就已产生，并至今仍在继续。20 世纪 80 年代出版的三部具有权威性的著作就充分证实了这一点。由众多历史学家集体编纂的《中国历史大辞典·史学史卷》中，说《新史学》是一部史学理论专著，并以主要篇幅介绍了书中批判的旧史学的"六弊"。① 近代史学史专家吴泽主编的《中国近代史学史》，

---

① 吴泽等主编《中国历史大辞典·史学史卷》，上海辞书出版社，1983，第 483 页。

把《新史学》中的批判简单地说成是"对封建主义旧史学的批判"，总结梁启超批判的目标一是以帝王为中心的封建正统史观，二是封建旧史学的作用，三是旧史学的编纂方法。① 著名学者白寿彝主编的《史学概论》，认为《新史学》是梁启超"史学思想上的代表作"，"激烈地抨击封建史学"。② 由于这种误解，对《新史学》的评价就往往出现一些不仅与事实不符，而且前后自相矛盾的提法。例如吴泽的著作一方面高度评价梁启超的批判："梁启超对旧史学批判之猛烈、全面、深刻，在中国史学史上是空前所未有，是过去的史评所不能达到的。""对中国资产阶级史学的建立，起了筚路蓝缕、披荆斩棘的作用。"另一方面又批评梁启超对旧史学的批判"片面、武断"。③

第三，把《新史学》中的政治理论和政治化的史学理论当成纯学术的史学理论。其中最突出的一点是普遍把梁启超主张新史学要研究民族进化，理解为要用进化论来研究历史。这两种理论貌似相同而实际上属于两个不同的范畴。梁启超提出的历史学要研究民族进化，是在他政治理论基础上建立的关于历史学对象和目的的理论，是他的政治化史学理论的重要原理。这项理论强调研究各民族的进化与退化，也就是兴与衰的具体原因；注重的是各民族历史的特殊性，尤其是中华民族与西方各强国的兴衰对比研究。用进化论研究历史是近代的另一种史学理论，它认为人类社会的发展不是循环的和无规律的，而是有着从低级向高级发展的普遍规律，并形成了关于人类社会发展的模式。这个模式比梁启超的理论更为抽象，可以应用于各个民族和国家的历史研究，因此也就更具有普遍性。需要指出的是，进化论自严复翻译《天演论》引进中国后，到梁启超撰写《新史学》的时代，已经广为流传并被人们普遍接受了，不算什么太新奇的理论。在对《新史学》的误解中，人们认为梁启超提倡要用进化论研究历史并对进化论予以高度评价，这既不符合事实也没有太大的价值和意义。当然，在《新史学》中可以看出梁启超受到了进

---

① 吴泽主编《中国近代史学史》上册，江苏古籍出版社，1989，第502～509页。
② 白寿彝主编《史学概论》，宁夏人民出版社，1983，第308、309页。
③ 吴泽主编《中国近代史学史》上册，第508、509页。

化论的影响，但他理论的目的并不是要简单地提倡进化论，而是要建立自己的政治化的史学理论。

第四，把《新史学》对当时现实问题的论述误认为只是对旧史学的研究和评价。例如在"论书法"中，梁启超批判"今之谈国事者"，即当时把造成中华民族落后的责任完全归咎于少数当权者的政论家，认为他们这样做是为众人推卸责任，不利于激发全体国民的政治责任感。梁启超说如果这样做的话，他就不得不为这一两个"民贼"呼冤。因为在他看来，国民在民族兴衰中的作用和责任是极其重大的，是决定性的因素。这番话表明他与"今之谈国事者"之间在如何救国这个问题上存在着较大的分歧，但他并不是真的要为民贼呼冤，只不过是采用一种特殊的表达方式而已。然而，吴泽主编的《中国近代史学史》却忽视"今之谈国事者"这一重要的批评对象的存在，在评论梁启超对旧史学的批判时，将这段对现实政治的论述放入而混为一谈，解释说："封建史家恰恰是仅仅褒贬一二人，其结果必然是'专科功罪于此一二人，而为众人卸其责任也'。这样做的后果是，不仅应为此一二人呼冤，而且更为严重的是'上之启枭雄私天下之心，下之堕齐民尊人格之念'。"① 把当时政论家的言论当成旧史家的做法，把梁启超要为一二人呼冤的特殊表述当成了封建史家运用旧书法的结果。

2. 误解的原因

（1）忽视梁启超的创作意图

《新史学》发表于 1902 年 2 月至 7 月间，距 1898 年 9 月戊戌变法失败只有三年多的时间。戊戌变法的失败使他认识到仅从上层改革政治制度在中国是行不通的，实行民主政治必须唤起民众。由此他更加重视对大众的政治宣传和启蒙教育，并试图创建新学术来实现这一目的。《新史学》既是他新思想的理论阐述，也是他新的救国实践。因此可以说，《新史学》的创作就是戊戌变法的继续，其实质自然就是政治性的。忽视了梁启超的创作意图，必然会产生出种种误解。

---

① 吴泽主编《中国近代史学史》上册，第 505 页。

（2）忽视梁启超的身份变化

梁启超是中国近现代史上的重要人物。他既是一位最有影响的政治家、思想家，又是一位卓越的国学大师。然而值得注意的是，他在1902年撰写《新史学》时，还主要是一位政治家，当时戊戌变法刚刚失败不久，他比过去更加迫切地要研究政治学理论，寻找新的救国道路，因此他的思想和活动都紧紧围绕着政治而不是学术研究。直到1918年他完全脱离了实际政治，才成为一名真正的学者。以1918年为界，他在不同的两个时期所撰写的著作，性质是不相同的。《新史学》与他的同期著作基本都上属于政治著作，而《中国历史研究法》等则属于学术著作。所以，只有把《新史学》放入梁启超的生平经历和思想、身份的变化这个背景中去考察，才能准确地把握住他的创作意图和著作的真实意义。

（3）简单化认识

简单化认识是历史学对《新史学》误解的诸原因中最简单也是最重要的。望文生义和望人生义自然是最容易的认识方法：既然书名称为"新史学"，书中的各节标题和论述的问题也都与历史学有关，那么当然是历史学著作了；既然梁启超是一位卓有造诣的历史学家，那么他所写的《新史学》也必然是历史学著作了。正因为如此，史学界简单地将《新史学》归类到"史部"，完全从史学史的角度去理解和研究，与《中国历史研究法》等著作相提并论，甚至认为与西方的新史学著作（如鲁宾逊的《新史学》）相同。这种认识方法只看到了表层而看不到深层，只看到了表象而看不到本质。

3. 误解的后果

《新史学》自问世起即对我国历史学界产生了很大影响。梁启超在中国近现代史学史上有着极高的地位，被誉为近代新史学的开创者，而这部《新史学》则被高度评价为这项开创性工作的代表作和研究传统史学的权威著作。由于作者的权威性和著作的权威性，史学界常常把《新史学》中批判旧政治的言论当作研究中国古代史学的权威性结论。对于权威的迷信和盲从，使得有些人把《新史学》中的话作为自己研究工作的出发点，并当作公理反复引用，却不研究这些言论因何而发、有何所指，也不论证这些言论作为史学理论是否正确。正因为如此，几十年来历史学对《新史学》的误解形成了对传统史学的研究和编纂的简单化认识和政治化倾向。例如"二十四史为帝王家谱"的说法，本不是梁启超对传统史学进行学术研究后得出的客观、准确的评价，而是他为了加强大众政治宣传效果特意创造出来的简单而形象的通俗化提法，自然难免过激和偏颇。然而这一提法却被历史学界广泛接受并应用，迄今仍时常可以看到一些史学论著中用《新史学》中的这类言论来代替自己对传统史学的研究和评价。令人遗憾的是，其中竟包括受人尊崇的知名学者。

现代历史学由于对《新史学》的误解所产生的影响，对于中国古代历史学持原则上否定的态度，在政治上认为其是反动的、落后的，在学术上认为其是没有价值的、不合理的。这种误解使得现代历史学不再去发掘传统史学的价值，不再去对传统史学做整体的理论的考察与研究，因而严重地阻碍了在学术上对传统史学的批判与继承，也有碍于现代史学的建立和发展。

原刊《近代史研究》1994 年第 2 期。

梁启超新史学从政治向学术的过渡

梁启超是中国"新史学"的创始人。1902 年，他发起"史界革命"，推动了传统史学向现代史学的转化。梁启超在历史学的各个方面——史学理论、史学方法论、中外历史编纂、史学史、人物传记等各方面都有开创性的贡献。他的史学革命思想及其研究成果奠定了中国百年史学基业。梁启超被史学界公认为"理论和实践并重的史界巨灵"、"现代史林泰斗"。①

一 挑起"史界革命"大旗

1902 年，梁启超写下了《新史学》一文，公开挑起"史界革命"的大旗，从此而开辟了中国现代史学的新天地。梁启超《新史学》的意义首先在于它是宣言书，宣告了具有三千年历史的传统史学的终结。梁启超的"史界革命"堪称是一项开天辟地的创举。

梁启超的"新史学"前后有明显的变化。早期的梁启超主要是政治家，其学术活动多以政治为目的，具有强烈的政治性。此时梁启超对传统史学主要是进行政治批判而缺乏学术分析，对新史学也未做实质性的学术建设。在《新史学》中，梁启超着重阐述的是政治理论，分析国家与政府的关系、批判君主专制制度和落后的国民性，探讨西方民族强盛及中国落后的原因。当时梁启超是要以新史学动员民众与专制势力做斗争。所以他提出"史界革命不起，则国不可救"这样严重的问题。直到

---

① 许冠三：《新史学九十年》卷 1，香港：香港中文大学出版社，1986。

梁启超退出政坛，成为纯粹的学者后，他才全身心地致力于新史学的学术建设，对传统史学的评价也趋于客观。

《新史学》的内容主要可分为两大部分，一部分是宣扬民主和爱国思想的政治理论，另一部分是主张用新史学这一新学术来教育民众的史学理论。不过，这两部分是融为一体的，很难截然分开。例如他论述的"正统"问题，既指史学上的正统之辨，也指政权的合法性问题。梁启超在《新史学》中宣扬民主政治理论，这也是他提倡用新史学、新学术来启蒙和教育民众的实践。所以，"史界革命"既是学术革命，也是政治革命的一部分。《新史学》主要内容如下：

1. 批判旧史和旧政治

《新史学》的一多半文字都是用来批判旧史。除第一节"中国之旧史"外，还有后三节"论正统"、"论书法"和"论纪年"。在全书的六节中有如此大的比重用于批判，可见激烈的批判是《新史学》的一大特点。建立新史学当然首先要批判旧史学，改造旧史学，然而梁启超的目的还是要在批判旧史学的旗帜下批判专制制度和落后的国民性。

梁启超在《新史学》的第一节就以整节的篇幅来激烈地批评中国的旧史。他提出"二十四史非史也，二十四姓之家谱而已"，几近全盘否定旧史。他认为中国的旧史学维护专制统治，是愚弄人民的工具，是"霸者的奴隶"。在《新史学》中，梁启超对旧史学的批判主要是政治性的批判。梁启超批评旧史学有"四病"：一是知有朝廷而不知有国家。二是知有个人而不知有群体。三是知有陈迹而不知有今务。四是知有事实而不知有理想。这四病都与当时的政治密切相关。梁启超批判旧史为专制君主的家天下张目，"认历史为朝廷所专有物"，无视国家利益和民族利益，仅记载皇帝、官僚等少数人的事迹。在这种史学的影响下，国民落后、愚昧，没有国家思想，也缺乏政治能力，专制政权因此更加发达。在后三节中，他又批判旧史维护君主专制的正统观念。梁启超从当时的政治需要出发过分地苛责传统史学，把造成中国落后、民族衰败这样严重的政治责任都归咎于旧史学和旧史家，认为旧史家有种种罪行：使中国国家思想不能兴起，使我国民群力、群智、群德永不发生，煽动民族奴隶根性，等等。一部《新史学》，充满了这类激烈的言辞。从表面上看，梁启超是在批评旧史，而在实际上，他是在批旧史的同时批判腐败、落后的政治体制。

《新史学》的后三节"论正统"、"论书法"、"论纪年"，都是在批判旧史的旗帜下，既阐发梁启超关于史学的具体主张，又论述政治思想。

"正统"一词是古代社会中各个皇朝对其一脉相承的系统的自称，并具有政权合法性的意思，这是政治上的正统理论。传统史学的正统论是史家在写史时对于应将哪个皇朝尊为正统的看法和处理原则。史学史上的正统之辨始于西晋陈寿著《三国志》，以魏为正统，视蜀、吴为僭伪，不合法；而东晋习凿齿著《汉晋春秋》，则以蜀为正统，以魏为僭伪，"正统"遂成为中国史家争论的一大公案。到了北宋以后，史学的正统之辨在学界大规模兴起。梁启超在"论正统"中，彻底否定了正统之辨的意义。他说："中国史家之谬，未有过于言正统者也。"梁启超说古代史家对此争论不休，只不过是"自为奴隶根性所束缚，而复以煽后人之奴隶根性而已"。① 梁启超借批判旧史学的"正统论"来彻底否认专制专权的合法性，反对君统，拥护民统，反对专制，提倡民主。同时主张今后的史学彻底摆脱正统论的束缚。

"论纪年"反对用帝王纪年法，而大力提倡用孔子的生日纪年。其主要的目的仍是政治的，即否认专制政府的合法性。因为古史中的纪年也关系到正统问题。"盖凡史必有纪年，而纪年必借王者之年号，因不得不以一为主，而以余为闰也。"改变纪年法，具有重要的政治意义。他说："纪元既不以帝号，则史家之争正统者，其更无说以自文矣。"② 可见，纪元问题是与正统问题联系在一起的。《新史学》在批判"正统"之后，再讨论纪年问题，是必然的。

"书法"，也就是"史笔"，即古代史家在撰写史书过程中，评价史实、褒贬人物的原则及写作手法。梁启超在"论书法"一节中，主张史

---

① 梁启超：《新史学》，《梁启超史学论著四种》，岳麓书社，1985，第260页。
② 梁启超：《新史学》，《梁启超史学论著四种》，第271、273页。

学应叙述民族的进化，而不是仅仅记述个人的事迹，或仅褒贬个人的行为。由于古代史学褒贬的主要是皇帝和官僚，因而梁启超认为书法起到了"专奖励一姓之家奴走狗"的作用。梁启超指出，古代的那些专制统治者都是民贼，不必划一鸿沟褒奖一些人而贬低另外一些人。他提出新史学的书法应当像吉朋的《罗马史》那样，以伟大高尚之理想，褒贬一民族的优劣，分析民族强盛或衰亡的原因，使后起之民族读后有所借鉴。

然而，"论书法"这一节的意义还不仅在于此。梁启超在这里是借批评旧的史学方法来批判落后的国民性，并企图纠正那些只追究上层责任的错误认识。因此在论述了"书法"的恶果之后，他直接批评当时一些人，即"今之谈国事者"的看法。他说："今之谈国事者，辄曰恨某枢臣病国，恨某疆臣殃民。推其意，若以为但能屏逐此一二人，而吾国之治即可与欧美最文明国相等者然。"梁启超指出这种看法是错误的。因为当时全体国民都腐败，仅指责一两个官吏是无济于事的。① 梁启超在同年所写的《新民说》中，以同样的口气表达了相同的看法。他在《新史学》、《新民说》等著作中都大力批判落后的国民性。改造国民，培养新民，是梁启超当时的政治目标，而批判落后的国民性正是其中的一项重要内容。所以《新史学》以此为重点论题。

2. 赋予史学强大的政治功能

梁启超大力提倡以新学术为救国的武器，他认为，欧洲的史学反映时代的精神，宣传民族理想，向人民灌输民主思想，从而促进了民族进化和国家发达。他在《新史学》中宣传民族主义思想和民主理论，就是效仿欧洲新史学的榜样。因而，他在《新史学》中赋予史学以极高的地位和极大的作用。梁启超说："史学者，学问之最博大而最切要者也，国民之明镜也，爱国心之源泉也。今日欧洲民族主义所以发达，列国所以日进文明，史学之功居其半焉。然则但患其国之无兹学耳，苟其有之，则国民安有不团结，群治安有不进化者。"正因为梁启超认为新史学具有如此大的威力，他把发动史学革命说成是救国的关键大事："史界革命不

---

① 梁启超：《新史学》，《梁启超史学论著四种》，第268页。

起，则吾国遂不可救。悠悠万事，惟此为大。"① 把一种学术的地位提得如此之高，作用估计得如此之大，这在世界学术史上都是极为罕见的。正是因为其中包含着强烈的政治目的，梁启超关于史学作用的理论才达到如此超乎寻常的地步。

3. 规定史学对象为民族发展史

史学的对象应该是广泛和多样的，这一点梁启超后来也承认。但在急于以学术救国的《新史学》中，梁启超除了民族的发展史外，对其他社会历史的内容概不关心，而且公开声明凡与民族进化无关的人和事，都不足以列入历史的范围。梁启超说："历史者何，叙人种之发达与其竞争而已。舍人种则无历史。""历史者，叙述人群进化之现象而求得其公理公例者也。"② "群"及"人群"是民族共同体的代名词，是梁启超的重要政治理论概念。梁启超的政治理论把民族的、整体的利益放在首位。无论是争取自由还是权利，都以民族的为主，而以个人的为辅。在这种思想的指导下，《新史学》的史学理论才如此重视研究民族的进化。梁启超说，历史学只有叙述数千年来各民族和种族的兴衰存亡史，才符合其自身的性质。

为了实践这一理论，梁启超在《新史学》中专门以一节的篇幅叙述世界上各民族的发展史，即"历史与人种"。他把西方强大的民族称为"世界史之正统"、"世界史的人种"，指出，只有世界史的人种才能够称雄世界，使全世界的人都受他们的影响，并助其发达进步。梁启超高度赞扬西方民族的强盛和发达，他详细论述欧美民族从古到今如何扩张，如何进取，如何以先进的文化和强大的武力征服世界，结果成为世界史上的"主人翁"。他说："今日全地球之土地主权，其百分中之九十分属于白种人。"梁启超羡慕西方的强大，并借史学来大力宣扬西方的强大，一方面是为了激发中国人的自尊心和爱国精神，另一方面是要借鉴世界上强大民族发展的经验，以改造落后的中国。梁启超在这一节中明确指出他重视人种和人群进化是由于当时生存竞争形势的严峻："若在今日，

---

① 梁启超：《新史学》，《梁启超史学论著四种》，第 241、246 页。
② 梁启超：《新史学》，《梁启超史学论著四种》，第 252、250 页。

则虽谓人种问题为全世界独一无二之问题，非过言也。"①

梁启超认为，过去中国进化之所以迟缓，就是因为没有"真史家"向民众叙述民族进化的历史。《新史学》提出，今日欲提倡民族主义，使我四万万同胞强立于此优胜劣败之世界，则必须用史学来教育国民。有些学者因不了解梁启超《新史学》的政治性学术的性质，在谈到这个史学理论时，只是简单地介绍梁启超如何论述历史学应研究人类进化，即一般的人类进化。也有学者批评梁启超把一部丰富的历史"变成单纯的民族演化史"。这两种认识都未看到《新史学》的真意。

4. 主张新史学为国民而作

《新史学》主张今后的新史书要写国民的事迹，为国民而作。这是他的史学观点。另外，梁启超借批判旧史来表达主权在民的民主政治理论，论述了国家与政府（朝廷）的关系。

梁启超在当时的许多政治著作中都强调国家与政府的区别，可见梁启超对这一理论格外重视。《新史学》中关于史学著述的对象应是国民而不是帝王，以及批判二十四史为帝王家谱的观点都是以主权在民的民主理论为基础的。也可以说，梁启超宣扬这一史学理论的目的是向人民宣传民主政治的理论。

5. 探讨某些史学理论

尽管《新史学》充满政治色彩，但因它是建立新学术的旗帜，所以也有一定的学术内容。其中关于历史学与其他学科关系的论述，是较有学术价值的。梁启超主张历史学应广泛吸取多学科的先进方法，提出西方社会学、人类学、地理学、心理学、语言学、伦理学、逻辑学、天文学等学科的方法可以帮助历史学进行深入研究。

正因为《新史学》具有强烈的政治性，才符合当时社会的需要，起到了唤起民众、教育民众的政治作用，因而有着强大的生命力。同时，由于《新史学》具有强烈的政治批判性，对史学的更新起到了开创的作用，成为学术革命的一面大旗。《新史学》的价值不在于它的学术内容，

---

① 梁启超：《新史学》，《梁启超史学论著四种》，第259、252页。

而在于它在社会变革和学术更新上所起到的巨大作用。

在写作《新史学》的同时，梁启超还写了一些外国民族争取独立自由的小史和中外人物传记，向国民宣传爱国主义思想和民主政治思想。这也是梁启超"史界革命"的重要组成部分。这些著作极大地激发起中国人，尤其是青年的爱国、救国激情。

二　全面的学术建设

1922 年 1 月，《中国历史研究法》（以下简称为《研究法》）由商务印书馆出版发行。此书出版后，风行一时，对学术界尤其是史学界的影响非常之大。随后，梁启超又发表《中国历史研究法补编》（以下简称为《补编》）。这两部史学著作标志着"新史学"从政治向学术过渡。《新史学》虽然题名为"新史学"，但是没有对新史学进行足够的学术建设。在二十年后的这两部著作中，梁启超才比较完整地确立了他的新史学理论体系。同时，梁启超写下了大量的史学著作，对新史学进行全面的学术建设。

在两部著作中，梁启超的新史学体系大致可分为两部分，一是关于写新史的设想，二是为写新史所探讨的理论和方法。写新史是"新史学"的主要任务，理论和方法是为其服务的。

1. 提出关于"新史"的宏观构想

梁启超一直想写一部能取代二十四史的新史，也就是一部全新的中国通史，以"供现代中国国民资鉴"。《研究法》详细列举了写新史的重要项目，共有 22 条。内容涉及中华民族的起源、发展，与外族的交往和融合；政治制度、经济制度、经济生活、阶级关系、法律制度、人口增长和流动；中国文化，包括语言文字、宗教、教育、哲学、文学、美术、音乐、科学等方面的发展状况，中国文化受外国文化的影响状况和中国文化对世界文化的贡献等各个方面。这么多的内容具体如何安排，新的通史采用何种体例等，梁启超当时可能并没有明确的认识。

梁启超设想，先从各个具体方面研究起，然后在此基础上统一全局，写成一部通史，所以他提出研究专门史的设想。"近日所需之史，当分为专门史与普通史之两途。专门史如法制史、文学史、哲学史、美术史……等等；普通史即一般之文化史也。"因为"历史上各部分之真相未明，则全部分之真相亦终不得见。而欲明各部分之真相，非用分工的方法深入其中不可。此决非一般史学家所能办到，而必有待于各学之专门家分担责任。此吾对于专门史前途之希望也。专门史多数成立，则普通史较易致力，斯固然矣"。①

在《补编》中，梁启超提出五种专史的写法：人的专史（即人物传记）、事的专史、文物的专史（包括政治、经济、文化，文化下面又有语言、文字、神话、宗教、学术思想、道术、史学史、社会科学史、自然科学史、文学史、美术史等）、地方的专史和断代的专史。

梁启超对人的专史有较详细的研究，在《补编》中论述了人的专史的对象，列举了一百多个历史人物为例。他提出作传的方法，分传与合传各自的作法、年谱和人表的作法等等，对历史传记的编纂提供了有益的借鉴。梁启超是中国史学界写历史人物传记最多者，他在早期所写的大量传记既宣传了民主、爱国思想，也扩大了中国新史学的领域。

梁启超"新史学"的主要目标是要撰写一部能反映社会全貌的新的中国通史。他的构想规模宏大，内容丰富，概括了历史的方方面面。尽管写通史的愿望未能实现，但这些设想无疑启发了此后的历史学家。胡适一年后在《〈国学季刊〉发刊宣言》中也说，中国历史这么长，材料这么多，除了分工合作外，难以完成通史。他列举了许多专史的项目，与梁启超所列的相差无几。何炳松在1929年说，写中国通史规模太大，需要史学家分工合作共同完成。齐思和亦说，专史既出，始可谈到通史。可见，梁启超的主张已在史学界达成了共识。后来在中国史学界掀起了通史热，并由此产生了一批新通史。这是中国新史学的重大成就。

2. 开创"史学史"新学科

中国史学源远流长，但几千年来却没有专门研究史学之历史的学科。

---

① 梁启超：《中国历史研究法》，《梁启超史学论著四种》，第144页。

这充分说明中国传统史学在"学"方面的落后。梁启超最先把"史学史"作为一门专史提出来进行研究。《研究法》一书专门有一章"过去中国之史学界",实际上是中国史学史的论纲。其后,梁启超在《补编》中,正式提出"史学史"这一名词,并用一节专讲"史学史的做法",提出了建立"史学史"的主张。梁启超说:"史学,若严格的分类,应是社会科学的一种。但在中国,史学的发达,比其它学问更利害,有如附庸蔚为大国,很有独立做史的资格。中国史学史,最简单也要有一二十万字才能说明个大概,所以很可以独立著作了。"他还提出关于"史学史"的设想:"中国史学史,最少应对于下列各部分特别注意:一,史官;二,史家;三,史学的成立及发展;四,最近史学的趋势。"

梁启超提倡建立中国的史学史,是因为中国史学丰富多彩,极有总结的必要,要建立新史学,必得从认识旧史学、改造旧史学做起。此外,他是要纠正当时史学界偏重史料的片面做法,要以宏观的眼光把握中国的史学,从中发掘出真正有价值的东西。他指出:"真想治中国史,应该大刀阔斧,跟着从前大史家的作法,用心做出大部的整个的历史来,才可使中国史学有光明发展的希望。"①

梁启超对旧史的态度前后有明显的改变。在《研究法》中,已全然没有《新史学》中的那种激烈的和过分的批评,而是认为旧史学是人类文化的重要部分,不能轻易抛弃。他赞颂说:"中国于各种学问中,惟史学为最发达;史学在世界各国中,惟中国为最发达。"②《研究法》对旧史进行全面、具体的分析,从学术的角度评价它们的优劣和差异。他对《左传》和《史记》的评价最高,尤其对《史记》倍加推崇。他说:"史界太祖,端推司马迁。"他总结司马迁的高明之处在于以下几点:(1)既有建立历史哲学的深远目的,又忠于事实。能兼及两者的在古代史学界是少有的。(2)博采众多史书体裁,创立纪传体的体例。其中本纪以事系年,书详记政制,稽牒作谱,世家、列传专写人物。梁启超还指出,

① 梁启超:《中国历史研究法补编》,《饮冰室合集·专集之九十九》,中华书局,1989,第151、153、168页。
② 梁启超:《中国历史研究法》,《梁启超史学论著四种》,第105、116页。

《史记》最突出的贡献是以人物为本位，这使它在世界文化史上树立了特殊的地位。"故其书厕诸世界著作之林，其价值乃颇类布尔达克之《英雄传》。"①

对于《史记》以后的正史，梁启超虽然认为它们缺乏创造性，但仍指出其中有良、有差，"价值自固有高下"。总的来说，梁启超认为，作为纪传体的二十四史，有几个长处：一是以人为本位；二是内容丰富；三是纪传体中的书志，专门记载文物制度，与他理想中的新史较为接近。虽然在《研究法》中，仍有时将二十四史说成是"帝王家谱"，但主要是批评其学术上的不足。梁启超认为历史过程是具有连续性的，就像流水一样不中断。即使分为古代、中世、近世几段，都显勉强，何况以朝代划分历史，更是不合理的。他反对的主要是二十四史强把中国历史分为断代史的体裁。

除了纪传体的二十四史外，梁启超还分析了其他几种史书的优劣。其中梁启超最欣赏的是纪事本末体。他比较几种体裁后，指出："盖纪传体以人为主，编年体以年为主，而纪事本末体以事为主。夫欲求史迹之原因结果以为鉴往知来之用，非以事为主不可。故纪事本末体，于吾侪之理想的新史最为相近，抑亦旧史界进化之极轨也。"②

3. 建立新史学理论

作为一门学科，首先应有关于自身的理论。但中国传统史学缺乏这方面的理论。史学理论最重要的问题就是历史学的目的。《补编》指出："无论研究何种学问，都要有目的。什么是历史的目的？简单一句话，历史的目的在将过去的真事实予以新意义或新价值，以供现代人活动之资鉴。假如不是有此种目的，则过去的历史如此之多，已经足够了。"予以新意义，就是令过去人们没有发现的意义重新复活，或者把过去人们看错的重新改正。予以新价值，就是把过去的事实重新估价。梁启超说历史事实有一时的价值和永久的价值两种。他主张："从前有价值，现在无价值的，不要把它轻轻抹杀了。从前无价值，现在有价值的，不要把它

① 梁启超：《中国历史研究法》，《梁启超史学论著四种》，第 120 ~ 121 页。
② 梁启超：《中国历史研究法》，《梁启超史学论著四种》，第 125、126 页。

轻轻放过了。"①

《研究法》关于史学目的是这样说的：记述人类活动，"以为现代一般人活动之资鉴"。"其专述中国先民之活动供现代中国国民之资鉴者，则曰'中国史'。"他说："史家目的，在使国民察知现代之生活与过去未来之生活息息相关，而因以增加生活之兴味。……则史之目的，乃为一般人而作，非为某权利阶级或某智识阶级而作。"② 梁启超要求史学家们尽量将史书写得生动活泼，把历史中的乐趣带给大多数人。

对史学对象及范围的认识是史学理论的另一重要问题。《新史学》除了民族发展史外，对其他历史内容概不关心。《研究法》则完全不同。这时的梁启超认为人类的一切活动都属于史学的范围。"凡活动的事项——人类情感理智意志所产生者，皆活动之相，即皆史的范围也。"《新史学》中重要概念是表示民族或种族的"群"、"人种"等，《研究法》中表示历史对象的重要概念是"社会"。"社会"，是人活动的单位，有时也泛指大多数的人。《研究法》中极力主张以社会中大多数人的活动为研究和著述的对象，并为社会中大多数人服务。梁启超以社会为研究对象的原因是，人以社会为单位生存和活动。"史也者，人类全体或其大多数之共业所构成，故其性质非单独的，而社会的也。"③ 由于治史目的从政治到学术的转变，史学研究范围大大拓宽：从政治到经济、文化等各个方面都受到关注，而不仅仅是民族的兴衰。梁启超主张写总体史，即文化史。这文化史就是各种专门史的结合，它反映了社会生活的各个方面。

4. 探讨方法论

《研究法》对具体的史学方法阐述最多，例如如何观察历史事件，如何搜集和鉴别史料，尤其是对于史料问题阐述最为全面。因为梁启超本人精于考据学，《研究法》中灌注了他平时的大量研究体会，不仅有严格的分类，还有许多研究心得作为例证。例如梁启超怀疑一般人认为唐高僧玄奘出游西域的日期为贞观三年是不对的，遂翻阅了大量的史籍，进行反复比

① 梁启超：《中国历史研究法补编》，《饮冰室合集·专集之九十九》，第5、10页。
② 梁启超：《中国历史研究法》，《梁启超史学论著四种》，第107、109页。
③ 梁启超：《中国历史研究法》，《梁启超史学论著四种》，第107、108页。

较和研究，终于发现玄奘出游日期为贞观元年。为了这区区的两年之差，他花费了三天的功夫，采用了五六种研究程序。他将此研究成果和由此带来的兴奋心情告诉读者。原因是："本篇既以研究法命名，吾窃思宜择一机会，将吾自己研究所历之甘苦，委屈传出，未尝不可以为学者之一助。"①

《研究法》分析了史料的种类、提出搜集和鉴别史料的各种方法，内容详细而丰富。他所列的辨伪书的十二条标准、证真书的六条标准和辨伪事的七条标准，至今仍有较高实用价值。搜集和鉴别史料的方法本是传统史学的重要部分，只是梁启超从理论上提高了这种方法的重要性，赋予它新的意义。他认为当时史学的进步有两大特征，一是客观资料的整理，对于过去的史料进行鉴别，重新估定其价值，这样才能使史学立于"真"的基础之上。二是主观观念的革新，即历史理论方面的观念变化。《研究法》正是以历史理论和史料鉴别方法这两部分为主要内容。

梁启超的新史学体系，实际是中国传统史学方法与现代西方史学理论的结合物。其中占比重最大的还是传统史学的考据学方法。梁启超明确指出"其所用研究法，纯为前清乾嘉诸老之严格的考据法"。只是他对考据法赋予了新意，看作"近代科学家所应用之归纳研究法"。②史学理论主要是从西方引进的。梁启超在兼容并蓄古今中外学术成就的基础上，建立了他的新史学。

此外，梁启超还发明和应用其他新方法。他用统计学方法研究历史，开计量史学（现代西方新史学方法，八十年代才引入中国）和文化地理学之路。梁启超说："历史统计学，是用统计学的法则，拿数目字来整理史料，推论史迹。这个名称，是我和我几位朋友们杜撰的。严格的说，应该名为'史学上之统计的研究法'。……我们确信他是研究历史的一种好方法。"③梁启超用这种方法写出《近代学风之地理的分布》，在史学界产生极大影响。一时间用此种方法研究文化地理者层出不穷。

梁启超大量采用历史比较研究法，他比较中外历史、中外文化的长

① 梁启超：《中国历史研究法》，《梁启超史学论著四种》，第 189 页。
② 梁启超：《中国历史研究法》，《梁启超史学论著四种》，第 190 页。
③ 梁启超：《历史统计学》，《饮冰室合集·文集之三十九》，第 69~70 页。

短、得失，开比较史学的先河。台湾学者黄克武认为，梁启超可能是最早提出西方历史正常发展，中国历史病态发展的人。梁启超最早探讨中国历史长期停滞的原因。1902 年他写《新民说》之"论进步"（一名"论中国群治不进之原因"）提出，中国历史的发展违反一般历史进化的公例，出现"凝滞之现象"，并深入探讨其原因。1912 年梁启超在归国演说中指出，读西方历史，觉得变化极大，一代有一代的特色。而"我国则自秦汉以迄清季，史迹若一邱之貉，盖二千年立于不进不退之域矣"。① 史学界兴起的关于中国古代社会长期停滞的讨论持续几十年之久，与梁启超的理论不无关系。梁启超的开阔视野和多种研究方法对后人有极大的启迪。

在发表《研究法》和《补编》的前后和同时，梁启超还写下大量史学著作，从各个方面进行新史学建设，大大地拓宽了史学研究范围。他研究先秦思想史、文化史、民族史、科技史、社会史等，开创了许多新领域。梁启超是中国文化史研究的开山者。传统史学以政治史为主，文化史则是史学向一个宽阔领域展拓的产物。它把人类文化的发生和发展作为一个总体对象加以研究。梁启超提出"以文化史代政治史"的主张。② 新史学关于写新史的设想中文化的内容居多。他还拟定了撰写文化史的庞大计划，为此写有《中国文化史目录》，有以下条目：朝代篇、种族篇、地理篇、政制篇、政治运用篇、法律篇、军政篇、财政篇、教育篇、交通篇、国际关系篇、饮食篇、服饰篇、宅居篇、考工篇、通商篇、货币篇、农事及田制篇、语言文字篇、宗教礼俗篇、学术思想篇、文学篇、美术篇、音乐篇、载籍篇。真可谓规模宏伟，内容丰富。

在梁启超带动下，21 世纪上半叶，中国史学界文化史研究和写作蓬勃发展，有多种文化史问世，然而新中国成立后的近三十年中，文化史被否定，史学又恢复了政治史为中心的格局，改革开放后，才重新建设文化史。

出于强烈的爱国主义，梁启超早就重视民族史。他在 1906 年写《历史上中国民族之观察》，1920 年写了《中国历史上民族之研究》。文章解释"民族"的含义，指出血缘、语言、信仰为民族成立的条件，并区分

---

① 梁启超：《初归国演说辞》，《饮冰室合集·文集之二十九》，第 7 页。
② 梁启超：《中学国史教本改造案并目录》，《饮冰室合集·文集之三十八》，第 26 页。

"民族"与"种族"、"国民"等概念；梁启超真实地描述以汉族为主体的中华民族的形成和发展过程。他批驳外国学者关于中华民族"西来说"和"南来说"的谬论，歌颂民族融合对中国经济文化所起的进步作用。梁启超从中得出结论说："一、中华民族为一极复杂而极巩固之民族。二、此复杂巩固之民族，乃出极大之代价所构成。三、此民族在将来绝不至衰落，而且有更扩大之可能性。"①

梁启超对社会史也有独到的研究。中国本无"社会"这一名词，亦无这一概念。过去既无社会学，也无社会史。社会史是从西方引进的。它研究人们群体生活的历史，以社会结构、社会组织、人口、社区、生活习俗为研究对象。社会史比一般历史研究得更具体和深入。梁启超是中国较早研究社会史的学者之一。他的《中国文化史》（社会组织编）实际上就是一部社会史。该书详述中国社会的婚姻、家族与宗族、姓氏、社会等级、乡治、都市等的演变，对中国社会组织变迁做了较全面的勾勒。梁启超运用西方社会学、民俗学方法，研究中国古代社会，对中国社会的特点和发展规律都有独到的见解。例如他指出："欧洲国家积市而成，中国国家，积乡而成。故中国有乡自治而无市自治。""乡为一国中最高之自治团体。"② 这的确抓住了中国社会的一大特点。梁启超的《太古及三代载记》、《春秋载记》、《战国载记》，都是关于先秦社会史的著作。

至于科技史，梁启超认为中国的哲学、政治学、经济学等学科在二三百年前并不逊于西方，只是科学技术落后于西方。所以他认真研究西方的科学技术史，写了《格致学沿革小考》（梁启超把化学、生物学等自然科学称为"格致学"）。书中叙述了外国上古时期的数学、医学、动物学，中古时的化学、博物学、地理学，近代的天文学、光学等自然科学的发展；介绍了牛顿、哥白尼、培根、托卜勒等百余名科学家。

梁启超的新史学内容广泛，几乎涉及了史学理论和历史的每一个方面。

原刊《史学理论研究》2000 年第 1 期。

① 梁启超：《中国历史上民族之研究》，《饮冰室合集·专集之四十二》，第 31～32 页。
② 梁启超：《中国文化史》，《饮冰室合集·专集之八十六》，第 52 页。

梁启超《新史学》的政治实践意义

梁启超的《新史学》问世九十余年来，我国学术界多把它看作一部纯学术性的史学理论著作。我曾在《梁启超〈新史学〉的真实意义及历史学的误解》（载《近代史研究》1994 年第 2 期）一文中提出：梁启超的《新史学》虽然书名明确标出史学，书中也论述了史学理论问题，但究其实质并不仅仅是一部历史学著作，而主要是或首先是一部政治理论著作。书中涉及极为广泛而深刻的政治理论问题，包括政权的合法性、政府与国家的关系、国民素质与国家强弱的关系、文化学术与民族兴衰存亡的关系等等，其核心是政治主张和政治理论，其次是政治化的史学理论以及政治批判和一小部分的学术性批判。可以说，《新史学》是通过论述历史学问题来阐明它的政治主张和政治学理论的。

然而，尽管《新史学》的主要内容是政治理论，但是它毕竟在历史学领域里开辟了一片崭新的天地，并提出了一个初步完整的史学理论框架。正如史学界所公认的，《新史学》是近代"新史学"的奠基石，是史学革命的一面旗帜。因而，我们也不能完全把《新史学》看作一部政治理论著作。

进一步探究《新史学》的真实意义，不能仅仅局限于分析这部著作中的文字，还必须考察梁启超的社会活动和思想历程。梁启超的一生，可以分为两个阶段，1918 年四十五岁时是这两个阶段的分水岭：大概地说，在这之前他是一位政治活动家，而在这之后则是一位学者。1918 年 10 月，梁启超对《申报》记者发表谈话告别政治生涯，他说："心思才力，不能两用，涉足政治，势必荒著述，吾自觉欲效忠于国家社会，毋宁以全力尽瘁于著述，为能尽吾天职，故毅然中止政治生涯，非俟著述之愿略酬，决不更为政治活动。"① 为此梁启超刻了一枚白文印章："任公四十五岁以后之作"。这表明他十分重视这一生中两个阶段的分界。因而我们不难看到，同样题名标为史学著作，但 1902 年写的《新史学》，显然是他政治活动的一部分，而 1921 年写的《中国历史研究法》，则是他学术生涯的重要成就。

从梁启超的政治活动出发来考察，可以看出，《新史学》一书的根本意义，不仅在于著作内容本身，更在于它的政治实践意义。《新史学》不完全是一部政治理论著作，也不是一部纯学术性的史学理论著作，而是一部政治化的学术著作，是梁启超政治活动在特殊条件下的产物，也可以说是梁启超戊戌变法的继续。梁启超在写作《新史学》的当时，写有《新民说》。《新民说》是梁启超的重要政治理论著作，书中阐述的"新民理论"是梁启超重要的政治理论，其要点是，国家的强弱、民族的兴衰与国民能力素质密切相关，要实行政治改革，振兴中华，首先要培养新民。《新史学》中的政治理论，是对《新民说》一书内容的简要概括。准确地说，《新史学》主要以"新民理论"等政治理论为基础，建立了一套政治化的史学理论，通过学术的手段，以新的政治化的学术，达到了启蒙民众、改造国民的救国的政治目的。因而，《新史学》一书的政治实践意义就显得格外突出了。

一 《新史学》学术政治化的成因

1. 写作《新史学》是戊戌变法的继续

《新史学》发表于 1902 年（其酝酿的时间或许更早），距戊戌变法时仅四年。当时的情况是，变法惨遭失败，形势严峻，困难重重，和他一起从事改革的志士仁人或被杀戮，或被囚禁，或流亡国外。更为严重的是前途未卜，不知这种局面何时能够有所改观。在这样的形势下，梁启超绝不可能安下心来进行纯学术的研究。他虽流亡海外，但仍在四处奔

---

① 《申报》1918 年 10 月 26 日。

走，积极从事各种政治的及政治性文化活动：创办报刊，联络海外华人和国际友人，争取各方面人士对改革的支持；兴办培养改革人才的学校，以及指挥、策划国内的政治军事行动，如自立军起义等。同时，梁启超还要及时总结变法失败的教训，为今后的政治行动做准备。这些可从他当时所写的大量文章中反映出来。值得注意的是，正是在 1902 年，梁启超创办了影响深远的《新民丛报》。也正是在这一年，梁启超在这份报上发表了他的一些最重要的著作，如提出他主要政治观点——"新民理论"的《新民说》、《新民议》，宣扬民主政治理论的《自由书》、《论政府与人民之权限》，挑起史学革命大旗的《新史学》，以及论述学术对于救国之重要性的《论学术之势力左右世界》等。同年，他还在《新小说》上发表《论小说与群治之关系》，提倡写政治小说，以启发民智，并开始写《中国通史》一书。这些都与他提倡"新史学"的意义是相通的。这说明1902 年是梁启超政治生涯中极为重要的一年，其重要性也许不亚于他参与戊戌变法的1898 年。他的这一系列政治的和文化的、学术的活动都是为了一个目的，即继续完成戊戌变法未能完成的事业。因而，《新史学》不仅深深地打上了时代的烙印，也是梁启超政治生涯中的一个重要里程碑。

《新史学》是梁启超戊戌后新的政治活动的一部分，实际上也可以说是戊戌变法的继续。尽管变法失败了，但梁启超坚持改革的决心始终未变。不仅如此，因在海外大量汲取西方民主、进步思想，梁启超的政治主张更加激进，改革的愿望更加强烈。在《新史学》发表的同一年，梁启超写了《释革》一文，大声疾呼改革的重要性。他说："中国数年以前，仁人志士之所奔走所呼号，则曰改革而已。比年外患日益剧，内腐日益甚，民智程度亦渐增进，浸润于达哲之理想，逼迫于世界之大势，于是咸知非变革不足以救中国。其所谓变革云者，即英语 Revolution 之义也。"梁启超指出，改革，也就是革命，它是"天演界中不可逃避之公例也。"① 也就是说改革是必不可免的。要想在激烈的竞争中生存和发展，

---

① 梁启超：《释革》，李华兴、吴嘉勋编《梁启超选集》（上），上海人民出版社，1984，第 369 页。

就必须变革。不仅政治上要革命，世间各个方面都要革命。有学术之革命、政治之革命、文学之革命、宗教之革命、道德之革命等等。他认为要救中国不仅仅要实行政治革命，而是应进行全面的革命。梁启超当时提倡的史学革命和文学革命等都是为了政治革命这一总目标服务的。

2. 改革的新设想：培养"新民"

在积极从事政治活动的同时，梁启超参照西方及日本等国的政治经验和理论，认真总结戊戌变法失败的教训。出于变法失败的悲愤，梁启超不仅更加痛恨顽固、腐朽的清政府，而且对中国国民的落后和麻木状态深感不满。1900 年，梁启超发表《呵旁观者文》，强烈指责国民对政治的麻木不仁状态。他说："天下最可厌、可憎、可鄙之人，莫过于旁观者。"① 他说，旁观者放弃了对于国家的责任，国必定要亡。梁启超在这里激烈地批判落后的国民性。这篇文章被认为是梁启超首次提出改造国民性的重要著作。从自身的切身体会出发，梁启超开始对单纯从上层实行改革的做法感到失望。他主张应改造落后的国民性，培养"新民"，依靠新民来完成改革的事业。为此他提出了影响深远的"新民理论"。

"新民理论"是梁启超的重要政治理论，其要点是，国家的强弱、民族的兴衰与国民的能力、素质密切相关。要实行政治改革，振兴中华，首先要培养新民。梁启超说："国也者，积民而成。国之有民，犹身之有四肢五脏筋脉血轮也。未有四肢已断，五脏已瘵，筋脉已伤，血轮已涸，而身犹能存者；则亦未有其民愚陋、怯弱、涣散、浑浊，而国犹能立者。"梁启超认为一些人整日忧虑外患是徒劳的，他指出真正的患在内而不在外。如果国民素质高，民族强大，则任何外来势力都不能对该民族造成威胁。而如果国民落后，即使有英明的领袖或英雄人物，也挽救不了民族衰亡的命运。梁启超还指出，各国的制度也是由国民的素质决定的。国民素质高的国家可以实行民主制，反之则只能由专制政府统治。他说："国民之文明程度低者，虽得明主贤相以代之，及其人亡则其政息焉……国民之文明程度高者，虽偶有暴君污吏，虔刘一时，而其民力自

---

① 梁启超：《呵旁观者文》，李华兴、吴嘉勋编《梁启超选集》（上），第 128 页。

能补救之而整顿之。"梁启超总结道："然则苟有新民，何患无新制度，无新政府，无新国家。非尔者，则虽近日变一法，明日易一人，东涂西抹，学步效颦，吾未见其能济也。夫吾国言新法数十年，而效不睹者何也？则于新民之道未有留意焉者也。"① 梁启超的这些论述深刻地反映了他对于变法失败的切身体会。梁启超把改革的目标从上层的政治制度转向下层的广大民众，说明他注意到了民众的力量之重要性。梁启超的这些政治主张对后来的思想启蒙运动起到了开路的作用。

3. 培养"新民"的手段：建立新学术

培养"新民"是梁启超的新的政治目标。然而用什么方法达到此目标呢？那就是建立新学术，用新学术阐发的新思想来教育民众，提高国民的智力，提高国民的道德水平和各方面的素质。梁启超流亡到日本后，大量吸收西方的新思想、新学术，其思想焕然一新。他自己的说法是："思想为之一变"。目前学界所公认的是，1898～1903 年是梁启超思想最为激进、开放和活跃的时期，这正是他流亡日本的头几年。梁启超接受了大量西方的民主政治理论和自由思想。梁启超的"新民理论"正是在西方新思想的刺激下产生的，是他对中西国家发展状况、国民素质比较研究的结果。梁启超认为，国民素质决定一国的状况，西方国家的国民素质普遍比中国的国民高，其中一个重要的原因就是西方的新学术、新思想对民众起到了积极的作用。

梁启超在接受新思想的同时也体会到新学术对于政治改革的重要性。1902 年，梁启超在致康有为的信中说："弟子以为欲救今日之中国，莫急于以新学说变其思想（欧洲之兴全在此）。"② 同年，他在《新民说》的"论进步"一章中指出："凡一国之进步，必以学术思想为之母，而风俗、政治皆其子孙也。"③ 仍是在 1902 年，梁启超发表《论学术之势力左右世界》，大力鼓吹新学术的重要性。他说："天地间独一无二之大势力，何在乎？曰智慧而已矣，学术而已矣。"他认为新思想、新学术的威力比那

---

① 梁启超：《新民说》，李华兴、吴嘉勋编《梁启超选集》（上），第 206、207 页。
② 梁启超：《致康有为书》，李华兴、吴嘉勋编《梁启超选集》（上），第 323 页。
③ 梁启超：《新民说》，李华兴、吴嘉勋编《梁启超选集》（上），第 238 页。

些曾叱咤风云、称雄一世的英雄，如成吉思汗、拿破仑等人都要大得多。梁启超列举了许多科学家、思想家的成果对世界文明、进步的贡献，指出无论是物质文明还是精神文明的发展，都是新学术和新思想影响的结果。梁启超还大力提倡将外国的新学术和新思想移植于本国，以改变国人的旧思想。他说："亦有不必自出新说，而以其诚恳之气，清高之思，美妙之文，能运他国文明新思想，移植于本国，以造福于其同胞，此其势力，亦复有伟大而不可思议者。"梁启超不仅自己身体力行，大力向国民宣传和介绍新学术、新思想，而且在该文中呼吁国内爱国的知识分子都来用学术救国。他说："吾欲敬告我国学者曰：公等皆有左右世界之力，而不用之何也？公等即不能为倍根、笛卡尔、达尔文，岂不能为福禄特尔、福泽谕吉、托尔斯泰？（按：梁启超认为前面的几位思想家是自出新说者，而后面的几位则是移植外国思想于本国者）即不能左右世界，岂不能左右一国？苟能左右我国者，是所以使我国左右世界也。"①

值得注意的是，这篇文章与《新史学》的第一节恰恰是同一天（1902 年 2 月 8 日）发表于《新民丛报》上。这恐怕不是巧合，说明梁启超的《新史学》正是他所寄予深切希望的新学术。事实也正是如此。梁启超在《新史学》中大力宣传新史学的重要性和巨大威力，指出新史学是爱国心之源泉，是救国的重要法宝。《新史学》以建立新学术、改造国民性、培养新民为宗旨，体现了梁启超从政治救国到文化、学术救国的转变。还需要指出的是，梁启超是以"中国的新民"为笔名发表《新史学》于《新民丛报》上，这也表明他写作《新史学》就是为了用新学术来培养新民。

4. 客观条件限定的特殊救国方式

尽管梁启超在海外仍在积极从事救国的政治活动，但国外的条件毕竟与国内有很大区别。因为远离政治中心，远离真正的政治舞台，梁启超满腹的政治抱负无法实现。培养"新民"的设想尽管十分美好，但在多大程度上能够实现，以及何时能够实现，都还是未知数。在流亡中，

① 梁启超：《论学术之势力左右世界》，李华兴、吴嘉勋编《梁启超选集》（上），269、274、275 页。

梁启超奋笔疾书，写出大量"惊心动魄，一字千金"（黄遵宪的评价）的旷世奇文，对中国近代的启蒙运动起到了十分重要的推动作用。但漂泊不定的生活，使他内心十分苦闷，1902 年，梁启超在《三十自述》中大发感慨："尔来蛰居东国，忽又岁余矣，所志所事，百不一就，惟日日为文字之奴隶，空言喋喋，无补时艰。平旦自思，只有惭悚。顾自审我之才力，及我今日之地位，舍此更无术可以尽国民责任于万一。兹事虽小，亦安得已。一年以来，颇竭棉薄，欲草一中国通史以助爱国思想之发达，然荏苒日月，至今犹未能成十之二。……吾友韩孔广诗云：'舌下无英雄，笔底无奇士。'呜呼！笔舌生涯，已摧我中年矣！此后所以报国民之恩者，未知何如？每一念及，未尝不惊心动魄，抑塞而谁语也。"① 梁启超的这番话，不仅颇有"英雄无用武之地"之感，还有不得已而作笔墨文章的意思在内。由于客观条件的限制，梁启超流亡海外的活动只能是以文字形式的为主，用政治性的学术活动来弥补他自身的缺憾。这与他在戊戌变法时期从事直接的政治活动有很大不同。梁启超提倡建立新史学，提倡写新小说，号召知识分子用学术为政治救国的武器，而且身体力行，自己动手写政治性小说，写启发民众觉悟的《中国通史》。这固然是他为实现"新民理论"所做的实践，但也不能说不是客观条件所限定的特殊的政治活动方式。

二 《新史学》中具有政治实践意义的学术问题

《新史学》是梁启超戊戌变法以后新的政治活动的产物，是他建立的政治性学术文化的一个重要组成部分。《新史学》的主要内容可分为两大部分，一部分是宣扬民主和爱国思想的政治理论，另一部分是主张用新史学这一新学术来教育民众的政治化史学理论。不过，这两部分是融为一体的，很难截然分开。例如他论述的"正统"问题，既指史学上的正统之辨，也指政权的合法性问题。又例如他所说的纪年，既有史学上记

---

① 梁启超：《三十自述》，李华兴、吴嘉勋编《梁启超选集》（上），第 378 页。

述年代的意义，也含有政治上的正统，即政权合法性的意义。因为梁启超在《新史学》中是以史学来阐发政治观点，而不是像在《新民说》等政论文中，直接提出政治理论和主张。这正是由《新史学》政治性学术的性质所决定的。梁启超在《新史学》中宣扬民主政治理论，也是他提倡用新史学、新学术来启蒙和教育民众的实践。

《新史学》中的史学理论涉及史学的作用、史学研究的对象及范围等问题。此外还有关于书法和纪年等一些具体的技术问题。这些史学理论都有特定的政治理论为基础，因而包含着深刻的政治含义。然而以往学界因只把《新史学》看作纯学术性的著作，所以把书中的史学理论仅当作单纯的史学理论来认识和应用，不仅不能充分理解其中的政治意义，而且造成了一些误解，并对史学造成了某些不利的影响。

1. 强调历史学的重大作用

梁启超大力提倡以新学术为救国的武器，用新史学给民众灌输民族主义、爱国主义精神和民主政治、自由思想。梁启超指出，欧洲的史学反映时代的精神，宣传民族理想，鼓舞民族精神，向人民灌输民主思想，等等，从而促进了民族进化和国家发达。他在《新史学》中宣传民族主义思想和民主理论，就是仿效欧洲新史学而做。梁启超在大力推崇欧洲新史学的同时，强烈地批判中国的旧史学，指责它对中国的落后负有不可推卸的政治责任，认为中国的旧史学维护专制统治，是愚弄人民的工具，是"霸者的奴隶"。因而，他在《新史学》中赋予史学以极高的地位和极大的作用。梁启超说："史学者，学问之最博大而最切要者也，国民之明镜也，爱国心之源泉也。今日欧洲民族主义所以发达，列国所以日进文明，史学之功居其半焉。然则但患其国之无兹学耳，苟其有之，则国民安有不团结，群治安有不进化者。"正因为梁启超认为新史学具有如此大的威力，他把发动史学革命说成是救国的关键大事："史界革命不起，则吾国遂不可救。悠悠万事，惟此为大。"① 把一种学术的地位提得如此之高，作用估计得如此之大，这在世界学术史上都是极为罕见的。

---

① 梁启超：《新史学》，《梁启超史学论著四种》，岳麓书社，1985，第241、246页。

正是因为其中包含着强烈的政治目的，梁启超关于史学作用的理论才达到如此超乎寻常的地步。《新史学》是政治化的学术，政治化学术是为政治服务的，其根本目的是达到政治的目的，因此梁启超大力提倡学术的重大作用，过分夸大学术的作用，就是自然而然、不足为奇的。有些学者从纯学术的角度出发，对《新史学》强调历史学的重大作用提出批评，是没有看到梁启超这一阶段的学术的根本性质，因而是完全没有必要的。

2. 历史学的对象：民族进化史

史学的对象应该是广泛和多样的，这一点梁启超也承认。不过梁启超承认这一点不是在 1902 年，而是在十九年以后。在脱离了政治身份，成为一位学者后所写的学术性著作《中国历史研究法》中，他主张历史学要研究人类社会的所有活动。然而，在急于以学术救国的《新史学》中，梁启超除了民族的发展史外，对其他社会历史的内容概不关心，而且公开声明凡与民族进化无关的人和事，都不足以列入历史的范围。梁启超说："历史者何，叙人种之发达与其竞争而已。舍人种则无历史。""历史者，叙述人群进化之现象而求得其公理公例者也。""群"及"人群"是民族共同体的代名词，是梁启超思想中的重要理论概念。《新史学》强调史学要研究"群"的进化，而不是个人的进化和少数人的事迹。这一史学理论的基础是民族主义、爱国主义思想。梁启超在《新史学》和《新民说》等著作中都指出，个人离开了群体就不能生存和发展。个人食群之福，享群之利，因此个人必须为群体尽义务，为民族的利益着想。梁启超的政治理论把民族的、整体的利益放在首位。无论是争取自由还是权利，都以民族的为主，而以个人的为辅。在这种思想的指导下，《新史学》的史学理论才如此重视研究民族的进化。梁启超说，历史学只有叙述数千年来各民族和种族的兴衰存亡史，才符合其自身的性质。

为了实践这一理论，梁启超在《新史学》中专门以一节的篇幅叙述世界上各民族的发展史，即"历史与人种"。他把西方强大的民族称为"世界史之正统"、"世界史的人种"，指出，只有世界史的人种才能够称雄世界，使全世界的人都受他们的影响，并助其发达进步。梁启超出于对西方文明和西方民主制的推崇而高度赞扬西方民族的强盛和发达，他详细论述欧美民族从古到今如何扩张，如何进取，如何以先进的文化和强大的武力征服世界，结果成为世界史上的"主人翁"。他说："今日全地球之土地主权，其百分中之九十分属于白种人。而所谓白种人者，则阿利安人而已。所谓阿利安人者，则条顿人而已。条顿人实今世史上独一无二之主人翁也。"梁启超羡慕西方的强大，并借史学来大力宣扬西方的强大，一方面是为了激发中国人的自尊心和爱国精神，另一方面是要借鉴世界上强大民族发展的经验，以改造落后的中国。梁启超在这一节中明确指出他重视人种和人群进化是由于当时生存竞争形势的严峻："若在今日，则虽谓人种问题为全世界独一无二之问题，非过言也。"① 他认为，过去中国进化之所以迟缓，就是因为没有"真史家"向民众叙述民族进化的历史。要让中国能够在激烈的竞争中立于不败之地，就得通过史学来叙述人群的进化史，宣扬民族主义、爱国主义精神，唤起民众的觉悟。《新史学》提出，今日欲提倡民族主义，使我四万万同胞强立于此优胜劣败之世界，则必须用史学来教育国民。有些学者因不了解梁启超《新史学》的政治性学术的性质，在谈到这个史学理论时，只是简单地介绍梁启超如何论述历史学应研究人种进化，也有学者批评梁启超把一部丰富的历史"变成单纯的民族演化史"。这种认识脱离了时代背景，不理解正是政治性的目的使梁启超把历史的眼光限定得如此集中，同时又不可避免地造成了研究范围的狭窄。

3. 史书记述的对象：国民

《新史学》中正面阐述史学理论的篇幅并不多，大多是以批判中国的旧史学来表达政治的或史学的观点，而这两者观点往往是融为一体的。在第一节"中国之旧史"中，梁启超批判中国的旧史只是二十四姓之家谱，"盖从来作史者，皆为朝廷上之君若臣而作，曾无有一书为国民而作者也。其大弊在不知朝廷与国家之分别，以为舍朝廷外无国家。于是乎有所谓正统闰统之争论"。② 梁启超这段话的用意是双重的。一方面，他主张今后的新史书要写国民的事迹，为国民而作。这是他的史学观点。

① 梁启超：《新史学》，《梁启超史学论著四种》，第 252、250、259 页。
② 梁启超：《新史学》，《梁启超史学论著四种》，第 242 页。

另一方面，梁启超借批判旧史来表达主权在民的民主政治理论，论述了国家与政府（朝廷）的关系。在这里，民主政治理论是他史学理论的基础。

梁启超在当时的许多政治著作中都强调国家与政府的区别，可见梁启超对这一理论格外重视。例如在《新民说》中，梁启超指出国民应当树立国家思想，懂得国家与朝廷之不同。他说国家有如一个公司，国民都是公司的主人、股东，而政府只是公司的事务所，是为公司服务的。由股东选举的朝廷是合法的，能够代表国家和国民，而不由合法途径成立的朝廷则是国家的"蟊贼"，不能代表国家。在《论政府与人民之权限》一文中，梁启超指出，国家握有最高主权，政府和人民都生息于国家之下。政府的成立在于民约，也就是人民的选举和同意。政府必须由人民正式选举成立才是合法的。梁启超严格区分国家与朝廷的关系，大力提倡主权在民的民主思想，是想让民众懂得，国家是民众自己的国家，而不是少数统治者的私产。因此，民众不应再对政治麻木不仁，而应当自觉地承担起救国的责任。具体来说就是要与专制政权作斗争。梁启超在 1902 年左右写下了大量猛烈抨击专制政府的政论文。在《拟讨专制政体檄》（1902 年）中，梁启超强烈呼吁："起起起！我同胞诸君！起起起！我新中国之青年！我辈实不可复生息于专制政体之下，我辈实不忍复生息于专制政体之下。专制政体者，我辈之公敌也，大仇也！有专制则无我辈，有我辈则无专制。我不愿与之共立，我宁愿与之偕亡！"[1] 在《中国积弱溯源论》（1901 年）中梁启超说："数千年民贼既以国家为彼一姓之私产，于是凡百经营，凡百措置，皆为保护己之私产而设，此实中国数千年来政术之总根源也！"[2] 他号召国民起来把本应属于公产，却被统治者占为私产的国家机器和一切社会财富夺回来。《新史学》中关于史学著述的对象应是国民而不是帝王，以及批判二十四史为帝王家谱的观点都是以主权在民的民主理论为基础的。也可以说，梁启超宣扬这一史学理论的目的是向人民宣传民主政治的理论。

---

① 梁启超：《拟讨专制政体檄》，李华兴、吴嘉勋编《梁启超选集》（上），第 380 页。
② 梁启超：《中国积弱溯源论》，李华兴、吴嘉勋编《梁启超选集》（上），第 140 页。

　　然而长期以来，许多学者由于并不了解梁启超撰写《新史学》的真实用意，不了解梁启超对旧史学的批判中包含着对当时专制制度的批判，以为梁启超仅仅是激烈地批判旧史学，因而把其中的"二十四史非史也，二十四姓之家谱而已"奉为至理名言，以致这句话流传之广，影响之大，在史学史上是少有的。严格地说，"二十四史为二十四姓家谱"的提法，并不是梁启超对传统史学进行学术研究后得出的客观和准确的评价，而只是他为了加强大众政治宣传效果而提出的简单化、通俗化的政治口号。这是由《新史学》政治实践意义所决定的。在梁启超后来的学术性史学著作，如《中国历史研究法》中，他已不再有这种简单化的提法了。脱离了时代的背景和梁启超撰写《新史学》的政治实践意义，简单地信奉和应用这一史学观点，对于正确认识旧史学的价值，对于继承古代优秀的史学文化遗产造成了极为不利的影响。把《新史学》中的史学理论和对旧史学的批判看作纯学术的结果，还造成了评价上的自相矛盾现象。例如有些近代史学史的著作一方面高度评价梁启超对旧史学的批判"猛烈、全面、深刻，在中国史学史上是空前所未有，是过去的史评所不能达到的"，另一方面又指责梁启超对旧史学的批判是"片面、武断"的。① 既全面又片面，既深刻又武断，出现这种自相矛盾的评价，就是没有看到《新史学》的政治实践意义而造成的。对于《新史学》类似的评价和认识，在史学界较为普遍。如一部研究梁启超思想的著作，高度赞扬梁启超对旧史学的批判击中了要害，非常尖锐和深刻，但同时又指责他对旧史学几乎全盘否定，没有分清其中的精华与糟粕，失之过苛。

4. 三个具体问题

　　《新史学》的后三节"论正统"、"论书法"、"论纪年"，都是在批判旧史的旗帜下，既阐发梁启超关于史学的具体主张，又论述政治思想。

　　"正统"一词是古代社会中各个皇朝对其一脉相承的系统的自称，并具有政权合法性的意思。它起源于先秦时周天子向诸侯颁布的历法。诸侯以遵从此历法为服从天子统治的象征，故尊天子的历法为正统。到秦

---

① 吴泽主编《中国近代史学史》上册，江苏古籍出版社，1989，第 508、509 页。

汉以后，皇帝即位改正朔，就有借历法来证明自己政权合法性的意义。这是政治上的正统理论。传统史学上的正统是史家在写史时对于应将哪个皇朝尊为正统的看法和处理原则。史学史上的正统之辨始于西晋陈寿著《三国志》，以魏为正统，视蜀、吴为僭伪，不合法；而东晋习凿齿著《汉晋春秋》，则以蜀为正统，以魏为僭伪。于是，"正统"遂成为中国史家争论的一大公案。到了北宋以后，史学的正统之辨在学界兴起，并形成了较大的规模。北宋以魏为正统，南宋则以蜀为正统。梁启超在"论正统"中，彻底否定了历史上史学的正统之辨的意义。他说："中国史家之谬，未有过于言正统者也。言正统者，以为天下不可一日无君也，于是乎有统。又以为'天无二日，民无二王'也，于是乎有正统。统之云者，殆谓天所立而民所宗也。正之云者，殆谓一为真而余为伪也。"梁启超说古代史家对此争论不休，只不过是"自为奴隶根性所束缚，而复以煽后人之奴隶根性而已"。梁启超借批判旧史学的"正统论"来彻底否认专制专权的合法性，反对君统，拥护民统，反对专制，提倡民主。梁启超认为，不能以是否取得政权为政权合法性的依据，而应以是否得到人民的拥护为合法性的标准，以此标准衡量，则中国数千年来的专制政权没有一个可以算是合法的。梁启超断然指出："统也者，在国非在君也。在众人非在一人也。舍国而求诸君，舍众人而求诸一人，必无统之可言，更无正之可言。"① 他说，只有像西方民主制下的政权才是合法的。梁启超在《新史学》的这一节中，一方面是主张今后的史学彻底摒弃选择正伪的做法，摆脱正统论的束缚，另一方面，也是最主要的目的，是借史学向中国的民众宣传民主理论，号召民众与专制政权斗争。

"论纪年"反对用帝王纪年法，而大力提倡用孔子的生日纪年。理由一是易于记、使用方便，二是因为孔子是我国至圣，用其生日纪年能激发爱国心，而且不必争正伪等。然而，"孔子生日纪年法"最主要的目的仍是政治的，即反对专制制度，否认专制政府的合法性。因为古史中的纪年也关系到正统问题。"盖凡史必有纪年，而纪年必借王者之年号，因

---

① 梁启超：《新史学》，《梁启超史学论著四种》，第260、266页。

不得不以一为主，而以余为闰也。"改变纪年法，具有重要的政治意义。他说："纪元既不以帝号，则史家之争正统者，其更无说以自文矣。"① 可见，纪元问题是与正统问题联系在一起的。《新史学》在批判"正统"之后，再讨论纪年问题，是必然的，是在解决理论问题后设计出的可供操作的具体方法。梁启超不仅提倡孔子生日纪年法，而且采用这种方法以实践其理论。例如他在写《三十自述》之后，即注明：孔子纪元二千四百五十三年。

"书法"，也就是"史笔"，即古代史家在撰写史书过程中，评价史实、褒贬人物的原则及写作手法。梁启超在"论书法"一节中，主张史学应叙述民族的进化，而不是仅仅记述个人的事迹，仅仅褒贬个人的行为。由于古代史学褒贬的主要是皇帝或官僚，因而梁启超认为书法起到了"专奖励一姓之家奴走狗"的作用，由此而"陷后人于狭隘偏枯的道德之域。"梁启超认为，古代的那些专制统治者都是民贼，不必划一鸿沟褒奖一些人而贬低另外一些人，不必说事此贼者为忠义，而事彼贼者为奸佞。他提出："吾以为书法者，当如吉朋之《罗马史》，以伟大高尚之理想，褒贬一民族全体之性质，若者为优，若者为劣，某时代以何原因而获强盛，某时代以何原因而致衰亡。使后起之民族读焉，而因以自鉴曰：吾侪宜尔，吾侪宜毋尔。"梁启超在这里既激烈批判了专制制度，又提出要让史学以叙述民族进化来达到救国的目的。这种史学主张已经包含着强烈的政治意义，即要把史学改造成为促进民族进化的工具。

然而，"论书法"这一节的意义还不仅在于这一点。梁启超在这里是借批评旧的史学方法来批判落后的国民性，并企图纠正那些只追究上层责任的错误认识。因此在论述了"书法"的恶果之后，他直接批评当时一些人，即"今之谈国事者"的认识。他说："今之谈国事者，辄曰恨某枢臣病国，恨某疆臣殃民。推其意，若以为但能屏逐此一二人，而吾国之治即可与欧美最文明国相等者然。"梁启超指出这种看法是错误的。因为当时全体国民都腐败，仅指责一两个官吏是无济于事的。"先有无量数

---

① 梁启超：《新史学》，《梁启超史学论著四种》，第271、273页。

病国殃民之人物，而彼一二人乃乘时而出焉，偶为其同类之代表而已。一二人之代表去，而百千万亿之代表者，方且比肩而立，接踵而来，不植其本，不清其源，而惟视进退于一二人，其有济乎？其无济乎？乃举国之人，莫或自讥自贬，而惟讥贬此一二人，吾不能不为一二人呼冤也。"① 梁启超在同年所写的《新民说》第二节"论新民为今日中国第一急务"中，以同样的口气表达了相同的看法。他说，现在有些政论家动辄把某事失误的责任推到政府官吏身上，然而"政府何自成？官吏何自出？斯岂非来自民间者耶？……以若是之民，得若是之政府官吏，正所谓种瓜得瓜，种豆得豆，其又奚尤？"② 他在《新史学》、《新民说》等著作中都大力批判落后的国民性，甚至说四万万人都腐败，呼吁国民自讥自贬，自觉地认识自身的落后，从而自觉地承担起救国的责任。改造国民，培养新民，是梁启超当时的政治目标，而批判落后的国民性正是其中的一项重要内容。《新史学》以此为重点论题，正反映了它是一部政治化学术著作的性质。

梁启超在《新史学》中以古论今的做法，为很多学者所忽视或误解。他们以为梁启超在这里只是批判旧史学中的正统论和仅褒贬个人的旧书法以及旧的纪年法，提倡新纪年法等只是为了学术的需要。这种理解不仅不能认识书中宝贵的政治理论价值，而且形成了某种误解。例如梁启超在批判了旧史学仅褒贬一二人的旧书法后，紧接着批判"今之谈国事者"，即当时政论家把国家落后的责任完全归咎于少数人的看法，认为这样做是为众人推卸责任，不利于激发国民的政治责任感。梁启超说如果这样做的话他不得不为这一二人呼冤。实际上他并非真的要为少数"民贼"呼冤，只不过是为了加强宣传的效果而做的一种特殊的、夸张性的表述。然而，有的史学史著作却忽视了《新史学》的"今之谈国事者"这一重要批判对象，把当时政论家的看法说成是古代旧史家的看法，并把梁启超要为一二人呼冤的说法解释成是"封建史家"运用旧书法的结果："封建史家恰恰是仅仅褒贬一二人，其结果必然是'专科功罪于此一

---

① 梁启超：《新史学》，《梁启超史学论著四种》，第270、268页。
② 梁启超：《新民说》，李华兴、吴嘉勋编《梁启超选集》（上），第207页。

二人，而为众人卸其责任也.' 这样做的后果是，不仅应为此一二人呼冤，而且更为严重的是'上之启枭雄私天下之心，下之堕齐民尊人格之念'."①

三 结语

梁启超是中国近现代史上的重要人物。他既是一位叱咤风云的政治家，也是一位博大精深的学术大师。不过，在 1918 年以前，他主要是政治家，而在 1918 年以后，则主要是学者。阅读和研究梁启超的著作，必须结合他身份和思想的变化来理解。梁启超撰写并发表《新史学》的1902 年，是他从事政治活动最为投入的阶段。《新史学》是梁启超戊戌变法的继续，是他从上层政治斗争转向启蒙民众、改造国民的重要标志，是以学术救国的政治实践。

在《新史学》一书中，政治理论和政治主张是史学的基础，史学理论则是建立在这一基础上的政治化的学术，政治与学术在这里不可分地融为一体。政治是目的，是灵魂；学术是手段，是载体。梁启超在书中一方面直接阐述政治理论，另一方面则借史学理论来表达他的政治主张。梁启超撰写《新史学》的目的，并不是要建立具有现代科学性的史学理论和历史学体系，而是要用历史学来宣扬种种进步的、民主的观念，以激发起中国人的爱国心和责任感，启发民众觉悟，提高国民的素质，最终使全民共同改良社会，振兴中华民族。由于撰写《新史学》的这一目的，现在看来书中很多不够冷静、不够公允、不够客观、不够全面的论述，对当时的梁启超来说都是微不足道的。而如果我们今天能够理解当时的梁启超，也同样会觉得书中那些不尽科学的论述即便再偏激、再荒唐一些，都是微不足道的。我们今天认识和评价《新史学》，如果忽视了《新史学》的真实意义，仅仅用纯学术的眼光孤立地就著作本身来分析和理解，无论是过于肯定还是过于否

① 吴泽主编《中国近代史学史》上册，第 505 页。

定，都是不恰当的。《新史学》的最根本的意义并不在于它的内容，而在于它在当时政治改革中的实践意义。我们今天实在没有必要就其内容的学术性来论短长。

正因为《新史学》具有强烈的政治性，才能符合当时社会的需要，起到唤起民众、教育民众的政治作用，而有着强大的生命力。同时，《新史学》由于具有强烈的政治批判性，对史学的更新起到了先锋的作用，成为学术革命的一面大旗。《新史学》的价值不在于它的学术内容，而在于它在社会变革和学术更新上所起到的巨大作用。也正因为如此，《新史学》才能成为不朽的名著。因此也可以说，《新史学》的学术观点是建立在政治理论上的，而其政治理论意义则是由政治实践意义所决定的。

原刊《政治学研究》1996 年第 4 期。

生活史

我所亲历的陕北农村生活

我于 1969 年 1 月赴陕西省延安地区的宜川县插队。1978 年离开那里。以下是我对当时农民生活状况的追忆。

1. 自然及经济概况

宜川县位于延安地区的东南部，东面与山西省的吉县隔黄河相望。陕北的地形分川和塬两种。塬是山上的平地，川是山下，即两山之间的平地。而且有一道河流顺川而过。有些村庄坐落在塬上，有些在川里（其比例依地区差别而不同）。我们村是在塬上。塬上无水，草木都很少，因而水土流失十分严重。山野荒凉，有各种野兽出没。

陕北当时以自然经济为主，农民所吃的粮食、蔬菜和所用的物品等大都要靠自己生产和制作，农民世世代代面朝黄土背朝天，"土里刨食"是当时的真实写照。我们那里完全是靠天吃饭，长期以来始终保持着"刀耕火种"的传统。由于贫穷，无钱购买所需物品，大部分日用品是农家手工制造。传统的家庭手工业成为生产和生活的重要组成部分。农民对用品的土洋之分很明确，冠以"洋"字的物品如洋火（火柴）、洋布（机织布）、洋蜡（蜡烛）、洋烟（纸烟）、洋酒（非农家自制，而是工业加工的酒）等等，指的是在商店出售的商品，农民对之的消费量极少。我有一个朋友李延风在 1994 年回陕北延长县时，给插队时认的干妈送了500 元钱，那位农村妇女竟不识百元的票子，不知所送为何物。待她被告知是五张百元的钞票时，面对这从未有过的巨款，她深感惶恐不安。也难怪，农民从未见过大钱。农民挣的微薄的工分只能顶口粮。他们所有的一点点现钱主要是卖鸡蛋所得的。而当时一个鸡蛋顶多值一角钱。在我县偏僻、穷困的地区，五分钱就能买到一个鸡蛋。估计一户农民每个月的平均现金收入也不过几元钱。由于农民的需求少,县及公社供销社经销的物品也十分简单,只是最基本的物品:煤油、火柴、洋布、柿饼、核桃、农业用具如铁锨等等。公社供销社的商品恐怕顶多只有十来种。

1973年6月9日,国务院总理周恩来陪同外宾访问延安。当地干部向周总理反映延安地区的贫困状况,说有些地方农民连苞谷面都吃不饱,有的一家五口合盖一床被子。周总理感到震惊:"战争年代都没有这样苦,现在为什么这样苦?"总理难过地流下了热泪。

宜川县在延安地区14个县中算是条件好的,有"白菜心"之称。我们村——新市河公社西良村大队又是宜川县中条件较好的。即便如此,我们所看到的情景仍足以令人瞠目。

2. 穿戴

大多数人穿自制的土布衣服。其制作过程如下:将棉花去籽—弹棉花—将弹松的棉花搓成捻—用棉捻纺线—用棉线织布—染布—用布缝制衣服。总共有七道工序,还不算种植棉花和制作纺线机与织布机等工作。织布的程序最复杂,先要将经线在织机上面从下到上一道一道地安好,然后妇女坐在织机前,两手交替着将安有纬线的梭子在经线中来回地穿梭。每穿一次用安在织机上的压板使劲压一下——时而用左手,时而用右手,总之是要用那只不拿梭子的手——让交叉的经线与纬线以及上下相挨的纬线都紧密结合,就织成了布。一天能织多少,视熟练程度而定,也许一两尺。但是手工将那样细的线一根根地织成布,的确是很不容易的。

男人的衣服颜色多为黑与白两种,有的是蓝色。一般冬天为深色,夏天为白色。妇女的衣服稍微多一点花纹,即在土布上交织一些其他颜色的条纹。衣服样式千篇一律,上身是中式对襟衣服,妇女有的穿大襟衣服。衣服制作技术落后,没有服装剪裁的式样。绝大多数人没有毛衣和绒衣。所以陕北农村妇女一般也不会织毛衣。人们脱下棉衣就换单衣。条件好些的在冬夏之间用夹衣过渡一下。有的困难户甚至将棉衣里的棉花掏空当夹衣。衣服上常常是补丁摞补丁。还有不少人将生产队废弃的化肥口袋加工成衣服穿。于是身上就有"尿素"和"日本株式会社"之类的字样。有的老乡制作的裤子恰好在臀部有"日本"两字，左边是"日"字，右边是"本"字。坐时就把"日本"压在屁股底下了。没有内衣、外衣之分。冬天就贴身穿棉衣、棉裤，夏天更是直接穿单衣。晚上睡觉时脱得精光。老乡常说："脱得光，睡得香。"冬天没有大衣、手套和围巾、口罩之类的御寒物品。实在太冷的时候，人们就尽量少出门。如果不得不出门的话，多是缩着脖子，将手揣在棉衣的袖子里。有人在腰间扎一根布绳或麻绳，以抵挡寒风的侵袭。商店里卖的机织布被称为"洋布"，很少有人能够消费。

鞋也是自制的。制作程序是：先将一些破布头刷上熬制的稀面糊，一层一层（大约需要五六层）地粘在一个大木板上，形成较厚的布片，专有名称是"袼褙"。将其晾干后，揭下来，剪成鞋底和鞋帮的形状。鞋底需要的层次要多一些，然后是纳鞋底和鞋帮。鞋帮外面要加上一层新布，通常是黑色的。纳鞋底需要用锥子先扎一个个小眼，才能穿针引线。直接用针扎是扎不透的。鞋底和鞋帮都纳好后，将两者缝到一起（专业术语叫"绱鞋"），于是一双鞋就制作成了。农村人大多穿这种自制的布底鞋。由此看来，鞋就是破旧衣物的改造物。这表明废物利用在农村达到了极致。的确，费了那样大的劲织成的布，怎么能随便地丢弃呢？

农民穿的袜子也是用土布缝制的。土布袜子厚厚、大大的，有的还纳袜底，活像一双靴子。因为袜子大，不贴脚，鞋子相应地也得做得大些，否则就会穿不进去。土布不仅用来缝制衣服、做鞋袜，还用来自制脸巾、汗巾等用品。农民们不戴商店里卖的帽子，大多在头上系一块白毛巾，称为"白羊肚手巾"。这毛巾既可当帽子，又可当汗巾，一物多用。

下雨天挡雨的用具通常只是草帽。若雨大时则根本不管用。雨衣、雨伞是没有的。有的农民将废弃的化肥口袋披在身上当雨衣。草帽在雨天挡雨，在晴天遮阳，是农民不可或缺的日用品。草帽为手工制造，制作简单：先将麦秸秆编成长长的条形状，然后将它从里到外一圈圈地缝起来。没有雨鞋，人们赤脚蹚水。

被褥是土布套上棉花制成，这棉花是老乡一层层地铺制的，不像城里人用网好的棉花套。被褥很薄，没有城里人常用的那种大而厚的被子。有些困难户一家人合盖一床被子。有的人家没有褥子，直接睡在光光的炕席上。更有人家连炕席都没有，只得睡土炕。炕席是农民用种植的苇子编成的。家境好一点的人家在炕席上铺一层羊毛毡，是农民用羊毛擀制而成的。枕头是用土布装上荞麦皮做成。形状是长形、圆滚滚的，而不是扁平的，较硬。结婚时要从商店买来洋布缝制几床大红大绿的新被子。喜事办完后，一般就收起来。因为比较珍贵。

3. 饮食

当时农民的主要食物是玉米，除玉米外，还有小麦、荞麦、糜子、豆类、小米、红薯等，平时不吃炒菜，因缺菜也少油。顶多春季割一点韭菜。韭菜也只是用盐拌着吃，而不是像城里人那样，用韭菜炒鸡蛋或和上肉馅包饺子或包子。秋季用萝卜、白菜腌一两缸酸菜，可吃一年。腌菜的大缸大概齐腰深。酸菜在制作时用盐量少于咸菜。酸菜腌的时间长了就会长白毛，这也是致癌的物质。夏天因天热，腌菜难以保存，就把酸菜捞出，蒸熟后晾干，吃时用开水泡软。据说直到现在，农民仍以这种酸菜佐食。我的一个插队的朋友，不久前就收到她村老乡捎来的一包干酸菜。山里长着各种野菜，还有野葱、野蒜（俗称"小蒜"）之类。这些都是农家餐中不可少的。过年才杀猪、宰羊，吃肉。因陕北高原缺水，农民们大多未吃过鱼，也没见过鱼。

农忙时一天吃三顿，农闲时一天两顿。一般早晚吃窝窝，窝窝是将玉米面发酵蒸熟制成，就是北京人说的"发糕"。因农民不会用碱或小苏打，窝窝常常很酸。蒸窝窝时，有的人家在笼屉下面撒一把小米，在蒸的同时就熬成了粥。困难点的只能喝蒸锅水。其实小米粥也与蒸锅水差不多，容易致癌。中午吃面条。商店里不出售挂面，偶尔有流动的匠人走村串户，为人加工制作挂面。因白面奇缺，很少有人问津。农家吃的面条是手工擀的。只有在节日或有亲戚、贵客到来时才吃纯白面的面条。平时只能吃杂面面条。或者将白面掺绿豆面，或者掺荞麦面。白面与杂面的比例大约是对半。杂面面条既难吃，又不好擀，因为杂面比较粗糙，缺少黏性。有些人家甚至不能常吃杂面面条，但是又想吃一些稀的，就将少量的面条下到小米稀饭里，取名为"泥鳅穿沙"。小米是"沙"，面条是"泥鳅"。取这个名字倒是挺富有想象力的。农民之所以需要常吃稀的，为的是节省粮食。稀的食物可将人灌个水饱。顿顿吃干粮就太费粮食了。

农民一年四季的食品都十分单调，从早到晚不是窝窝就是杂面条。仅为糊口，根本谈不上对美味佳肴的享受。如有病死和老死或摔死的牲畜，就分给各家吃肉，以改善伙食。粮食不够吃，只得吃野菜、树叶、红薯藤等。青黄不接时，男人们拿上口袋，到外村亲戚家借粮。农民们很想得开。他们常说："虱多了不咬，债多了不愁。"有些贫困县，人们外出要饭。

调味品极少。没有酱油。盐是大粒的粗盐，得用擀面杖擀细才能食用。醋是农家用山里的果子（桃、杏、苹果等）自己酿制的，也容易长白毛。公社供销社出售一种"醋精"，似乎是化学制品，很难吃。农民还用黄豆自制大酱。糖更是稀罕物，妇女生孩子才能享用一点红糖。农民一般将鸡蛋拿到集市上卖，然后在供销社买盐和点灯用的煤油，所以自己舍不得吃鸡和鸡蛋。营养不良是普遍的。有的孩子因营养不良和缺钙，都四五岁了还不能站立，更不会行走。

燃料主要是茅草。资源短缺，要走很远才能打到"柴"。过度的挖草根造成水土严重流失。塬的面积不断缩小，黄河的水则越来越浑浊。

逢年过节，是农民"打牙祭"的时候，村里到处飘香。几乎家家都要炸油糕、摊米黄（一种用小米面做的食品，很好吃）、炖肉、熬稠酒、包饺子、蒸大白馍。当地人包饺子不会擀皮，是用手指一点一点地捏皮，这也许是因为农民们不常包饺子。但是捏的皮当然不如擀的皮薄，而且不能包大馅。这种皮厚而馅少的饺子实在不怎么好吃。有些人家过年要熬芝麻油和菜籽油。过年是人们放开肚子吃肉的好时节。老乡把瘦肉称作"黑肉"，把肥肉称为"白肉"。他们因平时缺少油水，都喜欢吃白肉。然而，肥肉缺乏蛋白质等基本营养要素。农民对此没有丝毫概念。

除了春节，农民最重视的是清明节。清明节前一两天家家都蒸白面馒头，即使再穷的人家也得蒸上几个。这种馒头与平时做的完全不同，就像是一种艺术品。它们形态各异，有的为鱼形，有的像小动物，有的像花朵。女人们还用各种颜料，甚至红、蓝墨水将馍馍染得花花绿绿。这种在清明时节蒸的，富有特色的馍称为"子推"（在我们那里发音为"兹吹"），名字来自先秦时一位名叫"介子推"的名士。这位介子推因拒绝为权贵效力，躲避于深山。权贵为逼他出山，竟然放火烧山。介子推宁死不屈，被山火活活地烧死。所以人们在清明这一天不点火做饭，以纪念这位有气节的名士，清明节也被称为"寒食节"。不做饭并不是让人饿肚子，因此需要提前蒸一大堆馍馍以备那天食用。对于其他的国家法定节日，如"五一"、"十一"等等，农民们都不太重视。他们只庆贺传统的节日。"中秋节"农民自己制作月饼。元宵节却并不吃元宵，所以当地农民并不把正月十五称为"元宵节"。端午节我们村农民也包粽子，是用苇子叶包上一种黏的黄小米（叫"软糜子"）和红枣。因为当地没有江米，也没有竹子。可是我的朋友姜利平所在的村的村民就从未包过粽子。原因是她们那里既无软糜子，也无苇子叶。可见各村的情况有所不同。

农民男子多抽旱烟，是用自己种植的烟草加工而成的。每人身上挂一个烟荷包和一个烟袋锅。闲下来时，从烟荷包里用手指拈出一小撮烟叶，填到烟袋锅里，点燃，用嘴吸。吸时能发出"吧嗒吧嗒"的声音。不像抽纸烟那样悄然无声。待烟叶燃透后，就将残渣在鞋底磕掉，重新填装烟叶。抽一回烟得重复多次这种动作，不像抽纸烟（烟卷）那样方便，估计味道也不如纸烟好。通常干部才抽纸烟。当地人称之为"洋烟"。

当时的农民从未见过饮料之类的东西。一般在吃饭时喝蒸锅水，平时就喝生水。农民自造米酒，用自己制作的酒引子将小米面或糜子面发酵制成，颜色黄黄的，当地人称之为"稠酒"，因为它的确很稠。许多人家的屋檐下都挂一两串晾干了的酒引（北京人称为"酒娘"，当地人则称为"酵子"）。做得好的米酒又香又甜，令人百喝不厌。但是，制作米酒耗费粮食，在口粮短缺的陕北农村是不可能经常造米酒的。再加上米酒的制作过程复杂，就更不可能经常喝了。如果遇到办红白喜事，就要到供销社买一种零打的（装在酒坛子里）廉价白酒（称为"洋酒"），以招待客人。农村人基本上不喝茶。他们既无那闲钱，也无闲情雅致。更无时间品茶。只有一两个老者，将一种茶砖掰碎，放到缸子里，在灶火上熬成浓浓的茶，慢慢地品着。城里的干部都喝茶，而且以手捧茶杯为干部形象的特征。似乎喝茶只是少数农村老人和城里干部的特权。

4. 居住

陕北农民几乎都住窑洞。区别在于，穷人住挖的窑洞（在山坡上掏一个洞穴，颇像穴居野人）。富裕点的在塬上平地用土坯建窑洞，叫"箍窑"。窑洞都很深长，由于没有玻璃窗，用纸糊窗，而且只有一面窗户，白天窑洞内缺少光线。晚上点小煤油灯，所以无论昼夜都昏暗无比。窑洞里一般没有什么家具，境况好些的有一两个木柜。家家进门就是一条大炕，它占据了窑洞的几乎一半地方。炕是窑洞里最重要的部分。它集中了床、桌椅、取暖设备及会客室、起居室等多种功能。人们晚上在炕上睡觉，白天把被褥卷起来，在炕上盘腿吃饭和休息。客人来了就让他们上炕，与主人共坐，聊天。省去制作桌椅。炕头支一口大锅，做饭时烟顺着炕道走过，就把炕顺便烧热。因此可连做饭带取暖。夏天则得在户外做饭。箍的窑洞顶部用石板弄成一条流水道，下雨天让雨水顺着它流到一口大缸里，积水使用。因为下雨不能下山去驮水。窑是黄土建成的，炕也是用黄土盘制而成，只是炕沿是木的或石板的。陕北农民生活的一切都离不开黄土。农民在黄土上种植，在黄土中生活。窑洞和土炕就是黄土地的缩影。

农家的院里有的有碾子，有的有石磨，用来加工粮食。因为从地里收回的原粮需磨成面、去掉麸皮才能食用。不像城里人可直接在粮店购买各种加工好的米或面。而且农村人吃的面大多麸皮很多，为争取数量而牺牲了质量，使细粮也成了粗粮。

厕所是用庄稼秆围建而成，不那么严实，也不挖粪坑。因为我们那里只用牲畜粪和化学肥料，不积人粪。人粪是猪狗的食物。猪和狗常常在窑里闲逛，在人脚边乱蹭。小孩子常在炕上"方便"，于是女主人就唤狗来"打扫"卫生。那狗一听主人叫，便迅速进窑，一跃上炕，把粪便舔干净。即使是在人吃饭时，甚至有客人在场时，也常有这种情况。都习以为常，毫不顾忌。所以狗与人经常共同用餐，只不过是各占炕的一头，互不相扰。

5. 用具

分日用和农用两种。先说日用。与城里人相比，农村人的日用品极为简陋和简单，只限于基本生活用品：照明、饮食工具等。而且它们基本上是自制的。一些农民用不起火柴，只得用一种土方法取火。即用两块打火石（称"火镰"）相互碰撞，擦出火星，点燃棉绒，再用嘴鼓足了气将阴燃的棉绒吹出火花，即明火，用来点燃烟草或柴草。由于取火艰难，男人们吸烟时常常互相借火。如果一个人吸烟，就只打一次火。等一锅烟抽完后，将其小心地磕倒在地上或者鞋底上，然后将装上新烟叶的烟袋锅凑到上面吸，即可点燃。晚上点煤油灯，用一个小瓶子或者一个用铁皮焊接的小铁罐盛上煤油，插一根棉线捻点燃即可照明。点煤油灯冒黑烟，把人和窑洞都熏黑了。没有桌椅，因有炕代替。吃饭碗是极粗的大海碗。喝水也用它，所以不另购置水杯。平时农民常直接用水瓢舀水缸里的生水喝，很少有人家用暖水瓶。因为基本上不吃炒菜，也就不用购置盛菜的盘子。扫炕笤帚是将糜子穗去籽后捆扎而成，扫地笤帚是用一种扫帚草编制的。屈指数来，农家的物品大多只是这几样——饮食用的碗筷、量粮食的升或斗、晾晒粮食的畚箕和筐笼、筛面用的筛子等等，基本上与糊口有关。其中只有碗是买的，其他基本是自制的。正因为碗是花钱买的，使用时就得十分小心。即使是破了口，裂了边，也得继续使用。农村有专门锔碗的工匠，走村串户为人补碗。有人家修补的碗上有一排密集的铁钉，颇为壮观。

农村普遍没有钟表，看太阳作息。日出而作，日落而息。所以农村描述时间的用语与城市人不同，不说几点几分，而说"前晌"、"晌午"、"后晌"或"早起"（即早上）、"夜里"。没有十分确切的时间概念。

农用物品是农民专用的和不可或缺的。城里人不需要这些。铁制的农具如铁锹、镢头或是在供销社购买，或是由农村中的铁匠打制。农具的木把是农民自己用树枝制作的。陕北的柳树不像城市里的垂柳，枝条细细，随风飘荡，婀娜多姿，而是粗粗的枝条，直挺挺地指向天空，没有丝毫的美感，但是实用。农民把它砍下来，刨的光光的，安在铁制的农具上，就可使用。细一点的柳枝可用来编制盛粮食的筐箩和畚箕。

劳动用人力和畜力两种。耕平地时，用牛拉犁。大铁犁的效用据说与汉代的水平相似。

种坡地则需用人挖地，当地人叫"掏地"。推碾子、拉磨多用驴子和骡子，驴骡不足时只好用人力。北京市政府支援陕北一批农用机械，给有知青的生产队分，我们村就有了手扶拖拉机。收割基本上是用人力。

6. 少年儿童的管理和教育

陕北的幼儿普遍缺乏必需的管理和教育，不仅是农村，而且县城里都既无托儿所，也无幼儿园。农家孩子多，大孩可看小孩。老人也可照看小孩。有些人家实在没有老人或大孩，要出工就把小孩用绳子拴在炕头。有的孩子自己乱爬，竟挣脱了绳子，掉到挨近炕头的大锅里被活活地烫死。还有偏僻的小山村，孩子在外玩耍时被野兽吞食或伤害。亦有家养之猪狗咬死咬伤小孩之事。

农村孩子不知道城里孩子享受的那些美味的食品和拥有的丰富的玩具。孩子饿了，一哭，母亲就拿出一块窝窝塞给他。孩子啃着酸了吧唧的凉窝窝，马上就止住了哭。没有玩具，小孩子就只是在窑里窑外闲待着，或在野地里疯跑。不仅如此，孩子们过早地承担起劳动的重任，如进山挖野菜、药材，打柴等。

我们到农村时，村里没有小学校。可能是因为缺少师资，许多村庄不设小学。知青的到来，带来了文化，我们生产队便让一位女知青担任小学教师，在一间破旧的小屋里建起一所小学。只有十来个学生，年龄不一。我的朋友姜利平则在她们队主动要求当教师，由此建立了小学。由于教师少，一、二年级的学生混在一起上课。语文、数学都由一人教。当时也有些村是由当地人当教师的。但当地出身的小学教师水平普遍低，几乎都只是小学的文化水平。由小学毕业生教小学生，岂不是开玩笑。这些教师根本不知道如何教课。在语文课上只是让学生背课文，既不教学生认生字，也不教语法，更不讲解课文的内容。即使偶尔解释一些词语，也是错误百出。例如有教师竟然将"四面八方"一词解释为"祖国以外的地方"，把"雪中送炭"解释为"黑白分明"。有的教师不仅误人子弟，还经常支使学生干这干那。农村孩子本来就因入学少而造成高文盲率，再加上这种低劣的教育，更降低了农村的文化素质。村庄小学仅有低年级，三年级以上学生就得上公社的小学。一些孩子嫌路远而辍学。

我们公社没有中学，临近的云岩公社有一所中学。县城也有一所中学。无论上公社中学还是县中学，学生都得自带一周的干粮。吃时用开水一泡，就着学校食堂卖的缺油少盐的水煮萝卜或白菜吃。天热时，干粮常常变质长毛。有时学校让学生自带玉米面或糜子面，交到学校的食堂（称为"灶上"），由食堂加工后食用。粮食水分大，容易发霉。但即使发霉也得吃。学生居住的屋子或窑洞，与农村的农家窑洞差不多，一条大炕，铺一张苇席。上面堆着学生自带的被褥。此外没有任何桌椅等用具。

7. 医药与卫生

此地普遍缺乏讲卫生的观念。一块黑乎乎的抹布既擦炕桌、锅台、锅盖，又擦碗筷。

塬上无水，要赶着毛驴到五里以外的山下去驮水。垂直高度为200米左右。因驮水的人多，搅得水浑浊，甚至将牲口粪弄到水里。水中还有小虫漂浮。水驮回家后，倒进水缸里。有时还需加明矾，使浑水变清。水虽清了，但是污物都沉到缸底。不几天就积了厚厚的淤泥。所以水缸需要定期清洗、清底。

因为水少，只能食用，不能够用它洗衣、洗澡。村头挖一个大坑，积满雨水，称为"涝池"。里面常沤着麻，池水浑浊不堪，还漂浮着小虫和绿毛等污物。平常妇女就用此污水洗衣服。夏天男子在"涝池"里洗澡、凉快。农民说，脏水不脏人，脏水不脏衣服。据说农村妇女一生只洗一次澡，即结婚时。曾有一篇小说描写此情况。农村妇女洗衣服通常没有肥皂，用木棒敲打。肥皂被称为"洋碱"，条件好的人家用来洗脸。如厕没有手纸，用土块或鞋底蹭去粪便，其去污效果必然不佳，而且鞋又会把粪便等脏物带到各处。妇女经期用品是将不洁的破布缝成一个长条的小袋，里面填上灶灰，即草木灰，然后封口使用，这就是自制的"卫生巾"。它既不卫生（草木灰尽管是卫生的，但破布极不卫生），又很麻烦。所以农村妇女患妇科疾病，即各种炎症者极多，腰痛、腹痛、不断流血，却很少得到医治。知青从北京带去的洁白而又柔软的手纸引起农民们的惊奇和羡慕。后来，公社及县里的供销社也引进了手纸，但是农民因缺钱仍无法普遍使用。

农民没有刷牙的习惯。著名作家路遥在长篇小说《人生》中描写陕北青年高加林学城里人的样儿，蹲在家门口刷牙，引起村民们的非议和讥讽。

在地头吃饭时，因地里没有洗手的水，我们即使手抓过粪（有一种活，叫作"拿粪"，就是跟在撒种子者的后面，向种子坑里撒粪），也只能用脏手吃饭。

农村最扰人的害虫是跳蚤和虱子。农民在闲时最主要的活动就是消灭虱子。方法有两种，一种是将虱子抓住后，用牙咬。农民认为虱子吃了他的血，所以他们要"讨还血债"，把自己的血赢回来。另一种方法是将虱子置于两手的大拇指的指甲盖间使劲一挤，可发出"嘎巴"的响声，顿时就冒出一小股血。在村头，常可见一些农民男子靠着土墙，解开衣服或裤带，颇有耐心地搜寻虱子。虱子及虱子的卵遍布衣服和头发，以致人们头发上常挂有一串串亮晶晶、白花花的"装饰物"。所以陕北农村有一种日用品，是城里人所少见的，就是"篦子"，这是一种梳子齿密集的小梳子，专门用来清除头发上的虱子和虱子卵，即虮子。虱子因活动迟缓，比较好对付。跳蚤则因行动迅速而难以制服。知青不得不遍地撒药，甚至将药撒在裤子上。那时人们普遍缺乏基本的医药常识，不知道这样做会引起白血病。宜川县卫生局的一位局长下乡，因不堪跳蚤的侵扰，竟然将剧毒的农药直接抹在自己的皮肤上，虽然他暂时躲过了跳蚤的袭击，却因患上白血病而撒手人寰。家家的被褥及衣物上都有密密麻麻的小黑点，那是跳蚤的粪便留下的痕迹。这些污垢很难洗干净。

我村有一个"赤脚医生"，管点头痛脑热的病。公社卫生院的医生时常下乡。然而，医生少，村庄多，医生要走遍全公社的各个村庄需要花很长时间。因此，大多数患病的农民不可能及时得到医治。老乡常自己挖一些药材，有的拿去卖，有的自己用。山里有各种土药材，柴胡、远志、甘草、五加皮等。农民们如有不适，常自己忍耐。有的用拔"火罐"或刮痧等土办法减轻疼痛。所以有人的身上或额上常有一些红红的印记。但是若患重病、大病，就难以自我抵挡了。农村得癌症者颇多。因为致癌的因素多。结核病患者也不少。因为营养不良，就难以抗拒结核菌的侵袭。治疗癌症当然是很费钱的，得结核也不少花钱。不能享受公费医疗待遇的农民若得了这些病，后果如何，也是不言而喻的。

妇女生孩子就在村里，由接生婆接生。所以婴儿死亡率很高。专业术语叫"产后破伤风"。在70年代前，农村孩子不接种疫苗，有一些孩子不幸得了"小儿麻痹"，造成肢体残废。这种病可以通过手术解决。但是农民没钱做手术，所以这些孩子就只得终身残疾。由于致癌因素多、卫生条件差，农村人的死亡率高，死亡年龄低。有些人根本不知道自己得了什么病，就糊里糊涂地死了。农村五十岁者就算是老人了。很少有七八十岁的人。我们就不曾在本村见到如此高龄者。而且五十岁的"老人"的确呈现出老态龙钟的样子，这当然是营养不良造成的。

8. 社交、娱乐及对外界的了解

最主要的社交形式是出村走亲戚。本村人之间的主动社交几乎没有。也就是说，人们很少串门，很少交流。大多数人没有到过县界以外的地方。老乡对外界缺少了解。有人甚至称政府为"朝廷"。我们听后大惊，说他"反动"。他却毫不在乎。农民们普遍将干部称为"吃皇粮"的。这种说法与将政府视为"朝廷"有关。农民还不分黑白，管毛泽东叫"老毛"，称阎锡山为"老阎"，对之一视同仁。阎锡山的队伍曾在我县的秋林地区驻扎，据说并不扰民，颇得民众的好感。

1984年我回村。一踏上黄土高原，就感觉时间像是倒流。一切都与当时的情形相似，没有太大的变化。晚上我去一个老乡家，在院子里与一个人说笑。屋里的婆姨惊喜地说："黄敏兰回来了！"马上跑出来迎接我。我真感惊讶，时隔十来年了，她怎么就能一下子分辨出来呢？也许是因为他们平时接触的人太少，所以很容易保留对往事的记忆。

每户的屋檐下安一个小喇叭，可听县里的广播：新闻、天气预报等。村里有事，也通过它宣布。对广播中的事，农民们往往不甚了了。报纸、书籍都很少。每天收工后，人都很疲劳。吃过晚饭后，不多会儿就睡觉了，同时也是为了节省灯油。有时县文化馆送电影和戏剧下乡。当然不是每村都去，一般是在公社。所以农民往往要步行几十里路去看一场戏。戏都是地方戏：秦腔、眉户、河南豫剧等。电影则都是革命电影，《地雷战》、《地道战》、《列宁在十月》、《列宁在1918》反复地播映，看了无数遍。因没有电，放电影时就用人力发电机。由两个人轮流蹬，就像蹬自行车一样。但是人力不均，一慢下来，画面和声音就改变。年轻人喜欢赌博，常在夜里偷偷地聚赌。

人们在地里劳动，休息时一般是抓紧时间睡觉，或躺倒在地，头枕农具把，或坐着，头枕在腿上。因为都太缺觉了。不睡觉的人则想办法寻开心，或是开一些粗俗的玩笑，互相打趣。或是"搁方"，它是一种类似棋类的游戏活动。方法是，在地上画几个横竖交叉的道道当"棋盘"，再拣几块土块，掰几条树枝当"棋子"，一方用土块，另一方用树枝，两人对下。或是在地头摔跤。通常是男人之间较量，也有男女之间的对摔。

9. 后记

1984年我回陕北，得知陕北农村已有一定的变化：一些村，包括我们村已引水上塬，再不用艰难地驮水了。农民可以顿顿吃白馍，同时劳动量大大减少，不用像以前那样"下苦"了。因为分田到户，自然提高了生产效率。农民享受更多的闲暇。他们常常上县城看电影、看戏，而且走亲戚，逛集市。不过还不能达到富裕的程度。

本文的写作，是受侯建新教授的启发。笔者在阅读其著作《社会转型时期的西欧与中国》时，意外地发现，第十一章"近代农民生活与消费水平比较"中的"民国年间冀中农民的生活与消费"这一节所述的情形竟然与我在陕北插队时的情况极其相似。更令人惊讶的是，这既是不同地区的相似，也是不同时代的相似：两者不仅相差几十年，而且分属新旧两种社会阶段。出于兴趣，我就衣、食、住、行各方面写了三千字的小文，寄与侯建新先生，得到了他的赞许。侯建新先生建议我增加内容，认为这篇文章可以描述一种生动、真实的农民日常生活史。这对更新史学方法有着重要的意义。受到鼓励，我打开记忆的闸门，将多年前的往事追踪、记录下来。若不是由于侯建新先生的启发和鼓励，这些珍贵的史实恐怕会永远尘封。尽管多年来，已有不少知青写了大量的回忆录，但那些基本上是描述个人体验和感受，难以从中把握历史的真相。本文是以一个历史学者的眼光，较全面和客观地描写当时当地的农村生活状况，既有充分的细节，也探寻历史和时代的意义。其中还有对陕北民俗、民风、民情的关注。

通过这一追忆，我发现，侯建新教授书中所说的中国冀中农民"超常的忍受力"，在陕北农民身上也有充分的体现。这说明它是中国农民的普遍特性。这种特性有着悠久的历史。因为现实社会是由过去的社会发展而来的。现代及当代的中国史无疑要受到古代史的影响。所以本文不仅对于认识当代中国农村社会有一定意义，而且对充分认识中国古代社会历史及其发展规律有重要的参考价值。

本文的写作，还得到了另外两位朋友的帮助。他们是首钢总医院的姜利平女士和北京社会科学院的徐丹俍先生。这两位朋友都曾是与我一同插队的知青。他们为我提供了一些生动的事例，并提出宝贵的修改意见，特在此表示感谢。

原刊《经济－社会史评论》第 2 辑，三联书店，2006。

图书在版编目（CIP）数据

黄敏兰史学文集 / 左玉河主编 . – – 北京：社会科
学文献出版社，2021.8
ISBN 978 – 7 – 5201 – 1618 – 3

Ⅰ.①黄… Ⅱ.①左… Ⅲ.①史学 – 中国 – 文集
Ⅳ.①K207 – 53

中国版本图书馆 CIP 数据核字（2017）第 257502 号

黄敏兰史学文集

主　　编 / 左玉河

出 版 人 / 王利民
责任编辑 / 邵璐璐　宋　超

出　　版 / 社会科学文献出版社·历史学分社（010）59367256
　　　　　　地址：北京市北三环中路甲 29 号院华龙大厦　邮编：100029
　　　　　　网址：www. ssap. com. cn
发　　行 / 市场营销中心（010）59367081　59367083
印　　装 / 北京玺诚印务有限公司

规　　格 / 开　本：787mm×1092mm　1/16
　　　　　　印　张：34.75　字　数：518 千字
版　　次 / 2021 年 8 月第 1 版　2021 年 8 月第 1 次印刷
书　　号 / ISBN 978 – 7 – 5201 – 1618 – 3
定　　价 / 168.00 元

本书如有印装质量问题，请与读者服务中心（010 – 59367028）联系

版权所有 翻印必究